Veröffentlichungen zum Verfahrensrecht
Band 167

herausgegeben von
Rolf Stürner

Marcus Bsaisou

Vollstreckungsimmunität von Zentralbanken

Mohr Siebeck

Marcus Bsaisou, geboren 1986; Studium der Rechtswissenschaften an der Westfälischen Wilhelms Universität Münster; 2011–2013 Referendariat am Kammergericht Berlin; wissenschaftlicher Mitarbeiter am Lehrstuhl für Bürgerliches Recht, Wirtschaftsrecht und Ökonomik an der Humboldt-Universität zu Berlin; 2016–2017 LL.M.-Studium am King's College London; 2019 Promotion.

ISBN 978-3-16-159088-7 / eISBN 978-3-16-159089-4
DOI 10.1628/978-3-16-159089-4

ISSN 0722-7574 / eISSN 2568-7255 (Veröffentlichungen zum Verfahrensrecht)

Die Deutsche Nationalbibliothek verzeichnet diese Publikation in der Deutschen Nationalbibliographie; detaillierte bibliographische Daten sind im Internet über *http://dnb.dnb.de* abrufbar.

© 2020 Mohr Siebeck Tübingen. www.mohrsiebeck.com

Das Werk einschließlich aller seiner Teile ist urheberrechtlich geschützt. Jede Verwertung außerhalb der engen Grenzen des Urheberrechtsgesetzes ist ohne Zustimmung des Verlags unzulässig und strafbar. Das gilt insbesondere für die Verbreitung, Vervielfältigung, Übersetzung sowie die Einspeicherung und Verarbeitung in elektronischen Systemen.

Das Buch wurde von Gulde Druck in Tübingen gesetzt, auf alterungsbeständiges Werkdruckpapier gedruckt und gebunden.

Printed in Germany.

Vorwort

Diese Arbeit ist eine aktualisierte und in Teilen überarbeitete Fassung der Dissertation, die im Wintersemester 2018/2019 von der Humboldt-Universität zu Berlin angenommen wurde. Literatur und Rechtsprechung befinden sich auf dem Stand von Mai 2019.

Die entscheidenden Teile der Arbeit sind während der Zeit als wissenschaftlicher Mitarbeiter am Lehrstuhl von Prof. Dr. Gerhard Wagner, LL.M. (University of Chicago) entstanden. Für die Betreuung dieser Arbeit, die prägende Zeit am Lehrstuhl und für die vielen Dinge, die ich während dieser Zeit lernen durfte, bin ich Prof. Wagner zu tiefem Dank verpflichtet. Prof. Dr. Christoph Paulus, LL.M. (Berkeley) danke ich aufrichtig für die Erstellung des Zweitgutachtens und die wertvollen Anmerkungen, die Eingang in die vorliegende Fassung gefunden haben.

Dank gebührt auch den anderen, die die Entstehung dieser Arbeit in den verschiedenen Phasen maßgeblich unterstützt haben. Bedanken möchte ich mich insbesondere für die Möglichkeit eines Forschungsaufenthalts am Universitären Forschungsschwerpunkt (UFSP) Finanzmarktregulierung an der Universität Zürich, allen voran bei Prof. Dr. Rolf Sethe, LL.M. Dem Promotionskolleg „Einheit und Differenz im europäischen Rechtsraum" der Humboldt European Law School danke ich für die fachliche Förderung als Stipendiat. Dank gilt auch Prof. Dr. Dres. h.c. Rolf Stürner für die Aufnahme in die Schriftenreihe „Veröffentlichungen zum Verfahrensrecht" sowie dem Team beim Verlag Mohr Siebeck für die gelungene Betreuung der Veröffentlichung. Der Stiftung Geld und Währung danke ich herzlich für den großzügigen Druckkostenzuschuss. Die Johanna und Fritz Buch Gedächtnis-Stiftung hat die Veröffentlichung der Arbeit ebenfalls großzügig unterstützt; auch ihr gebührt dafür Dank.

Ganz herzlich danken möchte ich weiter den zahlreichen Weggefährten und Freunden am Lehrstuhl und darüber hinaus, die einen maßgeblichen Anteil am Gelingen dieser Arbeit haben. Hier sind insbesondere Alessia Dedual, Peter McColgan, Tanja Holter, David Stadermann und Simon Heetkamp zu nennen. Last but not least danke ich meiner Familie, allen voran meinen Eltern für ihre unnachlässige Unterstützung; meinen Eltern ist die Arbeit gewidmet.

Berlin, Januar 2020   Marcus Bsaisou

Inhaltsverzeichnis

Vorwort V
Abkürzungsverzeichnis XXI

I. Einleitung 1

1. Zentralbanken als natürliche Vollstreckungsziele 1
a) Der schwierige Schuldner Fremdstaat 1
b) Verlockungen zentralbanklichen Reichtums 5

2. Immunitätsschutz von Zentralbankvermögen 7
a) Unterscheidung zwischen immunen und nicht immunen
   Zentralbankvermögen 7
b) Vollstreckungsimmunität und der kupierte Rechtsschutzanspruch . . . 9
c) Bestimmung der praktischen Immunitätsgrenze 11

3. Gang der Arbeit 13

II. Zentralbanken und Vollstreckungsimmunität 17

1. Begriffsbestimmende Funktionen von Zentralbanken 17
a) Der funktionale Begriff der „Zentralbank" 17
b) Stellung der Zentralbanken in den nationalen Volkswirtschaften . . . 20
   aa) Zentralbanken als Hüter nationaler Geld- und Währungssysteme . 20
      (1) Zentrale eines Währungssystems 20
      (2) Währungshoheit als Souveränitätsgrundlage des nationalen
          Währungssystems 20
      (3) Zentralbanken in einer Währungsunion 21
   bb) Überblick über die Zentralbankenfunktionen und Mandat einer
       Zentralbank 22
c) Verantwortung für die Infrastruktur des Finanzsystems 23
d) Verantwortung für die Geldpolitik 24
   aa) Ziele, Methoden und Grenzen der Geldpolitik 24

   bb) Die Mechanismen der Geldpolitik 26
    (1) Die Einflussnahme auf den Geldmarkt 26
    (2) Die Kontrolle des Zinsniveaus auf dem Geldmarkt 27
   cc) Die Instrumente der Geldpolitik 28
    (1) Offenmarktgeschäfte 28
    (2) Ständige Fazilitäten 29
    (3) Mindestreservebestimmungen 30
   dd) Die Geldpolitik in der Finanzkrise 31
  e) Außenwert der Währung – der Wechselkurs 31
   aa) Die Gründe hinter Wechselkursbewegungen 32
   bb) Die einzelnen Wechselkursregime 33
   cc) Devisenmarktinterventionen 34
   dd) Die Beschränkungen des Devisenverkehrs 36
   ee) Das Halten und Verwalten der offiziellen Währungsreserven . . . 37
  f) Sicherung der Finanzstabilität und die Funktion als Lender of
   last resort 37
   aa) Stabilität des Finanzsystems 37
   bb) Die Zentralbank als Lender of last resort 38
  g) Zentralbank als Bank der Regierung 40
2. *Kreis der erfassten Institutionen* 40
3. *Unabhängigkeit der Zentralbanken* 41
  a) historische Entwicklung der Zentralbankenunabhängigkeit 41
  b) Messung der Unabhängigkeit 42
   aa) Grad ihrer Unabhängigkeit 42
   bb) Insbesondere die institutionelle Immunität: Der rechtliche Status
    von Zentralbanken 42
  c) Ökonomische Argumente für eine Zentralbankenunabhängigkeit . . . 43
  d) Selbstständige Rechtspersönlichkeit von Zentralbanken und ihre
   Auswirkung auf Verfahren vor nationalen Gerichten 44
4. *Internationale Zentralbanken* 45
  a) Anschauungsbeispiele Internationaler Zentralbanken 45
  b) Zentralbanken einer Währungsunion – die Europäische Zentralbank
   und das Europäische System der Zentralbanken 46
   aa) Schaffung der europäischen Währungsunion 46
   bb) Institutionelle Ausgestaltung des Eurosystems 47
    (1) Rechtsgrundlagen und die rechtliche Stellung der
     Systembestandteile 47
    (2) Währungsreserven des ESZB 48
   cc) Dezentrale Aufgabenwahrnehmung in dem ESZB 49

Inhaltsverzeichnis IX

c) Bank für internationalen Zahlungsausgleich (BIZ)	50
aa) Entstehung und Aufgaben der BIZ	50
bb) Organisationsrechtliche Struktur der BIZ	53
5. Zentralbankfunktionen jenseits der Grenzen	**54**
a) Internationale Währungsreserven	54
aa) Begriff der Währungsreserven	55
bb) Zwecke der Währungsreserven	55
(1) Funktion als Reserve	55
(2) Weitergehende Zweckbestimmungen und begriffliche Unschärfen	58
cc) Herkunft der Währungsreserven	59
dd) Erscheinungsformen der Währungsreserven	60
(1) Liquidität	60
(2) Sicherheit und Rendite	61
(3) Konkrete Vermögenswerte	63
ee) Träger der Währungsreserven	64
ff) Implikationen für die weitere Untersuchung	65
b) Staatsfonds – Sovereign Wealth Funds	65
aa) Neue staatliche Spieler auf privaten Märkten	65
bb) Ökonomische Hintergründe von Staatsfonds	67
(1) Quellen des Reichtums	67
(2) Volkswirtschaftliche Hintergründe von Staatsfonds	68
cc) Zusammenspiel von Zentralbanken und Staatsfonds	69
dd) Zweckbestimmungen der Anlagen und Spielarten von Staatsfonds	70
(1) Stabilisierungsfonds	70
(2) Sparfonds	71
(3) Entwicklungsfonds, Pensionsfonds und Investitionsfonds für Währungsreserven	71
ee) Unterscheidung von Staatsfonds und Währungsreserven	72
c) Swaplinien zwischen nationalen Zentralbanken	73
aa) Von Bretton-Woods zu einem aktuellem Notinstrument	73
bb) Die technische Umsetzung der Währungsswaps	75
d) Nutzung ausländischer Sicherheiten durch Zentralbanken	76
aa) Marktgeschäfte der Zentralbanken und ihre Besicherung – kein Kredit ohne Sicherheiten	77
bb) Sinn und Zweck der Zulassung ausländischer Sicherheiten	78
cc) Der Gebrauch ausländischer Sicherheiten	79
e) Zentralbankliches Auslandsvermögen durch kommerzielle Bankgeschäfte	80
f) Zentralbanken als wirtschaftliche Vermögensinhaber	82
6. Zwischenergebnis	**86**

III. Vollstreckungsimmunität 89

1. *Immunität in Vollstreckungsverfahren* 89
   a) Eine eigenständige Immunitätskategorie 89
   b) Vollstreckungsverfahren als eine nationalstaatliche Domäne 90
   c) Reichweite des Begriffs der Vollstreckungsverfahren 90
      aa) Die Ausübung staatlicher Hoheitsgewalt durch
          Vollstreckungsverfahren 90
      bb) Die erfassten Verfahrensarten 92

2. *Staatenimmunität als Grenze der nationalen Gerichtsbarkeit* 93
   a) Der Grundsatz nationaler Gerichtsbarkeit und seine Ausnahmen 93
   b) Einwand der Staatenimmunität im Prozess 94

3. *Rechtsgrundlagen der Vollstreckungsimmunität* 95
   a) Völkergewohnheitsrecht als maßgebliche Rechtsgrundlage 95
      aa) Entstehungsvoraussetzungen des Völkergewohnheitsrechts 96
      bb) Feststellung der völkergewohnheitsrechtlichen
          Vollstreckungsimmunität von Zentralbanken 97
   b) Immunität von Staaten in deutschen Vollstreckungsverfahren 99

4. *Entwicklung und geltende Grundsätze der Vollstreckungsimmunität* . 101
   a) „The last bastion of state immunity" 101
      aa) Entwicklung der allgemeinen Staatenimmunität 101
      bb) Der späte Weg zur relativen Vollstreckungsimmunität 103
   b) Das Spannungsfeld der Vollstreckungsimmunität von Zentralbanken . 104
      aa) Die theoretischen Grundlagen 105
         (1) Traditioneller Geltungsgrund der Staatenimmunität 105
         (2) Moderne Begründung der Vollstreckungsimmunität 107
            (a) Funktionalisierung der Vollstreckungsimmunität 107
            (b) Fortgeltung der traditionellen Geltungsgründe 108
      bb) Vollstreckungsimmunität und Rechtsschutzverwirklichung 109
         (1) Anforderungen an die Rechtsschutzmöglichkeiten 109
         (2) Folgen der Vollstreckungsimmunität: Recht ohne
             Rechtsbehelfe 111
         (3) Rechtswidrige Vollstreckungsimmunität? 112
            (a) Rechtsprechung des EGMR 113
            (b) Verletzung deutscher Grundrechte durch
                Immunitätsgewährung 115
            (c) Grundbedingung: Vorhersehbarkeit der Immunitätsregeln . 117
      cc) Bedeutung der Vollstreckungsimmunität im Rahmen der
          Staateninsolvenz 120

(1) Fehlendes Insolvenzverfahren für Staaten – Lückenfüllung
durch die Vollstreckungsimmunität? 120
(2) Rückkehr der Staatsanleihe 124
(3) Nationale Gesetze zum Schutz vor Geierfonds 127
(4) Vollstreckungsimmunität als „Krücke" für fehlende
Insolvenzverfahren? 129
dd) Zwischenergebnis 130

5. Aktuelle Regelungsaussagen der völkergewohnheitsrechtlichen
   Vollstreckungsimmunität 131
   a) Immunität ratio personae und rechtlich selbstständige Einheiten 131
      aa) Souveräner Staat als Immunitätsträger 131
      bb) Immunität rechtlich selbstständiger Einrichtungen nach den
          Immunitätsregelwerken 132
      cc) Überwindung der Immunität ratio personae in der
          kontinentaleuropäischen Praxis 135
      dd) Versuch der Bestimmung des geltenden Völkergewohnheitsrechts 136
   b) Sachliche Reichweite der Vollstreckungsimmunität 137
      aa) Zweckbestimmung des Vermögensgegenstands als
          Abgrenzungskriterium 137
      bb) Anforderungen an die Beziehung zu hoheitlichen Aufgaben 140
   c) Qualifikation des Verwendungszwecks 141
      aa) Das für die Qualifikation maßgebliche Recht 141
      bb) Divergenzen in der nationalen Staatenpraxis 144
      cc) These von der einheitlichen Staatenpraxis 144
         (1) Definition hoheitlicher Verwendungszwecke in der ersten
             Generation der Immunitätskodifikationen 144
         (2) Abweichungen der übrigen Staatenpraxis 147
      dd) Herausbildung von eindeutig hoheitlichen Funktionsbereichen . . 148
   d) Immunitätsverzicht 150
      aa) Verzicht auf die Vollstreckungsimmunität 150
      bb) Anforderungen an die Verzichtserklärung 151
      cc) Anforderungen an den Verzicht auf die Zentralbankimmunität . . 153
   e) Immunität gegenüber Vollstreckungsmaßnahmen vor Erlass eines
      Urteils 153

IV. Vollstreckungsimmunität nationaler Zentralbanken in der
völkerrechtlichen Praxis 157

1. *Vollstreckungsimmunität von Zentralbanken in internationalen
   Verträgen* 158

a) Europäisches Übereinkommen zur Staatenimmunität 158
   aa) Das optionale Vollstreckungsregime 158
   bb) Potentielle Immunität von Zentralbankvermögen 159
b) UN-Immunitätskonvention 160
   aa) Konventionstext 160
   bb) Absolute Immunisierung von Zentralbankvermögen 161
      (1) Regelungsgehalt von Art. 21(1) der
          UN-Immunitätskonvention 161
      (2) Gründe für den speziellen Immunitätspanzer 161
   cc) Potentielle Relativierung des Immunitätsschutzes durch die
       Staatseigenschaft? 164
   dd) Bewertung und Zwischenergebnis 165
2. Die Vollstreckungsimmunität in nationalen Immunitätsgesetzen 166
   a) Foreign Sovereign Immunities Act der USA 166
      aa) Vollstreckungsimmunität fremder Staaten nach dem FSIA US ... 167
      bb) Privilegierung von Zentralbankvermögen 169
         (1) Reichweite des Immunitätsschutzes 169
         (2) Maßgebliche Auslegung seit dem Urteil Weston Compagnie . 171
         (3) Konsequenzen der Auslegung 173
      cc) Aussagekraft der US-amerikanischen Praxis für die
          völkerrechtliche Regelung 174
   b) Der britische State Immunity Act von 1978 175
      aa) Vollstreckungsimmunität nach dem SIA UK 176
      bb) Kompromissloser Immunitätsschutz für Zentralbanken 177
      cc) Behandlung des Immunitätsschutzes in der Rechtsprechung 178
         (1) Rechtssache AIG Capital Partners Inc. v. Kazakhstan 178
         (2) Rechtssache AIC Ltd. v. Federal Government of Nigeria ... 180
      dd) Gesetzliches Merkmal des „Vermögens" 181
      ee) Immunitätsverzicht auf Grundlage des SIA UK 181
   c) Rezeption der Immunitätskodifikationen der ersten Generation 182
      aa) Immunitätsgesetze Pakistans, Singapurs und Südafrikas 183
      bb) Kanadischer State Immunity Act und Australischer Foreign
          States Immunities Act 183
         (1) Entwicklung eigenständiger Regelungsaussagen 183
         (2) Immunitätsschutz von Zentralbanken nach dem kanadischen
             State Immunity Act 185
         (3) Immunität von Zentralbanken in dem australischen Foreign
             States Immunities Act 186
   d) Die neueste Welle an nationalen Immunitätskodifikationen 188
      aa) Immunitätsgesetz Israels 188

Inhaltsverzeichnis XIII

    bb) Gesetzliche Immunitätsregeln in Japan 189
    cc) Immunitätsrechtliche Zeitenwende in Russland 190
        (1) Russisches Immunitätsgesetz und Anerkennung der
            völkergewohnheitsrechtlichen Linie 190
        (2) Inhalt des Gesetzes: Traditionelle Elemente und eine
            entscheidende Besonderheit 191
    dd) Spanische Doppelregelung 192
        (1) Weg zur spanischen Immunitätskodifikation 192
        (2) Vollstreckungsimmunität von Zentralbanken 194
        (3) Immunitätsschutz im Gesetz über die Unabhängigkeit der
            Banco de Espana 195
        (4) Auswirkungen der Doppelregelung auf den Immunitätsschutz
            ausländischer Zentralbanken 196
  e) Vollstreckungsimmunität der Zentralbanken in nationalen
    Spezialregelungen 197
    aa) Französischer Code monétaire et financier 197
        (1) Keine Reformgesetzgebung 197
        (2) Gesetzesinhalt 199
    bb) Immunitätsschutz für Zentralbanken nach dem belgischen Code
        Judiciaire 201
    cc) Besonderer Schutz für Währungsreserven in Slowenien 203
    dd) Chinesisches Spezialgesetz zur Zentralbankenimmunität 203
        (1) Genese des Gesetzes 203
        (2) Gewährleistungsgehalt des Gesetzes 204
        (3) Sonstige chinesische Praxis zur Staatenimmunität 205
    ee) Argentinisches Gesetz Ley 26.961 206
    ff) Versteckte immunitätsrechtliche Stellungnahme in Art. 2 VO (EU)
        Nr. 655/2014 207
        (1) Europäische Kontenpfändungsverordnung 207
        (2) Unanwendbarkeit der EuKPfVO auf Zentralbankkonten . . . 208
  f) Zentralbankenimmunität in nationalen Gesetzen – eine erste
    Einordnung 210

3. Praxis der Staaten ohne gesetzliche Immunitätsregeln 211

  a) Vollstreckungsimmunität von ausländischen Zentralbanken in
    Deutschland 211
    aa) Überkommener rechtsformbezogener Ansatz 211
    bb) Hinwendung zu einem funktionsbezogenen Ansatz 214
    cc) Entscheidungen des Bundesgerichtshofs vom 4. Juli 2013 214
        (1) Sachverhalt 214
        (2) Qualifikation der Vermögensmittel 215

dd) Zwischenergebnis 216
b) Zentralbankbezogene Immunitätspraxis Österreichs 217
   aa) Position Österreichs hinsichtlich der Zentralbankenimmunität ... 217
   bb) Bewertung zentralbanklicher Funktionen in der Rechtsprechung des OGH 218
c) Rechtsprechung der Schweiz und die Klarstellung in Art. 92 Nr. 11 SchKG 220
   aa) Die schweizerischen Regelungen zur Vollstreckungsimmunität .. 220
   bb) Die Behandlung der Vollstreckungsimmunität von Zentralbanken in der schweizerischen Rechtsprechung 223
      (1) Beurteilung der inländischen Gerichtsbarkeit ohne Bezug zur Vollstreckungsimmunität 223
      (2) Anwendung der völkerrechtlichen Maßstäbe zur Vollstreckungsimmunität 224
   cc) Zusammenfassung und Einordnung 226

4. Arbeiten internationaler Gremien und wissenschaftlicher Organisationen zur Vollstreckungsimmunität von Zentralbankvermögen 227
   a) Arbeiten der Zweiten Studienkommission der Deutschen Gesellschaft für Völkerrecht 227
   b) Neuere Kodifikationsarbeiten 230
      aa) Resolutionen des Institut de Droit International 230
         (1) Baseler Resolution 230
         (2) Genese der Zentralbankenprivilegierung 231
         (3) Inhaltliche Einschränkung des zentralbanklichen Immunitätsschutzes 232
      bb) Konventionsentwürfe der International Law Association 233
   c) Bewertung der Kodifikationsbemühungen 235

5. „Lehrmeinungen der fähigsten Völkerrechtler der verschiedenen Nationen" 236
   a) Auffassungen zur Vollstreckungsimmunität von rechtlich unabhängigen Zentralbanken 236
   b) Inhaltliche Reichweite des Immunitätsschutzes 237
      aa) Immunitätsrechtliches Zentralbankenprivileg als „an emerging international custom" 237
      bb) Grenzlinie der Vollstreckungsimmunität von Zentralbanken 239
         (1) Immune Vermögenswerte im Einzelnen 239
         (2) Vollstreckbares Zentralbankvermögen 241
         (3) Abweichende Konzepte von Schütze und Gutzwiller 242

Inhaltsverzeichnis XV

6. Würdigung der untersuchten Staatenpraxis 243
   a) Zusammenhang zwischen Zentralbankautonomie und Immunität ... 243
   b) Immunitätsrechtliche Unangreifbarkeit von Zentralbanken 244
      aa) Umsichgreifende Regelungsvielfalt der Zentralbankenimmunität . 244
      bb) Spezialimmunität für Zentralbankvermögen nach dem
          geltenden Immunitätsrecht 245
      cc) Desiderat verstärkter Zentralbankenimmunität in der Staatpraxis . 247
   c) Bestimmung hoheitlicher Vermögenswerte 248
      aa) Einmütige Beurteilung der Hoheitlichkeit von Währungsreserven . 249
      bb) Immunitätsfernes Vermögen bei gewöhnlichen
          Bankdienstleistungen 250

7. Verzicht auf die Vollstreckungsimmunität von Zentralbanken 251
   a) Rechtstatsächliche Bedeutung des Immunitätsverzichts 251
   b) Kompetenz zur Erklärung des Verzichts 252
      aa) Immunitätsverzicht und die Entscheidungskompetenz des
          Souveräns 252
      bb) Verzichtskompetenz der Zentralbank 254
   c) Anforderungen an die Verzichtserklärung 255
      aa) Unterschiedliche Arten des Verzichts 255
      bb) Rezeption der UN-Immunitätskonvention in den nationalen
          Rechtsordnungen 256
          (1) Vage Andeutungen des Bundesverfassungsgerichts 256
          (2) Immunitätsverzicht nach der UN-Immunitätskonvention ... 258
          (3) Staatenpraxis Frankreichs und Belgiens 261
      cc) Praxis in den übrigen Staaten 263
      dd) Inhalt der völkerrechtlichen Regelung 266

V. Reichweite der Vollstreckungsimmunität im Einzelnen 269

1. Abgrenzung von hoheitlichen und nichthoheitlichen Vermögenswerten
   von Zentralbanken 269
   a) Nutzung völkerrechtlicher Spielräume 269
      aa) Bewältigung der Abgrenzungsaufgabe mit Hilfe des
          Werkzeugkastens der nationalen Rechtsordnung 269
      bb) Anforderungprofil der Abgrenzungsmaßstäbe 270
   b) Kriterienleihe in Rechtsprechung und Literatur 272
      aa) Vorgehen der deutschen Rechtsprechung 272
          (1) Rechtsprechung zu Vollstreckungen gegen Zentralbanken ... 272
          (2) Rechtsprechung zur Vollstreckungsimmunität im Übrigen ... 273

   bb) Abgrenzungsmaßstäbe in der Literatur 275
   cc) Zwischenergebnis und das weitere Vorgehen 276
  c) Qualifikation von Verwendungszwecken in der deutschen
   Rechtsordnung 276
   aa) Begriff der hoheitlichen Zwecke in der deutschen Rechtsordnung . 276
    (1) Begriff der Staatsaufgaben 277
    (2) Hoheitliche Staatsaufgaben und Dualismus von öffentlichem
     Recht und Zivilrecht 278
    (3) Dem Staat eigentümliche Aufgaben, notwendige und
     ausschließliche Staatsaufgaben 281
   bb) Unterscheidung zwischen Verwaltungs- und Finanzvermögen . . . 283
    (1) Verbreitung des Kriteriums 283
    (2) Ungeeignetheit des Kriteriums 284
    (3) Berechtigung des Ansatzes 286
   cc) Zwischenergebnis 286
  d) Abgrenzung anhand von „wirtschaftlichen Zwecken" 286
   aa) Immunitätsausnahme für „wirtschaftliche Zwecke" 286
   bb) Wirtschaftlicher Charakter der angestrebten Tätigkeit 287
  e) Leitende Wertungen für die Bestimmung der Hoheitlichkeit von
   Staatsfunktionen 289
   aa) Erstens: Beschränkung der Vollstreckungsimmunität auf
    Verwaltungsvermögen 290
   bb) Zweitens: Bestimmung hoheitlicher Staatsfunktionen anhand des
    finanzwissenschaftlichen Konzeps der öffentlichen Güter 291
    (1) „Leihe" ökonomischer Kriterien 292
    (2) Eigenschaften eines öffentlichen Guts 294
    (3) Produktion von öffentlichen Gütern durch Zentralbanken . . . 295
    (4) Übrige Vermögenswerte: Ein unsicherer Befund 297
   cc) Drittens: Bestimmung hoheitlicher Verwendungszwecke anhand
    der Währungshoheit 298
    (1) Zusammenhang zwischen Währungshoheit und
     Zentralbankenimmunität 298
    (2) Inhalt der Währungshoheit 300
     (a) Staatliche Währungshoheit nach dem Grundgesetz 300
     (b) Verständnis der Währungshoheit im Übrigen 302
     (c) Unabhängigkeit der Zentralbanken 303
    (3) Anwendung dieses Maßstabs auf einzelne
     Zentralbankfunktionen 305
  f) Zwischenergebnis: Die Einordnung der Beispielsfälle 307
  g) Kritische Überprüfung des vorgeschlagenen Abgrenzungskonzepts . . 308

Inhaltsverzeichnis XVII

2. Praktische Reichweite der Vollstreckungsimmunität von Zentralbanken – der Nachweis der Immunitätsvoraussetzungen im Prozess . 311
   a) Bedeutung der prozessualen Anforderungen an den Nachweis der Immunitätsvoraussetzungen im Prozess 311
      aa) Ausschluss des Rechtsschutzes durch die Ausgestaltung des Beweisverfahrens 311
      bb) Maßgebliche Rechtsordnung 312
   b) Pflicht des Forumstaates zur Immunitätsgewährung 313
      aa) Berücksichtigung der Immunität von Amts wegen 313
      bb) Ermittlung der tatsächlichen Immunitätsvoraussetzungen im deutschen Zivilprozess 314
         (1) Grundsätzliche Geltung des Beibringungsgrundsatzes in Vollstreckungsverfahren 314
         (2) Keine Ausnahme für die Ermittlung der tatsächlichen Immunitätsvoraussetzungen 316
   c) Verteilung der Beweislast 318
      aa) Völkerrechtlicher Spielraum der Gerichtsstaaten 319
         (1) Praxis der Staaten mit Immunitätsgesetzen 319
         (2) Immunitätspraxis in Deutschland 321
         (3) Praxis in anderen Staaten ohne Immunitätsgesetze 323
      bb) Beweislastverteilung aufgrund eines Regel-Ausnahme-Verhältnisses – eine Sackgasse 325
      cc) Nutzung der völkerrechtlichen Spielräume 326
         (1) Beweislastverteilung auf dem Boden der deutschen Rechtsordnung 326
         (2) Auslegung des § 20 GVG 328
         (3) Beweislastverteilung aufgrund von Wertungen 330
            (a) Einwirkungen des Verfassungsrechts auf die Beweisanforderungen 330
            (b) Umsetzung der verfassungsrechtlichen Vorgaben 333
   d) Beweiserleichterungen zugunsten des fremden Staates 335
      aa) Immunitätsfreundliche Auffassung der deutschen Rechtsprechung 335
      bb) Furcht vor einer Ausforschung interner Angelegenheiten 338
         (1) Zustimmung anderer Rechtsordnungen 338
         (2) Abweichende Praxis in anderen Rechtsordnungen 339
         (3) Reichweite der discovery in den USA 340
      cc) Gratwanderung bei der Bestimmung der prozessualen Lasten der fremden Zentralbank 342
         (1) Notwendigkeit von Nachprüfungsmöglichkeiten der Gerichte . 342
         (2) Rücksichtnahme auf die Geheimhaltungsinteressen fremder Staaten 345

(3) Nachweisobliegenheiten des fremden Staates 348
(4) „Pfändungsschutz" zugunsten armer Staaten? 350
dd) Auskunftsanspruch des Gläubigers gegen den Fremdstaat vor der
Vollstreckung? 351
e) Beweisanforderungen bei Mischkonten 352
aa) Die schuldnerfreundlichste Lösung 352
bb) Schwerpunkt der Nutzung 354
cc) Aufteilung des Kontos 355

VI. Vollstreckungsimmunität Internationaler Zentralbanken 357

1. Relevanz der Vollstreckungsimmunität von Internationalen Zentralbanken 357

2. Immunitätsregime Internationaler Zentralbanken 358
a) Völkerrechtlicher Status Internationaler Zentralbanken 358
b) Das eigenständige Immunitätsregime Internationaler Organisationen . 358
aa) Systematische Unabhängigkeit der Immunitätsregime 358
bb) Geltungsgründe der Immunität 359
c) Rechtsquellen und die Reichweite der Immunität 361
aa) Immunitätsbestimmungen der völkerrechtlichen Verträge 361
(1) Relativität der Immunitätsgewährleistungen 361
(2) Traditionelle Auffassung von der absoluten Immunität 362
(3) Functional-necessity-Doktrin 364
(4) Konvergenz der Immunitätsregime 365
bb) Regelung der Immunität von Internationalen Zentralbanken
in nationalen Immunitätsgesetzen 366
cc) Vollstreckungsimmunität auf Grundlage einer
völkergewohnheitsrechtlichen Regel 367

3. Vollstreckungsimmunität der Zentralbank in einer Währungsunion – die Europäische Zentralbank 369
a) Grundlagen der Immunität 369
b) Immunitätsprotokoll und das Sitzabkommen 370
aa) Rigoros weiter Schutzbereich in den Vertragsdokumenten 370
bb) Ermächtigung zur Vollstreckung durch den EuGH 371
cc) Immunität der nationalen Zentralbanken im ESZB 373

4. Bank für Internationalen Zahlungsausgleich 374
a) Vollstreckungsimmunität auf Grundlage der völkerrechtlichen
Verträge 374

b) Vollstreckungsimmunität für Vermögen Dritter 377
   aa) Funktionale Notwendigkeit der Vollstreckungsimmunität 377
   bb) Missbrauchseinwand der Hedgefonds 378

5. *Immunität der EZB und BIZ gegenüber Drittstaaten* 380
   a) Immunitätsregeln im Völkergewohnheitsrecht und auf Grundlage
      von Treu und Glauben 380
   b) Innerstaatliche Immunitätsregelungen 380

6. *Zwischenergebnis: Vollstreckungsimmunität Internationaler Zentralbanken – Paradebeispiele „fremder Zentralbanken"* 383

VII. Ergebnisse der Untersuchung 385

1. *Geltende Rechtslage – Ein unvollständiges Rechtsregime* 385

2. *Untersuchungsgegenstand: Zentralbanken* 386
   a) Funktionale Verständnis – Kernaufgaben und Unabhängigkeit 386
   b) Erscheinungsformen zentralbanklichen Auslandsvermögens 387

3. *Zugrundeliegendes Rechtsregime – Die völkerrechtliche Vollstreckungsimmunität* 388

4. *Reichweite und Verwirklichung des Immunitätsschutzes von Zentralbanken gegenüber Vollstreckungsverfahren* 389
   a) Immunitätsrechtliche Behandlung von Zentralbankvermögen 389
   b) Anforderungen an den Immunitätsverzicht von Zentralbanken 392
   c) Praktische Verwirklichung der Vollstreckungsimmunität im Prozess . . 392

5. *Gesonderte Immunitätswelt Internationaler Zentralbanken* 394

6. *Abschließende Bewertung* 395

Liste der zitierten ausländischen und internationalen Regelwerke 401
Verzeichnis der zitierten Gerichtsentscheidungen 403
Verzeichnis der zitierten Literatur 411
Sachregister 439

Abkürzungsverzeichnis

Abs.	Absatz
AcP	Archiv für civilistische Praxis (Zeitschrift)
AEUV	Vertrag über die Arbeitsweise der Europäischen Union
AG	Amtsgericht
Art.	Artikel
Aufl.	Auflage
AVR	Archiv des Völkerrechts (AVR) (Zeitschrift)
BGB	Bürgerliches Gesetzbuch
BGBl.	Bundesgesetzblatt
BGE	Entscheidungen des Schweizerischen Bundesgerichts
BGH	Bundesgerichtshof
BIZ	Bank für Internationalen Zahlungsausgleich
BBankG	Gesetz über die Deutsche Bundesbank
BCRA	Banco Central de la República Argentina
BVerfG	Bundesverfassungsgericht
BVerfGE	Entscheidungen des Bundesverfassungsgerichts
d.h.	das heißt
DZWiR	Deutsche Zeitschrift für Wirtschaftsrecht (Zeitschrift)
DM	Deutsche Mark
EGMR	Europäischer Gerichtshof für Menschenrechte
EL	Ergänzungslieferung
EMRK	Europäische Menschenrechtskonvention
Ent.	Entscheidung
ESA	European Space Agency
EuGH	Europäischer Gerichtshof
EUR	Euro
EuKPfVO	Europäische Kontenpfändungsverordnung, VO (EU) Nr. 655/2014
EZB	Europäische Zentralbank
ESZB	Europäisches System der Zentralbanken
ESZB/EZB-Satzung	Satzung des Europäischen Systems der Zentralbanken und der Europäischen Zentralbank
EWR	Europäischer Wirtschaftsraum
FAZ	Frankfurter Allgemeine Zeitung
FRB	Federal Reserve Bank
FSIA	Foreign Sovereign Immunities Act
FSIA Australien	Foreign State Immunity Act Australien
FSIL Israel	Foreign States Immunity Law
FSIA US	Foreign State Immunity Act der USA

f.	folgende
ff.	fortfolgende
Fn.	Fußnote
gem.	gemäß
GG	Grundgesetz
GVG	Gerichtsverfassungsgesetz
HGB	Handelsgesetzbuch
HIPC	Heavily indebted poor countries
Hrsg.	Herausgeber
I.C.J.	International Court of Justice
ICSID	International Centre for Settlement of Investment Disputes
i. F. d.	in der Form des/der
IDI	Institut de Droit International
IGH	Internationaler Gerichtshof
i. H. v.	in Höhe von
ILA	International Law Association
ILC	International Law Commission
ILM	International Legal Materials
ILR	International Law Reports
IOIA	International Organizations Immunities Act of 1945
IOPIA	International Organisations (Privileges and Immunities) Act
i. S. d.	im Sinne des/der
i. V. m.	in Verbindung mit
IWF	Internationaler Währungsfonds
IPRax	Praxis des Internationalen Privat- und Verfahrensrechts (Zeitschrift)
JDI	Journal du droit international (Zeitschrift)
JW	Juristische Wochenschrift (Zeitschrift)
KG	Kammergericht
LAG	Landesarbeitsgericht
LG	Landgericht
lit.	littera
MIGA	Multilateral Investment Guarantee Agency
Mrd.	Milliarden
m. w. N.	mit weiteren Nachweisen
NIOC	National Iranian Oil Company
NJOZ	Neue Juristische Online Zeitschrift (Zeitschrift)
NJW	Neue Juristische Wochenschrift (Zeitschrift)
NJW-RR	Neue Juristische Wochenschrift Rechtsprechung Report (Zeitschrift)
Nw. J. Int'l L. & Bus.	Northwestern Journal of International Law & Business (Zeitschrift)
o. Ä.	oder Ähnliche(s)
OAS	Organization of American States
OECD	Organisation for Economic Co-operation and Development
OGH	Oberster Gerichtshof (Österreich)
OLG	Oberlandesgericht
OLGR	OLG-Report
QBD	Queen's Bench Devision
OTC	Over-The-Counter

Abkürzungsverzeichnis

RabelsZ	Rabels Zeitschrift für ausländisches und internationales Privatrecht (Zeitschrift)
RIW	Recht der Internationalen Wirtschaft (Zeitschrift)
RPfleger	Der Deutsche Rechtspfleger (Zeitschrift)
Rn.	Randnummer
Rs.	Rechtssache
SchiedsVZ	Zeitschrift für Schiedsverfahren (Zeitschrift)
SchKG	Bundesgesetz über Schuldbetreibung und Konkurs (Schweiz)
S.D.N.Y.	Southern District of New York
SEK	Schwedische Kronen
SIA Kanada	State Immunity Act Kanada
SIA UK	State Immunity Act von Großbritannien
SIO Pakistan	State Immunity Ordinance Pakistan
SIA Singapur	State Immunity Act Singapur
SNB	Schweizerische Nationalbank
sog.	sogenannte(r/s/n)
S.	Seite
u. a.	und andere(r)
U.C. Davis L. Rev.	UC Davis Law Review (Zeitschrift)
UN	United Nations
Urt.	Urteil
U.S.	United States
USD	US-Dollar
v.	versus
vgl.	vergleiche
VwGO	Verwaltungsgerichtsordnung
WLR	Weekly Law Reports
WM	Wertpapier-Mitteilungen Zeitschrift für Wirtschafts- und Bankrecht (Zeitschrift)
WÜD	Wiener Übereinkommen über diplomatische Beziehungen
ZaöRV	Zeitschrift für ausländisches öffentliches Recht und Völkerrecht (Zeitschrift)
ZBB	Zeitschrift für Bankrecht und Bankwirtschaft (Zeitschrift)
z. B.	zum Beispiel
ZEuP	Zeitschrift für Europäisches Privatrecht (Zeitschrift)
ZfgK	Zeitschrift für das gesamte Kreditwesen (Zeitschrift)
ZHR	Zeitschrift für das gesamte Handels- und Wirtschaftsrecht (Zeitschrift)
ZIP	Zeitschrift für Wirtschaftsrecht (Zeitschrift)
ZPO	Zivilprozessordnung
ZRP	Zeitschrift für Rechtspolitik (Zeitschrift)
ZSR	Zeitschrift für Schweizerisches Recht (Zeitschrift)
ZVglRWiss	Zeitschrift für vergleichende Rechtswissenschaft (Zeitschrift)
ZZP	Zeitschrift für Zivilprozess (Zeitschrift)

I. Einleitung

1. Zentralbanken als natürliche Vollstreckungsziele

a) Der schwierige Schuldner Fremdstaat

In den letzten drei Monaten des Jahres 2005 transferierte die Banco Central de la Republica Argentina, die argentinische Zentralbank, rund USD 2,1 Mrd. an internationalen Reserven von ihren Konten bei der Federal Reserve Bank of New York auf Konten bei der Bank für Internationalen Zahlungsausgleich („BIZ") in der Schweiz.[1] Ein entscheidender Anlass für die aufwendige[2] Vermögensverschiebung war die Sorge der Zentralbank, Ziel von Vollstreckungsversuchen prozessierender Gläubiger in den USA zu werden.[3]

Im Zuge einer schweren Finanz- und Wirtschaftskrise hatte die argentinische Regierung im Dezember 2001 erklärt, Auslandsschulden von über USD 80 Mrd. nicht mehr zu bedienen.[4] Zu den Gläubigern dieser Schulden gehörten zwei US-amerikanische zu derselben Unternehmensgruppe gehörende Hedgefonds, EM Ltd. und NML Capital, die kurz zuvor massenhaft argentinische Staatsanleihen unter hohen Preisabschlägen auf den Märkten aufgekauft hatten[5] und im Laufe der Zeit Zahlungstitel über rund USD 2,4 Mrd. erstritten.[6] Die Hedgefonds waren auf die Angebote Argentiniens, die nicht mehr bedienten Altanleihen in neue Anleihen umzutauschen, um dadurch eine Herabsenkung der Staatsschul-

---

[1] U.S. Court of Appeals, 2nd Circuit, *NML Capital v. Banco Central de la Republica Argentina*, 652 F.3d 172, 177f. (2011).

[2] Die Vermögensverschiebung zog einen größeren Aufwand nach sich, weil die argentinische Zentralbank nun gezwungen war, Mittel auf das Konto bei der Federal Reserve Bank of New York zurückzuüberweisen, die sie dort für bestimmte Zwecke regelmäßig benötigte, U.S. District Court (S.D.N.Y.), *EM Ltd. v. The Republic of Argentina*, 720 F.Supp.2d 273, 289f. (2010).

[3] U.S. Court of Appeals, 2nd Circuit, *NML Capital v. Banco Central de la Republica Argentina*, 652 F.3d 172, 178 (2011).

[4] *Sester*, NJW 2006, 2891; dazu auch U.S. Court of Appeals, 2nd Circuit, *EM Ltd. v. Republic of Argentina*, 473 F.3d 463, 466 (2007).

[5] *Paulus*, ZIP 2013, 2190, 2191; *Klavan*, 5 Creighton Int'l & Comp. L.J. (2013) 47, 48f.

[6] U.S. Court of Appeals, 2nd Circuit, *NML Capital v. Banco Central de la Republica Argentina*, 652 F.3d 172, 176 (2011).

den auf ein tragfähiges Maß zu erreichen, nicht eingegangen. Sie setzten vielmehr darauf, die Anleihen zum Nennwert auf dem Rechtsweg durchzusetzen (sog. *holdout*-Strategie).[7]

Am 30. Dezember 2005 beantragten EM Ltd. und NML Capital bei einem Gericht in New York die Vollstreckung in Konten der argentinischen Zentralbanken bei der Federal Reserve Bank of New York und ließen rund USD 100 Mio. vorläufig einfrieren.[8] Die Vollstreckungsmaßnahmen wurden zwar kurze Zeit später wieder aufgehoben.[9] Den Hedgefonds gelang es aber, auf Grundlage einer anderen rechtlichen Argumentation eine erneute Pfändung des Guthabens der argentinischen Zentralbank zu erwirken;[10] bis ein Berufungsgericht die erstinstanzliche Entscheidung Mitte 2011 erneut aufhob.[11] Zwischenzeitlich hatten die Gläubiger zudem die in die Schweiz abgezogenen Gelder verfolgt und Ende 2009 erfolgreich einen Arrest in Guthaben der Republik Argentinien und seiner Zentralbank bei der BIZ beantragt. Diese Vollstreckungsmaßnahmen hatten ebenfalls keinen Bestand – am Ende bestätigte das Schweizerische Bundesgericht die Aufhebung des Arrests.[12] In einem letzten Angriff auf das Vermögen der argentinischen Zentralbank versuchten die Gläubiger, New Yorker Gerichte im Jahr 2013 davon zu überzeugen, die unterschiedliche Rechtspersönlichkeit der argentinischen Republik und ihrer unabhängigen Zentralbank in einem Feststellungsurteil beiseite zu schieben, um in überall auf der Welt belegenes Vermögen der argentinischen Zentralbank vollstrecken zu können.[13] Auch diese Strategie scheiterte 2015 letztlich vor einem New Yorker Berufungsgericht.[14]

Auch wenn die Vollstreckungsversuche gegen die argentinische Zentralbank scheitertern, waren die Hedgefonds mit ihrer Strategie letzten Endes erfolgreich. Der US-amerikanische Hedgefonds NML Capital überzeugte amerikanische Ge-

---

[7] U.S. Court of Appeals, 2nd Circuit, *NML Capital v. Banco Central de la Republica Argentina*, 652 F.3d 172, 176 f. (2011) Fn. 4.

[8] U.S. District Court (S.D.N.Y.), *EM Ltd. v. The Republic of Argentina*, 720 F.Supp.2d 273, 725 (2010).

[9] Ein District Court hob die Zwangsmaßnahmen bereits Anfang Januar 2006 wieder auf. Diese Entscheidung bestätigte das U.S. Court of Appeals, 2nd Circuit, *EM Ltd. v. Republic of Argentina*, 473 F.3d 463 (2007); dort im Einzelnen zur Prozessgeschichte auf S. 466 ff.

[10] U.S. District Court (S.D.N.Y.), *EM Ltd. v. The Republic of Argentina*, 720 F.Supp.2d 273 (2010).

[11] U.S. Court of Appeals, 2nd Circuit, *NML Capital v. Banco Central de la Republica Argentina*, 652 F.3d 172 (2011).

[12] Schw. Bundesgericht, *NML Capital Ltd. und EM Limited gg. Bank für Internationalen Zahlungsausgleich*, 136 III BGE, 379.

[13] U.S. Court of Appeals, 2nd Circuit, *EM Ltd., NML Capital, Ltd., v. Banco Central de la Republica Argentina*, 800 F.3d 78, 86 (2015).

[14] U.S. Court of Appeals, 2nd Circuit, *EM Ltd., NML Capital, Ltd., v. Banco Central de la Republica Argentina*, 800 F.3d 78 (2015).

richte von einer umstrittenen[15] Auslegung sog. „Pari-Passu"-Klauseln, die zum Standard in Verträgen über Staatsanleihen zählen.[16] Danach sei es Argentinien verwehrt, umgetauschte Anleihen zu bedienen, ohne nicht gleichzeitig auch die Inhaber der alten Anleihen pro rata zu befriedigen.[17] Eigentliche Durchschlagskraft entfaltete diese Interpretation erst im Zusammenspiel mit einer einstweiligen Anordnung der Gerichte, mit der sämtlichen Finanzinstitutionen und sonstigen Drittparteien weltweit unter Androhung von Sanktionen untersagt wurde, an Zahlungen an Inhaber der umgetauschten Anleihen mitzuwirken.[18] Dadurch war Argentinien nicht mehr in der Lage, ausschließlich die kooperativen Gläubiger der Neu-Anleihen zu bezahlen. Argentinien entschied sich indes dafür, dem juristischen Druck nicht nachzugeben, einen abermaligen Zahlungsausfall in Kauf zu nehmen und fällige Raten der neuen Anleihen nicht zu entrichten.[19] Nach der Abwahl der für den unnachgiebigen Kurs des Landes verantwortlichen Präsidentin *Kirchner* hat sich Argentinien unter der neuen politischen Führung sehr schnell mit den ausharrenden Gläubigern geeinigt, um die jahrelang aufwendig geführten Rechtsstreitigkeiten zu beenden und den Zugang zu ausländischen Kapitalmärkten wiederzuerlangen.[20]

Die Verkündung Argentiniens, seine Staatsschulden nicht mehr zu bedienen, war auf den Ausbruch einer der schwersten Wirtschafts- und Finanzkrisen des Landes gefolgt, im Zuge dessen die Landeswährung, der Peso, einen Großteil seines Wertes verlor.[21] In der andauernden Finanz- und Wirtschaftskrise des Lan-

---

[15] *Olivares-Caminal*, 40 Hofstra Law Review (2011) 39, 45 ff.

[16] *Buchheit/Pam*, 53 Emory Law Journal (2004) 869, 871; *Bratton/Gulati*, 57 Vanderbilt Law Review (2004) 1, 636.

[17] U.S. District Court (S.D.N.Y.), *NML Capital Ltd. et al v. Republic of Argentina*, 2008 WL 839740; U.S. Court of Appeals, 2nd Circuit, *NML Capital Ltd. et al v. Republic of Argentina*, 699 F.3d 246 (2012); erneute Verhandlung U.S. Court of Appeals, 2nd Circuit, *NML Capital Ltd. et al v. Republic of Argentina*, 727 F.3d 230 (2013); dazu *Weidemaier*, 8 Capital Markets Law Journal (2013) 123; diese Argumentation der Gläubiger war nicht neu, *Olivares-Caminal*, 40 Hofstra Law Review (2011) 39, 43 ff.

[18] *Weidemaier*, University of Illinois Law Review (2014) 67, 195 ff.; *Paulus*, ZIP 2013, 2190, 2192 f.; zur Bedeutung von einstweiligen Anordnungen *Weidemaier/Gelpern*, 31 Yale Journal on Regulation (2014) 189.

[19] In Reaktion auf die juristische Zwangslage in den USA versuchte Argentinien, den Vorschlag eines umfassend geregelten Insolvenzverfahrens für Staaten politisch wiederzubeleben. Auf maßgebliche Initiative Argentiniens und mit großer Mehrheit verabschiedete die 69. Generalversammlung der Vereinten Nationen eine Resolution, nach der die Vereinten Nationen einen verbindlichen Rechtsrahmen für ein internationales Entschuldungsverfahren entwickeln sollen, vgl. *Kirchners Erfolg im Schuldenstreit*, FAZ v. 11.09.2014, Nr. 211, S. 20.

[20] *Argentinien einigt sich mit Italienern*, FAZ v. 03.02.2016, Nr. 28, S. 21; *Wie ein Hedgefonds an Argentinien richtig Geld verdient*, FAZ v. 02.03.2016, Nr. 52, S. 17.

[21] *Samples*, 35 Nw. J. Int'l L. & Bus. (2014-2015) 49, 66 f.; *Waiting for the IMF to tango*, The Economist v. 30.03.2002, Nr. 8266, S. 55.

des hatten die Dollar-Reserven der argentinischen Zentralbank dazu gedient, den Wechselkurs des Pesos zum US-Dollar zu stützen.[22] Nach Aussage eines Vertreters der Banco Central de la Republica Argentina („BCRA") in einem der Verfahren vor den New Yorker Gerichten „[would] an attachment of any significant portion of BCRA's international reserves [...] quite literally have caused the collaps of the Argentine peso with incalculable effects on the Republic's economy, social order and political stability".[23]

Das zähe rechtliche Ringen zwischen der argentinischen Zentralbank und den Hedgefonds ist ein Beispiel dafür, inwieweit Zentralbanken Ziele von Vollstreckungsangriffen privater Gläubiger werden können. Welche dramatischen Folgen ein Vollstreckungszugriff auf das Vermögen einer Zentralbank zeitigen kann, illustriert die soeben zitierte Aussage des argentinischen Zentralbankvertreters. Was ins Auge fällt, ist die Beharrlichkeit, mit der die US-amerikanischen Hedgefonds versuchten, gerade das Vermögen der argentinischen Zentralbank zur Befriedigung ihrer Ansprüche heranzuziehen. Diese Beharrlichkeit lässt sich mit den besonderen Schwierigkeiten erklären, denen sich Gläubiger ausländischer Staaten gegenübersehen und die sich in besonderer Schärfe bei sehr hohen Zahlungsansprüchen stellen.[24]

Mehr als sonst bedeuten Urteile in diesen Fällen lediglich Etappensiege. Denn wenn der fremde Schuldnerstaat den Urteilen nicht freiwillig nachkommt, stellt sich die Frage, wie Gläubiger ihre Zahlungstitel durchsetzen können. Dabei liegt es nahe, den gerichtlichen Rechtsschutzweg weiter zu beschreiten und mit Hilfe von nationalen Zwangsvollstreckungsverfahren zu versuchen, an die geschuldeten Beträge zu gelangen. Vollstreckungen gegen einen Schuldnerstaat haben allerdings nur außerhalb seines Staatsgebiets realistische Aussichten auf Erfolg. Auf seinem Staatsgebiet kann der Schuldnerstaat Vollstreckungen kraft seiner souveränen Regelungsgewalt jederzeit unterbinden.[25] Staatliche Vermögenswerte jen-

---

[22] U.S. Court of Appeals, 2nd Circuit, *NML Capital v. Banco Central de la Republica Argentina*, 652 F.3d 172, 178 (2011).

[23] Zitiert in U.S. Court of Appeals, 2nd Circuit, *NML Capital v. Banco Central de la Republica Argentina*, 652 F.3d 172, 178 (2011).

[24] Die Dimensionen, in denen sich titulierte Ansprüche privater Gläubiger gegen fremde Staaten bewegen können, machen beispielsweise die Schiedssprüche des Ständigen Schiedsgerichtshofs in Den Haag vom 18. Juli 2014 gegen den russischen Staat deutlich. Darin wurde der russische Staat verurteilt, ehemaligen Aktionären des *Yukos*-Konzerns eine Rekordsumme von rund USD 50 Mrd. an Schadensersatz für Enteignungen im Rahmen der Zerschlagung des Konzerns zu zahlen, vgl. Ständiger Schiedsgerichtshof, Den Haag, PCA Case No. AA 226, PCA Case No. AA 227 und PCA Case No. AA 228; *Wilske/Markert/Bräuninger*, SchiedsVZ 2015, 49, 66.

[25] Dazu *Foster*, 25 Arizona Journal of International and Comparative Law (2008) 666, 670f.

seits der eigenen Grenzen sind jedoch in der Regel rar und nicht leicht aufzuspüren. Das gilt erst recht für Vermögen zur Befriedigung von Forderungen in einem Umfang, wie sie etwa die US-amerikanischen Hedgefonds gegen die Republik Argentinien geltend machten. Anders als Botschaftsgebäude oder Regierungsflugzeuge sind fremdstaatliche Vermögenswerte in Milliardenhöhe nicht ohne Weiteres erkennbar. Auf der Suche nach tauglichen Befriedigungsmöglichkeiten geraten Zentralbanken fast zwangsläufig in das Visier der Gläubiger. Denn die Institute halten regelmäßig große Vermögen im Ausland, die sie wegen den damit verfolgten Funktionen nicht in ihrem jeweiligen Heimatstaat in Sicherheit bringen können. In ihren Händen liegen häufig die Währungsreserven[26] des Landes und damit ein Großteil des staatlichen Auslandsvermögens. Dabei handelt es sich für gewöhnlich um große Summen, mit denen ohne Weiteres hohe Forderungen befriedigt werden können.[27] Nach Berechnungen des IWF sollen die weltweiten Währungsreserven Ende 2017 rund USD 13,24 Billionen betragen haben.[28]

b) Verlockungen zentralbanklichen Reichtums

Gläubiger hatten schon früh den Reichtum von Zentralbanken ins Visier genommen. Bereits im Jahr 1921 hatte der Preußische Gerichtshof zur Entscheidung der Kompetenzkonflikte[29] u. a. über die Zulässigkeit eines Arrestverfahrens gegen die polnische Landesdarlehenskasse, die als polnische Staatsbank mit dem Privileg der Notenausgabe und damit wesentlichen Zentralbankfunktionen ausgestattet war, zu entscheiden.[30] Die ehemaligen Eigentümer eines Unternehmens, das auf polnischem Gebiet einen Verlag und Buchhandel betrieben hatte, forderten Schadensersatz für die angebliche Enteignung ihres Betriebes, die die polnische Regierung im Anschluss an das Ende der deutschen Besatzung in Polen vorgenommen haben sollte. Obwohl sich die Schadensersatzforderungen gegen den polnischen Staat richteten, erhoben sie gegen die mit selbstständiger

---

[26] Währungsreserven werden im Ausland gehalten und dienen vielen unterschiedlichen Funktionen, deren Erfüllung dadurch gewährleistet wird, dass der Staat gegenüber dem Ausland Zahlungen vornehmen kann, siehe dazu ausführlich unten S. 54 ff.
[27] *Ostrander*, 22 Berkeley Journal of International Law (2004) 541, 568.
[28] *IWF*, Annual Report 2018, Appendix I: International Reserves, 1 (Umrechnungskurs vom 29.12.2017).
[29] Der Gerichtshof entschied über die Kompetenzkonflikte zwischen Gerichten und Verwaltungsbehörden. Das hiesige Verfahren wurde dadurch eingeleitet, dass der Präsident des preußischen Staatsministeriums den Kompetenzkonflik erhob und die Unzulässigkeit des Rechtsweges für die Verfahren geltend machte, Pr. Kompetenzkonflikt-Gerichtshof, JW 1921, 1481.
[30] Pr. Kompetenzkonflikt-Gerichtshof, JW 1921, 1481.

Rechtspersönlichkeit ausgestattete Landesdarlehenskasse Klage und erwirkten parallel dazu einen Arrest ihres Vermögens in Deutschland.[31] Der Gerichtshof sah in der polnischen Landesdarlehenskasse aufgrund ihrer rechtlichen Selbstständigkeit keinen Teil des polnischen Fiskus. Selbst wenn sie Träger des polnischen Staatsvermögens sei, unterliege sie daher der inländischen Gerichtsbarkeit, auch im Rahmen von Vollstreckungsverfahren. Der Gerichtshof hielt Verfahren dennoch für unzulässig, weil die Kläger lediglich Ansprüche gegen den polnischen Staat, nicht aber gegen die polnische Landesdarlehenkasse geltend machten. Über eine Mithaftung der Landesdarlehenskasse könne nicht entschieden werden, weil für die Frage der Haftung des polnischen Staates die inländische Gerichtsbarkeit fehle.[32]

Vollstreckungsverfahren gegen Zentralbanken sind bis heute ein häufiges Phänomen geblieben und haben in unterschiedlichen Rechtsordnungen zahlreiche Gerichtsentscheidungen hervorgebracht.[33]

Wie der soeben dargestellte Fall zeigt, zielen die Vollstreckungen nicht in jedem einzelnen Fall darauf ab, Zahlungsverpflichtungen der Zentralbanken durchzusetzen. Aber häufig genug sind Zentralbanken zugleich materiell-rechtliche Schuldner. Die Haftung ist dann Folge einer umfangreichen Geschäftstätigkeit auf den Märkten, auf denen sie etwa kommerzielle Bankdienstleistungen erbringen,[34] Schulden des Staates garantieren oder selber Schuldtitel zu fiskalischen Zwecken emittieren.[35] Daneben sind Zentralbanken dann von Vollstreckungsverfahren betroffen, wenn Gläubiger versuchen, auf Vermögen des Staates zuzugreifen, das in den Händen der Institute, etwa auf dortigen Konten oder Depots, liegt. Manche Staaten wickeln zudem Teile des Auslandszahlungsverkehrs über Konten der Zentralbank ab.[36] Richten sich die Ansprüche an sich ge-

---

[31] Pr. Kompetenzkonflikt-Gerichtshof, JW 1921, 1481, 1484. Der Preußische Gerichtshof kam trotz der rechtlichen Selbstständigkeit zu dem Ergebnis, dass das Verfahren sich in der Sache gegen den polnischen Staat richte und die inländische Gerichtsbarkeit kraft dessen Immunität daher nicht eröffnet sei.

[32] Pr. Kompetenzkonflikt-Gerichtshof, JW 1921, 1481, 1484.

[33] Jüngste Beispiele sind etwa BGH, NJW-RR 2013, 1532; U.S. Court of Appeals, 2nd Circuit, *NML Capital v. Banco Central de la Republica Argentina*, 652 F.3d 172 (2011); Schw. Bundesgericht, *NML Capital Ltd. und EM Limited gg. Bank für Internationalen Zahlungsausgleich*, 136 III BGE, 379; High Court, QBD, *AIG Capital Partners Inc and another v. Kazakhstan*, [2006] 1 WLR 1420.

[34] Siehe unten S. 80.

[35] *Bhatia*, Sovereign Credit Ratings Methodology: An Evaluation, 2002, 17; *Gray/Pongsaparn*, Issuance of Central Bank Securities: International Experiences and Guidelines, 2015, 4 ff.

[36] U.S. District Court, S.D.N.Y., *LNC Investments, Inc. v. Republic of Nicaragua*, 115 F.Supp.2d 358, 364 f. (2000).

gen den Staat, stellt sich zudem die Frage, inwieweit das Vermögen von Zentralbanken hierfür vollstreckungsrechtlich mithaftet.[37]

Für den Heimatstaat sind Vollstreckungen gegen seine Zentralbanken folgenschwer. Die Institute bilden die „Herzkammern" des jeweiligen Wirtschafts- und Finanzsystems. Sie versorgen die Volkswirtschaften mit Geld und betreiben Geldpolitik, indem sie den Wert der Währungen steuern. Durch stabile monetäre Verhältnisse schaffen sie nach heutiger Überzeugung die Grundbedingungen dafür, dass sich Volkswirtschaften stabil und nachhaltig entwickeln und Wohlstand generieren können. Daneben sichern sie die Stabilität des Finanzsystems. Sie gewährleisten die Infrastruktur des Geldsystems, so dass Wirtschaftsteilnehmer reibungslos Zahlungen vornehmen können. In Finanzkrisen wie der jüngsten sind es Zentralbanken, die unter Einsatz von hohen Summen und großem Risiko Banken vor der Zahlungsunfähigkeit bewahren und Märkte mit Liquidität versorgen, um ein Zusammenbrechen des Finanzsystems mit schwerwiegenden Folgen für die Gesamtwirtschaft zu verhindern.

Diese Aufgaben erfüllen Zentralbanken in erster Linie durch den Einsatz von Geld. Ihr Notenausgabemonopol lässt sie unbegrenzt „Geld drucken", allerdings beschränkt sich dieses auf ihre eigene Währung. Auslandsvermögen von Zentralbanken bestehen dagegen für gewöhnlich aus Fremdwährungen, die sie selber nicht ausgeben können. Beispielsweise halten Zentralbanken regelmäßig große Bestände an fremden Währungen im Ausland u. a. vor, um in einem Krisenfall zahlungsfähig zu bleiben. Bei der Federal Reserve Bank of New York befanden sich 2017 etwa rund USD 3,3 Billionen an Vermögenswerten fremder Zentralbanken und Regierungen. Die fremden Staaten machten sich damit den direkten Zugang zu den Finanzmärkten für Produkte in US-Dollar zunutze.[38] Greifen nationale Vollstreckungsverfahren auf diese Währungsreserven zu, kann dadurch die Erfüllung überlebenswichtiger Aufgaben gefährdet sein.

2. Immunitätsschutz von Zentralbankvermögen

a) Unterscheidung zwischen immunen und nicht immunen Zentralbankvermögen

Das Völkerrecht stellt ausländische Staaten nicht schutzlos. Das wichtigste rechtliche Schutzinstrument ist die Staatenimmunität. An der Staatenimmunität scheiterten die meisten der Vollstreckungsangriffe der US-amerikanischen

---

[37] Die Frage wird in der Praxis bisweilen relevant. Sie soll im Rahmen dieser Untersuchung ausgeklammert bleiben, siehe dazu die weiteren Nachweisen unten auf S. 44 f.
[38] *Wuerth*, Immunity from Execution of Central Bank Assets, 2018, 3.

Hedgefonds auf das Vermögen der argentinischen Zentralbank. Sie stützt sich bislang vor allem auf völkergewohnheitsrechtliche Rechtssätze. In einer Ausprägung untersagt sie nationalen Gerichten unter anderem, fremde Länder der nationalen Zwangsgewalt zu unterwerfen („Vollstreckungsimmunität"). Früher war es gänzlich unvorstellbar, dass auf völkerrechtlicher Ebene gleichgeordnete Souveräne übereinander zu Gericht sitzen und einseitig in des anderen „Staatsschatulle greifen". Man hielt daher ausländische Staaten in jeder Hinsicht für unantastbar, Immunität für absolut und sämtliche Zwangsverfahren für unzulässig. Heute hat sich der Schutzumfang reduziert. Da der Staat vielfach in der Domäne Privater agiert, schützt die Immunität mittlerweile nur noch konkrete staatliche Funktionen mit engerem Bezug zur Staatlichkeit. Der Entwicklung trägt ein beschränktes Immunitätsregime Rechnung, das die Immunität in Vollstreckungsverfahren im Einklang mit der überwiegenden Staatenpraxis auf hoheitliche Vermögenswerte beschränkt.

Mit vielen ihrer typischen Aufgaben nehmen Zentralbanken originäre Staatsinteressen wahr. Immer wiederkehrende Finanzkrisen haben unter Beweis gestellt, wie eng Geld- und Finanzstabilität mit dem Wohlergehen der Volkswirtschaften zusammenhängen. Dieser Hintergrund hat Anlass zu der einflussreichen Auffassung gegeben, Zentralbanken werden ihrer Natur nach ausschließlich in hoheitlichen Bereichen tätig[39] und genössen daher in jeder Hinsicht nach wie vor einen absoluten Immunitätsschutz.[40] Tatsächlich erklären weite Teile der Staatenpraxis ausländische Zentralbanken in Vollstreckungsverfahren für unantastbar.[41] Ein Immunitätsregime, das sämtliches von Zentralbanken gehaltenes Vermögen dem Gläubigerzugriff verwehrt, wäre nicht nur für Gläubiger der Zentralbank, sondern auch für die Gläubiger des Mutterstaates der Zentralbank folgenreich. In diesem Fall hätte der Staat die Möglichkeit, sein Vermögen allein dadurch zu immunisieren, dass er es institutionell der Zentralbank zuweist und sämtlichen Zahlungsverkehr ins Ausland über die Zentralbank laufen lässt.

Andererseits verbirgt sich hinter Zentralbankaufgaben keine eindeutige Kategorie. Anders als etwa militärische Vermögenswerte, die sich klar einem staatlichen Zweck (der Landesverteidigung) zuordnen lassen, dient Zentralbank als

---

[39] *International Law Commission*, Yearbook of the International Law Commission 1986 Bd. II, Teil 2, 7, 19 f.

[40] Diese These kommt wohl in prominentester Form in Art. 21 Abs. 1 lit.c) der United Nations Convention on Jurisdictional Immunities of States and Their Property („UN-Immunitätskonvention") zum Ausdruck. Die Konvention beruht auf Vorarbeiten der ILC und wurde am 02.12.2004 von der Generalversammlung der Vereinten Nationen als Resolution 59/38 verabschiedet, s. Official Records of the General Assembly, Fifty-ninth Session, Supplement No. 49 (A/59/49), abgedruckt bei *O'Keefe/Tams/Tzanakopoulos*, The United Nations Convention on Jurisdictional Immunities of States and Their Property, S. 424 ff.

[41] Siehe unten, S. 166 ff.

Sammelbegriff für eine große Bandbreite an Instituten mit unterschiedlichem organisatorischen Aufbau und unterschiedlichen Aufgaben. So lässt sich in Zweifel ziehen, dass sämtliche Aktivitäten einen Immunitätsschutz rechtfertigen. Zentralbanken sind nicht zuletzt Banken und tätigen Geschäfte, die sich von den kommerziellen Dienstleistungen gewöhnlicher Geschäftsbanken nicht wesentlich unterscheiden. Treten sie dabei in Konkurrenz zu Geschäftsbanken, leuchtet eine immunitätsrechtliche Privilegierung in Gerichtsverfahren nicht ohne Weiteres ein. Zudem fallen sog. Staatsfonds mitunter in den Aufgabenbereich von Zentralbanken. In den vergangenen Jahren sind immer mehr Staaten dazu übergegangen, überschüssige Mittel in Sondervermögen zu sammeln und für diverse Zwecke, beispielsweise für den Vermögenserhalt zugunsten zukünftiger Generationen, einzusetzen. Privaten Gläubigern Gelder dieser staatlichen „Spardosen" unter allen Umständen vorzuenthalten, verlangt zumindest nach einer besonderen Rechtfertigung. Um die genaue Grenze der Vollstreckungsimmunität für Zentralbankvermögen zu bestimmen, bedarf die These von dem pauschalen Immunitätsschutz für Zentralbankvermögen einer eingehenden Überprüfung.

b) Vollstreckungsimmunität und der kupierte Rechtsschutzanspruch

Die genaue Grenze der Vollstreckungsimmunität zu bestimmen ist keine bloß praktische Übung im Dienste der Rechtssicherheit. Vielmehr steht die Reichweite der Vollstreckungsimmunität in enger Wechselwirkung mit dem Rechtsschutzsystem der Zivilrechtsordnung.

Verträge und Ansprüche vermitteln Rechte. Von der Rechtsordnung gewährte Rechte müssen sich erst bewähren, wenn die Rechtsbeziehungen Störungen hervorbringen, Verpflichtungen nicht wie geschuldet eingehalten, Verbindlichkeiten nicht befriedigt werden. Mit dem staatlichen Gewaltmonopol ist das Versprechen verbunden, dass die staatliche Justiz gewährleistet, Rechte und Ansprüche in den Rechtsbeziehungen Privater tatsächlich durchzusetzen. Nach *Kelsen* muss Recht begriffsnotwendig durch staatliche Sanktionen auf Durchsetzung angelegt sein.[42] Nationales Verfassungsrecht[43] und menschenrechtliche Gewährleistungen[44] vermitteln dem Inhaber schuldrechtlicher Forderungen einen Anspruch gegen den Forumstaat, sich auch gegenüber fremden Staaten auf effektive justizielle Durchsetzungsmechanismen verlassen zu können.

---

[42] *Kelsen*, General Theory of Law and State, S. 15 ff.
[43] Das Rechtsstaatsprinzip aus Art. 20 Abs. 3 i. V. m. Art. 2 Abs. 1 GG und die Eigentumsgarantie aus Art. 14 Abs. 1 GG, siehe unten S. 109 ff.
[44] Art. 6 Abs. 1 EMRK, Art. 1 Abs. 1 S. 2 des ersten Zusatzprotokolls der EMRK, siehe unten S. 109 ff.

Vollstreckungsverfahren bilden im justiziellen Rechtsschutzweg das letzte Glied einer langen Kette an Verfahrensschritten. Sie entscheiden jedoch über die Resultate des staatlichen Rechtsschutzmechanismus und legen fest, ob eine Durchsetzung der Rechte im Ergebnis gelingt. Zudem wirkt dieser Verfahrensschritt auf die voranliegenden Glieder der Kette zurück. Ohne die Sanktion wirksamer Vollstreckungsverfahren kann nicht erwartet werden, dass Schuldner im Vorfeld ihren Verpflichtungen nachkommen.

Auf der Ebene des Privatrechts unterscheiden sich ausländische Staaten grundsätzlich nicht von anderen Akteuren des Privatrechtsverkehrs. Sie sind in der Regel privatrechtsfähig,[45] können Verträge schließen und Verpflichtungen begründen und nutzen die Freiheiten der Privatrechtsordnungen, um in polymorpher Gestalt auf den verschiedensten Märkten aufzutreten. Aufgrund des Umfangs ihrer Investitionstätigkeit und ihrer Finanzaustattung[46] sind sie attraktive Geschäftspartner. Rechtsordnungen setzen Marktteilnehmern sogar Anreize, Rechtsgeschäfte mit ausländischen Staaten abzuschließen. So werden Forderungen gegen bestimmte Zentralbanken im Bankaufsichtsrecht beispielsweise als risikolos behandelt.[47] Insolvenzverfahren für Staaten existieren nicht, auch wenn sie zahlungsunfähig werden können.[48]

Hier ergibt sich ein Widerspruch. Zunächst sehen sich Gläubiger von Staaten einer Machtimbalance gegenüber. Staaten verfügen regelmäßig über große finanzielle Ressourcen und tatsächliche Möglichkeiten, ihre Vermögenswerte aus dem Forumstaat zu verbringen, um einen etwaigen Zugriff auf Sicherheiten oder Zwangsvollstreckungen in ihr Vermögen zu unterbinden. Das Privileg der Staa-

---

[45] Die Rechtsfähigkeit staatlicher juristischer Personen aus dem Ausland richtet sich nach dem Personalstatut, OLG Köln, Ent. v. 18.03.2008, Rs. 22 U 99/07 (zitiert nach juris), Rn. 29; *Thorn*, in: Palandt (Hrsg.), Bürgerliches Gesetzbuch, Anhang zu Art. 12 EGBGB Rn. 15. Danach ist – vobehaltlich europarechtlicher und völkerrechtlicher Besonderheiten – das Recht des Staates maßgeblich, auf dessen Gebiet sich der effektive Verwaltungssitz der juristischen Personen befindet, *Kindler*, in: Säcker/Oetker/Rixecker u. a. (Hrsg.), Münchener Kommentar zum BGB, Internationales Handels- und Gesellschaftsrecht, Rn. 420.

[46] Zum Umfang der Investitionstätigkeit von Staaten etwa *Sauvant/Sachs/Jongbloed*, in: Sauvant/Sachs/Jongbloed (Hrsg.), Sovereign investment, S. 3, 4 ff.

[47] Nach geltendem Bankaufsichtsrecht müssen Banken für Kreditrisiken je nach der jeweiligen Risikohöhe Eigenmittel vorhalten. Forderungen gegen bestimmte Zentralbanken werden derzeit noch als risikolos behandelt, so dass sie mit keinerlei Eigenmittel hinterlegt werden müssen, was Anreize vermittelt, Kredite an solche Zentralbanken zu geben, s. dazu Art. 114 VO (EU) 575/2013. Die Privilegierungen laufen allerdings aus, siehe dazu *Affeld*, in: Boos/Fischer/Schulte-Mattler (Hrsg.), KWG, CRR-VO, Art. 114 VO (EU) 575/2013 Rn. 2 ff.

[48] Ausländische öffentliche Rechtsträger sind nicht insolvenzfähig, vgl. etwa in Deutschland § 12 Abs. 1 Nr. 1 InsO, dazu *Hirte*, in: Uhlenbruck (Hrsg.), Insolvenzordnung, § 12 Rn. 5, *von Lewinski*, Öffentlichrechtliche Insolvenz und Staatsbankrott, S. 258 f.; BVerfG, NJW 1963, 62, 64.; BVerfG, NJW 2007, 2605, 2611.

tenimmunität hat zur Folge, dass Gläubiger sich nicht auf die justiziellen Rechtsschutzmechanismen für Privatrechte verlassen können. Greift Vollstreckungsimmunität ein, ist der justizielle Rechtsdurchsetzungsweg versperrt und das Versprechen des Rechts bleibt leer. Befreit man dazu undifferenziert sämtliches Vermögen von der nationalen Gerichtsbarkeit, missachtet man die Möglichkeiten, die das beschränkte Immunitätsregime dem Rechtsschutz des Einzelnen erschlossen hat. Die Rechtsschutzgewährleistungen wirken einer Ausdehnung der Immunitätsreichweite von vornherein entgegen und legen der Zurücknahme staatlicher Gerichtsbarkeit eine Rechtfertigungslast auf.

Ohne Zweifel verfolgt die Vollstreckungsimmunität auf der Ebene des Völkerrechts ein berechtigtes Anliegen. Sie trägt der besonderen Stellung von Staaten Rechnung, die aus ihrem Status als verfasstes Gemeinwesen und ihrer Gemeinwohlverpflichtung resultiert, und sie schützt die Funktionsfähigkeit staatlicher Betätigung im Außenverhältnis. Innerhalb der Privatrechtsordnung ist die Immunität aber ein störender Fremdkörper. Sie unterbricht den grundlegenden Wirkungszusammenhang zwischen Anerkennung rechtlicher Verpflichtungen und verlässlichen, staatlich gewährleisteten Möglichkeiten zu ihrer Durchsetzung. Greift Immunität ein, ist es den nationalen Rechtsordnungen überlassen, auf Einschränkungen des privatrechtlichen Rechtsschutzes zu reagieren oder diese zu kompensieren.

Die Geltung von Privatrechten und die Rechtsschutzverwirklichung hängen somit von der Gestalt der Vollstreckungsimmunität und ihrer Integration in die nationale Rechtsordnung ab. Gegenstand der Arbeit ist damit auch die Frage, inwieweit die Rechtsschutzverwirklichung gegenüber ausländischen Staaten möglich bleibt. Ein maßgeblicher Faktor wird dabei sein, wie bestimmt und transparent die Regeln der Vollstreckungsimmunität ausfallen. Denn sind rechtliche Nachteile klar erkennbar und in ihrem Ausmaß zutreffend kalkulierbar, kann sich der Privatrechtsverkehr auf diese einstellen und berücksichtigt die Rechtsdurchsetzungsdefizite bereits bei der Begründung privater Rechte (z. B. durch Risikoabschläge bei Bemessung des Kaufpreises).

c) Bestimmung der praktischen Immunitätsgrenze

Hängt die individuelle Rechtsschutzverwirklichung von der Vollstreckungsimmunität ab, fragt sich, wo genau die Grenze der Vollstreckungsimmunität von Zentralbankvermögen verläuft. Eine eindeutige Aussage trifft das Völkerrecht nicht. Die Vereinten Nationen haben zwar eine Konvention zur Staatenimmunität verabschiedet, die in Art. 21 Abs. 1 lit. (c) die Vollstreckungsimmunität von Zentralbankvermögen eindeutig regelt. Jedoch steht das Inkrafttreten der Konvention noch aus und der dort verankerte absolute Immunitätsschutz ist alles andere als Ausdruck einer einhelligen Auffassung der Staaten.[49] Rechtsprechung und Literatur liefern keine eindeutige Antwort, wie weit die Vollstreckungsimmunität von Zentralbanken reicht. Lediglich nationale Gerichte haben sich in zahlreichen Entscheidungen zu dieser Frage geäußert. Sie bringen vor allem die Perspektive der jeweiligen Rechtsordnung zum Ausdruck.

Bei Durchsicht der einschlägigen Literatur fällt auf, dass Aussagen zum Immunitätsrecht der Zentralbanken den geltenden Stand der Immunitätsregel lediglich vage beschreiben und sich nur in ausgesuchten Bereichen auf eine bestimmte Rechtslage festlegen. In einem internationalen Standardwerk zum Immunitätsrecht führen beispielsweise *Fox* und *Webb* zur Vollstreckungsimmunität von Zentralbanken aus: „There is seemingly no general acceptance for a higher degree of immunity".[50] Und hinsichtlich des Immunitätsschutzes von Staatsfonds in Hand von Zentralbanken begnügt sich die Darstellung damit, die Frage aufzuwerfen, ob Staatsfonds noch eine unbeschränkte Immunität genießen sollen, „if the purpose of the funds is ‚to play the markets' for wealth enhancement rather than serve as a reserve for the state of its people".[51] In einer Monographie zum Internationalen Verfahrensrecht heißt es: „Zentralbanken […] haben nicht nur hoheitliche Aufgaben, sondern nehmen auch am allgemeinen Bank- und Wirtschaftsverkehr teil. Im letzteren Fall besteht keine Immunität […]. Vollstreckungsimmunität besteht nur für offen deklarierte Devisenreserven".[52] Mehr als ein Ausschnitt der Rechtslage ist damit nicht wiedergegeben.

Die Gründe für die zurückhaltenden und inhaltlich beschränkten Aussagen liegen in der Struktur des Rechtsgebiets. Insbesondere sind zwei Merkmale zu nennen: Erstens bildet nach wie vor das Völkergewohnheitsrecht die entscheidende Rechtsquelle der Vollstreckungsimmunität. Dessen Rechtssätze müssen mühsam aus Übereinstimmungen in dem im Einzelnen wenig harmonischen Mosaik der Staatenpraxis herausgelesen werden.[53] Dazu muss die Übung der jeweiligen nationalen Gesetzgeber und Gerichte in den Blick genommen und von den Eigenheiten der jeweiligen Rechtsordnung entkleidet werden. Heraus kommt dabei eine Rechtsregel, die stets nur eine Momentaufnahme darstellt. Diesen höchst dezentralen Normsetzungsprozess stören zudem nationale Eigeninteressen, die nicht eine angemessene oder geltende Immunitätsreichweite, sondern politische Sonderziele wie etwa die Anziehung von Investition ausländischer Staaten in den heimischen Märkten im Blick haben. Zurzeit bilden die Liberalisierung der Im-

---

[49] Dazu eingehend unten S. 95 f. und S. 161 f.
[50] *Fox/Webb*, The Law of State Immunity, S. 523.
[51] *Fox/Webb*, The Law of State Immunity, S. 524.
[52] *Geimer/Geimer/Geimer*, Internationales Zivilprozessrecht, Rn. 626a.
[53] Dazu im Einzelnen unten S. 96.

munitätsprivilegien und eine Gegenbewegung zur Festigung staatlicher Immunitätsbereiche die vordringenden Kräfte in der Staatenpraxis.

Zweitens muss das völkerrechtliche Immunitätsregime stets in einem weiteren Schritt in die innerstaatliche Rechtsordnung integriert werden, um dem Immunitätsschutz in innerstaatlichen Vollstreckungsverfahren Geltung zu verschaffen.[54] Die notwendigen Annexregelungen kann das Völkerrecht nicht universell vorgeben. Es obliegt vielmehr der Rechtsordnung des Forumstaates, die Modalitäten festzulegen, nach denen das fremdstaatliche Immunitätsrecht im Rahmen der innerstaatlichen Vollstreckungsverfahren Platz greift. Regelungsreichweite und Konkretisierungsgrad der völkerrechtlichen Bestimmungen sind stark begrenzt. Dadurch ergeben sich Lücken, die das nationale Recht des Forumstaates schließen muss, um die Immunitätsregeln in der Praxis operabel zu machen. Hierbei handelt es sich nicht bloß um unbedeutende Nebenfragen. Beispielsweise hängt es von der Ausgestaltung der Anforderungen an den Nachweis von Immunitätsvoraussetzungen in Gerichtsverfahren ab, ob es Gläubigern gelingt, die Voraussetzungen für Vollstreckungsverfahren erfolgreich darzulegen.

3. Gang der Arbeit

Ist es demnach offen, wo genau die Immunitätsgrenze für Zentralbankvermögen verläuft, bleibt die ganz praktische Frage ungelöst, in welches Vermögen von Zentralbanken Gläubiger vollstrecken können und welches Vermögen unantastbar bleibt. Die Arbeit setzt sich zum Ziel, diese Unklarheiten für die deutsche Rechtsordnung so weit wie möglich zu beseitigen. Es soll der Versuch unternommen werden, anhand eines begrenzten Sachbereichs staatlicher Betätigung die Reichweite des derzeitigen Immunitätsrechts bis auf die Ebene der praktischen Handhabbarkeit herunter gebrochen aufzuklären. Denn alle Aussagen müssen im Ungefähren verbleiben, wenn nicht konkrete Aufgaben und Tätigkeiten, die Zentralbanken in der Praxis wahrnehmen, als Beispielsfälle untersucht werden.

Die Sonderstellung von Zentralbanken in jeweiligen Wirtschaftssystemen gründet auf ihren Aufgaben und der zur Erfüllung dieser Aufgaben notwendigen Mittel. Diese werden durch Rechtsnormen festgelegt und beschrieben. Aber nicht nur aufgrund ihrer abstrakten Natur können die zugrunde liegenden Aufgabenbestimmungen nur ein unzureichendes Bild vermitteln. Die einzelnen Funktionsbereiche lassen sich erst erfassen, wenn man untersucht, wie die Institute ihre Aufgaben in der Rechtstatsächlichkeit erfüllen. Soweit es für ein entwickeltes und klares Verständnis der Arbeit von Zentralbanken notwendig ist, müssen

---

[54] *Fox/Webb*, The Law of State Immunity, S. 1

die wirtschaftswissenschaftlichen Grundlagen zentralbanklicher Tätigkeit berücksichtigt werden. Insoweit verlangt die Untersuchung eine über die Rechtswissenschaft hinausreichende Perspektive. Das ist keine Besonderheit, weil die Rechtswissenschaft „permanent Fakten [verarbeitet], die sie selbst nicht verifizieren kann",[55] wenn sie versucht, ausgehend von einem tiefergehenden Verständnis vom Seinszustand Sollensaussagen über die Welt zu treffen.[56] Die Untersuchung teilt damit auch die Grenzen interdisziplinären Arbeitens.[57] Um den juristischen Erkenntnisgewinn nicht aus den Augen zu verlieren, soll dennoch die Übernahme von Erkenntnissen aus den Wirtschaftswissenschaften auf ein notwendiges Maß beschränkt bleiben.

Dieser an praktischen Beispielsfällen orientierte Ansatz gibt den Gang der Untersuchung vor. Die Untersuchung nimmt ihren Ausgang in einem deskriptiven Teil, der das Phänomen Zentralbank darstellt und zunächst die tatsächlichen Tätigkeitsbereiche moderner Zentralbanken beleuchtet (2. Kapitel). Dabei wird zwischen nationalen Zentralbanken und solchen Instituten differenziert, die ihre Grundlage in völkerrechtlichen Verträgen haben („Internationale Zentralbanken"). Die weitere Beschreibung widmet sich insbesondere den Funktionen von Zentralbanken, die zu Auslandsvermögen führen. Denn nur solches Vermögen kann Gegenstand nationaler Vollstreckungsverfahren im Ausland werden und überhaupt in den Anwendungsbereich der Vollstreckungsimmunität fallen.

Durch welche Art von Verfahren das Auslandsvermögen bedroht sein kann, wird anschließend kurz dargestellt (3. Kapitel). Der Begriff der Vollstreckungsverfahren begrenzt zudem die sachliche Reichweite der Untersuchung. Dieser Abschnitt führt daneben in das Recht der Vollstreckungsimmunität ein und stellt im Rahmen dessen neben den derzeit geltenden allgemeinen Regeln die Rechtsgrundsätze und tätsächlichen Kräfte dar, die das Rechtsgebiet strukturieren. Er erläutert insbesondere näher, inwieweit völkerrechtliche Immunität und ihre Umsetzung in der nationalen Rechtsordnung in einem Spannungsverhältnis mit dem Rechtsschutzanspruch des Gläubigers stehen.

Die anschließenden Teile bilden den Schwerpunkt der Arbeit (4. Kapitel). Zunächst wird untersucht, welche besonderen Regelungen das Völkerrecht aktuell für die Vollstreckungsimmunität von Zentralbankvermögen bereit hält. Ziel der Untersuchung ist insbesondere zu klären, ob die Staatenpraxis bereits einen be-

---

[55] *Voßkuhle*, in: Hoffmann-Riem/Schmidt-Aßmann/Voßkuhle (Hrsg.), Grundlagen des Verwaltungsrechts, Band I, § 1 Rn. 39.

[56] *Herrmann*, Währungshoheit, Währungsverfassung und subjektive Rechte, S. 39 f.

[57] Insbesondere droht der Rezeptionsprozess höchst selektiv auszufallen, vgl. *Voßkuhle*, in: Hoffmann-Riem/Schmidt-Aßmann/Voßkuhle (Hrsg.), Grundlagen des Verwaltungsrechts, Band I, § 1 Rn. 39 m. w. N.

sondern völkerrechtlichen Immunitätsschutz für Zentralbanken hervorgebracht hat.

Da sich ein solcher gesonderter Rechtssatz nicht zeigen wird und die Staatenpraxis auch sonst wenig Vorgaben für die Immunitätsbeurteilung von zentralbanklichem Vermögen macht, geht der anschließende Abschnitt der Frage nach, wie die völkerrechtlichen Spielräume auf der Ebene der deutschen Rechtsordnung auszufüllen sind (5. Kapitel). Dabei soll geklärt werden, wo die Immunitätsgrenze im Hinblick auf zentralbankliches Vermögen verläuft und unter welchen Voraussetzungen der Immunität in nationalen Zivilverfahren Geltung zu verschaffen ist. Besonderes Augenmerk liegt bei der Analyse darauf, inwieweit im Rahmen der Lückenfüllung den Rechtspositionen des Gläubigers hinreichend Rechnung getragen werden kann.

Internationale Zentralbanken, die nicht Organ eines Staates sind, nehmen eine immunitätsrechtliche Sonderstellung ein. Für sie gilt nicht das Institut der Staatenimmunität, sondern ein gesondertes Rechtsregime. Ihre Immunitätsprivilegien werden daher in einem eigenen Abschnitt am Ende der Arbeit untersucht (6. Kapitel). Die Vollstreckungsimmunität Internationaler Zentralbanken wird anhand des Europäischen Systems der Zentralbanken und der Bank für Internationalen Zahlungsausgleich erläutert. Die Arbeit schließt mit einer kurzen Zusammenfassung der Ergebnisse und einer Bewertung (7. Kapitel).

II. Zentralbanken und Vollstreckungsimmunität

1. Begriffsbestimmende Funktionen von Zentralbanken

a) Der funktionale Begriff der „Zentralbank"

Zentralbank und der synonym verwendete Begriff *Notenbank* sind keine rechtlichen Termini mit klaren Konturen. Zu vielfältig fallen weltweite Organisationsformen, rechtliche Strukturen und Arbeitsweisen aus, als dass sich Zentralbanken allein nach klaren äußerlichen oder rechtlichen Kriterien charakterisieren ließen.[1]

Das Recht der Staatenimmunität verwendet den Rechtsbegriff *Zentralbank*, hat aber kein eigenständiges Verständnis hervorgebracht, das der Untersuchung zugrunde gelegt werden könnte. Wenig brauchbar sind die eher untechnischen Definitionsvarianten, wie sie etwa der englische High Court of Justice in seinem Urteil in dem Verfahren *AIG Capital Partners Inc. v. Kazakhstan* verwendete. Das Gericht beschrieb Zentralbanken wie folgt:

„Fundamentally, a central bank is set up by a state with the duty of being the guardian and regulator of the monetary system and currency of that state both internally and internationally."

Einige Staaten haben Gesetze erlassen, in denen die Immunität fremder Staaten detailliert geregelt ist.[2] Während die erste Generation dieser Gesetze auf eine

---

[1] Im gleichen Atemzug mit Zentralbanken werden in der Regel *Währungsbehörden* (engl. *monetary authorities*) genannt, etwa in Art. 21(1)(c) UN-Immunitätskonvention. In dem Begriff *Währungsbehörde* setzt sich die inhaltliche Unschärfe des Zentralbankbegriffs fort. Von den wahrgenommenen Funktionen her betrachtet entsprechen Währungsbehörden Zentralbanken, allerdings fehlen ihnen Bankfunktionen. Das heißt, sie üben in der Regel eine oder mehrere der im Folgenden aufgeführten Funktionen von Zentralbanken aus, tätigen aber keine bankspezifischen Geschäfte, vgl. dazu *Patrikis*, University of Illinois Law Review (1982) 265, 274. Nachstehend soll der Begriff *Zentralbank* weit verstanden werden und auch Währungsbehörden mit einschließen.

[2] Das erste Immunitätsgesetz wurde in den USA mit dem Foreign Sovereign Immunities Act von 1976 („FSIA US") erlassen. Der FSIA US ist gesetzestechnisch Teil (§§ 1602 ff.) des 28. Kapitels des United States Code, das die Zuständigkeit und das Verfahren der Bundesgerichte regelt. Es ist abgedruckt in Public Law 94-583, 90 Stat. 2891. Zwei Jahre später folgte

Begriffserläuterung verzichtete,[3] sind neuere Gesetze, deren ausschließlicher Regelungsgegenstand und -zweck ein verstärkter Immunitätsschutz von Zentralbanken ist, dazu übergegangen, den Zentralbankenbegriff mit einer Legaldefinition zu versehen. In Art. 2 des 2005 von der Volksrepublik China erlassenen *Law of the People's Republic of China on Judicial Immunity from Compulsory Measures Concerning the Property of Foreign Central Banks*[4] heißt es:

„For the purposes of this Law, a foreign central bank means the central bank of a foreign country and of a regional economic integration organization, or the financial administration institution exercising the functions of a central bank."[5]

Das in der jüngeren Vergangenheit erlassene argentinische Gesetz über die Immunität von Zentralbanken[6] enthält in Art. 2 folgende Definition:

„Für die Zwecke dieses Gesetzes sind ausländische Währungsbehörden als ausländische Behörden zu verstehen, die Kredit- und Währungsmaßnahmen ergreifen, untersuchen, implementieren und ausführen, um die Geldmenge und die Liquidität auf den Devisen- und Finanzmärkten zu regulieren und einen geordneten inländischen und internationalen Zahlungsverkehr zu gewährleisten, um dadurch die Stabilität des Währungswertes zu sichern."[7]

Die Bestimmungen rekurrieren dabei jeweils auf das allgemeine, von den Wirtschaftswissenschaften ausgeformte Begriffsverständnis.[8] Ungeachtet der Unter-

---

der britische State Immunity Act von 1978, („SIA UK"), abgedruckt in *Dickinson/Lindsay/Loonam*, State Immunity, S. 329 ff.

[3] So etwa Sec. 1611(b)(1) FSIA US. Andere Immunitätsgesetze wichen davon nicht ab, vgl. etwa Sec. 14(4) SIA UK britischen State Immunity Act von 1978, oder Sec. 12 (4) des kanadischen State Immunity Act, R.S.C., 1985, c. S-18 („SIA Kanada"), abgedruckt in *Dickinson/Lindsay/Loonam*, State Immunity, S. 488 ff.

[4] Gazette of the Standing Committee of the National People's Congress of the People's Republic of China No. 7 2005, veröffentlicht am 15.11.2005, S. 544 („Immunitätsgesetz China").

[5] Die Passage ist der auf der Internetseite des Nationalen Volkskongresses der Volksrepublik China bereitgestellten Übersetzung http://www.npc.gov.cn/englishnpc/Law/2007-12/13/content_1384123.htm entnommen (zuletzt abgerufen 01.05.2019).

[6] Ley 26.961 v. 06.08.2014, Boletín Oficial v. 08.08.2014, No. 32943, S. 2.

[7] Dabei handelt es sich um eine freie Übersetzung des Artikels, der im Original folgenden Wortlaut aufweist: „A los fines de la presente ley, entiéndase por autoridad monetaria extranjera a los organismos gubernamentales extranjeros encargados de diseñar, estudiar, ejecutar y adoptar las medidas crediticias y cambiarias necesarias para la regulación de la circulación monetaria y liquidez del mercado cambiario y financiero como así también velar por el normal funcionamiento de los pagos internos y externos de la economía, custodiando la estabilidad del valor de la moneda."

[8] *Blair*, 57 The Cambridge Law Journal (1998) 374, 375; *Patrikis*, University of Illinois Law Review (1982) 265, 274; vgl. die Begriffserklärung „central bank" in *Rutherford*, Routledge Dictionary of Economics; die Begriffserläuterung für „Zentralbanken" in Gabler Wirtschaftslexikon rückt das Emissionsmonopol und die Aufgaben der Geldpolitik in den Vordergrund.

schiede ist gemeinsamer Nenner aller Zentralbanken ein Kreis an Aufgaben und Funktionen, die diese Einrichtungen typischerweise überall auf der Welt wahrnehmen. Dabei fallen die jeweiligen Aufgabenbündel einzelner Zentralbanken durchaus sehr unterschiedlich aus. Das liegt in erster Linie an den Eigenheiten des jeweiligen Wirtschaftssystems, der einzelnen Volkswirtschaft, ihrem Entwicklungsstand und ihrer Verflechtung mit dem Ausland. Zentralbanken in entwickelten Volkswirtschaften können beispielsweise ihre Geldpolitik über aktive und entwickelte Finanzmärkte umsetzen. In Entwicklungsländern fehlt diese Möglichkeit häufig. Die Schnittmenge der Aufgaben der einzelnen Institute ergibt die für Zentralbanken charakteristischen Kernfunktionen.[9]

Die Verwendung des wirtschaftswissenschaftlichen Begriffs *Zentralbank*, der sich an den Funktionen der Institute orientiert, ist im Recht der Staatenimmunität anerkannt. Neben den oben genannten Gesetzen orientieren sich beispielsweise auch die US-amerikanischen Gerichte an diesem Begriffsverständnis.[10]

Die immunitätsrechtliche Literatur hat ebenfalls kein abweichendes Begriffsverständnis hervorgebracht und sich dem in den Wirtschaftswissenschaften herausgebildeten Konzept ohne Widerspruch angeschlossen.[11] Andererseits halten sich die Bemühungen zur inhaltlichen Ausfüllung des Rechtsbegriffs in Grenzen. Fast alle Stellungnahmen verweisen auf die große Diversität der Institute.[12]

Die inhaltliche Ausrichtung des Zentralbankenbegriffs auf typische Zentralbankfunktionen hat den Charme, dass sie sich generell gut in das moderne, funktional geprägte Immunitätsrecht einfügt. Zugleich folgt daraus, dass Zentralbanken auf supranationaler Ebene, wie etwa die EZB, von dem Rechtsbegriff

---

[9] Nach wie vor aktuell ist die Beschreibung von *DeKock*, Central Banking, S. 16, vgl. dazu *Central Bank Governance Group*, Issues in the Governance of Central Banks, 2009, 17.

[10] U.S. District Court, S.D.N.Y., *Banque Compafina v. Banco de Guatemala*, 583 F.Supp 320, 321 (1984) zur Begründung der Zentralbankeigenschaft der *Banco Central de Reserva de Peru* begnügt sich der U.S. District Court dagegen mit dem Hinweis auf die Funktion der Bank als *fiscal agent* des peruanischen Staates in U.S. District Court, District of Columbia, *Banco Central de Reserva de Peru v. The Riggs National Bank of Washington*, 919 F. Supp 13, 16 (1994); vgl. auch U.S. Court of Appeals, 2nd Circuit, *NML Capital v. Banco Central de la Republica Argentina*, 652 F.3d 172 (2011).

[11] Ausführlich *Fox/Webb*, The Law of State Immunity, S. 370; *Asiedu-Akrofi*, 28 Canadian Yearbook of International Law (1990) 263, 266; *Bankas*, The State Immunity Controversy in International Law, S. 234; *Blair*, 57 The Cambridge Law Journal (1998) 374, 375; *Patrikis*, University of Illinois Law Review (1982) 265, 274; *Lee*, 41 Columbia Journal of Transnational Law (2003) 327, 352 ff.; *Dickinson/Lindsay/Loonam*, State Immunity, S. 409.

[12] *Asiedu-Akrofi*, 28 Canadian Yearbook of International Law (1990) 263, 266; *Patrikis*, University of Illinois Law Review (1982) 265, 265; *Nobumori*, 53 Japanese Yearbook of International Law (2010) 275, 299; *Lee*, 41 Columbia Journal of Transnational Law (2003) 327, 352.

Zentralbank erfasst werden, obwohl sich ihre Immunität nach gänzlich anderen Kriterien bemisst.[13]

b) Stellung der Zentralbanken in den nationalen Volkswirtschaften

aa) Zentralbanken als Hüter nationaler Geld- und Währungssysteme

(1) Zentrale eines Währungssystems

Historisch betrachtet sind Zentralbanken heutigen Zuschnitts neuartige Erscheinungen; ganz überwiegend entstanden sie erst nach Beginn des zwanzigsten Jahrhunderts.[14] In den historischen Anfängen gewährte der Staat bestimmten privaten Banken zunächst Privilegien, etwa das Monopol zur Banknotenemission oder für Bankgeschäfte mit der Regierung. Nach und nach, meistens in Reaktion auf Krisen des Finanzsystems, fielen ihnen zusätzliche Aufgaben zu, aus denen sich zusammengenommen die zentrale Verantwortung für die Bewirtschaftung des gesamtwirtschaftlichen Geld- und Kreditsystems in einem Staat ergibt.[15]

Die Zentralbank übt zentrale Aufgaben in dem Währungswesen aus. Währung bezeichnet das durch die Gesamtheit an staatlichen Regelungen kreierte Geldwesen. Geld bildet die Grundlage der Marktwirtschaft. Es fungiert als Tausch- und Zahlungsmittel, Wertaufbewahrungsmittel und Recheneinheit und ist damit Voraussetzung einer modernen arbeitsteiligen Volkswirtschaft.[16] Gegenstand des Währungswesens ist die Schaffung und Bereitstellung von Geld. Alle weiteren Funktionen folgen daraus. Etwa die Sicherung des Geldwertes oder die Gewährleistung eines funktionierenden Zahlungsverkehrs liegen vor allem deswegen in der Verantwortung des Staates, weil die Geldmittel traditionell eine Kreation des Staates sind.

(2) Währungshoheit als Souveränitätsgrundlage des nationalen Währungssystems

Die Befugnis des Staates, ein System zu schaffen, das Bürgern die Nutzung von Geld auf seinem Staatsgebiet ermöglicht und vorschreibt, folgt aus der Währungshoheit. Sie ist als Bestandteil der Souveränität eines Staates anerkannt und zählt zu den inneren Angelegenheiten eines jeden Staates i. S. d. Art. 2 Abs. 7

---

[13] Siehe dazu unten S. 357 ff.

[14] *DeKock*, Central Banking, S. 8; das amerikanische Zentralbankensystem, das *Federal Reserve System*, wurde beispielsweise erst 1914 geschaffen, *Gorton/Huang*, in: Altig/Smith (Hrsg.), Evolution and Procedures in Central Banking, S. 181.

[15] *DeKock*, Central Banking, S. 1 ff.; *Goodhart*, 18 Financial History Review (2011) 135, S. 136 ff.

[16] *Hahn/Häde*, Währungsrecht, S. 9 f.

Charta der Vereinten Nationen.[17] Bereits *Bodin* rechnete die Ausgabe von Münzen und die Festlegung des Werts von Zahlungsmitteln zu den „wahren Attributen der Souveränität".[18] Der Ständige Internationale Gerichtshof stellte in dem *Serbian and Brasilian Loans Case*, in dem er über den Wert der Zahlungsverpflichtungen aus staatlichen Anleihen nach einem Währungsverfall zu entscheiden hatte, apodiktisch fest: „It is indeed a generally accepted principle that a state is entitled to regulate its own currency".[19] Die Zugehörigkeit der Währungshoheit zum Souveränitätskern des Staates wird heute nicht in Frage gestellt. Inhaltlich lässt sich diese Urkompetenz des Staates mit dem umfassenden Recht des Staates beschreiben, die grundlegende Ordnung des Währungs- und Geldwesens festzulegen und durch Regelungen zur Schaffung, Organisation und Aufrechterhaltung eines Geldsystems, insbesondere die Festlegung gesetzlicher Zahlungsmittel, auszugestalten.[20]

(3) Zentralbanken in einer Währungsunion

Ein Staat muss seine Währungshoheit nicht autonom wahrnehmen. Wie die Verwendung des Euro in mehreren europäischen Staaten zeigt, können sich Staaten auch zu einer Währungsunion zusammenschließen und dadurch ihre Währungshoheit auf eine internationale Einrichtung übertragen. Aus der graduellen Abstufung des Zusammenschlusses der eigenen Währungssysteme ergeben sich unterschiedliche Formen einer Währungsunion, die von einer Standardisierungsunion mit der Festlegung bestimmter Mindeststandards bis hin zu einer Währungsunion im engeren Sinne reichen können.[21] Erst bei letzterer Form ist mit der Währungsunion die Schaffung einer eigenständigen Zentralbank verbunden. Nach *Mann* zeichnet sich eine Währungsunion im engeren Sinne durch ein einheitliches Geldsystem in mehreren Staaten aus, in der eine einzige Währung zugelassen ist, die von einer Zentralbank der Währungsunion ausgegeben wird.[22] Die Kriterien einer solchen vollständigen Währungsunion erfüllt neben der Europäischen Währungsunion beispielsweise auch die Westafrikanische Währungsunion zwischen sechs westafrikanischen Staaten.[23]

---

[17] *Herrmann*, Währungshoheit, Währungsverfassung und subjektive Rechte, S. 99 ff.

[18] Nach *Herrmann*, Währungshoheit, Währungsverfassung und subjektive Rechte, S. 99; *Bodin*, Les six livres de la Republique, Buch I, S. 211 ff.

[19] Permanent Court of International Justice, Urt. v. 12.07.1929, *Case Concerning the Payment of Various Serbian Loans Issued in France*, Series A, No. 20/1, S. 44.

[20] *Herrmann*, Währungshoheit, Währungsverfassung und subjektive Rechte, S. 104.

[21] *Selmayr*, Das Recht der Wirtschafts- und Währungsunion, S. 195 ff.

[22] Zitiert bei *Selmayr*, Das Recht der Wirtschafts- und Währungsunion, S. 197.

[23] *Selmayr*, Das Recht der Wirtschafts- und Währungsunion, S. 197 f.

bb) Überblick über die Zentralbankenfunktionen und Mandat einer Zentralbank

Eine Übersicht über die zentralen Funktionen lässt sich durch einen Blick in neuere Gesetze gewinnen, die Einrichtung und Aufgaben von Zentralbanken regeln. Die Satzung des Europäischen Systems der Zentralbanken („ESZB") und der Europäischen Zentralbank („ESZB/EZB-Satzung") enthält einen typischen Aufgabenkatalog und weist dem Europäischen System der Zentralbanken die Aufgaben zu, „die Geldpolitik der Union festzulegen und auszuführen, Devisengeschäfte [...] durchzuführen, die offiziellen Währungsreserven der Mitgliedstaaten zu halten und zu verwalten, das reibungslose Funktionieren der Zahlungssysteme zu fördern".[24] Die wesentlichen Aufgaben von Zentralbanken sollen im Nachfolgenden ausgehend von den gesetzlichen Grundlagen des ESZB[25] kurz dargestellt werden. Die Darstellung beschränkt sich dabei auf die Tätigkeiten von Zentralbanken in entwickelten Volkswirtschaften. Die Aussagen über die zentralbankliche Arbeit dürften lediglich hinsichtlich der Grundstrukturen auf Zentralbanken weniger entwickelter Volkswirtschaften übertragen werden können.

Von den Aufgaben zu trennen ist das jeweilige Mandat der Zentralbank. Das Mandat ist häufig gesondert in den Gesetzen verankert[26] und gibt darüber Auskunft, welchen übergeordneten inhaltlichen Zielen die Erfüllung der einzelnen Aufgaben dienen soll. Fixpunkte moderner zentralbanklicher Tätigkeit sind Geldwertstabilität, Stabilität des Finanzsystems und, weniger prominent,[27] Vollbeschäftigung[28] – sie gelten als Grundbedingungen für eine nachhaltige wirtschaftliche Entwicklung.[29]

c) Verantwortung für die Infrastruktur des Finanzsystems

Im Kern sind Zentralbanken der institutionelle Garant für öffentliches Vertrauen in eine Währung. Für Wirtschaftsteilnehmer ist die wichtigste Funktion des Gel-

---

[24] Art. 4 des Protokolls (Nr. 4) über die Satzung des Europäischen Systems der Zentralbanken und der Europäischen Zentralbank, ABl. C 83 vom 30.03.2010, S. 230 („ESZB/EZB-Satzung").

[25] Art. 127 ff. des Vertrags über die Arbeitsweise der Europäischen Union („AEUV") und die Satzung des Europäischen Systems der Zentralbanken und der Europäischen Zentralbank.

[26] Vgl. etwa Art. 3 Law of the People's Republic of China on the People's Bank of China oder Sec. 2A Federal Reserve Act USA.

[27] *Moenjak*, Central Banking, S. 60.

[28] *Central Bank Governance Group*, Issues in the Governance of Central Banks, 2009, 21; *Wilson*, Banking policy and structure, S. 392; *DeKock*, Central Banking, S. 127 ff.

[29] *Moenjak*, Central Banking, S. 59.

des, Zahlungen und Übertragungen von Finanzmitteln sicher und effizient abwickeln zu können. Klassischerweise liegt die Verantwortung für Zahlungsmittel und Zahlungssysteme in den Händen von Zentralbanken. Art. 128 AEUV verleiht daher auch der Europäischen Zentralbank („EZB") im Verbund mit den nationalen Zentralbanken[30] das Monopol zur Bereitstellung von Bargeld und dessen Verteilung im Wirtschaftskreislauf.[31] Naheliegend erstreckt sich der Aufgabenbereich auch auf die auf unbaren Zahlungsmitteln basierenden Zahlungssysteme, was Ausdruck in der Aufgabe der EZB gefunden hat, „das reibungslose Funktionieren der Zahlungssysteme zu fördern".[32] Einerseits führen sie die Aufsicht über private Betreiber von Systemen, über die Zahlungen von Kunden verschiedener Banken und anderer Wirtschaftsteilnehmer untereinander abgewickelt werden. Zahlungsmittel ist im Rahmen dessen vor allem das von der jeweiligen Abrechnungsinstitution geschaffene Buchgeld. Andererseits betreiben Zentralbanken auch eigene Zahlungs- und Verrechnungssysteme, die sich allerdings auf den großvolumigen Zahlungsverkehr zwischen einzelnen großen Finanzinstitutionen beschränken.[33] Die EZB unterhält beispielsweise basierend auf Art. 22 Satzung der ESZB/EZB das TARGET2-System zur Abwicklung von Großzahlungen zwischen Banken.[34]

Unabhängig davon, ob Zahlungen für Kunden verschiedener Banken ausgeführt werden oder ob Banken untereinander Transaktionen abschließen, eine Verrechnung erfolgt zumindest indirekt stets über die Konten der Banken bei der Zentralbank. In entwickelten Finanzsystemen gehören kleinere Banken zu den Kunden größerer Institute, die für sie Zahlungen mit anderen Banken ausführen.[35] Die aus dieser Geschäftstätigkeit auflaufenden Verbindlichkeiten sowie die Salden oder Guthaben, die sich aus den übrigen privaten Zahlungs- und Abrechnungssystemen ergeben, werden über die Konten der großen Banken bei der

---

[30] Zu der institutionellen Kompetenzverteilung zwischen EZB und den nationalen Zentralbanken im Einzelnen vgl. *Griller*, in: Grabitz/Hilf/Nettesheim (Hrsg.), Das Recht der Europäischen Union, 60. EL Juni 2019, Art. 128 Rn. 3 ff.
[31] *Central Bank Governance Group*, Issues in the Governance of Central Banks, 2009, 41.
[32] Art. 127 Abs. 2 letzter Spiegelstrich AEUV, Art. 3 Abs. 2 letzter Spiegelstrich ESZB/EZB-Satzung.
[33] *Bech/Hobjin*, 3 International Journal of Central Banking (2007) 147, 153; *Moenjak*, Central Banking, S. 47; *Central Bank Governance Group*, Issues in the Governance of Central Banks, 2009, 41 f.
[34] *Häde*, in: Calliess/Ruffert (Hrsg.), EUV/AEUV, Art. 127 AEUV Rn. 40; *Griller*, in: Grabitz/Hilf/Nettesheim (Hrsg.), Das Recht der Europäischen Union, 60. EL Juni 2019, Art. 127 AEUV Rn. 53 ff.
[35] *Committee on Payment and Settlement Systems*, The Role of Central Bank Money in Payment Systems, 2003, 10 f. *Issing*, Einführung in die Geldpolitik, S. 51.

Zentralbank am Tagesende zum finalen Ausgleich gebracht.[36] Das von der Zentralbank unterhaltene Zahlungssystem steht mithin an der Spitze einer mehrstufigen Pyramide aus verschiedenen Zahlungsplattformen.[37] Aufgrund der Systemrelevanz derartiger Abrechnungssysteme sind Zentralbanken für die Rolle als finale Abrechnungsinstitution besonders geeignet. Nicht nur bietet das von einer Zentralbank bereitgestellte Buchgeld im Hinblick auf Risiko und Verfügbarkeit entscheidende Vorteile,[38] auch erhält eine Zentralbank so die Möglichkeit, geldpolitische Instrumente gegenüber Geschäftsbanken einzusetzen.[39]

d) Verantwortung für die Geldpolitik

Die erste Stelle im Aufgabenkatalog des ESZB in Art. 127 Abs. 2 AEUV[40] nimmt die Festlegung und Durchführung der Geldpolitik ein. Die Verantwortlichkeit für die Geldpolitik ist das Herzstück des Aufgabenspektrums einer Zentralbank,[41] das die übrigen Aufgabenbereiche maßgeblich mit beeinflusst.[42]

aa) Ziele, Methoden und Grenzen der Geldpolitik

Eine Erklärung, was sich hinter dem Begriff der Geldpolitik verbirgt, bleibt der Vertrag über die Arbeitsweise der Europäischen Union schuldig.[43] Der Europäische Gerichtshof orientiert sich bei der Auslegung des Merkmals „Geldpolitik" an dem geldpolitischen Mandat, der Gewährleistung der Preisstabilität und der dazu vorgesehenen Mittel. Er ordnet alle Tätigkeitsbereiche der Geldpolitik zu, die im Zusammenhang mit der Steuerung der Preisniveauentwicklung stehen.[44] Das Mandat des ESZB deckt sich mit der geldpolitischen Zielsetzung in den al-

---

[36] *Committee on Payment and Settlement Systems*, The Role of Central Bank Money in Payment Systems, 2003, 3.

[37] *Johnson/Steigerwald*, Legal and Policy Aspects of the Central Bank's Role in the Payment System. IMF Seminar on Current Developments in Monetary and Financial Law, 2006, 7.

[38] *Committee on Payment and Settlement Systems*, The Role of Central Bank Money in Payment Systems, 2003, 22 ff.

[39] *International Settlements,* The Role of Central Bank Money in Payment Systems, S. 3 ff.

[40] Näher geregelt in Art. 3 Abs. 1 erster Spiegelstrich, Art. 17 ff. Satzung ESZB/EZB.

[41] *Central Bank Governance Group*, Issues in the Governance of Central Banks, 2009, 29.

[42] Etwa wegen potentieller Wechselwirkungen mit der Geldpolitik nimmt die Zentralbank üblicherweise die Rolle der Bank der Regierung ein, obwohl in entwickelten Bankenmärkten Geschäftsbanken ohne Weiteres dazu in der Lage wären. Die finanziellen Aktivitäten der Regierung sind nämlich so vielfältig und nehmen häufig einen so großen Anteil an der jeweiligen Volkswirtschaft ein, dass sie leicht Geldmärkte und Wechselkurse beeinflussen und so der Geldpolitik der Zentralbank zuwiderlaufen können; vgl. *DeKock*, Central Banking, S. 36.

[43] EuGH, *Pringle / Government of Ireland*, NJW 2013, 29, 32.

[44] EuGH, *OMT-Programm*, NJW 2015, 2013, 2016.

lermeisten Ländern.[45] Die Sicherung des Geldwertes bezieht sich auf die Kaufkraftstabilität im Innenverhältnis.[46] Nach der heute vorherrschenden Lehrmeinung drückt sich Geldwertstabilität im Innenverhältnis durch eine konstante und niedrige Inflationsrate, also der Abnahme des Geldwertes im Verhältnis zu Produkten und Dienstleistungen in einer Volkswirtschaft, aus.[47] Auch die Währungsstabilität im Außenverhältnis kann ein Ziel der Geldpolitik sein. Sie meint die Stabilität der Wertverhältnisse im Verhältnis zu anderen Währungen. In dem Zielbündel treten häufig konjunkturpolitische Ziele hinzu. So ist etwa das US-amerikanische Federal Reserve System[48] neben den Zielen „stable prices, and moderate long-term interest rates" auch auf das Ziel der „maximum employment" verpflichtet.[49]

Zentralbanken vermögen indes die von ihrem Mandat vorgegebenen Endziele durch geldpolitische Maßnahmen nicht unmittelbar zu steuern. Vielmehr müssen sie sich damit behelfen, über zwischengeschaltete monetäre Steuerungsgrößen auf die Endziele einzuwirken. Abhängig von den jeweiligen Bedingungen der Volkswirtschaft stehen Zentralbanken unterschiedliche geldpolitische Strategien zur Auswahl, die sich danach unterscheiden lassen, ob sie in erster Linie das volkswirtschaftliche Außenverhältnis oder rein inländische volkswirtschaftliche Bedingungen in den Blick nehmen.[50] Insbesondere kleinere Länder versuchen Geldwertstabilität im Innenverhältnis durch Orientierung an einem Wechselkursziel zu erreichen. Dabei binden sie ihre Währung an fremde Ankerwährungen, die für ihren Außenhandel eine große Bedeutung einnehmen, um an deren Stabilität zu partizipieren. Geldpolitische Maßnahmen zielen in dem Fall darauf ab, den Wechselkurs gegenüber den Ankerwährungen zukünftig zumindest innerhalb einer vorgegebenen Spannbreite zu halten.[51]

Als inländische Steuerungsgröße wurde in der Vergangenheit häufig die Wachstumsrate der Geldmenge verwendet. Ausgehend von der Theorie, dass die Ausweitung der Geldmenge jenseits der realen wirtschaftlichen Aktivität nur zu einer beschleunigten Inflation führt, versuchen Zentralbanken über eine Steuerung der Geldmenge auch die Inflationsbeschleunigung zu beherrschen. Im Ein-

---

[45] *Central Bank Governance Group*, Issues in the Governance of Central Banks, 2009, 21.
[46] *Moenjak*, Central Banking, S. 60.
[47] *Moenjak*, Central Banking, S. 78.
[48] Das Federal Reserve System bildet die Zentralbank der USA. Sie besteht aus 12 regionalen Federal Reserve Banks und einem zentralen Organ, dem Board of Govenors. Geldpolitisches Leitungsorgan ist das Federal Open Market Committee, das sich aus Vertretern des Board of Governors und den Federal Reserve Banks zusammensetzt, vgl. Sec. 2, 4 Federal Reserve Act, 12 U.S. Code § 226.
[49] Sec. 2A Federal Reserve Act.
[50] *Gray/Talbot*, Monetary Operations, 2006, 5.
[51] *Issing*, Einführung in die Geldpolitik, S. 207.

klang mit dem inflationsbezogenen Verständnis der Geldstabilität haben viele Zentralbanken größerer Volkswirtschaften, wie die Zentralbanken der USA, Brasiliens, Großbritanniens und auch die EZB, mittlerweile ihre Geldpolitik dem Ziel verschrieben, eine bestimmte Inflationsrate einzuhalten.[52] Prognostiziert die Zentralbank Abweichungen von der anvisierten Inflationsmarke, versucht sie mit Hilfe geldpolitischer Maßnahmen entgegenzusteuern. Die Umsetzung der Geldpolitik wird dadurch erschwert, dass geldpolitische Impulse nur mit gehöriger Verzögerung und erheblicher Unsicherheit auf die Realwirtschaft und damit auf die Inflationsentwicklung durchschlagen.[53]

Zusammenfassend lässt sich Geldpolitik definieren als die gezielte Steuerung der Kredit- und Geldversorgung einer Volkswirtschaft, ausgedrückt durch die Geldmenge und die Zinsen, um bestimmte wirtschaftliche Zielsetzungen zu verfolgen.[54]

bb) Die Mechanismen der Geldpolitik

(1) Die Einflussnahme auf den Geldmarkt

Ausgangspunkt des geldpolitischen Wirkungsmechanismus sind Veränderungen der Bedingungen auf dem Geldmarkt. Die dort durch das geldpolitische Instrumentarium gesetzten Impulse beeinflussen über verschiedene mit erheblichen Unsicherheiten und zeitlichen Verzögerungen behaftete Wirkungszusammenhänge das Konsum- und Investitionsverhalten der Wirtschaftsteilnehmer und dadurch die Gesamtnachfrage in einer Volkswirtschaft. Am Ende der Wirkungskette verändert sich die Inflation.[55]

Auf dem Geldmarkt versorgen sich in erster Linie Geschäftsbanken, darüber hinaus aber auch andere Finanzinstitute, Unternehmen oder Staaten, mit kurzfristigen Geldmitteln (mit einer Laufzeit bis zu einem Jahr).[56] Ihren Einfluss zur Steuerung der Liquidität verdanken Zentralbanken ihrer besonderen Stellung auf dem Geldmarkt und vor allem ihrem Monopol zur Bereitstellung von Zentralbankgeld. Zentralbankgeld meint die ausgegebenen Banknoten sowie die Guthaben der Geschäftsbanken auf den Konten bei der Zentralbank.[57]

---

[52] *Bindseil*, Monetary Policy Implementation, S. 77 ff.
[53] *Issing*, Einführung in die Geldpolitik, S. 209; *Moenjak*, Central Banking, S. 103 ff.
[54] *Vollmer*, Geld- und Währungspolitik, S. 2.
[55] Im Einzelnen dazu *Europäische Zentralbank*, Die Geldpolitik der EZB, S. 63 f.; *Bindseil*, Monetary Policy Implementation, S. 86; *Moenjak*, Central Banking, S. 130 ff.
[56] *Vollmer*, Geld- und Währungspolitik, S. 8.
[57] *Issing*, Einführung in die Geldpolitik, S. 71.

Die Geldpolitik von Zentralbanken entwickelter Volkswirtschaften beruht maßgeblich auf der Steuerung der Liquidität von Zentralbankgeld.[58] Dabei können Zentralbanken häufig ein strukturelles Liquiditätsdefizit der Geschäftsbanken ausnutzen. Denn diese sind ständig gezwungen, sich mit Zentralbankgeld zu versorgen. Einerseits müssen sie eine Mindestreserve auf den Konten bei der Zentralbank vorhalten, zu der sie aufgrund regulatorischer Vorgaben der Zentralbank verpflichtet sind. Andererseits benötigen sie ausreichend Mittel für die Abwicklung des Zahlungsverkehrs mit anderen Banken über die Konten bei der Zentralbank. Da Zentralbanken nur Guthabenzinsen gewähren, die substantiell unter den Marktsätzen liegen, sind Banken bestrebt, keine (oder jedenfalls möglichst nur geringe) über Mindestreservevorgaben hinausgehenden Mittel auf ihren Zentralbankkonten zu halten. Gleichzeitig können Banken ihren Liquiditätsbedarf bei der Abrechnung am Tagesende aber nicht treffsicher vorhersagen. Um zu vermeiden, dass im Rahmen der Abrechnung unerwartete Verbindlichkeiten auftreten und sie ihr Konto zu Strafzinsen überziehen, sind sie ständig darauf angewiesen, kurzfristige Kredite über Zentralbankgeld auf dem Interbankenmarkt aufzunehmen.[59]

(2) Die Kontrolle des Zinsniveaus auf dem Geldmarkt

Für die Auslösung geldpolitischer Impulse verfolgen die meisten Zentralbanken die Strategie, die Zinssätze auf dem Geldmarkt für Kredite mit sehr kurzer Laufzeit (in der Regel ein Tag) zu steuern.[60] Denn dort haben sie den größten Einfluss auf das Zinsniveau im Markt. Die ständige Nachfrage des Bankensystems nach Zentralbankgeld und das Versorgungsmonopol der Zentralbanken gewährleisten, dass Zentralbanken „die Liquiditätsbedingungen am Geldmarkt und die Geldmarktzinsen beeinflussen"[61] können.[62] Dazu versuchen sie, über die nachfolgend

---

[58] Der Begriff *Liquidität* ist für die Wirkungsweisen zentralbanklicher Aufgaben von entscheidender Bedeutung. Es lassen sich verschiedene Formen von Liquidität unterscheiden. An dieser Stelle wird Liquidität als Finanzierungsliquidität, also die Verfügbarkeit ausreichender Zahlungsmittel, um fällige Zahlungsverbindlichkeiten begleichen zu können, verstanden, vgl. *Gray*, Liquidity forecasting. Handbook in Central Banking no. 27, 5; *Cecchetti/Disyatat*, 16 FRBNY Economic Policy Review (August 2010) 29, 30 f.; *Drehmann/Nikolaou*, Funding Liquidity Risk, 2010, 2.
[59] *Moenjak*, Central Banking, S. 121; *Europäische Zentralbank*, Die Geldpolitik der EZB, S. 63; *Sellin/Åsberg Sommar*, The Riksbank's operational framework for the implementation of monetary policy, 2014, 43.
[60] *Moenjak*, Central Banking, S. 122; *Sellin/Åsberg Sommar*, The Riksbank's operational framework for the implementation of monetary policy, 2014, 35 ff.
[61] *Europäische Zentralbank*, Die Geldpolitik der EZB, S. 102.
[62] *Board of Governors of the Federal Reserve System (U.S.)*, The Federal Reserve System, 10. Aufl., 2016, 38 ff.; *Bofinger*, Monetary Policy, S. 324 ff.

dargestellten geldpolitischen Instrumente die Marktteilnehmer zur Einhaltung eines bestimmten Zinsniveaus zu bewegen.

Zunächst signalisieren Zentralbanken in regelmäßigen Abständen ihren geldpolitischen Kurs, indem sie entweder ein direktes Zinsziel bekannt geben, um das sich die Geldmarktzinsen bewegen sollen. Oder sie setzen sog. Leitzinsen fest, also die Zinsen, zu denen sich Geschäftsbanken bei der Zentralbank refinanzieren können.[63] Häufig genügt bereits die Ankündigung einer Änderung des geldpolitischen Kurses, um die Banken zur Anpassung der Zinsen zu veranlassen. Falls die Marktteilnehmer eine abweichende Zinshöhe für gerechtfertigt ansehen, wird die Zentralbank ihre geldpolitischen Instrumente einsetzen, um das angestrebte Zinsniveau durchzusetzen.

cc) Die Instrumente der Geldpolitik

Das Instrumentarium von Zentralbanken in entwickelten Volkswirtschaften zur Umsetzung ihrer Geldpolitik nimmt heutzutage ganz überwiegend die Form von Geschäften mit Marktteilnehmern ein und verlässt sich damit größtenteils auf Marktmechanismen.[64] Für das ESZB sind die geldpolitischen Instrumente in Art. 18 ff. ESZB/EZB-Satzung geregelt. Dort sind ausdrücklich Offenmarktgeschäfte, andere Kreditgeschäfte mit Marktteilnehmern und Mindestreservebestimmungen genannt. Art. 20 der Satzung ermächtigt den EZB-Rat, sonstige geldpolitische Instrumente zu schaffen, aber selbst in der jüngsten Finanzkrise ist von dieser Möglichkeit noch kein Gebrauch gemacht worden.[65]

(1) Offenmarktgeschäfte

Zentrales geldpolitisches Instrument der Zentralbanken sind Offenmarktgeschäfte. Dabei kaufen und verkaufen Zentralbanken auf eigene Initiative Wertpapiere auf dem Geldmarkt.[66] Dementsprechend räumt Art. 18 Abs. 1 1. Spiegelstrich ESZB-Satzung der EZB und den nationalen Zentralbanken das Recht ein, „auf den Finanzmärkten tätig zu sein, indem sie auf Euro oder sonstige Währungen lautende Wertpapiere oder sonstige Forderungen sowie Edelmetalle endgültig [...] kaufen und verkaufen". Offenmarktgeschäfte bieten dabei die Vorteile, dass

---

[63] *Borio*, A hundred ways to skin a cat: comparing monetary policy operating procedures in the United States, Japan and the euro area, 2001, 12; *Bindseil*, Monetary Policy Implementation, S. 349; tabellenförmiger Vergleich in *Markets Committee*, Monetary policy frameworks and central bank market operations, 2008.
[64] *Central Bank Governance Group*, Issues in the Governance of Central Banks, 2009, 37; *Moenjak*, Central Banking, S. 117.
[65] *Häde*, in: Calliess/Ruffert (Hrsg.), EUV/AEUV, Art. 127 AEUV Rn. 24.
[66] *Issing*, Einführung in die Geldpolitik, S. 88.

sie die Form gängiger Geschäfte auf dem Geldmarkt einnehmen und sich ihre Wirkungen relativ sicher prognostizieren lassen. Für Offenmarktgeschäfte geeignet sind nur solche Wertpapiere, für die ein aktiver, breiter Markt besteht, so dass Zentralbanken jederzeit mit ihnen handeln können. Das ist in der Regel bei Staatsanleihen oder Schuldverschreibungen der Zentralbank der Fall. Geldpolitisch dienen Offenmarktgeschäfte dazu, das Angebot an Zentralbankgeld so zu steuern, dass unter der gegebenen Nachfrage das angestrebte Zinsniveau auf dem Geldmarkt durchgesetzt wird. Will die Zentralbank einem unerwünschten Zinsanstieg als Folge großer Nachfrage auf dem Geldmarkt entgegentreten, kauft sie Wertpapiere auf und versorgt die Marktteilnehmer so mit zusätzlicher Liquidität.[67] Will die Zentralbank umgekehrt überschüssige Liquidität aus dem Markt nehmen, verkauft sie Wertpapiere auf dem Geldmarkt. In der Folge verringern sich insgesamt die Guthaben der Geschäftsbanken bei der Zentralbank und die erzeugte Knappheit an Zentralbankgeld lässt die Zinsen steigen.

(2) Ständige Fazilitäten

Art. 18 Abs. 1 zweiter Spiegelstr. ESZB-Satzung ermächtigt das ESZB darüber hinaus, „Kreditgeschäfte mit Kreditinstituten und anderen Marktteilnehmern ab[zu]schließen." Basierend auf dieser Vorschrift unterhält das Eurosystem sog. ständige Fazilitäten. Wie vergleichbare Einrichtungen anderer Zentralbanken eröffnen sie Zugang zu besicherten Darlehen mit sehr kurzer Laufzeit und zu standardisierten Konditionen, die ein bestimmter Kreis an Geldmarktteilnehmern auf eigene Initiative abrufen kann. Andererseits ermöglichen ständige Fazilitäten auch, überschüssige Mittel in ebenfalls standardisierter Form bei den Zentralbanken anzulegen.[68] Als passives Instrument der Zentralbank sind sie nur darauf ausgerichtet, kurzfristige, unvorhergesehene Liquiditätsengpässe oder Liquiditätsüberhänge der Geldinstitute auszugleichen. Über ständige Fazilitäten wird sichergestellt, dass Banken etwa im Fall unzutreffender Liquiditätsprognosen stets an Refinanzierungsmittel gelangen können, um ihren Zahlungsverpflichtungen nachzukommen. Die gegenüber dem Markt ungünstigeren Bedingungen sorgen aber dafür, dass Marktteilnehmer stets vorrangig den Geldmarkt in Anspruch nehmen. So wirken ständige Fazilitäten übermäßigen Schwankungen der Geldmarktzinsen entgegen und sichern im Ergebnis die für die Wirksamkeit geldpolitischer Maßnahmen notwendige Funktionsfähigkeit des Geldmarktes.[69]

---

[67] *Bofinger*, Monetary Policy, S. 336 ff.
[68] *Moenjak*, Central Banking, S. 127; *Bofinger*, Monetary Policy, S. 331.
[69] *Moenjak*, Central Banking, S. 127; *Europäische Zentralbank*, Die Geldpolitik der EZB, S. 117 ff.; *Board of Governors of the Federal Reserve System (U.S.)*, The Federal Reserve System, 10. Aufl., 2016, 40 f.

Gleichzeitig gewährleisten die Zinssätze der ständigen Fazilitäten, dass der Geldmarkt die geldpolitischen Zinsentscheidungen der Zentralbank umsetzt, indem sie den Zinskorridor festlegen, in dem sich die Marktzinssätze bewegen.[70] Dabei wirken die über den Marktsätzen von der Zentralbank bei einer Kreditaufnahme verlangten Zinsraten als Ober- und die unter den Marktsätzen von ihr für Guthaben gewährten Zinsen als Untergrenze für die Zinsschwankungen im Markt. Banken werden zunächst stets auf die günstigeren Konditionen im Markt zurückgreifen und so dafür sorgen, dass die Zinsen nicht die Grenzen des Zinskorridors überschreiten.[71]

(3) Mindestreservebestimmungen

Schließlich tragen Mindestreservebestimmungen dazu bei, dass Zentralbanken ihre Geldpolitik auch tatsächlich wirksam umsetzen können. Im Eurosystem kann die EZB nach Art. 19 Abs. 1 S. 1 Satzung ESZB/EZB die Kreditinstitute verpflichten, „Mindestreserven auf Konten bei der EZB oder den nationalen Zentralbanken [zu] unterhalten". Die Höhe der von den Kreditinstituten zur Erfüllung der Mindestreservepflichten vorzuhaltenden Vermögenswerte richtet sich dabei im Grundsatz nach dem Umfang ihrer Geschäftstätigkeit.[72] Ein Zweck der Mindestreserve ist die Aufrechterhaltung der strukturellen Abhängigkeit der Banken vom Zentralbankgeld, damit Offenmarktgeschäfte ihre liquiditätssteuernden Effekte entfalten können.[73] Über die Variation der Mindestreservesätze können Zentralbanken zudem die Liquiditätssituation und die Zinsen auf dem Geldmarkt beeinflussen, indem etwa eine Erhöhung der Mindestreservesätze mehr Mittel der Banken bindet, die diese nicht für eine Ausweitung ihrer Geschäftstätigkeit nutzen können.[74] Gleichwohl sehen Zentralbanken heute von einer häufigen Anpassung der Mindestreservesätze ab. Sie können den Liquiditätshaushalt der Kreditinstitute nur sehr abrupt und mit potentiell negativen Auswirkungen auf die Realwirtschaft verändern.[75]

---

[70] *Bofinger*, Monetary Policy, S. 330 f.

[71] *Europäische Zentralbank*, Die Geldpolitik der EZB, S. 106; *Moenjak*, Central Banking, S. 128 f.

[72] *Issing*, Einführung in die Geldpolitik, S. 107; *Europäische Zentralbank*, Die Geldpolitik der EZB, S. 109 f.

[73] Zusätzlich dazu verlangen viele Mindestreservevorschriften nur, dass Kreditinstitute die Mindestreservesätze in einer Periode im Durchschnitt einhalten. So können Kreditinstitute auch auf ihre Mindesreserve zurückgreifen, um einen kurzfristigen Liquiditätsbedarf zu decken, und vermeiden, sich auf dem Geldmarkt mit Liquidität versorgen zu müssen und im Zuge dessen auf das Zinsniveau einzuwirken, *Europäische Zentralbank*, Die Geldpolitik der EZB, S. 108 f.; *Gray/Talbot*, Monetary Operations, 2006, S. 53 f.

[74] *Bofinger*, Monetary Policy, S. 342 ff.; *Issing*, Einführung in die Geldpolitik, S. 107.

[75] *Moenjak*, Central Banking, S. 128.

dd) Die Geldpolitik in der Finanzkrise

Zur Bewältigung der jüngsten globalen Finanzkrise beschränkten sich Zentralbanken nicht allein auf die Stützung des Bankensystems durch eine großzügige Versorgung mit Liquidität. Auch nutzten sie in beispiellos umfangreichem Maß ihre geldpolitische Kompetenz, um die wirtschaftliche Aktivität in den einzelnen Volkswirtschaften wiederzubeleben.[76] Da die Ausschöpfung der klassischen geldpolitischen Instrumente – wie etwa die Senkung der Leitzinsen – nicht die angestrebten Inflationsraten zur Folge hatte, wichen Zentralbanken auf unkonventionelle geldpolitische Mittel aus. Anstatt ausschließlich die Zinsen für kurzfristige Kredite auf dem Geldmarkt zu steuern, versuchten Zentralbanken durch Ankaufprogramme (sog. *Quantitative Easing*) gleichzeitig unmittelbar die Zinsen für langlaufende Kreditprodukte auf den Kapitalmärkten zu beeinflussen.[77] Zentralbanken einiger Industrienationen, wie die Federal Reserve in den USA, die Bank of England und die EZB kauften dazu in großem Umfang langlaufende staatliche und bestimmte private Wertpapiere auf, um das Zinsniveau der Papiere, in der Folge auch die Kosten für Bankkredite zu senken und die Kreditnachfrage der Wirtschaft zu stimulieren.[78] Zusätzliche Käufe hypothekenbesicherter Kredite durch die Federal Reserve dienten vor allem dazu, das Bankensystem vor einem destabilisierenden anhaltenden Preisverfall der Papiere zu schützen.[79]

e) Außenwert der Währung – der Wechselkurs

Als eine weitere von der Geldpolitik getrennte Aufgabe[80] des ESZB nennt Art. 127 Abs. 2 zweiter Spiegelstrich AEUV[81] die Durchführung von Devisengeschäften.[82] Im Rahmen von Devisengeschäften kaufen oder verkaufen Zentralbanken Währungen auf den Devisenmärkten. In den allermeisten Fällen haben Devisenmarktinterventionen das Ziel, den Wechselkurs der eigenen Währung zu

---

[76] Zu den geldpolitischen Maßnahmen der Notenbank der USA *Board of Governors of the Federal Reserve System (U.S.)*, The Federal Reserve System, 10. Aufl., 2016, 44ff.

[77] *Joyce/Miles/Scott u.a.*, 122 The Economic Journal (2012) 271, 274ff.; *Fawley/Neely*, Federal Reserve Bank of St. Louis Review (January/February 2013) 51, 55ff.

[78] *EZB*, Monthly Bulletin September 2013, 55ff.; *Cour-Thimann/Winkler*, 28 Oxford Review of Economic Policy (2012) 765, 771ff.; *Joyce/Miles/Scott u.a.*, 122 The Economic Journal (2012) 271, 274ff.; Einordnung und Systematisierung unkonventioneller geldpolitischer Maßnahmen bei *Borio/Disyatat*, 78 The Manchester School (2010) 53.

[79] *Moenjak*, Central Banking, S. 108 ff.

[80] Zu den Gründen der Trennung zwischen beiden Aufgaben *Smits*, The European Central Bank, S. 376.

[81] Art. 3 Abs. 1 zweiter Spiegelstrich ESZB/EZB-Satzung.

[82] Vgl. etwa auch Art. 4 (5) Law of the People's Republic of China on the People's Bank of China.

steuern. Daneben werden sie aber auch eingesetzt, um die Devisenmärkte mit Liquidität zu versorgen und sicherzustellen, dass die Marktteilnehmer die gewünschten Devisengeschäfte vornehmen können oder um die Höhe der Devisenreserven des Landes zu steuern.[83]

Während die Geldpolitik das Preisniveau im Inland zu steuern versucht, ist die Wechselkurspolitik auf den Außenwert der jeweiligen Währung ausgerichtet. Geldpolitik und Wechselkurspolitik lassen sich nicht strikt voneinander trennen, weil manche Länder ihre Geldpolitik auf die äußere Geldwertstabilität ausrichten oder weil die monetären Steuerungsgrößen der Geldpolitik, wie Zinsen, Inflation etc., in Wechselwirkung mit dem Wechselkurs stehen.[84] Bei der Geldpolitik und der Wechselkurspolitik geht es jeweils um die Steuerung des Werts der Währung. Um diese untrennbare Nähe der beiden Aufgabenfelder näher zu beschreiben, wird für beide der Begriff der Währungspolitik verwendet.[85]

aa) Die Gründe hinter Wechselkursbewegungen

Der Wechselkurs bezeichnet den Preis der heimischen Währung, ausgedrückt in einer jeweils anderen Währung.[86] In der ökonomischen Theorie werden für längerfristige Entwicklungen der Wechselkurse mehrere zusammenwirkende Kräfte verantwortlich gemacht.[87] In einer groben Zusammenfassung lassen sich die wesentlichen Kräfte wie folgt skizzieren: In einer Welt offener Volkswirtschaften und grenzüberschreitender wirtschaftlicher Verflechtung ist der Wechselkurs das Ergebnis von Devisenangebot und -nachfrage im Verhältnis eines Währungspaares.[88] Angebot und Nachfrage werden zu einem Teil bestimmt durch grenzüberschreitende Transaktionen der Marktteilnehmer auf den Güter- und Dienstleistungsmärkten, also durch Handel zwischen den beiden Währungsräumen, beeinflusst. Einen ungemein größeren Einfluss auf den Wechselkurs haben die Kapitalströme auf den Finanz- und Devisenmärkten.[89] Diese auf den Wechselkurs einwirkenden Transaktionen sind zu einem großen Teil dadurch motiviert,

---

[83] *Basu/Varoudakis*, How to Move the Exchange Rate If You Must, 2013, 6.
[84] *Maennig*, Außenwirtschaft, S. 280 f. Importabhängige Länder sehen sich etwa im Falle einer starken Währungsabwertung und steigender Preise für Importgüter der Gefahr einer hohen Inflation ausgesetzt, während etwa in exportabhängigen Ländern starke Schwankungen des Wechselkurses die Produktion aufgrund schnell wegbrechender Absatzmärkte schädigen können, *Moenjak*, Central Banking, S. 162 f.
[85] *Hahn/Häde*, Währungsrecht, S. 12.
[86] *Issing*, Einführung in die Geldpolitik, S. 138.
[87] Zu den einzelnen Theorien zu den Wechselkursdeterminanten vgl. *Maennig*, Außenwirtschaft, S. 281 ff.; *Moenjak*, Central Banking, S. 168 ff.; *Moritz/Stadtmann*, Monetäre Außenwirtschaft, S. 123 ff.
[88] *Moritz/Stadtmann*, Monetäre Außenwirtschaft, S. 123.
[89] *Money Changers at Bay*, The Economist v. 07.02.2015, Nr. 6, S. 59, 60.

Differenzen in den Güterpreisen[90] oder in den Zinserträgen[91] zwischen beiden Ländern auszunutzen oder auf eine zukünftige Änderung der Wechselkurse zu spekulieren. Konkret ist damit gemeint, dass heimische Güter, die unter Berücksichtigung des Wechselkurses im Vergleich zu Gütern im Ausland günstiger sind, stärker aus dem Ausland nachgefragt werden.[92] Auch zieht ein höheres Zinsniveau im Inland (unter Berücksichtigung des Wechselkurses) Kapital aus dem Ausland auf der Suche nach höheren Erträgen an.[93] Anpassungen der Wechselkurse sind dann das Resultat (erwarteter) divergierender Entwicklungen in den relativen Güterpreisen oder einem unterschiedlichen Zinsniveau im Vergleich des Länderpaares.

An diesem Punkt tritt wieder die untrennbare Verknüpfung von Geldpolitik und dem Wechselkurs zu Tage.[94] Denn Divergenzen in der Inflation und dem Zinsniveau zwischen beiden Ländern werden nicht zuletzt durch die Geldpolitik der jeweiligen Zentralbank determiniert. Folgt auf eine lockere Geldpolitik etwa eine höhere Inflation in dem einen Währungsgebiet, so verteuern sich die Güter im Verhältnis zu ausländischen Produkten. Die ausländische Nachfrage nach ihnen sinkt, während Importe attraktiver werden. Die damit verbundene nachlassende Nachfrage nach der heimischen Währung schwächt auf längere Sicht den Wechselkurs. Diese Abwärtsbewegung wird dadurch verstärkt, dass die mit der lockeren Geldpolitik einhergehenden Zinssenkungen heimische Kapitalanlagen vergleichsweise unattraktiver machen und in der Folge Kapital ins Ausland abfließt.[95]

bb) Die einzelnen Wechselkursregime

Ob eine Zentralbank eine aktive Wechselkurspolitik verfolgt, hängt von dem zugrunde liegenden Wechselkursregime ab. In der Wahl des Wechselkursregimes sind Staaten grundsätzlich frei.[96] Das IWF-Abkommen setzt als Rechtsrahmen

---

[90] Die Güterpreise nimmt die Kaufkraftparitätentheorie in den Blick, *Moritz/Stadtmann*, Monetäre Außenwirtschaft, S. 127 ff.

[91] Diese Einflussfaktoren betonen vor allem Finanzmarkttheorien, die kurzfristige Wechselkursänderungen mit Kapitalbewegungen begründen, *Moritz/Stadtmann*, Monetäre Außenwirtschaft, S. 146 ff.

[92] *Moritz/Stadtmann*, Monetäre Außenwirtschaft, S. 127 f.

[93] *Moritz/Stadtmann*, Monetäre Außenwirtschaft, S. 148.

[94] Den Einfluss der Bedingungen auf dem Geldmarkt auf den Wechselkurs betonen Monetäre Wechselkurstheorien, *Moritz/Stadtmann*, Monetäre Außenwirtschaft, S. 172 ff.; zu den Auswirkungen der Geldpolitik *Issing*, Einführung in die Geldpolitik, S. 244 ff.

[95] *Moenjak*, Central Banking, S. 172.

[96] Für das Völkergewohnheitsrecht *Proctor*, Mann on the Legal Aspect of Money, Rn. 19.03.

für die internationale Währungsordnung[97] der nationalen Ausgestaltung eher allgemeine Grenzen.[98] Die Bandbreite möglicher Währungssysteme reicht von festen Wechselkursen bis zu gänzlich den freien Marktkräften überlassenen Wechselkursen. Viele der in der Praxis bestehenden Systeme sortieren sich zwischen diesen Enden ein. Im Falle starrer Wechselkurse wird die eigene Währung zu einem bestimmten Wechselkurs an eine oder mehrere Ankerwährungen gebunden.[99] In den meisten Fällen fester Wechselkurse wird eine mehr oder weniger große Bandbreite festgelegt, innerhalb derer der Wechselkurs, von Marktkräften getrieben, schwanken kann. Unabhängig davon, wie der Toleranzbereich im Einzelnen ausgestaltet ist, muss die Zentralbank einschreiten, wenn die Kräfte auf dem Devisenmarkt den Wechselkurs jenseits der vorgegebenen Grenzen drängen.[100] Feste Wechselkurssysteme und eine aktive Steuerung der Wechselkurse finden sich häufig in Schwellen- und Entwicklungsländern. Das liegt vor allem daran, dass sie aufgrund der lokalen Marktstrukturen und des Bankensystems über größere Möglichkeiten verfügen, die Kursbildung auf lokalen Devisenmärkten zu beeinflussen.[101]

Zentralbanken in entwickelten Volkswirtschaften, wie die EZB, die Bank of Japan oder die Federal Reserve in den USA, überlassen die Kursfindung mittlerweile ungehindert den Devisenmärkten.[102] Aber selbst bei einem freien Wechselkurs kommt es in Ausnahmefällen zu Interventionen der Zentralbanken auf den Devisenmärkten. Nach dem Erdbeben im japanischen Fukushima schritten beispielsweise die Zentralbanken der G7-Staaten gemeinsam auf den Devisenmärkten ein, um die starke Aufwertung des Yen zu stoppen.[103]

cc) Devisenmarktinterventionen

Wie oben angedeutet, bestimmt die Geldpolitik mittelbar die Wechselkurse. Um unmittelbar und kurzfristig Einfluss auf die Wechselkursentwicklung einer Wäh-

---

[97] Zurzeit sind 189 Staaten dem IWF-Abkommen beigetreten, vgl. https://www.imf.org/external/np/sec/memdir/memdate.htm (zuletzt abgerufen 01.05.2019).

[98] Art. IV (1) IWF-Abkommen i. d. F. v. 30.04.1976, BGBl. 1978 II 13, hierzu *Proctor*, Mann on the Legal Aspect of Money, Rn. 22.23.

[99] *Maennig*, Außenwirtschaft, S. 34.

[100] *Moritz/Stadtmann*, Monetäre Außenwirtschaft, S. 195; *Hahn/Häde*, Währungsrecht, S. 331; *Moenjak*, Central Banking, S. 166 f.

[101] *Menkhoff*, 36 The World Economy (2013) 1187, 190.

[102] Vgl. die Einteilung des *IWF*, Annual Report on Exchange Arrangements and Exchange Restrictions 2014, 7; *Ishii/Canales-Kriljenko/Guimarães Roberto u. a.*, Official Foreign Exchange Intervention, 2006, 5.

[103] Die starke Aufwertung wurde dadurch ausgelöst, dass japanische Versicherungsunternehmen ihre ausländischen Aktiva auslösten und das Geld in japanische Yen tauschten, *Eichengreen*, 27 Journal of Economic Perspectives (2013) 87, 98.

1. Begriffsbestimmende Funktionen von Zentralbanken

rung zu nehmen, stehen vor allem zwei Instrumente zur Verfügung: Neben den Devisenmarktinterventionen können ähnliche Effekte mit staatlichen Beschränkungen des Devisenverkehrs erzielt werden.

Devisen bezeichnen Forderungen aus Sichtguthaben in ausländischen Währungen, d. h. solche Guthaben, die jederzeit gegen Bargeld einlösbar sind.[104] Der globale Devisenmarkt ist einer der größten Finanzmärkte der Welt.[105] Auf dem Devisenmarkt werden Forderungen ausländischer Währung gegen inländische Währung angeboten und nachgefragt.[106] Unabhängig von Devisenmarktinterventionen beteiligen sich Zentralbanken am Devisenhandel auch, um Zinserträge aus der Anlage der Währungsreserven in heimische Währung zu wechseln und den internationalen Zahlungsverkehr der Regierung abzuwickeln.[107] Gegenstand von Devisengeschäften der Zentralbanken sind in der Regel ausländische Wertpapiere, die nur ein geringes Ausfallrisiko aufweisen und mit denen jederzeit gehandelt werden kann.

Devisenmarktinterventionen laufen wie folgt ab: Wenn sich beispielsweise in einem Festwechselkurssystem der Wechselkurs der festgelegten Untergrenze nähert, wird sich die Zentralbank entscheiden, auf den Devisenmärkten zu intervenieren, um eine Aufwertung der Währung zu erreichen. Dazu verkauft die Zentralbank Wertpapiere in fremden Währungen und kauft im Gegenzug Wertpapiere in heimischer Währung. Bietet die Zentralbank fremde Währungen an, erhöht sie das Angebot an Fremdwährungen und stärkt gleichzeitig die Nachfrage nach der heimischen Währung. In der Folge steigt der Wechselkurs der heimischen Währung an. Entgegengesetzte Devisenmarktintervention unternahm beispielsweise die Schweizerische Nationalbank über eine lange Zeit, um eine Aufwertung des Schweizer Franken über eine bestimmte Wechselkursgrenze zu verhindern. Anfang 2015 gab die Schweizerische Nationalbank diese Praxis unter anderem wegen hoher Kosten auf.[108]

Das Volumen der Intervention hängt stark von der Größe und Struktur des Devisenmarktes ab. Im Durchschnitt nehmen sie einen großen Anteil des Tagesumsatzes auf diesen Märkten ein.[109] In den Schwellen- und Entwicklungsländern mit geringen Handelsumsätzen können Zentralbanken auch mit kleineren

---

[104] *Moritz/Stadtmann*, Monetäre Außenwirtschaft, S. 30; Gabler Wirtschaftslexikon, „Sichteinlagen".

[105] *BIZ*, Triennial Central Bank Survey: Foreign Exchange Turnover in April 2013, 2013, 3; *Special FX*, The Economist v. 21.09.2013, Nr. 8854, S. 77.

[106] *Issing*, Einführung in die Geldpolitik, S. 138.

[107] *Moritz/Stadtmann*, Monetäre Außenwirtschaft, S. 34.

[108] *Money Changers at Bay*, The Economist v. 07.02.2015, Nr. 6, S. 59.

[109] *Ishii/Canales-Kriljenko/Guimarães Roberto u. a.*, Official Foreign Exchange Intervention, 2006, 20 ff.

Eingriffen die gewünschten Effekte erzielen.[110] Die mexikanische Zentralbank verkaufte beispielsweise in den Jahren 1996-2003 Devisen im Wert von USD 2,9 Mrd.[111] Die Interventionen der japanischen Zentralbank nahmen zu den Höchstständen in den Jahren 2003 und 2004 weit größere Ausmaße an und beliefen sich auf insgesamt USD 320 Mrd.[112]

dd) Die Beschränkungen des Devisenverkehrs

Staatliche Devisenkontrollen zur Beeinflussung des Wechselkurses stützen sich nicht vornehmlich auf Marktkräfte, sondern auf administrative Vorgaben, durch die der Staat versucht, eine Kontrolle über seine Deviseneinnahmen auszuüben.[113] Da Wechselkursbewegungen wesentlich durch die Nachfrage nach einer Währung verursacht werden, schwächen etwa starke Kapitalabflüsse ins Ausland die heimische Währung. Diesem Abwertungsdruck setzen sich staatliche Regelungen entgegen, die die Möglichkeit beschränken, über den Erwerb von Devisen Kapital ins Ausland zu übertragen. Devisenverkehrsbeschränkungen reichen von direkten behördlichen Verboten der Banken oder Kontingentierungen bis zu indirekten Maßnahmen, die darauf abzielen, mit Hilfe von Steuern o.Ä. die Kosten der Kapitalbewegungen zu erhöhen.[114] Im Fall der Devisenbewirtschaftung liegt die Verteilung der nationalen Deviseneinnahmen in den Händen einer zentralen staatlichen Stelle, so dass Exporteure ihre Deviseneinnahmen an diese abführen müssen und Importeuren nur auf Antrag und in ausgesuchten Fällen Devisen zugeteilt werden.[115] Häufig übernehmen Zentralbanken diese Aufgabe.[116] So wurden die umfangreichen Beschränkungen des Devisenverkehrs in Argentinien[117] in der jüngeren Vergangenheit von der argentinischen Zentralbank umge-

---

[110] Siehe oben Fn. 100.

[111] *Ishii/Canales-Kriljenko/Guimarães Roberto u.a.*, Official Foreign Exchange Intervention, 2006, 30.

[112] *Archer*, in: Bank für Internationalen Zahlungsausgleich (BIZ) (Hrsg.), Foreign Exchange Market Intervention in Emerging Markets: Motives, Techniques and Implications, S. 40, 52.

[113] *Reining*, Lexikon der Außenwirtschaft, S. 106.

[114] *Moenjak*, Central Banking, S. 181 f.; *Issing*, Einführung in die Geldpolitik, S. 27.

[115] *Jarchow/Rühmann*, Monetäre Außenwirtschaft II: Internationale Währungspolitik, S. 6; *Reining*, Lexikon der Außenwirtschaft, S. 106.

[116] *Ishii/Canales-Kriljenko/Guimarães Roberto u.a.*, Official Foreign Exchange Intervention, 2006, 23; in seiner Entscheidung *Blagojevic c. Banque Du Japon*, Urteil vom 19.05.1976, JDI 103, (1976), S. 687 ff., hatte der französischen Cour de cassation über die Devisenkontrollmaßnahmen zu entscheiden, die von der japanischen Zentralbank ausgeführt wurden.

[117] Die einzelnen Beschränkungen reichen von Restriktionen der Transaktionen auf den Kapitalmärkten bis hin zur zentralen Zuteilung von Devisen, vgl. *IWF*, Annual Report on Exchange Arrangements and Exchange Restrictions 2014, 80.

setzt.[118] Argentinische Exporteure waren etwa verpflichtet, ihre Exporterlöse in US-Dollar bei der argentinischen Zentralbank einzutauschen. Die so erhaltenen Devisen hielt die argentinische Zentralbank dann auf Konten bei der US-amerikanischen Zentralbank.[119]

ee) Das Halten und Verwalten der offiziellen Währungsreserven

Um auf den Devisenmärkten die eigene Währung zu verkaufen und eine Abwertung des Wechselkurses zu erreichen, benötigen Zentralbanken Devisen. Diese stammen aus den offiziellen Währungsreserven des Staates. Typischerweise liegen die nationalen Währungsreserven eines Landes in der Verantwortung der Zentralbank.[120] So weist beispielsweise auch Art. 127 Abs. 2 3. Spiegelstrich AEUV[121] dem ESZB die Aufgabe zu, „die offiziellen Währungsreserven der Mitgliedstaaten zu halten und zu verwalten". Die Verantwortung für die Währungsreserve zählt auch in anderen Ländern zu den in Zentralbankengesetzen ausdrücklich genannten Aufgaben.[122] Devisenreserven werden später[123] ausführlich als Teil des Auslandsvermögens von Zentralbanken behandelt.

f) Sicherung der Finanzstabilität und die Funktion als Lender of last resort

aa) Stabilität des Finanzsystems

Ebenso wie die Geldpolitik gehört die (Mit-)Verantwortung für die Stabilität des Finanzsystems zum Kennzeichen von Zentralbanken. Das Finanzsystem setzt sich zusammen aus Finanzinstituten, also Banken und bankähnliche Geschäfte ausführender Finanzintermediären, sowie den Finanzmärkten, auf denen Kredite, Forderungen sowie Unternehmensbeteiligungen gehandelt werden.[124] Obwohl Nothilfen zur Rettung von Banken schon früh als eine der Hauptaufgaben von Zentralbanken galten,[125] konnte bis heute nicht abschließend geklärt werden,

---

[118] *Ein schwieriges und chancenreiches Land,* FAZ v. 13.06.2015, Nr. 134, S. 26.
[119] U.S. Court of Appeals, 2nd Circuit, *NML Capital v. Banco Central de la Republica Argentina,* 652 F.3d 172, 177 ff. (2011).
[120] *Central Bank Governance Group,* Issues in the Governance of Central Banks, 2009, 40.
[121] Ebenso Art. 3 Abs. 1 3. Spiegelstr. und Art. 30 ff. ESZB/EZB-Satzung.
[122] Vgl. etwa für die Schweiz Art. 5 Abs. 2 lit. d. Bundesgesetz über die Schweizerische Nationalbank vom 3. Oktober 2003, AS 2005, 1985 oder für China Art. 4 Abs. 1 Ziff. 7 Law of the People's Republic of China on the People's Bank of China vom 18. März 1995.
[123] Siehe unten S. 54 ff.
[124] *Issing,* Einführung in die Geldpolitik, S. 40 ff.
[125] *Moenjak,* Central Banking, S. 6; *DeKock,* Central Banking, S. 92.

wann ein Finanzsystem im Einzelnen überhaupt „stabil" ist,[126] so dass nicht wundert, dass diese Aufgabe nur in Ausnahmefällen ausdrücklich in Zentralbankgesetzen genannt wird.[127]

Zentralbanken nehmen ein ganzes Paket an Aufgaben wahr, um die Stabilität des Finanzsystems zu fördern. Sie haben jeweils den Zweck, Risiken in der Geschäftstätigkeit der Finanzinstitute oder in den Abläufen auf den Finanzmärkten zu mindern. Zu den Maßnahmen zur Förderung der Finanzstabilität zählt es etwa, wenn Zentralbanken Zahlungssysteme und Einlagensicherungssysteme beaufsichtigen oder selbst unterhalten.[128] In vielen Ländern fällt der Zentralbank immer noch die Rolle der Aufsichts- und Regulierungsbehörde für Finanzinstitutionen zu, obwohl dieser Aufgabenbereich bis zur jüngsten Finanzkrise immer häufiger an eigenständige Behörden ausgelagert worden ist.[129] Reformen zur Behebung der Ursachen für die Finanzkrise seit dem Jahr 2007 haben diesen Trend wieder umgekehrt.[130]

bb) Die Zentralbank als Lender of last resort

Eine der Urfunktionen von Zentralbanken ist die Rolle als *Lender of last resort*.[131] Gerät eine Bank in vorübergehende Zahlungsschwierigkeiten und stellt der Interbankenmarkt keine ausreichenden Mittel bereit, kann sie jederzeit und auf schnellem Weg bei der Zentralbank Darlehen erhalten. Historisch lag in der Rolle des Lender of last resort eine Reaktion auf sich immer wiederholende, verheerende Bankenpaniken, denen ein Vertrauensverlust in die Zahlungsfähig-

---

[126] *Moenjak*, Central Banking, S. 189 ff.; *Davis/Ossowski/Daniel u. a.*, Stabilization and Savings Funds for Nonrenewable Resources, 2001, 54 ff. Nach einer vorläufigen Näherung bedarf es hierfür etwa stabiler Finanzinstitutionen und der Stabilität der bedeutenden Märkte. Finanzinstitutionen sind stabil, wenn der Markt Vertrauen hat, dass diese ihren Verpflichtungen ohne fremde Hilfe nachkommen können. Märkte sind stabil, wenn sie eine Preisbildung ermöglichen, die sich kurzfristig nicht stark von den wirtschaftlichen Grundlagen entfernt, Definition der isländischen Zentralbank, zitiert nach *Davies/Green*, Banking on the Future, S. 56.

[127] *Central Bank Governance Group*, Issues in the Governance of Central Banks, 2009, 9; *Davies/Green*, Banking on the Future, S. 59.

[128] *Healey*, in: Brealey/Healey/Sinclair u. a. (Hrsg.), Financial Stability and Central banks, S. 19, 34, 37.

[129] *Healey*, in: Brealey/Healey/Sinclair u. a. (Hrsg.), Financial Stability and Central banks, S. 19, 24; *Moenjak*, Central Banking, S. 7, 235 ff.

[130] *Dalla Pellegrina/Masciandaro/Pansini*, in: Eijffinger/Masciandaro (Hrsg.), Handbook of Central Banking, Financial Regulation and Supervision, S. 208, S. 208; obwohl die dort angesprochenen Reformvorhaben nicht sämtlich Wirklichkeit geworden sind, wurden beispielsweise der Bank of England die Kompetenz für die Bankenaufsicht durch den *Financial Services Act* aus dem Jahr 2012 rückübertragen.

[131] *DeKock*, Central Banking, S. 92; Healey, S. 37.

keit einer Bank vorausgegangen war.[132] So übernahm die Bank of England schon sehr früh die Funktion eines Lender of last resort und war damit sehr erfolgreich.[133] Die Notfall-Kredite der Zentralbank versetzen eine Bank in die Lage, ihre kurzfristigen Verbindlichkeiten ordnungsgemäß zu bedienen und ihre Geschäfte ungestört abzuwickeln, ohne dass Zweifel an ihrer Zahlungsfähigkeit aufkommen oder sich verstärken. Die Bank wird so davor bewahrt, ihre Vermögensgüter unter Wert verkaufen zu müssen und in die Gefahr bestandsgefährdender Verluste zu geraten.[134]

In Zeiten außergewöhnlicher Marktverwerfungen kann es vorkommen, dass nicht nur ein Institut, sondern das gesamte Bankensystem seinen Liquiditätsbedarf nicht mehr über den Interbankenmarkt decken kann. Das war beispielsweise in der im Jahr 2007 ausgebrochenen Finanzkrise der Fall, als sich Banken aus Unsicherheit über das Kreditrisiko gegenseitig keine Darlehen mehr gewährten. Die Zentralbanken in Europa und den USA gingen in dieser Finanzkrise dazu über, dem Bankensystem insgesamt, unter anderem durch geldpolitische Instrumente, zusätzliche Mittel bereit zu stellen.[135] Nach der ursprünglichen Konzeption springen Zentralbanken als Lender of last resort nur in Fällen vorübergehender Liquiditätsprobleme ein.[136] Wird ein Kreditinstitut hingegen aufgrund einer Überschuldung zahlungsunfähig und droht das Bankensystem insgesamt im Fall ihrer Insolvenz großen Schaden zu nehmen, bleiben Rettungsmaßnahmen der Regierung vorbehalten. In der Krisensituation ist die Grenze zwischen vorübergehenden Liquiditätsengpässen und einer Überschuldung nur schwer auszumachen.[137] Tatsächlich schreiten Zentralbanken zuweilen auch mit Notkrediten ein, damit die betroffenen Banken eine Überschuldung bewältigen können.[138]

---

[132] Die Notwendigkeit einer Lender of last resort-Funktion wurde zuerst von *Thornton*, An Enquiry Into the Nature and Effects of the Paper Credit of Great Britain und *Bagehot*, Lombard Street. A description of the money market, entwickelt. Die Notwendigkeit betont auch die neuere Forschung, etwa *Gorton/Huang*, 53 Journal of Monetary Economics (2006) 1613. Zur historischen Ausgangsfunktion der Zentralbanken als Lender of last resort Gorton/Huang, in: Altig/Smith (Hrsg.), Evolution and Procedures in Central Banking, S. 181.
[133] *Humphrey*, 75 FRB Richmond Economic Review (1989) 8; *Bordo*, 76 FRB Richmond Economic Review (1990) 18, 23.
[134] *Moenjak*, Central Banking, S. 48; *Stasch*, Lender of last resort, S. 66 ff.
[135] *Davies/Green*, Banking on the Future, S. 92 ff.
[136] *Goodhart*, The Central Bank and the Financial System, S. 417 ff.
[137] *Brealey/Healey/Sinclair u. a.* (Hrsg.), Financial Stability and Central banks, 172.
[138] *Stasch*, Lender of last resort, S. 50 f.

g) Zentralbank als Bank der Regierung

Alle Zentralbanken agieren heute in der einen oder anderen Form als Bank der Regierung[139] und beraten den Staat in währungs- und geldpolitischen Angelegenheiten.[140] Sie nehmen dabei Aufgaben gewöhnlicher Geschäftsbanken für die Regierung wahr. Im Rahmen dessen führen sie in der Regel Konten der Regierung und wickeln Zahlungen ab. Häufig sind sie auch für den Zahlungsverkehr von staatlichen Stellen gegenüber dem Ausland verantwortlich. Bei einer großen Präsenz öffentlicher Unternehmen in der Wirtschaft kann diese Geschäftstätigkeit sehr umfangreich sein. In einem Gerichtsverfahren in den USA gegen den ecuadorianischen Staat offenbarte beispielsweise die ecuadorianische Zentralbank, dass die staatliche Telefongesellschaft die Auslandskonten der Zentralbank als Geschäftskonten für Einnahmen aus Dienstleistungen im Ausland nutzten. Darüber hinaus stellten sie etwa Fremdwährungen bereit, damit die Regierung ihren Zahlungsverpflichtungen im Ausland nachkommen konnte.[141]

Historisch lag gerade in der Kreditgewährung an den Staat die Gegenleistung für einzelne Privilegien, die der Staat Vorläufern von Zentralbanken gewährte. Bis in das vergangene Jahrhundert beteiligten sich Zentralbanken in großem Umfang an der Finanzierung staatlicher Haushaltsdefizite. Wegen der abschreckenden Erfahrungen mit Inflationsgefahren sind die Möglichkeiten der Zentralbanken zur Staatsfinanzierung allerdings heute auf unterschiedliche Weise stark beschränkt.[142]

2. Kreis der erfassten Institutionen

Zusammenfassend fallen unter den Begriff der Zentralbanken sämtliche staatlichen Einrichtungen, die den Kreis der Funktionen wahrnehmen, aus denen sich die zentrale Verantwortung für die Bewirtschaftung des gesamtwirtschaftlichen Geld- und Kreditsystems ergibt und die vorstehend genannt sind. Sofern die Institutionen für die Ausgabe von Banknoten, die Geld- und Währungspolitik sowie die Stabilität des Finanzsystems verantwortlich sind, lässt sich an dem Status als Zentralbank bzw. Währungsbehörde nicht mehr zweifeln. Auch US-amerikanische Gerichte erblicken in diesen Funktionen die typischen Zentralbanken zuzu-

---

[139] *Central Bank Governance Group*, Issues in the Governance of Central Banks, 2009, 43.
[140] *Aufricht*, Comparative Survey of Central Bank Law, S. 104.
[141] U.S. District Court, S.D.N.Y., *Weston Compagnie de Finance et D'investissement v. La Republica del Ecuador*, 823 F.Supp 1106, 1113 (1993).
[142] *Central Bank Governance Group*, Issues in the Governance of Central Banks, 2009, 67; *DeKock*, Central Banking, S. 51.

ordnenden Aufgaben, die die Qualifikation ausländischer Einrichtungen als Zentralbanken i. S. v. Sec. 1611(b)(1) FSIA US rechtfertigen. So stützte der U.S. District Court, Southern District New York, den Zentralbankenstatus der Banco de Guatemala wie andere Gerichte auch[143] auf folgende Erwägungen:

„It has the exclusive authority in the Republic, among other things, to issue currency, to have custody of and to administer the Republic's monetary reserves, to engage in open-market transactions in Guatemalan government securities so as to regulate the money supply, and to act as depository for the funds of the Republic and its agencies."[144]

Dagegen fallen solche Bankinstitute aus dem Kreis der Zentralbanken heraus, die zwar unter der Kontrolle und im Eigentum von Staaten stehen, typische Zentralbankfunktionen aber nicht einmal teilweise ausüben. Nicht ausreichend ist, wenn Institute lediglich Finanzdienstleistungen klassischer Geschäftsbanken oder Finanzunternehmen erbringen und dabei staatliche Ziele, wie etwa Wirtschafts- oder Entwicklungsförderung, verfolgt. Dieses Verständnis deckt sich mit einem Urteil des U.S. District Court, Southern District New York, in dem das Gericht einem Bankinstitut die Stellung als Zentralbank vorenthielt, das in erster Linie Versicherungsdienstleistungen und Finanzdienstleistungen zur wirtschaftlichen Entwicklung des Landes anbot.[145]

3. Unabhängigkeit der Zentralbanken

a) Historische Entwicklung der Zentralbankenunabhängigkeit

Bis in die 1970er Jahre waren Zentralbanken häufig unselbstständige Einheiten innerhalb der jeweiligen Finanzministerien und in den meisten Entscheidungen der festen Kontrolle ihrer Regierungen unterworfen.[146] Zur heutigen Orthodoxie der ökonomischen Lehre zählt demgegenüber das Postulat der Unabhängigkeit von Zentralbanken. Danach sollten Zentralbanken geldpolitische Entscheidungen ohne die Gefahr politischer Einflussnahme treffen.[147] Tatsächlich haben em-

---

[143] U.S. District Court, S.D.N.Y., *Minpeco S.A. v. Hunt,* 686 F.Supp. 427, 429 (1988); U.S. District Court, S.D.N.Y., *LNC Investments, Inc. v. Republic of Nicaragua,* 115 F.Supp.2d 358, 364 (2000).

[144] U.S. District Court, S.D.N.Y, *Banque Compafina v. Banco de Guatemala,* 583 F.Supp. 320, 321 (1984).

[145] U.S. District Court, S.D.N.Y., *Concord Reinsurance Co., Ltd. v. Caja Nacional de Ahorro y Seguro,* 1994 WL 86401.

[146] *Cukierman,* 24 European Journal of Political Economy (2008) 722.

[147] Die Gewährleistung der Unabhängigkeit der Zentralbank auf Kosten demokratischer Legitimation ist auch rechtlich akzeptiert, etwa durch das Maastricht-Urteil des BVerfG, NJW 1993, 3047, 3057.

pirische Studien wiederholt einen belastbaren Zusammenhang zwischen dem Grad der Zentralbankenunabhängigkeit und Inflationsraten bestätigt.[148] Mittlerweile haben die meisten Staaten ihre Gesetze reformiert, um Zentralbanken stärker von politischer Einflussnahme abzuschirmen.[149]

b) Messung der Unabhängigkeit

aa) Grad der Unabhängigkeit

Nach wirtschaftswissenschaftlichem Verständnis gilt eine Zentralbank als unabhängig, wenn sie in der Lage ist, Ziele und Umsetzung der Geldpolitik unbeeinflusst von der Exekutive zu bestimmen.[150] In erster Linie wird das Maß der Unabhängigkeit danach bemessen, in welcher Weise die rechtlichen Rahmenbedingungen die Beziehung zwischen Exekutive und Zentralbank ausgestalten.[151]

Aus juristischer[152] Perspektive wird zwischen der institutionellen Unabhängigkeit, d.h. der Unabhängigkeit im institutionellen Gefüge zwischen Staat und Zentralbank, der funktionellen Unabhängigkeit, d.h. dem konkurrenzlosen Handlungsspielraum, die Ziele und Instrumente der eigenen Tätigkeit ohne fremde Weisungen festzulegen, der persönlichen Unabhängigkeit der Amtsträger der Zentralbank und der finanziellen Unabhängigkeit im Sinne einer Unabhängigkeit von der Finanzierung durch den Staat, unterschieden.[153]

bb) Insbesondere die institutionelle Immunität: Der rechtliche Status von Zentralbanken

Zentralbanken sind rechtlich unterschiedlich organisiert. Gemein ist ihnen in der Regel, dass Zentralbankengesetze Organisation und Kompetenzen transparent festlegen. So lässt sich die rechtliche Ausgestaltung von ausländischen Zentral-

---

[148] Zusammenfassung bei *Bofinger*, Monetary Policy, S. 216 ff.; daneben *Crowe/Meade*, 24 European Journal of Political Economy (2008) 763, 765; *Central Bank Governance Group*, Issues in the Governance of Central Banks, 2009, 58.

[149] *Roberts*, The Logic of Discipline, S. 30.

[150] *Bofinger*, Monetary Policy, S. 210 ff.

[151] Zu den rechtlichen Gewährleistungen der Zentralbankenunabhängigkeit vgl. auch *Lastra*, Central Banking and Banking Regulation, S. 25 ff.

[152] Zu der wirtschaftswissenschaftlichen Perspektive s. *Cukierman*, Central Bank Strategy, Credibility, and Independence, S. 371 ff.; eine Übersicht über die verschiedenen bedeutenden Indikatoren für Zentralbankenunabhängigkeit findet sich bei *Laurens/Arnone/Segalotto*, Central Bank Independence, Accountability, and Transparency, S. 1.

[153] *Hahn/Häde*, Währungsrecht, S. 213 ff.

banken nachvollziehen, was aber nicht gleichzeitig bedeutet, dass sich ihre rechtliche Selbstständigkeit ohne Schwierigkeiten beurteilen lässt.[154]

Vereinzelt sind heutige Zentralbanken noch als privatrechtliche Gesellschaften nach jeweiligem Landesrecht organisiert, was häufig ihrem Ursprung als private Kreditinstitute geschuldet ist. Die Schweizerische Nationalbank hat beispielsweise die privatrechtliche Form einer Aktiengesellschaft, auf die allgemeinen aktienrechtlichen Vorschriften Anwendung finden.[155] Auch die türkische Notenbank ist eine privatrechtliche Aktiengesellschaft, deren Aktien zum Teil sogar öffentlich gehandelt werden.[156] Häufiger nehmen Zentralbanken allerdings die Form öffentlich-rechtlicher Unternehmen oder von Einheiten mit eigener Rechtspersönlichkeit ein.[157] Nach § 2 BBankG ist etwa die Deutsche Bundesbank eine bundesunmittelbare juristische Person des öffentlichen Rechts. Mit dem weltweiten Trend zur Stärkung der Unabhängigkeit von Zentralbanken seit Ende des 20. Jahrhunderts[158] dürften heute nur noch selten Notenbanken zu finden sein, die einen unselbstständigen Teil der Staatsverwaltung formen.[159]

c) Ökonomische Argumente für eine Zentralbankenunabhängigkeit

Zentralbankliche Unabhängigkeit wird mit folgenden drei Erwägungen gerechtfertigt:[160] Da geldpolitische Steuerungsmöglichkeiten nur mit großen Verzögerungen wirken, müssen Zentralbanken bei ihren Entscheidungen eine langfristige Perspektive einnehmen, um Preise stabil halten zu können. Dagegen wird

---

[154] OLG Frankfurt, AVR 1978, 448, 452.

[155] Art. 1 Bundesgesetz über die Schweizerische Nationalbank v. 3. Oktober 2003, AS 2004 1985.

[156] *Central Bank Governance Group*, Issues in the Governance of Central Banks, 2009, 64.

[157] *Central Bank Governance Group*, Issues in the Governance of Central Banks, 2009, 65; die Zentralbank Nigerias beispielsweise ist nach Art. 1 Central Bank of Nigeria Decree, Decree No 24 of 1991 als rechtsfähiges Unternehmen eingerichtet.

[158] Insbesondere in Südamerika *Carstens/Jácome*, Latin American Central Bank Reform: Progress and Challenges, 2005, 6; *Central Bank Governance Group*, Issues in the Governance of Central Banks, 2009, 58.

[159] So noch *Gramlich*, RabelsZ 45 (1981), 545, 581. Keine der Zentralbanken der 47 Länder in einer 2009 erstellten Untersuchung über die rechtliche Verfassung von Zentralbanken war als eine staatliche Behörde organisiert, *Central Bank Governance Group*, Issues in the Governance of Central Banks, 2009, 67. Entwicklungsländer wie Kuba oder Myanmar haben in den vergangenen Jahren ihren Zentralbanken den Status rechtlich selbstständiger Einheiten verliehen, vgl. für die kubanische Zentralbank Art. 1 S. 2 Decree-Law 172 on Banco Central de Cuba vom 28. Mai 1997, für die Zentralbank von Myanmar Art. 3 Central Bank of Myanmar Law No. 16/2013 vom 11. Juli 2013.

[160] *Bernanke*, Central Bank Independence, Transparency, and Accountability, S. 2 f.; *Cukierman*, Central Bank Strategy, Credibility, and Independence, S. 16.

angenommen, dass politische Entscheidungsträger, insbesondere mit Blick auf kommende Wahlen, versucht sind, über eine lockere Geldpolitik kurzfristig das Wirtschaftswachstum anzukurbeln und die Arbeitslosigkeit zu senken. Vor diesem politischen Einfluss müssen Zentralbanken erstens geschützt werden. Zweitens sind Zentralbanken für die Wirksamkeit ihrer Geldpolitik darauf angewiesen, dass die Wirtschaftsteilnehmer dem Bemühen um eine niedrige Inflation Glauben schenken. Andernfalls gehen sie von einer hohen zukünftigen Inflation aus und passen die Preise ihren Erwartungen an.[161] Eine tatsächlich höhere Inflation ist die unweigerliche Folge. Dagegen dürfte die Öffentlichkeit der Ernsthaftigkeit der geldpolitischen Bemühungen der Zentralbank umso eher vertrauen, je mehr sie von politischen Einflüssen abgeschirmt ist und je stärker sie der Inflationsbeherrschung verpflichtet ist. Drittens ruft eine zu große Nähe von Zentralbank und Exekutive die Gefahr hervor, dass die Regierung versucht ist, Haushaltsdefizite durch die Schaffung neuen Geldes zu finanzieren.[162]

d) Selbstständige Rechtspersönlichkeit von Zentralbanken und ihre Auswirkung auf Verfahren vor nationalen Gerichten

Die Unabhängigkeit der Zentralbank hat auch für vollstreckungswillige Gläubiger Konsequenzen. Sind Zentralbanken als vom Staat getrennte Einheiten mit eigener Rechtspersönlichkeit organisiert,[163] wurde lange Zeit in Frage gestellt, ob Zentralbanken überhaupt an der Immunität des Staates teilnehmen.[164] Unabhängig davon muss eine juristisch eigenständige Zentralbank immer noch der richtige Haftungsschuldner sein. Häufig sollen durch Vollstreckungen gegen Zentralbanken gerade Verbindlichkeiten der Mutterstaaten befriedigt werden.[165] Dagegen haftet eine rechtlich selbstständige Organisation im Eigentum eines Staates grundsätzlich nicht für Verbindlichkeiten des Staates. Für die Frage der schuldrechtlichen Haftung sind die Vermögen verschiedener Rechtsträger zu unterscheiden.

Eine im deutschen Recht weitgehend ungeklärte Frage ist, unter welchen Umständen für Verbindlichkeiten des Mutterstaates ausnahmsweise in das Vermö-

---

[161] *Lastra*, Central Banking and Banking Regulation, S. 15.
[162] *Bofinger*, Monetary Policy, S. 369 ff.
[163] Dazu *Blair*, 57 The Cambridge Law Journal (1998) 374, 376 f.; Court of Appeal, *Trendtex Trading Corporation v. Central Bank of Nigeria* [1977] 1 Q.B. 529, 535 ff.
[164] OLG Frankfurt, AVR 1978, 448, 452; OLG Frankfurt, OLGR Frankfurt 1997, 227;; Supreme Court of N.Y., App. Div., *Stephen v. Zivnostenska Banka*, 222 N.Y.S. 2d 128, 137 ff. (1961); dazu ferner auch *Gramlich*, RabelsZ 45 (1981), 545, 564 und ausführlich dazu unten S. 131 ff.
[165] Siehe etwa das Verfahren U.S. Court of Appeals, 2nd Circuit, *NML Capital v. Banco Central de la Republica Argentina*, 652 F.3d 172 (2011).

gen einer rechtlich selbstständigen Zentralbank vollstreckt werden kann. Nach US-amerikanischem Recht kommt beispielsweise eine umgekehrte Durchgriffshaftung der selbstständigen Einheit in Betracht, wenn der Staat das Staatsunternehmen derart weitgehend und in Einzelheiten kontrolliert, dass sich das Staatsunternehmen als bloß unselbstständiger Arm des Staates herausstellt, die rechtliche Selbstständigkeit also nur zur Haftungsvermeidung missbraucht wird.[166] Die spärlichen Stellungnahmen der deutschen Rechtsprechung entnehmen dem deutschen Recht wesentlich strengere Anforderungen.[167] Inwieweit die rechtliche Selbstständigkeit der unterschiedlichen Vermögensträger ausnahmsweise aufgehoben werden kann, ist eine von der Vollstreckungsimmunität getrennte Frage und soll in dieser Untersuchung ausgeklammert werden.

4. Internationale Zentralbanken

a) Anschauungsbeispiele Internationaler Zentralbanken

Neben nationalen Zentralbanken existieren auch Institute, die hier „Internationale Zentralbanken" genannt werden. Die Institute weisen die Besonderheit auf, dass sie keine Einrichtungen eines Staates, sondern Schöpfungen von Zusammenschlüssen mehrerer Staaten sind. Sie finden ihre Grundlage in völkerrechtlichen Verträgen. Dieser institutionelle Unterschied schlägt gerade auch auf das Immunitätsrecht durch, weil sie nicht unmittelbar an der Immunität eines Staates teilnehmen. Maßgeblich für die Immunitätsbetrachtung ist das jeweilige völkervertragsrechtliche Fundament.

Hier sollen zwei Beispiele Internationaler Zentralbanken, die EZB und die BIZ, näher betrachtet werden. Beide Beispiele repräsentieren zwei verschiedene Typen Internationaler Zentralbanken. Die EZB ist die Zentralbank einer Währungsunion.[168] Die BIZ ist dagegen eine soweit ersichtlich einzigartige Koopera-

---

[166] U.S. Supreme Court, *First National City Bank v. Banco Para El Comercio Exterior de Cuba*, 462 U.S. 611, 629 (1983); U.S. District Court, S.D.N.Y., *LNC Investments, Inc. v. Republic of Nicaragua*, 115 F.Supp.2d 358, 363 (2000).

[167] Siehe etwa OLG Köln, Ent. v. 18.03.2008, Rs. 22 U 99/07 (zitiert nach juris). Das OLG wendete gesellschaftsrechtliche Grundsätze der Durchgriffshaftung an und unterstellt kollisionsrechtlich die Frage der „umgekehrten Durchgriffshaftung" dem Personalstatut. Nach deutschem Recht solle eine Haftung des „Tochterunternehmens" für Schulden des Mutterstaates allein bei Vermögenslosigkeit in Betracht kommen. Auch nach Auffassung des OLG Frankfurt, OLGR Frankfurt 1997, 227, sei kollisionsrechtlich für die Frage, ob eine Einrichtung des russischen Staates über eine eigene Rechtspersönlichkeit verfüge, nach dem Personalstatut zu beurteilen und damit, weil der Sitz der Einrichtung in Russland liege, nach russischem Recht. Bei Andeutungen belässt es *Aden*, Internationales Privates Wirtschaftsrecht, S. 46.

[168] Siehe oben S. 21.

tionsplattform und gleichzeitig ein spezialisiertes Dienstleistungsinstitut für Zentralbanken. Zusammen ergeben sie nur einen sehr begrenzten Ausschnitt der Bandbreite Internationaler Zentralbanken. Daher können auch nur sehr eingeschränkt und mit der gebotenen Zurückhaltung verallgemeinerungsfähige Aussagen getroffen werden. Innerhalb der Zentralbankenlandschaft nehmen Zentralbanken einer Währungsunion sowie die BIZ eine Sonderstellung ein. In Bezug auf die wahrgenommenen Funktionen gilt das allerdings nur für die BIZ, die nicht in dem oben beschriebenen Aufgabenkreis tätig ist.

b) Zentralbanken einer Währungsunion – die Europäische Zentralbank und das Europäische System der Zentralbanken

aa) Schaffung der europäischen Währungsunion

Eine Währungsunion im engeren Sinne etablierte sich in Europa erst mit dem Eintritt in die letzte der drei Stufen auf dem Weg zur Verwirklichung der europäischen Währungsunion. Denn erst mit Beginn des Jahres 1999 übertrugen die teilnehmenden Mitgliedstaaten die Kernkompetenzen der Währungspolitik auf die Europäische Gemeinschaft und führten den Euro als gemeinsame Währung ein.[169] Dem war kurze Zeit zuvor, zum 1. Juni 1998, die Gründung der EZB und die Eingliederung der nationalen Zentralbanken in das Europäische System der Zentralbanken vorangegangen, die institutionell den überwiegenden Teil der währungspolitischen Aufgaben der Union übernehmen.[170]

Der Integration der Währungspolitik haben sich allerdings nicht sämtliche Mitgliedstaaten der EU angeschlossen; den Mitgliedstaaten außerhalb der Währungsunion verblieben ihre mit der Währungspolitik verbundenen Souveränitätsrechte. Rechtlich verankert ist die Schaffung einer Währungsunion zwar im Primärrecht, so dass sie sich im Ausgangspunkt auf sämtliche Mitgliedstaaten der EU erstreckt. Das Auseinanderfallen des Geltungsbereichs von Europäischer Union und Währungsunion wurde rechtstechnisch umgesetzt, indem das Primärrecht die Rechtsgrundlagen der Währungsunion auf „Mitgliedstaaten mit Ausnahmeregelung" für nicht anwendbar erklärt.[171] Dieselbe Regelungssystematik findet sich bei der institutionellen Ausgestaltung der Währungsunion. Die Zentralbanken der Mitgliedstaaten mit Ausnahmeregelung gehören zwar dem Europäischen System der Zentralbanken an; für sie gilt aber der überwiegende Teil

---

[169] Zu dem historischen Weg bis hin zur europäischen Währungsunion ausführlich *Selmayr*, Das Recht der Wirtschafts- und Währungsunion, S. 122 ff.

[170] *Siekmann*, in: Siekmann (Hrsg.), Kommentar zur Europäischen Währungsunion, Einführung Rn. 34 ff.

[171] Art. 139 Abs. 2 AEUV.

der Vorschriften über das ESZB nicht.[172] Das aktive „Kern-ESZB", das sich aus den Zentralbanken der Mitgliedstaaten, die den Euro eingeführt haben, und EZB zusammensetzt, bezeichnet das Primärrecht als „Eurosystem".[173]

bb) Institutionelle Ausgestaltung des Eurosystems

(1) Rechtsgrundlagen und die rechtliche Stellung der Systembestandteile

Die institutionelle Ausgestaltung der Währungsunion findet ihre Grundlage unmittelbar in dem AEUV und der ESZB/EZB-Satzung, die als Protokoll zum AEUV auch den Rang des europäischen Primärrechts einnimmt.[174] Neben der Zugehörigkeit zum Unionsrecht mit supranationalem Charakter ist für das Immunitätsrecht auch von Bedeutung, dass Grundlage der EU-Organe und damit auch der EZB völkerrechtliche Verträge zwischen mehreren Staaten sind.[175]

Das Europäische System der Zentralbanken aus nationalen Zentralbanken und der EZB, die die währungspolitischen Aufgaben wahrnimmt, ist selber nicht rechtsfähig. Auch die daran beteiligten nationalen Zentralbanken haben nicht nur ihre rechtliche Eigenständigkeit nach nationalem Recht, sondern auch ihre organisationsrechtliche Qualität als „Einrichtungen der Mitgliedstaaten" behalten.[176]

Das System selber verfügt über keine eigenständigen Organe, die die ihr zugewiesenen Aufgaben wahrnehmen könnten. Die Kompetenzen üben vielmehr die Systembestandteile, die EZB und die nationalen Zentralbanken, in einer Art dezentralem Verbund aus. Dieser folgt aber einer hierarchischen Struktur. Die Verantwortung für die inhaltliche Erfüllung der dem ESZB übertragenen Aufgaben liegt bei der EZB, für die Durchführung ihrer Leitungsentscheidungen kann sie die nationalen Zentralbanken in Anspruch nehmen.[177] Für die nationalen Zentralbanken folgt daraus eine rechtlich schwer fassbare[178] „Zwitterstellung", weil sie zwar einerseits als Teil nationalstaatlicher Organisationsstruktur mitgliedstaatliche Kompetenzen ausüben, im Rahmen ihrer Tätigkeit im ESZB andererseits institutionell zum Vollzugsapparat der EU zählen.[179] Im Hinblick auf die Europä-

---

[172] Vgl. wieder Art. 139 Abs. 2-4 AEUV; *Papathanassiou*, in: Schimansky/Bunte/Lwowski (Hrsg.), Bankrechts-Handbuch Band II, § 134 Das Europäische System der Zentralbanken und die Europäische Zentralbank Rn. 2.
[173] Vgl. Art. 282 Abs. 1 S. 2 AEUV; *Siekmann*, in: Siekmann (Hrsg.), Kommentar zur Europäischen Währungsunion, Einführung Rn. 101.
[174] Vgl. Art. 51 EUV, *Hahn/Häde*, Währungsrecht, S. 138.
[175] *Calliess*, in: Calliess/Ruffert (Hrsg.), EUV/AEUV, Art. 1 AEUV Rn. 5.
[176] *Häde*, in: Calliess/Ruffert (Hrsg.), EUV/AEUV, Art. 282 AEUV Rn. 14.
[177] *Kempen*, in: Streinz (Hrsg.), EUV/AEUV, Art. 282 AEUV Rn. 2; *Pernice*, in: Dreier (Hrsg.), Grundgesetz Kommentar, Art. 88 Rn. 29 ff.
[178] *Kempen*, in: Streinz (Hrsg.), EUV/AEUV, Art. 282 AEUV Rn. 4.
[179] *Kempen*, in: Streinz (Hrsg.), EUV/AEUV, Art. 282 AEUV Rn. 4.

ische Zentralbank sorgt das Primärrecht dagegen für Klarheit. Art. 13 EUV zählt die Europäische Zentralbank eindeutig zu den Organen der EU, die Kompetenzen der Union wahrnehmen und vollständig der Unionsrechtsordnung unterworfen sind.[180]

(2) Währungsreserven des ESZB

Die nationalen Zentralbanken haben die EZB mit Währungsreserven i. H. v. bis zu EUR 50 Mrd., nach einem bestimmten Schlüssel auszustatten,[181] um die EZB in die Lage zu versetzen, eine eigenständige Wechselkurspolitik zu betreiben.[182] Den Mitgliedstaaten verbleiben zusätzlich eigene Währungsreserven und Arbeitsguthaben in Fremdwährungen, die sie zur Gewährleistung einer einheitlichen Geldpolitik nur in Abstimmung mit der EZB einsetzen können.[183]

Ob mit der Übertragung der Währungsreserven auch das Eigentum oder besser gesagt die rechtliche Inhaberschaft des Vermögens[184] auf die EZB übergeht, wird kontrovers beurteilt. Die Frage wird vermutlich ausschließlich in Vollstreckungsverfahren virulent, weil Vollstreckungen gegen die EZB nur in ihr eigenes Vermögen zulässig ist.[185] Von der Klärung der Frage hängt ab, ob sich die potentielle Vollstreckungsimmunität der Reserven nach dem Immunitätsregime der mitgliedstaatlichen Zentralbanken oder dem der EZB richtet.

Zuzugeben ist, dass die Ermächtigung in der Satzung zugunsten der EZB, die Währungsreserven ohne Einschränkungen „zu halten" und „zu verwalten", genauso wie die Formulierung in Art. 127 AEUV „Währungsreserven der Mitgliedstaaten" gegen die Einräumung einer vollumfänglichen Rechtsposition an dem Vermögen, die eine gleichzeitige Vermögensposition der nationalen Institute ausschließt, spricht.[186] Andererseits belässt das uneingeschränkte Verfügungsrecht der EZB über die übertragenen Währungsreserven, die bis zum vollständigen und kompensationslosen Verlust reichen kann, den nationalen Zentralbanken ohnehin keine Residualrechte, die aus einer dem Eigentum vergleichbaren

---

[180] Zur Geltung des Unionsrechts für die EZB *Becker*, in: Siekmann (Hrsg.), Kommentar zur Europäischen Währungsunion, Art. 282 AEUV Rn. 91 ff.

[181] Art. 30.1 ESZB/EZB-Satzung.

[182] *Keller/Langner*, in: Siekmann (Hrsg.), Kommentar zur Europäischen Währungsunion, Art. 30 ESZB/EZB-Satzung Rn. 2 ff.

[183] Art. 31.2 ESZB/EZB-Satzung.

[184] Wenn Währungsreserven in Sichtguthaben auf Bankkonten gehalten werden, beschreibt die rechtliche Inhaberschaft, welcher Rechtsperson das Vermögen zuzuordnen ist.

[185] Zu der Diskussion und dem Meinungsstand in der Literatur eingehend *Keller/Langner*, in: Siekmann (Hrsg.), Kommentar zur Europäischen Währungsunion, Art. 30 ESZB/EZB-Satzung Rn. 26 ff.

[186] *Waldhoff*, in: Siekmann (Hrsg.), Kommentar zur Europäischen Währungsunion, Art. 127 AEUV Rn. 55 f.

Rechtsstellung resultieren können. Die unbeschränkte Verfügungsgewalt der EZB rechtfertigt die Gewährung einer Ausgleichsforderung für die Übertragung der Vermögenswerte nach Art. 30 Abs. 3 S. 1 ESZB/EZB-Satzung. In praktischer Hinsicht ist auch kaum vorstellbar, dass die sich ständig wechselnden Anlagen, in denen die gesammelten Währungsreserven investiert sind, sich jeweils exakt einzelnen nationalen Zentralbanken zuordnen lassen. So werden die Währungsreserven allein in den Büchern bilanziert und Konten auf Namen der EZB geführt.[187] Das ist nur anders bei Anteilen an den Währungsreserven, die die nationalen Zentralbanken eigenständig verwalten.

Nach der weit überwiegenden Auffassung setzt sich diese rechtliche Eigenständigkeit auch auf der Ebene des Völkerrechts fort. Die EZB ist selber, gleichwohl beschränkt, Völkerrechtssubjekt, also Zuordnungsadressat völkerrechtlicher Rechte und Pflichten. Der Wille der Mitgliedstaaten, die EZB mit einer separaten Völkerrechtssubjektivität auszustatten, ergibt sich aus Art. 282 Abs. 3 S. 1 im Zusammenspiel mit Art. 9 Abs. 1 ESZB/EZB-Satzung, der lediglich die Rechtsfähigkeit der EZB innerhalb der Mitgliedstaaten regelt, sowie etwa aus der Ermächtigung in Art. 6 Abs. 2 ESZB/EZB-Satzung, sich an internationalen Währungseinrichtungen zu beteiligen.[188] Das wird auch dadurch deutlich, dass ihre Völkerrechtsfähigkeit funktional auf die ihr zugewiesenen Aufgaben im Bereich der Währungspolitik und darüber hinaus auch durch die Kompetenzverteilung zwischen den Unionsorganen beschränkt ist.[189]

cc) Dezentrale Aufgabenwahrnehmung in dem ESZB

Die Leitungskompetenz für die Ausfüllung der Aufgaben des ESZB zum Zwecke einer einheitlichen Geldpolitik ist eindeutig bei der EZB zentralisiert. Wie Art. 282 Abs. 2 S. 1 AEUV deutlich macht und Art. 8 ESZB/EZB-Satzung unterstreicht, bilden die Beschlussorgane der EZB die zentrale Steuerungseinheit der Währungsunion.[190] Die Umsetzung der währungspolitischen Leitungsentscheidungen verteilt sich dagegen auf die zwei Bestandteile des Eurosystems. Die EZB kann darüber entscheiden, ob sie die dem Eurosystem zugewiesenen Aufgaben zentral durch eigene Tätigkeit erfüllt oder „soweit dies möglich und sachgerecht

---

[187] *Keller/Langner*, in: Siekmann (Hrsg.), Kommentar zur Europäischen Währungsunion, Art. 30 ESZB/EZB-Satzung Rn. 33.
[188] *Selmayr*, in: von der Groeben, Hans/Schwarze/Hatje (Hrsg.), Europäisches Unionsrecht, Art. 282 AEUV Rn. 81; *Becker*, in: Siekmann (Hrsg.), Kommentar zur Europäischen Währungsunion, Art. 282 AEUV Rn. 119.
[189] *Kempen*, in: Streinz (Hrsg.), EUV/AEUV, Art. 282 AEUV Rn. 8.
[190] *Selmayr*, in: von der Groeben, Hans/Schwarze/Hatje (Hrsg.), Europäisches Unionsrecht, Art. 282 AEUV Rn. 14.

erscheint",[191] die nationalen Zentralbanken damit betraut.[192] Die nationalen Zentralbanken führen dabei die Entscheidungen lediglich gemäß Leitlinien und Weisungen der EZB aus[193] und agieren somit als „exekutiver Arm" der EZB.[194] Die rechtliche Letztverantwortung für die Aufgabenerfüllung liegt bei der EZB.[195]

In der Praxis verfolgt die EZB tatsächlich einen dezentralen Ansatz und weist die Ausführung ihrer Aufgaben größtenteils den nationalen Zentralbanken zu. So obliegt es den nationalen Zentralbanken, die geldpolitischen Beschlüsse der EZB umzusetzen; nur in Ausnahmefällen wird die EZB selber tätig.[196] Auch die Verwaltung der Währungsreserven erfolgte von Beginn an durch nationale Zentralbanken, wobei sich nicht jede Zentralbank an der Verwaltung beteiligen muss und sich dadurch frei werdende Anteile auf die übrigen Zentralbanken verteilen.[197] Ein mitgliedstaatliches Institut verwaltet demnach nicht notwendigerweise nur die auf sie entfallenden Anteile an den Währungsreserven.

c) Bank für internationalen Zahlungsausgleich (BIZ)

aa) Entstehung und Aufgaben der BIZ

Am 20. Januar 1930 unterzeichneten die Regierungen zahlreicher Staaten das *Haager Reparationsabkommen zur endgültigen und abschließenden Beilegung der Reparationsfrage* („Haager Reparationsabkommen")[198] und beschlossen darin die Gründung der BIZ mit Sitz in Basel. In einem parallel dazu abgeschlosse-

---

[191] Art. 12.2 UAbs. 2 ESZB/EZB-Satzung.
[192] Art. 9.2, 12.2 UAbs. 2, Art. 14 ESZB/EZB-Satzung.
[193] Vgl. Art. 12 Abs. 1 UAbs. 3, 14 Abs. 3 S. 1 AEUV.
[194] *Siekmann*, in: Siekmann (Hrsg.), Kommentar zur Europäischen Währungsunion, Einführung Rn. 104.
[195] *Becker*, in: Siekmann (Hrsg.), Kommentar zur Europäischen Währungsunion, Art. 129 AEUV Rn. 25; *Selmayr*, in: von der Groeben, Hans/Schwarze/Hatje (Hrsg.), Europäisches Unionsrecht, Art. 282 AEUV Rn. 24.
[196] *Waldhoff*, in: Siekmann (Hrsg.), Kommentar zur Europäischen Währungsunion, Art. 127 AEUV Rn. 37; vgl. auch die Leitlinie (EU) 2015/510 der EZB 19.12.2014 über die Umsetzung des geldpolitischen Handlungsrahmens des Eurosystems („geldpolitische Leitlinie"). Art. 1 Abs. 3 der geldpolitischen Leitlinie bestimmt etwa, dass das Rechtsverhältnis des Eurosystems zu seinen Geschäftspartnern in vertraglichen und öffentlich-rechtlichen Regelungen der jeweiligen nationalen Zentralbanken festgelegt wird, was darauf hinweist, dass alleine die nationalen Institute für das Eurosystem an den Finanzmärkten auftreten.
[197] Vgl. Leitlinie der EZB (EZB/2008/5) vom 20.06.2008 über die Verwaltung von Währungsreserven der Europäischen Zentralbank durch die nationalen Zentralbanken sowie über die Rechtsdokumentation bei Geschäften mit diesen Währungsreserven, ABl. 2008, Nr. L 192/63; *Keller/Langner*, in: Siekmann (Hrsg.), Kommentar zur Europäischen Währungsunion, Art. 30 ESZB/EZB-Satzung Rn. 88.
[198] Hague Agreement Regarding the Complete and Final Settlement of the Question of Re-

nen Abkommen, das hier *Schweizer Abkommen* genannt werden soll, verpflichtete sich die Schweiz gegenüber sechs weiteren Staaten dazu, die gesetzlichen Grundlagen für die Gründung der BIZ in der Schweiz zu schaffen.[199]

Kurze Zeit später gründeten die Zentralbanken der Konventionsstaaten mit Ausnahme der Schweiz sowie eine Gruppe privater US-amerikanischer Banken gemäß der Konvention als Anteilseigner die BIZ in der Form einer Aktiengesellschaft nach schweizerischem Recht. Der Geburtszweck der Institution lag in der Schaffung eines institutionellen Rahmens für die Abwicklung der deutschen Reparationszahlungen an die Siegermächte aus dem Ersten Weltkrieg. Die Kriegsreparationen sollten endgültig, abgeschirmt von den Einflüssen der internationalen Politik, auf eine tragfähige Grundlage gestellt werden, indem ihre Begleichung in die Form eines kommerziellen Finanzgeschäfts überführt und in die Hände einer unabhängigen, apolitischen Finanzinstitution gelegt wurde.[200] Die BIZ übernahm dabei die Stellung eines Treuhänders für die Reparationszahlungen und unterstützte Deutschland bei deren Finanzierung.[201]

Nach der Vorstellung der nationalen Zentralbanken, die die Gründung des Instituts maßgeblich vorantrieben, sollte die Rolle der BIZ über die Abwicklung der Kriegsreparationen hinausreichen. Bereits in den Gründungsstatuten, die insoweit bis heute unverändert geblieben sind, wurde die Funktion der BIZ als eine Art „Zentralbank der Zentralbanken" etabliert, indem der Zweck der Bank darauf festgelegt wurde, die „Zusammenarbeit der Zentralbanken zu fördern, neue Möglichkeiten für internationale Finanzgeschäfte zu schaffen und als Treuhänder (Trustee) oder Agent bei den ihr auf Grund von Verträgen mit den beteiligten Parteien übertragenen internationalen Zahlungsgeschäften zu wirken".[202] Zu diesen Zwecken wurde die BIZ ermächtigt,[203] beispielsweise für Zentralbanken Gold zu verwahren, Einlagen entgegen zu nehmen, ihnen besicherte Darlehen zu

---

parations, with Annexes and Protocol Concerning the Approval in Principle of the Report of the Experts, 20. Januar 1930, 104 League of Nations Treaty Series 243 (1930).

[199] Abkommen über die Bank für Internationalen Zahlungsausgleich vom 20. Januar 1930 (Convention Respecting the Bank for International Settlements), 104 League of Nations Treaty Series 441 (1930).

[200] *Toniolo*, Central bank cooperation at the Bank for International Settlements, 1930–1973, S. 33 ff.

[201] *Toniolo*, Central bank cooperation at the Bank for International Settlements, 1930–1973, S. 37; *Felsenfeld/Bilali*, 25 University of Pennsylvania Journal of International Economic Law (2004) 945, 955.

[202] Art. 3 der Statuten der Bank für Internationalen Zahlungsausgleich, vgl. zur ursprünglichen Fassung *Toniolo*, Central bank cooperation at the Bank for International Settlements, 1930–1973, S. 48.

[203] Art. 21 der Statuten der Bank für Internationalen Zahlungsausgleich.

gewähren, Wertpapiere zu diskontieren oder für Zentralbanken als Treuhänder aufzutreten.

Die Aufgaben der BIZ haben sich seit ihrer Gründung immer wieder verändert.[204] Häufig half die Bank, Zahlungsnöte einzelner Länder oder Zentralbanken dadurch zu überwinden, dass sie selber Kredite ausreichte oder Rettungsmaßnahmen koordinierte.[205] Heute sind 60 Zentralbanken und darunter die Institute aller großen Wirtschaftsnationen Anteilseigner der BIZ,[206] viele mehr nutzen ihre Dienstleistungen.[207] Sie ist in drei Bereichen tätig. Erstens bietet sie ein Forum für den Austausch und die Zusammenarbeit zwischen nationalen Zentralbanken und internationalen Finanzinstitutionen durch regelmäßige Zusammenkünfte und Veranstaltungen. Zudem beherbergt und unterstützt sie zahlreiche institutionalisierte internationale Gremien und Vereinigungen im Bereich der Finanzstabilität im Rahmen des sog. *Basle Process*.[208] Ein bekanntes Gremium ist etwa der Baseler Ausschuss für Bankenaufsicht, in dem die Vertreter nationalen Bankaufsichtsbehörden Empfehlungen für internationale Standards auf dem Gebiet der Bankenregulierung erarbeiten, die weltweit in verbindliche Anforderungen an Banken umgesetzt wurden.[209] Zweitens betreibt sie Forschungen und erarbeitet Statistiken auf den Gebieten der Währungs- und Finanzstabilität.[210] Drittens führt sie Bankdienstleistungen aus, um nationale Zentralbanken bei der Verwaltung der Währungsreserven zu unterstützen. Dazu nimmt sie im Auftrag ihrer Kunden Devisen- und Goldtransaktionen vor, verwaltet treuhänderisch Devisenreserven und bietet eigene Finanzprodukte zur Investition von Devisenreserven an.[211]

Obwohl die BIZ nicht in das Bild einer klassischen Zentralbank passt, weil sie beispielsweise selber keine Währung verantwortet und sie damit nicht das charakteristische Tätigkeitsprofil von Zentralbanken erfüllt, soll sie trotzdem hier

---

[204] Zu der Evolution des Aufgabenbestands kursorisch *Fratianni*, in: Reinert/Rajan/Glass u. a. (Hrsg.), The Princeton Encyclopedia of the World Economy, Bank for International Settlements (BIS) S. 118 f.; ausführlich *Toniolo*, Central bank cooperation at the Bank for International Settlements, 1930–1973.

[205] *Felsenfeld/Bilali*, 25 University of Pennsylvania Journal of International Economic Law (2004) 945, 967.

[206] *BIZ*, 85th Annual Report, 2015, 163.

[207] *BIZ*, 85th Annual Report, 2015, 158.

[208] *BIZ*, 85th Annual Report, 2015, 135 ff.

[209] *Fratianni*, in: Reinert/Rajan/Glass u. a. (Hrsg.), The Princeton Encyclopedia of the World Economy, Bank for International Settlements (BIS) 118–119; für Europa etwa *Fischer/Boegl*, in: Schimansky/Bunte/Lwowski (Hrsg.), Bankrechts-Handbuch Band II, § 125 Grundlagen Rn. 77 ff.

[210] *BIZ*, 85th Annual Report, 2015, 155.

[211] *BIZ*, 85th Annual Report, 2015, 158 f.

Berücksichtigung finden. Denn ihre bankgeschäftlichen Tätigkeiten fokussieren sich ausschließlich auf Zentralbanken. Die BIZ fungiert damit als Sammelstelle für Auslandsvermögen nationaler Zentralbanken. Und genau in dieses Vermögen versuchten US-amerikanische Hedgefonds im Jahr 2009 zu vollstrecken.[212]

bb) Organisationsrechtliche Struktur der BIZ

Die Grundlage für die Gründung der BIZ findet sich in dem *Haager Reparationsabkommen* mit Deutschland als völkerrechtlichen Vertrag zwischen verschiedenen Staaten. In dem Schweizer Abkommen mit der Schweiz verpflichtet sich die Eidgenossenschaft, in einer als Grundgesetz bezeichneten Gründungscharta[213] der BIZ mit Gesetzeskraft Rechtsfähigkeit und bestimmte Privilegien, u.a. Immunitäten, zu verleihen. Teil der völkervertraglichen Abrede sind auch die Satzung der Bank, die Statuten. Die Beziehungen zwischen der Bank und der Schweiz sind darüber hinaus in einem später abgeschlossenen Sitzabkommen zwischen dem Schweizerischen Bundesrat und der Bank niedergelegt. Dort erkennt die Schweiz den Status der Bank als Internationale Organisation an und sichert ihr eine entsprechende Behandlung zu. Das Abkommen regelt zudem detailliert die einzelnen Privilegien des Instituts und die Geltung schweizerischen Rechts.[214] Entsprechende Abkommen hat die Bank mit der Volksrepublik China und Mexiko abgeschlossen, um die Eröffnung von Repräsentanzen in Hongkong und Mexiko rechtlich abzusichern.[215]

Die Entstehungsgeschichte und die völkerrechtlichen Abkommen weisen darauf hin, dass die BIZ als eine internationale Organisation konzipiert ist. Dieser Status bildet die Grundlage ihrer Immunität. Schließlich geht ihre Gründung auf völkervertragliche Abreden zurück und die Beziehung zum Sitzland Schweiz knüpft maßgeblich an ihren Status als internationale Organisation an. Ihre Völkerrechtssubjektivität ist im Völkerrechtsverkehr mittlerweile über den Kreis der Signatarstaaten hinaus durch ein Geflecht zahlreicher völkerrechtlicher Abkom-

---

[212] Vgl. das Urteil des Schw. Bundesgericht, *NML Capital Ltd. und EM Limited gg. Bank für Internationalen Zahlungsausgleich* 136 III BGE, 379; dazu unten, S. 377 ff.

[213] Schweizer Abkommen, 104 League of Nations Treaty Series 444 (1930).

[214] Abkommen zwischen dem Schweizerischen Bundesrat und der Bank für Internationalen Zahlungsausgleich zur Regelung der rechtlichen Stellung der Bank in der Schweiz (vom 10. Februar 1987), Amtl. Samml. der Schweiz 1987, 471.

[215] Abkommen zwischen der Bank für Internationalen Zahlungsausgleich und der Regierung der Volksrepublik China zur Regelung der Errichtung und der rechtlichen Stellung einer Repräsentanz der Bank für Internationalen Zahlungsausgleich in der Sonderverwaltungsregion Hongkong der Volksrepublik China (vom 11. Mai 1998) und Abkommen zwischen der Bank für Internationalen Zahlungsausgleich und den Vereinigten Mexikanischen Staaten zur Regelung der Errichtung und der rechtlichen Stellung einer Repräsentanz der Bank für Internationalen Zahlungsausgleich in Mexiko (vom 5. November 2001).

men mit anderen Staaten und internationalen Organisationen anerkannt.[216] Zugleich ist die Bank in Form einer privaten Aktiengesellschaft des Schweizerischen Rechts organisiert.

5. Zentralbankfunktionen jenseits der Grenzen

Die obigen Ausführungen haben verdeutlicht, dass Zentralbanken das Herzstück eines Währungssystems bilden. Sie sind nicht nur Hüter einer Währung, sondern vor allem Schöpfer des Geldes und verfügen damit dem Anschein nach über unerschöpfliche Vermögensmittel. Der Blick dieser Untersuchung ist auf Vollstreckungen gegen Zentralbanken im Ausland beschränkt. Anlass für Gläubiger, Vollstreckungen gegen Zentralbanken im Ausland anzustrengen, besteht erst, wenn sich der „Reichtum" der Zentralbanken jenseits der Grenzen der heimischen Rechtsordnung fortsetzt. Welche Vermögenswerte dort vorgefunden werden können, soll im Anschluss an einigen relevanten Beispielen näher dargestellt werden. Die nachfolgende Abbildung beschränkt sich auf einige ausgesuchte Konstellationen, in denen Zentralbanken als Inhaber von, zunächst einmal nur faktisch, vollstreckbaren Auslandsvermögen auftreten.

a) Internationale Währungsreserven

Wie oben[217] bereits angedeutet, ist das Halten und Verwalten der offiziellen Währungsreserve eines Landes Kennzeichen von Zentralbanken und findet in den rechtlichen Grundlagen an prominenter Stelle Erwähnung. Für die tatsächlichen Vollstreckungsmöglichkeiten sind Währungsreserven besonders relevant. Nicht nur hat nahezu jedes Land internationale Währungsreserven. Auch bilden sie einen großen Aktivposten in der Bilanz einer Zentralbank.[218] Seit Ende des Bretton-Woods-Systems und vor allem in den letzten Jahren ist der Umfang internationaler Reserven stark angeschwollen. Beliefen sich internationale Reserven im Jahr 1996 weltweit noch auf 1,183 Billionen IWF-Sonderziehungsrechten,[219]

---

[216] *Toniolo*, Central bank cooperation at the Bank for International Settlements, 1930–1973, S. 50.

[217] Siehe oben S. 37.

[218] Vgl. beispielsweise die Vermögensaufstellung der Schwedischen Nationalbank zum Ende 2015, nach der sich der Umfang der Währungsreserven auf rund SEK 465 Mrd. bei einem Gesamtvermögen von rund SEK 660 Mrd. belief, *Sveriges Riksbank*, Annual report 2015, 2016, 57.

[219] *Internationaler Währungsfonds*, Annual Report 1996, Appendix I: International Reserves, 1; der Betrag entspricht rund USD 1,68 Billionen nach dem Wechselkurs vom 29.12.2017.

erreichten sie im Mai 2018 einen Umfang von ca. 9,3 Billionen in IWF-Sonderziehungsrechten.[220] Alleine die Volksrepublik China hatte Anfang 2015 beinahe USD 4 Billionen Reserven in fremden Währungen angehäuft.[221]

aa) Begriff der Währungsreserven

Immunitätsrechtlich werden Währungsreserven häufig als eine besondere Kategorie staatlichen Auslandsvermögens anerkannt.[222] Eine detaillierte Definition von Währungsreserven kann dem *Balance of Payments and International Investment Position Manual* des IWF[223] entnommen werden. Sie lautet:

„Reserve assets are those external assets that are readily available to and controlled by monetary authorities for meeting balance of payments financing needs, for intervention in exchange markets to affect the currency exchange rate, and for other related purposes (such as maintaining confidence in the currency and the economy, and serving as a basis for foreign borrowing)".

bb) Zwecke der Währungsreserven

Die oben genannte Definition macht deutlich, dass nicht sämtliche in fremder Währung gehaltenen Vermögensmittel die Währungsreserve ausmachen, sondern nur solche mit bestimmten Widmungszwecken. Prägendes Merkmal sind demnach die Funktionen der Währungsreserven. In der Regel dienen Währungsreserven gleichzeitig einem ganzen Bündel an Zielen. Immer geht es darum, die Mittel für Transaktionen im Ausland zu verwenden, für die sich dafür Vermögenswerte in der eigenen Währung nicht in gleicher Weise eignen.

(1) Funktion als Reserve

Die technische Definition aus dem IWF-Handbuch zur Zahlungsbilanz und zum Auslandsvermögen stellt maßgeblich auf die Bedeutung der Währungsreserven im Rahmen der Zahlungsbilanz ab. Als eine Funktion der Währungsreserven nennt sie dabei die Finanzierung von Zahlungsbilanz*un*gleichgewichten.

In der Zahlungsbilanz werden alle wirtschaftlichen Transaktionen zwischen Inländern und Ausländern für eine abgelaufene Periode in verschiedenen Teilbi-

---

[220] *IWF*, Annual Report 2018, Appendix I: International Reserves, 1, der Betrag entspricht ungefähr USD 13,24 Billionen nach Wechselkurs vom 29.12.2017.
[221] *Currency Peace,* The Economist v. 21.02.2015, Nr. 8, S. 63.
[222] Vgl. nur BGH, NJW-RR 2013, 1532, 1533 m.w.N.
[223] *IWF*, Balance of Payments and International Investment Position Manual, 6. Aufl., 2009, Abschnitt 6.64.

lanzen nach Arten aufgeschlüsselt erfasst.²²⁴ Die Zahlungsbilanz ist ausgeglichen, wenn sich der Devisenmarkt in einem Gleichgewicht befindet, wenn also die Wertsummen aller zu einem Devisenangebot führenden Transaktionen, wie Exporte oder Ausgaben ausländischer Touristen (Aktivpositionen der Zahlungsbilanz), mit den Wertsummen aller zu einer Devisennachfrage führenden Transaktionen, wie Importe oder Direktinvestitionen im Ausland (Passivpositionen der Zahlungsbilanz), übereinstimmen.²²⁵ Bei einem Zahlungsbilanzdefizit besteht auf dem Devisenmarkt ein Nachfrageüberhang nach ausländischen Währungseinheiten.²²⁶ Ein Zahlungsbilanzdefizit kann über internationale Kredite, aber vor allem auch, jedenfalls kurzfristig, mit Hilfe der Währungsreserven der Zentralbank finanziert werden. Dazu interveniert sie auf den Devisenmärkten, um eine Abwertung der heimischen Währung zu verhindern.²²⁷ Vereinfacht gesagt werden die Währungsreserven dazu eingesetzt, den ansonsten offen bleibenden Bedarf an Devisen zu decken, damit die grenzüberschreitenden Transaktionen eines Landes finanziert werden können.

Auch wenn die Definition des IWF-Handbuchs speziell auf eine bilanztechnische Perspektive zugeschnitten ist, macht sie deutlich, dass Währungsreserven gerade dazu dienen, die externe Liquiditätsposition eines Landes abzusichern. Sie hält ein Reservoir an Mitteln bereit, auf das der Staat jederzeit zurückgreifen kann, um Austauschgeschäfte mit dem Ausland abzuwickeln. Diese Art Versicherung ist notwendig für Fälle, in denen Marktabläufe eine ausreichende Versorgung der Wirtschaft oder der Regierung eines Landes mit Devisen nicht sicher stellen können und die Versorgung über Kredite aus dem Ausland unsicher ist. Internationale Reserven erhöhen die Widerstandsfähigkeit eines Landes in unvorhersehbaren Bedarfsfällen. Diese Funktion einer Art *Versicherung* ist bereits semantisch in dem Wort „Reserve" angelegt und heute noch die vielleicht wichtigste Zweckbestimmung von Währungsreserven. Diese Bedeutung dürfte gemeint sein, wenn der BGH davon spricht, dass Währungsreserven die „internationale Handlungsfähigkeit des Staates als Hoheitsträger" gewährleisten.²²⁸

---

²²⁴ Gabler Wirtschaftslexikon, „Zahlungsbilanz".
²²⁵ *Maennig*, Außenwirtschaft, S. 35; *Cezanne*, Allgemeine Volkswirtschaftslehre, S. 579 ff.
²²⁶ So stark vereinfacht nach der Monetären Außenwirtschaftstheorie, Gabler Wirtschaftslexikon, „Zahlungsbilanz".
²²⁷ Wegen der Begrenztheit der Währungsreserven können mit ihnen immer nur vorübergehende Zahlungsbilanzdefizite finanziert werden. Strukturelle Zahlungsbilanzungleichgewichte können nur durch Veränderungen in der Leistungs- und Kapitalbilanz beseitigt werden, vgl. *Moritz/Stadtmann*, Monetäre Außenwirtschaft, S. 38 ff.
²²⁸ BGH, NJW-RR 2013, 1532, 1533 unter Berufung auf *Aden*, Internationales Privates Wirtschaftsrecht, S. 46.

Insoweit bieten internationale Reserven eine Versicherung für unterschiedliche Krisen- und Bedarfsfälle. Sie stellen bei Naturkatastrophen, Epidemien oder Kriegen sicher, dass für einen gewissen Zeitraum lebenswichtige Einfuhren, wie Nahrungsmittel oder Energieimporte, und auch der Wiederaufbau des Landes finanziert werden können. Diese Funktion ist in erster Linie für kleinere Volkswirtschaften relevant, die sich gegen derartige Gefahren nicht über die Märkte versichern können.[229] Auch größere Volkswirtschaften sind infolge der internationalen wirtschaftlichen Vernetzung anfällig für unerwartete Verwerfungen auf den Devisenmärkten. Devisenmärkte sind insbesondere der Gefahr ausgesetzt, dass der Devisenhandel etwa im Falle von durch Krisen hervorgerufene Schocks gestört wird. In der zurückliegenden Finanzkrise konnte der Devisenmarkt etwa den Bedarf an US-Dollar beinahe nicht mehr decken.[230]

Gleichzeitig können starke Wechselkursschwankungen und ein fehlender Zugang zu Fremdwährungen verheerende Folgen für Volkswirtschaften zeitigen, die einen großen Anteil grenzüberschreitender Transaktionen aufweisen. Ausreichende Währungsreserven geben Zentralbanken die Möglichkeit, auf den Devisenmärkten einzuschreiten, die Wechselkursvolatilität einzudämmen und die Wirtschaft kurzfristig mit den notwendigen Fremdwährungen zu versorgen. Zum anderen bieten Währungsreserven eine Art Versicherung gegen eine unerwartete und starke Auf- oder Abwertung der eigenen Währung durch unkontrollierbare Zu- oder Abflüsse ausländischen Kapitals.[231] Zahlreiche Entwicklungsländer waren zum Ende des vergangenen Jahrhunderts zunächst Ziel großer ausländischer Kapitalinvestitionen, die dann, mitunter aufgrund von Gerüchten über Währungsabwertungen, schlagartig abgezogen wurden und den Wechselkurs abstürzen ließen. Unter anderem auch, um sich in Zukunft gegen derartige Entwicklungen absichern zu können, häufen zahlreiche Entwicklungsländer seit Ende des vergangenen Jahrhunderts große Mengen an Währungsreserven an.[232]

Schließlich erhöhen große internationale Reserven auch das Vertrauen der Märkte, dass ein Staat in Zukunft in der Lage sein wird, seine gegenüber dem Ausland eingegangenen Verpflichtungen vereinbarungsgemäß zu erfüllen. Denn ausreichend verfügbare Reserven begegnen dem Risiko, dass sich ein Staat die

---

[229] *Nugée*, Foreign Exchange Reserves Management, 8; *IWF*, Revised Guidelines for Foreign Exchange Reserve Management, 2014, 2; *Archer/Halliday*, 61 Reserve Bank of New Zealand Bulletin (1998) 347, 352.

[230] *Allen/Moessner*, Central Bank Co-Operation and International Liquidity in the Financial Crisis of 2008-9, 2010, 51 ff.

[231] *Hüfner*, Foreign Exchange Intervention as a Monetary Policy Instrument, S. 84; *Archer/Halliday*, 61 Reserve Bank of New Zealand Bulletin (1998) 347, 347 ff.

[232] *Europäische Zentralbank*, The Accumulation of Foreign Reserves, 2006, 29 f.; *Beck/Fidora*, in: Berkelaar/Coche/Nyholm (Hrsg.), Central bank reserves and sovereign wealth management, S. 309, 311.

notwendigen Devisen aufgrund einer verschlechterten Kreditwürdigkeit oder von nachteiligeren Marktbedingungen zum Fälligkeitszeitpunkt nicht über die Märkte sichern kann. Nicht zuletzt aus diesen Gründen messen Ratingagenturen dem Umfang der internationalen Reserven eine große Bedeutung bei der Beurteilung der Kreditwürdigkeit eines Landes bei.[233]

(2) Weitergehende Zweckbestimmungen und begriffliche Unschärfen

Die soeben aufgeführten Zweckbestimmungen bilden die Kernfunktionen der Währungsreserve. Nur diese Zwecke sind gemeint, wenn nicht pauschal von Währungsreserven, sondern inhaltlich verengend von „Guthaben, die der fremde Staat zu währungspolitischen Zwecken [...] unterhält", gesprochen wird.[234] Nicht zur Währungspolitik zählen hingegen andere Funktionen, die der Währungsreserve ferner zugeschrieben werden. Hier beginnen die inhaltlichen Unschärfen des Begriffs.

Zunächst existiert kein abgeschlossener Katalog an Funktionen, die Währungsreserven zuzuschreiben sind. Das Handbuch zur Verwaltung von Währungsreserven des IWF[235] führt zu den Zwecken aus: „Typically, official foreign exchange reserves are held in support of a range of objectives, including to", und nennt dann beispielhaft anerkannte Zweckbestimmungen. Ähnlich offen fallen die Begriffsbestimmungen in der juristischen Literatur aus, soweit nicht gänzlich auf eine nähere Erläuterung verzichtet wird.[236] Auch sie beschränken sich darauf, eine Reihe von typischen Zweckbestimmungen beispielhaft anzuführen.

Die begriffliche Unschärfe wird weiter dadurch gesteigert, dass Währungsreserven auch dazu dienen sollen, die Regierung dabei zu unterstützen, ihren Bedarf an Devisen für Zahlungen im Ausland zu decken.[237] Ein Staat benötigt ständig Devisen, um internationale Kredite zu bedienen oder allgemein um lau-

---

[233] *Nugée*, Foreign Exchange Reserves Management, 7.

[234] So etwa BVerfG, NJW 1983, 2766, 2769; oder auch *von Schönfeld*, NJW 1986, 2980, 2986.

[235] Diese lauten: „Support and maintain confidence in the policies for monetary and exchange rate management, including the capacity to intervene in support of the national or union currency; Limit external vulnerability by maintaining foreign currency liquidity to absorb shocks during times of crisis or when access to borrowing is curtailed, and, in doing so; Provide a level of confidence to markets that a country can meet its current and future external obligations; Demonstrate the backing of domestic currency by external assets; Assist the government in meeting its foreign exchange needs and external debt obligations; and Maintain a reserve for national disasters or Emergencies", *IWF*, Revised Guidelines for Foreign Exchange Reserve Management, 2014, 2.

[236] Beispielhaft *von Schönfeld*, NJW 1986, 2980, 2986.

[237] *Nugée*, Foreign Exchange Reserves Management, 7 f.; *IWF*, Revised Guidelines for Foreign Exchange Reserve Management, 2014, 2.

fende Ausgaben zu bestreiten. Die Bevorratung von Devisen ist ein Werkzeug, um die Verfügbarkeit von Fremdwährungsmitteln im Zahlungszeitpunkt zu sichern und die Kosten ihrer Beschaffung zu kontrollieren.[238] In der Sache *NML Capital gegen Banco Central de la Republica Argentina*[239] wirft der U.S. Court of Appeals, Second Circuit, in anschaulicher Weise Licht darauf, zu welchen Zahlungen Guthaben im Ausland in der Praxis verwendet werden. Auf Konten der argentinischen Zentralbank bei Banken in den USA belegene Mittel wurden etwa dazu genutzt, Kredite des IWF zu tilgen, Beiträge für die Mitgliedschaft des Landes in internationalen Organisationen zu entrichten, diplomatische Vertretungen mit den für ihren Betrieb notwendigen Mitteln auszustatten sowie Anwaltsrechnungen zu begleichen oder den Kauf von Papier zur Herstellung von Banknoten zu bezahlen.[240] Jeweils handelt es sich um Beispiele, in denen, grob gesprochen, der Staat mit Hilfe von Devisen seinen Zahlungsverpflichtungen im Ausland nachkommt. Der Begriff der Währungsreserven wird damit der Beliebigkeit preisgegeben. So lassen sich Währungsreserven nicht gegenüber anderen, im Ausland belegenen Vermögensmitteln, die allgemein für Zahlungen im Ausland verwendet werden, treffsicher abgrenzen. Aus diesem Grund sollte der Begriff der Währungsreserven auf Vermögensmittel mit währungspolitischer Funktion beschränkt werden. Dieses enge Verständnis wird der weiteren Untersuchung zugrunde gelegt.

cc) Herkunft der Währungsreserven

An Devisen gelangt der Staat aus verschiedenen Quellen. Die seit einigen Jahrzehnten anschwellenden internationalen Währungsreserven der Entwicklungsländer speisen sich in erster Linie aus Leistungsbilanzüberschüssen im internationalen Handel und in einem anderen Teil der Länder speziell aus dem Export von natürlichen Rohstoffen.[241] Durch den Exportüberschuss entsteht auf den Devisenmärkten ein Überangebot an Fremdwährungen, das die jeweilige Zentralbank dann aufkaufen kann. Länder ohne Zahlungsbilanzüberschüsse müssen sich Fremdwährungen auf den Devisenmärkten leihen.[242]

---

[238] *Nugee,* Foreign Exchange Reserves Management, 7 f.
[239] U.S. Court of Appeals, 2nd Circuit, *NML Capital v. Banco Central de la Republica Argentina,* 652 F.3d 172, 177 ff. (2011).
[240] U.S. Court of Appeals, 2nd Circuit, *NML Capital v. Banco Central de la Republica Argentina,* 652 F.3d 172, 177 ff. (2011).
[241] *Beck/Fidora,* in: Berkelaar/Coche/Nyholm (Hrsg.), Central bank reserves and sovereign wealth management, S. 309, 310 ff.
[242] *Nugée,* Foreign Exchange Reserves Management, 9 f.; *Munro/Redell,* 75 Reserve Bank of New Zealand Bulletin (2012) 35, 41 ff.; *UK,* Debt and Reserves Management Report 2014-15, 2014, 13; *Rübel,* Außenwirtschaft, S. 142 f.

dd) Erscheinungsformen der Währungsreserven

Währungsreserven werden in verschiedenen Anlageformen gehalten. Gemein ist den zugelassenen Anlagen, dass sie von Schuldnern mit guter Bonität stammen müssen und die Zentralbank die Anlagen schnell und ohne Abschläge auf den Marktwert verkaufen kann.[243] So orientieren sich Zentralbanken bei der Zusammensetzung der Währungsreserven gemeinhin an der Ziel-Trias aus Liquidität, Sicherheit und finanziellem Ertrag, wobei sich die Prioritätenfolge der Ziele aus der Reihenfolge ihrer Nennung ergibt.[244]

(1) Liquidität

Währungsreserven müssen zu allererst liquide sein. Da die Einsatzzwecke der Währungsreserven gleichzeitig und in der Regel Fremdwährungen in der Form von Bargeld erfordern, etwa für die Bezahlung lebenswichtiger Importe oder zur Schuldentilgung, müssen die Reserven im Bedarfsfall schnell und ohne große Kosten in Bargeld umgewandelt werden können, also hinreichend liquide sein. Die Bandbreite der geeigneten Anlageklassen ist daher von vornherein beschränkt. Neben Sichtguthaben bei Zentral- und Geschäftsbanken im Ausland kommen nur solche Finanzinstrumente[245] in Betracht, die jederzeit ohne große

---

[243] Anschaulich sind etwa die Vorgaben des *Bank of Canada Act*. Neben dem Erwerb von bestimmten Edelmetallen und IWF-Sonderziehungsrechten sowie der Unterhaltung von Fremdwährungsguthaben bei Banken enthält Art. 18 folgende Ermächtigung „The Bank may […] buy and sell securities issued or guaranteed by Canada or any province; buy and sell securities issued or guaranteed by the Government of the United States of America or Japan or the government of a country in the European Union"; Bank of Canada Act, R.S.C., 1985, c. B-2.

[244] *Nugée*, Foreign Exchange Reserves Management, 13 f.; *IWF*, Revised Guidelines for Foreign Exchange Reserve Management, 2014, 8.

[245] Die inhaltliche Reichweite des Begriffs der Finanzinstrumente soll hier entscheidend durch den Untersuchungsgegenstand vorgegeben werden. Entsprechend der Perspektive der Untersuchung kommt es darauf an, sämtliche Formen von Finanzprodukten zu erfassen, die von Zentralbanken tatsächlich gehalten werden. Da eine abschließende Liste nicht möglich ist, soll hier der Begriff der Finanzprodukte denkbar weit verstanden werden. Dabei bietet sich etwa die in Art. 4 Abs. 1 Nr. 17 i.V.m. Anhang I Abschnitt C der Richtlinie 2004/39/EG über Märkte für Finanzinstrumente (MiFID-Richtlinie), Abl. L 145 vom 30.04.2004 samt nachfolgender Änderungen, verwendete Definition an, die etwa in § 2 Abs. 2b WpHG umgesetzt wurde, vgl. *Grundmann*, in: Schwark/Zimmer (Hrsg.), Kapitalmarktrechts-Kommentar, § 2 WpHG Rn. 2. Die entscheidenden Regelungen in der Richtlinie enthalten einen umfassenden und abschließenden Katalog von Instrumenten. Genannt werden u.a. übertragbare Wertpapiere, Geldmarktinstrumente und Derivate. Übertragbare Wertpapiere werden in Art. 4 Abs. 1 Nr. 18 definiert als Gattungen von Wertpapieren, die auf dem Kapitalmarkt gehandelt werden können, mit Ausnahme von Zahlungsinstrumenten. Sodann werden bestimmte Regelbeispiele wie Aktien, Schuldverschreibungen und Zertifikate genannt. Für den Wertpapierbegriff ist eine Verbriefung der Rechte irrelevant. Dagegen kommt es entscheidend auf die Handelbarkeit, also die Fungi-

Kosten auf einem großen und aktiven Markt verkauft werden können.[246] Das sind vor allem häufig gehandelte Wertpapiere von Regierungen und Zentralbanken, insbesondere US-Schatzwechsel, oder Anleihen großer internationaler Bankinstitutionen.

Die Liquiditätsanforderungen gelten gleichermaßen für die Auswahl der Fremdwährungen, in denen die Reserven gehalten werden. Beispielsweise heißt es in den Anlagerichtlinien der Schweizer Nationalbank, dass der größte Teil der Anlagen in den international bedeutendsten und liquidesten Währungen gehalten werden muss, die sich jederzeit in andere Währungen tauschen lassen.[247] Im Jahr 2017 verteilten sich die globalen Devisenreserven wie folgt: Anlagen in US-Dollar nahmen mit 62,7% unvermindert mit Abstand den größten Anteil ein, während Anlagen in Euro (20,1%), Yen (4,9%) und englischen Pfund (4,5%) eine weitaus geringere Rolle spielten.[248] Unterschiede in der Währungszusammensetzung der Reserven einzelner Länder lassen sich anhand der Zwecke, zu denen Währungsreserven gehalten werden, erklären. Entscheidend ist danach, an welche ausländische Ankerwährung die heimische Währung in einem Festwechselkurssystem gebunden ist, welche Währung die größte Bedeutung für die Handelsbeziehungen hat und wie sich die staatliche Auslandsverschuldung zusammensetzt.[249] So bestanden die Devisenreserven der Schweiz zum Ende des Jahres 2015 zu 42% aus Anlagen in Euro, zu 32% aus Anlagen in US-Dollar, zu 8% aus Anlagen in Yen und zu 7% aus Anlagen in Britischem Pfund.[250]

(2) Sicherheit und Rendite

Um den Bestand an einsatzfähigen Reserven zu erhalten und Reputationseinbußen durch Verluste der Zentralbank zu vermeiden, werden Währungsreserven zudem nur in besonders sicheren Anlageformen investiert. In fast allen Fällen ist eine Mindestbewertung der Kreditrisiken durch Ratingagenturen erforderlich.[251]

---

bilität und Zirkulationsfähigkeit an, *Assmann*, in: Assmann/Schneider (Hrsg.), Wertpapierhandelsgesetz, § 2 Rn. 7 ff.; *Grundmann*, in: Schwark/Zimmer (Hrsg.), Kapitalmarktrechts-Kommentar, § 2 WpHG Rn. 7 ff.

[246] *Joia/Coche*, in: Berkelaar/Coche/Nyholm (Hrsg.), Central bank reserves and sovereign wealth management, S. 41, 47.

[247] *Schweizerische Nationalbank*, Richtlinien der Schweizerischen Nationalbank (SNB) für die Anlagepolitik vom 27. Mai 2004 (Stand 1. April 2015), 3.

[248] IWF, Annual Report 2018, Appendix I: International Reserves, 2.

[249] *Papaioannou/Portes/Siourounis*, Optimal Currency Shares in International Reserves, 2006, 17 f.; *Eichengreen/Mathieson*, The Currency Composition of Foreign Exchange Reserves, 2000, 7 ff.; *Coche/Sahakyan*, in: Berkelaar/Coche/Nyholm (Hrsg.), Central bank reserves and sovereign wealth management, S. 162, 164.

[250] *Schweizerische Nationalbank*, 108. Geschäftsbericht 2015, 80.

[251] *Borio/Galati/Heath*, FX Reserve Management: Trends and Challenges, 2008, 11.

In den Richtlinien der Schweizerischen Nationalbank heißt es dazu: „Der Kreis der Emittenten [handelbarer Anlagen] umfasst Schuldner, die im Durchschnitt der führenden Ratingagenturen mit „investment grade" eingestuft werden".[252] Der Vermeidung von Verlusten dient auch die Diversifizierung der Währungsreserven in eine möglichst große Bandbreite an Anlageklassen. Nicht zuletzt aus diesem Grund halten Zentralbanken trotz hoher Lagerungskosten heute noch an ihren Goldbeständen fest, auch wenn der Goldanteil an Währungsreserven weltweit in den letzten Jahrzehnten stetig abnahm.[253]

Der finanzielle Ertrag der Anlagen ist hingegen nur von nachrangiger Bedeutung.[254] Allerdings ist die Unterhaltung von Währungsreserven auch mit erheblichen Kosten verbunden. Bereits die nur geringe Rendite besonders liquider Anlagen löst hohe Opportunitätskosten aus.[255] Zudem können höhere Inflationsraten den Realwert von Währungsreserven stetig schrumpfen lassen. Auch entstehen Kosten durch die Finanzierung der Währungsreserven, wenn hierzu etwa auf Fremdwährungskredite zurückgegriffen wird[256] oder wenn Devisenmarktinterventionen durch die Emission von Wertpapieren sterilisiert[257] werden. Dann kann es passieren, dass die Zentralbank höhere Zinsen auf die Wertpapiere aus den Sterilisierungsmaßnahmen entrichten muss als die Anlagen der Devisenreserven abwerfen.[258] So soll sich die jährliche Rendite von Währungsreserven in den letzten 60 Jahren bei konservativer Verwaltung auf lediglich 1 % belaufen.[259]

Um diese Kosten aufzufangen, richten Zentralbanken ihr Augenmerk verstärkt auf die Erträge der Währungsreserven.[260] In der Praxis werden die Devisenportfolios der Zentralbanken entwickelter Volkswirtschaften nach professionellen Methoden verwaltet.[261] Dazu verteilen Zentralbanken Devisenreserven häufig

---

[252] *Schweizerische Nationalbank*, Richtlinien der Schweizerischen Nationalbank (SNB) für die Anlagepolitik vom 27. Mai 2004 (Stand 1. April 2015), 2.
[253] *Nugée*, Foreign Exchange Reserves Management, 15.
[254] *IWF*, Revised Guidelines for Foreign Exchange Reserve Management, 2014, 7 f.
[255] *Rybinski/Krynska*, in: Berkelaar/Coche/Nyholm (Hrsg.), Central bank reserves and sovereign wealth management, S. 3, 7 ff.
[256] Großbritannien finanziert beispielsweise seine Währungsreserven unter anderem mit Hilfe von Krediten, *UK*, Management of the Official Reserves, 2013, 1.
[257] Sterilisierung meint den "seitens der Zentralbank unternommenen Versuch, die Geldmengenwirkung einer im Zuge von Devisenmarktinterventionen entstehenden Zu- oder Abnahme der Devisenreserven durch eine Offenmarktpolitik ganz oder teilweise zu kompensieren", Gabler Wirtschaftslexikon.
[258] *Moenjak*, Central Banking, S. 183.
[259] *Kern*, Staatsfonds – Staatliche Auslandsinvestitionen im Aufwind, 2007, 6.
[260] *IWF*, Revised Guidelines for Foreign Exchange Reserve Management, 2014, 7; *Rybinski/Krynska*, in: Berkelaar/Coche/Nyholm (Hrsg.), Central bank reserves and sovereign wealth management, S. 3, 22.
[261] *Borio/Galati/Heath*, FX Reserve Management: Trends and Challenges, 2008, 5 ff.; *Joia/*

auf verschiedene Tranchen mit unterschiedlicher Ausrichtung, beispielsweise auf solche für laufende Fremdwährungsausgaben, zur Liquiditätsbereithaltung und zur Vermögensanlage. In der letztgenannten Tranche finden sich dann Anlageklassen, die eine höhere Rendite abwerfen.[262] Nicht zuletzt wegen stark anwachsender Reserven und der Entwicklung der Finanzmärkte sind viele Zentralbanken in den letzten Jahren dazu übergegangen, der Profitabilität ihrer Anlagen ein größeres Gewicht beizumessen, zusätzlich risikoreichere Anlageklassen wie Asset-Backed-Securities, Unternehmensanleihen oder Derivate zu berücksichtigen und sich damit insgesamt dem Investitionsverhalten privater Investoren anzunähern.[263] In der zurückliegenden Finanzkrise haben einige Zentralbanken, etwa im Bereich der Asset-Backed-Securities, Verluste erlitten, und sind in die klassischen Anlagen wie staatliche Wertpapiere geflüchtet.[264]

(3) Konkrete Vermögenswerte

Nach den Daten des IWF setzten sich die weltweiten Währungsreserven im Jahr 2017 zu 86,7 % aus Devisenreserven, zu 11 % aus Gold und zu 2,9 % aus Forderungen gegenüber dem IWF zusammen.[265] Über eine genauere Aufschlüsselung der Devisenreserven geben vereinzelt nur die Veröffentlichungen der nationalen Zentralbanken Auskunft. Die Schweizerische Nationalbank beispielsweise hielt nach eigenen Angaben Ende 2015 71 % ihrer Devisenreserven in Staatsanleihen, d. h. Anleihen von Staaten in heimischer Währung, Anlagen bei Zentralbanken und der BIZ sowie – bei den Franken-Anlagen – Anleihen von schweizerischen Kantonen und Gemeinden. Einen Anteil von 11 % nahmen unter anderem Anleihen fremder Staaten in Fremdwährungen, Anleihen ausländischer lokaler Gebietskörperschaften und supranationaler Organisationen sowie Pfandbriefe und Unternehmensanleihen ein. Zum verbleibenden Teil von 18 % bestanden die Währungsreserven aus Aktien von Unternehmen unterschiedlicher Kapitalisierung.[266]

Coche, in: Berkelaar/Coche/Nyholm (Hrsg.), Central bank reserves and sovereign wealth management, S. 41, 41 ff.; *Papathanassiou*, in: Schimansky/Bunte/Lwowski (Hrsg.), Bankrechts-Handbuch Band II, § 134 Das Europäische System der Zentralbanken und die Europäische Zentralbank Rn. 19.

[262] *Joia/Coche*, in: Berkelaar/Coche/Nyholm (Hrsg.), Central bank reserves and sovereign wealth management, S. 41, 46 f.; so beispielsweise auch die chilenische Zentralbank, die *Banco Central de Chile*, Annual Report 2015, 22.

[263] *Borio/Galati/Heath*, FX Reserve Management: Trends and Challenges, 2008, 2 ff.

[264] Detailliert zu den Entwicklungen seit der Finanzkrise, *BIZ*, Portfolio and Risk Management for Central Banks and Sovereign Wealth Funds, 2011, 19 ff.

[265] *IWF*, Annual Report 2018, Appendix I: International Reserves, 1.

[266] *Schweizerische Nationalbank*, 108. Geschäftsbericht 2015, 78 ff.

Die zentrale Bedeutung der bei anderen ausländischen Zentralbanken unterhaltenen Konten und Depots rührt nicht allein von dem Umfang der dort als Sichtguthaben gehaltenen Anlagen. Vielmehr können in der Regel überhaupt nur Zentralbanken und internationale Organisationen die Bankfunktionen anderer Zentralbanken nutzen.[267] Über diese Konten werden zudem andere Anlagen der Währungsreserven, wie z. B. Staatsanleihen, gehalten und verwaltet. So entfielen mehr als zwei Drittel der Ende 2009 auf Konten bei der Federal Reserve Bank of New York von rund 250 ausländischen Zentralbanken und Währungsbehörden gehaltenen Währungsreserven in Höhe von beinahe drei Billionen US-Dollar auf von den USA emittierte Wertpapiere.[268]

ee) Träger der Währungsreserven

Institutionell sind die Währungsreserven üblicherweise der jeweiligen Zentralbank zugeordnet. Das bedeutet aber nicht zwingend, dass die Zentralbank rechtlicher Eigentümer bzw. Gläubiger der Währungsreserven ist. In manchen Ländern ist die Zentralbank lediglich mit der Verwaltung der Währungsreserven betraut, rechtlich handelt es sich aber um Vermögen des Staates. Beispielsweise verwaltet die Bank of Japan die internationalen Währungsreserven des Landes in dem sog. *Foreign Exchange Fund Special Account* im Namen und nach Vorgaben der Regierung. Mit diesen Mittel nimmt sie Interventionen auf dem Devisenmarkt vor.[269]

In einigen Ländern sind Währungsreserven zwischen der Zentralbank und der Regierung aufgeteilt. In den USA etwa verteilen sich die internationalen Währungsreserven ungefähr im gleichen Umfang auf den *System Open Market Account* der Federal Reserve und den *Exchange Stabilization Fund* des US-Finanzministerium.[270] In einem anderen Modell verwaltet die Zentralbank nicht nur die Währungsreserven, sondern hält diese auch als ausschließlicher rechtlicher Eigentümer bzw. Inhaber. So sind beispielsweise die internationalen Reserven von Australien rechtlich und wirtschaftlich Vermögenswerte der Zentralbank.[271]

---

[267] So beispielsweise bei der *Federal Reserve Bank of New York*, Amicus Curiae Brief, 2010 WL 3032829 in dem Verfahren U.S. Court of Appeals, 2nd Circuit, *NML Capital v. Banco Central de la Republica Argentina*, 652 F.3d 172 (2011).

[268] *Federal Reserve Bank of New York*, Amicus Curiae Brief, 2010 WL 3032829.

[269] *Bank of Japan*, Functions and Operations of the Bank of Japan, 2. Aufl., 2012, 209 f.

[270] *Federal Reserve Bank of New York*, Treasury and Federal Reserve Foreign Exchange Operations October-December 2015, 2016, 10; *IWF*, Current Developments in Monetary and Financial Law, 2. Aufl., 2003, 342 f.

[271] Ausgenommen sind davon australische Reservepositionen beim IWF, *Vallence*, Reserve Bank of Australia Bulletin (December Quarter 2012) 57, 57.

ff) Implikationen für die weitere Untersuchung

Es hat sich gezeigt, dass sich Währungsreserven nach äußeren Merkmalen nicht eindeutig von Vermögensmitteln anderen Typus, etwa der Vermögensanlage privater Unternehmen oder Pensionsfonds, abgrenzen lassen. *Gutzwiller* behauptet zwar, dass Währungsreserven sich dadurch unverwechselbar auszeichneten, dass sie ausschließlich in einem beschränkten Kreis an liquiden und sicheren Anlageformen investiert werden.[272] Aber einerseits verteilen Zentralbanken Währungsreserven zunehmend auch auf risikoreichere, höher rentierende Anlagen.[273] Andererseits ist es gängig, dass private Unternehmen im Rahmen der Vermögensanlage zu Zwecken der Portfoliodiversifikation auch weniger ertragreiche liquidere Vermögensanlagen berücksichtigen.[274] Als Differenzierungskriterium bleiben allein die spezifischen Funktionen der Vermögensmittel übrig, die sich nach dem hier zugrunde gelegten Verständnis auf währungspolitische Ziele beschränken.

b) Staatsfonds – Sovereign Wealth Funds

aa) Neue staatliche Spieler auf privaten Märkten

Eine weitere, allein schon aufgrund ihrer Größe nicht zu übersehende Kategorie von staatlichem Auslandsvermögen bilden Staatsfonds. Sie sind an sich keine neue Erfindung: Als ihr ältester Vertreter gilt gemeinhin die bereits 1953 gegründete Kuwait Investment Corporation.[275] Intensive Beachtung der Öffentlichkeit und Wissenschaft haben sie jedoch mit Anfang des neuen Jahrtausends erfahren – erst aus dieser Zeit stammt der Begriff Sovereign Wealth Funds.[276] Um den Jahrtausendwechsel hat die jüngste, bis heute anhaltende Welle an Neugründungen von Staatsfonds eingesetzt, die mehr als die Hälfte der heutigen Staatsfonds hervorgebracht hat.[277] Parallel dazu ist ihr Anlagevermögen bei konservativer

---

[272] *Gutzwiller*, ZSR 2002, 121, 134 f.

[273] Siehe oben S. 61.

[274] Beispielsweise verteilt das California Public Employees' Retirement System (CalPERS), einer der größten US-amerikanischen Pensionsfonds, einen Teil seiner Anlagen auf sehr liquide Investitionsformen, um Zahlungsbedürfnissen nachkommen zu können, vgl. die Veröffentlichung der Investitionspolitik, *CalPERS*, California Public Employees' Retirement System Total Fund Investment Policy, 7, 43. Der Fonds hält dabei etwa auch vom US-amerikanischen Staat emittierte U.S.-Treasuries, vgl., *CalPERS*, Annual Investment Report, 2013-2014, 7, die zu den gängigen Anlagen von Zentralbanken gehören, vgl. nur *Beltran/Kretchmer/Marquez u. a.*, Foreign Holdings of U.S. Treasuries and U.S. Treasury Yields, 2012.

[275] *Truman*, Sovereign Wealth Funds, S. 19.

[276] Die erstmalige Verwendung der Bezeichnung wird *Rozanov*, 25 International Journal of Central Banking (2005) 52 zugeschrieben, vgl. *Preisser*, Sovereign Wealth Funds, S. 23.

[277] *Miceli/Wöhrmann/Wallace u. a.*, Opportunities or threats? The current and future roles of sovereign wealth funds in financial markets, *2015, 5*. Eine Auflistung bestehender Staats-

Schätzung[278] von Anlagen im Wert von USD 500 Mrd. im Jahr 1995 auf ein Anlagevermögen, ungeachtet der mitunter sehr großen Einbußen in der jüngsten Finanzkrise,[279] auf USD 6,3 Billionen Ende 2013 angeschwollen.[280]

Eine allgemein anerkannte Begriffsbestimmung von Staatsfonds hat sich bisher nicht entwickelt.[281] Das vielfältige Angebot an teilweise sich widersprechenden Definitionen spiegelt die Vielgestaltigkeit des Phänomens Staatsfonds wider.[282] Für die vorliegende Untersuchung eignet sich folgende, von der International Working Group of Sovereign Wealth Funds[283] verwendete Definition:

„SWFs are defined as special purpose investment funds or arrangements, owned by the general government. Created by the general government for macroeconomic purposes, SWFs hold, manage, or administer assets to achieve financial objectives, and employ a set of investment strategies which include investing in foreign financial assets."

---

fonds findet sich bei *Truman*, Sovereign Wealth Funds, S. 12 ff., der jedoch eine sehr weite Definition von Staatsfonds zugrunde legt und auch Pensionsfonds mit einbezieht. In *Bocconi*, The Great Reallocation: Sovereign Wealth Fund Annual Report 2013, 2014, 8 ff. werden zusätzlich zahlreiche Länder aufgeführt, die Gründungen von Staatsfonds planen und aufbauen.

[278] Die Zählweise und Berechnung des verwalteten Vermögens variiert stark, je nachdem, wie weit der Kreis an Staatsfonds gezogen wird. Die hier aufgeführten Zahlen basieren auf der vergleichsweise engen Definition der mit dem IWF assoziierten International Working Group of Sovereign Wealth Funds, die zum Beispiel staatliche Pensionsfonds und traditionelle Währungsreserven unberücksichtigt lässt. Die International Working Group of Sovereign Wealth Funds wurde 2008 vom IWF ins Leben gerufen und setzt sich aus Vertretern des IWF und 26 Vertretern großer Staatsfonds zusammen. Die Arbeitsgruppe hat allgemein anerkannte Grundsätze und Praktiken für Staatsfonds erarbeitet (sog. „Santiago Principles"). Die Definition findet sich in Anhang I zu den Sovereign Wealth Funds: Generally Accepted Principles and Practices (Santiago-Principles), 2008, 27; dazu auch *Al-Hassan/Papaioannou/Skancke u. a.*, Sovereign Wealth Funds, 2013, 3. Ungeachtet dessen basieren Angaben über die von Staatsfonds verwalteten Vermögen nur auf Schätzungen, weil erschöpfende Daten fehlen. Darüber hinaus besteht die Gefahr, ausländische Vermögensmittel doppelt zu berücksichtigen, weil eine genaue Differenzierung zwischen den Mitteln von Staatsfonds und offiziellen Währungsreserven nicht immer gelingt, vgl. auch *Griffith-Jones/Ocampo*, in: Sauvant/Sachs/Jongbloed (Hrsg.), Sovereign investment, S. 57 ff.

[279] *Truman*, Sovereign Wealth Funds, S. 3; *IWF*, Global Financial Stability Report, 2011, 28 f.

[280] *Miceli/Wöhrmann/Wallace u. a.*, Opportunities or threats? The current and future roles of sovereign wealth funds in financial markets, 2015, 5. Einmütig wird davon ausgegangen, dass der starke Kapitalzufluss sich auch in Zukunft fortsetzen wird, *Beck/Fidora*, 10 European Business Organization Law Review (2009) 353, 360; *Truman*, Sovereign Wealth Funds, S. 17; zusätzliche Nachweise bei *Preisser*, Sovereign Wealth Funds, Fn. 41.

[281] *Truman*, Sovereign Wealth Funds, S. 9.

[282] Sehr ausführlich werden die einzelnen Definitionsvarianten untersucht bei *Bassan*, The Law of Sovereign Wealth Funds, S. 17 ff.

[283] Anhang I zu den Sovereign Wealth Funds: Generally Accepted Principles and Practices (Santiago-Principles), 2008, 27.

Die finanziellen Ziele können noch dahingehend ergänzt werden, dass Staatsfonds bei einer höheren Risikotoleranz auf eine ertragreiche Verwaltung der Anlagen abzielen und einen längerfristigen Anlagehorizont verfolgen.[284] Für die vorliegenden Zwecke notwendig, weist diese Definition darauf hin, dass sich Staatsfonds von den traditionellen Währungsreserven organisatorisch und in den Anlageformen und -zielen abheben.[285]

bb) Ökonomische Hintergründe von Staatsfonds

(1) Quellen des Reichtums

Der zweite Teil der von der *International Working Group of Sovereign Wealth Funds* verwendeten Definition illustriert die möglichen Quellen, aus denen das Kapital in Staatsfonds zusammenfließt. Er lautet:

„The SWFs are commonly established out of balance of payments surpluses, official foreign currency operations, the proceeds of privatizations, fiscal surpluses, and/or receipts resulting from commodity exports."[286]

In Ansehung der Quellen des Anlagekapitals werden Staatsfonds häufig eingeteilt in *Commodity-Funds*, die sich aus endlichen Rohstofferlösen speisen, und *Non-Commodity-Funds*, die ihre Mittel aus anderen Quellen, namentlich vor allem den offiziellen Währungsreserven der Zentralbanken, erhalten.[287] Die nach dem Anlagevolumen bemessenen derzeit größten Staatsfonds aus den Ländern Norwegen, den Vereinigten Arabischen Emiraten und Saudi-Arabien beruhen auf Rohstofferlösen der jeweiligen Länder.[288] Dabei können Rohstoffexporte auf unterschiedlichen Wegen Devisen in die Staatsfonds spülen, indem etwa die För-

---

[284] *Bassan*, The Law of Sovereign Wealth Funds, S. 23 f.; *Beck/Fidora*, 10 European Business Organization Law Review (2009) 353, 356 f.; *Preisser*, Sovereign Wealth Funds, S. 25; mit weiteren Nachweisen *Bassan, The Law of Sovereign Wealth Funds, S. 23 f.*

[285] *Preisser*, Sovereign Wealth Funds, S. 29 f., grenzt Staatsfonds von Zentralbanken, im Ergebnis aber nur von Währungsreserven der Zentralbanken ab. Zentralbanken halten darüber hinaus noch andere Vermögensmittel.

[286] Sovereign Wealth Funds: Generally Accepted Principles and Practices (Santiago-Principles), 2008, 27. Da der zweite Teil der Definition nur Beispiele für regelmäßige Herkünfte des Anlagevermögens gibt, bietet er an sich keine über den ersten Teil der Definition hinausreichende inhaltliche Eingrenzung.

[287] *Preisser*, Sovereign Wealth Funds, S. 26; *Beck/Fidora*, 10 European Business Organization Law Review (2009) 353, 356.

[288] Nach Berechnungen des Sovereign Wealth Fund Institute sind die drei größten Fonds der Government Pension Fund Global (Norwegen), die Abu Dhabi Investment Authority (VAE) und die China Investment Corporation (China), sofern die staatlichen Pensionsfonds, denen noch größere Vermögensmittel zugeschrieben werden, unberücksichtigt gelassen werden, http://www.swfinstitute.org/fund-rankings/ (zuletzt abgerufen 01.05.2019).

derunternehmen in Fremdwährungen besteuert werden, Förderunternehmen im Staatseigentum einen Teil der Einnahmen an den Staat übertragen oder die Zentralbank die mit den Rohstoffexporten anfallenden Devisen aufkauft.[289] In manchen Ländern fließen beispielsweise alle Einnahmen aus der Ölförderung in einen Staatsfonds, die einen durch die Haushaltsplanung vorausgesetzten Ölpreis übersteigen.[290]

(2) Volkswirtschaftliche Hintergründe von Staatsfonds

Als Anlass für die Gründung eines Commodity-Fund kann das Ziel verfolgt werden, den Rohstoffreichtum des Landes möglichst optimal und risikogerecht zu nutzen. Dazu wird der illiquide, „unter der Erde" gelegene Reichtum „zu Tage gefördert" und in vielfach einsetzbares Vermögen umgewandelt. So kann das staatliche Vermögen von der unvorhersehbaren Entwicklung der Rohstoffpreise abgekoppelt werden und für vielfältige Zwecke nutzbar gemacht werden.[291]

Wirtschaftspolitische Motivation für den Aufbau von Staatsfonds kann zudem die Sorge vor wirtschaftlichen Verwerfungen durch den Erfolg einzelner Wirtschaftssektoren sein, der nicht von einer gesamtwirtschaftlichen Entwicklung begleitet wird. Das ist zum Beispiel der Fall, wenn die heimische Wirtschaft die Erlöse aus anschwellenden Exporten nur begrenzt absorbieren kann und der Rückfluss aller Exporterlöse in die heimischen Wirtschaft einen starken Inflationsdruck ausüben würde.[292] Ein Exportboom eines Wirtschaftssektors, etwa infolge der Entdeckung, Ausbeutung und des Exports natürlicher Rohstoffe, droht eine Volkswirtschaft mit der sog. *Holländischen Krankheit* anzustecken. Damit werden die massive Aufwertung der heimischen Währung und der darauf folgende starke Anstieg der Inflation beschrieben, die sich in den 1960er Jahren in den Niederlanden nach Entdeckung und Ausbeutung von Offshore-Gasvorkommen zeigten.[293] Als Gegenmittel kommt vor allem die Investition der Exporterlöse außerhalb der eigenen Wirtschaft in Betracht. Es wird davon ausgegangen, dass der chinesische Staatsfonds China Investment Corporation, der sich zu großen Teilen aus am Markt erworbenen Devisenreserven speist, gerade Folge einer

---

[289] *Truman*, Sovereign Wealth Funds, S. 21 f.

[290] So etwa in Bahrain oder Libyen, vgl. Sovereign Wealth Funds: Generally Accepted Principles and Practices (Santiago-Principles), 2008, 32, 39.

[291] Zu dem theoretischen Hintergrund zur bestmöglichen Nutzung von Rohstoffvorkommen *Castelli/Scacciavillani*, The New Economics of Sovereign Wealth Funds, S. 24 ff.

[292] *Castelli/Scacciavillani*, The New Economics of Sovereign Wealth Funds, S. 21 ff.

[293] Im Einzelnen dazu *Corden*, 36 Oxford economic papers (1984) 359; *Bernstein/Lerner/Schoar*, 27 Journal of Economic Perspectives (2013) 219, 223; *Brahmbhatt/Canuto/Vostroknutova*, Dealing with Dutch Disease, 2010, 5; *Truman*, Sovereign Wealth Funds, S. 21.

Währungspolitik ist, die sich gegen die Aufwertung der heimischen Währung zur Vermeidung nachteiliger Auswirkung auf die Binnenwirtschaft richtet.[294]

cc) Zusammenspiel von Zentralbanken und Staatsfonds

Zum Teil sind Zentralbanken institutionell in die Architektur von Staatsfonds eingebunden. Die Art und Weise der Einbindung von Zentralbanken ist für die Frage von Bedeutung, ob Staatsfonds in Vollstreckungsverfahren an dem besonderen Immunitätsschutz partizipieren, der Zentralbanken unter Umständen zukommt.

Viele der heutigen Staatsfonds sind als vom Staat rechtlich getrennte Einrichtungen organisiert, die auch ihre Vermögensmittel unabhängig verwalten.[295] Bei den Staatsfonds, bei denen dagegen Zentralbanken involviert sind, lassen sich unterschiedliche Modelle feststellen. Häufig ist die Funktion der Zentralbank lediglich auf die Verwaltung der Mittel des Staatsfonds und damit auf die eines vertraglichen Dienstleisters beschränkt. In Chile beispielsweise ist das Schatzamt rechtlicher Inhaber der Vermögensmittel, die in den zwei Staatsfonds des Landes gehalten werden.[296] Die chilenische Zentralbank ist gesetzlich der Auftrag zugewiesen, Teile dieser Fonds zu verwalten und die Mittel im Namen des Finanzministeriums zu investieren.[297] In Norwegen wird der *Government Pension Fund Global* auf einem Konto bei der norwegischen Zentralbank geführt[298] und von ihr im Auftrag des Finanzministeriums verwaltet.[299]

Eine stärkere Stellung kommt der Zentralbank von Botswana, der Bank of Botswana, im Hinblick auf den *Pula Fund* zu, in dem unter anderem Einnahmen

---

[294] *Preisser*, Sovereign Wealth Funds, S. 37 m. w. N.

[295] Etwa der kuweitische *Kuwait Investment Authority* oder die chinesische *China Investment Corporation*, einen Überblick über die verschiedenen Strukturen bietet Sovereign Wealth Funds: Generally Accepted Principles and Practices (Santiago-Principles), 2008, 31; *Al-Hassan/Papaioannou/Skancke u. a.*, Sovereign Wealth Funds, 2013, 9; vgl. auch *Kunzel/Hammer/Petrova*, Sovereign Wealth Funds: Current Institutional and Operational Practices, 2008, die eine Umfrage unter Mitgliedern der *International Working Group on Sovereign Wealth Funds* auswerten.

[296] *Ministry of Finance Chile*, Annual Report Sovereign Wealth Funds 2013, 2013, 15 ff.

[297] Sovereign Wealth Funds: Generally Accepted Principles and Practices (Santiago-Principles), 2008, 35; *Ministry of Finance Chile*, Annual Report Sovereign Wealth Funds 2013, 2013, 16 f.

[298] Government Pension Fund Act, No. 123 of 21 December 2005, Sec. 2, Abs. 2.

[299] Sovereign Wealth Funds: Generally Accepted Principles and Practices (Santiago-Principles), 2008, 41; die Verwaltung des norwegischen Staatsfonds übernimmt eine besondere Abteilung der norwegischen Zentralbank, die *Norges Bank Investment Mangement*, die auf die Vermögensverwaltung spezialisiert ist, *Norges Bank Investment Management*, Government Pension Fund Global Annual Report 2015, 2016, 15.

aus dem Export von Diamanten und Mineralien zusammengefasst sind. Die Bank of Botswana verwaltet nicht nur den Fonds, sondern ist auch rechtlicher Inhaber von Teilen der Anlagemittel.[300] Besonders eng fällt die Beziehung zwischen Staatsfonds und Zentralbanken in Saudi-Arabien aus, wo Staatsfonds Einheiten innerhalb der Zentralbank bilden. Der saudische Fonds *SAMA Foreign Holdings* ist ein Sondervermögen innerhalb der saudischen Zentralbank, das unabhängig verwaltet wird.[301]

dd) Zweckbestimmungen der Anlagen und Spielarten von Staatsfonds

Im Hinblick auf die Funktionen von Staatsfonds lassen sich verschiedene Kategorien ausmachen.[302] Eine eindeutige Zuordnung wird bisweilen dadurch erschwert, dass sich Staatsfonds einer Kombination verschiedener Zielsetzungen verschreiben, die sich überdies im Laufe der Zeit wandeln können.[303]

(1) Stabilisierungsfonds

Stabilisierungsfonds haben eine fiskalpolitische Funktion. Sie dienen dazu, ein gleichmäßiges Niveau an Staatseinnahmen aus Rohstoffexporten zu gewährleisten, indem sie die Auswirkungen von (zyklischen) Schwankungen der Rohstoffpreise abfedern. Dazu werden in Zeiten hoher Rohstoffpreise zusätzliche Einnahmen in die Fonds geleitet, die in Zeiten sinkender Exporterlöse in den Staatshaushalt zurückfließen.[304] Dieser Typ von Staatsfonds ähnelt in der Zusammensetzung seiner Anlagemittel klassischen Währungsreserven. Da die Fonds in der Lage sein müssen, auch im Falle unerwarteter Preisbewegungen an den Rohstoffmärkten kurzfristig Mittel bereit zu stellen, dürfen sie zu einem großen Teil nur in sehr liquide Anlagen investieren.[305]

---

[300] Sovereign Wealth Funds: Generally Accepted Principles and Practices (Santiago-Principles), 2008, 33; Bank of Botswana Act 1996, Act 19, 1996, Art. 35.

[301] *Kumar*, Strategies of Banks and Other Financial Institutions, S. 518.

[302] Die nachfolgende Kategorisierung folgt der Klassifizierung des IWF, *International Working Group of Sovereign Wealth Funds*, Santiago Principles, 12 f.; IWF, Sovereign Wealth Funds – A Work Agenda, 2008, 5.

[303] *IWF*, Sovereign Wealth Funds – A Work Agenda, 2008, 5.

[304] Beispiele sind Staatsfonds aus Chile, Russland oder Timor-Leste, *Al-Hassan/Papaioannou/Skancke u. a.*, Sovereign Wealth Funds, 2013, 5.

[305] *Al-Hassan/Papaioannou/Skancke u. a.*, Sovereign Wealth Funds, 2013, 5; *Miceli/Wöhrmann/Wallace u. a.*, Opportunities or threats? The current and future roles of sovereign wealth funds in financial markets, 2015, 8 f.

(2) Sparfonds

Diese Art von Fonds dient dem Zweck, den auf natürlichen Rohstoffen gründenden Reichtum eines Landes im Sinne einer Generationengerechtigkeit für eine Zeit zu bewahren, in der die Rohstoffvorkommen erschöpft sind. Dazu wird eine endliche Ressource in ein breit gestreutes Portfolio von Vermögensanlagen umgewandelt.[306] Der sehr langfristige Anlagehorizont erlaubt eine stärkere Ausrichtung auf den finanziellen Ertrag, was sich etwa in einer stärkeren Berücksichtigung von Unternehmensbeteiligungen widerspiegelt.[307]

(3) Entwicklungsfonds, Pensionsfonds und Investitionsfonds für Währungsreserven

Bereits der Name weist darauf hin, dass Entwicklungsfonds in erster Linie helfen sollen, die Entwicklung der heimischen Wirtschaft zu fördern. Häufig geht es darum, durch Diversifikation der Wirtschaft die Abhängigkeit von einzelnen Sektoren, wie der Erdöl- oder Erdgasförderung, zu verringern und die Grundlage dafür zu legen, den Lebensstandard für die Zeit nach Erschöpfung der Rohstoffvorkommen zu sichern. Dazu investieren sie ihre Mittel in sozioökonomische Projekte oder etwa die Infrastruktur des Landes.[308]

Pensionsfonds verfolgen den Zweck, zukünftige Pensionsverpflichtungen des Staates zu finanzieren, indem sie für eine ausreichende Ausstattung staatlicher Pensionsfonds in der Zukunft sorgen.[309] Diese Fonds müssen ihre Ertragsziele an den projizierten zukünftigen Pensionsleistungen ausrichten und investieren daher zu einem größeren Anteil in höher rentierende, risikoreiche Anlagen wie Aktien.[310]

Schließlich können sich Fonds aus überschüssigen Währungsreserven speisen. Von den Währungsreserven wird der Teil in Staatsfonds umgeleitet, der über das unmittelbar für die währungspolitischen Ziele notwendige Maß[311] hinaus-

---

[306] *Beck/Fidora*, 10 European Business Organization Law Review (2009) 353, 357.
[307] *Al-Hassan/Papaioannou/Skancke u. a.*, Sovereign Wealth Funds, 2013, 5.
[308] *Truman*, Sovereign Wealth Funds, S. 10.
[309] *Truman*, Sovereign Wealth Funds, S. 11.
[310] *IWF*, Sovereign Wealth Funds – A Work Agenda, 2008, 5.
[311] Die optimale Größe von Währungsreserven wird in der ökonomischen Forschung intensiv diskutiert; vgl. dazu den Überblick bei *Bird/Rajan*, 26 The World Economy (2003) 873; *Flood/Marion*, Holding International Reserves in an Era of High Capital Mobility, 2002; *Bird/Rajan*, 26 The World Economy (2003) 873; *Aizenman/Lee*, International Reserves, 2005; *Beaufort Wijnholds/Kapteyn*, Reserve Adequacy in Emerging Market Economics, 2001. Auch wenn sich kein punktgenauer Wert ermitteln lässt, bieten verschiedene vorgeschlagene Orientierungsgrößen, wie etwa das Verhältnis von Währungsreserven zu Importen oder zu kurzfristig zu bedienenden Auslandsschulden, die Möglichkeit, die Angemessenheit von Währungsreser-

geht.³¹² In erster Linie sollen dadurch die zwangsläufig mit der Unterhaltung von Währungsreserven zusammenhängenden Kosten gesenkt werden. Denn in den Staatsfonds unterliegen die Mittel nicht mehr den strengen für Währungsreserven geltenden Anforderungen und können somit für renditeträchtigere Investitionen genutzt werden.³¹³

ee) Unterscheidung von Staatsfonds und Währungsreserven

Zwar mag die Einrichtung von Staatsfonds stark von geld- und währungspolitischen Überlegungen beeinflusst sein, weil Staatsfonds dazu dienen sollen, Bedrohungen für die Geldwertstabilität und die geordnete Entwicklung der Wirtschaft zu begegnen oder sich gegen starke Wechselkursschwankungen abzusichern. Jedoch lassen sich Staatsfonds klar von den währungspolitischen Zwecken dienenden Währungsreserven abgrenzen.

Äußerliche Merkmale der Vermögensmittel lassen auch hier für sich genommen eine eindeutige Zuordnung zu Staatsfonds oder Währungsreserven nur selten zu. Zwar heben sich Anlagestrategien und die Anlageklassen von Staatsfonds in der Regel deutlich von traditionellen Währungsreserven ab.³¹⁴ Während dort Sicherheit und Liquidität über Auswahl und Verteilung der Anlagen entscheiden und nur einen kurzfristigen Anlagehorizont und eine geringe Risikotoleranz zulassen, zeichnen Staatsfonds das Ziel aus, über eine größere Risikobereitschaft, einen längerfristigen Anlagehorizont und eine größere Bandbreite an Investitionsformen³¹⁵ höhere Erträge zu erwirtschaften.³¹⁶ Allerdings berücksichtigen

---

ven näher zu bestimmen, dazu *Beaufort Wijnholds/Kapteyn*, Reserve Adequacy in Emerging Market Economics, 2001; zum Ganzen *Jarchow/Rühmann*, Monetäre Außenwirtschaft II: Internationale Währungspolitik, S. 122 ff., auch *Europäische Zentralbank*, The Accumulation of Foreign Reserves, 2006, 12, 22.

³¹² *Truman*, Sovereign Wealth Funds, S. 10; *Al-Hassan/Papaioannou/Skancke u.a.*, Sovereign Wealth Funds, 2013, 6.

³¹³ *Al-Hassan/Papaioannou/Skancke u.a.*, Sovereign Wealth Funds, 2013, 6; *Miceli/Wöhrmann/Wallace u.a.*, Opportunities or threats? The current and future roles of sovereign wealth funds in financial markets, 2015, 8 f.

³¹⁴ *Aizenman/Glick*, 12 International Finance (2009) 351, 356.

³¹⁵ *Truman*, Sovereign Wealth Funds, S. 18; *Aizenman/Glick*, 12 International Finance (2009) 351, 356.

³¹⁶ Gegenüber klassischen Währungsreserven spielen Investitionen in Anleihen staatlicher Emittenten bei Staatsfonds nur eine untergeordnete Rolle, während Kapitalbeteiligungen an Unternehmen einen großen Teil im Portfolio von Staatsfonds ausmachen. Beispielsweise verteilten sich die Anlagen des zurzeit größten Staatsfonds der Welt, dem norwegischen *Government Pension Fund Global*, zum Jahresende 2014 zu rund 61 % auf Kapitalbeteiligungen, zu rund 36 % auf festverzinsliche Anlagen und zu rund 3 % auf Immobilien, *Norges Bank Investment Management*, Government Pension Fund Global Annual Report 2015, 2016, 6.

Währungsreserven mittlerweile risikoreichere Anlageklassen und Staatsfonds diversifizieren ihre Mittel in liquiden Vermögenswerten.

Eine verlässliche Unterscheidung garantiert allein der Zweck der Anlagen. Nicht währungspolitische Funktionen, sondern fiskalpolitische Ziele zur Beeinflussung der Einnahmenposition des Staates[317] stehen bei Staatsfonds im Vordergrund. Eine andere Beurteilung kann allenfalls angezeigt sein, wenn Mittel der Staatsfonds herangezogen werden, um, wie Währungsreserven, Zahlungsbilanzdefizite auszugleichen.[318] Hierbei handelt es sich um klassische währungspolitische Aufgaben. Das Gleiche gilt, wenn die Mittel als Versicherungsschutz gegen externe Schocks oder eine unerwartete Kapitalflucht eingesetzt werden. Eine Trennung von der währungspolitischen Zweckbestimmung der offiziellen Währungsreserven ist dann nicht mehr möglich.

c) Swaplinien zwischen nationalen Zentralbanken

Als europäische Banken zum Jahresende 2007 immer größeren Schwierigkeiten ausgesetzt waren, an Dollar-Devisen zu gelangen, griffen die U.S. Federal Reserve, die Schweizerische Nationalbank und die EZB zu einem Werkzeug aus der Zeit des Bretton-Woods-Abkommens. Über die Nutzung von Swaplinien versorgte zunächst nur die Federal Reserve, später auch andere Zentralbanken ausländische Banksysteme mit dringend benötigten Fremdwährungen. Ein Währungsswap ist ein Tauschgeschäft, bei dem zwei Währungen mit der Abrede gegeneinander getauscht werden, diesen Tausch nach einer gewissen Zeit wieder rückabzuwickeln.[319] Swaplinien erlauben einer Zentralbank, bei Bedarf jederzeit Währungsswaps mit Fremdwährungen abzuschließen. Währungsswaps sind ein weiteres Beispiel von ausländischen Vermögenspositionen einer Zentralbank. Sie sind ein Instrument zur Sicherung der Finanzstabilität und werden nur in Ausnahmesituationen eingesetzt.

aa) Von Bretton-Woods zu einem aktuellem Notinstrument

In der Bretton-Woods-Ära unterhielten teilnehmende Zentralbanken ein Netzwerk aus Swaplinien. Swaplinien eröffneten den teilnehmenden Instituten einen ständigen Zugang zu Fremdwährungen und sollten sie in die Lage versetzen, die festen Wechselkurse, die den Kern des Bretton-Woods-Systems ausmachten, mit Hilfe von Interventionen auf den Devisenmärkten durchzusetzen.[320] Die Verein-

---

[317] Vgl. Eintrag „Finanzpolitik" in Gabler Wirtschaftslexikon.
[318] Nachweise bei *Das/Lu/Mulder u. a.*, Setting up a Sovereign Wealth Fund, 2009, 8 f.
[319] Nachweise auf S. 75 f.
[320] *Deane/Pringle*, The Central Banks, S. 226; *Baker*, 55 Arizona Law Review (2013) 603, 625.

barungen über die Swaplinien überlebten den Zusammenbruch des Bretton-Woods-Systems, wurden zwischenzeitlich eingestellt und zwischen der EZB und der US-amerikanischen Federal Reserve nach den Terroranschlägen vom 11. September 2001 zunächst nur für eine kurze Zeit wiederbelebt.[321]

Im Zuge der sich abzeichnenden Finanzkrise intensivierten sich ab Mitte 2007 auf Märkten außerhalb der USA Engpässe bei der Versorgung mit kurzfristigen, auf US-Dollar lautenden Devisen. Geschäftsbanken außerhalb der USA begegneten zunehmend Schwierigkeiten, sich auf den Devisenmärkten kurzfristig mit US-amerikanischen Dollars zu versorgen, um ihre hohen auf US-Dollar lautenden Verbindlichkeiten zu bedienen. In den Jahren zuvor hatten Kreditinstitute massenhaft Kredite in Fremdwährungen ausgereicht und Fremdwährungsanlagen, in erster Linie auf dem US-amerikanischen Markt, aufgekauft, um von den aktiven und liquiden US-Märkten oder dem vergleichsweise niedrigen Zinsniveau der fremden Währungen zu profitieren.[322] Finanziert wurden die Geschäftsaktivitäten entweder, indem die Geschäftsbanken Einlagen in der fremden Währung akzeptierten, oder, in weit größerem Umfang, indem sie Mittel in heimischer Währung, etwa aus kurzlaufenden Krediten aus dem Interbankenmarkt, auf den Devisenmärkten in Fremdwährungen umtauschten.[323] Den in der Regel langlaufenden Fremdwährungsinvestitionen standen mithin Verbindlichkeiten mit potentiell kurzer Laufzeit gegenüber. Angeblich hatten Banken im Euroraum Mitte des Jahres 2007 einen Bedarf an kurzfristigen Mitteln von über einer Billion USD angehäuft, während der Dollar-Handel auf den sonst zur Verfügung stehenden Devisenmärkten abnahm,[324] auch weil die Kreditwürdigkeit von Geschäftsbanken aufgrund der Verlustrisiken auf den US-amerikanischen Hypothekenmärkten in Zweifel stand.[325] Da die europäischen Zentralbanken nicht als Lender of last resort mit heimischer Währung helfen konnten,[326] drohte den Ge-

---

[321] *EZB*, Monthly Bulletin August 2014, 65; *Baker*, 55 Arizona Law Review (2013) 603, 607.

[322] *Allen/Moessner*, Central Bank Co-Operation and International Liquidity in the Financial Crisis of 2008-9, 2010, 5.

[323] *Baker*, 55 Arizona Law Review (2013) 603, 613 ff.; *Allen/Moessner*, Central Bank Co-Operation and International Liquidity in the Financial Crisis of 2008-9, 2010, 5; *Federal Reserve Bank of Atlanta*, Econ South First quarter 2012, 20, 23; *Goldberg/Kennedy/Miu*, 17 Economic Policy Review (2011) 3.

[324] *Goldberg/Kennedy/Miu*, 17 Economic Policy Review (2011) 3.

[325] *Allen/Moessner*, Central Bank Co-Operation and International Liquidity in the Financial Crisis of 2008-9, 2010, 27 f.; *EZB*, Monthly Bulletin August 2014, 69 ff.

[326] Nationale Zentralbanken können den heimischen Geschäftsbanken Fremdwährungen aus ihren Währungsreserven bereitstellen; ein Erwerb der Fremdwährungen auf den Devisenmärkten durch die Zentralbanken im Krisenfall birgt hingegen währungspolitische Risiken, *Farhi/Gourinchas/Rey*, Reforming the International Monetary System, S. 34.

schäftsbanken, Fremdwährungsanlagen unter Wert verkaufen zu müssen und mit ihrer Solvenz das Bankensystem insgesamt zu gefährden.[327]

Die US-amerikanische Federal Reserve eröffnete Ende 2007 daraufhin nur zunächst begrenzte Swaplinien mit einigen europäischen Zentralbanken, weitete diese Programme später aber massiv aus, als der Handel mit Devisen in US-Dollar im Zuge der Verschärfung der Finanzkrise teilweise gänzlich zum Erliegen kam.[328] Auf dem Höhepunkt der Spannungen auf den Devisenmärkten im Dezember 2008 nahmen ausländische Zentralbanken die Swaplinien der *Federal Reserve* in einem Umfang von USD 583 Mrd. in Anspruch.[329] Ähnliche Engpässe wurden auch auf Märkten für andere Devisen spürbar, so dass zahlreiche Zentralbanken untereinander immer größere Swap-Netzwerke spannten.

Nach einem zeitweiligen Auslaufen der Programme kehrten im Zuge der europäischen Staatsschuldenkrise die Finanzierungsschwierigkeiten auf den Devisenmärkten zurück. In einer koordinierten Maßnahme reaktivierten etliche Zentralbanken im Jahr 2010 ihre Swaplinien, um ein Übergreifen der Schuldenkrise auf andere Märkte zu verhüten.[330] Einige Swap-Verbindungen wurden 2013 in permanente Programme überführt.[331] Untersuchungen zufolge konnten die Swaplinien entscheidend dazu beitragen, die angespannte Marktlage auf den Devisenmärkten in der Finanzkrise zu beruhigen.[332]

bb) Die technische Umsetzung der Währungsswaps

Warum Währungsswaps zu Auslandsvermögen der Empfänger-Zentralbanken führen, obwohl die Fremdwährungsliquidität allein für die heimischen Geschäftsbanken bestimmt ist, wird erst durch die technische Abwicklung der Swapgeschäfte erkennbar.

Swaplinien zwischen Zentralbanken beruhen auf Verträgen, mit denen sich die teilnehmenden Zentralbanken verpflichten, der jeweils anderen Zentralbank bei Bedarf Fremdwährungen im Wege von Swapgeschäften bereitzustellen. Swapgeschäfte setzen sich aus zwei Einzelgeschäften zusammen.[333] Im Rahmen des

---

[327] *Baker*, 55 Arizona Law Review (2013) 603, 614 f.
[328] *Federal Reserve Bank of Atlanta*, Econ South First quarter 2012, 20, 22 ff.; *Allen/Moessner*, Central Bank Co-Operation and International Liquidity in the Financial Crisis of 2008-9, 2010, 27 ff.
[329] *Federal Reserve Bank of Atlanta*, Econ South First quarter 2012, 20, 24.
[330] *EZB*, Monthly Bulletin August 2014, 73 ff.
[331] Etwa die Swapvereinbarungen zwischen der Federal Reserve und einigen europäischen Zentralbanken, *EZB*, Monthly Bulletin August 2014, 65.
[332] *Goldberg/Kennedy/Miu*, 17 Economic Policy Review (2011) 3, 17 ff.; *Allen/Moessner*, Central Bank Co-Operation and International Liquidity in the Financial Crisis of 2008-9, 2010, 52 ff.; *EZB*, Monthly Bulletin August 2014, 75 ff.
[333] Im Einzelnen dazu *Baker*, 55 Arizona Law Review (2013) 603, 622 ff.

einen Teils, dem Kassageschäft,[334] tauschen die Zentralbanken vorher festgelegte Summen zu bestimmten Zinssätzen in der jeweils eigenen Währung aus. Bei Währungsswaps in Bezug auf US-Dollar etwa schreibt die Federal Reserve der ausländischen Zentralbank die Summe auf ihrem Konto bei der Federal Reserve Bank of New York[335] gut, während die ausländische Zentralbank den Betrag in eigener Währung auf dem Konto der Federal Reserve bei ihr als Guthaben verbucht.[336] Die Guthaben stehen den Zentralbanken dann zur freien Verfügung, auch wenn in der Praxis nur eine Zentralbank die Fremdwährungsmittel an heimische Banken weiterreicht. Für die andere Zentralbank dient das Fremdwährungsguthaben auf ihrem Konto dabei lediglich als Sicherheit.[337] Über übliche Offenmarktgeschäfte stellen die ausländischen Zentralbanken die Fremdwährungsliquidität den heimischen Banken im eigenen Namen bereit.[338]

Im Rahmen des gleichzeitig vereinbarten Termingeschäfts verpflichten sich die Zentralbanken, die Fremdwährungsbeträge zu einem vorher festgelegten Termin zurückzutauschen. Wirtschaftlich handelt es sich um zwei Kredite, die durch den jeweils anderen besichert sind.

Dieser Mechanismus führt dazu, dass die Devisen, die die ausländischen Zentralbanken über das Kassageschäft erhalten, sich zumindest für den Zeitraum, für den sie sich auf Konten bei den ausländischen Zentralbanken befinden, Auslandsvermögen der Zentralbanken sind und damit potentiell von der Vollstreckungsimmunität erfasst werden.

d) Nutzung ausländischer Sicherheiten durch Zentralbanken

Im Rahmen ihrer Aufgabenerfüllung werden Zentralbanken im großen Umfang Vermögenswerte als Sicherungsgüter übertragen; zu einem kleinen Teil liegen die Sicherheiten im Ausland. Diese ausländischen Sicherheiten bilden eine weitere Kategorie an ausländischen Vermögenswerten einer Zentralbank, die hier beispielhaft näher vorgestellt wird.[339]

---

[334] Dazu allgemein *Schefold*, in: Schimansky/Bunte/Lwowski (Hrsg.), Bankrechts-Handbuch Band II, § 116 Bankgeschäfte in fremder Währung Rn. 201.

[335] In den USA ist die Federal Reserve Bank of New York für die Abwicklung der Währungsswaps mit ausländischen Zentralbanken zuständig, vgl. *Baker*, 55 Arizona Law Review (2013) 603, 622.

[336] *Baker*, 55 Arizona Law Review (2013) 603, 622f. Das entspricht auch dem Mechanismus der Europäischen Zentralbank, *EZB*, Monthly Bulletin August 2014, 75.

[337] *Allen/Moessner*, Central Bank Co-Operation and International Liquidity in the Financial Crisis of 2008-9, 2010, 9f.

[338] *EZB*, Monthly Bulletin August 2014, 70ff.

[339] Die Bank für Internationalen Zahlungsausgleich etwa zieht den Kreis an ausländischen Sicherheiten weiter, *Committee on Payment and Settlement Systems*, Cross-border Collateral

aa) Marktgeschäfte der Zentralbanken und ihre Besicherung – kein Kredit ohne Sicherheiten

Zentralbanken sind mit umfangreichen Geschäften an den Finanzmärkten aktiv.[340] Wirtschaftlich sind die Instrumente der Geldpolitik in vielen Fällen Kredite. In der Regel müssen die Geschäftspartner zur Absicherung der Rückzahlungsverpflichtungen bei solchen Geschäften ausreichend Sicherheit leisten.[341]

Die Pflicht zur Leistung ausreichender Sicherheiten bei geldpolitischen Geschäften der Zentralbanken im Eurosystem ist in den Art. 58 ff. der Leitlinien der EZB über die Umsetzung des geldpolitischen Handlungsrahmens des Eurosystems[342] geregelt. Art. 58 Abs. 2 der Leitlinien bestimmt, dass Geschäftspartner an den Kreditgeschäften des Eurosystems, also liquiditätszuführenden befristeten geldpolitischen Geschäften,[343] nur teilnehmen dürfen, wenn sie dem Eurosystem zugelassene Sicherheiten zur Verfügung stellen. Selbst Notkredite zur Überbrückung bestandsgefährdender Liquiditätsengpässe im Rahmen der Funktion als Lender of last resort werden an die Stellung ausreichender Sicherheiten gekoppelt.[344]

Die Sicherheiten dienen, nicht anders als sonst im Wirtschaftsverkehr, dazu, Verlustrisiken aus den Geschäften mit dem Markt zu minimieren. Große Verluste der Zentralbanken aus ihren Marktoperationen zeitigen nicht nur fiskalische Nachteile, sondern können auch die Unabhängigkeit der Zentralbank im Zuge der notwendigen finanziellen Stützung der Zentralbank mit Steuergeldern bedrohen.

Damit Sicherheiten diesen Zweck erfüllen können, akzeptieren Zentralbanken ausschließlich verlässliche Sicherheiten, die sich leicht verwerten lassen. Der Schweizerischen Nationalbank können beispielsweise nur Schuldtitel von Zentralbanken, öffentlichen Stellen, internationalen bzw. supranationalen Organisationen sowie privaten Einrichtungen, allerdings in der Regel nicht von Finanzinstituten, als Sicherheiten übertragen werden. Die Sicherheiten müssen in be-

---

Arrangements, 2006, 1; so auch *Capel*, 1 Journal of Financial Market Infrastructure (2013) 31, 34.

[340] Siehe oben S. 28 ff.

[341] *McCaughrin/Gray/Chailloux*, Central Bank Collateral Frameworks: Principles and policies, 2008, 6 f.

[342] Leitlinie 2015/510 der Europäischen Zentralbank vom 19. Dezember 2014 über die Umsetzung des geldpolitischen Handlungsrahmens des Eurosystems (EZB/2014/60), Abl. L 91/3 vom 02.04.2015, gestützt u. a. auf Art. 18.2 ESZB/EZB-Satzung.

[343] Vgl. die Begriffsbestimmung in Art. 2 Nr. 31 der Leitlinie 2015/510.

[344] *McCaughrin/Gray/Chailloux*, Central Bank Collateral Frameworks: Principles and policies, 2008, 7; *BIZ*, Central Bank Operating Frameworks and Collateral Markets, 2015, 6 ff.

stimmten Währungen denominiert sein, an einer anerkannten Börse oder einem repräsentativen Markt mit regelmäßigen Kurspublikationen in der Schweiz oder in einem Mitgliedstaat der EU und des EWR gehandelt werden und ein bestimmtes Emissionsvolumen erreichen.[345]

bb) Sinn und Zweck der Zulassung ausländischer Sicherheiten

Mit ausländischen Sicherheiten sind neben Wechselkursrisiken in der Regel auch höhere Transaktionskosten verbunden, weil sie einen höheren rechtlichen Informationsaufwand[346] und eine gesonderte technische Infrastruktur erfordern.[347] Dennoch besteht auf Seiten der Geschäftsbanken ein Bedürfnis, ausländische Sicherheiten zuzulassen. Die Verfügbarkeit notenbankfähiger Anlagen unterliegt wachsenden Beschränkungen, die in Krisenzeiten zu die Liquiditätsversorgung bedrohenden Engpässen anwachsen können. Bereits vor der 2007 ausgebrochenen Finanzkrise verlangte die Geschäftstätigkeit der Finanzinstitutionen immer mehr Sicherheiten. Geschäftsbanken haben ihre Geschäftsaktivitäten zunehmend auf verschiedene regionale Märkte ausgedehnt. International tätige Institute müssen Liquiditätsanforderungen in vielen verschiedenen Währungen und Jurisdiktionen gerecht werden. Wenn Banken nur heimische Vermögensanlagen bei Geschäften mit der Zentralbank einsetzen können, entsteht die Gefahr, dass Sicherheiten nicht in den Märkten liegen, in denen Liquiditätsbedarf entsteht.[348]

Die in Reaktion auf die Finanzkrise aufgestellten regulatorischen Anforderungen an Banken haben diesen Trend noch einmal verstärkt. So wurden beispielsweise Liquiditätsvorgaben verschärft, aufgrund derer Banken einen erhöhten Anteil an marktgängigen Vermögenswerten im Verhältnis zu ihren zukünftigen Zahlungsverbindlichkeiten vorhalten müssen.[349] Gleiche Effekte gehen etwa von

---

[345] Vgl. *SNB*, Richtlinien der Schweizerischen Nationalbank über das geldpolitische Instrumentarium vom 25. März 2004 (Stand 1. Januar 2015). Merkblatt 5 zu den SNB-repofähigen Effekten.

[346] *Capel*, 1 Journal of Financial Market Infrastructure (2013) 31, 36 f.; *Committee on Payment and Settlement Systems*, Cross-border Collateral Arrangements, 2006, 18.

[347] *Committee on Payment and Settlement Systems*, Cross-border Collateral Arrangements, 2006, 19.

[348] *Committee on Payment and Settlement Systems*, Cross-border Collateral Arrangements, 2006, 7.

[349] *Singh*, The Changing Collateral Space, 2013, 8; auf einheitliche Liquiditätsstandards für Bankinstitute hatte sich 2010 der Baseler Ausschuss für Bankenaufsicht bei der Bank für Internationalen Zahlungsausgleich als Teil des Basel III-Reformpakets geeinigt. Die Einzelheiten sind in der Internationalen Rahmenvereinbarung über Messung, Standards und Überwachung in Bezug auf das Liquititätsrisiko festgehalten. Der Baseler Ausschuss für Bankenaufsicht setzt sich aus Vertretern von nationalen Zentralbanken und Aufsichtsbehörden zusammen und erarbeitet (unverbindliche) Reformvorschläge im Bereich der Bankenaufsicht. In der Europäi-

der Ausweitung der Vorgaben aus, bestimmte Geschäfte über zentrale Gegenparteien abwickeln zu müssen, für die im gewissen Umfang Sicherheiten zu stellen sind.[350] Schließlich hat die Finanzkrise das Risikobewusstsein der Marktteilnehmer nachhaltig beeinflusst und Marktteilnehmer bei außerbörslichen Geschäften untereinander auf Sicherheiten bestehen lassen.[351]

cc) Der Gebrauch ausländischer Sicherheiten

Bereits vor der Finanzkrise schufen die Zentralbanken einiger europäischer Länder teilweise rege genutzte Verfahren, damit Marktteilnehmer ausländische Wertpapiere zur Besicherung von Krediten hinterlegen können. Sehr weit reicht der grenzüberschreitende Einsatz von Sicherheiten in den Ländern des Eurosystems. Um einheitliche Bedingungen in allen Ländern des Eurosystems zu schaffen, können Geschäftsbanken jeder teilnehmenden Zentralbank Sicherheiten stellen, unabhängig davon, in welchem Mitgliedsland des Eurosystems die Sicherheiten emittiert oder hinterlegt wurden. Bereits 2004 trafen die Bank of England und die US-amerikanische Federal Reserve Vorkehrungen, damit die Marktteilnehmer in Krisensituationen der britischen Zentralbank auch US-amerikanische Staatspapiere als Sicherheiten hinterlegen können.[352] Nach den Erfahrungen der jüngsten Finanzkrise sind einige Zentralbanken den Beispielen gefolgt und akzeptieren nunmehr auch ausländische Sicherheiten, um Geschäftsbanken eine ausreichende Liquiditätsversorgung zu ermöglichen.[353]

Für die technische Umsetzung der grenzüberschreitenden Nutzung der Sicherheiten stehen unterschiedliche Verfahren bereit.[354] Das Verfahren, über das im Eurosystem der Großteil der Einräumung ausländischer Sicherheiten abgewickelt wird, ist das sog. Korrespondenzzentralbank-Modell, das hier beispielhaft

---

schen Union wurden die Empfehlungen durch Art. 411 ff. der Verordnung Nr. 575/2013 vom 26. Juni 2013 über Aufsichtsanforderungen an Kreditinstitute und Wertpapierfirmen und zur Änderung der Verordnung Nr. 646, 2012, Abl. L 176/1 vom 27.06.2013, umgesetzt.

[350] Wie etwa dem Handel mit Derivaten, der nicht auf Handelsplattformen basiert (sog. *OTC-dervatives*); *Singh*, The Changing Collateral Space, 2013, 8. In der Europäischen Union wurde eine Pflicht zur Abwicklung außerbörslicher Derivatetransaktionen über eine zentrale Gegenpartei mit der Verordnung Nr. 648/2012 vom 4. Juli über OTC-Derivate, zentrale Gegenparteien und Transaktionsregister, Abl. L 201/1 vom 27.07.2012, eingeführt.

[351] *Capel*, 1 Journal of Financial Market Infrastructure (2013) 31, 32.

[352] *Committee on Payment and Settlement Systems*, Cross-border Collateral Arrangements, 2006, 22.

[353] *Capel*, 1 Journal of Financial Market Infrastructure (2013) 31.

[354] Die einzelnen Verfahren werden dargestellt in *Committee on Payment and Settlement Systems*, Cross-border Collateral Arrangements, 2006, 21 ff.

zur Illustration der technischen Abläufe erläutert wird. Auch andere Zentralbanken nutzen diesen Mechanismus.[355]

Das Verfahren ist dadurch gekennzeichnet, dass neben der kreditgewährenden Zentralbank, der die Sicherheitsrechte eingeräumt werden (Heimatzentralbank), eine weitere Zentralbank im Ausland (Korrespondenzzentralbank) eingeschaltet wird. Bei der Korrespondenzzentralbank handelt es sich um die Zentralbank des Landes, aus dem die Sicherheiten „stammen". Die als Sicherheiten genutzten und auf den Kapitalmärkten gehandelten Wertpapiere werden in der Regel bei einem nationalen Zentralverwahrer verwahrt. Die Abwicklung von Wertpapiergeschäften durch Lieferung der Wertpapiere (settlement) erfolgt über Wertpapierlieferungssysteme.[356] Für die Korrespondenzzentralbanken kommt es also darauf an, dass die betreffenden Wertpapiere in dem Heimatland zentralverwahrt werden bzw. in einem dortigen Wertpapierabwicklungsystem angeschafft wurden.[357]

Die Korrespondenzzentralbank hält die Sicherheiten im Ergebnis treuhänderisch und im Auftrag für die jeweilige Heimatzentralbank. Will eine Geschäftsbank der ausländischen Zentralbank Sicherheiten einräumen, weist sie ihre Depotbank an, die Wertpapiere auf ein Konto der Heimatzentralbank bei der Korrespondenzzentralbank zu übertragen. Erst wenn die Korrespondenzzentralbank die Übertragung der Wertpapiere auf die Konten der Heimatzentralbank bestätigt, zahlt die Heimatzentralbank die Mittel an die Geschäftsbank aus.[358] Im Ergebnis führt dieses Modell dazu, dass die Heimatzentralbanken Inhaber von ausländischen Wertpapieren werden, die in Depots bei den ausländischen Korrespondenzbanken liegen.

e) Zentralbankliches Auslandsvermögen durch kommerzielle Bankgeschäfte

Im Unterschied zu den Zentralbanken entwickelter Volkswirtschaften in Europa, den USA oder Japan gibt es Zentralbanken, deren Tätigkeitsspektrum deutlich über die Aufgaben der Währungspolitik und Finanzstabilität hinausreicht. Diese

---

[355] Ein weiteres Beispiel sind die Kooperationen der Zentralbanken von Norwegen, Schweden und Dänemark, *Committee on Payment and Settlement Systems*, Cross-border Collateral Arrangements, 2006, 22.

[356] Einen Überblick über die einzelnen Schritte und institutionellen Einrichtungen beim Handel von Wertpapieren gibt *Ege*, Das Kollisionsrecht der indirekt gehaltenen Wertpapiere, S. 10 ff.

[357] *Riedl*, Der bankbetriebliche Zahlungsverkehr, S. 169.

[358] *EZB*, Correspondent Central Banking Model (CCBM), 2013; *Committee on Payment and Settlement Systems*, Cross-border Collateral Arrangements, 2006, 21; *Riedl*, Der bankbetriebliche Zahlungsverkehr, S. 169 ff.

Institute sind Hybride.[359] Einerseits sind sie immer auch für klassische Zentralbankaufgaben verantwortlich. Andererseits erstreckt sich ihr Tätigkeitsspektrum zusätzlich auf kommerzielle Bankgeschäfte. In dem Monobanksystem der ehemaligen Sowjetstaaten nahm die Zentralbank sehr häufig auch kommerzielle Bankfunktionen wahr, erst später wurden die verschiedenen Aufgaben auf unterschiedliche Institutionen verteilt.[360] Heute ist die Bandbreite zentralbanklicher Aufgaben in den Entwicklungsländern am größten und verengt sich mit zunehmendem Entwicklungsstand einer Volkswirtschaft.[361] Auf eine umfassende Untersuchung, inwieweit Zentralbanken der Entwicklungsländer kommerziellen Bankgeschäften nachgehen, kann nicht zurückgegriffen werden. Dass Zentralbanken heute noch klassische Bankgeschäfte gewöhnlicher Geschäftsbanken ausüben, zeigen aber immer wieder Verfahren vor nationalen Gerichten gegen ausländische Zentralbanken, in denen einzelne Tätigkeitsfelder der Institute offen gelegt werden.[362]

Ein Beispiel dieser Banktätigkeit ist durch zahlreiche Gerichtsverfahren gegen die nigerianische Zentralbank in unterschiedlichen Ländern in den 1970er Jahren bekannt geworden. Diese war für die finanzielle Abwicklung von Zementimporten durch das Verteidigungsministerium verantwortlich. Sie hatte zugunsten der ausländischen Exporteure Akkreditive[363] zur Zahlung der Zementlieferungen eröffnet, aus denen die ausländischen Exporteure gegen die nigerianische Zentralbank vor ausländischen Gerichten vorgingen.[364] Die bankmäßige Finanzierung von Auslandsgeschäften durch Zentralbanken kann auch heute noch beobachtet werden. Grundlage eines vor deutschen Gerichten erst kürzlich gegen die mongolische Zentralbank geführten Verfahrens waren Ansprüche der Gläubigerin aus Dokumenten-Akkreditiven und selbstständigen Schuldversprechen, die die Zentralbank der Mongolei zur Durchführung der Exportfinanzierung ausgestellt bzw. abgegeben hatte.[365]

---

[359] *Gramlich*, RabelsZ 45 (1981), 545, 588 mit Nachweisen zur Herkunft des Begriffes.
[360] *Healey/Ilieva*, in: Healey/Harrison (Hrsg.), Central banking in Eastern Europe, S. 45, 50 ff.
[361] *Central Bank Governance Group*, Issues in the Governance of Central Banks, 2009, 32.
[362] Vgl. die nachfolgend dargestellten Beispiele.
[363] Ein Akkreditiv ist eine eigenständige Verpflichtung einer Bank, dem Begünstigten innerhalb eines bestimmten Zeitraumes allein gegen die fristgerechte Vorlage von Dokumenten unabhängig von allen zugrunde liegenden Rechtsbeziehungen die zugesagte Zahlung zu erbringen, *Nielsen/Jäger*, in: Schimansky/Bunte/Lwowski (Hrsg.), Bankrechts-Handbuch Band II, § 120 Grundlagen des Akkreditivgeschäftes Rn. 1.
[364] OLG Frankfurt, AVR 1978, 448; zu den Gerichtsverfahren in den verschiedenen Ländern *Gramlich*, RabelsZ 45 (1981), 545, 546 ff.
[365] Siehe unten, S. 214 ff.

Daneben kommt es häufiger vor, dass Zentralbanken Sicherheiten für Verbindlichkeiten von Unternehmen oder Banken, die von dem Heimatstaat kontrolliert werden, gegenüber ausländischen Gläubigern stellen.[366] So hatte etwa die irakische Zentralbank Darlehensverbindlichkeiten der vom irakischen Staat kontrollierten Rafidain Bank gegenüber ausländischen Banken durch Garantien abgesichert und dadurch die Kredite ausländischer Gläubiger ermöglicht.[367]

In dem Verfahren *LNC Investments, Inc. v. Republic of Nicaragua*[368] sah sich die Zentralbank Nicaraguas zur Verteidigung gegen Vollstreckungsversuche US-amerikanischer Gläubiger gezwungen, ihre Tätigkeiten offen zu legen. Nach den Darstellungen glichen große Teile ihrer Aktivitäten denjenigen gewöhnlicher Geschäftsbanken.[369] So erbrachte sie zum damaligen Zeitpunkt klassische Bankdienstleistungen gegenüber öffentlichen und privaten Unternehmen, Banken und Privatpersonen. Sie unterstützt beispielsweise inländische Unternehmen und Personen bei der Abwicklung geschäftlicher Zahlungen ins Ausland, indem sie ihre Konten bei der Federal Reserve Bank of New York[370] zur Verfügung stellt. Auf diese Konten zahlen die Geschäftsbanken dann Guthaben ein, um Zahlungen ins Ausland tätigen zu können. Auch ist sie bei der Vergabe von Krediten ausländischer Gläubiger an inländische Schuldner als Servicestelle involviert. Sie tritt ferner als Bank für inländische Geschäftsbanken auf, führt Konten und erbringt schließlich Dienstleistungen im Zusammenhang mit der Abrechnung von grenzüberschreitenden Zahlungen oder Übertragungen von Wertpapieren.

f) Zentralbanken als wirtschaftliche Vermögensinhaber

Vollstreckungen gegen Zentralbanken können nur dann Erfolg haben, wenn die Gläubiger tatsächlich auf Vermögen der Zentralbanken und nicht auf das Vermögen von mit den Zentralbanken nicht identischen Rechtsträgern zugreifen wol-

---

[366] Anlass zu dem Verfahren U.S. District Court, S.D.N.Y, *Banque Compafina v. Banco de Guatemala*, 583 F.Supp. 320, 321 (1984) hatten beispielsweise Schuldscheine guatemaltekischer Unternehmen gegeben, die die Zentralbank Guatelmalas garantiert hatte.

[367] U.S. Court of Appeals, 2nd Circuit, *The Commercial Bank of Kuwait v. Rafidain Bank and Central Bank of Iraq*, 15 F.3d 238, 239 (1994).

[368] U.S. District Court, S.D.N.Y., *LNC Investments, Inc. v. Republic of Nicaragua*, 115 F.Supp.2d 358 (2000).

[369] Das Urteil zitiert die Erklärung der Zentralbank, U.S. District Court, S.D.N.Y., *LNC Investments, Inc. v. Republic of Nicaragua*, 115 F.Supp.2d 358, 364 f. (2000).

[370] Die Federal Reserve Bank of New York nimmt unter den 12 regionalen Federal Reserve Banks eine herausgehobene Stellung ein. Sie fungiert als operativer Arm des Federal Reserve System und ist für die Durchführung der Offenmarktgeschäfte und Devisinterventionen zuständig und erbringt Dienstleistungen für Zentralbanken anderer Staaten, *Pavelchievici*, in: Rochon/Rossi (Hrsg.), The Encyclopedia of Central Banking, S. 176, 176 f.

len. Im deutschen Vollstreckungsrecht,[371] wie in anderen Rechtsordnungen auch,[372] muss der Schuldner des Anspruchs, der im Vollstreckungstitel ausgewiesen ist, mit dem Vollstreckungsschuldner identisch sein. Vollstreckungen in das Vermögen Dritter sind unzulässig und zumindest stets angreifbar.[373] Zentralbanken, nicht anders als gewöhnliche Geschäftsbanken, halten regelmäßig im großen Umfang Vermögenswerte, die wirtschaftlich Dritten zustehen. So führen sie in fast allen Fällen Konten für ihren Heimatstaat und dessen verschiedene Einrichtungen oder, wie im Beispiel der Bank of Japan, halten und verwalten sie die Währungsreserven als Treuhänder für den Staat.[374] Vor diesem Hintergrund ergibt sich die Frage, in welchen Fällen Vollstreckungen allein Vermögen der Zentralbanken betreffen. Die Antwort soll exemplarisch anhand der Rahmenbedingungen des deutschen Rechts skizziert werden:

Unter welchen Umständen Zentralbanken Vermögensinhaber sind, hängt von der Art des Vermögenswertes ab. Bei Guthaben auf Bankkonten, gleich welcher Art, ist Vollstreckungsgegenstand der sich aus dem Girovertrag ergebende Anspruch gegen die kontoführende Bank auf Auszahlung des ausgewiesenen Guthabens. „Inhaber" des Kontoguthabens ist der Berechtigte dieses Anspruchs. Forderungsberechtigter ist in der Regel[375] der Kontoinhaber. Für die Feststellung der Person des Kontoinhabers kommt es nach ständiger Rechtsprechung darauf an, wer nach dem erkennbaren Willen des die Einzahlung Bewirkenden Gläubiger der Bank werden sollte.[376] Um den Besonderheiten des Giroverkehrs Rechnung zu tragen, lässt die Rechtsprechung es zu, regelmäßig von der formellen Bezeichnung des Kontoinhabers auf die Gläubigerstellung zu schließen.[377] Unterhält eine rechtlich selbstständige Zentralbank demnach ein Konto auf ihren Namen in Deutschland, so ist vorbehaltlich entgegenstehender Anzeichen davon auszugehen, dass sie Inhaberin des Auszahlungsanspruchs ist.

---

[371] Vgl. § 750 Abs. 1 S. 1 ZPO.

[372] Für die Schweiz § 272 Abs. 1 Nr. 3 SchKG; für die USA vgl. nur U.S. Court of Appeals, 2nd Circuit, *EM Ltd., NML Capital, Ltd., v. Banco Central de la Republica Argentina*, 800 F.3d 78, 89 ff. (2015).

[373] In Verfahren nach der deutschen ZPO dient dazu vor allem die Drittwiderspruchsklage nach § 771 ZPO.

[374] Siehe oben S. 64.

[375] Eine Ausnahme bildet etwa das Konto zugunsten Dritter, vgl. *Joeres*, in: Schimansky/Bunte/Lwowski (Hrsg.), Bankrechts-Handbuch Band I, § 29 Begriff „Konto" Rn. 16 ff.

[376] Vgl. nur BGH NJW 1996, 840, 841 m.w.N.

[377] BGH WM 1986, 35; *Joeres*, in: Schimansky/Bunte/Lwowski (Hrsg.), Bankrechts-Handbuch Band I, § 29 Begriff „Konto" Rn. 11; *Singer*, in: Derleder/Knops/Bamberger (Hrsg.), Deutsches und europäisches Bank- und Kapitalmarktrecht, § 38 Girogeschäft allgemein und Kontoeröffnung Rn. 42.

Im Ergebnis nicht anders fällt die Beurteilung von bei einer Bank geführten Treuhandkonten aus. Bei der Vollrechtstreuhand verfügt der Treuhänder lediglich über eine Dispositionsbefugnis über das Konto, ist aber nichtsdestotrotz alleiniger Gläubiger der Bank hinsichtlich des Kontoguthabens. Dem Treugeber steht hingegen kein Forderungsrecht gegenüber der Bank zu.[378] Auch vollstreckungsrechtlich gehört das Konto zum Vermögen des Treuhänders. Hält eine (rechtlich vom Heimatstaat selbstständige) Zentralbank etwa treuhänderisch Währungsreserven für ihren Heimatstaat, können Gläubiger des Heimatstaates aus Vollstreckungstiteln gegen diese nicht auf die Treuhandkonten der Zentralbank zugreifen. Sie sind vielmehr darauf verwiesen, einen Anspruch auf Rückgabe des Treuguts, hier die Währungsreserven, zu pfänden.[379] In der umgekehrten Situation, wenn Gläubiger der Bank auf die von ihr treuhänderisch gehaltenen Konten zugreifen, kommt der wirtschaftlichen Stellung des Treugebers hingegen Bedeutung zu. Er kann aufgrund der Treuhandabrede unter Umständen ein Interventionsrecht im Wege der Drittwiderspruchsklage nach § 771 ZPO geltend machen.[380]

Die auf den Kapitalmärkten gehandelten Finanzinstrumente (sog. Effekten), werden, um ihre Umlauffähigkeit im Massenverkehr zu garantieren, im Regelfall nicht mehr in Einzelurkunden, sondern ungetrennt in einer einzigen Globalurkunde verbrieft. Diese Globalurkunde ist dauerhaft bei einem nationalen Zentralverwahrer[381] (sog. Girosammelverwahrung) hinterlegt.[382] An dem girosammelverwahrten Wertpapiersammelbestand erwerben die Depotinhaber in Deutschland einen Miteigentumsanteil nach Bruchteilen.[383] Ermöglicht wird dadurch der sog. Effektengiroverkehr, also die massenhafte Übertragung von an Kapital-

---

[378] *Joeres*, in: Schimansky/Bunte/Lwowski (Hrsg.), Bankrechts-Handbuch Band I, § 33 Kontenpfändung Rn. 105.

[379] BGH NJW 1954, 190, 192; *Brinkmann/Schmidt*, in: Münchener Kommentar zur ZPO, § 771 Rn. 26.

[380] Zu der sehr kasuistischen Rechtsprechung *Joeres*, in: Schimansky/Bunte/Lwowski (Hrsg.), Bankrechts-Handbuch Band I, § 33 Kontenpfändung Rn. 108.

[381] In Deutschland ist das die Clearstream Banking AG, eine Tochter des Europäischen Clearinghauses Clearstream International mit Sitz in Luxemburg, vgl. *Einsele*, Bank- und Kapitalmarktrecht, S. 539 f.; *Kniehase/Seiler*, in: Schimansky/Bunte/Lwowski (Hrsg.), Bankrechts-Handbuch Band II, § 104 Effektengeschäft Rn. 29.

[382] *Einsele*, Bank- und Kapitalmarktrecht, S. 539 f. Eine Sammelverwahrung ist auch von Namensaktien unter Verwendung eines Blancoindossaments möglich, *Klanten*, in: Schimansky/Bunte/Lwowski (Hrsg.), Bankrechts-Handbuch Band I, § 72 Das Depotgeschäft Rn. 75. Diese Praxis besteht bei sämtlichen Wertpapieren, die für einen massenhaften Handel bestimmt sind, auch bei Unternehmensanleihen und Pfandbriefen, vgl. *Gursky*, Wertpapierrecht, S. 13.

[383] Vgl. § 6 Abs. 1 DepotG.

märkten gehandelten Wertpapieren durch bloße elektronische Kontoumbuchungen, ohne dass die Urkunden selber bewegt werden müssen.[384]

Bei girosammelverwahrten Wertpapieren erfolgt die Zwangsvollstreckung durch Pfändung und Überweisung des Miteigentumsanteils an der sammelverwahrten Urkunde, in der die betreffenden Wertpapiere verbrieft sind. Vollstreckungsrechtlich zählen Wertpapiere mithin zum Vermögen einer Zentralbank, wenn ihr der Miteigentumsanteil zusteht. Im Fall von gestuften Verwahrketten ist die Wertpapiersammelbank besitzrechtlich unmittelbarer Fremdbesitzer der Wertpapierurkunde und mittelt den Besitz dem nachfolgenden Zwischenverwahrer (§ 868 BGB). Im Falle von mehreren hintereinander folgenden Zwischenverwahrern ergibt sich so ein mehrstufiger mittelbarer Besitz. Der Fremdbesitzwillen wird jeweils durch eine entsprechende Buchung im Depotbuch dokumentiert. Am Ende der Besitzkette steht dem Wertpapierinhaber ein über mehrere Stufen vermittelter, mittelbarer Eigenbesitz an dem Anteil an der Wertpapierurkunde zu. An diese Besitzverhältnisse anknüpfend erfolgt der Erwerb der Miteigentumsposition an dem Girosammelbestand nach überwiegender Ansicht nach § 929 Satz 1 BGB.[385] Die Übergabe des Wertpapieranteils wird durch Begründung eines neuen Besitzmittlungsverhältnisses mit dem Erwerber des Wertpapiers vollzogen. Die Änderung des Besitzwillens des Verwahrers kommt durch eine Umbuchung im Verwahrungsbuch der Depotbank zum Ausdruck.[386] Der Inhaber der Wertpapiere und Eigentümer des entsprechenden Wertpapieranteils ist demnach regelmäßig durch eine Eintragung im Depotbuch ausgewiesen. Mithin zählen Wertpapiere vollstreckungsrechtlich zum Vermögen der Zentralbanken, wenn sie als Inhaber im Depotbuch der Depotbank erscheinen.

Manche Finanzinstrumente, wie etwa von der Bundesrepublik Deutschland zur Kreditaufnahme begebene Staatsanleihen, werden nicht als Wertpapiere, sondern in der Form von Wertrechten begeben. Bei Wertrechten ist die Verbindung zu einer körperlichen Urkunde gänzlich aufgegeben. Sie sind Schuldbuchforderungen, die anstelle einer Verbriefung durch Eintragung in ein zentrales öffentliches Register, bei Anleihen des Bundes in das Bundesschuldbuch begründet werden.[387] Kraft gesetzlicher Anordnung werden sie sammelverwahrten

---

[384] *Einsele*, in: Schmidt (Hrsg.), Münchener Kommentar zum HGB, Q. Depotgeschäft Rn. 53.

[385] BGH NJW 2004, 3340, 3341; dazu auch *Klanten*, in: Schimansky/Bunte/Lwowski (Hrsg.), Bankrechts-Handbuch Band I, § 72 Das Depotgeschäft Rn. 101 ff., der auch die Besonderheiten bei Einschaltung eines Zentralen Kontrahenten eingeht; a.A. etwa *Einsele*, in: Schmidt (Hrsg.), Münchener Kommentar zum HGB, Q. Depotgeschäft Rn. 95 ff.

[386] *Klanten*, in: Schimansky/Bunte/Lwowski (Hrsg.), Bankrechts-Handbuch Band I, § 72 Das Depotgeschäft Rn. 101 ff.

[387] § 6 Abs. 1 Bundesschuldenwesengesetz; *Einsele*, in: *Schmidt*, Münchener Kommentar zum HGB, Depotgeschäft Rn. 6.

Wertpapieren gleichgestellt,[388] so dass für sie die oben genannten Grundsätze gelten[389]

Bei einer treuhänderischen Verwaltung von Finanzinstrumenten kommen die im Rahmen von Kontoguthaben aufgezeigten Grundsätze zur Anwendung. Allerdings kann die Zentralbank auch selber als Depotbank für Finanzinstrumente Dritter fungieren. Damit ist sie nicht Inhaber der den Finanzinstrumenten entsprechenden Miteigentumsanteile, sondern lediglich Besitzmittlerin zugunsten des Depotinhabers. Ist beispielsweise die kasachische Zentralbank Depotbank für Wertpapiere, die der kasachische Staat hält, tritt die kasachische Zentralbank lediglich als Besitzmittlerin auf und der Miteigentumsanteil, das vollstreckungsrechtliche Vermögen, steht in dieser Konstellation dem kasachischen Staat zu.

6. Zwischenergebnis

Der Überblick über die zentralbanklichen Tätigkeitsbereiche hat zum einen die unentbehrliche Stellung der Institute im Gefüge heutiger Finanzsysteme verdeutlicht und konnte zum anderen eine Reihe praktischer Beispiele an Auslandsvermögen von Zentralbanken aufzeigen, die Zeugnis potentieller Vollstreckungsgefahren für Zentralbanken ablegen. Gemein ist allen betrachteten Vermögenswerten, dass sie sich nach rein äußerlichen Kriterien von Vermögenswerten privater Wirtschaftsteilnehmer nicht treffsicher unterscheiden lassen. Weder die Anlageformen, in denen sie gehalten werden, noch die Marktgeschäfte, zu denen sie eingesetzt werden, sondern erst die Widmung für konkrete öffentliche Aufgaben bietet ein unterscheidungskräftiges Merkmal.

Im Hinblick auf ihre Funktionsbestimmung lassen sich die aufgeführten Fälle zentralbanklichen Auslandsvermögens zum großen Teil den Kernbereichen zentralbanklicher Tätigkeit zuordnen. Ausländische Sicherheiten privater Geschäfte sind untrennbarer Bestandteil der Umsetzung der Geldpolitik. Die Swaplinien zwischen Zentralbanken dienen der Sicherung des heimischen Finanzsystems, indem bestandsbedrohende Liquiditätsengpässe vermieden werden. Währungsreserven lassen sich währungspolitischen Zweckbestimmungen zuordnen, indem sie die Zahlungsfähigkeit eines Landes im Außenverhältnis absichern und eine Einflussnahme auf die Wechselkurse ermöglichen. Die in Staatsfonds zusammengefassten Mittel dienen in erster Linie der Vermögensmehrung und -erhaltung, darüber hinaus auch inländischen Investitionen und unterfallen damit der

---

[388] *Habersack*, in: Säcker/Oetker/Rixecker u. a. (Hrsg.), Münchener Kommentar zum BGB, Vor § 793 Rn. 32.

[389] *Klanten*, in: Schimansky/Bunte/Lwowski (Hrsg.), Bankrechts-Handbuch Band I, § 72 Das Depotgeschäft Rn. 66.

Finanzpolitik eines Staates, die allerdings außerhalb des Kreises an zentralbanklichen Kernfunktionen liegt. Anhand dieser Beispiele soll die Reichweite der Vollstreckungsimmunität illustriert werden.

III. Vollstreckungsimmunität

1. Immunität in Vollstreckungsverfahren

a) Eine eigenständige Immunitätskategorie

Das Recht der Staatenimmunität ist kein Monolith. Vielmehr fächert sich das Rechtsinstitut in verschiedene mehr oder weniger eigenständige Kategorien auf. Sie sind in erster Linie Produkte historischer Rechtsentwicklung und zeichnen die Bereiche nach, in denen ein fremder Staat besonders häufig auf die Hoheitsgewalt eines anderen Staates traf und trifft.

Eine dieser eigenständigen Kategorien ist die Immunität fremder Staaten in nationalen Vollstreckungsverfahren.[1] Sie ist von der Immunität gegenüber anderen Formen der Ausübung von Gerichtsbarkeit und insbesondere der Immunität in Erkenntnisverfahren zu trennen; sie folgt einer eigenen Systematik und speziellen Regelungen.[2]

Aus der Trennung zwischen der Immunität in Erkenntnis- und Vollstreckungsverfahren folgt in formaler Hinsicht zunächst einmal nur, dass das in Vollstreckungsverfahren jeweils zuständige staatliche Organ die Immunität unabhängig

---

[1] BVerfG, NJW 1978, 485, 487; *Gramlich*, RabelsZ 45 (1981), 545, 591; International Law Commission, 1991 Draft Articles on the Jurisdictional Immunities of States and Their Property, U.N. Doc A/46/10, Vol. II (2) Commentary to Art. 18(1), S. 56; *Reinisch*, 17 European Journal of International Law (2006) 803; *Sinclair*, 167 Receuil de Cours (1980) 113, 218 ff.

[2] Internationaler Gerichtshof (IGH), *Jurisdictional Immunities of the State (Germany v. Italy: Greece intervening)*, I.C.J. Reports 99, 147 (2012). Gleichwohl stehen die Immunitätsregime in Erkenntnis- und Vollstreckungsverfahren nicht unverbunden nebeneinander. Die Verbindung kommt beispielsweise in der Staatenpraxis zum Ausdruck, die eine Konnexität zwischen dem Vollstreckungsobjekt und der zugrunde liegenden Forderung, dem Gegenstand der gerichtlichen Erkenntnis, fordert. Beispielsweise erlaubt Sec. 1610(a)(2) FSIA US die Vollstreckung allein in solche Vermögenswerte des fremden Staates, die einer wirtschaftlichen Aktivität dienen, die bereits die zugrunde liegende Forderungen hervorgebracht hat, *Ostrander*, 22 Berkeley Journal of International Law (2004) 541, 558. Diese Einschränkung ist aber kein Bestandteil der völkerrechtlichen Regelung, *Ostrander*, 22 Berkeley Journal of International Law (2004) 541, 561; *Reinisch*, 17 European Journal of International Law (2006) 803, 822 f.; BVerfG, NJW 1983, 2766, 2768; Corte costituzionale della Repubblica Italiana, *Condor and Filvem v. Ministry of Justice* 101 ILR 394, 402.

von der Immunitätsbewertung in vorangegangenen Verfahrensabschnitten erneut prüfen muss. Wenn Immunität zuvor in einem Erkenntnisverfahren bestand, sagt das nichts darüber aus, ob sich der Staat auch im anschließenden Verfahren zur Durchsetzung der ergangenen Entscheidung des Gerichts auf Immunität berufen kann.

b) Vollstreckungsverfahren als eine nationalstaatliche Domäne

Bis heute existiert kein autonomer internationaler Mechanismus, mit dem private Forderungen gegen ausländische Staaten durchgesetzt werden können. Generell fehlen völkerrechtliche Abkommen, die losgelöst von nationalen Rechtsordnungen Wege zur Vollstreckung von Urteilen eröffnen. Eine „supranationale Vollstreckung", durchgeführt von einer internationalen Vollstreckungseinrichtung, gibt es nicht.[3] Selbst rein „internationale" Verfahren, die autonom aufgrund völkerrechtlicher Abkommen durchgeführt werden, wie etwa Schiedsverfahren des International Center for the Settlement of Investment Disputes („ICSID") klammern die Vollstreckung der Entscheidung aus. Die zugrunde liegende ICSID-Konvention[4] sieht zwar in den Art. 36 ff. detaillierte Verfahrensregelungen vor; die Durchsetzung der Schiedssprüche obliegt jedoch allein nationalen Verfahren. So sind die Vertragsstaaten verpflichtet, für die Vollstreckung endgültiger Schiedssprüche zu sorgen (Art. 54 Abs. 1 S. 1), das Verfahren zur Vollstreckung selber soll sich aber nach den Rechtsvorschriften des jeweiligen Staates richten, in dem die Vollstreckung des Schiedsspruchs begehrt wird (Art. 54 Abs. 3).[5]

Vollstreckungsverfahren bleiben damit eine Domäne nationalen Rechts. Sie richten sich nach der lex fori des jeweiligen Vollstreckungsstaates, das die Verfahrensarten, Voraussetzungen und Vollstreckungsmaßnahmen ausgestaltet.[6]

c) Reichweite des Begriffs der Vollstreckungsverfahren

aa) Die Ausübung staatlicher Hoheitsgewalt durch Vollstreckungsverfahren

Nationale Vollstreckungsverfahren werden von staatlichem Handeln getragen und stellen damit eine Form der Ausübung staatlicher Hoheitsgewalt dar. Aus der

---

[3] Soweit immer noch zutreffend *Gottwald*, IPRax 1991, 285.

[4] Übereinkommen zur Beilegung von Investitionsstreitigkeiten zwischen Staaten und Angehörigen anderer Staaten vom 18. März 1965, BGBl. 1969 II S. 371.

[5] Zuzugestehen ist allerdings, dass Vertragsstaaten den Schiedssprüchen in der Regel Folge leisten, *Foster*, 25 Arizona Journal of International and Comparative Law (2008) 666, 704.

[6] *Gottwald*, IPRax 1991, 285.

Perspektive der deutschen Rechtswissenschaft sind sie dem Teil der staatlichen Hoheitsgewalt zuzuordnen, der als Gerichtsbarkeit oder Gerichtshoheit bezeichnet wird. Darunter versteht man die aus der Souveränität fließende Befugnis eines jeden Staates, Recht zu setzen und dieses Recht durchzusetzen.[7] Damit ist nicht nur die Rechtsprechungstätigkeit der Gerichte in dem beschränkten Sinne der Entscheidung von Rechtsstreitigkeiten gemeint. Vielmehr umfasst die Befugnis jede Form der Ausübung von Gerichtsgewalt durch die Erfüllung von Rechtspflegeaufgaben im weitesten Sinne.[8]

Im englischen Sprachraum wird die Gerichtsgewalt in diesem Sinne mit dem Begriff „jurisdiction" beschrieben, der zudem in einem umfassenden Sinne die Ausübung von Hoheitsgewalt durch das Recht[9] (to regulate)[10] bezeichnet.[11] Für die so mit jurisdiction umschriebene staatliche Hoheitsgewalt hat sich eine weitere Unterteilung in die staatliche Hoheit zur Rechtssetzung, ausgeübt durch den Erlass von abstrakt generellen Regelungen und durch Konkretisierungen der Rechtsnormen im Einzelfall (jurisdiction to prescribe),[12] und der staatlichen Hoheitsgewalt zur Rechtsdurchsetzung, also der Befugnis zur Durchsetzung von Hoheitsakten im Einzelfall (jurisdiction to enforce), etabliert.[13]

Vollstreckungsverfahren sind eine Ausprägung der jurisdiction to enforce. Allerdings ist bisher keine Einigkeit darüber erzielt worden, wie weit die jurisdiction to enforce im Einzelnen reicht.[14] Im Rahmen dieser Untersuchung wird der Begriff der Vollstreckungsverfahren durch das Immunitätsrecht vorgegeben. Die

---

[7] *Geimer/Geimer/Geimer*, Internationales Zivilprozessrecht, Rn. 371 ff.

[8] Dieses weite Begriffsverständnis legt auch *Habscheid*, in: Deutsche Gesellschaft für Völkerrecht, Arbeiten der 2. Studienkommission der Deutschen Gesellschaft für Völkerrecht (Hrsg.), Die Immunität ausländischer Staaten nach Völkerrecht und deutschem Zivilprozessrecht, S. 160, 253 f., zugrunde; in diesem Sinne auch *Lange*, Internationale Rechts- und Forderungspfändung, S. 31 m.w.N.

[9] *Meng*, Extraterritoriale Jurisdiktion im öffentlichen Wirtschaftsrecht, S. 5.

[10] *Mann*, 111 Receuil de Cours (1964) 1, 13.

[11] Grundlegend *Mann*, 111 Receuil de Cours (1964) 1, 9 ff.; zu den einzelnen Begriffsfacetten von jurisdiction *Meng*, Extraterritoriale Jurisdiktion im öffentlichen Wirtschaftsrecht, S. 2.

[12] Wegen der im deutschen Sprachgebrauch uneinheitlichen Terminologie bietet sich eher die Verwendung der englischen Begriffe an; zur fehlenden Einheitlichkeit der verwendeten Begrifflichkeiten *Lange*, Internationale Rechts- und Forderungspfändung, Fn. 415.

[13] *Crawford*, Brownlie's Principles of Public International Law, S. 456; *Meng*, Extraterritoriale Jurisdiktion im öffentlichen Wirtschaftsrecht, S. 6 f.; *Geimer/Geimer/Geimer*, Internationales Zivilprozessrecht, 373, 3200. Ausführliche Definitionen der Begriffe finden sich in American Law Institute, Restatement of the Law (Third), The Foreign Relations Law of the United States, (1984), § 401.

[14] Bisweilen wird offen eingestanden, dass eine trennscharfe Abgrenzung zur *jurisdiction to prescribe* gar nicht erreicht werden kann, *Bertele*, Souveränität und Verfahrensrecht, S. 101; *American Law Institute*, Restatement of the Law (Third), The Foreign Relations Law of the United States, (1984), Vol. I, S. 320 ff.; im Einzelnen zur Reichweite der *jurisdiction to enforce*,

immunitätsrechtliche Sonderbehandlung von staatlichen Vollstreckungsverfahren folgt aus dem Sinn und Zweck des Immunitätsrechts, fremde Staaten vor Unterwerfung unter die Gerichtsgewalt eines anderen Staates zu schützen. Die Schutzanforderungen, denen die Staatenimmunität Rechnung zu tragen hat, richten sich nach der Eingriffsintensität der staatlichen Gerichtsgewalt. Gesonderte Immunitätsregeln sind nur gerechtfertigt, wenn die staatlichen Maßnahmen nicht nur Rechte fremder Staaten vorgeben und ausgestalten, sondern in die Rechtstatsächlichkeit wirkenden Zwang ausüben. Die besondere Eingriffsqualität derartiger staatlicher Handlungen wird in der immunitätsrechtlichen Kategorie der „Zwangsmaßnahmen"[15] treffend zum Ausdruck gebracht.[16]

bb) Die erfassten Verfahrensarten

Die zivilprozessualen Rechtsschutzpfade in den Rechtsordnungen unterscheiden regelmäßig den Abschnitt der Feststellung eines materiell-rechtlichen Anspruchs in einer Urkunde und den Abschnitt der Durchsetzung des festgestellten Anspruchs durch staatliche Organe.[17] Ohne Weiteres sind mit Vollstreckungsverfahren immer auch Maßnahmen des zweiten Verfahrensabschnitts gemeint, in denen

---

Meng, Extraterritoriale Jurisdiktion im öffentlichen Wirtschaftsrecht, S. 8; *Bertele*, Souveränität und Verfahrensrecht, S. 100.

[15] Vgl. Art. 18 ff. UN-Immunitätskonvention.

[16] Beispiele bei *Yang*, State Immunity in International Law, 344 f. Eine weitere Einschränkung folgt aus dem Untersuchungsgegenstand. Die Untersuchung konzentriert sich auf die Möglichkeiten privater Gläubiger zur Realisierung von Geldforderungen gegen Staaten. Damit werden zunächst allein jene staatlichen Verfahren des zivilrechtlichen Rechtsschutzes angesprochen, die bestimmungsgemäß darauf gerichtet sind, Gläubigerinteressen zur Befriedigung von privatrechtlichen Geldleistungsansprüchen zur Durchsetzung zu verhelfen. Zusammengefasst bezeichnen Vollstreckungsverfahren in dem hier verwendeten Sinne alle staatlichen Maßnahmen, mit denen Gläubiger ihre privatrechtlichen Geldforderungen auch gegen den Willen des fremden Schuldnerstaates durchsetzen können, indem sie zwangsweise auf Vermögenswerte des Schuldnerstaates zugreifen.

[17] *Nelle*, Anspruch, Titel und Vollstreckung im internationalen Rechtsverkehr, 224; diese Unterscheidung legen auch die aus einem Gemeinschaftsprojekt von American Law Institut und UNIDROIT hervorgegangenen „Principles of Transnational Civil Procedure" zugrunde, *American Law Institute/UNIDROIT*, Uniform Law Review 2004, 758. Die Grundsätze sollen weltweit akzeptierte Prinzipien und Merkmale von Zivilverfahren in wirtschaftlichen Rechtsstreiten abbilden und gleichzeitig als *model law* Verwendung finden können. Sie sehen die Durchsetzung von Urteilen (*enforcement*, Grundsatz Nr. 29) als eigenständigen Verfahrensabschnitt an, vgl. dazu auch *Zekoll*, in: Reimann/Zimmermann (Hrsg.), The Oxford Handbook of Comparative Law, S. 1327, 1345 ff. Die Unterscheidung spiegelt ferner die Verordnung (EU) Nr. 1215/2012 des Europäischen Parlaments und des Rates vom 12. Dezember 2012 über die gerichtliche Zuständigkeit und die Anerkennung und Vollstreckung von Entscheidungen in Zivil- und Handelssachen, ABl. L 351 vom 20.12.2012, S. 1, wider, indem mit den Art. 39 ff. für das Vollstreckungsverfahren eigenständige Vorschriften geschaffen wurden.

ein Gläubiger bereits einen Vollstreckungstitel in den Händen hält und diesen nun mit staatlicher Hilfe durchzusetzen versucht.[18] Die zuständigen staatlichen Organe müssen nicht der Judikative angehören.[19]

Bei ausländischen Staaten als Schuldnern ergibt sich zwangsläufig die Gefahr, dass Vermögenswerte rechtzeitig vor einer Vollstreckung aus dem Forumstaat verbracht werden und eine Befriedigung der Gläubiger so tatsächlich unmöglich wird. In der Praxis der Rechtsverfolgung gegen Staaten spielen deswegen Maßnahmen eine große Rolle, die Vermögenswerte vorläufig „einfrieren" oder einstweilige Verbote aussprechen, um eine Verwirklichung der gerichtlichen Hauptsacheentscheidung zu sichern.[20] Die Bezeichnung „Vollstreckungsverfahren" soll deswegen hier auch Formen des einstweiligen Rechtsschutzes mit einschließen.[21] Die Differenzierung zwischen einstweiligen und endgültigen Vollstreckungsverfahren spiegelt das Recht der Vollstreckungsimmunität.[22]

2. Staatenimmunität als Grenze der nationalen Gerichtsbarkeit

a) Der Grundsatz nationaler Gerichtsbarkeit und seine Ausnahmen

Die Durchführung von Vollstreckungsverfahren ist eine Form der Ausübung inländischer Gerichtsbarkeit. Dazu muss der Forumstaat befugt sein. Wann das der Fall ist, gibt das Völkerrecht vor. Grundlegendes Strukturprinzip im Völkerrecht ist das Nebeneinander souveräner und gleichberechtigter Staaten.[23] Daraus folgt zunächst, dass ein Staat seine Hoheitsgewalt nur so weit ausdehnen kann, bis er

---

[18] Das sind in der deutschen Rechtsordnung die im 8. Buch der ZPO geregelten Verfahren der Zwangsvollstreckung. Die aus der ZPO geläufige strikte Trennung zwischen Erkenntnisverfahren und Vollstreckungsverfahren findet sich in der Deutlichkeit nicht unbedingt in anderen Rechtsordnungen; beschränkt auf ausgewählte, einflussreiche Rechtsordnungen *Nelle*, Anspruch, Titel und Vollstreckung im internationalen Rechtsverkehr, 224.

[19] In Schweden ist mit der Durchsetzung von Titeln z. B. eine zentrale Verwaltungsbehörde betraut, auf Systeme in europäischen Ländern beschränkt, *Hess* Different Enforcement Structures, in: van *Rhee/Uzelac*, Enforcement and Enforceability, 45 ff.

[20] *Fox/Webb*, The Law of State Immunity, S. 495 ff.

[21] In der deutschen Rechtsordnung sind das die in den §§ 916 ff. ZPO geregelten Verfahren.

[22] Vgl. etwa Sec. 1609 ff. FSIA; *Lee*, Central Banks and Sovereign Immunity, 347. In allen vorgenannten Fällen beschränken sich Vollstreckungsverfahren allerdings nur auf den Teil der Verfahren, in denen es zu einer zwangsweisen Einwirkung auf die Handlungsfähigkeit des fremden Staates kommen kann. So unterteilt sich das Verfahren des einstweiligen Rechtsschutzes nach der ZPO in die gerichtliche Erkenntnis, im Arrestverfahren die Anordnung des Arrestes gem. §§ 920 ff. ZPO und die Durchsetzung der gerichtlichen Anordnung, Vollzug des Arrestes gem. §§ 928 ff. ZPO. Zu den Vollstreckungsverfahren in der hier zugrunde gelegten Bedeutung gehört nur der letzte Verfahrensabschnitt.

[23] *Dahm/Delbrück/Wolfrum*, Völkerrecht, Band I/2, S. 452.

im Außenverhältnis auf die Hoheitsgewalt eines anderen Staates trifft. Im Kern dient die Gerichtsbarkeit der Abgrenzung von Hoheitssphären verschiedener Staaten.[24] Da sich die Staatlichkeit immer auf ein Staatsgebiet bezieht, wird die inländische Hoheitssphäre in erster Linie territorial begrenzt.[25] Innerhalb der räumlichen Grenzen seines Staatsgebiets genießt der Staat grundsätzlich die Gebietshoheit, also die exklusive Berechtigung zur Ausübung der Hoheitsgewalt; über sein Staatsgebiet hinaus darf er sie aber grundsätzlich nicht ausdehnen.[26]

Die Staatenimmunität errichtet eine zusätzliche Grenze der nationalen Jurisdiktionsgewalt. Greift die Immunität eines Staates ein, ist die inländische Gerichtsbarkeit ausgeschlossen. So reißt die Staatenimmunität in die das gesamte Staatsgebiet überspannende Gerichtsbarkeit Löcher.[27] Sofern ein verfahrensbeteiligter Staat Immunität genießt, ist es dem Forumstaat verwehrt, seine Gerichtsgewalt auszuüben. Dieses Privileg steht nur souveränen Staaten zu, denen die Stellung als Verfahrensgegner bzw. in Zwangsvollstreckungsverfahren nach der gesetzlichen Terminologie der §§ 704 ff. ZPO die Stellung als (Vollstreckungs-) Schuldner zukommt.[28] Die Gerichtsgewalt bleibt unberührt, sofern der Staat auf der Seite steht, die das Verfahren initiiert hat, also wenn er als Kläger oder Antragsteller auftritt.[29]

b) Einwand der Staatenimmunität im Prozess

Die Staatenimmunität greift allein auf prozessualer Ebene Platz. Die materielle Rechtslage und die Rechtsbeziehungen der Verfahrensbeteiligten lässt sie gänzlich unberührt.[30] So bleibt ein fremder Staat, der Immunität genießt, materiellrechtlich weiterhin Schuldner einer Verbindlichkeit. Sie beeinflusst allein das Vorliegen der inländischen Gerichtsbarkeit. Die inländische Gerichtsbarkeit ist eine allgemeine Voraussetzung, ohne die kein zivilprozessuales Verfahren erlaubt ist. Sofern Immunität eingreift, dürfen die Rechtspflegeorgane überhaupt

---

[24] *Biehler*, Procedures in International Law, S. 64 f.

[25] *Crawford*, Brownlie's Principles of Public International Law, S. 456 ff.; *Schack*, Internationales Zivilverfahrensrecht, Rn. 157.

[26] Sehr prägnant U.S. Supreme Court, *The Schooner Exchange v. McFaddon and Other*, 7 Cranch 136 (1812).

[27] Internationaler Gerichtshof („IGH"), *Jurisdictional Immunities of the State (Germany v. Italy: Greece intervening)*, I.C.J. Reports 99, 123 f. (2012); *Crawford*, Brownlie's Principles of Public International Law, S. 456; *Dahm/Delbrück/Wolfrum*, Völkerrecht, Band I/1, S. 453; *Fox/Webb*, The Law of State Immunity, S. 20.

[28] *Lackmann/Rolf*, in: Musielak/Voit (Hrsg.), Zivilprozessordnung, Vorbemerkung § 704– § 802 Rn. 9.

[29] *Fox/Webb*, The Law of State Immunity, S. 19.

[30] *Crawford*, Brownlie's Principles of Public International Law, S. 487; *Fox/Webb*, The Law of State Immunity, S. 21.

nicht tätig werden.[31] Manche bezeichnen die Immunität als Verfahrenshindernis[32] oder als „selbstständiges Hindernis prozessualer Art".[33] Aber damit kann kein Prozesshindernis im Sinne tradierter zivilprozessualer Dogmatik gemeint sein, das sich dadurch auszeichnet, dass es, anders als Prozessvoraussetzungen, nur dann zu berücksichtigen ist, wenn der Verfahrensgegner ihr Vorliegen rügt.[34] Denn die völkerrechtlichen Regelungen zur Staatenimmunität geben unmittelbar vor, dass die handelnden staatlichen Organe vorrangig klären müssen, ob dem Staat Immunität zukommt. Diese Prüfung müssen sie von Amts wegen vornehmen.[35] Völkerrechtlich ist der fremde Staat damit nicht einmal verpflichtet, sich an dem innerstaatlichen Verfahren zu beteiligen.[36] Die Gerichtsstaaten sind also gehalten, selbstständig die Beachtung fremder Immunitäten sicherzustellen. Die genaue Ausgestaltung der Rechtsfolgen der Staatenimmunität für das Verfahren bleibt hingegen den jeweiligen nationalen Rechtsordnungen überlassen. So führt die Staatenimmunität in deutschen Zivilverfahren zur Unzulässigkeit des Verfahrens. Verfahrenshandlungen, die in einem Verfahren mit fehlender deutscher Gerichtsbarkeit ergangen sind, sind nach überwiegender Ansicht sogar von Anfang an nichtig.[37]

3. Rechtsgrundlagen der Vollstreckungsimmunität

a) Völkergewohnheitsrecht als maßgebliche Rechtsgrundlage

Da die Abgrenzung staatlicher Hoheitssphären Aufgabe des Völkerrechts ist, finden auch die Regeln der Staatenimmunität ihre Grundlage in der Völkerrechtsordnung. Das Völkervertragsrecht i. S. d. Art. 38 Abs. 1 lit. (a) IGH-Statut geht im

---

[31] *Schack*, Internationales Zivilverfahrensrecht, Rn. 188; *Geimer/Geimer/Geimer*, Internationales Zivilprozessrecht, 663.

[32] *Lange*, Internationale Rechts- und Forderungspfändung, S. 94; *Geimer/Geimer/Geimer*, Internationales Zivilprozessrecht, Rn. 663.

[33] *Lückemann*, in: Zöller (Hrsg.), Zivilprozessordnung, Vor § 18 GVG Rn. 3.

[34] *Becker-Eberhard*, in: Münchener Kommentar zur ZPO, Vorbemerkung zu § 253 Rn. 1.

[35] Internationaler Gerichtshof (IGH), *Jurisdictional Immunities of the State (Germany v. Italy: Greece intervening)*, I.C.J. Reports 99, 136 (2012); Art. 6 Abs. 1 UN-Immunitätskonvention; BVerfG, NJW 1978, 485, 486; *Schack*, Internationales Zivilverfahrensrecht, Rn. 188; *Fox/Webb*, The Law of State Immunity, S. 12.

[36] *Geimer/Geimer/Geimer*, Internationales Zivilprozessrecht, Rn. 843c.

[37] *Weller*, RPfleger 2006, 364, 365 m. w. N.; *Schack*, Internationales Zivilverfahrensrecht, Rn. 189; *Gaul/Schilken/Becker-Eberhard*, Zwangsvollstreckungsrecht, S. 455; a. A. *Habscheid*, in: Deutsche Gesellschaft für Völkerrecht, Arbeiten der 2. Studienkommission der Deutschen Gesellschaft für Völkerrecht (Hrsg.), Die Immunität ausländischer Staaten nach Völkerrecht und deutschem Zivilprozessrecht, S. 160, 272.

Bereich der Vollstreckungsimmunität über punktuelle Regelungen nicht hinaus.[38] Ein universeller völkerrechtlicher Vertrag, der für alle Staaten verbindliche und einheitliche Regelungen zur Vollstreckungsimmunität in rechtssicherer Weise bereithält, wurde bisher nicht erreicht. Mit der im Jahr 2004 von der UN-Generalversammlung als Resolution 59/38 verabschiedeten UN-Immunitätskonvention[39] wurden zwar erstmals umfassende, handhabbare und allgemeingültige Regelungen zur Staatenimmunität mit einem eigenen Abschnitt zur Vollstreckungsimmunität angestrebt. Im Rahmen der sich über Jahrzehnte erstreckenden Vorarbeiten zu der Resolution versuchte die International Law Commission („ILC")[40] einen für die überwiegende Mehrheit der Staaten akzeptablen Kompromiss zu formulieren.[41] Dennoch scheiterte das Inkrafttreten der Konvention bislang noch an der notwendigen Zahl von 30 Beitrittsstaaten.[42] Wann die Konvention Rechtsgültigkeit erreicht, ist nicht absehbar. Nichtsdestotrotz ist die Konvention von zentraler Bedeutung für die Untersuchung. Zum einen sieht sie in Art. 21 Abs. 1 lit. c) eine spezielle Regelung zur Vollstreckungsimmunität von Zentralbanken vor. Zum anderen übt sie, trotz ihres noch ausstehenden Inkrafttretens, indirekt großen Einfluss auf das geltende Immunitätsrecht aus, indem sie Nachweise für die Entstehungsvoraussetzungen von Völkergewohnheitsrecht bietet.

aa) Entstehungsvoraussetzungen des Völkergewohnheitsrechts

Die Normierung der Vollstreckungsimmunität jenseits der völkerrechtlichen Verträge fällt damit dem nicht ausdrücklich niedergelegten[43] Völkergewohnheits-

---

[38] Das bereits 1976 in Kraft getretene Europäische Übereinkommen über Staatenimmunität, BGBl. 1990 II S. 34, enthält in den Art. 20 ff. umfassende Bestimmungen zur Immunität gegenüber Vollstreckungsmaßnahmen. Ihm sind jedoch nur acht Staaten, darunter Deutschland, beigetreten. Eine Übersicht über den Stand des Ratifikationsprozesses findet sich auf http://conventions.coe.int/Treaty/Commun/ChercheSig.asp?NT=074&CM=&DF=&CL=GER (zuletzt abgerufen am 01.05.2019).

[39] Siehe oben S. 8 Fn. 41.

[40] Die ILC ist ein Nebenorgan der Vereinten Nationen, dem die Aufgabe der Weiterentwicklung und Kodifizierung des Völkerrechts zukommt. Dazu erarbeiten die 34 Mitglieder zu ausgewählten Themen Berichte und Kodifikationsvorschläge, die, wie im Fall der UN-Immunitätskonvention, zu Abkommen führen können, *Sreenivasa Rao*, in: Wolfrum (Hrsg.), The Max Planck Encyclopedia of Public International Law, S. 875, 876 ff.

[41] *Hafner*, in: O'Keefe/Tams/Tzanakopoulos (Hrsg.), The United Nations Convention on Jurisdictional Immunities of States and Their Property, Historical Background to the Convention S. 1 ff.

[42] Zum Inkrafttreten wird die Hinterlegung von 30 Ratifikationsurkunden benötigt; zurzeit haben 22 Staaten die Konvention ratifiziert (Stand: 01.05.2019). Deutschland hat das Abkommen bislang nicht einmal unterzeichnet, vgl. https://treaties.un.org/Pages/ViewDetails.aspx?src=IND&mtdsg_no=III-13&chapter=3&lang=en (zuletzt abgerufen am 01.05.2019).

[43] *Geiger*, 103 Archiv des öffentlichen Rechts (1978) 382, 383.

recht zu – es ist für die Staatenimmunität nach wie vor die zentrale völkerrechtliche Rechtsquelle.[44] Die Voraussetzungen der Entstehung und Geltung von Völkergewohnheitsrecht sind umstritten.[45] Hier soll der „traditionelle"[46], ganz überwiegend verbreitete und anerkannte Ansatz verfolgt werden, dem unter anderem die Rechtsprechung des Internationalen Gerichtshofs („IGH")[47] und die des Bundesverfassungsgerichts[48] zugrunde liegt. Auch der ILC, der seit dem Jahr 2012 unter dem Thema „Identification of Customary International Law" die Herausbildung von Völkergewohnheitsrecht untersucht, hat sich diesem Ansatz angeschlossen.[49] Danach erfordert ein Rechtssatz des Völkergewohnheitsrechts in Orientierung an Art. 38 Abs. 1 lit. (b) IGH-Statut zwei Voraussetzungen. Es bedarf objektiv einer gefestigten, weitgehend einheitlichen Übung einer repräsentativen Zahl von Staaten, die subjektiv von der Überzeugung getragen wird, gerade aus einer völkerrechtlichen Verpflichtung heraus zu handeln (*opinio iuris vel necessitatis*).[50]

bb) Feststellung der völkergewohnheitsrechtlichen Vollstreckungsimmunität von Zentralbanken

Entscheidende Voraussetzung für die Entstehung einer völkergewohnheitsrechtlichen Regel ist mit den Worten des IGH eine breite und repräsentative Beteiligung der Staaten (*widespread and representative participation*).[51] Das Bundesverfassungsgericht fordert einen „von der überwiegenden Mehrheit der Staaten im Bewußtsein rechtlicher Verpflichtung für längere Zeit geübte[n] Brauch"[52].

---

[44] BVerfG, NJW 1963, 1732, 1733.

[45] *Wood*, First Report of the Special Rapporteur on Formation and Evidence of Customary International Law. Dok. Nr. A/CN.4/663, 2013, 45 f.

[46] Zu anderen Ansätzen vgl. *Wood*, First Report of the Special Rapporteur on Formation and Evidence of Customary International Law. Dok. Nr. A/CN.4/663, 2013, 45 ff.

[47] Internationaler Gerichtshof (IGH), *The North Sea Continental Shelf Case*, I.C.J. Reports 3, 41 ff. (1969).

[48] BVerfG, NJW 1978, 485, 487; BVerfG, NJW 2012, 293, 295 f.

[49] Der zuständige Sonderberichterstatter *Wood*, Second Report of the Special Rapporteur on identification of Customary International Law. A/CN.4/672, 2014, 7 ff., schlug die Zugrundelegung des traditionellen Ansatzes vor und wurde dabei von der Kommission unterstützt, *Wood*, Third Report of the Special Rapporteur on Identification of Customary International Law. A/CN.4/682, 2015, 2.

[50] Dazu auch *Geiger*, 103 Archiv des öffentlichen Rechts (1978) 382, 394; *Graf Vitzthum*, in: Graf Vitzthum/Proelß (Hrsg.), Völkerrecht, Abschnitt I Rn. 131.

[51] Internationaler Gerichtshof (IGH), *The North Sea Continental Shelf Case*, I.C.J. Reports 3, 42 (1969).

[52] BVerfG, NJW 1963, 435, 437 und in BVerfG, NJW 1978, 485, 487 heißt es: „eine gefestigte Praxis [...], die von den Staaten allgemein in der Überzeugung geübt wird, dazu von Völkerrechts wegen verpflichtet zu sein".

Es darf sich letztlich keine „unbedeutende Zahl von Staaten" feststellen lassen, die der Rechtsregel widerspricht.[53] Die tatsächliche Schwierigkeit liegt darin, festzustellen, wann die zahlenmäßige Unterstützung für eine Rechtsregel stark genug ist.[54] Zunächst muss die eine bestimmte Rechtsregel stützende Staatenpraxis nicht universell sein.[55] Allgemein verbindliches Völkergewohnheitsrecht entfaltet seine Geltung auch gegenüber Staaten, die sich an der Herausbildung der Norm nicht beteiligt haben.[56] Daneben ist größeres Gewicht der Übung von Staaten beizumessen, deren Interessen durch die Rechtsregel besonders stark berührt sind. Im Fall der Vollstreckungsimmunität von Zentralbanken sind das vor allem Rechtsordnungen, in denen sehr viele fremde Zentralbanken Investitionen halten und für ihre Vermögensmittel Immunität in Anspruch nehmen, wie etwa den USA, der Schweiz oder Japan. Schließlich markiert das Völkergewohnheitsrecht lediglich den kleinsten gemeinsamen Nenner, so dass widersprüchliche Staatenpraxis für den Inhalt der Rechtsregel auf das Maß ihrer Überstimmung reduziert werden muss.[57]

Das Bundesverfassungsgericht[58] behilft sich darüber hinaus mit einem pragmatischen mehrstufigen Vorgehen, um den inhaltlichen Vorgaben des Völkergewohnheitsrechts zu genügen. Es geht von der Prämisse aus, dass das Völkerrecht durch Hauptrechtssätze strukturiert wird, die sich in speziellere Unterrechtssätze ausdifferenzieren, aber in Bereichen, in denen die spezielleren Rechtssätze fehlen, die Hauptrechtssätze zur Anwendung kommen.[59] Das Bundesverfassungsgericht legt zunächst eine allgemein akzeptierte und gesicherte Regel des Völkergewohnheitsrechts zugrunde, deren Gültigkeit nicht mehr im Einzelnen belegt werden muss. Innerhalb ihres Anwendungsbereichs identifiziert die Rechtsprechung dann eine andere, speziellere und für das konkrete Verfahren entscheidende Regel, indem sie von der allgemeinen Regel mit Hilfe von Auslegungsmethoden auf eine spezielle Aussage der Regel schließt. Der so erreichte Rechtssatz wird dann an der feststellbaren Staatenpraxis gemessen. Allerdings

---

[53] BVerfG, NJW 1978, 485, 487.
[54] Vgl. *Geiger*, 103 Archiv des öffentlichen Rechts (1978) 382, 400.
[55] *Wood*, Second Report of the Special Rapporteur on identification of Customary International Law. A/CN.4/672, 2014, 34 f. ILC.
[56] Nicht gebunden werden dann nur solche Staaten, die dem Rechtssatz beharrlich widersprochen haben, *persistent objectors*, *Graf Vitzthum*, in: Graf Vitzthum/Proelß (Hrsg.), Völkerrecht, Abschnitt I Rn. 133.
[57] *Geiger*, 103 Archiv des öffentlichen Rechts (1978) 382, 404 f.; in dem Botschaftskonto-Fall beschränkt sich das BVerfG, NJW 1978, 485, 492, darauf, eine Rechtsregel zu benennen, die jedenfalls eindeutig von einer überwiegenden Mehrheit geteilt wird.
[58] Im Einklang mit internationalen Gerichten und der Literatur, siehe Nachweise bei *Lange*, Internationale Rechts- und Forderungspfändung, S. 73 f.
[59] *Bleckmann*, ZaöRV 36 (1976), 374, 392.

prüft das Gericht nur, ob Widerspruch eines beachtlichen Teils der Staatenpraxis erkennbar ist, der einer völkergewohnheitsrechtlichen Regel noch entgegenstehen könnte. Eine extensive Untersuchung der verschiedenen Rechtserkenntnisquellen dient also nur der Verifizierung einer mit anderen Methoden aufgestellten Behauptung.[60] Die Methode ermöglicht es, eine hinreichend gesicherte Erkenntnis über den Stand der Staatenpraxis zu erreichen und durchdringende Zweifel auszuschließen. Sie macht sich den Umstand zu nutze, dass es für die Feststellung von Völkergewohnheitsrecht entscheidend auf den Umfang widersprechender Staatenpraxis ankommt. Denn die ausreichend positive Unterstützung für eine Rechtsregel kann auch von einer kleinen Zahl an Staaten geleistet werden, sofern eine Positionierung anderer Staaten nicht feststellbar ist.[61]

b) Immunität von Staaten in deutschen Vollstreckungsverfahren

Wenn in Deutschland die Immunität eines Verfahrensbeteiligten in Frage steht, muss unmittelbar auf das Völkergewohnheitsrecht zurückgegriffen werden. Umfassende gesetzliche Kodifikationen zur Staatenimmunität in der Art eines *FSIA US* oder des *SIA UK* wurden hierzulande nicht geschaffen. Auf Gesetzesebene bestehen nur punktuelle Regelungen zur Staatenimmunität, die sich auch auf Vollstreckungsverfahren beziehen, hier aber nicht weiter von Bedeutung sind.[62]

Jenseits dieser speziellen Bestimmungen findet das immunitätsrechtliche Völkergewohnheitsrecht unmittelbar Geltung. Nach Art. 25 GG sind die allgemeinen Regelungen des Völkerrechts „Bestandteil des Bundesrechts" (Satz 1), die „den [übrigen] Gesetzen vorgehen" (Satz 2).[63] Anders als internationale Abkommen sind die völkergewohnheitsrechtlichen Immunitätsregeln solche „allgemei-

---

[60] Ausführlich *Geiger*, 103 Archiv des öffentlichen Rechts (1978) 382, 403 ff.; ferner *Lange*, Internationale Rechts- und Forderungspfändung, S. 73 f.

[61] *Wood*, Second Report of the Special Rapporteur on identification of Customary International Law. A/CN.4/672, 2014, 36.

[62] Deutschland ist Mitgliedstaat einiger völkerrechtlicher Abkommen mit Immunitätsbestimmungen. Durch die jeweiligen Zustimmungsgesetze nach Art. 59 Abs. 2 GG wird der Inhalt der Abkommen innerstaatliches Recht auf der Ebene eines Bundesgesetzes, BVerfG, NJW 1976, 1783, 1784; *Nettesheim*, in: Maunz/Dürig (Hrsg.), Grundgesetz, 87. EL März 2019, Art. 59 Rn. 183 ff. Ein Beispiel für punktuelle Regelungen sind die §§ 18, 19 GVG. Sie ordnen ausdrücklich an, dass sich die Immunität diplomatischer Missionen und konsularischer Vertretungen nach dem Übereinkommen über diplomatische Beziehungen 18. April 1961 (WÜD), BGBl. 1964 II S. 957 ff., bzw. Wiener Übereinkommens über konsularische Beziehungen vom 24. April 1963 (WÜK), BGBl. 1969 II S. 1585 ff., richtet. In Art. 22 Abs. 3 WÜK findet sich die Regelung, dass der Sitz einer diplomatischen Mission umfassenden Immunitätsschutz vor Vollstreckungen genießt.

[63] BVerfG NJW 1978, 485 f.; *Krauskopf/Steven*, Immunität ausländischer Zentralbanken im deutschen Recht, WM 2000, 269, 274.

nen Regeln des Völkerrechts".[64] Sie sind in ihrer aktuellen Gestalt ohne Weiteres Bestandteil des innerstaatlichen Rechts im Rang oberhalb von Bundesgesetzen.[65] Nach teilweise vetretener Ansicht[66] soll daneben § 20 Abs. 2 GVG Anwendung finden.[67] Die Anwendung der Vorschrift auf andere als natürliche Personen, insbesondere Zentralbanken, wird aber bestritten, weil es sich bei den in § 20 Abs. 2 GVG genannten „andere[n] als die in Absatz 1 und in den §§ 18 und 19 genannten Personen" ausschließlich um natürliche Personen handelt.[68] Der Vorschrift könnte ohnehin allenfalls eine klarstellende Funktion zukommen. Denn sie enthält keine inhaltlichen Vorgaben zur Staatenimmunität[69] und verweist auch nur auf die einschlägigen völkerrechtlichen und innerstaatlichen Regelungen.[70] Die Vorschrift des § 882a ZPO, insbesondere ihr Abs. 2, die die Zwangsvollstreckung wegen Geldforderungen gegen die öffentliche Hand zum Gegenstand hat, enthält keine Regelung zur Staatenimmunität, weil sie nach dem Wortlaut auf inländische Personen des öffentlichen Rechts zugeschnitten ist und aufgrund der systematischen Stellung allein Modalitäten des an sich zulässigen Zwangsvollstreckungsverfahrens regelt.[71]

In der Rechtsanwendung muss die Immunität des Vollstreckungsschuldners mithin anhand der Immunitätsrechtssätze des Völkergewohnheitsrechts überprüft werden. Dazu haben deutsche Vollstreckungsbehörden und Gerichte die völkergewohnheitsrechtlichen Regeln selbstständig zu erforschen und unmittelbar zu beachten.[72] Bei Zweifeln über Bestehen oder Reichweite einer allgemeinen Regel des Völkerrechts müssen Gerichte gem. Art. 100 Abs. 2 GG eine Entscheidung des Bundesverfassungsgerichts einholen. Auf diesem Wege bekommt

---

[64] BVerfG, NJW 2007, 2605, 2606.
[65] *Herdegen*, in: Maunz/Dürig (Hrsg.), Grundgesetz, 87. EL März 2019, Art. 25 Rn. 78 f.
[66] *Gramlich*, RabelsZ 45 (1981), 545, 550; *Weller*, RPfleger 2006, 364, 367.
[67] § 20 GVG lautet: „(1) Die deutsche Gerichtsbarkeit erstreckt sich auch nicht auf Repräsentanten anderer Staaten und deren Begleitung, die sich auf amtliche Einladung der Bundesrepublik Deutschland im Geltungsbereich dieses Gesetzes aufhalten."
(2) „Im übrigen erstreckt sich die deutsche Gerichtsbarkeit auch nicht auf andere als die in Absatz 1 und in den §§ 18 und 19 genannten Personen, soweit sie nach den allgemeinen Regeln des Völkerrechts, auf Grund völkerrechtlicher Vereinbarungen oder sonstiger Rechtsvorschriften von ihr befreit sind."
[68] So BVerfG, NJW 1978, 485, 485 f.; *Krauskopf*, WM 1986, 89; *Lückemann*, in: Zöller (Hrsg.), Zivilprozessordnung, § 20 GVG Rn. 4; wohl auch *Zimmermann*, in: Münchener Kommentar zur ZPO, § 20 GVG Rn. 2 ff.; anders wohl *Baumbach/Lauterbach/Albers/Hartmann*, Zivilprozessordnung, § 20 GVG Rn. 2.
[69] BVerfG, NJW 1978, 485.
[70] Zuweilen werden auch beide Rechtsquellen zitiert, vgl. etwa OLG Frankfurt, ZIP 1980, 1144, 1147; *von Schönfeld*, NJW 1986, 2980.
[71] BVerfG, NJW 1978, 485, 486; *Krauskopf*, WM 1986, 89, 89.
[72] *Von Schönfeld*, NJW 1986, 2980.

das Bundesverfassungsgericht regelmäßig die Möglichkeit, sich zum Inhalt von Rechtssätzen der Staatenimmunität zu äußern.[73]

4. Entwicklung und geltende Grundsätze der Vollstreckungsimmunität

a) „The last bastion of state immunity"

Die *International Law Commission* bezeichnete die Vollstreckungsimmunität in ihrem Arbeitsbericht aus dem Jahr 1991 noch als „the last fortress, the last bastion of state immunity"[74] und bezog sich damit auf den größeren Umfang der Immunität in Vollstreckungsverfahren als in anderen Bereichen der Staatenimmunität.[75]

aa) Entwicklung der allgemeinen Staatenimmunität

Die völkergewohnheitsrechtliche Regel der Staatenimmunität ließ lange Zeit allein die Ausübung der Gerichtsbarkeit im Falle eines Immunitätsverzichts zu. Ursprünglich knüpfte sie an die Person des souveränen Herrschers an und nahm diesen uneingeschränkt von der Gerichtsbarkeit fremder Staaten aus. Die Immunität galt absolut. Nach damaligem Verständnis war es mit der souveränen Gleichheit und Unabhängigkeit zweier Staaten unvereinbar, wenn der Forumstaat über fremde Staaten richtet.[76] Zum Ende des 19. Jahrhunderts hin gingen nationale Gerichte vermehrt dazu über, die Immunität inhaltlich einzuschränken und fremden Staaten keine Immunität zuzugestehen, wenn die Parteien ausschließlich um vertragliche Pflichten aus Handelsgeschäften stritten.[77] Dieser Auffassung schlossen sich mit der Zeit immer mehr Staaten an. Die Regelungen

---

[73] Vgl. nur BVerfG, NJW 1963, 1732; BVerfG, NJW 1978, 485; BVerfG, NJW 1983, 2766; BVerfG, NJW 2012, 293.

[74] *International Law Commission*, Yearbook of the International Law Commission 1991 Bd. II, Teil 2, 12.

[75] Internationaler Gerichtshof (IGH), *Jurisdictional Immunities of the State (Germany v. Italy: Greece intervening)*, I.C.J. Reports 99, 146 (2012). Der Bundesgerichtshof geht etwa davon aus, dass „das Völkerrecht zur Vermeidung einer Gefährdung der Erfüllung hoheitlicher Aufgaben den Schutzbereich zugunsten des fremden Staates sehr weit" zieht, BGH, RIW 2016, 365, 368.

[76] *Fox/Webb*, The Law of State Immunity, S. 26 f.; *Badr*, State Immunity, S. 36.

[77] Zuvor hatten sich immer mehr Ausnahmetatbestände von der Immunität etabliert und den Immunitätsschutz durchlöchert, BVerfG, NJW 1963, 1732, 1733 mit Verweis auf *Strupp/Schlochauer*, Wörterbuch des Völkerrechts, S. 633.

der ersten Immunitätsgesetze in den USA und dem Vereinigten Königreich[78] schrieben ein restriktives Immunitätsverständnis fest und gaben damit die Richtung für die Entwicklung der Staatenimmunität vor. Nunmehr war die Reichweite der Immunität in Erkenntnisverfahren von der betroffenen Art der staatlichen Aktivität abhängig.[79] Obwohl die Konturen der Immunitätsregel bis heute nicht eindeutig geklärt sind, genießen Staaten nur für hoheitliche Tätigkeiten (acta iure imperii) Immunität, während nicht-hoheitliche, kommerzielle Tätigkeiten (acta iure gestionis) ohne Weiteres der inländischen Gerichtsbarkeit unterliegen.[80] Für die damit notwendig gewordene Abgrenzung der beiden Funktionen hat sich ein objektiver Maßstab etabliert. Allein die Natur und die äußere Erscheinungsform der Aktivität sind für die Zuordnung zu einer der Kategorien relevant.[81]

Ausschlaggebend für den Wandel der Staatenpraxis war ein Gerechtigkeitsproblem,[82] das die starke Ausweitung staatlicher Handelsaktivitäten im Ausland aufgeworfen hatte. Insbesondere sozialistische und kommunistische Staaten wickelten ihren Außenhandel in erster Linie über staatliche Handelsorganisationen ab, die unmittelbar Geschäfte im großen Stil im Ausland abschlossen,[83] ohne dass sie befürchten mussten, vor ausländischen Gerichten verklagt zu werden.[84] Der berühmte *Tate-Letter*[85] äußerte die Auffassung, die sich der U.S. Supreme Court in dem Verfahren *Alfred Dunhill of London, Inc. v. Republic of Cuba*, mit dem die Rechtsprechung die Geltung der eingeschränkten Immunität einläutete, zu eigen machte, dass

---

[78] Siehe oben S. 17 Fn. 2.
[79] *Von Schönfeld*, NJW 1986, 2980, 2981.
[80] BVerfG, NJW 1963, 1732, 1735.
[81] *Fox/Webb*, The Law of State Immunity, S. 149; explizit sec. 1603(d) US FSIA; BVerfG, NJW 1963, 1732, 1735; abweichend davon soll nach Art. 2 Abs. 2 Immunitätskonvention unter bestimmten Umständen zusätzlich der verfolgte Zweck einbezogen werden.
[82] *Fox/Webb*, The Law of State Immunity, S. 139 ff.; *Higgins*, 29 Netherlands International Law Review (1982) 265.
[83] *Quigley*, The Soviet Foreign Trade Monopoly, S. 103 ff.
[84] *Crawford*, Brownlie's Principles of Public International Law, S. 327 f.
[85] Brief von Acting Legal Advisor to the State Department Jack B. Tate an Attorney General Philip B. Perlman vom 19. Mai 1952, abgedruckt in 26 Department of State Bulletin 984. Mit dem Brief nahmen die USA einen Politikwechsel zugunsten der restriktiven Immunität vor. In den USA entsprach es jahrzehntelanger Praxis, dass sich die Gerichte bei ihren Immunitätsentscheidungen nach „Empfehlungen" des *State Department* richteten. Die Empfehlungen sprach das *State Department* im Rahmen eines umfangreichen quasi-justiziellen Verfahrens samt Anhörung der Parteien aus, *Badr*, State Immunity, S. 53 ff., *Fox/Webb*, The Law of State Immunity, S. 144.

"the widespread and increasing practice on parts of governments of engaging in commercial activities makes necessary a practice which will enable persons doing business with them to have their rights determined in the courts".[86]

Für den britischen Privy Council war die sachliche Beschränkung der Immunität ebenfalls „more consonant with justice".[87] Im Kern sollte die sachliche Zurückdrängung der Immunität somit Rechtsschutz gegen fremde Staaten ermöglichen.[88]

bb) Der späte Weg zur relativen Vollstreckungsimmunität

Die Immunität eines Staates in nationalen Vollstreckungsverfahren ist zwar auch schon lange als rechtlich verbindliche Regel anerkannt.[89] Wegen der einschneidenden Wirkung von Vollstreckungsmaßnahmen hat sie sich allerdings viel länger dem oben beschriebenen Trend zur Liberalisierung der Staatenimmunität widersetzt.[90] Die Zurückdrängung der Immunität in Vollstreckungsverfahren sollte privaten Gläubigern auch hier vor allem die Durchsetzung ihrer Rechte ermöglichen.

Im Jahr 1977 konnte das Bundesverfassungsgericht in seiner vielbeachteten Leitentscheidung *Philippinische Botschaft* keine allgemeine Regel des Völkergewohnheitsrechts mehr ausmachen, der zufolge es einem Gerichtsstaat verwehrt sei, in auf seinem Hoheitsgebiet belegene Vermögensgegenstände fremder Staaten zu vollstrecken.[91] Das allgemeine Völkerrecht verbiete nur, Vermögensgegenstände eines fremden Staates im Gerichtsstaat ohne dessen Zustimmung Zwangsvollstreckungs- oder Sicherungsmaßnahmen zu unterwerfen, sofern sie hoheitlichen Zwecken des fremden Staates dienten.[92] Wenige Jahre später bestätigte das Bundesverfassungsgericht in seiner Entscheidung zur *National Iranian Oil Company („NIOC")* diese völkergewohnheitsrechtliche Regel.[93]

Die nachfolgende Staatenpraxis ist von der vom Bundesverfassungsgericht ausgemachten Beschränkung der Vollstreckungsimmunität nicht mehr abge-

---

[86] U.S. Supreme Court, *Alfred Dunhill of London, Inc. v. Republic of Cuba*, 425 U.S. 682, 702 (1976).

[87] Privy Council, *Philippine Admiral v. Wallem Shipping Ltd.* [1977] A.C. 373, 402 f.

[88] 1921 kritisierte *Strupp* die absolute Immunität fremder Staaten in Privatrechtsstreitigkeiten mit dem Sinnspruch „Wer den guten Tropfen genießt, soll auch den bösen genießen", *Strupp*, JW 1921, 1483.

[89] *Gramlich*, RabelsZ 45 (1981), 545, 591 m.w.N.

[90] *Reinisch*, 17 European Journal of International Law (2006) 803, 804, 807; *Crawford*, 75 American Journal of International Law (1981) 820, 851; *Fox/Webb*, The Law of State Immunity, S. 482; *Badr*, State Immunity, S. 112.

[91] BVerfG, NJW 1978, 485, 492.

[92] BVerfG, NJW 1978, 485, 492.

[93] BVerfG, NJW 1983, 2766, 2768 („NIOC-Beschluss").

rückt.[94] Sämtliche bis heute ergangenen nationalen Immunitätskodifikationen sowie die UN-Immunitätskonvention[95] verweigern Vermögensgegenständen fremder Staaten Immunität, wenn sie eine nicht-hoheitliche Zweckbestimmung aufweisen.[96] Schließlich stellte der IGH in seinem Urteil im Verfahren *Jurisdictional Immunities of the State* fest, dass Vollstreckungsmaßnahmen gegen fremde Staaten keine Immunität entgegensteht, wenn das betroffene Vermögen nicht für Tätigkeiten verwendet wird, mit denen hoheitliche, nicht-wirtschaftliche Zwecke verfolgt werden.[97]

b) Das Spannungsfeld der Vollstreckungsimmunität von Zentralbanken

In den vorangegangenen Abschnitten ist angeklungen, welche Hintergründe die Entwicklung der Vollstreckungsimmunität angetrieben haben. Im folgenden Abschnitt soll nun herausgearbeitet werden, welche Rechtfertigungslinien die Vollstreckungsimmunität einerseits durchziehen und welche Anforderungen an ein modernes Immunitätsregime andererseits zu stellen sind. Dabei ist davon auszugehen, dass der aktuellen Gestalt der Vollstreckungsimmunität kein singulärer Rechtsgrundsatz zugrunde liegt, mit dem sich die Vollstreckungsimmunität und ihre verschiedenen Ausformungen umfassend und einheitlich nachvollziehbar erklären ließen. Lediglich im Ausgangspunkt steht fest, dass auch die Vollstreckungsimmunität aus dem Prinzip der souveränen Gleichheit der Staaten folgt, ohne dass diese Begründung jedoch viel weiter trägt.[98] Über diesen Aspekt hinaus werden die heutigen Konturen der Vollstreckungsimmunität durch ein Gravitationsfeld aus zahlreichen teilweise widerstreitenden rechtlichen Prinzipien und politischen Kräften geformt.

---

[94] *Fox/Webb*, The Law of State Immunity, S. 482; *Damian*, Staatenimmunität und Gerichtszwang, S. 167 f.; vgl. für die deutsche Rechtsprechung BVerfG, NJW 2012, 293, 295; BGH, WM 2016, 2357, 2358.
[95] Art. 19(c) UN-Immunitätskonvention.
[96] Siehe etwa Sec. 1610 US FSIA; Sec. 13(4) SIA UK; Sec. 32 f. Australia Foreign States Immunities Act 1985, No. 196, 1985, abgedruckt *Dickinson/Lindsay/Loonam*, State Immunity, S. 459 („FSIA Australien"); Sec. 18(1) Japan Act on the Civil Jurisdiction of Japan with respect to a Foreign State, etc.
[97] Internationaler Gerichtshof (IGH), *Jurisdictional Immunities of the State (Germany v. Italy: Greece intervening)*, I.C.J. Reports 99, 148 (2012).
[98] *Van Aaken*, in: Peters/Lagrange/Oeter u. a. (Hrsg.), Immunities in the Age of Global Constitutionalism, S. 131, 168; *Crawford*, 75 American Journal of International Law (1981) 820, 854 ff.

aa) Theoretische Grundlagen

(1) Traditioneller Geltungsgrund der Staatenimmunität

Traditionell wird die Staatenimmunität auf die völkerrechtlichen Strukturprinzipien zurückgeführt, die die Rechtsstellung des Staates in der Völkerrechtssphäre selbst determinieren. Der IGH bringt in seinem *Jurisdictional Immunities*-Urteil die überwiegende Auffassung,[99] der sich auch die deutsche Rechtsprechung verschrieben hat,[100] über den tragenden Grundsatz der Staatenimmunität zum Ausdruck:

„It derives from the principle of sovereign equality of States, which, as Article 2, paragraph 1, of the Charter of the United Nations makes clear, is one of the fundamental principles of the international legal order."[101]

Richtigerweise meint die souveräne Gleichheit ein rechtliches Gleichordnungsverhältnis, das die Unabhängigkeit der Staaten i. S. d. Souveränität zueinander wahrt.[102] Die moderne Souveränitätskonzeption verbürgt jedem Staat in gleicher Weise einen Raum autonomer Entscheidungsgewalt.[103] In negativer Hinsicht folgt daraus das völkergewohnheitsrechtliche Gebot der Nichteinmischung in die inneren Angelegenheiten fremder Staaten (Art. 2 Abs. 7 Charta der Vereinten Nationen).[104] Nach diesem Grundprinzip der Völkerrechtsordnung ist es fremden Staaten untersagt, sich unzulässig durch Zwang oder Androhung von Gewalt in Angelegenheiten einzumischen, die ausschließlich der Souveränität des fremden Staates unterfallen.[105] Durchbrechungen dieses Grundsatzes sind nur in engen Ausnahmefällen, etwa als Reaktion auf Völkerrechtsverstöße, möglich.[106] Wurde der Rechtssatz historisch ausgehend von bewaffnetem Eingreifen von außen entwickelt,[107] können heute bereits niederschwellige Eingriffe eine verbotene Inter-

---

[99] Internationaler Gerichtshof (IGH), *Jurisdictional Immunities of the State (Germany v. Italy: Greece intervening)*, I.C.J. Reports 99, 123 f. (2012); *Fox/Webb*, The Law of State Immunity, S. 26; kritisch *Lauterpacht*, 28 The British Yearbook of International Law (1951) 220, 229.

[100] BVerfG, NJW 2014, 1723; BVerfG, NJW 2007, 2605, 2607; BGH, NJW-RR 2013, 1532, 1533; ferner BVerfG, IPRax 2011, 389, 390.

[101] *Hess*, Staatenimmunität bei Distanzdelikten, S. 304 ff.

[102] Insbesondere *Hess*, Staatenimmunität bei Distanzdelikten, S. 306 ff. Weniger die Souveränität als die Gleichheit betont *Kau*, in: Graf Vitzthum/Proelß (Hrsg.), Völkerrecht, Abschnitt III Rn. 89 ff.

[103] *Dahm/Delbrück/Wolfrum*, Völkerrecht, Band I/2, S. 216.

[104] *Brownlie*, 102 ASIL Proceedings (2008) 106, 106.

[105] Internationaler Gerichtshof (IGH), *Military and Paramilitary Activities in and against Nicaragua*, I.C.J. Reports 14, 108 (1986); *Shaw*, International Law, S. 154 f.

[106] *Crawford*, Brownlie's Principles of Public International Law, S. 731 ff.

[107] In der völkerrechtlichen Literatur meistens nur aus dieser Perspektive dargestellt, vgl.

vention begründen.[108] Auch die zwangsweise Erstreckung eines Gerichtsverfahrens auf einen fremden Staat kann darunter fallen.[109]

Inländische Vollstreckungsverfahren laufen leicht Gefahr, die Entscheidungsgewalt des fremden Staates in inneren Angelegenheiten zu beschneiden und ihm einen gegensätzlichen Willen aufzuzwingen. Wenn beispielsweise Währungsreserven zwangsweise entzogen werden, können die Institute diese Mittel etwa nicht mehr für vorgesehene Marktintervention zur Stützung der eigenen Währung einsetzen. Aus der Perspektive des ausländischen Staates führen die Vollstreckungsmaßnahmen dazu, dass der Forumstaat bestimmte Zwecke des ausländischen Staates torpediert. Dadurch wird nicht nur das nationale Interesse des ausländischen Staates an der Bewahrung seines Vermögens, sondern auch sein Interesse an der ungestörten Wahrnehmung politischer Gestaltungsmacht verletzt.

Die Erstreckung der eigenen Vollstreckungsgewalt auf fremde Staaten kann aber nicht in jedem Fall einem Eindringen in die inneren Angelegenheiten eines fremden Staates gleichkommen. Denn kraft seiner eigenen Souveränität genießt der Gerichtsstaat auf seinem Territorium die ausschließliche Hoheitsgewalt. Mithin stehen ihm dort auch die ausschließliche Gerichtsbarkeit und die Möglichkeit zu, durch Zwang die Beachtung seiner Gesetze und justiziellen Entscheidungen sicherzustellen.[110] Greift der Gerichtsstaat durch Vollstreckungsverfahren auf in seinem Hoheitsgebiet belegene Vermögensgegenstände fremder Staaten zu, übt er in jedem Fall seine ihm völkerrechtlich zugestandene Gerichtsgewalt aus.[111] Die Vollstreckungsimmunität hat die Aufgabe, den Konflikt zwischen den widerstreitenden Prinzipien der Territorialhoheit des Forumstaates und der Souveränität des ausländischen Staates aufzulösen.

---

etwa *Graf Vitzthum*, in: Graf Vitzthum/Proelß (Hrsg.), Völkerrecht, Abschnitt I Rn. 76 ff.; zu der historischen Entwicklung der Norm *Kegley/Raymond/Hermann*, 22 The Fletcher Forum of World Affairs (1998) 81.

[108] *Stigall*, 3 Notre Dame Journal of International & Comparative Law (2013) 1, 10.

[109] *Crawford*, 75 American Journal of International Law (1981) 820, 856.

[110] *Schaumann*, in: Deutsche Gesellschaft für Völkerrecht, Arbeiten der 2. Studienkommission der Deutschen Gesellschaft für Völkerrecht (Hrsg.), Die Immunität ausländischer Staaten nach Völkerrecht und deutschem Zivilprozessrecht, S. 1, 130.

[111] Siehe oben S. 93.

(2) Moderne Begründung der Vollstreckungsimmunität

(a) Funktionalisierung der Vollstreckungsimmunität

Die soeben beschriebenen historischen Wurzeln der Immunität[112] können für sich genommen die heutige Gestalt der Immunität nicht nachvollziehbar rechtfertigen.[113] Zum einen steht der Ausdehnung der inländischen Vollstreckungsgewalt über Vermögen eines fremden Staates nicht etwa in sämtlichen Fällen dessen souveräne Gleichheit und Unabhängigkeit entgegen. Die moderne völkerrechtliche Vollstreckungsimmunität nimmt ausschließlich staatliche Vermögenswerte von der nationalen Gerichtsbarkeit aus, die hoheitlichen Zwecken dienen. Immunitätsauslösender Anknüpfungspunkt ist damit eine Kategorie staatlicher Funktionen, die mittels konkreter Vermögensmittel ins Werk gesetzt werden. Zum anderen hat sich die Staatenpraxis von einer strukturalistischen Sichtweise gelöst und das Maß der erforderlichen organisationsrechtlichen Verbindungen zum Staat weitgehend gelockert, so dass die Qualität ihrer Aufgaben über das Eingreifen der Immunität entscheidet.[114]

Diese Entwicklung und die rechtliche Aufwertung des individuellen Anspruchs auf Rechtsschutz gegen fremde Staaten drängen zu einer nüchternen, funktionalen Sicht auf die theoretische Grundlegung der Immunität. Die moderne Ratio der Staatenimmunität verengt sich mit der Reduzierung der Immunitätsreichweite auf den Schutz der Wahrnehmung staatlicher Kernaufgaben.[115] Die Zurücknahme der inländischen Gerichtsgewalt soll gewährleisten, dass fremde Staaten ihre öffentlichen Aufgaben effektiv und unbeeinträchtigt wahrnehmen können. Die Begründung beschränkt die Immunität damit auf ein funktional notwendiges Maß. Nur wenn die Wirksamkeit der Aufgabenwahrnehmung Schaden nehmen würde, lässt sich Immunität rechtfertigen.

---

[112] Diesen Aspekt betont allerdings das Bundesverfassungsgericht, BVerfG, NJW 2014, 1723, 1723.

[113] *Van Aaken*, in: Peters/Lagrange/Oeter u. a. (Hrsg.), Immunities in the Age of Global Constitutionalism, S. 131, 134; *Schaumann*, in: Deutsche Gesellschaft für Völkerrecht, Arbeiten der 2. Studienkommission der Deutschen Gesellschaft für Völkerrecht (Hrsg.), Die Immunität ausländischer Staaten nach Völkerrecht und deutschem Zivilprozessrecht, S. 1, 62.

[114] *Schreuer*, State Immunity, S. 93 ff.

[115] Wegweisend *Kren Kostkiewicz*, Staatenimmunität im Erkenntnis- und im Vollstreckungsverfahren nach schweizerischem Recht, S. 334 ff.; *Albert*, Völkerrechtliche Immunität ausländischer Staaten gegen Gerichtszwang, S. 235 ff.; *Krieger*, in: Paulus/Dethloff/Giegerich u. a. (Hrsg.), Internationales, nationales und privates Recht: Hybridisierung der Rechtsordnungen?, S. 233, 245; *van Aaken*, in: Peters/Lagrange/Oeter u. a. (Hrsg.), Immunities in the Age of Global Constitutionalism, S. 131, 168 ff.; *Hess*, Staatenimmunität bei Distanzdelikten, S. 68 ff., beschreibt die Funktionalisierung der inhaltlichen Reichweite der Immunität, ohne aber diese Entwicklung auf die Geltungsgründe der Immunität durchschlagen zu lassen.

Staatsfunktionen werden hier nicht im Sinne der klassischen staatsrechtlichen Terminologie als die drei Staatsgewalten Legislative, Exekutive und Judikative[116] verstanden. Im Unterschied zu Privaten ist staatliche Betätigung keine Ausübung von Freiheiten, sondern stets eine Wahrnehmung staatlicher Aufgaben. Alles staatliche Handeln, einschließlich dem Einsatz von Vermögensmitteln, dient nach deutschem Verständnis der Förderung bestimmter staatlicher Aufgaben,[117] ihre Erfüllung ist in einem Rechtsstaat Staatszweck.[118] Die Vollstreckungsimmunität unterscheidet die geschützten Bereiche dabei anhand der konkreten Zweckbestimmung von Vermögenswerten. Sie nimmt damit die Ziele staatlichen Handelns in den Blick und schützt die zu diesen Zielen eingesetzten Mittel. Genau diese Zielorientierung staatlichen Handelns liegt dem Begriff der Aufgabe zugrunde.[119] Teilweise nehmen Immunitätsregelungen sogar direkt auf Aufgaben Bezug. So greifen nationale Immunitätskodifikationen bestimmte Vermögenskategorien aufgrund ihrer Aufgabenwidmung, insbesondere auch für Vermögen von Zentralbanken, heraus und versehen sie mit einer gesteigerten Immunität.[120] Staatliche Funktionen sollen daher hier synonym zu staatlichen Aufgaben verstanden werden.

Der Vorteil der Verankerung der Immunität in der Sicherung der Funktionsfähigkeit staatlicher Tätigkeit liegt darin, dass sich auf diesem Wege ein dogmatischer Gleichklang mit den anderen Immunitätssträngen, der diplomatischen Immunität und der Immunität Internationaler Organisationen, herstellen lässt. Während die diplomatische Immunität traditionell mit dem Zweck gerechtfertigt wird, die Funktionsausübung der diplomatischen Vertretung abzusichern, geht es bei der Immunität Internationaler Organisationen um die Gewährleistung der Funktionalität im Hinblick auf ihre statuarischen Aufgaben. Der Schutz von Funktionen des Immunitätsträgers wird so zur überspannenden Ratio.

(b) Fortgeltung der traditionellen Geltungsgründe

Trotz allem kommt auch der moderne Begründungsansatz nicht ohne Rückgriff auf das Fundament der Souveränität aus. Ein funktionaler Begründungsansatz

---

[116] Vgl. nur *Isensee*, in: Isensee/Kirchhof (Hrsg.), Handbuch des Staatsrechts, Band IV, § 73 Rn. 23.

[117] *Baer*, in: Hoffmann-Riem/Schmidt-Aßmann/Voßkuhle (Hrsg.), Grundlagen des Verwaltungsrechts, Band I, § 11 Rn. 1.

[118] *Isensee*, in: Isensee/Kirchhof (Hrsg.), Handbuch des Staatsrechts, Band IV, § 73 Rn. 5, 7. Geichzeitig ist der Staat verpflichtet, nur bestimmte, im politischen Prozess festgelegte Ziele zu verfolgen, *Ehlers*, in: Erichsen/Ehlers (Hrsg.), Allgemeines Verwaltungsrecht, S. 1, 19 f.

[119] *Baer*, in: Hoffmann-Riem/Schmidt-Aßmann/Voßkuhle (Hrsg.), Grundlagen des Verwaltungsrechts, Band I, § 11 Rn. 11; *Weiß*, Privatisierung und Staatsaufgaben, S. 26.

[120] Vgl. Art. 21 der UN-Konvention zur Staatenimmunität; Sec. 1611(b) FSIA US.

kann erklärbar machen, warum nur einzelne Ausschnitte staatlicher Betätigung unter den Immunitätsschutz gestellt werden, nicht aber, welcher Kreis an Staatsaufgaben zu diesem Ausschnitt zu zählen ist. Bei den anderen Immunitätssträngen stellt sich dieses Problem nicht. Im Bereich der Immunität Internationaler Organisationen wird die äußere Immunitätsgrenze durch die vertraglichen Organisationszwecke vorgegeben.[121] Im Rahmen der diplomatischen Immunität markiert die ungestörte diplomatische Interessenvertretung den weiten Schutzumfang.[122] Die Staatenimmunität muss dagegen die Reichweite der inländischen Gerichtsbarkeit für sämtliche von vornherein nicht auf ein bestimmtes Aufgabenfeld festgelegte staatliche Betätigung vorgeben. Und für die entscheidende Frage, welche Handlungen acta iure imperii sind oder welche Zwecke als hoheitlich einzuordnen sind, kann der moderne Gründungsansatz keine Antworten liefern. Hier kommt die Verwurzelung der Immunität in der Souveränität zum Tragen. Denn Immunität lässt sich nur für solche Bereiche rechtfertigen, die in besonderer Nähe zur Staatsgewalt stehen. Genau diese Bereiche gibt das Souveränitätskonzept vor, wenn es die ausschließlich internen Angelegenheiten der Staaten markiert.

bb) Vollstreckungsimmunität und Rechtsschutzverwirklichung

(1) Anforderungen an die Rechtsschutzmöglichkeiten

Private Gläubiger sind zur Durchsetzung privatrechtlicher Forderungen gegen Staaten auf nationale Vollstreckungsverfahren verwiesen.[123] Zwar bleibt privaten Gläubigern noch die Möglichkeit, ihre Heimatstaaten um diplomatischen Schutz gegenüber dem säumigen Schuldnerstaat zu ersuchen. Heute noch bemühen sich Regierungen, allerdings nicht mehr wie in der Vergangenheit mit militärischen Mitteln,[124] um die Beilegung von Streitigkeiten über ausstehende private Auslandsschulden. So suchte Italien beispielsweise 2006 eine direkte Verständigung mit der argentinischen Regierung über die Behandlung von unbedienten Anleihen, die italienische Bürger massenhaft gezeichnet hatten.[125] Jedoch bietet der

---

[121] Dazu unten S. 357 ff.
[122] BVerfG, NJW 1978, 485, 493.
[123] Siehe oben S. 90.
[124] Bis zum Ersten Weltkrieg kam es sogar häufiger vor, dass Heimatregierungen zugunsten ihrer durch den Zahlungsunwillen fremder Staaten geschädigten Bürger intervenierten. Schuldnerstaaten wurden sogar durch Androhung oder Anwendung militärischer Gewalt gezwungen, ihre Schulden zu begleichen (sog. *gunboat diplomacy*). Höhepunkt dieser Entwicklung war der Beschuss venezolanischen Küstenbefestigungen durch britische und deutsche Kriegsschiffe mit dem Ziel, Venezuela zu zwingen, seine Schuldtitel zu befriedigen, *Buchheit*, 6 Chicago Journal of International Law (2005) 333, 336.
[125] *Waibel*, Sovereign Defaults Before International Courts and Tribunals, S. 40.

diplomatische Schutz nicht annähernd einem Zwangsvollstreckungsverfahren vergleichbaren Rechtsschutz. Er folgt keinem rechtsförmigen Verfahren und steht im Ermessen der Heimatstaaten,[126] in dessen Rahmen außenpolitische Erwägungen die tragende Rolle spielen.[127]

Für Gläubiger kommt es letzten Endes allein darauf an, den geschuldeten Betrag in den Händen zu halten. Ohne die Möglichkeit zur zwangsweisen Durchsetzung bleibt ein materiell-rechtlicher Anspruch und eine gerichtliche Erkenntnis wertlos und das individuelle Rechtsschutzinteresse unverwirklicht.[128] Unabdingbarer Bestandteil rechtsstaatlicher Verfahren ist die effektive Möglichkeit, justizielle Entscheidungen gegen den Willen des Verpflichteten durchsetzen zu können.[129]

Auf völkerrechtlicher Ebene ergibt sich das Recht auf wirkungsvollen Vollzug gerichtlicher Entscheidungen beispielsweise aus dem Recht auf ein faires Verfahren in der Ausprägung des Rechts auf freien Zugang zu Gerichten nach Art. 6 Abs. 1 EMRK, Art. 1 Abs. 1 S. 2 des ersten Zusatzprotokolls der EMRK.[130] Danach muss der Staat wirksame Verfahren bereitstellen, um die Befriedigung privatrechtlicher Ansprüche erzwingen zu können.[131] Der Europäische Gerichtshof für Menschenrechte führte in seiner Entscheidung *Hornsby v. Greece*[132] aus:

> „However, that right would be illusory if a Contracting State's domestic legal system allowed a final, binding judicial decision to remain inoperative to the detriment of one party. It would be inconceivable that Article 6 para. 1 (art. 6-1) should describe in detail procedural guarantees afforded to litigants [...] without protecting the implementation of judicial decisions [...]. Execution of a judgment given by any court must therefore be regarded as an integral part of the "trial" for the purposes of Article 6 [...]."

In der deutschen Rechtsordnung ist die staatliche Pflicht zur Bereitstellung effektiver Mechanismen zur Durchsetzung von Vollstreckungstiteln mittlerweile als Ausformung des grundrechtlich verankerten individuellen Justizgewährungsan-

---

[126] *Buchheit*, 6 Chicago Journal of International Law (2005) 333, 335 f.; *Sturzenegger/Zettelmeyer*, Debt Defaults and Lessons from a Decade of Crises, S. 19.

[127] *Waibel*, Sovereign Defaults Before International Courts and Tribunals, S. 26 ff.

[128] Auch *Habscheid*, in: Deutsche Gesellschaft für Völkerrecht, Arbeiten der 2. Studienkommission der Deutschen Gesellschaft für Völkerrecht (Hrsg.), Die Immunität ausländischer Staaten nach Völkerrecht und deutschem Zivilprozessrecht, S. 160, 255 f.

[129] Dazu *Habscheid*, in: Deutsche Gesellschaft für Völkerrecht, Arbeiten der 2. Studienkommission der Deutschen Gesellschaft für Völkerrecht (Hrsg.), Die Immunität ausländischer Staaten nach Völkerrecht und deutschem Zivilprozessrecht, S. 160, 256.

[130] EGMR, *Kalogeropoulou u. a. / Griechenland und Deutschland*, NJW 2004, 273; *Meyer-Ladewig/Harrendorf/König Stefan*, in: Meyer-Ladewig/Nettesheim/Raumer (Hrsg.), EMRK, Art. 6 Rn. 51.

[131] EGMR, *Kalogeropoulou u. a. / Griechenland und Deutschland*, NJW 2004, 273, 274.

[132] EGMR, *Hornsby v. Greece*, Reports of Judgments and Decisions 1997-II, 512, Rn. 40.

spruchs anerkannt.[133] Die Rechtsprechung stützt das subjektive öffentliche Recht des Gläubigers auf effektiven zivilprozessualen Rechtsschutz durch staatliche Vollstreckungsverfahren auf das Rechtsstaatsprinzip (Art. 20 Abs. 3 GG), das in Verbindung mit Art. 2 Abs. 1 GG zu einer grundrechtlichen Schutzposition erstarkt.[134] Zusätzlich betont der BGH regelmäßig, dass der Schutz von durch Vollstreckungstiteln festgestellten schuldrechtlichen Forderungen in Art. 14 Abs. 1 GG auch ein „Befriedigungsrecht des Gläubigers" vermittelt und den Staat zur wirkungsvollen Durchsetzung zivilrechtlicher Forderungen durch Zwangsverfahren verpflichtet.[135]

(2) Folgen der Vollstreckungsimmunität: Recht ohne Rechtsbehelfe

Vollstreckungsimmunität macht eine Rechtsschutzverwirklichung faktisch unmöglich. Zwar genießt ein fremder Staat nicht generell, sondern nur in konkreten Verfahren in Bezug auf spezifische Vermögenswerte Vollstreckungsimmunität. Wenn der fremde Staat etwa Vollstreckungen wegen Geldforderungen um jeden Preis vermeiden will, gelingt ihm das in der Regel auch. So haben Gläubiger im Nachgang zur Zahlungsunfähigkeit Argentiniens im Jahr 2001 vielfach versucht, ihre nicht mehr bedienten Forderungen zwangsweise durchzusetzen. Die Vollstreckungsversuche blieben bis auf bescheidene Ausnahmen ohne Erfolg.[136] Rein faktisch läuft die Immunität auf eine Vollstreckungssperre hinaus. Damit ergibt sich eine widersprüchliche Situation. Die Rechtsordnung schafft zwar die Möglichkeit, Verträge mit fremden Staaten einzugehen, verwehrt aber das Instrumentarium, um diese im gerichtlichen Rechtsschutz durchzusetzen. Dabei sind private Gläubiger gegenüber fremden Staaten im besonderen Maße auf effektive Vollstreckungsmechanismen angewiesen. Einen Automatismus, dass fremde Staaten einem Gerichtsurteil ohne Weiteres Folge leisten, gibt es nicht. Im Gegenteil, da

---

[133] *Gaul/Schilken/Becker-Eberhard*, Zwangsvollstreckungsrecht, S. 104 f.
[134] BVerfG, NJW 1988, 3141.
[135] BGH, NJW 2004, 954, 956; BGH, NJW 2004, 3770, 3771; die Kombination aus beiden Rechtsgrundlagen führen an BGH, NJW 2006, 1290, 1291; BGH, NJW-RR 2009, 601, 602, s. ferner BVerfG, NZM 2005, 657, 659; *Gaul/Schilken/Becker-Eberhard*, Zwangsvollstreckungsrecht, S. 102 ff.; *Lange*, Internationale Rechts- und Forderungspfändung, S. 80; *Stöber*, in: Zöller (Hrsg.), Zivilprozessordnung, Vor § 704 Rn. 2; *Lackmann/Rolf*, in: Musielak/Voit (Hrsg.), Zivilprozessordnung, Vorbemerkung § 704–§ 802 Rn. 6.
[136] So haben US-amerikanische Hedgefonds trotz unzähliger Versuche es nur in eher unbedeutenden Ausnahmefällen geschafft, Befriedigung ihrer Forderungen durch Vollstreckungen gegen Argentinien zu erlangen. Regelmäßig scheiterten sie vor Gerichten an der Immunität Argentiniens, s. U.S. Court of Appeals, 2nd Circuit, *EM Ltd. v. Republic of Argentina*, 473 F.3d 463 (2007); Internationaler Seegerichtshof, *ARA Libertad (Argentina v. Ghana)*, Ent. v. 15.12.2012, Rs. Order 2012/4; *Blackman/Mukhi*, 73 Law and Contemporary Problems (2010) 47, 57 ff.; *Weidemaier/Gelpern*, 31 Yale Journal on Regulation (2014) 189, 194.

anderweitige effektive Sanktionen fehlen, setzt die Vollstreckungsimmunität eher Anreize in die Richtung, Urteile nicht zu beachten.

In jedem Fall errichtet die Vollstreckungsimmunität ein rechtliches Hindernis für die Durchsetzung schuldrechtlicher Forderungen und greift insoweit in die grundrechtliche und menschenrechtliche Verbürgung effektiver Zwangsvollstreckungsmechanismen ein. So sieht der EGMR, der anders als das Bundesverfassungsgericht bereits mehrfach im Fall von an der Vollstreckungsimmunität gescheiterten nationalen Vollstreckungsverfahren angerufen wurde, eine Einschränkung des Konventionsrechts.[137] Die deutsche Literatur wertet die Immunität des Vollstreckungsobjekts als Eingriff in das verfassungsrechtliche Recht auf effektiven Rechtsschutz in Vollstreckungsverfahren.[138]

(3) Rechtswidrige Vollstreckungsimmunität?

Dennoch kann aus dem Eingreifen der Vollstreckungsimmunität nicht zwangsläufig eine Verletzung des Rechts auf freien Zugang zu den Gerichten nach Art. 6 Abs. 1 EMRK oder des grundgesetzlichen Anspruchs auf effektiven Rechtsschutz in Zwangsvollstreckungsverfahren folgen. Denn die Vollstreckungsimmunität beruht auf universell geltendem Völkergewohnheitsrecht. Die EMRK und das Grundgesetz können keine Handlungen untersagen, zu denen Staaten kraft universeller Regeln des Völkerrechts im Außenverhältnis verpflichtet sind. Die Bundesrepublik ist nicht nur im Außenverhältnis gebunden, vielmehr ist die völkergewohnheitsrechtliche Immunitätsregel nach Art. 25 S. 1 GG auch unmittelbarer Bestandteil der inländischen Rechtsordnung und verlangt von den Rechtspflegeorganen Beachtung.

Die Prinzipienkollision ließe sich von vornherein dadurch auflösen, dass, soweit das Völkergewohnheitsrecht zur Immunität verpflichtet, bereits der Schutzbereich der rechtlichen Gewährleistungen nicht eröffnet ist.[139] Eine solche Bereichsausnahme wird, soweit ersichtlich, nicht vorgeschlagen. Für die deutsche Rechtsordnung ergibt sich ein normenhierarchisches Problem. Wenn man die allgemeinen Regeln des Völkerrechts unterhalb der Verfassung verankert,[140] dann ist das Völkergewohnheitsrecht bereits nicht in der Lage, den grundrechtlichen Schutzgehalt zu modifizieren. Wertet man die Immunitätsgewährung hinge-

---

[137] EGMR, *Kalogeropoulou u. a. / Griechenland und Deutschland*, NJW 2004, 273, 275; Panizza/Sturzenegger/Zettelmeyer, 47 Journal of Economic Literature (2009) 651, 659.

[138] *Lange*, Internationale Rechts- und Forderungspfändung, S. 80; *Bleckmann*, NJW 1978, 1092, 1094; allgemein zur Immunität *Leipold*, in: Prütting (Hrsg.), Verfahrensrecht am Ausgang des 20. Jahrhunderts, S. 353; *von Schönfeld*, NJW 1986, 2980, 2981.

[139] So wohl aber KG, RPfleger 2010, 658, 659.

[140] So wohl mehrheitlich, etwa *Herdegen*, in: Maunz/Dürig (Hrsg.), Grundgesetz, 87. EL März 2019, Art. 25 Rn. 42.

gen als Eingriff in den Schutzgehalt der Gewährleistungen, so lassen sich die widerstreitenden Prinzipien unter Berücksichtigung der Einzelfallumstände flexibel in einen Ausgleich bringen.

(a) Rechtsprechung des EGMR

Das Recht aus Art. 6 Abs. 1 EMRK gilt nicht einschränkungslos. Vielmehr hebt der EGMR in gefestigter Rechtsprechung den Regelungsspielraum der Staaten hervor. Zu einer Verletzung des Konventionsrechts kommt es erst, wenn die rechtliche Gewährleistung in ihrem Kernbestand berührt ist, die Einschränkung nicht einem legitimen Zweck dient oder die Verhältnismäßigkeit zwischen eingesetzten Mitteln und verfolgten Zielen nicht gewahrt ist.[141] Die Beachtung der international geltenden Immunitätsregeln sei aber ein legitimes Ziel, das generell keine unverhältnismäßige Einschränkung des Rechts aus Art. 6 Abs. 1 EMRK sein könne. Schließlich könne die Konvention nicht losgelöst von den übrigen Verpflichtungen des Völkerrechts, sondern nur im Einklang mit diesen ausgelegt werden.[142]

Diese Grundsätze beschränken sich auf Konstellationen einer Prinzipienkollision, in denen die Weigerung der Ausübung nationaler Gerichtsbarkeit aus einer Verpflichtung aus den völkerrechtlichen Immunitätsregeln folgt. Das völkerrechtliche Immunitätsregime ist aber alles andere als vollständig oder abschließend und belässt den Staaten nicht unerhebliche Ausgestaltungsspielräume.

Eine andere Frage ist also, wie die Gewährung einer zusätzlichen Immunität, die die Vorgaben des Völkerrechts übersteigt, im Lichte des Art. 6 Abs. 1 EMRK zu werten ist.[143] Den Forumstaaten steht zunächst der vom EGMR beschworene

---

[141] EGMR, *Kalogeropoulou u.a. / Griechenland und Deutschland*, NJW 2004, 273, 275; weitere Nachweise bei *Kloth*, Immunities and the right of access to court under Article 6 of the European Convention on Human Rights, S. 13.

[142] EGMR, *Al-Adsani v. The United Kingdom*, Reports of Judgments and Decisions 2001-XI, 79, 98. Für die Vollstreckungsimmunität EGMR, *Manoilescu and Dobrescu v. Romania and Russia*, Reports of Judgments and Decisions 2005-VI, 357, Rn. 81; EGMR, *Manoilescu and Dobrescu v. Romania and Russia*, Reports of Judgments and Decisions 2005-VI, 357, 385; dazu auch *Jones*, 52 The International and Comparative Law Quarterly (2003) 463, 471 f., 471; *Bonafè*, 20 The Italian Yearbook of International Law (2010) 55, 60 f.

[143] Eine Enscheidung dazu traf der EGMR bislang nicht; auch nicht in dem Fall EGMR, *Kalogeropoulou u.a. / Griechenland und Deutschland*, NJW 2004, 273, obwohl die Vollstreckung an einer nach griechischem Zivilprozessrecht erforderlichen Genehmigung des Justizministers scheiterte, die eine völkerrechtlich nicht gebotene Besonderheit des griechischen Zivilprozessrechts ist. Dort hatten griechische Kläger für Greueltaten der SS während des Zweiten Weltkriegs in Griechenland Entschädigungen erstritten und versuchten diese Urteile durch Zugriff auf mehrere in Griechenland vom deutschen Staat gehaltene bzw. ihm zugehörige Vermögenswerte zu vollstrecken. In der Entscheidungsbegründung stellte das Gericht lediglich

konventionsrechtliche Regelungsspielraum[144] offen. Hier muss sich auch auswirken, dass die völkerrechtlichen Regelungen nur einen Mindeststandard etablieren. Zudem muss eine Evolution bestehender Immunitätsregeln durch divergierende nationale Praxis möglich sein. Nach der Rechtsprechung des EGMR bedeutet allerdings jede Immunitätsgewährung eine rechtfertigungsbedürftige Einschränkung von Art. 6 Abs. 1 EMRK. Als legitimes Ziel können hier zumindest der Schutz staatlicher Funktionen und der dahinter stehende Zweck zur Aufrechterhaltung ungestörter diplomatischer Beziehungen herangezogen werden.[145] Da die diplomatischen Beziehungen und ihre unzumutbare Belastung vor allem einer politischen Einschätzung unterliegen und wenig justiziabel sind, entfaltet dieses Regelungsziel im Ansatz geringere Rechtfertigungskraft als die Einhaltung der völkerrechtlich zwingenden Regeln der Staatenimmunität.

Der Rechtsprechung des EGMR lässt sich hierzu keine eindeutige Stellungnahme entnehmen. In den Fällen *Cudak v. Lithuania*[146] und *Oleynikov v. Russia*[147] nahm der Gerichtshof zwar jeweils eine Verletzung von Art. 6 Abs. 1 EMRK an, weil die nationalen Gerichte in Abweichung von den völkerrechtlichen Immunitätsregeln Immunität gewährt hatten. In dem Fall *Cudak v. Lithuania* war eine ehemalige Botschaftsmitarbeiterin mit ihrer Klage wegen rechtswidriger Entlassung an dem Immunitätseinwand gescheitert. Der EGMR stützte den Konventionsverstoß darauf, dass Litauen den völkergewohnheitsrechtlichen Immunitätsstandard in arbeitsrechtlichen Prozessen zugrunde legte, diesen aber im betreffenden Fall fehlerhaft angewendet hatte.[148] In dem Fall *Oleynikov v. Russia* hatten russische Gerichte eine Klage auf Darlehensrückzahlung gegen die Volksrepublik Nordkorea mit der Begründung abgewiesen, fremde Staaten genössen außer im Falle eines Verzichts Immunität. Aber auch hier löste nicht etwa die Anwendung einer absoluten Immunität und damit die Abweichung von dem völkerrechtlich gebotenen Immunitätsstandard die Verletzung des Rechts auf freien Zugang zu Gerichten aus. Vielmehr bemängelte der Gerichtshof, dass die russischen Gerichte das einschlägige nationale Recht unangewendet gelassen hatten, das die Immunität auf Fälle der Ausübung von Hoheitsgewalt beschränkte.[149]

---

darauf ab, dass das deutsche Vermögen Vollstreckungsimmunität genieße und eine Genehmigung zurecht ausbleiben durfte.

[144] *Meyer*, in: Karpenstein/Mayer (Hrsg.), Konvention zum Schutz der Menschenrechte und Grundfreiheiten, Art. 6 Rn. 6.

[145] EGMR, *Al-Adsani v. The United Kingdom*, Reports of Judgments and Decisions 2001-XI, 79, 99; EGMR, *Kalogeropoulou u. a. / Griechenland und Deutschland*, NJW 2004, 273, 273 f.

[146] EGMR, *Cudak v. Lithuania*, Reports of Judgments and Decisions 2010-III, 153.

[147] EGMR, *Oleynikov v. Russia*, Ent. v. 13.03.2013, Rs. 36703/04.

[148] EGMR, *Cudak v. Lithuania*, Reports of Judgments and Decisions 2010-III, 153, 176 ff.

[149] EGMR, *Oleynikov v. Russia*, Ent. v. 13.03.2013, Rs. 36703/04 Rn. 67 ff.

Noch schwieriger zu beurteilen sind Besonderheiten des nationalen Rechts bei der Vollstreckung gegen fremde Staaten, die nicht unmittelbar aus der Reichweite der Immunität folgen, aber dennoch die Vollstreckung gegen Staaten erschweren. Dazu zählen etwa Beweiserleichterungen zugunsten des fremden Staates im Hinblick auf immunitätsbegründende Tatsachen. Zwar muss das Recht aus Art. 6 Abs. 1 EMRK effektiv gewährt werden, indem die staatlichen Rechtsschutzmechanismen es tatsächlich möglich machen, den Rechtsweg im Einzelfall zu beschreiten.[150] Aber auch hier kommt der Ausgestaltungsspielraum der Staaten zum Tragen, der zur Folge hat, dass nicht jede rechtsschutzerschwerende Privilegierung von fremden Staaten in Zivilverfahren in einen Eingriff in Art. 6 Abs. 1 EMRK mündet.

Es bleibt in jedem Fall die aus der Konvention folgende positive Handlungsverpflichtung zur Gewährleistung der effektiven Ausübung der in der Konvention garantierten Rechte.[151] Sie muss sich auf den Umgang der nationalen Rechtsordnungen mit der Staatenimmunität auswirken. Staaten dürfen danach die Effektivität des zivilrechtlichen Rechtsschutzes Privater im Verhältnis zu fremden Staaten durch die Art und Weise der Integration der Immunität in ihr nationales Zivilrechtverfahrensrecht nicht verhindern. Sie dürfen die Rechtsschutzmöglichkeiten durch eine privilegierende Sonderbehandlung fremder Staaten nicht ohne Grund verkürzen. Die Immunitätsgewährung ist demnach auf das Notwendigste zu beschränken, während dem vollstreckungsrechtlichen Rechtsschutz der privaten Gläubiger so weit wie möglich Raum zu verschaffen ist. Von dieser Sichtweise hat sich auch der spanische Gesetzgeber bei Schaffung eines nationalen Immunitätsgesetzes leiten lassen. In der Einleitung zu dem Gesetz heißt es, die Immunität fremder Staaten sei vor dem Hintergrund des Rechts auf effektiven Rechtsschutz auf ein Minimum zu beschränken.[152]

(b) Verletzung deutscher Grundrechte durch Immunitätsgewährung

Im Hinblick auf die Rechtfertigung des Eingriffs in den Schutzbereich des grundrechtlichen Justizgewährungsanspruchs bedarf es zunächst eines den Eingriff legitimierenden Gesetzes. Als Grundrechtsschranke kann die über Art. 25 GG im Inland Geltung erlangende völkergewohnheitsrechtliche Regel herangezogen

---

[150] *Grabenwarter/Pabel*, Europäische Menschenrechtskonvention, S. 413.

[151] *Johann*, in: Karpenstein/Mayer (Hrsg.), Konvention zum Schutz der Menschenrechte und Grundfreiheiten, Art. 1 Rn. 5. Die Pflichten lassen sich auch als Schutzpflichten fassen, *Schilling*, Internationaler Menschenrechtsschutz, S. 46.

[152] *Ley Orgánica 16/2015 sobre privilegios e inmunidades de los Estados extranjeros, las Organizaciones Internacionales con sede u oficina en España y las Conferencias y Reuniones internacionales celebradas en España,* Boletin ofical del Estado, No. 258, Sec. I, p. 101299, 101302.

werden. Sofern diese in Tatbestand und Rechtsfolgen hinreichend bestimmt ist, was die Rechtsprechung durch die Anwendung der Immunitätsregeln gezeigt hat, taugt der Völkerrechtssatz in Verbindung mit Art. 25 GG als Grundrechtsschranke.[153] Zudem kann man eine einfachgesetzliche Ermächtigung in § 20 Abs. 2 GVG, der für die Reichweite der inländischen Gerichtsbarkeit auf die allgemeinen Regeln des Völkerrechts verweist, erblicken. Es spricht viel dafür, nach dem von dem Bundesverfassungsgericht[154] aufgestellten Kriterium der Wesentlichkeit für die Nichtausübung der inländischen Gerichtsbarkeit eine detaillierte gesetzliche Grundlage zu fordern. Schließlich greift die Vollstreckungsimmunität tief in das Recht auf effektiven Rechtsschutz ein. Die völkerrechtlichen Immunitätsregeln erweisen sich als relativ beständig, sind aber in den Details mit großen Unsicherheiten behaftet, so dass der Gesetzgeber i. S. d. Rechtssicherheit gesetzliche Regelungen schaffen sollte, die insbesondere auch die Integration der völkerrechtlichen Regelung in das deutsche Zivilverfahrensrecht näher festlegen.

Für die Rechtfertigung des Eingriffs und insbesondere die Einhaltung der Grenzen des Grundsatzes der Verhältnismäßigkeit gelten im Wesentlichen die oben gemachten Ausführungen. Soweit die Bundesrepublik an die völkerrechtlichen Immunitätsregeln gebunden ist, scheidet in Umsetzung der völkerrechtlichen Vorgaben eine Grundrechtsverletzung aus, weil die völkerrechtsfreundliche Grundeinstellung des Grundgesetzes[155] völkerrechtswidriges Staatshandeln nicht zulassen kann.[156] In Bereichen, in denen verbindliche Vorgaben fehlen oder die die Umsetzung der Immunitätsregel in die deutsche Rechtsordnung betreffen, wird der Ausgestaltungsspielraum relevant, der dem Gesetzgeber und den Gerichten im Rahmen der Gewährleistung effektiven Rechtsschutzes zukommt.[157] Dort bedeutet nicht jede prozessuale Erschwernis zu Lasten des Gläubigers einen Grundrechtseingriff. Aber angesichts der rechtsschutznegierenden Konsequenz fehlender inländischer Gerichtsbarkeit muss die Ausgestaltung dem Gläubiger tatsächlich wirksame Vollstreckungsmöglichkeiten eröffnen.

---

[153] *Wollenschläger*, in: Dreier (Hrsg.), Grundgesetz Kommentar, Art. 25 Rn. 31.

[154] BVerfG, NJW 1998, 2515, 2520, dazu *Grzeszick*, in: Maunz/Dürig (Hrsg.), Grundgesetz, 87. EL März 2019, Art. 20 Rn. 93, 135.

[155] Bei der innerstaatlichen Rechtsauslegung sind völkerrechtliche Regelungen unmittelbar zu berücksichtigen, BVerfG, *Görgülü-Beschluss*, NJW 2004, 3407, 3408 f.; zur Völkerrechtsfreundlichkeit vgl nur *Rojahn*, in: Münch/Kunig (Hrsg.), Grundgesetz-Kommentar, Art. 25 Rn. 1.

[156] Anders verfuhr das LAG Berlin-Brandenberg, Ent. v. 09.11.2011, Rs. 17 Sa 1468/11 (zitiert nach juris), Rn. 25 ff., das die hinter der diplomatischen Immunität stehenden Erwägungen zur Rechtfertigung des Grundrechtseingriffs heranzog.

[157] Siehe nur *Musielak*, in: Musielak/Voit (Hrsg.), Zivilprozessordnung, Einleitung Rn. 6 ff.

(c) Grundbedingung: Vorhersehbarkeit der Immunitätsregeln

Die menschenrechtlichen und grundrechtlichen Gewährleistungen lassen die zwingenden völkerrechtlichen Immunitätsvorgaben ungeschmälert. Im Ergebnis bleibt der Rechtsschutz der Marktteilnehmer gegen fremdstaatliche Schuldner ausgeschlossen. Gewähren deutsche Gerichte fremden Staaten im Einklang mit dem Völkerrecht Vollstreckungsimmunität, kann der Rechtsschutzsuchende eine Vollstreckung weder erzwingen[158] noch stehen ihm Entschädigungsansprüche gegen den deutschen Staat zu.[159] Soweit aus dem Recht auf Staatenimmunität gleichzeitig eine Pflicht des Fremdstaates zur Rechtsschutzgewährung vor den eigenen Gerichten folgen soll,[160] ist dadurch nicht viel gewonnen. Dem Fremdstaat steht es frei, die Rechtsdurchsetzung der Gläubiger vor eigenen Gerichten zu beschränken. Die verbleibende Rechtsschutzlücke ist unbefriedigend, muss aber nach ökonomischen Grundsätzen für den einzelnen Marktteilnehmer keine tragischen Folgen zeitigen.

Die ökonomische Analyse des Rechts geht von der Prämisse aus, dass Akteure sich rational verhalten und diejenigen Handlungsvarianten wählen, die den erwarteten Nutzen unter den gegebenen Restriktionen maximieren. Rechtlichen Regeln werden dabei Preiseffekte zugeschrieben, auf die Akteure reagieren. Sie setzen Verhaltensanreize, indem sie Kosten auferlegen und Nutzungsgewinne generieren, und steuern so das Verhalten der Akteure.[161] Aus ökonomischer Perspektive hindert jede Art von Immunität die ökonomisch optimale Marktkoordination. Denn der effiziente Güteraustausch zwischen den Marktteilnehmern ist davon abhängig, dass die Rechtsordnung dem Gläubiger verlässliche Wege, über Gerichte oder andere Kanäle, zur Durchsetzung vertraglicher Abreden zur Verfügung stellt. An sich unerheblich sind die Gründe, die eine gerichtliche Durchsetzung vereiteln. Die allgemeinen Überlegungen[162] zur Durchsetzbarkeit von Verträgen lassen sich auf den speziellen Hinderungsgrund der Staatenimmunität übertragen. Entscheidend ist, dass die Vollstreckungsimmunität dem Gläubiger die Möglichkeit nimmt, die Nichtbeachtung vertraglicher Pflichten über einen gerichtlichen Rechtsschutz zu sanktionieren. Dadurch entsteht für den staatlichen Schuldner der Anreiz, die getroffenen Abreden nicht einzuhalten (*moral hazard*) und nur die versprochene Gegenleistung entgegenzunehmen. Auf die-

---

[158] *Lorz*, Ausländische Staaten vor deutschen Zivilgerichten, S. 431 ff.
[159] *Lorz*, Ausländische Staaten vor deutschen Zivilgerichten, S. 433 ff.
[160] *Hess*, Staatenimmunität bei Distanzdelikten, S. 318; *Lorz*, Ausländische Staaten vor deutschen Zivilgerichten, S. 441.
[161] *Polinsky/Shavell* (Hrsg.) Handbook of Law and Economics, S. 762.
[162] *Polinsky/Shavell* (Hrsg.) Handbook of Law and Economics, S. 7 ff.; *Posner*, Economic Analysis of Law, S. 115 ff.

sem Weg belastet die Immunität einseitig die Vertragspartner der fremden Staaten, weil sie die Kosten für nicht erfüllte Verträge zu schultern hätten.

Aber das heißt nicht, dass der fremde Staat ungehindert die Vorteile seines opportunistischen Verhaltens einstreichen könnte. Neben anderen möglichen korrigierenden Mechanismen[163] werden andere Marktteilnehmer mit der fehlenden Durchsetzbarkeit ihrer Forderungen rechnen und ihr Verhalten anpassen. Private werden das gesteigerte Risiko von vornherein bei ihren Transaktionen einpreisen und höhere Entgelte verlangen.[164] Auch können Private versuchen, sich vor einer Nicht-Erfüllung der vertraglichen Pflichten zu schützen, indem sie sich Sicherheiten oder ähnliche Konditionen ausbedingen.[165]

Tatsächlich unternehmen Staaten größte Anstrengungen, um Zahlungsverpflichtungen aus an den Finanzmärkten aufgenommenen Krediten nachzukommen. Dass ein Staat diese Schulden nicht mehr bedient, kommt regelmäßig vor, bleibt aber eine eindeutige Ausnahmeerscheinung.[166] Die ökonomische Forschung ist sich nicht einig, welche Gründe für das vertragskonforme Verhalten der Staaten veranwortlich sind.[167] Neben rechtlichen Sanktionen erlegen noch andere Mechanismen dem Schuldnerstaat Kosten auf, die ihn zur Einhaltung seiner Zahlungsverpflichtungen motivieren können. Nach einer Zahlungseinstellung drohen dem Schuldnerstaat infolge von Reputationseinbußen beispielsweise ein Ausschluss von den Kapitalmärkten, höhere Kreditkosten, ein Rückgang des internationalen Handels, eine niedrigere Wirtschaftsleistung oder politische Kosten für die beteiligten Funktionsträger.[168] Gleichwohl geht man aber davon aus, dass jedenfalls die aktuelle Gestalt der Staatenimmunität nicht entscheidende Anreize setzt, dass Staaten ihre Schulden begleichen. Eine Untersuchung einer kleinen Zahl staatlicher Zahlungseinstellungen in der jüngeren Vergangenheit konnte keine bedeutende Sanktionswirkung durch zivilprozessua-

---

[163] *Posner*, Economic Analysis of Law, S. 175; dazu im Kontext von Staatsschulden sogleich.

[164] So verlangen Marktteilnehmer in der Zeit nach einem Staatsbankrott wesentlich höhere Zinsen für Anleihen des Staates, *Sturzenegger/Zettelmeyer*, Debt Defaults and Lessons from a Decade of Crises, S. 51.

[165] Gesamtwirtschaftlich unterbleiben diejenigen Transaktionen, die eine effiziente Allokation der Ressourcen garantierten, *van Aaken*, in: Peters/Lagrange/Oeter u.a. (Hrsg.), Immunities in the Age of Global Constitutionalism, S. 131, 171; generell zur Folge undurchsetzbarer Verträge *Posner*, Economic Analysis of Law, S. 116f.

[166] Vgl. die umfassende Untersuchung staatlicher Zahlungskrisen im 20. Jahrhundert bei *Reinhart/Rogoff*, This Time is Different.

[167] *Bratton/Gulati*, 57 Vanderbilt Law Review (2004) 1, 13ff.

[168] *Panizza/Sturzenegger/Zettelmeyer*, 47 Journal of Economic Literature (2009) 651, 677ff.

le Rechtsdurchsetzung feststellen.[169] Das lag in vielen Fällen gerade an der Staatenimmunität.[170]

Auch wenn andere Faktoren empirisch dafür verantwortlich sein mögen, dass Staaten Zahlungsausfälle vermeiden, heißt das nicht, dass rechtliche Sanktionen achselzuckend vernachlässigt werden können. Denn ungeachtet der verfassungsrechtlichen Vorgaben besteht die Aufgabe der Rechtsordnung darin, geordnete und effektive Verfahren zur Durchsetzung privater Rechte bereit zu halten. Natürlich kann die Rechtsordnung nie ein bestimmtes Rechtsschutzergebnis garantieren. In der hier untersuchten Konstellation kommt es etwa rein tatsächlich darauf an, inwieweit der Schuldnerstaat im Forumstaat Vermögenswerte unterhält. Wenn die Staatenimmunität Gläubigern unüberwindbare Hürden auferlegt, dann ist jedenfalls zu überprüfen, inwieweit das Immunitätsregime jenseits völkerrechtlicher Vorgaben anders eingestellt werden kann.

Für die Marktteilnehmer kommt es insbesondere darauf an, die immunitätsbedingten Risiken zutreffend einschätzen zu können. Dafür sind die Transparenz und die inhaltliche Bestimmtheit der Regelungen entscheidend. Für Marktteilnehmer muss das Ausmaß der Immunität und damit die Vollstreckungsmöglichkeiten zu übersehen sein, um ex ante einschätzen zu können, welche Risiken mit den Transaktionen verbunden sind, und ex post zu beurteilen, ob sich langwierige Rechtsstreitigkeiten vor Gericht überhaupt lohnen. Die Bestimmtheit der Immunitätsregeln ist nicht nur ein Gebot ökonomischer Effizienz, sondern ergibt sich auch aus verfassungsrechtlichen Vorgaben. Das aus dem Rechtsstaatsprinzip folgende Bestimmtheitsgebot verlangt, dass sämtliche Rechtsnormen in ausreichendem Maße inhaltlich bestimmt sind, um den Normadressaten in die Lage zu versetzen, die Regelungsaussage zu erfassen und sein Verhalten darauf einzustellen.[171] Das verfassungsrechtlich erforderliche Maß der Bestimmtheit variiert und hängt vor allem von den sachlichen Eigenarten des Regelungsgegenstands und der Intensität des mit der Regelung verbundenen Eingriffs ab.[172] Hier müssen die rechtsschutznegierenden Wirkungen der Immunität zur Folge haben, dass Private in der Lage sind, die Reichweite der Immunität im Groben zu übersehen, so dass die Immunitätsregel demnach nicht völlig unbestimmt bleiben kann.

---

[169] *Panizza/Sturzenegger/Zettelmeyer*, 47 Journal of Economic Literature (2009) 651, 688.
[170] *Panizza/Sturzenegger/Zettelmeyer*, 47 Journal of Economic Literature (2009) 651, 655 ff.; 659.
[171] BVerfG, NJW 1971, 2167; BVerfG, NJW 2004, 2213, 2215.
[172] *Grzeszick*, in: Maunz/Dürig (Hrsg.), Grundgesetz, 87. EL März 2019, Art. 20 Rn. 62 ff.

cc) Bedeutung der Vollstreckungsimmunität im Rahmen der Staateninsolvenz

(1) Fehlendes Insolvenzverfahren für Staaten – Lückenfüllung durch die Vollstreckungsimmunität?

Der Vollstreckungsimmunität fällt die Rolle zu, über die zivilrechtliche Rechtsschutzverwirklichung privater Gläubiger zu entscheiden, weil das für Staatsschulden geltende Regelungswerk in gravierender Weise unvollständig ist. Wird ein privater Schuldner zahlungsunfähig, halten zwingende nationale Gesetze einen geordneten Rahmen für die Bewältigung der Insolvenz durch Liquidation oder Sanierung bereit und ermöglichen so einen finanziellen Neuanfang des Schuldners.[173] Insbesondere verhindern sie, dass die Gläubiger versuchen, sich so schnell wie möglich ein Stück vom in der Regel viel zu kleinen Kuchen des Schuldnervermögens zu sichern. Dieser Wettlauf kann der Gläubigergemeinschaft insgesamt nur schaden, weil willkürlich einige Gläubiger voll befriedigt werden, andere hingegen überhaupt nicht, und der Schuldner leidet, weil dessen wirtschaftliche Verhältnisse sich unkontrolliert verschlechtern. Nationale Insolvenzverfahren begegnen diesem Gläubigerdilemma, indem sie das Schuldnervermögen vor willkürlichen Zugriffen der Gläubiger abschirmen und eine Gleichbehandlung aller Gläubiger garantieren.[174] Der Schuldner erhält die Gelegenheit, seine Schulden in einem geordneten Verfahren zu restrukturieren und so eine nachhaltige Rückführung der Verbindlichkeiten in der Zukunft zu ermöglichen.[175]

Für finanziell überforderte Staaten existieren solche Schutzmechanismen nicht.[176] Ein internationaler Rahmen in Form eines Insolvenzverfahrens für Staaten oder in Form einer bloßen verfahrensmäßig vorgegebenen Koordination der Gläubiger wurde bislang nicht geschaffen. Souveräne Staaten können zwar privaten Schuldnern nur schwerlich gleichgesetzt werden, weil sie etwa durch Möglichkeiten zur Steuerschöpfung etc. einen ganz anderen Einfluss auf ihre Vermögenssituation haben. Ihnen können aber ebenfalls die Mittel ausgehen, um fällige

---

[173] *Paulus*, WM 2002, 725; *Ryan*, 82 Fordham Law Review (2014) 2473, 2509f.

[174] *Jackson*, 60 American Bankruptcy Law Journal (1986) 399, 402f.; *Balz*, ZIP 1988, 1438, 1439; *Foerste*, Insolvenzrecht, S. 5f.; *Macmillan*, 16 Northwestern Journal of International Law and Business (1995) 57, 73 ff.; *Hays II*, 75 Brooklyn Law Review (2010) 905, 909f.

[175] Einen Überblick über wesentliche Insolvenzregelungen in verschiedenen Staaten gibt *Bolton*, Toward a Statutory Approach to Sovereign Debt Restructuring: Lessons from Corporate Bankruptcy Practice around the World, 2003, 7ff.

[176] BVerfG, NJW 2007, 2605, 2611; *Wood*, in: Lastra/Buchheit (Hrsg.), Sovereign Debt Management, S. 387, 387ff. Gleichwohl besteht das Gläubigerdilemma auch bei Zahlungsunfähigkeit von Staaten, *Paulus*, WM 2002, 725; *Sturzenegger/Zettelmeyer*, Debt Defaults and Lessons from a Decade of Crises, S. 74f.; *Szodruch*, Staateninsolvenz und private Gläubiger, S. 121 ff.

Zahlungsverbindlichkeiten zu erfüllen.[177] Staatspleiten sind historisch betrachtet ein regelmäßiges Phänomen.[178] Ein unkontrollierter Zugriff der Gläubiger verschlechtert in gleicher Weise nicht nur die wirtschaftliche Lage des Schuldnerstaates und zieht die schmerzhafte[179] Phase der Zahlungsunfähigkeit unnötig in die Länge, sondern bringt der Gläubigergesamheit keine Vorteile. Nationale Insolvenzordnungen helfen nicht, denn auf souveräne Staaten sind sie schon gar nicht anwendbar.[180]

Das fehlende „Insolvenzverfahren" für Staaten ist auch der Grund, aus dem ein Staat seine fehlende finanzielle Leistungsfähigkeit schuldrechtlichen Ansprüchen privater Gläubiger nicht im Wege einer Einrede entgegenhalten kann. Ob eine extreme Verknappung staatlicher Mittel, die dazu führt, dass ein Staat völkerrechtlich anerkannte, überlebenswichtige Staatsfunktionen nicht mehr wahrnehmen kann, eine Suspendierung der schuldrechtlichen Zahlungsverpflichtung gegenüber Privaten begründet, wird kontrovers beurteilt.[181] Staatsnotstand ist zwar als Rechtsfertigungsgrund für den Bruch von Verpflichtungen in völkerrechtlichen Beziehungen gewohnheitsrechtlich anerkannt.[182] Allgemein wird allerdings zwischen völkerrechtlichen und privatrechtlichen Schuldverhältnissen unterschieden. Und eine völkergewohnheitsrechtliche Regel, die es einem Staat erlaubt, lediglich im Privatrecht verankerte Schulden aufgrund einer finanziellen Notlage nicht zu bedienen, konnte das Bundesverfassungsgericht in einer Mehrheitsentscheidung 2007 mangels einer hinreichend uniformen Staatenpraxis nicht feststellen.[183] Der Bundesgerichtshof hat mehrere Jahre später bestätigt,

---

[177] Grundlegend *Sturzenegger/Zettelmeyer*, Debt Defaults and Lessons from a Decade of Crises, S. 31 ff.; *Szodruch*, Staateninsolvenz und private Gläubiger, S. 65 ff.

[178] *Waibel*, Sovereign Defaults Before International Courts and Tribunals, S. 3 ff.; *Paulus*, WM 2013, 489.

[179] Zu den Kosten eines „Staatsbankrotts" aus ökonomischer Perspektive *Sturzenegger/Zettelmeyer*, Debt Defaults and Lessons from a Decade of Crises, S. 48 ff.

[180] Vgl. etwa in Deutschland § 12 Abs. 1 Nr. 1 InsO, dazu *Hirte*, in: Uhlenbruck (Hrsg.), Insolvenzordnung, § 12 Rn. 5, *von Lewinski*, Öffentlichrechtliche Insolvenz und Staatsbankrott, S. 258 f.; zur fehlenden Eignung nationaler Insolvenzgesetze zur Lösung eines Staatsbankrotts BVerfG, NJW 1963, 62, 64.

[181] In zahlreichen Verfahren infolge seiner Staatspleite im Jahr 2001 berief sich Argentinien immer auf das völkerrechtliche Prinzip des Staatsnotstands, das es ihm aufgrund der akuten Zahlungsunfähigkeit erlauben sollte, die Zahlungspflichten zeitweilig auszusetzen, LG Frankfurt, WM 2003, 783; BGH, NJW 2015, 2328; U.S. District Court (S.D.N.Y.), *Lightwater v. Republic of Argentina*, 2003 WL 1878420; U.S. District Court (S.D.N.Y.), *Applestein v. Republic of Argentina*, 2003 WL 22743762.

[182] IGH, I.C.J. Reports 1997, 7, 39; *Baars/Böckel*, ZBB 2004, 445, 459 f.

[183] BVerfG, NJW 2007, 2605; das AG Berlin-Mitte hatte ein Vorlageverfahren nach Art. 100 Abs. 2 GG eingeleitet, nachdem sich Argentinien gegenüber mehreren Klagen deutscher Anleihegläubiger auf den Staatsnotstand berufen hatte, BVerfG, NJW 2007, 2610; dagegen auch *Baars/Böckel*, ZBB 2004, 445, 460. Selbst gegenüber im Völkerrecht wurzelnde Zahlungsver-

dass sich eine solche Regel seitdem auch nicht herausgebildet hat.[184] Den nationalen Insolvenzordnungen könne nach Auffassung des Gerichts zudem kein allgemeiner Rechtsgrundsatz i. S. d. Art. 38 Abs. 1 lit. c IGH-Statut entnommen werden, nach dem Staatsschulden einem geordneten „Insolvenzverfahren" unterliegen, das dem Schuldner ein Leistungsverweigerungsrecht gebe. Denn ein Staateninsolvenzverfahren existiere trotz der Bemühungen der letzten Jahre nachweislich nicht.[185]

Inwieweit das Institut des Staatsnotstands auf der Ebene der Vollstreckungsverfahren eingreifen kann, ist weit weniger klar. Soweit ersichtlich ist die Frage etwa in der deutschen Rechtsprechung, anders als bei den Klagen auf Rückzahlung von Forderungen aus Argentinien-Anleihen, für Vollstreckungsverfahren bislang in keinem Fall entscheidungserheblich geworden. Ungeklärt ist bereits das Verhältnis zur Vollstreckungsimmunität. Einer Auffassung zufolge besteht in Vollstreckungsverfahren privater Gläubiger gar keine Notwendigkeit für das Rechtsinstitut des Staatsnotstands, weil die Vollstreckungsimmunität den zahlungsunfähigen Staat ausreichend schütze.[186] Das LG Frankfurt a. M. ging in einer Entscheidung über einen Widerspruch, mit dem sich der argentinische Staat gegen eine Arrestanordnung aufgrund von Anleiheforderungen zur Wehr gesetzt hatte, davon aus, dass die Notstandseinrede überhaupt nur in konkreten Vollstreckungsverfahren relevant werden könne. Allein die Arrestvollziehung, nicht aber bereits die Arrestanordnung könne eine unmittelbare Gefährdung für wesentliche Staatsinteressen begründen.[187] Das Gericht kam dann aber zu dem Ergebnis, dass der Staatsnotstand keinen über die Vollstreckungsimmunität hinausgehenden Schutz gewähren könne, weil beide Institute auf den Schutz wesentlicher Staatsfunktionen gerichtet seien.[188] Demgegenüber scheint das OLG Köln anzunehmen, dass der Staatsnotstand, soweit ihm eine eigenständige Bedeutung neben der Staatenimmunität zukommt, allenfalls für Erkenntnisverfahren relevant

---

pflichtungen ließe sich ein Staatsnotstand aufgrund der sehr hohen Hürden wohl nur schwer begründen, vgl. *von Lewinski*, Öffentlichrechtliche Insolvenz und Staatsbankrott, S. 492 ff.; weniger Schwierigkeiten sieht *Weller*, Die Grenze der Vertragstreue von (Krisen-)Staaten, S. 37 ff.; zur anderslautenden Rechtsprechung ausländischer Gerichte Sondervotum *Lübbe-Wolffs*, BVerfG, NJW 2007, 2610, 2617; dafür *Pfeiffer*, 102 ZVglRWiss (2003) 141; in der Tendenz anders auch *Dolzer*, in: Jekewitz/Klein/Kühne u. a. (Hrsg.), Festschrift für Karl Josef Partsch zum 75. Geburtstag, S. 531. Uneinheitlich hat die schiedsgerichtliche Praxis die Frage des Staatsnotstands gewertet, *Waibel*, Sovereign Defaults Before International Courts and Tribunals, S. 98 ff.

[184] BGH, NJW 2015, 2328.
[185] BGH, NJW 2015, 2328, 2330 ff.
[186] *Baars/Böckel*, ZBB 2004, 445, 461 sehen die Schlechterstellung privater Gläubiger gegenüber Staatengläubigern durch die Staatenimmunität kompensiert, ferner *Kleinlein*, AVR 44 (2006), 405, 414.
[187] LG Frankfurt a. M., JZ 2003, 1010, 1012.
[188] LG Frankfurt a. M., JZ 2003, 1010, 1012.

werden könne.¹⁸⁹ Das OLG Frankfurt zog schließlich aus dem Fehlen einer völkergewohnheitsrechtlichen Regel, die einen Staat in finanziellen Zwangslagen zur Verweigerung von privatrechtlichen Verbindlichkeiten berechtige, den Schluss, dass eine Notstandseinrede auch in Vollstreckungsverfahren nicht bestehe.¹⁹⁰ Demgegenüber hatte das Bundesverfassungsgericht in seiner Entscheidung sich auf den Staatsnotstand als Einrede gegen schuldrechtliche Verpflichtungen beschränkt.

In der Tat besteht zusätzlich zur Vollstreckungsimmunität kein Bedarf für ein zeitweiliges Vollstreckungsmoratorium zur Überwindung akuter staatlicher Finanznotlagen. Zwar ließe sich die Anwendung der Grundsätze des völkerrechtlichen Staatsnotstands in Vollstreckungsverfahren dogmatisch begründen. Denn Vollstreckungsverfahren berühren nicht allein das Privatrechtsverhältnis zwischen Staat und Gläubiger, sondern sind in erster Linie Ausübung staatlicher Gewalt und wirken sich unmittelbar auch auf die völkerrechtlichen Beziehungen zwischen den beteiligten Staaten aus.¹⁹¹ Aber selbst Gerichte in den USA, die den prozessualen Einwand einer staatlichen Zahlungskrise zulassen und einen zeitlichen Aufschub gewähren, stützen diese Privilegierung nicht auf ein Recht des Fremdstaates, sondern auf das außerrechtliche Prinzip der *international comity*. Sie verfolgen das politische Ziel, Verhandlungen mit den Gläubigern zur Reorganisation der Schulden zu ermöglichen.¹⁹²

Hinzu kommt, dass die Gewährung eines isolierten Vollstreckungsschutzes aufgrund Staatsnotstands ohne Einbettung in ein „Insolvenzverfahren" wenig sinnvoll ist. Auch wenn Gläubiger zuweilen große Forderungen im Vollstreckungswege geltend machen, wird nur in wenigen Fällen ein konkretes Vollstreckungsverfahren eine unmittelbare Gefahr für wichtige Staatsinteressen und die Grundlage für die Notstandseinrede begründen. Erst die Kumulation vieler Vollstreckungsversuche einzelner Gläubiger kann den Schuldnerstaat in die Handlungsunfähigkeit treiben.¹⁹³ In einer solchen Konstellation kann die generelle Unzulässigkeit einzelner Zwangsvollstreckungsverfahren nur damit begründet werden, dass alle Gläubiger eine gleiche Behandlung erfahren sollen und

---

¹⁸⁹ OLG Köln, IPRax 2006, 170, 175.
¹⁹⁰ OLG Frankfurt, Ent. v. 09.08.2007, Rs. 26 W 48/07 (zitiert nach juris), Rn. 18; identisch in der Parallelsache OLG Frankfurt, Ent. v. 09.08.2007, Rs. 26 W 37/07 (zitiert nach juris), Rn. 20.
¹⁹¹ Diesen Gedanken bringt *Lübbe-Wolf* in ihrem Sondervotum in der Entscheidung des BVerfG zur Notstandseinrede zur Geltung, BVerfG, NJW 2007, 2605, 2618.
¹⁹² U.S. Court of Appeals, 2nd Circuit, *Pravin Banker Associates, Ltd. v. Banco Popular Del Peru and the Republic of Peru*, 109 F.3d 850, 855 (1997); ferner Nachweise bei *Baars/Böckel*, ZBB 2004, 445, 461 Fn. 201.
¹⁹³ Eine Gesamtbetrachtung aller Gläubigerforderungen legt auch *Kleinlein*, AVR 44 (2006), 405, 412 zugrunde.

nicht einzelne Gläubiger willkürlich ihre Forderungen befriedigen dürfen. Eine solche Verpflichtung auf das Kollektivinteresse ist den Gläubigern nur zuzumuten, wenn sie durch ein Verfahren, das eine gleichmäßige Befriedigung der Gläubiger gewährleisten kann, kompensiert werden. Genau ein solches Kollektivverfahren fehlt.

Für den Schuldnerstaat in Zahlungsnöten folgt aus der Versagung eines Notstandseinwands in Vollstreckungsverfahren zudem kein Zusammenbruch staatlicher Funktionen. Denn wie noch zu zeigen sein wird, genießen beispielsweise Devisenreserven einer Zentralbank, die genau für solche Krisenfälle angelegt werden, Vollstreckungsimmunität. Dient anderweitiges Vermögen dazu, die Bevölkerung mit lebenswichtigen Einfuhren zu versorgen, greift ebenfalls Vollstreckungsimmunität ein.

(2) Rückkehr der Staatsanleihe

Die Lösung von Zahlungskrisen ist bis heute einem undurchsichtigen und unvorhersehbaren Prozess der spontanen Selbstorganisation überlassen.[194] Ziel der Verhandlungen des Schuldnerstaates mit seinen Gläubigern ist immer eine Umschuldung der nicht mehr tragfähigen Schuldenlast.[195] Die historische Regelmäßigkeit von Staatsbankrotten hat mittlerweile informelle Foren und Übungen hervorgebracht, die den Verhandlungsprozessen eine lose Struktur geben. So werden die Verhandlungen der staatlichen Gläubiger im Rahmen des „Pariser Clubs" geführt, während der „Londoner Club" Umschuldungsbemühungen gegenüber den privaten Gläubigerbanken koordiniert.[196] Auch der Internationale Währungsfonds („IWF") und die Weltbank unterstützen die Verhandlungen und stellen flankierend Übergangskredite zur Verfügung, immer geknüpft an die Bedingung zu innerstaatlichen Reformen.[197]

Heute verschulden sich Staaten (wieder) in erster Linie durch Emittierung von Anleihen auf internationalen Märkten.[198] Dadurch stellen nicht etwa Banken,

---

[194] *Fisch/Gentile*, 53 Emory Law Journal (2004) 1043, 1051 ff.; *Buchheit*, 6 Chicago Journal of International Law (2005) 333; *Paulus*, WM 2002, 725, 726; *Wood*, in: Lastra/Buchheit (Hrsg.), Sovereign Debt Management, S. 387.

[195] *Szodruch*, Staateninsolvenz und private Gläubiger, S. 154 ff.; zu den Möglichkeiten, die Verhandlungen mit den Gläubigern zu beeinflussen, *Buchheit/Daly*, in: Lastra/Buchheit (Hrsg.), Sovereign Debt Management, S. 3; *Buchheit/Daly*, in: Lastra/Buchheit (Hrsg.), Sovereign Debt Management, S. 15.

[196] *Szodruch*, Staateninsolvenz und private Gläubiger, S. 90 ff.

[197] *Buchheit*, 6 Chicago Journal of International Law (2005) 333, 341 f.; *Dickerson*, 53 Emory Law Journal (2004) 997, 1009 ff.; detailliert zu Aktivitäten des IWF, *IWF*, Sovereign Debt Restructuring, 2013.

[198] *Szodruch*, Staateninsolvenz und private Gläubiger, S. 49 ff.; *Hays II*, 75 Brooklyn Law Review (2010) 905, 915 ff.; *Dickerson*, 53 Emory Law Journal (2004) 997, 1012.

sondern private Anleihegläubiger mittlerweile zahlenmäßig die größte Gläubigergruppe. Ihre wechselnden Mitglieder verteilen sich über die ganze Welt und bilden zugleich eine äußerst heterogene Gruppe, die von privaten Sparern bis zu professionellen Hedgefonds reicht.[199] Für diese Gruppe hat sich bislang keine Verhandlungsplattform etabliert. Als noch verhängnisvoller erwies es sich in der Vergangenheit, dass trotz einer Potenzierung der Gläubigerzahlen für eine Restrukturierung der Anleihen regelmäßig die Zustimmung jedes einzelnen Anleihegläubigers erforderlich war.[200] In der Regel versucht der Schuldnerstaat seine Schuldenlast daher zu senken, indem er den Umtausch alter Anleihen in neue Zahlungstitel mit für ihn günstigeren Konditionen anbietet.[201] Die neuen Anleihen sehen etwa hinausgeschobene Zinszahlungen oder eine Herabsetzung des Anleihebetrages vor. Die Gläubiger bleiben in ihrer Entscheidung zum Umtausch ihrer alten Anleihen frei. Anreize gehen von der Aussicht, Neu-Anleihen mit geringerem Zahlungsausfallrisiko und eventuell verbesserten Zahlungsbedinungen zu erhalten, sowie der Furcht, dass sie ihre alten Forderungen nicht mehr durchsetzen können, aus. Der Schuldnerstaat ist dabei bemüht, deutlich zu machen, dass er fortan nur noch die umgetauschten Anleihen zu bedienen gedenkt.[202]

Die strukturellen Schwächen des informellen Umschuldungsprozesses sind mittlerweile gut dokumentiert.[203] Das größte Hindernis für eine schnelle und umfassende Umschuldung bereitet eine Form des „Trittbrettfahrer-Problems" im Rahmen der Gläubigerkoordination.[204] Für eine erfolgreiche Neuordnung ihrer Schulden sind die insolventen Staaten darauf angewiesen, dass sich möglichst alle Gläubiger an dem Schuldenumtausch beteiligen. Aber auch für die Gläubigergemeinschaft insgesamt ist eine breite Zustimmung zu einer Sanierung in der Regel wirtschaftlich sinnvoller, weil sie die Chancen auf eine vollwertige Schuldentilgung in Zukunft erhöht. Für den einzelnen Gläubiger hingegen ist es individuell vorteilhafter, auf die vollständige Rückzahlung seiner alten Schulden zu spekulieren und gleichzeitig an der durch die Opfer der übrigen Gläubiger ermöglichten finanziellen Gesundung des Staates zu partizipieren. Diesem Kalkül folgend, weigert sich regelmäßig eine kleine Gläubigerzahl, sich an der Um-

---

[199] *Panizza/Sturzenegger/Zettelmeyer*, 47 Journal of Economic Literature (2009) 651, 671.

[200] *Buchheit/Gulati*, 51 Emory Law Journal (2004) 1317.

[201] Seltener werden aufgrund des grundsätzlichen Einstimmigkeitsvorbehaltes die Bedingungen der Altanleihen geändert, *Wheeler/Attaran*, 39 Stanford Journal of International Law (2003) 253, 259, 259.

[202] *Weidemaier*, 8 Capital Markets Law Journal (2013) 123, 127; *Buchheit/Daly*, in: Lastra/Buchheit (Hrsg.), Sovereign Debt Management, S. 15, 17 ff.

[203] Übersicht bei *Wright*, 2 Harvard Business Law Review (2012) 153; *Olivares-Caminal*, 11 Journal of Banking Regulation (2010) 91.

[204] Sehr deutlich *Wheeler/Attaran*, 39 Stanford Journal of International Law (2003) 253, 259 f.

schuldung zu beteiligen, und entscheidet sich dafür, mit den alten Schulden in den Händen auszuharren (sog. ausharrende Gläubiger oder engl. holdouts).[205] Berüchtigte Berühmtheit hat diese Gläubigergattung durch professionelle Hedgefonds erlangt, die als Geschäftsstrategie Staatsschulden mit großem Abschlag auf dem Sekundärmarkt aufkaufen und dann zum Nennwert vor Gerichten zu realisieren versuchen.[206] Erst das Abschmelzen des Immunitätsschutzes in der zweiten Hälfte des 20. Jahrhunderts hat den Weg für diese Strategie frei gemacht, weil nunmehr Klagen und Vollstreckungen gegen Staaten möglich wurden.[207]

Einseitige Aktionen der Gläubiger können den gesamten Umschuldungserfolg aufs Spiel setzen.[208] Entscheidet sich ein Gläubiger für die holdout-Strategie, hält dieser auch andere Gläubiger von der Beteiligung an dem Schuldenumtausch ab, weil sie sich nicht mit einer geringeren Befriedigungsquote abfinden wollen.[209] Und eine Beteiligung an den Verhandlungen wird nicht attraktiver, wenn Gläubiger vor den Gerichten oder in Einzelverhandlungen Zugeständnisse erzwingen können, die sie auf dem Verhandlungswege in der Gruppe nie erreichen könnten.[210] Deshalb muss der um Zustimmung für sein Umtauschangebot werbende Staat den glaubhaften Eindruck vermitteln, den Forderungen der holdout-Gläubiger in keinem Fall nachzugeben.[211] Ist der Umtausch dann erfolgt, berauben ausharrende Gläubiger den Schuldnerstaat möglicherweise der Mittel, die er für die Bedienung der umgetauschten Schulden benötigt. Die Höhe der Umtauschangebote richtet sich nämlich maßgeblich nach der prognostizierten Leistungs-

---

[205] *Fisch/Gentile*, 53 Emory Law Journal (2004) 1043; *Paulus/van den Busch*, WM 2014, 2025, 2026; *Macmillan*, 16 Northwestern Journal of International Law and Business (1995) 57, 70.

[206] Eine Bewertung der Erfolge solcher häufig als *Geierfonds* (*vulture funds*) beschriebenen Anleger findet sich bei *Sturzenegger/Zettelmeyer*, Debt Defaults and Lessons from a Decade of Crises, S. 62; *Wheeler/Attaran*, 39 Stanford Journal of International Law (2003) 253, 254.

[207] *Blackman/Mukhi*, 73 Law and Contemporary Problems (2010) 47, 57 ff.; *Fisch/Gentile*, 53 Emory Law Journal (2004) 1043, 1075 ff.

[208] Zu der zusätzlichen Gefahr eines Zahlungsausfalls durch einseitige Rechtsverfolgung einzelner Gläubiger während der Restrukturierungsverhandlungen, *Hays II*, 75 Brooklyn Law Review (2010) 905, 919; andererseits gehen von derartigem Gläubigerverhalten auch Vorteile aus, vgl. *Fisch/Gentile*, 53 Emory Law Journal (2004) 1043, 1147 ff.

[209] Zu der historischen Entwicklung *Sturzenegger/Zettelmeyer*, Debt Defaults and Lessons from a Decade of Crises, S. 62 ff.

[210] Statement of Interest of the United States of America, *CIBC Bank and Trust Company Ltd. v. Banco Central do Brasil et. al.*, 1994 WL 16780549, 12 ff.

[211] Besonders bemüht um diesen Eindruck zeigte sich Argentinien in der Nachfolge seiner Pleite im Jahr 2001. Nicht nur ließen Politiker keine Gelegenheit ungenutzt, zu erklären, dass man den als Geierfonds betitelten holdout-Gläubigern nie etwas zahlen werde, auch wurde ein entsprechendes Gesetz erlassen, das solche Zahlungen untersagte, *Olivares-Caminal*, 15 Law and Business Review of the Americas (2009) 745, 757; *Buchheit/Daly*, in: Lastra/Buchheit (Hrsg.), Sovereign Debt Management, S. 15, 17 ff.

fähigkeit des Schuldners und ist eng kalkuliert. Umtauschangebote werden nur dann breite Zustimmung der Gläubiger finden, wenn der Schuldnerstaat glaubhaft machen kann, dass er mit der versprochenen Tilgung in der Zukunft seine finanziellen Möglichkeiten zur Schuldenrückzahlung ausgereizt hat und ein besseres Angebot nicht möglich ist.[212]

Um diese Unzulänglichkeiten der bisherigen Situation endgültig zu überwinden, setzte der IWF im Jahr 2001 zum großen Wurf an und schlug ein ausgewachsenes Insolvenzverfahren für Staaten unter dem Dach des IWF vor.[213] Das Vorhaben, staatlichen Insolvenzen durch einen formellen rechtlichen Rahmen (sog. statutory approach) Herr zu werden, scheiterte rasch am Widerstand einiger Staaten und privater Marktteilnehmer.[214] Stattdessen wurden die Hoffnungen in vertragsrechtliche Instrumente gesetzt, also Modifizierungen der Vertragsbeziehungen von Schuldnern und Gläubigern (sog. contractual approach). Die größten[215] Hoffnungen ruhen seitdem auf Anleiheklauseln, die eine nachträgliche Änderung der Anleihebedingungen durch Mehrheitsentscheidungen möglich machen (sog. Collective Action Clauses).[216] Unzählige weitere Ansätze sollen zusätzliche Linderung verschaffen.[217] Indes bieten vertragliche Instrumente nur ein stückweit Verbesserung. Sie können etwa nicht ausschließen, dass einzelne Gläubiger gegen Schuldnerstaaten vor nationalen Gerichten vorgehen.[218]

(3) Nationale Gesetze zum Schutz vor Geierfonds

Einige Staaten haben spezielle Vorschriften erlassen, um Spekulationen mit der Zahlungsfähigkeit von Staaten auf Grundlage der holdout-Strategie zu unterbin-

---

[212] *Zettelmeyer/Chamon/Bi*, The Problem that Wasn't, 2011, 7; *Sturzenegger/Zettelmeyer*, Debt Defaults and Lessons from a Decade of Crises, S. 74. Die Verhandlungen mit dem Schuldnerstaat über das Umtauschangebot führen bestimmte Interessenvertretungen für Gläubiger, *Weidemaier*, 8 Capital Markets Law Journal (2013) 123, 127.

[213] *Krueger*, International Financial Architecture for 2002: A New Approach to Sovereign Debt Restructuring, 2002; *IWF*, Proposed Features of a Sovereign Debt Restructuring Mechanism, 2003. Ein formales Insolvenzverfahren für Staaten war auch davor schon eine langjährige Forderung der Wissenschaft, *Ryan*, 82 Fordham Law Review (2014) 2473, 2509 m.w.N.

[214] Für ein solches Resolvenzverfahren insbs. *Paulus*, WM 2019, 637.

[215] Zu anderen Instrumenten, *Galvis/Saad*, 6 Chicago Journal of International Law (2005) 219, 225 ff.

[216] *IWF*, Strengthening the Contractual Framework to Address Collective Action Problems in Sovereign Debt Restructuring, 2014; *Sester*, NJW 2006, 2891; *Gelpern/Gulati*, 73 Law and Contemporary Problems (2010) i.

[217] *Paulus*, RIW 2009, 11, 13 ff.; *Ryan*, 82 Fordham Law Review (2014) 2473, 2500.

[218] *Nguyen*, Cornell International Law Journal (2012) 697, 712 ff.; *Ryan*, 82 Fordham Law Review (2014) 2473, 2502 f.

den.[219] Großbritannien erließ im Jahr 2010 den *Debt Relief (Developing Countries) Act*.[220] Das Gesetz zielt darauf ab, der gemeinsamen Initiative des IWF und der Weltbank zur Reduzierung der Schuldenlast hoch verschuldeter Staaten (Heavily Indebted Poor Countries, HIPC) auch gegenüber privaten Gläubigern zur Durchsetzung zu verhelfen. Demnach können Gläubiger vor englischen Gerichten ausschließlich den Anteil der Forderungen gegen Staaten durchsetzen, der nach der in der HIPC-Initiative beschlossenen Schuldenreduzierung übrig bleibt.[221]

Unter dem Eindruck zahlreicher Vollstreckungsversuche von Hedgefonds gegen kriselnde Staaten empfahl der UN-Menschenrechtsrat den nationalen Gesetzgebern, den Aktivitäten von Hedgefonds gesetzlich Einhalt zu bieten.[222] Belgien ergriff die Initiative und erließ 2015 ein Gesetz, das die Profitmöglichkeiten der als unmoralisch empfundenen[223] Praktiken sog. Geierfonds (fonds vautours) ausschließen soll. Danach können Käufer von Staatsanleihen oder anderen Forderungen gegen Staaten in bestimmten Fällen lediglich den Ankaufswert der Forderungen vor Gerichten in Belgien geltend machen. Die Beschränkung greift ein, wenn der Gläubiger einen „ungerechtfertigten Vorteil" (avantage illégitim) verfolgt.[224] Nach der Legaldefinition verfolgt ein Gläubiger einen ungerechtfertigten Vorteil, wenn zwischen Ankaufswert und Nennwert der Forderungen ein offensichtliches Missverhältnis besteht und zusätzlich eines von sechs inkriminierenden Merkmalen vorliegt. Dazu genügt es etwa, wenn der Schuldnerstaat bei Ankauf der Forderungen zahlungsunfähig war oder zu werden drohte, der Gläubiger seinen Sitz in einem (näher definierten) „Steuerparadies" hat oder die vollständige Rückzahlung negative Auswirkungen auf die öffentlichen Finanzen des Schuldnerstaates und seine sozioökonomische Entwicklung haben könnte.[225] Der belgische Verfassungsgerichtshof billigte das Gesetz und wies eine von NML Capital Ltd. erhobene Klage ab.[226]

---

[219] Zur Beurteilung der Grenzen der Praktiken von Geierfonds nach deutschem Recht *Paulus/van den Busch*, WM 2014, 2025.

[220] Debt Relief (Developing Countries) Act 2010, 2010 c.22.

[221] Sec. 3(1) Debt Relief (Developing Countries) Act 2010; *Wozny*, Columbia Business Law Review (2017) 697, 728 ff.

[222] UN-Menschenrechtsrat, Resolution 27/30 vom 3. Oktober 2014, A/HRC/RES/27/30.

[223] Vgl. die Gesetzesbegründung Doc. parl., Chambre, 2014–2015, DOC54-1057/001, S. 5 f.

[224] Art. 2 Loi relative à la lutte contre les activités des fonds vautours v. 12. Juli 2015, Moniteur Belge 11.09.2015, 57357.

[225] Art. 2 des Gesetzes; zu dem Gesetz insgesamt *Creplet/Courbis*, Revue luxembourgeoise de bancassurfinance 2016, 70.

[226] Belgischer Verfassungsgerichtshof, Moniteur Belge 23.07.2018, 58624.

Frankreich erließ 2016 ein ähnliches Gesetz. Im Gegensatz zu den belgischen Regelungen schränkt es allein die Vollstreckungsmöglichkeiten bestimmter staatlich begebener Finanzinstrumente ein. Das Gesetz untersagt die Vollstreckung gegen Staaten, die auf der Liste der OECD als Empfängerstaaten für Entwicklungshilfe geführt werden.[227] Zusätzlich ist erforderlich, dass der Staat bei Erwerb der Finanzinstrumente diese nicht mehr bediente oder eine Restrukturierung derselben vorgeschlagen hatte und die Zahlungseinstellung oder die Restrukturierung weniger als 48 Monate zurücklag.[228] In anderen Staaten sind entsprechende Gesetzesvorhaben gescheitert.[229]

(4) Vollstreckungsimmunität als „Krücke" für fehlende Insolvenzverfahren?

Im Ergebnis bedeutet das: Ist ein Staat zahlungsunfähig, tritt regelmäßig nur noch die Staatenimmunität zwischen den Staat und die privaten Gläubiger. Keinen Schutz bietet die Immunität in Erkenntnisverfahren. Die Verschuldung am Markt wird gemeinhin als nicht-hoheitliche, also immunitätslose Betätigung qualifiziert, so dass Gerichte regelmäßig über die Zahlungsverpflichtungen aus Anleihenverträgen urteilen.[230] Weniger leicht lässt sich die Vollstreckungsimmunität überwinden. Sie verhindert, dass private Gläubiger den bedrängten Staat im Ausland handlungsunfähig vollstrecken und seine finanzielle Not unkontrolliert verschlimmern. Auch sorgt sie dafür, dass eine holdout-Strategie gerade keine echte Alternative für die Gläubiger ist. Vollstreckungsversuche der Gläubiger gegen ehemalige Pleitestaaten enden zumeist, insbesondere gegen deren Zentralbankvermögen, in Ernüchterung.[231] Auch deswegen trägt die Immunität zum Gelingen von Umschuldungen unter großer Gläubigerbeteiligung bei. Mancher sieht in der Vollstreckungsimmunität eine Krücke für ein fehlendes Insolvenzverfahren für Staaten.[232] Nach anderer Ansicht werde ein fehlender Schutz fremder Staaten durch ein Insolvenzverfahren durch das Privileg der Immunität in

---

[227] Art. 60 I Loi Sapin II (Loi n° 2016-1691 du 9 décembre 2016 relative à la transparence, à la lutte contre la corruption et à la modernisation de la vie économique).

[228] Art. 60 I 3° Loi Sapin II.

[229] *Wozny*, Columbia Business Law Review (2017) 697, 732 ff.

[230] BVerfG, NJW 2007, 2605, 2607; BGH, NJW 2016, 1659, 1660, das Urteil verweist auf die Entscheidung EuGH, *Fahnenbrock u. a./Hellenische Republik*, EuZW 2015, 633; vgl. auch *Baars/Böckel*, ZBB 2004, 445, Fn. 88 m. w. N.; U.S. Supreme Court, *Republic of Argentina v. Weltover, Inc.*, 504 U.S. 607 (1992); *Blackman/Mukhi*, 73 Law and Contemporary Problems (2010) 47, 52.

[231] Beispielhaft BGH, NJW-RR 2013, 1532; U.S. Court of Appeals, 2nd Circuit, *NML Capital v. Banco Central de la Republica Argentina*, 652 F.3d 172 (2011); *Foster*, 25 Arizona Journal of International and Comparative Law (2008) 666, 666 und weitere Nachweise bei oben S. 111.

[232] *Macmillan*, 16 Northwestern Journal of International Law and Business (1995) 57;

Vollstreckungsverfahren kompensiert.[233] Darauf aufbauend soll nach einer Ansicht die Ausweitung der Immunität in Krisenzeiten zu einem undurchdringlichen Immunitätsschutzschild das entscheidende Mittel für eine effektivere Bewältigung von finanziellen Notsituationen darstellen.[234]

Letztere Annahme darf stark bezweifelt werden. Die Vollstreckungsimmunität kann nicht verhindern, dass ausharrende Gläubiger durch ihre Attacken auf der ganzen Welt jedenfalls die Unannehmlichkeiten und Kosten für den Pleitestaat in die Höhe treiben, um ihn zum Einlenken zu bewegen.[235] Auch wurde nachgewiesen, dass Klagen und insbesondere Vollstreckungen von Gläubigern negative Effekte auf den Zugang des Schuldnerstaates zu den Anleihemärkten haben.[236] Gerade weil das aktuelle Immunitätsregime keine Regelungen vorhält, die Vollstreckungsmöglichkeiten der Gläubiger aus Anlass einer Zahlungsunfähigkeit des Staates beschränkten und dem Staat eine Atempause verschafften, können Gläubiger auch bei Zahlungskrisen des Staates indessen dringend benötigtes, aber nur zu wirtschaftlichen Zwecken verwendetes Vermögen vollstrecken. Die Reichweite der Vollstreckungsimmunität gilt unabhängig von der Zahlungsfähigkeit des fremden Schuldnerstaates. Ein „Wettrennen" der Gläubiger wird somit nicht verhindert.

Auch wenn die Hedgefonds nach der Pleite Argentiniens allenfalls geringe Erfolge bei Vollstreckungen gegen argentinisches Vermögen im Ausland erzielt haben,[237] konnten sie Argentinien durch den Einsatz von Klagen und Vollstreckungen letzten Endes dennoch zu freiwilligen Zahlungen bewegen.[238]

dd) Zwischenergebnis

Die Untersuchung des Spannungsfelds der Vollstreckungsimmuntität hat die normativen und faktischen Hintergründe der Vollstreckungsimmunität offengelegt. Dabei konnte herausgearbeitet werden, dass die Vollstreckungsimmunität in erster Linie dem Schutz ausgewählter Funktionen fremder Staaten dient. Die Reichweite der Immunität muss sich daher auch daran orientieren, welches Ausmaß an

---

Nguyen, Cornell International Law Journal (2012) 697; *Blackman/Mukhi*, 73 Law and Contemporary Problems (2010) 47, 48.

[233] *Baars/Böckel*, ZBB 2004, 445, 461.

[234] *Macmillan*, 16 Northwestern Journal of International Law and Business (1995) 57, 79, 95 m.w.N.

[235] Das scheint die wesentliche Strategie einiger Hedgefonds zu sein, *Weidemaier*, University of Illinois Law Review (2014) 67, 195.

[236] *Schumacher/Trebesch/Enderlein*, Sovereign Defaults in Courts, 2018, 32 ff.

[237] *Weidemaier/McCarl*, in: Lastra/Buchheit (Hrsg.), Sovereign Debt Management, S. 139, 140.

[238] Oben in der Einleitung S. 2 f.

Schutz staatliche Funktionen für ihre effektive Wahrnehmung benötigen. Diese Beurteilung kann ohne eine Untersuchung der mit den betroffenen Vermögenswerten verfolgten staatlichen Funktionen nicht vorgenommen werden. Daneben verlangt der national und international verbürgte Rechtsschutzanspruch privater Gläubiger gegenüber dem Forumstaat, dass die Vollstreckungsimmunität auf das nach den zwingenden Vorgaben des Völkerrechts notwendige Maß beschränkt wird und gleichzeitig ein effektiver zivilrechtlicher Rechtsschutz gewährleistet wird. Denn für die Rechtsschutzverwirklichung kommt es letzten Endes auf das Regelungsregime der Vollstreckungsimmunität an, weil sonstige entsprechende Regelungen wie etwa ein Insolvenzverfahren für Staaten fehlen.

5. Aktuelle Regelungsaussagen der völkergewohnheitsrechtlichen Vollstreckungsimmunität

Im Folgenden werden kurz die Kriterien dargestellt, die über den Immunitätsschutz entscheiden. Zunächst greift Immunität nur dann ein, wenn die Einrichtung, die das Immunitätsprivileg für sich in Anspruch nimmt, zu einem Staat zu zählen ist (a). In sachlicher Hinsicht entscheidet, wie soeben angedeutet, die Qualifikation der Zweckverwendung der betroffenen Vermögensgegenstände darüber, ob Immunität eingreift (b). Die Qualifikation der Verwendungszwecke ist aufgrund einer bestimmten Rechtsordnung vorzunehmen (c). Vollstreckungsimmunität greift unabhängig von anderen Voraussetzungen nicht ein, wenn der Staat auf diese verzichtet hat (d). Zuletzt wird die Immunität gegenüber Vollstreckungsmaßnahmen vor Erlass eines Urteil behandelt, für die einige Rechtsordnungen Sonderregelungen bereit halten (e).

a) Immunität ratio personae und rechtlich selbstständige Einheiten

aa) Souveräner Staat als Immunitätsträger

Der Immunitätsschutz ist in persönlicher Hinsicht (ratio personae) beschränkt. Da Träger des Immunitätsrechts allein der souveräne Staat als Völkerrechtssubjekt ist, kann Vollstreckungsimmunität nur in Anspruch nehmen, wer Bestandteil des fremden Staates ist. Allerdings gliedern sich Staaten infolge ihres verfassungsrechtlich vorgegebenen bundesstaatlichen Aufbaus und aufgrund ihrer unbeschränkten Organisationskompetenz in vielzählige und vielfältige Einheiten und Einrichtungen. Zentralbanken sind dafür ein Beispiel. Moderne Zentralbanken genießen in aller Regel rechtliche Unabhängigkeit vom Staat.[239] Sie sind

---

[239] Siehe oben S. 41.

zwar den fremden Staaten als Organe zuzurechnen, nehmen die staatliche Währungshoheit wahr und üben damit staatliche Gewalt aus, sind aber in den meisten Fällen mit einer eigenen, vom Völkerrechtssubjekt Staat getrennten Rechtspersönlichkeit ausgestattet. An der Vollstreckungsimmunität des Staates können sie nur teilnehmen, wenn die rechtliche Selbstständigkeit das immunitätsrechtliche Band zum Völkerrechtssubjekt nicht kappt.

Die rechtliche Selbstständigkeit einer staatlichen Einrichtung gibt nicht das Völkerrecht, sondern das einzelstaatliche (private bzw. öffentlich-rechtliche) Gesellschaftsrecht vor. Welches nationale Recht zur Anwendung kommt, richtet sich nach dem jeweiligen Kollisionsrecht. Deutsches Kollisionsrecht unterstellt die Rechtsfähigkeit von Einrichtungen fremder Staaten dem allgemeinen Personalstatut[240] und verweist damit entweder, für Gesellschaften aus EU-Staaten, in die Rechtsordnung des Gründungsstaates oder, für Gesellschaften aus Drittstaaten, in die Rechtsordnung des effektiven Verwaltungssitzes.[241] Von Völkerrechts wegen ist der Forumstaat zu dieser Anknüpfung allerdings nicht verpflichtet. Er darf die Entscheidung der Rechtsordnung des fremden Staates über die Rechtsfähigkeit nur nicht willkürlich missachten.[242]

Zur Reichweite der Immunität ratio personae zeichnet die Staatenpraxis ein unstetes, unübersichtliches Bild; ein völkerrechtlicher Standard lässt sich nur schwer ausmachen. Zunächst lässt sich der immunitätsbegründende Bezug einer Einrichtung zu einem fremden Staat auf zwei verschiedenen Wegen begründen: Entweder knüpft man an die Zugehörigkeit zur Person des fremden Staates anhand von formellen Kriterien, der Organisationsstruktur (sog. struktureller Ansatz) an oder man rechtfertigt die Immunitätsfähigkeit einer Einrichtung mit der Qualität der wahrgenommenen Aufgaben (sog. funktioneller Ansatz).[243]

bb) Immunität rechtlich selbstständiger Einrichtungen nach den Immunitätsregelwerken

Es zeigt sich, dass die verschiedenen nationalen Immunitätskodifikationen die Frage der Anwendbarkeit der Immunität *ratio personae* anders behandeln als Rechtsordnungen, deren Immunitätsrecht allein durch die Rechtsprechung aus-

---

[240] Für das deutsche Recht BGH, WM 1995, 124, 125; OLG Frankfurt, Ent. v. 24.05.2007, Rs. 26 W 51/07, Rn. 20 (zitiert nach juris); *Thorn*, in: Palandt (Hrsg.), Bürgerliches Gesetzbuch, Anhang zu Art. 12 EGBGB Rn. 15.

[241] *Thorn*, in: Palandt (Hrsg.), Bürgerliches Gesetzbuch, Anhang zu Art. 12 EGBGB Rn. 1 ff.

[242] *Damian*, Staatenimmunität und Gerichtszwang, S. 25.

[243] *Schaumann*, in: Deutsche Gesellschaft für Völkerrecht, Arbeiten der 2. Studienkommission der Deutschen Gesellschaft für Völkerrecht (Hrsg.), Die Immunität ausländischer Staaten nach Völkerrecht und deutschem Zivilprozessrecht, S. 1, 42 ff.

geformt wird. Ein häufig beschrittener Regelungsweg[244] der nationalen und internationalen Immunitätskodifikationen legt die persönlichen (Immunität ratio personae) und sachlichen Immunitätsvoraussetzungen (Immunität ratio materiae) getrennt voneinander fest. Danach kann die verfahrensbeteiligte Einrichtung Immunität in materieller Hinsicht für die Wahrnehmung hoheitlicher Funktionen erst dann beanspruchen, wenn sie in persönlicher Hinsicht eine hinreichende Verknüpfung mit der Person des fremden Staates aufweist.[245] Auf Zentralbanken sind diese Grundsätze nicht uneingeschränkt übertragbar. Für sie gelten regelmäßig Sondervorschriften, die unten[246] eingehend behandelt werden.

Viele nationale Immunitätsgesetze ergänzen die persönliche Immunität durch ein funktionales Element. Die Regelungstechnik im Einzelnen variiert: Entweder zählen die Regelungen organisatorisch selbstständige Einrichtungen (separate entities)[247] nicht zum Völkerrechtssubjekt Staat und lassen diese an der Immunität nur teilhaben, soweit sie im konkreten Fall hoheitliche Aufgaben wahrnehmen,[248] oder sie erstrecken den immunitätsbegründenden Staatsbegriff auf Einrichtungen, soweit sie sowohl nach der generellen Aufgabenzuweisung als auch im konkreten Fall hoheitliche Funktionen ausüben.[249]

Ähnlich fallen die Regelungen des US-amerikanischen *Foreign States Immunities Act* aus. Einrichtungen werden als „agency and instrumentality" einem fremden Staat zugerechnet, wenn sie über eine selbstständige Rechtspersönlichkeit verfügen und ein Organ des fremden Staates darstellen oder sich mehrheitlich im Besitz des fremden Staates befinden.[250] Eine einheitliche Auslegung des

---

[244] Für nationale Immunitätsgesetze vgl. etwa Sec. 14(1) SIA UK; Sec. 1603(a), (b) FSIA US; Art. 2 Immunitätsgesetz Japan; und für internationale Konventionen etwa Art. 2 Abs. 1 (b) UN-Immunitätskonvention; Art. I B Draft Articles on a Convention of State Immunity, *International Law Association*, 22 ILM (1983) 287.

[245] *Schaumann*, in: Deutsche Gesellschaft für Völkerrecht, Arbeiten der 2. Studienkommission der Deutschen Gesellschaft für Völkerrecht (Hrsg.), Die Immunität ausländischer Staaten nach Völkerrecht und deutschem Zivilprozessrecht, S. 1, 44 ff.; *Damian*, Staatenimmunität und Gerichtszwang, S. 29 ff.

[246] Siehe unten S. 157 ff.

[247] Sec. 14(1) SIA UK.

[248] Sec. 14(2)(a) SIA UK; so auch Sec. 1(2), 15 SIA Südafrika, Sec. 16(1)(2) SIA Singapur, Sec. 15 SIO Pakistan sowie Art. I B Draft Articles on a Convention of State Immunity, *International Law Association*, 22 ILM (1983) 287; Art. 2(iii) Immunitätsgesetz Japan; Art. 2 b) ii) *Ley Orgánica 16/2015 sobre privilegios e inmunidades de los Estados extranjeros, las Organizaciones Internacionales con sede u oficina en España y las Conferencias y Reuniones internacionales celebradas en España*, Boletin ofical del Estado, No. 258, Sec. I, p. 101299, 101302 („Immunitätsgesetz Spanien").

[249] Art. 2 Abs. 1(b)(iii) UN-Immunitätskonvention.

[250] Die Regelungstechnik des FSIA US findet sich in ähnlicher Form in Sec. 2 SIA Kanada. Nach Sec. 3(3) SIA Australia zählt eine „separate entity" hingegen nicht zum fremden Staat.

Merkmals „organs of a foreign state" hat sich bisher in der auf Urteile bundesstaatlicher Gerichte beschränkten Rechtsprechung nicht durchgesetzt. Der US Court of Appeals, Ninth Circuit, macht die Organeigenschaft etwa davon abhängig, ob die Einrichtung generell hoheitliche Tätigkeiten ausübt („engages in a public activity on behalf of the foreign government") und greift damit doch wieder auf eine funktionelle Betrachtungsweise zurück,[251] während andere Gerichte die Staatsnähe in einer Gesamtabwägung anhand einer Sammlung verschiedener Kriterien beurteilen.[252]

Im Ergebnis führt eine eigenständige Rechtspersönlichkeit nicht zwingend dazu, dass diese Einrichtungen aus dem Kreis der Immunitätsbegünstigten herausfallen. Auch wenn sie somit nicht die Frage des „Ob" einer Immunitätsberechtigung entscheidet, hat sie doch Einfluss auf das „Wie" der Immunität. Denn einige, aber bei weitem nicht alle[253] Immunitätsregelwerke sehen für Einrichtungen mit dem Status einer „agency", „instrumentality" oder „separate entity" einen abweichenden Immunitätsstandard, und zwar mit einem deutlich reduzierten Schutzniveau, vor. Der FSIA US erlaubt etwa Vollstreckungen gegen sämtliche Vermögensmittel einer „agency or instrumentality", wenn nur das zu vollstreckende Urteil eine Rechtssache betrifft, für die keine Immunität in Erkenntnisverfahren besteht.[254] Hier wird Vollstreckungsimmunität – entgegen der hier betonten tradierten immunitätsrechtlichen Systematik – lediglich als Folge der Immunität in Erkenntnisverfahren behandelt. Die Regelung dürfte sich auf die Annahme stützen, dass ein fremder Staat Einrichtungen mit eigener Rechtspersönlichkeit typischerweise keine dem engeren Kernbereich der Staatsgewalt angehörigen, hoheitlichen Aufgaben überträgt.[255]

---

[251] U.S. Court of Appeals, 9th Circuit, *Patrickson v. Dole Food Company*, 251 F.3d 795, 807 (2001); U.S. Court of Appeals, 9th Circuit, *EOTT Energy Operating Partnership v. Winterthur Swiss Ins. Co. et al.*, 257 F.3d 992, 997 (2001); U.S. Court of Appeals, 9th Circuit, *EIE Guam Corp. v. Long Term Credit Bank of Japan*, 322 F.3d 635, 640 (2003); dafür auch *McNamara*, 11 Business Law International (2010) 5, 8.

[252] Eingehende Darstellung bei *Granne*, 42 U.C. Davis L. Rev. (2008) 1, 17 ff.

[253] Vgl. Art. 19 UN-Immunitätskonvention, Art. 18 Immunitätsgesetz Japan und Art. VII, VIII ILA-Konventionsentwurf.

[254] Sec. 1610(b)(2) FSIA US lautet: „the judgement relates to a claim for which the agency or instrumentality is not immune by virtue of section"; dazu *Del Bianco*, 5 Yale Studies in World Public Order (1980) 109, 142 f. Ganz ähnlich ist die Regelung in Sec. 12(2) FSIA US ausgestaltet. Das britische und das australische Immunitätsgesetz gestehen einer „separate entity" nur dann Vollstreckungsimmunität zu, wenn eine an sich bestehende Immunität im Erkenntnisverfahren wegen eines Verzichts nicht eingreift, vgl. Sec. 14(3)(4) SIA UK, Sec. 35(2) Immunitätsgesetz Australien, zum Verständnis *Australian Law Reform Commission*, Foreign State Immunity, Rep. No. 24, Canberra 1984, S. 39, Rn. 72 f.; wohl auch Art. 16 FSIL Israel.

[255] So mit unterschiedlichen Folgerungen *Schaumann*, in: Deutsche Gesellschaft für Völkerrecht, Arbeiten der 2. Studienkommission der Deutschen Gesellschaft für Völkerrecht

5. Aktuelle Regelungsaussagen

cc) Überwindung der Immunität ratio personae in der kontinentaleuropäischen Praxis

Vor dem Hintergrund fehlender Vorgaben in Immunitätsgesetzen hat sich die kontinentaleuropäische Rechtsprechung mittlerweile in weiten Teilen einer rein funktionellen Beurteilung der Vollstreckungsimmunität verschrieben. Ob die verfahrensbeteiligte Einrichtung generell als tauglicher Immunitätsträger in Betracht kommt, erfährt keine entscheidende Beachtung mehr. Das Schrifttum, vor allem in Deutschland, hat diese Entwicklung maßgeblich vorbereitet und sich schon früh dafür ausgesprochen, die Immunität allein nach funktionalen Kriterien zu beurteilen.[256]

Besonders die deutsche Rechtsprechung – genauer die deutschen Zivilgerichte – haben sich vollständig von einer Untersuchung der Zugehörigkeit zum fremden Staat gelöst und sich viel deutlicher als Gerichte in anderen Ländern für die Aufgabe der Immunitätskategorie ratio personae ausgesprochen. Das Bundesverfassungsgericht hatte dagegen im NIOC-Beschluss ausdrücklich offengelassen, inwieweit rechtsfähige Unternehmen eines fremden Staates seinem Mutterstaat gleichzustellen sind,[257] und auch danach eine eindeutige Positionierung vermieden.[258]

In einem jüngeren Fall hatte der Bundesgerichtshof zu klären, ob die Zentralbank der Mongolei trotz ihrer selbstständigen Rechtspersönlichkeit an der Vollstreckungsimmunität teilnimmt, und führte bei dieser Gelegenheit die Frage der Immunität ratio personae einer grundsätzlichen Klärung zu:[259]

(Hrsg.), Die Immunität ausländischer Staaten nach Völkerrecht und deutschem Zivilprozessrecht, S. 1, 43 (Indiz für Immunitätsfreiheit); *Damian*, Staatenimmunität und Gerichtszwang, S. 33 und *Hess*, Staatenimmunität bei Distanzdelikten, S. 69 (Vermutung für Immunitätsfreiheit).

[256] *Bungenberg*, IPRax 2011, 356, 358; *Institut de Droit International*, Annuaire IDI 62 I (1987), 45, 92; *Esser*, RIW 1984, 577, 578; *Hess*, Staatenimmunität bei Distanzdelikten, S. 68 ff.; *Kren Kostkiewicz*, Staatenimmunität im Erkenntnis- und im Vollstreckungsverfahren nach schweizerischem Recht, S. 366 f.; *Weller*, RPfleger 2006, 364, 367; *von Schönfeld*, NJW 1986, 2980, 2987; *Wefelscheid*, Vollstreckungsimmunität fremder Staaten, S. 39; für die Prüfung der personellen Immunitätsberechtigung anhand von funktionalen Kriterien *Damian*, Staatenimmunität und Gerichtszwang, S. 32 ff.; *Schaumann*, in: Deutsche Gesellschaft für Völkerrecht, Arbeiten der 2. Studienkommission der Deutschen Gesellschaft für Völkerrecht (Hrsg.), Die Immunität ausländischer Staaten nach Völkerrecht und deutschem Zivilprozessrecht, S. 1, 44 ff.

[257] BVerfG, NJW 1983, 2766, 2767; dazu *Herz*, Die Immunität ausländischer Staatsunternehmen mit eigener Rechtspersönlichkeit im französischen und im deutschen Zivilprozessrecht, S. 103 ff.

[258] BVerfG, IPRax 2011, 389, 392.

[259] BGH, NJW-RR 2013, 1532, 1533.

„Von der Vollstreckungsimmunität werden nicht nur die Gegenstände und Forderungen erfasst, deren Inhaber der fremde Staat selbst ist, sondern auch diejenigen, die formal-rechtlich zwar selbstständigen Staatsunternehmen, wie den Zentralbanken, zuzuordnen sind, deren Zweck jedoch hoheitlich ist."

Die schweizerische Rechtsprechung rückte ebenfalls immer mehr von dem organisationsbezogenen, formalen Ansatz ab. Mittlerweile[260] hat das Schweizerische Bundesgericht die Ausübung öffentlicher Hoheitsgewalt als allein maßgeblichen Geltungsgrund für das Immunitätsprivileg anerkannt[261] und macht die Immunitätsgewährung nur noch davon abhängig, dass die fremdstaatliche Einrichtung im konkreten Fall Hoheitsgewalt ausübt.[262] Französische Gerichte differenzieren bei der personellen Immunitätsreichweite zwischen „l'émanations de l'État étranger", die zu dem fremden Staat zählen, und an dessen Immunität teilnehmen, und „l'organisme publics étrangers", die gegenüber dem Staat Autonomie und daher lediglich eine „immunité fonctionnelle" genießen. Auf diese Weise eigenständige staatliche Einrichtungen genießen keine Immunität, wenn ihr Vermögen „affecté à une activité principale relevant du droit privé".[263] Die Rechtsprechung in Belgien und den Niederlanden tendiert ebenfalls mehrheitlich in jüngerer Zeit dazu, allein die Zweckbestimmung der Vermögenswerte zu betrachten.[264]

dd) Versuch der Bestimmung des geltenden Völkergewohnheitsrechts

Die in diesem Aspekt sehr zersplitterte staatliche Übung lässt sich nur mit Vorsicht zu einer völkergewohnheitsrechtlichen Regelung zusammenführen. Angesichts der weit verbreiteten Praxis in den Immunitätsgesetzen, den Kreis der Immunitätsträger festzulegen, kann nicht angenommen werden, dass sich die völkerrechtliche Regel vollständig von der Voraussetzung einer Immunität ratio personae gelöst hätte. Das Immunitätsprivileg erfordert nach wie vor ein Band der Zugehörigkeit zwischen prozessbeteiligter staatlicher Entität und fremdem Staat. Organisationsrechtliche Kriterien sind hierfür nicht mehr entscheidend. Ob eine hinreichende Verbindung besteht, beurteilt sich anhand der Funktionen

---

[260] Für die frühere Rechtsprechung s. etwa Schw. Bundesgericht, *Banco de la Nación, Lima gg. Banca cattolica del Veneto, Vicenza* 110 Ia BGE, 43, 45 f.

[261] Schw. Bundesgericht, BGE 130 III, 136, 141 f.

[262] Schw. Bundesgericht, *Sozialistische Libysche Arabische Volks-Jamahiriya gg. Actimon SA* 111 Ia BGE, 62, 66 f.; Schw. Bundesgericht, *Central Bank of Syria c. Koncar Elektroindustrija*, Ent. v. 25.06.2008, Rs. 5A_92/2008 (unveröffentlicht).

[263] Cour de cassation (Frankreich), *Société Sonatrach c. Migeon* 26 ILM 998 (1987).

[264] Übersicht bei *Esser*, RIW 1984, 577, 580 ff.; *Schreuer*, State Immunity, S. 141; zur Behandlung von Staatsunternehmen in der französischen Rechtsprechung *Grabinski*, IPRax 1992, 55, 57 f.; *Busl*, Ausländische Staatsunternehmen im deutschen Vollstreckungsverfahren, S. 205 ff.

der Einrichtung. Im Sinne eines völkerrechtlichen Mindeststandards erkennt die Staatenpraxis eine hinreichende enge Verbindung zwischen Staat und rechtlich eigenständiger Einrichtung unter zwei kumulativen Voraussetzungen an: Fremdstaatliche Einrichtungen müssen nach ihrer generellen Aufgabenzuweisung und darüber hinaus im konkreten Fall hoheitliche Aufgaben wahrnehmen.[265]

Wenn die Immunität ratio personae an den Aufgaben anknüpft, die die fremdstaatliche Einheit konkret wahrnimmt, dann ergeben sich inhaltliche Überschneidungen mit der Immunität ratio materiae, die in sachlicher Hinsicht ebenfalls auf die betroffenen Funktionen abstellt. Im Ergebnis kommt der Immunitätsberechtigung in persönlicher Hinsicht immer weniger Bedeutung zu. Das ist auch nur konsequent. Schützt eine restriktive Immunität nicht mehr den Staat als solchen, sondern die Ausübung hoheitlicher Funktionen, lässt sich nur schwer rechtfertigen, warum das Immunitätsprivileg nicht eingreifen soll, wenn nicht unmittelbar der Staat, sondern rechtlich selbstständige Einrichtungen fremder Staaten hoheitliche Funktionen ausüben.[266] Gleichzeitig erscheint die organisatorische Beziehung eines Schuldners zu einem fremden Staat auch deshalb als zweifelhaftes Kriterium, weil fremde Staaten in ihrer Verwaltungsorganisation völlig frei sind und damit im Ergebnis Zufälligkeiten über die Immunität entscheiden.[267]

b) Sachliche Reichweite der Vollstreckungsimmunität

aa) Zweckbestimmung des Vermögensgegenstands als Abgrenzungskriterium

Der Immunitätsbereich in Vollstreckungsverfahren bestimmt sich anders als in Erkenntnisverfahren. Die Abgrenzung richtet sich nicht wie im Bereich der gerichtlichen Erkenntnis nach der Natur der betroffenen Tätigkeit,[268] sondern nach der Zweckrichtung des Vermögensgegenstands, die der fremde Staat mit ihr verfolgt.[269] Art. 19 lit. (c) UN-Immunitätskonvention bringt diesen Aspekt der völkerrechtlichen Regel zum Ausdruck, indem die Vorschrift Zwangsvollstreckung in Vermögen unter der Bedingung erlaubt, dass „the property is specifically in use or intended for use by the State for other than government non-commercial purposes". Die Zweckbestimmung des Vermögensgegenstands wird weder durch

---

[265] *Yang*, State Immunity in International Law, S. 296.
[266] So auch *Schreuer*, State Immunity, S. 95.
[267] Das würde dem fremden Staat zudem eine Möglichkeit zur Disposition über die Immunität einräumen, BVerfG, NJW 2012, 293, 392; *Hess*, Staatenimmunität bei Distanzdelikten, S. 69.
[268] BVerfG NJW 1963, 1732, 1735.
[269] Jüngst BGH, WM 2016, 2357, 2358; *Fox/Webb*, The Law of State Immunity, S. 482; *Reinisch*, 17 European Journal of International Law (2006) 803, 805; *Yang*, State Immunity in International Law, S. 362 ff.

das Rechtsverhältnis, auf dem der betroffene Vermögensgegenstand fußt (bei Bankguthaben etwa die vertragliche Beziehung zum Bankinstitut), noch durch die Tätigkeit, die das Vermögen hervorgebracht hat, beeinflusst.[270]

Dass die Unterscheidung sich nach der Zweckbestimmung bemisst, liegt bereits in der Natur der Vollstreckungsobjekte. Staatliche Vermögenswerte wie Bankguthaben oder Wertpapiere sind anhand von äußeren Merkmalen, ihrer Natur nach, nicht vom Vermögen Privater zu unterscheiden.[271] Außerhalb ihres eigenen Territoriums können Staaten ihr Vermögen ohnehin allein in Formen des jeweils geltenden Privatrechts halten. Erst der Einsatz der Vermögensmittel zu bestimmten Zwecken verleiht ihnen ein unterscheidungskräftiges Merkmal und kann darüber entscheiden, ob die Vermögensmittel einen Zusammenhang zur Ausübung souveräner Hoheitsgewalt aufweisen.[272]

Manche Vermögensmittel lassen an sich keine bestimmte Zweckverwendung erkennen. So dienen beispielsweise Geldforderungen selten bestimmten Zwecken,[273] erst die aus der Erfüllung der Forderungen erhaltenen Mittel lassen sich für bestimmte Zwecke nutzbar machen. Keine Schwierigkeiten bestehen indes, soweit die Forderungen in einem Gegenseitigkeitsverhältnis mit einer bestimmten staatlichen Tätigkeit stehen, es sich nach deutscher Rechtsterminologie also um Gebühren[274] handelt. Denn in einem solchen Fall legt die staatliche Gegenleistung Beweis über den Verwendungszweck ab. So konnte das OLG Köln mit Billigung des BGH[275] die Immunität von gepfändeten Forderungen aus der Einräumung von Überflugrechten und ähnlichen im Zusammenhang mit der Luftverkehrsverwaltung entstandenen staatlichen Forderungen damit begründen, dass die Einnahmen auch zur Bestreitung der Kosten der Luftverkehrsverwaltung verwendet werden.[276]

Die zu beurteilende Zweckbestimmung muss zu einem bestimmten Zeitpunkt, nämlich zu Beginn der Vollstreckungshandlungen vorliegen. Dieser Bestandteil der Immunitätsregel stützt sich – neben der vereinzelten Staatenpraxis[277] – vor

---

[270] BVerfG, NJW 1983, 2766, 2768; BGH, NJW-RR 2013, 1532, 1533; anders OLG Frankfurt, NJW 1981, 2650, 2651.

[271] *Schaumann*, in: Deutsche Gesellschaft für Völkerrecht, Arbeiten der 2. Studienkommission der Deutschen Gesellschaft für Völkerrecht (Hrsg.), Die Immunität ausländischer Staaten nach Völkerrecht und deutschem Zivilprozessrecht, S. 1, 143.

[272] *Yang*, State Immunity in International Law, S. 373.

[273] Ein konkreter Zweck ist aber dann erkennbar, wenn die Geldforderungen als Sicherheit dienen.

[274] Statt aller *Burr/Deusch*, in: Bader/Ronellenfitsch (Hrsg.), VwVfG, § 1 VwVG Rn. 6.

[275] BGH, NJW-RR 2006, 425, 200.

[276] OLG Köln, NJOZ 2004, 788, 792.

[277] Für die UN-Immunitätskonvention folgt dies aus dem Kommentar (11) zu Art. 18 der Draft Articles on Jurisdictional Immunities of States and Their Property, *International Law*

5. Aktuelle Regelungsaussagen

139

allem auf eine Überlegung, die sich aus dem im Völkerrecht allgemein anerkannten Rechtsgrundsatz[278] von Treu und Glauben[279] ableitet: Einem fremden Staat muss es verwehrt sein, die Zweckbestimmung nachträglich zu ändern, um so den Erfolg des Vollstreckungsversuchs vereiteln zu können.[280] Auf diesen Begründungsansatz stützen sich insbesondere die Vorarbeiten zu der UN-Immunitätskonvention[281] und die Gesetzesmaterialien zu dem FSIA US.[282]

Commission, Yearbook of the International Law Commission 1991 Bd. II, Teil 2, 12, 58. Dort heißt es: „The use of the word 'is' in paragraph 1(c) indicates that the property should be specifically in use or intended for use by the State for other than government noncommercial purposes at the time the proceeding for attachment or execution is instituted." In der deutschen Rechtsprechung, etwa BVerfG, NJW 1978, 485; BGH, NJW-RR 2006, 425, 199; BGH, NJW 2010, 769; BGH, NJW-RR 2013, 1532, 1533; KG, IPrax 2011, 594. Von den nationalen Immunitätsgesetzen präzisieren insbesondere der britische *State Immunity Act* und dessen wortlautgetreuen Nachbildungen in Pakistan, Singapur und Südafrika den maßgeblichen Zeitpunkt der Zweckbestimmung. Sec. 13(4) SIA UK stellt Vermögensgegenstände von der Vollstreckungsimmunität frei, wenn sie derzeit („for the time being") für wirtschaftliche Zwecke verwendet werden; Pakistan *State Immunity Ordinance*, Ordinance No. VI of 1981, vom 11.03.1981, abgedruckt bei *Dickinson/Lindsay/Loonam*, State Immunity, S. 496 ff.; Singapur *State Immunity Act*, Act 19 of 1979, abgedruckt in *Dickinson/Lindsay/Loonam*, State Immunity, S. 504 ff.; Südafrika *Foreign State Immunities Act*, No. 87 of 1981 in der durch den *Foreign States Immunities Amendment Act* 5 of 1988 geschaffenen Fassung, abgedruckt bei *Dickinson/Lindsay/Loonam*, State Immunity, S. 513 ff. Für das US-amerikanische Immunitätsgesetz genügt eine vergangene Nutzung zu wirtschaftlichen Zwecken („is or was used for the commercial activity"), um das betroffene Vermögen von der Immunität auszunehmen. Nach dem US FSIA ist aber bereits der Beginn des gerichtlichen Erkenntnisverfahrens der entscheidende Bezugszeitpunkt. Denn nach Sec. 1610(a)(2) US FSIA muss die wirtschaftliche Tätigkeit, der das Vollstreckungsvermögen dient, mit der wirtschaftlichen Tätigkeit identisch sein, auf die der Anspruch im Erkenntnisverfahren gestützt wurde; vgl. dazu unten S. 168. Der schwedische Oberste Gerichtshof sieht den Beginn des Vollstreckungsverfahrens ebenfalls als den entscheidenden Zeitpunkt an, vgl. Högsta Domstolens (Schweden), Ent. v. 01.07.2011, Rs. Beslut Ö 170-10, Rn. 20 Rn. 20.

[278] Art. 38 Abs. 1 lit. (c) IGH-Statut nennt die als völkerrechtliche Rechtsquelle die von Kulturvölkern anerkannten allgemeinen Rechtsgrundsätze.

[279] *Dahm/Delbrück/Wolfrum*, Völkerrecht, Band I/3, S. 848 ff.; *Kotzur*, in: Wolfrum (Hrsg.), The Max Planck Encyclopedia of Public International Law, S. 508, 514. Die nachträgliche Änderung des Verwendungszwecks erscheint als ein Verstoß gegen das Verbot des widersprüchlichen Verhaltens als Ausprägung des Gebots von Treu und Glauben, dazu *Schwarzenberger*, 87 Receuil de Cours (1955) 191, 312.

[280] *Damian*, Staatenimmunität und Gerichtszwang, S. 178; *von Schönfeld*, NJW 1986, 2980, 2985 f.

[281] *International Law Commission*, Yearbook of the International Law Commission 1991 Bd. II, Teil 2, 12, 58.

[282] *U.S. Congress*, Congressional Committee Report on the Jurisdiction of United States Courts in Suits against Foreign States, Report No. 94-1487, ILM 1976, S. 1398, 1413. Allerdings ist hier der Beginn des gerichtlichen Erkenntnisverfahrens der entscheidende Bezugszeitpunkt.

Im Unterschied zu anderen Jurisdiktionen stellt die deutsche Rechtsprechung nicht auf den Beginn des Vollstreckungsverfahrens, sondern auf den Beginn der konkreten Vollstreckungs*maßnahme* ab.[283] Dass diese immunitätsfreundliche Auslegung opportunistisches Verhalten des Fremdstaates nicht verhindern kann, zeigte eine Entscheidung des Bundesgerichtshofs aus jüngerer Zeit. In dem Fall ließ der Gläubiger, nachdem er den Fremdstaat erfolgreich vor einem niederländischen Gericht auf Zahlung verklagt hatte, eine Zwangssicherungshypothek in das frühere Botschaftsgrundstück des Fremdstaates eintragen. Anschließend erbat der Fremdstaat die Zustimmung zur Eröffnung einer Botschaftsaußenstelle auf dem Grundstück. Die Zustimmung wurde erst erteilt, nachdem ein Gericht antragsgemäß die Zwangsversteigerug des Grundstücks angeordnet hatte.[284] Nach der Auffassung des BGH stand der Zwangsversteigerung die Vollstreckungsimmunität entgegen, weil zu Beginn der Zwangsversteigerung als eigenständiger Zwangsvollstreckungsmaßnahme das Grundstück zu diplomatischen Zwecken genutzt worden war. Diese Grundsätze mögen für die diplomatische Immunität berechtigt sein. Für andere Bereiche des Staates entwerten sie die praktisch höchst relevante Möglichkeit von Gläubigern, sich mittels einstweiligen Rechtsschutzes Zugriff auf fremdstaatliches Vermögen zu sichern.[285]

Ohnehin kann die Festlegung des relevanten Zeitpunkts der Immunitätsbetrachtung eine treuwidrige Sabotage der Vollstreckungsmöglichkeiten des Gläubigers nicht gänzlich ausschließen. Gefährdetes Vermögen kann bereits vor dem Beginn des Vollstreckungsverfahrens umgewidmet werden, etwa wenn während des Erkenntnisverfahrens abzusehen ist, dass es zum Erlass eines Vollstreckungstitels kommen wird.[286] Sie wird aber zumindest erschwert.

bb) Anforderungen an die Beziehung zu hoheitlichen Aufgaben

Ein Versuch, die Bestimmung der Immunitätsreichweite in der Praxis handhaberer zu machen, besteht darin, die inhaltlichen Anforderungen an die Beziehung des Vermögensgegenstands zu dem Verwendungszweck zu präzisieren. So kommt es nach gleichlautenden Formulierungen in der UN-Immunitätskonvention und einigen nationalen Immunitätsgesetzen darauf an, dass der Vermögensgegenstand für einen bestimmten Zweck genutzt wird oder für eine solche Nutzung

---

[283] BVerfG, NJW 1978, 485; BGH, NJW-RR 2006, 425, 199; BGH, NJW 2010, 769; BGH, NJW-RR 2013, 1532, 1533; KG, IPrax 2011, 594.
[284] BGH, WM 2016, 2357.
[285] Siehe oben S. 92.
[286] *Kröll*, IPRax 2004, 223, 225.

vorgesehen ist („is in use or intended to use for …").[287] Der Bundesgerichtshof judizierte jüngst, dass

> „es für die Bejahung der Vollstreckungsimmunität nicht darauf an[kommt], ob ein Gegenstand bereits für hoheitliche Zwecke genutzt wird, vielmehr genügt es, dass seitens des ausländischen Staats eine entsprechende Zweckbestimmung besteht"[288].

Bei Lichte betrachtet ist durch die Präzisierung des Zusammenhangs von Vollstreckungsobjekt und Zweckverwendung wenig gewonnen. Praktisch handelt es sich bloß um eine Frage der Beweisbarkeit. Denn im Ergebnis entscheidet sich die Immunitätsgewährung danach, ob nachgewiesen werden kann, dass der betroffene Vermögensgegenstand zum relevanten Zeitpunkt einem konkreten Zweck diente. Das ist der Fall, wenn der ausländische Staat den Vermögensgegenstand in den Dienst einer bestimmten Funktion gestellt hat. Die Art und Weise der Nutzung gibt die Funktion vor. Ein Militärfahrzeug dient auch dann der Landesverteidigung, wenn es für den Bedarfsfall einsatzbereit in der Kaserne geparkt ist. Auch Vermögenswerte von Zentralbanken können aktuell konkreten Zwecken dienen, auch wenn sie unberührt auf einem Konto bzw. in einem Wertpapierdepot liegen. So erfüllen Währungsreserven auch dann eine währungspolitische Funktion, wenn sie gerade im Ausland in Form von Wertpapieren oder Guthaben bei Banken gehalten werden und dem ausländischen Staat außer Zinsen, Dividenden etc. keine spürbaren Vorteile einbringen. Denn Kennzeichen der währungspolitischen Funktion der Vermögenswerte ist gerade, sie erst im Bedarfsfall für Devisenmarktinterventionen o.Ä. rasch einsetzen zu können.

c) Qualifikation des Verwendungszwecks

aa) Das für die Qualifikation maßgebliche Recht

Ist ein bestimmter Verwendungszweck festgestellt, muss dessen hoheitlicher oder nicht-hoheitlicher Charakter bestimmt werden. Welche Rechtsordnung für die Qualifikation des Verwendungszwecks heranzuziehen ist, ist stark umstritten. In Staaten mit nationalen Immunitätsgesetzen ist die Qualifikationsrechtsordnung eindeutig. Hier beschränkt sich die Beurteilung der Immunität im konkreten Fall auf die Anwendung und Auslegung nationalen Rechts. Muss die völkerrechtliche Rechtsregel angewendet werden, wird teilweise allein die Rechtsordnung des von der Vollstreckungsmaßnahme betroffenen ausländischen Staates für maßgeblich erklärt.[289] Andere sprechen sich dafür aus, die Verwendungszwe-

---

[287] Art. 19(c) UN-Immunitätskonvention; Sec. 13(4) SIA UK; Art. 18(2)(i) Immunitätsgesetz Japan; Sec. 12(1)(b) SIA Kanada.
[288] BGH, RIW 2016, 365, 368.
[289] *Gramlich*, RabelsZ 45 (1981), 545, 586; *Aden*, ZRP 2010, 191.

cke ausschließlich auf Grundlage des Völkerrechts zu qualifizieren, da sich ansonsten eine einheitliche Rechtsregel in nationale Fragmente auflösen würde.[290] Nach ganz überwiegender Auffassung richtet sich die Qualifikation des Verwendungszwecks so weit wie möglich nach der Völkerrechtsordnung. Erst wenn das Völkerrecht keine eindeutigen Vorgaben für die Zuordnung zu einem der Zweckkategorien erkennen lässt, ist subsidiär auf die Maßstäbe der lex fori zurückzugreifen.[291]

Neben den Gerichten in anderen Ländern[292] legt diese Sichtweise insbesondere die maßgeblich durch Entscheidungen des Bundesverfassungsgerichts geprägte deutsche Rechtsprechung zugrunde. Mangels entsprechender Kriterien im allgemeinen Völkerrecht sei die Abgrenzung, ob die Gegenstände hoheitlichen oder nichthoheitlichen Zwecken des fremden Staates dienen, grundsätzlich nach der Rechtsordnung des Gerichtsstaats vorzunehmen.[293] In einer grundlegenden Entscheidung zur Immunität in Erkenntnisverfahren hatte das Bundesverfassungsgericht folgenden Vorbehalt aufgestellt: Immunität müsse in jedem Fall solchen Handlungen fremder Staaten zugestanden werden, die nach der von den Staaten überwiegend vertretenen Auffassung zum Bereich der Staatsgewalt im engeren und eigentlichen Sinn, wie z. B. die auswärtige und militärische Gewalt, Gesetzgebung oder Polizeigewalt, gehören (sog. Kernbereichslehre).[294] Zählt eine staatliche Funktion zu diesem Kernbereich der Staatstätigkeit, ist eine autonome Zuordnung der betreffenden Tätigkeit nach der lex fori unzulässig. Die Kernbereichslehre wurde später auf die Vollstreckungsimmunität ausgedehnt.[295]

---

[290] *Crawford*, 8 Australian Yearbook of International Law (1983) 71, 855; *Damian*, Staatenimmunität und Gerichtszwang, 177.

[291] Ausdrücklich Art. 3 der Resolution „L'immunité de juridiction et d'exécution forcée des Etats étrangers" des *Institut de Droit International* von 1954; *Institut de Droit International*, 45 II Annuaire IDI (1954) 293, 294; *Dahm/Delbrück/Wolfrum*, Völkerrecht, Band I/1, S. 498; *Schaumann*, in: Deutsche Gesellschaft für Völkerrecht, Arbeiten der 2. Studienkommission der Deutschen Gesellschaft für Völkerrecht (Hrsg.), Die Immunität ausländischer Staaten nach Völkerrecht und deutschem Zivilprozessrecht, S. 1, 151; *Kren Kostkiewicz*, Staatenimmunität im Erkenntnis- und im Vollstreckungsverfahren nach schweizerischem Recht, S. 321 ff.; *Weller*, RPfleger 2006, 364, 368.

[292] Für die Schweiz etwa Schw. Bundesgericht, *Sozialistische Libysche Arabische Volks-Jamahiriya gg. Actimon SA*, 111 Ia BGE, 62, 65; die Beurteilungen der Immunität im Erkenntnisverfahren sind übertragbar, vgl. zu diesem Immunitätsbereich Nachweise bei *Kren Kostkiewicz*, Staatenimmunität im Erkenntnis- und im Vollstreckungsverfahren nach schweizerischem Recht, S. 320 ff.

[293] BVerfG, NJW 1983, 2766, 2768; BVerfG, NJW 2012, 293, der Nichtannahmebeschluss legt nahe, dass sich die Rechtslage nach Auffassung des Gerichts zwischenzeitlich nicht geändert hat. Ferner BGH, NJW-RR 2013, 1532, 1533; BGH, NJW 2010, 769, 770; OLG Köln, NJOZ 2004, 788, 791; OLG Schleswig, ZIP 2015, 1253.

[294] BVerfG, NJW 1963, 1732, 1735.

[295] OLG Frankfurt, NJW 1981, 2650.

Die vorherrschende Auffassung verdient Zustimmung. Handelt es sich bei der Reichweite der Vollstreckungsimmunität in Abhängigkeit von dem Verwendungszweck des Vollstreckungsobjekts um eine völkerrechtliche Regelung, muss konsequenterweise für die Qualifikation des Verwendungszwecks die Völkerrechtsordnung bemüht werden. Dabei kann nur im Einzelfall geklärt werden, ob das Völkerrecht in dem speziell einschlägigen Bereich konkrete Aussagen bereithält. Lässt das Völkerrecht, was wohl häufig der Fall ist, schlichtweg keine Maßstäbe erkennen, muss die lex fori zur Anwendung kommen. Schließlich beurteilen sich zivilprozessuale Fragen, zu denen die Gerichtsbarkeit als Prozessvoraussetzung gehört, auch sonst grundsätzlich nach dem Recht des Gerichtsstaates.[296] Fehlen davon abweichende Vorgaben des Völkerrechts, bleibt es bei der auch sonst bestehenden exklusiven Regelungsgewalt des Forumstaates auf seinem Territorium. Der Bestand der völkerrechtlichen Regel wird dadurch nicht in Frage gestellt, weil Völkergewohnheitsrecht ohnehin selten lückenlos ist.

Die Kernbereichslehre des Bundesverfassungsgerichts bietet keinen zusätzlichen Erkenntnisgewinn. Was als eine Art Ausnahme von dem Grundsatz daherkommt, beschreibt lediglich Sachbereiche, für die das Völkergewohnheitsrecht eine bestimmte Qualifikation als hoheitliche Staatsfunktionen vorgibt. Sie wiederholt die allgemeinen Grundsätze im Zusammenspiel von Völkerrecht und nationalem Recht. Die „Kernbereichslehre" unterstreicht damit die Subsidiarität der lex fori als Qualifikationsrechtsordnung.[297]

Obwohl deutsche Instanzgerichte die Auslegung des Merkmals „hoheitlich" mit Hilfe der deutschen Rechtsordnung vornehmen, fällt auf, dass sie bemüht sind, die Qualifikation zusätzlich international abzusichern. So führte das OLG Köln, nachdem es Ansprüche aus der Luftverkehrsverwaltung aufgrund der deutschen Rechtsordnung als hoheitlich eingeordnet hatte, aus: „Hinzuweisen ist im Übrigen darauf, dass auch nach internationalen bzw. zwischenstaatlichen Abkommen nichts anderes feststellbar ist."[298] Das Bemühen zielt offensichtlich darauf ab, eine international möglichst einheitliche Auslegung des Begriffs der Hoheitlichkeit zu erreichen und die völkerrechtliche Regelung nicht durch nationale Eigenheiten zu relativieren.

---

[296] *Geimer/Geimer/Geimer*, Internationales Zivilprozessrecht, Rn. 319; *Hess*, Europäisches Zivilprozessrecht, S. 11.

[297] Wenn ein Vermögensgegenstand zum Kernbereich staatlicher Tätigkeit zählt, kann es auf die Einordnung nach der *lex fori* gar nicht mehr ankommen. Diesen Zusammenhang verkennt OLG Schleswig, ZIP 2015, 1253, 1257.

[298] OLG Köln, NJOZ 2004, 788, 792; ähnlich geht auch der BGH, NJW-RR 2013, 1532, 1533, vor.

bb) Divergenzen in der nationalen Staatenpraxis

Die Unterscheidung zwischen der Ausübung von öffentlicher Gewalt und staatlicher Tätigkeit in privatwirtschaftlichen Formen findet sich in der einen oder anderen Ausgestaltung in den einzelnen Rechtsordnungen.[299] Aber grundlegende Unterschiede in den Rechtstraditionen und rechtlichen Konzepten erschweren die Herausbildung eines einheitlichen internationalen Verständnisses von hoheitlichen und nichthoheitlichen Zwecken.[300] So lässt sich beispielsweise der Maßstab der französischen Rechtsordnung, die Zuordnung danach vornehmen, ob die Aktivität, zu der das Vollstreckungsobjekt verwendet wird, maßgeblich dem Privatrecht untersteht,[301] nur schwer auf die Rechtsordnungen des Common Law übertragen. Denn dort ist die grundlegende Unterscheidung zwischen privatem und öffentlichem Recht, an die die aus der Perspektive der französischen Rechtsordnung formulierte Immunitätsregel anknüpft, fremd.[302]

cc) These von der einheitlichen Staatenpraxis

(1) Definition hoheitlicher Verwendungszwecke in der ersten Generation der Immunitätskodifikationen

Eine nicht unwesentliche Zahl nationaler Immunitätsgesetze konkretisiert das Merkmal der privatwirtschaftlichen Verwendungszwecke von Vermögenswerten fremder Staaten in ganz ähnlicher Weise und legt einen Konsens der Staatenpraxis nahe. Die jeweiligen Regelungen machen den im Rahmen der Vollstreckungsimmunität entscheidenden Begriff der privatwirtschaftlichen Zwecke als Komplementärbegriff zu hoheitlichen Zwecken davon abhängig, dass der Vermögensgegenstand zu privatwirtschaftlichen Tätigkeiten gebraucht wird. In Sec. 1610(a)(2) FSIA US heißt es zur Immunität in Vollstreckungsverfahren „property [...] shall not be immune [...] if the property is or was used for the commercial activity". Die Immunität in Erkenntnisverfahren nach Sec. 1605(a)(2) greift dann nicht ein, „in any case in which the action is based upon a commercial activity carried on in the United States by the foreign state". Eine ganz ähnliche Regelungstechnik verwendet der in mehreren anderen Rechtsordnungen rezipierte britische *State Immunity Act*. Dessen Sec. 13(4) stellt Vermögen fremder Staaten von der Immunität frei „which is [...] being used or intended for use for commer-

---

[299] *Fox/Webb*, The Law of State Immunity, S. 398.

[300] *Crawford*, 75 American Journal of International Law (1981) 820, 855.

[301] So die Gestalt des Abgrenzungsmerkmals in der französischen Rechtsordnung und jetzt auch in Art. L.153-1 Abs. 2 des französischen Code monetaire et financier, *Sawah*, Les immunités des états et des organisations internationales, S. 130 f., 141, 171.

[302] *Crawford*, 75 American Journal of International Law (1981) 820, 855; *Fox/Webb*, The Law of State Immunity, S. 398.

cial purposes". *Commercial purposes* werden in Sec. 17(1) legaldefiniert als „purposes of such transactions or activities as are mentioned in section 3(3) above". Die Vorschrift verweist auf die nähere Beschreibung von „commercial transactions" in Sec. 3(3) SIA UK.[303] Der englische *Supreme Court* gelangte in der Rechtssache *SerVaas Inc. v. Rafidian Bank* zu folgendem Verständnis: „Property will only be subject to enforcement where it can be established that it is currently in use or intended for use for a commercial transaction."[304] Diese Tendenz der ersten Generation von Immunitätsgesetzen hat zu der Auffassung Anlass gegeben, dass die Staatenpraxis das Merkmal der nichthoheitlichen Verwendungszwecke im Sinne der Nutzung zu wirtschaftlichen Tätigkeiten auslegt.[305]

Die Gerichte einiger europäischer Staaten formulieren das Merkmal ganz ähnlich, indem sie auf die Verwendung des betroffenen Vermögenswerts zu einer bestimmten Tätigkeit abstellen. Nach der französischen Spezialregelung zur Vollstreckungsimmunität von Zentralbankenguthaben, die bestehende Rechtsprechungsgrundsätze in Gesetzesform gießen sollte, besteht die nationale Gerichtsbarkeit für „un patrimoine qu'elle affecte à une activité principale relevant du droit privé".[306] Die belgische Regelung mit entsprechendem Regelungsgehalt nimmt von der Vollstreckungsimmunität Vermögen aus, das „exclusivement affectés à une activité économique ou commerciale de droit privé".[307] Auch der BGH bezieht, anders als das Bundesverfassungsgericht,[308] den Verwendungszweck eines Vermögensgegenstands auf die Qualität der Tätigkeit, zu der er gebraucht wird, und führte wiederholt aus, dass sich der hoheitliche Verwendungszweck danach bestimmt, „ob der Vermögensgegenstand für eine hoheitliche Tätigkeit verwendet werden soll".[309]

Für die Vollstreckungsimmunität von Zentralbanken wäre die Auslegung des Merkmals „nichthoheitlicher Verwendungszweck" im Sinne einer Nutzung für wirtschaftliche Aktivitäten im Sinne des FSIA US folgenschwer. Der Begriff „commercial activity" ist in Sec. 1603(d) FSIA US legaldefiniert. Dort lautet der Gesetzestext:

---

[303] Auch Sec. 32(1), (3) Australia Foreign States Immunities Act 1985; Art. 18 Immunitätsgesetz Japan und Art. 16, 1 FSIL Israel verquicken die Abgrenzung im Rahmen der Vollstreckungsimmunität nicht mit den in der Immunität in Erkenntnisverfahren aufgeführten Merkmalen.

[304] Supreme Court (UK) (Supreme Court (UK)), *SerVaas Inc v. Rafidain Bank* [2012] 3 WLR 545, 552.

[305] *Albert*, Völkerrechtliche Immunität ausländischer Staaten gegen Gerichtszwang, S. 278.

[306] Art. L.153-1 Code monétaire et financier, dazu unten, S. 197 ff.

[307] Art. 1412quater des belgischen Code Judiciaire, dazu unten, S. 201 ff.

[308] BVerfG, NJW 1978, 485; BVerfG, NJW 1983, 2766, 2767.

[309] BGH, NJW-RR 2006, 425, 199; BGH, NJW 2010, 769; BGH, NJW-RR 2013, 1532, 1533.

„A "commercial activity" means either a regular course of commercial conduct or a particular commercial transaction or act. The commercial character of an activity shall be determined by reference to the nature of the Coure of conduct or particular transaction or act, rather than by reference to its purpose."

Die genaue Bedeutung der Legaldefinition und ihre praktische Handhabung führte der U.S. Supreme Court in der Sache *Republic of Argentina v. Weltover, Inc.* einer Klärung zu.[310] Das Gericht orientierte sich eng an der „Natur" der betroffenen Tätigkeit und entwarf zur Abgrenzung einen sog. „private-player-test". Danach ist die Zuordnung zu wirtschaftlichen Tätigkeiten davon abhängig, ob der fremde Staat wie ein gewöhnlicher Teilnehmer am Markt („in the manner of a private player within it [the market]") auftritt. Das sei der Fall, wenn der fremde Staat Arten von Handlungen ausübe, mit denen private Akteure am Marktgeschehen teilnähmen.[311]

Die Anwendung des an der Natur der bezweckten Tätigkeit im Sinne eines „private-player-test" ausgerichtete Verständnisses von hoheitlicher Zweckbestimmung auf Zentralbanken würde dazu führen, dass Zentralbankvermögen in aller Regel keine Vollstreckungsimmunität zusteht. Denn Zentralbanken treten in Erfüllung ihrer Aufgaben als Teilnehmer auf den verschiedenen Finanzmärkten auf.[312] Dort handeln sie in weiten Teilen nicht anders als Geschäftsbanken, wenn sie etwa Geschäfte auf den Devisenmärkten abschließen, oder wie private Investoren, wenn sie ihre Mittel in Staatsanleihen oder Unternehmensaktien anlegen. Der äußeren Erscheinungsform nach beurteilt liegen darin jeweils gewöhnliche wirtschaftliche Tätigkeiten, ohne dass die von Zentralbanken wahrgenommenen Funktionen angemessen gewürdigt werden könnten. Diese fatalen Konsequenzen haben der FSIA US und der SIA UK dadurch abgewendet, dass sie Zentralbanken mit einem besonderen Immunitätsschutz versehen.

---

[310] U.S. Supreme Court, *Republic of Argentina v. Weltover, Inc.*, 504 U.S. 607 (1992). Das Gericht hatte zu beurteilen, ob die Begebung von Staatsanleihen durch den argentinischen Staat eine wirtschaftliche Tätigkeit i. S. d. Sec. 1605(a)(2) darstellt, so dass er sich gegenüber Klagen privater Gläubiger aus unbedienten Anleihen ausnahmsweise nicht auf eine Immunität berufen kann.

[311] Der entscheidende Abschnitt des Urteils in U.S. Supreme Court, *Republic of Argentina v. Weltover, Inc.*, 504 U.S. 607, 614 (1992), lautet: „In accord with that description, we conclude that when a foreign government acts, not as regulator of a market, but in the manner of a private player within it, the foreign sovereign's actions are „commercial" within the meaning of the FSIA. Moreover, because the Act provides that the commercial character of an act is to be determined by reference to its „nature" rather than its „purpose," 28 U.S.C. § 1603(d), the question is not whether the foreign government is acting with a profit motive or instead with the aim of fulfilling uniquely sovereign objectives. Rather, the issue is whether the particular actions that the foreign state performs (whatever the motive behind them) are the *type* of actions by which a private party engages in „trade and traffic or commerce,".

[312] Siehe oben S. 28.

(2) Abweichungen der übrigen Staatenpraxis

Ganz so einfach lässt sich das Merkmal der „hoheitlichen Verwendungszwecke" der völkerrechtlichen Immunitätsregel ohnehin nicht ausfüllen. Nachfolgende nationale Gesetzeswerke haben die Regelungen in den Gesetzen der ersten Generation nicht übernommen.[313] Der australische Foreign State Immunities Act sieht in Sec. 11 eine Ausnahme für die Immunität in Erkenntnisverfahren für „commercial transactions" vor. Sec. 32(1) erlaubt dagegen Vollstreckungen in „commercial property", das Abs. 3 als „property, other than diplomatic property or military property, that is in use by the foreign State concerned substantially for commercial purposes" legaldefiniert. Die inhaltlichen Unterschiede machte der Court of Appeal of the Supreme Court of New South Wales jüngst in der Rechtssache *Firebird Global Master Fund II Ltd v. Republic of Nauru and Another* deutlich, indem das Gericht entschied, dass Gelder nicht schon dann als „commercial property" zu qualifizieren sind, wenn sie zu „commercial transactions" herangezogen werden.[314]

Auch die UN-Immunitätskonvention stützt das in den US-amerikanischen und britischen Immunitätsgesetzen vorgesehene Verständnis wirtschaftlicher Zweckbestimmung nicht. Die Konvention sieht eine Ausnahme von der Immunität in Erkenntnisverfahren in Art. 10 für „commercial transactions" vor.[315] Die Immunitätsausnahme in Vollstreckungsverfahren in Art. 19 (c) gilt hingegen für „other than government non-commercial purposes", aber eine nähere Erläuterung bleibt aus.[316] Eine Auffassung in der Literatur schlägt vor, den US-amerikanischen und britischen Immunitätsgesetzen zu folgen und für die Auslegung des Begriffs „other than government non-commercial purposes" die Legaldefinition von „commercial transactions" zu nutzen. Danach wären Vermögenswerte von der Vollstreckungsimmunität ausgenommen, wenn „it is used for the purpose of a

---

[313] Art. 2 n), 17 Abs. 2 Immunitätsgesetz Spanien, Art. 8 Abs. 1, 18 Abs. 1 Immunitätsgesetz Japan; Art. 3, 16(1) FSIL Israel; Art. 9, 17 Abs. 2 Immunitätsgesetz Spanien. Dieser Befund steht damit im Widerspruch zu der Ansicht von *Hess*, Staatenimmunität bei Distanzdelikten, S. 46, dass die sich verbreitenden nationalen Immunitätskodifikationen übereinstimmende Kriterien für die Bestimmung einer Hoheitlichkeit und damit einen völkerrechtlichen Standard hervorgebracht hätten.

[314] Court of Appeal of New South Wales, *Firebird Global Master Fund II Ltd v. Republic of Nauru and Another*, 289 FLR 398, 426 (2014).

[315] Art. 2 Abs. 1 (c) UN-Immunitätskonvention.

[316] Standardwerke zum Immunitätsrecht verzichten auf eine Erläuterung, was sich inhaltlich hinter der komplizierten Kompromissformel verbirgt. Sowohl *Fox/Webb*, The Law of State Immunity, S. 511 f., als auch *Yang*, State Immunity in International Law, S. 363, nehmen zu der Auslegung nicht Stellung.

commercial transaction as understood by the Convention".[317] Ein wirtschaftlicher Verwendungszweck wäre somit gleichbedeutend mit der Nutzung für eine kommerzielle Tätigkeit. Bereits der Wortlaut „other than government non-commercial purposes" deutet aber darauf hin, dass dem Merkmal nicht die gleiche Bedeutung wie „commercial transactions" zukommen sollte. Ansonsten hätte ein Verweis oder eine einheitliche Formulierung wie im US-amerikanischen Foreign Sovereign Immunity Act nahegelegen. Zudem knüpft die Legaldefinition der „commercial transactions" mit den dort aufgeführten Beispielen vorrangig an der Natur der Aktivität an.

Daher bringen die Regelungen der frühen Immunitätsgesetze gerade nicht den völkerrechtlichen Standard zum Ausdruck. Zurecht geht die deutsche Rechtsprechung nach wie vor davon aus, dass sich bislang keine abstrakten Merkmale im Völkerrecht herausgebildet haben, mit denen sich die Hoheitlichkeit oder eine fehlende Hoheitlichkeit einer Zweckbestimmung von staatlichen Vermögenswerten bestimmen lässt. Kürzlich judizierte das Bundesverfassungsgericht:

„Die Abgrenzung, ob die Gegenstände, in die vollstreckt werden soll, im Zeitpunkt des Beginns der Vollstreckungsmaßnahme hoheitlichen oder nicht hoheitlichen Zwecken des fremden Staates dienen, ist mangels entsprechender Kriterien im allgemeinen Völkerrecht grundsätzlich nach der Rechtsordnung des Gerichtsstaats vorzunehmen."[318]

Auch der BGH bezweckt nicht etwa, das Abgrenzungskriterium der Natur der betroffenen Tätigkeit auf die Immunität in Vollstreckungsverfahren zu übertragen. Mit dem Begriff „hoheitliche Tätigkeit" meint der BGH vielmehr die Wahrnehmung bestimmter staatlicher Funktionen zur Förderung staatlicher Ziele. Denn als hoheitliche Tätigkeit qualifiziert er beispielsweise staatliche Aufgaben wie die Luftverkehrsverwaltung[319] oder die Fähigkeit zur Stützung der Währung des eigenen Landes, nicht aber konkrete staatliche Handlungen.[320]

dd) Herausbildung von eindeutig hoheitlichen Funktionsbereichen

Die Rechtsentwicklung hat auf die Abgrenzungsschwierigkeiten reagiert und hat schon früh versucht, festen Boden unter den Füßen zu gewinnen, indem sie in dem Meer an Staatstätigkeit „Inseln der Vollstreckungsimmunität" ausmacht. Sie

---

[317] *Brown/O'Keefe*, in: O'Keefe/Tams/Tzanakopoulos (Hrsg.), The United Nations Convention on Jurisdictional Immunities of States and Their Property, Art. 19 323.

[318] BVerfG, NJW 2012, 293, 295; zur Unterstützung dieser Auffassung kann auch auf die Entscheidungen anderer nationaler Gerichte hingewiesen werden, die Lösungen in der *lex fori* suchen.

[319] BGH, NJW-RR 2006, 425, 199.

[320] BGH, NJW-RR 2013, 1532, 1533.

5. Aktuelle Regelungsaussagen

versucht, bestimmte Kategorien an Vermögenswerten zu identifizieren, die nach dem Völkerrecht unzweifelhaft hoheitlichen Zwecken dienen.

Sämtliche nationalen Immunitätskodifikationen nennen mindestens einige Typen von Vermögenswerten, die gerade von der Durchbrechung der Vollstreckungsimmunität für zu privatwirtschaftlichen Zwecken verwendete Vermögenswerte ausgenommen sein sollen und damit von einem nur durch einen Verzicht zu überwindenden Immunitätsschutz erfasst sind.[321] In Anlehnung an den US-amerikanischen FSIA[322] listet Art. 21 der UN-Immunitätskonvention zahlreiche staatliche Vermögensgegenstände auf. Diese sollen nach der Vorschrift nicht als Vermögen gelten, das zu anderen als nicht privatwirtschaftlichen staatlichen und damit immunitätsfreien Zwecken i. S. d. Art. 19(1) benutzt wird. Nach der Auffassung der mit den Vorarbeiten zur Konvention betrauten International Law Commission hat jeder Vermögensgegenstand schon kraft der Natur der Sache einen eindeutig hoheitlichen Verwendungszweck, so dass eine Einordnung der Nutzung im Einzelfall schon von vornherein ausgeschlossen ist.[323]

Die Rechtsprechung nationaler Gerichte orientiert sich in den Begründungen der Immunitätsentscheidungen ebenfalls an den unzweifelhaft zu hoheitlichen Zwecken verwendeten Vermögensbereichen.[324] Das House of Lords sprach in einer der ersten gerichtlichen Entscheidungen zur Immunität überhaupt von „powers peculiar to sovereigns".[325] Mit dem „Kernbereich der Staatstätigkeit" verfolgt das Bundesverfassungsgericht den gleichen Weg. Denn nach der Begründung des Gerichts kann für diese Bereiche gerade eine hinreichende Übereinstimmung der Staatenpraxis für eine Zuordnung zu den acte iure imperii ausgemacht werden.[326]

Die aktuelle Weiterentwicklung des Rechts der Vollstreckungsimmunität vollzieht sich in der Erweiterung und Ausdifferenzierung der Liste mit eindeutig hoheitlichen Vermögenskategorien.[327] Für einige Vermögensgegenstände auf der

---

[321] Sec. 1611(b) FSIA US; Sec. 14(4) SIA UK; Sec. 12(3) SIA Kanada; Art. 18(2)(ii) Immunitätsgesetz Japan; Sec. 32(1),(3)(a) FSIA Australien. Vgl. ebenfalls Kodifikationsbemühungen wissenschaftlicher Vereinigungen, etwa. Art. 4 Abs. 2 der Baseler Resolution des *Institut de Droit International*, 64 II IDI Yearbook (1991) 389 oder Art. VIII der Draft Articles for a Convention on State Immunity der *International Law Association*, 22 ILM (1983) 287.

[322] *Fox/Webb*, The Law of State Immunity, S. 514.

[323] Vgl. Abs. 3 der Begründung der ILC zu Art. 19 para. 1 der Draft Articles on Jurisdictional Immunities of States and their Property, *International Law Commission*, Yearbook of the International Law Commission 1991 Bd. II, Teil 2, 12, 59.

[324] Nachweise bei *Reinisch*, 17 European Journal of International Law (2006) 803, 823 ff.

[325] Court of Appeal, *The Porto Alexandre* [1920] P. 30, 37.

[326] BVerfG, NJW 1963, 1732, 1735; dazu *Damian*, Staatenimmunität und Gerichtszwang, S. 180 ff.

[327] *Reinisch*, 17 European Journal of International Law (2006) 803, 823.

Liste in der UN-Immunitätskonvention, wie etwa Vermögen, das zu militärischen [328] oder diplomatischen bzw. konsularischen[329] Zwecken genutzt wird, kann eine entsprechende Völkerrechtspraxis als gesichert gelten. Die Konvention führt daneben noch andere Vermögenskategorien wie Vermögen, das zu dem unveräußerlichen kulturellen Erbe eines Staates zählt, und Vermögen, das Bestandteil einer Ausstellung von wissenschaftlich, kulturell oder historisch bedeutsamen Gegenständen ist,[330] auf.

Darüber hinaus wird auch Zentralbankvermögen genannt. Ob die Ausdehnung des besonderen Immunitätsschutzes auf Vermögen von Zentralbanken aber tatsächlich dem Stand des Völkergewohnheitsrechts entspricht, ist alles andere als eindeutig.[331] Während an mancher Stelle davon gesprochen wird, der absolute Immunitätsschutz für Zentralbanken entspreche einer sich herausbildenden völkerrechtlichen Regel,[332] gestehen andere Rechtsordnungen Zentralbanken keinerlei Sonderbehandlung zu.[333] Inwieweit die UN-Immunitätskonvention eine bestehende völkergewohnheitsrechtliche Regel abbildet, wird im nachfolgenden Kapitel näher untersucht.

d) Immunitätsverzicht

aa) Verzicht auf die Vollstreckungsimmunität

Ein fremder Staat kann jederzeit auf das Immunitätsprivileg verzichten. Eine Verzichtsmöglichkeit konzedieren selbst diejenigen Staaten, die an einer absoluten Vollstreckungsimmunität festhalten.[334] Für Zentralbanken als ein Paradebeispiel rechtlich selbstständiger Einheiten stellt sich die Frage, inwieweit der Staat über eine Verzichtskompetenz zu Lasten der Zentralbanken verfügt. Fehlt ihm eine Verzichtskompetenz, würde ein fremder Staat einen Vorteil dadurch erlan-

---

[328] Art. 21 Abs. 1 lit.a), vgl. dazu Sec. 1611(b)(2) FSIA US; Sec. 12(3) SIA Kanada; Art. 18(2)(ii) Immunitätsgesetz Japan; OLG Frankfurt, NJW 1981, 2650.

[329] Art. 21 Abs. 1 lit. b), vgl. etwa Art. 18(2)(i) Immunitätsgesetz Japan. Die Immunität diplomatischer Vermögensgegenstände ergibt sich allerdings aus einer gesonderten völkerrechtlichen Regelung, BVerfG, NJW 1978, 485, 493.

[330] Art. 21 Abs. lit. c)-e) UN-Immunitätskonvention.

[331] Für eine verstärkte Zentralbankenimmunität, aber ohne nähere Auseinandersetzung mit der Staatenpraxis *Stoll*, in: Wolfrum (Hrsg.), The Max Planck Encyclopedia of Public International Law, S. 498, 531.

[332] *Nobumori*, 53 Japanese Yearbook of International Law (2010) 275, 298.

[333] Vgl. etwa für die Schweiz Entscheid des Schw. Bundesgericht, *Sozialistische Libysche Arabische Volks-Jamahiriya gg. Actimon SA*, 111 Ia BGE, 62.

[334] Vgl. etwa Art. 401 Abs. 1 des Zivilverfahrensgesetz der Russischen Förderation No. 138-Fz v. 14.11.2002, der vorbehaltlich völkerrechtlicher Verträge Vollstreckungen gegen fremde Staaten allein im Falle einer Verzichtserklärunge erlaubt.

gen, dass er seine Tätigkeiten in vielen unabhängigen Einheiten organisiert, weil trotz seiner Verzichtserklärung das von den selbstständigen Einheiten gehaltene Vermögen nicht zu Vollstreckungszwecken zur Verfügung stünde. Die Staatenpraxis deutet darauf hin, dass der Staat zur Verfügung über die Immunität aller seiner Organisationen befugt ist. Nach Art. 19(a) UN-Immunitätskonvention kann ein fremder Staat durch internationale Vereinbarungen wie etwa Investitionsschutzverträge oder Handelsverträge allgemein auf die Immunität verzichten.[335] Da die Konvention unter den Begriff des fremden Staates auch rechtlich verselbstständigte Einheiten fasst,[336] muss sich ein Verzicht auch auf diese erstrecken. In Bezug auf Zentralbanken fällt das US-amerikanische Immunitätsgesetz noch eindeutiger aus. Sec. 1611(b)(1) FSIA US erklärt einen Immunitätsverzicht des Mutterstaates für ausreichend, um den besonderen Immunitätsschutz von Zentralbanken aufzuheben („such bank or authority, or its parent foreign government").

bb) Anforderungen an die Verzichtserklärung

In der Gerichtspraxis steht und fällt ein Immunitätsverzicht mit den inhaltlichen Anforderungen, die an einen wirksamen Verzicht zu stellen sind. Lediglich im Ausgangspunkt besteht Klarheit. So wirkt sich zunächst der eigenständige Charakter der Vollstreckungsimmunität gegenüber anderen Kategorien der Immunität aus. Es ist allgemein anerkannt, dass ein Verzicht auf die Immunität in Erkenntnisverfahren sich nicht auch auf Vollstreckungsverfahren erstreckt. Vielmehr bedarf es einer gesonderten, auf die Vollstreckungsmaßnahmen bezogenen Verzichtserklärung.[337] Eine Gerichtsstandswahl genügt dafür nicht.[338] Ein globaler Verzicht muss jedenfalls erkennen lassen, dass er sich auch auf vollstreckungsrechtliche Zwangsmaßnahmen bezieht. Ein solcher Verzicht kann sich in einem völkerrechtlichen Vertrag, einem privatrechtlichen Vertrag oder in einer im Hinblick auf ein bestimmtes Gerichtsverfahren abgegebenen Erklärung finden.[339]

---

[335] Vgl. auch die unveröffentlichte Entscheidung des Schw. Bundesgerichts, *Compagnie Noga d'importation et d'exportation SA c. Fédération de Russie*, Ent. v. 10.01.2008, Rs. 5A_618/2007 (unveröffentlicht). Ferner U.S. Court of Appeals, 7th Circuit, *International Insurance Company v. Caja Nacional de Ahorro y Seguro*, 293 F.3d 392, 399 (2002).
[336] Art. 2(b) UN-Immunitätskonvention.
[337] Internationaler Gerichtshof (IGH), *Jurisdictional Immunities of the State (Germany v. Italy: Greece intervening)*, I.C.J. Reports 99, 146 f. (2012); BGH, NJW-RR 2006, 425, 200; *Reinisch*, 17 European Journal of International Law (2006) 803, 817 f.
[338] BGH, NJW-RR 2013, 1532, 1534; *von Schönfeld*, NJW 1986, 2980, 2985.
[339] BVerfG, NJW 2014, 1723, 1724.

Die Staatenpraxis hält keine einheitliche Antwort parat, ob davon abgesehen eine ausdrückliche, sogar schriftliche Verzichtserklärung zu verlangen ist oder ein konkludenter Verzicht genügt. In der Tendenz tragen Rechtsprechung und Gesetze dem einschneidenden Charakter von Zwangsmaßnahmen durch erhöhte Anforderungen Rechnung, was deutsche Zivilgerichte zu der allgegenwärtigen Formel veranlasst hat, „hinsichtlich der Annahme eines Verzichts auf die Vollstreckungsimmunität [ist] Zurückhaltung geboten".[340] Neben der UN-Immunitätskonvention[341] verlangt eine beachtliche Anzahl an Rechtsordnungen einen schriftlichen[342] oder zumindest ausdrücklichen[343] Verzicht. Ob in dieser Staatenpraxis die Grundlage für eine von den auf die Immunität in Erkenntnisverfahren anwendbaren Gundsätzen abweichende völkergewohnheitsrechtliche Regel liegt, darf bezweifelt werden.[344] Denn zahlreiche Rechtsordnungen lassen auch einen Verzicht auf die Vollstreckungsimmunität durch schlüssiges Verhalten zu.[345] Allgemein anerkannt ist aber, dass für ein Fehlen der Immunität ausreicht, wenn der fremde Staat Vermögen zur Befriedigung bestimmter Forderungen bereitstellt.[346] Besondere Unsicherheit besteht, ob Schiedsklauseln in Verbindung mit den gewählten Schiedsregeln als konkludenter Immunitätsverzicht auszulegen sind. Die Staatenpraxis ist sehr uneinheitlich.[347]

---

[340] BGH, NJW-RR 2013, 1532, 1534 unter Bezug auf BGH, NJW-RR 2006, 425, 200; OLG Köln, NJOZ 2004, 788, 793.

[341] Art. 18 Abs. 1, 19 lit. a UN-Immunitätskonvention.

[342] Sec. 13(3) SIA UK und Sec. 14(3) State Immunity Ordinance Pakistan verlangen „written consent"; Art. 17(a) FSIL Israel spricht von „the foreign state has expressly waived such immunity in writing or by written or oral notice to the court".

[343] Art. 17(a) Immunitätsgesetz Japan; für die Schweiz Schw. Bundesgericht, *Automated Air Traffic Control c. Commission de survellaince des office des poursuites et des failltes du canon de Geneve*, BGE 134 III, 122, 130, vgl. auch Art. 5 Abs. 1 des Konventionsentwurfs in der Baseler Resolution des *Institut de Droit International*, 64 II IDI Yearbook (1991) 389.

[344] Eindeutiger zugunsten der Möglichkeit eines konkludenten Verzichts *Langkeit*, Staatenimmunität und Schiedsgerichtsbarkeit, S. 44.

[345] Etwa das US-amerikanische Immunitätsgesetz, vgl. Sec. 1610(a)(1) FSIA US „has waived its immunity [...] either explicitly or by implication", Kritik dazu American Bar Association, 40 Columbia Journal of Transnational Law (2002) 489, 583 ff.; *Ostrander*, 22 Berkeley Journal of International Law (2004) 541, 576; Art. VIII.A.1 ILA-Konventionsentwurf; für die deutsche Rechtsordnung ausdrücklich OLG Köln, NJOZ 2004, 788, 793, diese Möglichkeit erkennt auch das BVerfG an, BVerfG, NJW 2014, 1723, 1724, ferner *Lange*, Internationale Rechts- und Forderungspfändung, S. 129; zur französischen Rechtsordnung vgl. *Sawah*, Les immunités des états et des organisations internationales, S. 194 ff.

[346] Vgl. etwa Art. 19 (b) UN-Immunitätskonvention, dazu *Reinisch*, 17 European Journal of International Law (2006) 803, 820 f.

[347] Für einen impliziten Immunitätsverzicht in Schiedsklauseln Cour de cassation (Frankreich), *Société Eurodif c. République islamique d'Iran*, Revue de l'Arbitrage 1985, 69; Cour de cassation (Frankreich), *Société Creighton Ltd. C. Ministre des Finances du Qatar*, JDI 2000,

5. Aktuelle Regelungsaussagen

cc) Anforderungen an den Verzicht auf die Zentralbankimmunität

Wenn sich Staaten durch Anleiheemissionen an den Kapitalmärkten verschulden, entspricht es gängiger Praxis, dass sie in den Anleihebedingungen umfassend auf ihr Immunitätsrecht verzichten.[348] Dabei wird nicht bezweifelt, dass ein solcher Globalverzicht sich bei hinreichend deutlicher Formulierung auch auf die Vollstreckungsimmunität erstreckt. Weniger eindeutig ist allerdings (und hier entzündet sich Streit), ob eine pauschale Verzichtserklärung auch für Vermögenswerte gilt, denen aufgrund ihrer Verwendungszwecke immunitätsrechtlich ein Sonderstatus zukommt.[349] So sollen Vermögenswerte, die dem Schutzbereich der diplomatischen Immunität unterfallen, nach überwiegender Auffassung von dem Globalverzicht nicht erfasst sein. Das folge aus dem Charakter der diplomatischen Immunität als ein in sich geschlossenes Sonderregime.[350] Eine vergleichbare Sonderstellung könnte auch Zentralbanken zukommen. Schließlich gesteht ihnen Art. 21 Abs. 1 lit. c) der UN-Immunitätskonvention den gleichen qualifizierten Vollstreckungsschutz zu, wie ihn diplomatisches Vermögen genießt. Auch dieser Frage soll in dem nächsten Kapitel nachgegangen werden.

e) Immunität gegenüber Vollstreckungsmaßnahmen vor Erlass eines Urteils

Gläubiger fremder Staaten laufen bei dem Versuch, in auswärtige Vermögensgüter zu vollstrecken, immer Gefahr, dass der fremde Schuldnerstaat sein Vermögen kurzerhand aus dem Forumstaat in eine sichere Jurisdiktion beiseite schafft. Zeugnis darüber, dass gerade fremde Staaten zu solchen gezielt gläubigerschädigenden Maßnahmen greifen, legt etwa das Verhalten Argentiniens ab, als das Land einen Großteil seiner über zwei Mrd. US-Dollar umfassenden Devisenreserven von den USA auf Konten der BIZ in der Schweiz verschob, um drohenden Vollstreckungsversuchen von Gläubigern zuvor zu kommen.[351] Ohne die Mög-

---

1054, dazu *Kröll*, IPRax 2002, 439; U.S. Court of Appeals, 2nd Circuit, *Banco de Seguros del Estado v. Mutual Marine Office, Inc.*, 344 F.3d 255, 261 f. (2003); U.S. District Court, District of Columbia, *Birch Shipping Corp. v. The Embassy of the United Republic of Tanzania*, 507 F.Supp 311, 312 (1980); für eine zurückhaltende Auslegung dagegen BGH, NJW-RR 2006, 425, 200 f.; *Reinisch*, 17 European Journal of International Law (2006) 803, 819; *von Schönfeld*, NJW 1986, 2980, 2985, ausführlich *Langkeit*, Staatenimmunität und Schiedsgerichtsbarkeit, S. 188 ff.

[348] *Baars/Böckel*, ZBB 2004, 445, 452; OLG Schleswig, ZIP 2015, 1253, 1258.
[349] *Baars/Böckel*, ZBB 2004, 445, 452 f.
[350] Internationaler Gerichtshof (IGH), *United States of America vs. Iran*, I.C.J. Reports 3, 41 (1980). BVerfG, NJW 2007, 2605, 2608 ff.
[351] U.S. Court of Appeals, 2nd Circuit, *NML Capital v. Banco Central de la Republica Argentina*, 652 F.3d 172, 177 ff. (2011).

lichkeit, Vollstreckungsobjekte einstweilen im Forumstaat auch gegen den Willen des staatlichen Schuldners „einzufrieren" und ihre Verfügbarkeit für Vollstreckungsverfahren zu sichern, bleibt ein wirkungsvoller Rechtsschutz der Gläubiger illusorisch.[352]

Trotzdem schränken zahlreiche Immunitätskodifikationen die Möglichkeiten von Vollstreckungsmaßnahmen gegen fremde Staaten vor Erlass eines Urteils viel stärker als nach einem Urteil ein. Ähnlich wie das britische Immunitätsgesetz[353] erlaubt die UN-Immunitätskonvention „pre-judgment measures of constraint" nur bei einem ausdrücklichen Immunitätsverzicht des fremden Staates in Bezug auf solche Verfahren oder wenn der fremde Staat Vermögen zur Befriedigung der zugrunde liegenden Forderung bereit gestellt hat, auch wenn es sich um Vermögenswerte mit nicht-hoheitlichen Verwendungszwecken handelt.[354] Der FSIA US sieht sogar noch strengere Voraussetzungen für eine Immunitätsdurchbrechung vor.[355] Ausschlaggebend für diese gläubigerbenachteiligenden Regelungen[356] ist die Erwägung, dass einschneidende Vollstreckungsmaßnahmen zulasten des fremden Staates allein aufgrund einer vorläufigen Entscheidung allzu leicht die auswärtigen Beziehungen belasten können.[357]

---

[352] Zu den vorläufigen Vollstreckungsverfahren oben S. 92.

[353] Sec. 13(2), (3) SIA UK; die Ausnahme für wirtschaftlich genutztes Vermögen in Sec. 13(4) bezieht sich nicht auf die in Sec. 13(2)(a) genannten Verfahren, die insbesondere die sog. Mareva-injunction, eine Maßnahme zur Sicherung von vollstreckbaren Vermögen, umfasst, vgl. *Ostrander*, 22 Berkeley Journal of International Law (2004) 541, 554; ebenfalls Sec. 11(1) SIA Kanada, vgl. dazu *Molot/Jewett*, 20 The Canadian Yearbook of International Law (1982) 79, 117 f. Art. 17 Immunitätsgesetz Japan erlaubt „temporary restraining orders" nur bei einem Immunitätsverzicht. Die Immunitätsausnahme für wirtschaftlich genutztes Vermögen in Art. 18 spricht im Gegensatz zu Art. 17 nur von „civil execution procedures" und nicht von „temporary restraining orders".

[354] Art. 18 UN-Immunitätskonvention.

[355] Vgl. Sec. 1610(d) FSIA US, die eine wirtschaftliche Verwendung der Vermögensgüter und einen ausdrücklichen Immunitätsverzicht verlangt. Zudem müssen die Maßnahmen der Sicherung der Vollstreckung der Entscheidung, nicht aber zur Begründung der *jurisdiction* dienen.

[356] Kritisch *Crawford*, 75 American Journal of International Law (1981) 820, 869; *Ostrander*, 22 Berkeley Journal of International Law (2004) 541, 578.

[357] Zu der britischen Regelung *Dickinson/Lindsay/Loonam*, State Immunity, S. 392; zu Sec. 1610(d) FSIA US, "Jurisdiction of U.S. Courts in suits against Foreign States" – Hearings before the Subcommittee on Administrative Law and Governmental Relations on H.R. 11315, 94th Congress, 2d Session, Washington 1976, S. 76; ferner U.S. District Court, S.D.N.Y., *New England Merchants National Bank v. Iran Power Generation and Transmission Co.*, 502 F.Supp. 120, 126 f. (1980); *Ostrander*, 22 Berkeley Journal of International Law (2004) 541, 553; zu der nationalen Praxis s. auch *Sawah*, Les immunités des états et des organisations internationales, S. 167 f.

Der Stand des Völkergewohnheitsrechts kommt in diesen Regelungen allerdings nicht zum Ausdruck. Im Rahmen seiner Untersuchung der Völkerrechtspraxis in der NIOC-Entscheidung kam das Bundesverfassungsgericht zu dem Ergebnis, dass die Immunitätsfreiheit von nicht-hoheitlich genutzten Vermögenswerten auch für Zwangsmaßnahmen in vorläufigen Verfahren gelte. Die Abweichungen in den Immunitätsgesetzen der USA fielen nicht ins Gewicht, weil ihnen politische Zweckmäßigkeitserwägungen, nicht aber die Vorstellung völkerrechtlicher Verbindlichkeit zugrunde lagen.[358] Vor allem existiert eine starke gegenläufige Völkerrechtspraxis. In Übereinstimmung mit der deutschen Rechtsprechung unterscheiden viele kontinentaleuropäische Gerichte nicht zwischen Zwangsmaßnahmen vor und nach Erlass eines Urteils und behandeln die Vollstreckungsimmunität als einheitliches Regime.[359] Keine weitere Differenzierung nach dem Zeitpunkt der Zwangsmaßnahmen nehmen auch das israelische[360] und das australische Immunitätsgesetz[361] vor.

---

[358] BVerfG, NJW 1983, 2766, 2767; dazu *von Schönfeld*, NJW 1986, 2980, 2986.
[359] Nachweise bei *Reinisch*, 17 European Journal of International Law (2006) 803, 834 f.; *Yang*, State Immunity in International Law, S. 378 ff.
[360] Art. 15 ff. FSIL Israel.
[361] Art. 30 FSIA Australien spricht von „any process or order (whether interim or final)", auf die sich die Immunitätsausnahmen in den folgenden Artikeln beziehen, auch Art. VIII D *International Law Association*, 22 ILM (1983) 287, 291.

IV. Vollstreckungsimmunität nationaler Zentralbanken in der völkerrechtlichen Praxis

Im Nachfolgenden soll die Behandlung der Vollstreckungsimmunität von Zentralbanken im geltenden Völkergewohnheitsrecht untersucht werden. Die Darstellung des gegenwärtigen Stands der völkergewohnheitsrechtlichen Vollstreckungsimmunität hat gezeigt, dass Vollstreckungsverfahren gegen Staaten nicht mehr von vornherein zum Scheitern verurteilt sind. Diese Vollstreckungsgefahren sparen Zentralbanken nicht aus. Zentralbanken sind aufgrund ihrer großen Auslandsvermögen sogar besonders gefährdet.[1] Ob die Sorge um einen ausreichenden Immunitätsschutz derzeit berechtigt ist oder ob nicht vielmehr diese Sorge bereits zu einer verstärkten Immunität gesorgt hat, soll anhand einer Analyse der Staatenpraxis überprüft werden.

Dabei werden vier Aspekte untersucht: Erstens stellt sich die Frage, ob der Immunitätsschutz unterschiedlich ausfällt, wenn Zentralbanken als rechtlich eigenständige und unabhängige Einrichtungen ausgestaltet sind. Zweitens soll die Analyse der Staatenpraxis klären, ob sich die zuvor aufgezeigte herausragende wirtschaftspolitische Rolle von Zentralbanken in einem besonderen Immunitätsschutz niederschlägt, der über eine Immunität für Vermögensgegenstände mit hoheitlicher Zwecksetzung hinausgeht. Stützt die Staatenpraxis eine solche völkergewohnheitsrechtliche Rechtsregel nicht im ausreichenden Maße, so gilt es drittens zu klären, entlang welcher Linie die Grenzen der Vollstreckungsimmunität von Zentralbanken im geltenden Völkergewohnheitsrecht verlaufen.

In einem eigenen Abschnitt werden, viertens, die Anforderungen an einen Verzicht auf die Vollstreckungsimmunität von Zentralbanken erörtert. Sie hängen eng mit dem Maß der Zentralbanken gewährten Immunität zusammen.

Es soll versucht werden, die Beurteilung des geltenden Völkerrechts auf ein möglichst breites Fundament zu stellen. In der Umsetzung stößt dieser Anspruch jedoch schnell an Grenzen, weil die Praxis aller Staaten entweder nicht erkennbar oder nicht zugänglich ist. So beschränkt sich die nachfolgende Darstellung auf die wahrnehmbare Übung der Staaten und umfasst daher lediglich einen Aus-

---

[1] *Nobumori*, 53 Japanese Yearbook of International Law (2010) 275, 277 ff.

schnitt der Staatengemeinschaft. Das Ergebnis kann vor diesem Hintergrund eine bloße Annäherung bleiben.

1. Vollstreckungsimmunität von Zentralbanken in internationalen Verträgen

a) Europäisches Übereinkommen zur Staatenimmunität

aa) Das optionale Vollstreckungsregime

Das Europäische Übereinkommen zur Staatenimmunität[2] wurde im Rahmen des Europarates verabschiedet und erweist sich bis heute als das einzige in Kraft getretene umfassende internationale Abkommen zur Staatenimmunität. Zentralbankvermögen wird nicht besonders geregelt. Allerdings sind nach Art. 23 der Konvention im Grundsatz sämtliche Vollstreckungsmaßnahmen gegen andere Vertragsstaaten untersagt, sofern der betroffene Staat nicht ausdrücklich zugestimmt hat. Als Ausgleich sind die Vertragsstaaten aufgrund der Art. 20 ff. verpflichtet, im Einklang mit der Konvention erlassene Urteile nationaler Gerichte ohne Weiteres umzusetzen.[3]

Daneben sieht die Fakultativregelung des Art. 26 des Übereinkommens eine nur eingeschränkte Immunität in Zwangsvollstreckungen vor. Dieses Immunitätsregime gilt, wenn beide betroffenen Vertragsstaaten Erklärungen nach Art. 24 des Übereinkommens abgegeben und sich damit in über die Konvention hinausgehendem Maß der Gerichtsbarkeit (bzw. Vollstreckungsgewalt) anderer Vertragsstaaten unterworfen haben.[4] Das optionale Regime erfordert also reziprokes völkerrechtliches Verhalten der involvierten Staaten.[5] Die Vorschrift erlaubt dem Forumstaat unter bestimmten Voraussetzungen aus gerichtlichen Entscheidungen über eine „von dem Staat auf die gleiche Weise wie von einer Privatperson ausgeübte gewerbliche oder kaufmännische Tätigkeit" in Vermögen zu voll-

---

[2] Siehe oben S. 96 Fn. 38.

[3] Diese ungewöhnliche und ohne Nachbildung gebliebene Ausgestaltung war dem Anliegen geschuldet, zugleich auch die Anerkennung und Durchsetzung von ausländischen Urteilen gegen fremde Staaten zu regeln, *Sinclair*, 22 International and Comparative Law Quarterly (1973) 254, 262.

[4] Dazu *Sinclair*, 22 International and Comparative Law Quarterly (1973) 254, 268. Zahlreiche Vertragsstaaten haben eine Erklärung nach Art. 24 des Übereinkommens abgegeben, darunter auch Deutschland, die Schweiz und Großbritannien, vgl. https://www.coe.int/de/web/conventions/full-list/-/conventions/treaty/074/declarations? p_auth= VHG64HQO (zuletzt abgerufen 01.05.2019).

[5] *Hess*, Staatenimmunität bei Distanzdelikten, S. 214.

strecken, das ausschließlich für solch eine Tätigkeit verwendet wird.[6] Die Beschränkung im Wortlaut auf Vollstreckungen von gerichtlichen Entscheidungen lässt erkennen, dass die Durchbrechung der Immunität nicht für Vollstreckungsmaßnahmen im Vorfeld von gerichtlichen Entscheidungen gelten soll.

bb) Potentielle Immunität von Zentralbankvermögen

Zentralbankvermögen wird von der Vollstreckungsmöglichkeit unter dem optionalen Regime des Art. 26 des Übereinkommens nicht ausgenommen. Mithin genießt Zentralbankvermögen keine Vollstreckungsimmunität, wenn es im Zusammenhang mit auf gleicher Weise wie von einer Privatperson ausgeübten gewerblichen oder kaufmännischen Tätigkeit verwendet wird und auch das zu vollstreckende Urteil diese Tätigkeit betrifft. Eine nähere Erläuterung des Kreises der genannten Tätigkeiten enthält das Abkommen nicht.[7] Der Wortlaut der Vorschrift hebt maßgeblich auf die Vergleichbarkeit mit privaten Wirtschaftsteilnehmern an und beurteilt immunitätsfreie Vermögenswerte weniger nach den Verwendungszwecken als nach der Natur der Tätigkeit, zu der sie genutzt werden. Mithin kommt Auslandsvermögen der Zentralbanken wohl in allen oben betrachteten Fällen nicht in den Genuss von Vollstreckungsimmunität, weil die Vermögensmittel zu Tätigkeiten verwendet werden, die ihrer Natur nach nicht anders von Privaten vorgenommen werden.

Dagegen werden Zentralbanken nicht in den Immunitätsschutz nach der Fakultativregelung des Art. 26 des Übereinkommens einbezogen, wenn sie rechtlich selbstständig sind. Denn nach Art. 27 Abs. 1 erstreckt sich der Ausdruck „Vertragsstaat" nicht auf einen Rechtsträger eines Vertragsstaats, „der sich von diesem unterscheidet und die Fähigkeit hat, vor Gericht aufzutreten, selbst wenn er mit öffentlichen Aufgaben betraut ist". Dennoch ist die Gerichtsbarkeit nach Art. 27 Abs. 2 ausgeschlossen, wenn acta iure imperii des Rechtsträgers betroffen sind. Obwohl die Vorschrift nur auf Erkenntnisverfahren zugeschnitten ist, muss die Grenze der Gerichtsbarkeit erst recht für Vollstreckungsmaßnahmen gelten. Eine andere Auslegung ließe sich nicht mit dem Anliegen des Übereinkommens, einen Kompromiss herzustellen zwischen dem restriktiven und absoluten Immunitätsansatz, den einige europäische Länder im Zeitpunkt des Entstehens des Abkommens in Vollstreckungsverfahren verfolgten, in Einklang bringen.[8] Das Überein-

---

[6] Die Passage des Art. 26 lautet in der englischen Fassung des Übereinkommens: „a judgment rendered against a Contracting State in proceedings relating to an industrial or commercial activity, in which the State is engaged in the same manner as a private person, may be enforced in the State of the forum against property of the State against which judgment has been given, used exclusively in connection with such an activity".

[7] *Sinclair*, 22 International and Comparative Law Quarterly (1973) 254, 272.

[8] *Sinclair*, 22 International and Comparative Law Quarterly (1973) 254.

kommen ist inhaltlich mit seiner komplizierten Regelungssystematik weit von dem aktuellen Gehalt der Vollstreckungsimmunität entfernt.

b) UN-Immunitätskonvention

Internationale Verträge halten nur in einem Fall spezielle Regelungen zur Vollstreckungsimmunität von Zentralbanken bereit. Die bislang noch nicht in Kraft getretene UN-Konvention zur Staatenimmunität aus dem Jahr 2004 listet im Rahmen der Vollstreckungsimmunität besonders geschützte staatliche Vermögensgüter auf, unter die auch „property of the central bank or other monetary authority of the State" fällt.[9]

aa) Konventionstext

Rechtstechnisch wird der besondere Schutz von Zentralbankvermögen durch eine Rückausnahme von der Immunitätsausnahme für wirtschäftliche Betätigungen umgesetzt. Die Regelungen der UN-Konvention zur Vollstreckungsimmunität unterscheiden zwischen gerichtlichen Vollstreckungsmaßnahmen vor Erlass eines Urteils (Art. 18, „State immunity from pre-judgment measures of constraint") und nach Erlass eines Urteils (Art. 19, „State immunity from post-judgment measures of constraint"). Nach Art. 19 der Konvention sind gerichtliche Vollstreckungsmaßnahmen auf Grundlage eines Urteils gegen einen fremden Staat ausnahmsweise nicht untersagt, wenn nachgewiesen ist, dass die Vermögensgegenstände zu anderen als nicht privatwirtschaftlichen staatlichen Zwecken genutzt werden oder dazu bestimmt sind und im Forumstaat belegen sind.[10] Die umständliche doppelte Verneinung kann kaum verschleiern, dass es sich hierbei um die von einem restriktiven Immunitätsverständnis vorgegebene Ausnahme von der Immunität für rein privatwirtschaftliche Betätigungen handelt. Darauf aufbauend sieht Art. 21 der Konvention Rückausnahmen für bestimmte Kategorien von Vermögensgütern vor, indem sie deren hoheitliche Zwecksetzung unwiderleglich vermutet und damit den Weg für eine Durchbrechung der Immunität versperrt. So soll u. a. „property of the central bank or other monetary authority of the State" in keinem Fall als privatwirtschaftlichen Zwecken dienend angesehen werden können („shall not be considered as property specifically in use or intended for use by the State for other than government non-commercial"). Sofern Vermögen einer Zentralbank oder Währungsbehörde betroffen ist, dürfen Staaten Vollstreckungen nur durchführen, wenn der ausländische Staat ausdrücklich oder implizit auf seine Immunität verzichtet hat.

---

[9] Art. 21 (1)(c) UN-Konvention zur Staatenimmunität.
[10] *Hess*, Staatenimmunität bei Distanzdelikten, S. 211.

bb) Absolute Immunisierung von Zentralbankvermögen

(1) Regelungsgehalt von Art. 21(1) der UN-Immunitätskonvention

Die Ausnahmebestimmung in Art. 21(1) in der Konvention fällt denkbar weit aus. Der klare Vertragstext lässt keinen Zweifel daran, dass die Vermutung einer hoheitlichen Zwecksetzung von Zentralbankvermögen unwiderleglich sein sollte. Auch eine Begrenzung ratio personae ist dem Wortlaut nicht zu entnehmen. Im Gegenteil, die semantische Dopplung von „property of the central bank or other monetary authority" sollte klarstellen, dass sämtliche nationalen Gebilde, die Zentralbankfunktionen ausüben, unabhängig von ihrer Bezeichnung erfasst werden.[11] Zudem genügt es, dass es sich um irgendeinen Vermögensgegenstand einer Zentralbank handelt, unabhängig davon, ob die Zentralbank tatsächlich der Vermögensinhaber ist oder ob die Zentralbank lediglich ein Konto für Dritte führt.[12] Im Vergleich zu anderen privilegierten Kategorien staatlichen Vermögens wie diplomatischen Missionen[13] oder Militärgütern[14] fehlt schließlich eine sachliche Beschränkung des Immunitätsprivilegs auf bestimmte Funktionen. So lassen Wortlaut und Systematik[15] der UN-Konvention zur Staatenimmunität den Zentralbanken zugestandenen Immunitätsschutz in Vollstreckungsverfahren als absolut erscheinen. Allein ein Immunitätsverzicht kann den „Immunitätspanzer" durchbrechen.

(2) Gründe für den speziellen Immunitätspanzer

Die Materialien zu den Kodifikationsarbeiten lassen die Gründe, die Immunitätsausnahmen gerade auch auf Zentralbankvermögen zu erstrecken, nicht eindeutig erkennen. Der Sonderberichterstatter der ILC *Sucharitkul* hatte die geltende Staatenpraxis zum Anlass genommen, um den Katalog an besonders geschützten

---

[11] *UN General Assembly, Sixth Committee*, Convention on Jurisdictional Immunities of States and their Property, Report of the Working Group, Forty-seventh session. A/C.6/47/L.10, 1992, 13; *Brown/O'Keefe*, in: O'Keefe/Tams/Tzanakopoulos (Hrsg.), The United Nations Convention on Jurisdictional Immunities of States and Their Property, Art. 21 342.

[12] Eine Einschränkung der Ausnahme durch den Austausch von „property of central bank" durch „funds of a central bank", das ein engeres Verständnis nahelegt, konnte sich nicht durchsetzen, *International Law Commission*, Yearbook of the International Law Commission 1985 Bd. II, Teil 2, 51, 57.

[13] Art. 21 (1)(a) UN-Immunitätskonvention.

[14] Art. 21 (1)(b) UN-Immunitätskonvention.

[15] Nach Art. 31 Abs. 1 des Wiener Übereinkommens über das Recht der Verträge vom 23. Mai 1969 (BGBl. 1985 II S. 927) hat die Auslegung eines völkerrechtlichen Vertrags von der natürlichen Wortbedeutung auszugehen, *Dahm/Delbrück/Wolfrum*, Völkerrecht, Band I/3, S. 640 ff.; *Sorel/Bore Eveno*, in: Corten/Klein (Hrsg.), The Vienna Conventions on the Law of Treaties, S. 804, 818 f.

Vermögenswerten in seinem ursprünglichen Entwurf aufzunehmen. Dabei verwies[16] er neben den Immunitätsgesetzen in den USA und Großbritannien insbesondere auf die 1982 von der International Law Association („ILA") verabschiedeten „Draft Articles for a Convention on State Immunity" (Draft Articles), die eine ganz ähnliche Liste an staatlichen Vermögenswerten enthält.[17] Auf der sachlichen Ebene rechtfertige nach seiner Ansicht das große staatliche Interesse an der ungehinderten Tätigkeit währungspolitischer Behörden eine Sonderstellung von Zentralbankvermögen.[18] Die Privilegierung solle die außenpolitischen Beziehungen der involvierten Länder schützen. Denn Vollstreckungen in die aufgelisteten Vermögenswerte seien besonders geeignet, diplomatische Konfrontationen auszulösen.[19]

Zu den Gründen für einen besonderen Immunitätsschutz äußerte sich der ILC in den weiteren Arbeiten explizit nicht mehr. Er begnügte sich damit, die ihrer Natur nach eindeutige hoheitliche Zwecksetzung von Zentralbankvermögen hervorzuheben. Die Anwendung einer nur restriktiven Vollstreckungsimmunität in einigen entwickelten Volkswirtschaften habe dazu geführt, dass nationale Gerichte wiederholt auch Vollstreckungen in Vermögen von Zentralbanken erlaubten. Dieser „besorgniserregenden"[20] Vollstreckungspraxis gegen Zentralbanken sollte die zweifelsfreie Zuordnung von Zentralbankvermögen zu hoheitlichen Vermögenswerten begegnen. Was genau Anlass zur Besorgnis gab, legte der ILC aber nicht offen.

So unbestritten, wie der undurchdringliche Immunitätsschutz in dem Konventionstext daherkommt, war er in den umfangreichen Vorarbeiten zur Konvention tatsächlich nicht. Insbesondere die Ausnahme für Zentralbankvermögen war auf den einzelnen Stufen der Arbeit zur Konvention Gegenstand langanhaltender Kontroversen. Der erste Entwurfstext des Sonderberichterstatters enthielt noch eine inhaltliche Beschränkung auf Vermögenswerte mit zentralbankspezifischer Zwecksetzung und ließ nur „property of a central bank held by it for central ban-

---

[16] *Sucharitkul*, Yearbook of the International Law Commission 1985 Bd. II Teil 1, 21, 43.

[17] Art. VIII B. Draft Articles on a Convention of State Immunity der *International Law Association*, 22 ILM (1983) 287; dazu unten S. 233 ff.

[18] *Sucharitkul*, Yearbook of the International Law Commission 1985 Bd. II Teil 1, 21, 43, der insoweit unzutreffend, weil damit nicht Zentralbanken bezeichnet werden, von „fiscal authorities" spricht.

[19] *International Law Commission*, Yearbook of the International Law Commission 1985 Bd. II, Teil 2, 51, 54.

[20] Im Englischen „alarming", *International Law Commission*, Yearbook of the International Law Commission 1991 Bd. II, Teil 2, 12, 59; und bereits zuvor *International Law Commission*, Yearbook of the International Law Commission 1986 Bd. II, Teil 2, 7, 19; der Schutz sollte vor allem den Entwicklungsländern zugute kommen, vgl. *Sucharitkul*, Yearbook of the International Law Commission 1985 Bd. II Teil 1, 21, 43.

king purposes" am strengen Immunitätsschutz teilhaben.²¹ Die darauffolgenden Beratungen führten zur Streichung der funktionellen Einschränkung.²²

Dagegen hielten zahlreiche Staaten, darunter auch die Bundesrepublik Deutschland, eine uneingeschränkte Immunität für nicht gerechtfertigt und sprachen sich für die Wiederaufnahme des Zusatzes „and used for monetary purposes" aus.²³ In ihren Stellungnahmen zu dem 1986 verabschiedeten Konventionsentwurf sahen verschiedene Staaten wie Australien,²⁴ Deutschland,²⁵ Italien²⁶ und Brasilien²⁷ keine Notwendigkeit, Zentralbankvermögen pauschal zu privilegieren, weil die Institute auch mit der Wahrnehmung nicht-hoheitlicher Funktionen betraut seien. Die nordeuropäischen Staaten Dänemark, Finnland, Island und Schweden traten der Annahme entgegen, Zentralbanken seien ausschließlich Instrumente der Hoheitsgewalt. Logischer sei es, Zentralbankvermögen, das für nicht-hoheitliche Ziele eingesetzt werden, nicht abweichend von anderen Vermögensgegenständen des Staates zu behandeln.²⁸ Katar sah in der Regelung einen Widerspruch zur Staatenpraxis, weil jüngere Gesetze die Immunität von Zentralbanken allein auf Vermögensmittel beschränkten, die zu spezifisch zentralbanklichen oder monetären Zwecken genutzt werden.²⁹

Indes konnte sich diese Sichtweise unter den Mitgliedern der ILC nicht durchsetzen. Die Ausnahme für Zentralbankvermögen in der abschließenden Fassung der „Draft articles on Jurisdictional Immunities of States and Their Property" („ILC Draft Articles") der ILC entspricht dem Wortlaut der UN-Konvention zur

---

[21] *Sucharitkul*, Yearbook of the International Law Commission 1985 Bd. II Teil 1, 21, 43.

[22] *International Law Commission*, Yearbook of the International Law Commission 1986 Bd. I, Teil 1, 1, 173; *International Law Commission*, Yearbook of the International Law Commission 1986 Bd. II, Teil 2, 7, 19.

[23] Der Vorschlag Deutschlands wurde unterstützt von Australien, Katar und den skandinavischen Staaten, *Ogiso*, Yearbook of the International Law Commission 1988 Bd. II Teil 1, 96, 119; in den darauf folgenden Beratungen sprachen sich auch andere Staaten für die Einschränkung aus, vgl. *International Law Commission*, Yearbook of the International Law Commission 1990 Bd. II, Teil 2, 31, 42, dort heißt es: „many members supported the addition of the words "and used for monetary purposes" in paragraph 1 (c)".

[24] *International Law Commission*, Yearbook of the International Law Commission 1988 Bd. II, Teil 1, 45, 57.

[25] *International Law Commission*, Yearbook of the International Law Commission 1988 Bd. II, Teil 1, 45, 72.

[26] *International Law Commission*, Yearbook of the International Law Commission 1988 Bd. II, Teil 1, 45, 74.

[27] *International Law Commission*, Yearbook of the International Law Commission 1988 Bd. II, Teil 1, 45, 59.

[28] *International Law Commission*, Yearbook of the International Law Commission 1988 Bd. II, Teil 1, 45, 78.

[29] *International Law Commission*, Yearbook of the International Law Commission 1988 Bd. II, Teil 1, 45, 79.

Staatenimmunität.[30] Auch in den anschließenden Arbeiten an dem Konventionstext im Rahmen der Vereinten Nationen blieb die uneinschränkte Ausnahme für Zentralbankvermögen umstritten. Wiederholte Vorstöße zur funktionellen Einschränkung des Immunitätsprivilegs konnten keine Änderungen des Konventionstexts mehr erreichen.[31]

cc) Potentielle Relativierung des Immunitätsschutzes durch die Staatseigenschaft?

Trotz allem soll der Text der UN-Konvention nach einer Literaturansicht[32] eine Lücke zur inhaltlichen Durchbrechung der absoluten Immunität von Zentralbankvermögen bereithalten. Die Auffassung stützt sich auf die Definition der Bezeichnung „Staat" in Art. 2(1) (b) (iii), nach der nur solche Einrichtungen und Stellen und andere Rechtsträger zum „Staat" zu zählen sind, soweit sie berechtigt sind, Handlungen in Ausübung der Hoheitsgewalt des Staates vorzunehmen und solche Handlungen tatsächlich vornehmen.[33] Das Zusammenspiel von Art. 2 und Art. 19 ff. der Konvention soll zur Folge haben, dass Zentralbanken das Immunitätsprivileg allein dann zusteht, wenn sie im konkreten Fall Hoheitsgewalt ausüben. Denn Art. 19 der Konvention ordnet ein Verbot von Vollstreckungsmaßnahmen gegen „das Vermögen eines Staates" (engl. „against property of a State") an, und auch Art. 21(1) bezieht die besondere Immunisierung allein auf „staatliches Vermögen" (engl. „property of a State"). Wenn allerdings Zentralbanken als „Rechtsträger" zu qualifizieren sind, die im konkreten Fall keine Hoheitsgewalt ausüben, dann wäre das von ihnen gehaltene Vermögen kein „staatliches Vermögen" und würde nicht einmal an dem generellen Immunitätsschutz nach Art. 19, erst recht nicht an der verstärkten Vollstreckungsimmunität nach Art. 21(1) der Konvention teilhaben.

Überzeugender ist daher eine Auslegung, die dem besonderen Immunitätsschutz von Zentralbanken in Art. 21(1) Vorrang einräumt und nicht davon abhängig macht, ob eine rechtlich selbstständige Zentralbank im konkreten Fall Ho-

---

[30] *International Law Commission*, Yearbook of the International Law Commission 1991 Bd. II, Teil 2, 12, 58.

[31] *UN General Assembly, Sixth Committee*, Convention on Jurisdictional Immunities of States and their Property, Report of the Working Group, Forty-seventh session. A/C.6/47/L.10, 1992, 13; *UN General Assembly, Sixth Committee*, Convention on Jurisdictional Immunities of States and their Property, Report of the Working Group, Forty-eighth session. A/C.6/48/L.4, 1993, 15.

[32] *Brown/O'Keefe*, in: O'Keefe/Tams/Tzanakopoulos (Hrsg.), The United Nations Convention on Jurisdictional Immunities of States and Their Property, Art. 21 S. 343 f.

[33] In der englischen Originalfassung lautet die Passage: „agencies or instrumentalities of the State or other entities, to the extent that they are entitled to perform and are actually performing acts in the exercise of sovereign authority of the State".

heitsgewalt ausübt. Nur so bleibt der Regelungszusammenhang widerspruchsfrei. Wenn man die unwiderlegliche Vermutung hoheitlicher Zweckbestimmung zentralbanklichen Vermögens in Art. 21(1) ernst nimmt, dann ist ausgeschlossen, dass eine Zentralbank im konkreten Fall keine Hoheitsgewalt ausübt. Diese klare Regelungsaussage würde missachtet, wenn man im Einzelfall dazu kommt, dass die Zentralbank nicht als „Staat" i. S. d. Art. 2(1)(b)(iii) zu qualifizieren ist, und ihr einen privilegierten Immunitätsschutz vorenthält. Darüber hinaus widerspricht es der Gesetzeshistorie, wenn man bereits auf der Ebene der Staatseigenschaft nach Art. 2(1)(b)(iii) einige Zentralbanken aussortiert. Der Kreis der Berechtigten wurde bewusst denkbar weit gezogen, um sämtliche nationalen Einrichtungen zu erfassen, die zentralbanktypische Funktionen ausüben, unabhängig von ihrer rechtlichen Organisationsstruktur. Auch wurde darauf verzichtet, das Immunitätsprivileg in irgendeiner Form funktionell einzuschränken und von Einzelfallumständen abhängig zu machen. Diese Entscheidung wird konterkariert, wenn es nun über den Umweg von Art. 2(1)(b) doch auf die Zwecksetzung der Vermögenswerte im Einzelfall ankäme.[34]

dd) Bewertung und Zwischenergebnis

Ungeachtet der eindeutigen Regelungsaussage bleibt zweifelhaft, ob die UN-Immunitätskonvention eine von einer opinio iuris vel necessitatis getragenen Staatenpraxis zur vorbehaltlosen Immunisierung von Zentralbankvermögen in Vollstreckungsverfahren dokumentiert. Unklar ist zunächst, ob die Zustimmung der Staaten zur uneingeschränkten Vollstreckungsimmunität eher einem rechtspolitischen Desiderat als der Überzeugung einer rechtlichen Verpflichtung, wie es die opinio juris vel necessitatis[35] erfordert, entspringt. In der Weise lässt sich beispielsweise die Position der Entwicklungsländer, das strikte Immunitätsprivileg sei notwendig zum Schutz ihrer Devisenreserven,[36] verstehen. Dagegen legen die wiederholte Opposition zahlreicher Staaten während der Genese der Konvention und nicht zuletzt der Umstand, dass bisher lediglich weniger als 30 Staaten die Konvention ratifiziert haben, den Schluss nahe, dass die UN-Immunitätskonvention kein eindeutiges Zeugnis für die von einer überwiegenden

---

[34] Die teleologische Auslegung ist ein wesentliches Element der Auslegung von internationalen Verträgen. Nach Art. 31 des Wiener Übereinkommens über das Recht der Verträge vom 23. Mai 1969 (BGBl. 1985 II S. 927) sind Vorschriften eines völkerrechtlichen Vertrags „nach Treu und Glauben in Übereinstimmung mit der gewöhnlichen, seinen Bestimmungen in ihrem Zusammenhang zukommenden Bedeutung und im Lichte seines Zieles und Zweckes auszulegen", *Dahm/Delbrück/Wolfrum*, Völkerrecht, Band I/3, S. 644.
[35] Siehe oben S. 96.
[36] *International Law Commission*, Yearbook of the International Law Commission 1985 Bd. II, Teil 2, 51, 57.

Mehrheit der Staaten getragenen absoluten Vollstreckungsimmunität von Zentralbanken ist.

2. Die Vollstreckungsimmunität in nationalen Immunitätsgesetzen

Als die Ausformulierung des Immunitätsrechts noch in die ausschließliche Domäne der nationalen Gerichte fiel, war ein besonderer Immunitätsschutz von Zentralbanken noch unbekannt. Eine solche Sonderbehandlung erwog der englische Court of Appeal nicht einmal, als er in seiner bekannten *Trendtex*-Entscheidung kurz vor Erlass des britischen Immunitätsgesetzes über die Immunität der nigerianischen Zentralbank gegenüber Vollstreckungszugriffen auf ihr Vermögen urteilte.[37] Der Erlass der ersten nationalen Immunitätsgesetze markiert eine Zeitenwende. Sie gedachten Zentralbankvermögen einen Sonderstatus zu und stießen damit im Bereich der Vollstreckungsimmunität die Entwicklung eines Sonderrechts für Zentralbanken an, die bis dato noch nicht abgeschlossen ist.

a) Foreign Sovereign Immunities Act[38] der USA

Die USA erließen 1976 mit dem *Foreign Sovereign Immunities Act* die erste nationale Immunitätskodifikation. Das Gesetz verfolgte mehrere Reformanliegen:[39] Es bezweckte, die unbefriedigenden Regelungen[40] über die jurisdiction amerikanischer Gerichte gegenüber ausländischen Staaten grundlegend neu zu ordnen und die Immunitätsgewährung rein rechtlichen Kriterien zu unterstellen, über die ausschließlich die Judikative zu entscheiden hat. Inhaltlich schrieb das Gesetz die restriktive Immunität fest und sollte dadurch gerade auch die Möglichkeiten erweitern, gegen fremde Staaten zu vollstrecken.[41]

---

[37] Court of Appeal, *Trendtex Trading Corporation v. Central Bank of Nigeria* [1977] 1 Q.B. 529, 566 ff.

[38] Siehe oben S. 17 Fn. 2.

[39] Die Begründung des Gesetzesentwurfs findet sich in *U.S. Secretary of State*, Draft Legislation on the Jurisdictional Immunities of Foreign States, ILM 1973, S. 118, 119.

[40] Dazu *Hess*, Staatenimmunität bei Distanzdelikten, S. 79 ff.

[41] *U.S. Congress*, Congressional Committee Report on the Jurisdiction of United States Courts in Suits against Foreign States, Report No. 94-1487, ILM 1976, S. 1398, 1401 ff.; *Fox/Webb*, The Law of State Immunity, S. 238 f.; zum Erreichen der legislativen Ziele, *Lee*, 41 Columbia Journal of Transnational Law (2003) 327, 334.

aa) Vollstreckungsimmunität fremder Staaten nach dem FSIA US

In persönlicher Hinsicht bezieht der FSIA US rechtlich selbstständige Zentralbanken in den Kreis der Immunitätsberechtigten mit ein. Sec. 1609 gewährt „fremden Staaten" insgesamt Vollstreckungsimmunität. Andererseits müssen Zentralbanken auch diese Schwelle überspringen, um an der besonderen Immunisierung in Sec. 1611(b)(1) teilzunehmen.[42] Denn die Vorschrift spricht ausdrücklich von „property of a foreign state" und verweist damit auf den Staatsbegriff des FSIA US.

Was unter „fremden Staaten" zu verstehen ist, definieren Sec. 1603(a) und (b). Der Staatsbegriff schließt auch staatliche Untergliederungen und Einrichtungen mit ein, die über eine eigenständige Rechtspersönlichkeit verfügen und mehrheitlich vom Staat kontrolliert werden oder sich als Organ des Staates darstellen („agency or instrumentality of a foreign state").[43] Auch wenn unabhängige Zentralbanken als privatrechtliche Aktiengesellschaften organisiert sind oder mehrheitlich, wie bei den US-amerikanischen Federal Reserve Banks, von Privaten kontrolliert werden, dürften sie jedenfalls ein „Organ" des Staates sein. Dem US-amerikanischen Gesetzgeber standen bei Schaffung der Regelung zu „agency or instrumentality of a foreign state" fremde Zentralbanken vor Augen.[44] Nach der Rechtsprechung sind Organe alle Einrichtungen, die hoheitliche Funktionen für den Staat ausüben.[45] Zentralbanken werden dort gar als Paradebeispiel für „organ of a foreign state" gem. Sec. 1603(b)(2) genannt.[46] Die gegenteilige Auffassung wäre wohl auch nur schwer mit dem besonderen Immunitätsschutz für Zentralbanken in Sec. 1611(b)(1) zu vereinbaren. Denn ein Teil des Zentralbankvermögens wäre dann besonders geschützt, anderes Vermögen wäre hingegen überhaupt nicht immun. Nicht zuletzt deutet der Wortlaut von Sec. 1611(b)(1) („Notwithstanding the provisions of section 1610 of this chapter") darauf hin, dass Zentralbanken an dem Immunitätsschutz der Sec. 1609f. teilnehmen. Sec. 1610 regelt die Immunitätsausnahmen für Vermögenswerte, die einer „commercial activity" dienen.

---

[42] *Lee*, 41 Columbia Journal of Transnational Law (2003) 327, 350; *Yang*, State Immunity in International Law, S. 411.

[43] Sec. 1603 (b) *US FSIA*, die Vorschrift enthält noch eine weitere, kumulative Voraussetzung, die sich auf die Staatsbürgerschaft bezieht.

[44] *Lee*, 41 Columbia Journal of Transnational Law (2003) 327, 350; *Patrikis*, University of Illinois Law Review (1982) 265, 273.

[45] U.S. Court of Appeals, 9th Circuit, *Patrickson v. Dole Food Company*, 251 F.3d 795, 807 (2001).

[46] U.S. District Court, S.D.N.Y., *Scheidemann v. Qatar Football Asssociation*, 2008 WL 144846; *Lee*, 41 Columbia Journal of Transnational Law (2003) 327, 351 m.w.N.; *Patrikis*, University of Illinois Law Review (1982) 265, 273, Fn. 33.

IV. Vollstreckungsimmunität nationaler Zentralbanken

Über das Eingreifen der Vollstreckungsimmunität im Einzelfall entscheidet eine Reihe von Ausnahmen, die den Grundsatz der Vollstreckungsimmunität fremder Staaten[47] durchbrechen und sich inhaltlich an den Immunitätsausnahmen für Erkenntnisverfahren[48] orientieren. Die Ausnahmen reichen unterschiedlich weit, je nachdem, wer (der Staat oder seine Untergliederungen) Immunität geltend macht und welches Vollstreckungsverfahren (vorläufig oder aufgrund einer gerichtlichen Entscheidung) betroffen ist.[49]

Die bedeutendste Ausnahme betrifft Vermögen, das für eine wirtschaftliche Tätigkeit („commercial activity") genutzt wird bzw. wurde.[50] Was unter einer „commercial activity" zu verstehen ist, ist zu Beginn des FSIA US[51] definiert. Die Ausnahme für wirtschaftlich genutztes Vermögen verlangt allerdings einschränkend eine innere Verbindung zwischen Vollstreckungsobjekt und dem Streitgegenstand des Erkenntnisverfahrens und errichtet damit eine hohe Hürde für Vollstreckungen gegen Staaten: Das Vollstreckungsobjekt muss der gleichen wirtschaftlichen Tätigkeit dienen, die auch den zugrunde liegenden Anspruch hervorgebracht hat („the property is or was used for the commercial activity upon which the claim is based"). Das US-Gesetz fordert also einen Nexus zwischen dem Vollstreckungsobjekt und dem zugrunde liegenden Rechtsverhältnis.

Für Zentralbankvermögen gilt dieses ausdifferenzierte Immunitätsregime allerdings nur bedingt. Sec. 1611 FSIA US bezweckt, Vollstreckungen in bestimmte Vermögenswerte fremder Staaten unter allen Umständen zu untersagen,[52] und verdrängt damit die Immunitätsausnahmen in Sec. 1610.[53] An diesem besonderen Vollstreckungsschutz nehmen gerade auch Zentralbanken teil. Sec. 1611(b)(1) lautet:

„Notwithstanding the provisions of section 1610 of this chapter, the property of a foreign state shall be immune from attachment and from execution, if
the property is that of a foreign central bank or monetary authority held for its own account, unless such bank or authority, or its parent foreign government, has explicitly waived its immunity from attachment in aid of execution, or from execution, notwithstanding any withdrawal

---

[47] Sec. 1609 FSIA US.
[48] Diese sind in § 1605 FSIA US geregelt.
[49] Die Ausnahmen finden sich in Sec. 1610 FSIA US.
[50] Sec. 1610 (a) (2) FSIA US.
[51] Sec. 1603 (d) FSIA US, dort heißt es: „A ‚commercial activity' means either a regular course of commercial conduct or a particular commercial transaction or act. The commercial character of an activity shall be determined by reference to the nature of the course of conduct or particular transaction or act, rather than by reference to its purpose."
[52] *U.S. Secretary of State*, Draft Legislation on the Jurisdictional Immunities of Foreign States, ILM 1973, S. 118, 155.
[53] U.S. Court of Appeals, 2nd Circuit, *NML Capital v. Banco Central de la Republica Argentina*, 652 F.3d 172, 187 (2011).

of the waiver which the bank, authority or government may purport to effect except in accordance with the terms of the waiver".

Bereits der von dem Außen- und Justizministerium im Repräsentantenhaus eingebrachte Gesetzesentwurf zu Beginn des parlamentarischen Gesetzgebungsverfahrens enthielt die Sondervorschrift für Zentralbanken in der endgültigen Formulierung.[54] Im Gesetzgebungsverfahren wurde nur noch der einschränkende Zusatz über den Immunitätsverzicht[55] eingefügt.

bb) Privilegierung von Zentralbankvermögen

(1) Reichweite des Immunitätsschutzes

In personeller Hinsicht gesteht Sec. 1611(b) FSIA US den besonderen Immunitätsschutz nur Zentralbanken und Währungsbehörden zu. Bei der Auslegung legten sie das an den traditionellen Kernfunktionen solcher Institute orientierte Verständnis zugrunde, das bereits oben[56] näher erläutert wurde. Eine weitaus größere Kontroverse umgibt noch immer die Auslegung des einschränkenden Merkmals „held for its own account". Der Gesetzestext enthält sich hierzu jeder weitergehenden Erläuterung.

Im ersten Zugriff erscheint der Wortlaut relativ eindeutig. Die Formulierung scheint lediglich näher zu beschreiben, in welchen Fällen Vermögensgegenstände zu „property [...] of a central bank" zählen. Denn Zentralbanken halten Vermögen allein dann für eigene Rechnung (so etwa lässt sich der Ausdruck „held for their own account" übersetzen), wenn sie wirtschaftliche Inhaber des Vermögens sind und die freie Verfügungsbefugnis über die Vermögenswerte besitzen. Damit würden solche Vermögenswerte aus dem besonderen Immunitätsschutz herausfallen, die Zentralbanken lediglich fremdnützlich und treuhänderisch für andere, etwa als Depotführer, halten. Diese enge Auslegung schlug die Federal Reserve Bank of New York in einer amicus curiae-Eingabe in einem gerichtlichen Verfahren vor.[57] Zur Beurteilung, ob Zentralbanken das Vermögen für eigene Rechnung halten, sollte es nach ihrer Meinung im Einklang mit grund-

---

[54] *U.S. Secretary of State*, Draft Legislation on the Jurisdictional Immunities of Foreign States, ILM 1973, S. 118, 129.

[55] Beginnend mit „unless such bank or authority, or its parent foreign government, has explicitly waived its immunity."

[56] Siehe oben S. 17 ff.

[57] U.S. Court of Appeals, 2nd Circuit, *NML Capital v. Banco Central de la Republica Argentina*, 652 F.3d 172, 193 (2011); ebenso *Lee*, 41 Columbia Journal of Transnational Law (2003) 327, 377.

legenden Prinzipien des Bankrechts darauf ankommen, ob das betreffende Konto auf den Namen der Zentralbank geführt wird.[58]

Dagegen gibt die Gesetzesbegründung Anlass zu einem anderen Verständnis. Zu dem Merkmal „held for their own account" heißt es in der Begründung zum Gesetzesentwurf:[59]

„It [Sec. 1611(b)(1)] applies to funds of a foreign central bank or monetary authority which are deposited in the United States and „held" for the bank's or authority's „own account"-i.e. funds used or held in connection with central banking activities, as distinguished from funds used solely to finance commercial transactions of other entities or of foreign states".

Die missverständliche Stellungnahme scheint eine Lücke in die vorher errichteten Immunitätsmauern um Zentralbanken zu reißen. In diese vermeintliche Lücke stießen private Gläubiger, um Vollstreckungen gegen Vermögen fremder Zentralbanken zu rechtfertigen. Gestützt auf die Gesetzesbegründung argumentierten sie, dass Zentralbankvermögen von dem besonderen Immunitätsschutz in Sec. 1611(b)(1) ausgenommen sei, wenn es gewöhnlichen wirtschaftlichen Tätigkeiten diene.[60] Diese Auslegung zieht die Grenzlinie für den besonderen Immunitätsschutz zwischen Vermögen „held for their own account" und Vermögen zu Zwecken wirtschaftlicher Betätigung und wiederholt im Ergebnis bloß die allgemeine Immunitätsausnahme in Sec. 1610(a)(2) FSIA US für „property [...] for [...] commercial activity".[61] Nur ein U.S. District Court scheint sich dieser sehr gläubigerfreundlichen Auslegung in einem obiter dictum angeschlossen zu haben.[62] Wäre diese Auslegung zugrunde zu legen, bliebe von einem besonderen Immunitätsschutz nicht mehr viel übrig. Denn auf Grundlage des Verständnisses der US-amerikanischen Rechtsprechung wäre wohl jede Tätigkeit, zu denen Zentralbanken ihre Vermögenswerte einsetzen, als eine „commercial activity" zu werten.[63]

---

[58] Zitiert in dem Urteil des U.S. Court of Appeals, 2nd Circuit, *NML Capital v. Banco Central de la Republica Argentina*, 652 F.3d 172, 193 (2011).

[59] Section by section analysis *U.S. Congress*, Congressional Committee Report on the Jurisdiction of United States Courts in Suits against Foreign States, Report No. 94-1487, ILM 1976, S. 1398, 1414.

[60] U.S. District Court, S.D.N.Y., *Weston Compagnie de Finance et D'investissement v. La Republica del Ecuador*, 823 F.Supp 1106, 1111 (1993).

[61] *Note*, 124 Harvard Law Review (2010) 550, 556.

[62] U.S. District Court, District of Columbia, *Banco Central de Reserva de Peru v. The Riggs National Bank of Washington*, 919 F. Supp 13, 17 (1994), die Ausführungen des Gerichts sind jedoch uneindeutig.

[63] Siehe zur Auslegung des Begriffs durch US-Gerichte oben S. 168.

(2) Maßgebliche Auslegung seit dem Urteil Weston Compagnie

Um der bankmäßigen Arbeitsweise von Zentralbanken Rechnung zu tragen, sprach sich zuerst *Patrikis* für eine Auslegung aus, die sich maßgeblich auf den Teil der Gesetzesbegründung stützt, der „held for its own account" mit „central banking activities" gleichsetzt. Nach dieser Lesart erstreckt sich die besondere Immunisierung auf alle Funktionen, die Zentralbanken üblicherweise erfüllen („central banking functions as such functions are normally understood"), ohne Rücksicht darauf, ob sie als wirtschaftliche Betätigung i. S. d. FSIA US einzuordnen sind. Dadurch bleiben für den immunitätsfreien Bereich allein solche Tätigkeiten übrig, die nicht mehr zu herkömmlichen Zentralbankfunktionen gezählt werden können.[64] Den Kreis der traditionellen Funktionen von Zentralbanken zieht *Patrikis* weit. Zu den immunitätsauslösenden Aufgaben sollen etwa auch sämtliche klassischen Bankdienstleistungen gehören, die die Zentralbank gegenüber dem Staat oder irgendeiner staatlichen Einrichtung oder irgendeinem Unternehmen erbringt, auch wenn die gewährten Gelder der Finanzierung wirtschaftlicher Tätigkeiten dienen.[65]

US-amerikanische Gerichte haben die von *Patrikis* vorgeschlagene Auslegung des Merkmals „held for its own account" ganz überwiegend, häufig sogar explizit, übernommen. In der Entscheidung *Weston Compagnie de Finance et D'Investissement, S.A. v. La Republica Del Ecuador*, die durch nachfolgende Gerichtsentscheidungen bestätigt wurde, hatte das Gericht die inländische Gerichtsgewalt für Vollstreckungen einer schweizerischen Finanzorganisation in Guthaben der ecuadorianischen Zentralbank bei mehreren Geschäftsbanken in den USA zu beurteilen.[66] Der U.S. District Court schloss zunächst aus dem systematischen Zusammenspiel von Sec. 1611 und 1610, dass sich der besondere Immunitätsschutz in Sec. 1611(b)(1) gerade auch auf Vermögen bezieht, das für wirtschaftliche Tätigkeiten i. S. d. Gesetzes bestimmt ist. Für die darauf folgende Frage, unter welchen Voraussetzungen derartige Vermögenswerte von Zentralbanken immun sind, maß das Gericht der Formulierung der Gesetzesbegründung keine entscheidende Bedeutung zu. Es folgte ausdrücklich dem Ansatz von *Patrikis*, Vermögenswerte mit Verwendung zu typischen Zentralbankfunktionen („central banking functions as such functions are normally understood") an der Privilegierung teilhaben zu lassen. In Anwendung dieses Kriteriums kam das Gericht zu dem Schluss, dass Guthaben, die aus Bankdienstleistungen gegenüber der Regierung und staatlichen Einrichtungen resultieren, für klassische Zentral-

---

[64] *Patrikis*, University of Illinois Law Review (1982) 265, 277.
[65] *Patrikis*, University of Illinois Law Review (1982) 265, 277.
[66] U.S. District Court, S.D.N.Y., *Weston Compagnie de Finance et D'investissement v. La Republica del Ecuador*, 823 F.Supp 1106 (1993).

bankfunktionen verwendet werden und folglich immun sind. Soweit die ecuadorianische Zentralbank Guthaben bei einer amerikanischen Geschäftsbank für Zahlungsdienstleistungen für private Einrichtungen verwendete, sei das Merkmal „held for its own account" nicht erfüllt. Hier trete die Zentralbank bloß als gewöhnliche Bank in Erscheinung, die Zahlungen für Kunden abwickle. Insoweit hielt das Gericht die Pfändung aufrecht.[67]

Auch in dem Verfahren *NML Capital, Ltd. and EM, Ltd. v. Banco Central de la Republica Argentina*[68] setzte sich der U.S. Court of Appeals, Second Circuit, ausführlich mit dem Merkmal „held for its own account" auseinander.[69] Der U.S. Court of Appeals[70] entschied, dass das von *Patrikis* eingeführte Abgrenzungsregime am ehesten den Wortlaut der Vorschrift und den in der Gesetzesbegründung hervortretenden Gesetzeszweck[71] in Einklang bringe. Das Gericht lieferte sogleich die prozessuale Handhabung des Abgrenzungsregimes mit. Danach werde die Immunität gem. Sec. 1611(b)(1) von Vermögensmitteln vermutet, wenn die Gelder auf den Namen der Zentralbank lauten. Private Gläubiger können diese Vermutung widerlegen, indem sie nachweisen, dass die Gelder keine Verwendung für übliche Zentralbankentätigkeiten finden. In Anwendung dieser Grundsätze gestand das Gericht Vermögenswerten auf Konten der argentinischen Zentralbank bei der Federal Reserve Bank of New York Immunität zu. Diese resultierten aus Devseninterventionen und Devisenverkehrsbeschränkungen und bestanden im Übrigen aus einer Reserveposition der heimischen Geschäftsbanken bei der Zentralbank.[72]

Mit der Entscheidung des U.S. Court of Appeals in der Rechtssache *NML Capital* hat sich die Rechtsprechung so weit gefestigt, dass die Auslegung des

---

[67] U.S. District Court, S.D.N.Y., *Weston Compagnie de Finance et D'investissement v. La Republica del Ecuador*, 823 F.Supp 1106, 1113 f. (1993).

[68] U.S. Court of Appeals, 2nd Circuit, *NML Capital v. Banco Central de la Republica Argentina*, 652 F.3d 172, 191 ff. (2011).

[69] Diese Rechtsprechung wurde ferner bestätigt durch U.S. District Court, S.D.N.Y, *Banque Compafina v. Banco de Guatemala*, 583 F.Supp. 320, 321 (1984); U.S. District Court, District of Columbia, *Banco Central de Reserva de Peru v. The Riggs National Bank of Washington*, 919 F. Supp 13, 16 (1994); U.S. Court of Appeals, 9th Circuit, *The Ministry of Defense and Support for the Armed Forces of the Islamic Republic of Iran v. Cubic Defense Systems, Inc.*, 385 F.3d 1206, 1223 (2004); U.S. District Court, S.D.N.Y., *Olympic Chartering v. Ministry of Industry and Trade of Jordan*, 134 F.2d 528, 533 (2001).

[70] U.S. Court of Appeals, 2nd Circuit, *NML Capital v. Banco Central de la Republica Argentina*, 652 F.3d 172, 176 ff. (2011).

[71] Gerade Devisenreserven fremder Zentralbanken sollte ein verstärkter Immunitätsschutz zukommen, *U.S. Congress*, Congressional Committee Report on the Jurisdiction of United States Courts in Suits against Foreign States, Report No. 94-1487, ILM 1976, S. 1398, 1414.

[72] U.S. Court of Appeals, 2nd Circuit, *NML Capital v. Banco Central de la Republica Argentina*, 652 F.3d 172, 195 (2011).

Merkmals „held for its own acocunt" zwar als gerichtlich geklärt angesehen werden dürfte.[73] Zentralbanken sind dennoch nicht vor Vollstreckungsversuchen gefeit. Denn der U.S. Court of Appeals gesteht offen ein, dass nicht geklärt ist, welche Funktionen charakteristisch für Zentralbanken sind. Gleichzeitig behauptet das Gericht, dass eine Zuordnung keine großen Schwierigkeiten bereite, trotzdem blieb die Zuordnung im konkreten Fall ohne nähere Begründung.[74] Die Literatur hat sich stets gegen eine zu liberale Auslegung der Rückausnahme von Sec. 1611 und damit gegen die bloße Anwendung der allgemeinen Abgrenzung zu wirtschaftlichen Tätigkeiten i. S. d. *Weltover*-Entscheidung gewandt.[75] Dahinter steht die Befürchtung, dass die Lesart der Vorschrift den spezifischen Modus Operandi von Zentralbanken verkennt und jeden Schutzes beraubt.[76] Der Ansatz von *Patrikis* und die Handhabung in der Rechtsprechung trafen daher in der Literatur vor allem wegen ihrer Praktikabilität auf Zustimmung,[77] auch wenn das sehr weite Verständnis traditioneller Zentralbanktätigkeiten mitunter, zu Recht, kritisiert wird.[78]

(3) Konsequenzen der Auslegung

Übt eine Zentralbank im Konkreten mit den betroffenen Vermögenswerten keine Funktionen aus, die für Zentralbanken charakteristisch sind, dann beurteilt sich die Vollstreckungsimmunität nach den allgemeinen Regelungen in Sec. 1609 f. FSIA US. Da Zentralbanken in aller Regel rechtlich unabhängig organisiert sein werden, gelten für sie als „agency or instrumentality of a foreign state" großzügigere Immunitätsausnahmen in Sec. 1610(a) und (b). Dennoch dürften die Vollstreckungsmöglichkeiten begrenzt sein. Fälle, in denen die Ausnahme in Sec. 1610(a)(2) eingreift, liegen fern. Denn dazu müsste die wirtschaftliche Tätigkeit sowohl die zugrunde liegende Forderung als auch das Vollstreckungsobjekt hervorgebracht haben.

Das Auslandsvermögen der Zentralbanken wird zur passiven Vermögensanlage (Währungsreserven und Staatsfonds) und zur Durchführung geldpolitischer Maßnahmen (Begebung ausländischer Sicherheiten durch Geschäftsbanken im

---

[73] Anders wohl zuvor *Ostrander*, 22 Berkeley Journal of International Law (2004) 541, 570.

[74] U.S. Court of Appeals, 2nd Circuit, *NML Capital v. Banco Central de la Republica Argentina*, 652 F.3d 172, 195 (2011).

[75] *Lee*, 41 Columbia Journal of Transnational Law (2003) 327, 380.

[76] *Note*, 124 Harvard Law Review (2010) 550, 557 f.; *Ostrander*, 22 Berkeley Journal of International Law (2004) 541, 569 f.; *Schubert*, 78 Brooklyn Law Review (2013) 1097, 1108.

[77] *Delaume*, 88 American Journal of International Law (1994) 257, 270; *Note*, 124 Harvard Law Review (2010) 550, 557; *Schubert*, 78 Brooklyn Law Review (2013) 1097, 1123; *Yang*, State Immunity in International Law, S. 413.

[78] *Lee*, 41 Columbia Journal of Transnational Law (2003) 327, 380.

Heimatland) und damit für Tätigkeiten verwendet, die kein großes Konfliktpotential entfalten. Dass aus diesen Aktivitäten umfangreiche Ansprüche Privater entstehen, die als Grundlage für eine Durchbrechung der Immunität herhalten können, ist eher unwahrscheinlich. Gleiches gilt für die speziell für rechtlich selbstständige Einrichtungen bestehende Ausnahme, dass die zum Vollstreckungstitel führende Forderung eine wirtschaftliche Tätigkeit der Zentralbank betrifft (Sec. 1610(b)(2)). Die geldpolitischen und finanzsystembezogenen Aufgaben, die einen Großteil des Tätigkeitsbereichs einnehmen, werden durch Transaktionen mit einem relativ kleinen Kreis an im Inland regulierten Geschäftsbanken und Finanzinstitutionen geschlossen, die selten gerichtliche Rechtsstreitigkeiten produzieren. Anders sieht es bei Zentralbanken aus, die daneben umfangreiche Bankgeschäfte für den Staat und staatliche Unternehmen ausführen, weil sie hierbei mit zahlreichen Unternehmen in Kontakt treten und eigene Verbindlichkeiten begründen. So verwundert es nicht, dass einschlägige Gerichtsentscheidungen sehr häufig Bankgeschäfte der Zentralbank ohne geldpolitische oder finanzpolitische Bedeutung betreffen.[79]

cc) Aussagekraft der US-amerikanischen Praxis für die völkerrechtliche Regelung

Der Regelungen des FSIA US zur Vollstreckungsimmunität und die sich in der Praxis etablierte Auslegung der Vorschriften weisen eine erhöhte Vollstreckungsimmunität für Zentralbankvermögen nach. Sie sind als staatliche Übung für die Beurteilung des Gewohnheitsrechts besonders relevant, weil ausländische Zentralbanken in den USA in sehr großem Umfang Vermögensmittel investieren und die dortige Rechtsordnung von der völkerrechtlichen Regel besonders betroffen ist.[80]

Allerdings ist zweifelhaft, ob der besondere Immunitätsschutz für Zentralbanken in den USA tatsächlich auch von der notwendigen opinio iuris, also der Überzeugung, aus einer völkerrechtlichen Pflicht zu handeln, getragen wird. Die Gesetzgebungshistorie belegt, dass hinter dem besonderen Immunitätsschutz von Zentralbanken klare wirtschaftspolitische Beweggründe standen. Nach dem expliziten Willen der Verfasser des Gesetzesentwurfs sollte die Sondervorschrift durch den Ausschluss von Vollstreckungsmöglichkeiten günstige rechtliche Rahmenbedingungen schaffen, fremde Staaten ermutigen, ihre US-Dollarbeständen in den USA zu unterhalten. Die Regierung der USA hoffte, auf diesem Wege

---

[79] Vgl. etwa die Rechtssachen *Weston Compagnie de Finance et D'Investissement, S.A. v. La Republica Del Ecuador*, S. 170, Fn. 60; oder *Banque Compafina v. Banco de Guatemala*, S. 172 Fn. 69.

[80] Siehe oben S. 97.

leichter eine ausgeglichene Zahlungsbilanz gewährleisten zu können.[81] Auf die Bedeutung von Devisenreserven ausländischer Zentralbanken für die Zahlungsbilanz der USA hat die Regierung in späteren Gerichtsverfahren gegen Zentralbanken wiederholt hingewiesen.[82] Der US-Kongress teilte nicht nur die wirtschaftspolitischen Bedenken der US-Regierung gegen Vollstreckungen zu Lasten von Zentralbanken. Wie die offizielle Gesetzesbegründung zeigt, sah er zudem die Gefahr außenpolitischer Konflikte, würden Zentralbanken dem regulären Immunitätsregime für Vollstreckungsverfahren unterstehen.[83]

Diese Beweggründe sprechen deutlich gegen die Annahme, der amerikanische Gesetzgeber sei der Überzeugung gewesen, das Völkerrecht verpflichte dazu, Zentralbanken einen herausgehobenen Immunitätsschutz zu gewähren, und damit gegen eine entsprechende opinio iuris. Diese Skepsis lässt sich auch auf Ausführungen der US-Regierung in einem amicus curiae[84] in dem Verfahren *NML Capital, Ltd. and EM, Ltd. v. Banco Central de la Republica Argentina* stützen. Dort führte sie aus: „The United States also has an interest in promoting reciprocal international principles of central bank immunity to ensure that U.S. reserves held by the Federal Reserve abroad receive adequate protection." Ein *Fördern* („promoting") der gesteigerten Zentralbankenimmunität wäre nicht notwendig, wenn diese Grundsätze bereits zu völkerrechtlichen Pflichten erstarkt wären.

b) Der britische State Immunity Act von 1978

Zu der ersten Welle umfassender nationaler Immunitätsgesetze zählt auch der 1978 in Großbritannien erlassene *State Immunity Act*.[85] Das Gesetz bezweckte eine Modernisierung des britischen Immunitätsrechts durch Festschreibung einer

---

[81] *U.S. Secretary of State*, Draft Legislation on the Jurisdictional Immunities of Foreign States, ILM 1973, S. 118, 155: „The purpose of the provision is to encourage the holding of dollars in the United States by foreign states, particularly in times when the United States has an adverse balance of payments. If execution could be levied on such assets, deposits of foreign funds in the United States might be discouraged, thus adversely affecting our balance of payments."

[82] Nachweis bei *Patrikis*, University of Illinois Law Review (1982) 265, 266, Fn. 4; Federal Reserve Bank of New York, Amicus Curiae Brief, FRBNY, 2010 WL 3032829, US Court of Appeals, Second Circuit, *NML Capital v. Banco Central de la Republica Argentina*, 652 F.3d 172.

[83] *U.S. Congress*, Congressional Committee Report on the Jurisdiction of United States Courts in Suits against Foreign States, Report No. 94-1487, ILM 1976, S. 1398, 1414.

[84] Brief for the United States of America as Amicus Curiae in Support of Reversal – NML Capital, Ltd. v. Republic of Argentina, *NML Capital Ltd. v. Banco Central de la Republica Argentina et. al.*, 2010 WL 4597226, 3.

[85] Siehe oben S. 17 Fn. 2.

beschränkten Immunität.[86] So sollten die Voraussetzungen geschaffen werden, dass Großbritannien der Europäischen Konvention zur Staatenimmunität beitreten konnte.[87] Die Rechtsprechung kam dem Gesetz zuvor. Die viel beachtete *Trendtex*-Entscheidung des britischen Court of Appeal betraf ausgerechnet die Vollstreckungsimmunität einer Zentralbank und leitete die endgültige Hinwendung der Rechtsprechung zur restriktiven Immunität auch in Vollstreckungsverfahren ein. Das Verfahren betraf die Zementlieferungen an den nigerianischen Staat und deren Finanzierung durch die nigerianische Zentralbank. Ein Gläubiger hatte die nigerianische Zentralbank auch vor britischen Gerichten auf Zahlung verklagt und Währungsreserven der Zentralbank bei einer britischen Bank durch eine „injunction" festgesetzt. Das Gericht verneinte die Immunität des Zentralbankvermögens. Es stützte sich zum einen darauf, dass die Zentralbank unabhängig und kein Teil des nigerianischen Staates sei. Zum anderen war entscheidungserheblich, dass eine Immunität für rein wirtschaftliche Aktivitäten, wie die Finanzierung von Zementkäufen, nicht mehr zu gewähren sei.[88] Eine immunitätsrechtliche Sonderbehandlung wurde der Zentralbank nicht zugestanden. Diese gerade erst aufgestellten Grundsätze des Common Law verdrängte der SIA UK. Denn für ausländische Zentralbanken sieht das Gesetz eine besonders weitreichende, nur durch einen Verzicht überwindbare Vollstreckungsimmunität vor, die Vollstreckungen gegen Zentralbanken praktisch ausschließt.

aa) Vollstreckungsimmunität nach dem SIA UK

Die Regelungen zur Vollstreckungsimmunität im britischen Immunitätsgesetz finden sich an eher versteckter Stelle in den mit „Other procedural privileges" überschriebenen Sec. 13 und in Sec. 14 im Abschnitt „Supplementary Provisions". In der Regelungsstruktur erinnern die Vorschriften des SIA UK über die Vollstreckungsimmunität an das US-amerikanische Pendant, erweisen sich im Einzelnen aber als komplizierter. Die Vorschriften gewähren fremden Staaten grundsätzlich Vollstreckungsimmunität. Für den Staat und seine selbstständigen Einheiten sehen sie unterschiedlich weitreichende Ausnahmen vor. Dazu listet Sec. 13(1), (2) in mehreren Absätzen zunächst sämtliche Vollstreckungsmaßnahmen des englischen Rechts auf, in Sec. 13 etwa Maßnahmen zur Durchsetzung eines Urteils,[89] denen die Immunität des fremden Staates entgegensteht. Die Im-

---

[86] *Fox/Webb*, The Law of State Immunity, S. 165.
[87] *Higgins*, Netherlands Yearbook of International Law 10 (1979), 35, 42.
[88] Court of Appeal, *Trendtex Trading Corporation v. Central Bank of Nigeria* [1977] 1 Q.B. 529, 566 ff.
[89] Sec. 13(2)(b) lautet: „the property of a State shall not be subject to any process for the enforcement of a judgment".

munität der meisten der aufgeführten Verfahrensarten kann durch einen Verzicht gem. Sec. 13 (3) durchbrochen werden. Für einen noch engeren Kreis an Vollstreckungsverfahren, für Verfahren zur Durchsetzung von Urteilen, sieht Sec. 13(4) eine Ausnahme von der Immunität vor, wenn das betroffene Vermögen aktuell für „wirtschaftliche Zwecke" („property which is for the time being in use or intended for use for commercial purposes") genutzt wird. Zum näheren Begriffsverständnis enthält Art. 17(1) die Definition „,commercial purposes' means purposes of such transactions or activities as are mentioned in section 3(3)" und verweist damit auf die in Sec. 3(3) genannten Beispiele wirtschaftlicher Tätigkeiten[90] und die Auffangregelung, nach der Aktivitäten wirtschaftlich sind, die nicht in der Ausübung von Hoheitsgewalt bestehen.

Nach Sec. 14(2) gelten gesonderte Regelungen für Einrichtungen, die rechtlich getrennt vom Staat organisiert sind und parteifähig sind („separate entity"), weil sie aus dem Staatsbegriff des Gesetzes herausfallen.[91] „Separate entities" genießen denselben Immunitätsschutz wie Staaten mit der Maßgabe, dass die gerichtlichen Verfahren Handlungen betreffen, die eine Form der Ausübung von Hoheitsgewalt sind.[92]

bb) Kompromissloser Immunitätsschutz für Zentralbanken

Für Zentralbanken sieht der SIA UK in Sec. 14(4) zwei gesonderte Regelungen in Vollstreckungsverfahren vor. Der zweite Halbsatz der Vorschrift betrifft die Immunitätsberechtigung von Zentralbanken in persönlicher Hinsicht und ordnet an, dass die Regelungen zu „separate entities" auf Zentralbanken keine Anwendung finden. Damit kommt Zentralbanken dieselbe Immunitätsschutz in Vollstreckungsverfahren zugute wie dem fremden Staat i. S. d. Sec. 14(1). Die Bestimmung soll nach dem Willen des Gesetzgebers sicherstellen, dass Zentralbanken generell am staatlichen Immunitätsprivileg teilnehmen, und zwar:

„irrespective of whether the central bank is a separate entity or is acting in the exercise of sovereign authority".[93]

Sofern eine Zentralbank als „separate entity" zu qualifizieren ist, gelten die allgemeinen Regelungen zur Vollstreckungsimmunität der Sec. 13(1)-(3), ohne

---

[90] Einige dort aufgeführte Fälle lauten: „(a) any contract for the supply of goods or services, (b) any loan or other transaction for the provision of finance and any guarantee or indemnity in respect of any such transaction or of any other financial obligation" etc.

[91] Sec. 14(1) SIA UK.

[92] Sec. 14(2)(a) lautet: „the proceedings relate to anything done by it in the exercise of sovereign authority"; dazu *Dickinson/Lindsay/Loonam*, State Immunity, S. 404 ff.

[93] Hansard, Parliamentary Debates, Series 5, House of Commons, 13.06.1978, Vol. 951, col. 844.

dass zuvor überprüft werden muss, ob die Zentralbank im konkreten Fall Hoheitsgewalt ausübt.[94]

Ihre Immunität könnte somit an sich durch einen Verzicht oder durch eine wirtschaftliche Zwecksetzung durchbrochen werden. Der Verweis auf die letztgenannte Immunitätsausnahme enthält hingegen ein leeres Versprechen. Denn Zentralbanken genießen nach der zweiten Regelungsaussage von Sec. 14(4) eine besondere Immunisierung. Die Vorschrift stellt die unwiderlegliche Vermutung auf, dass Vermögen einer Zentralbank oder einer Währungsbehörde nicht als wirtschaftlichen Zwecken dienend i. S. d. Sec. 13(4) angesehen werden kann. Sie lautet:

„Property of a State's central bank or other monetary authority shall not be regarded for the purposes of subsection (4) of section 13 above as in use or intended for use for commercial purposes"

Hinter der Gewährung der speziellen Immunität für Zentralbanken steckt die gleiche wirtschaftspolitische Motivation wie hinter dem FSIA US. Auch hier sollte die Sondervorschrift den Zentralbanken ein besonders sicheres Investitionsklima bieten und verhindern, dass Zentralbanken ihre Währungsreserven in vermeintlich sicherere Länder verlegen.[95]

cc) Behandlung des Immunitätsschutzes in der Rechtsprechung

(1) Rechtssache AIG Capital Partners Inc. v. Kazakhstan

In der Praxis wiesen britische Gerichte jeden Versuch ab, die Vollstreckungsimmunität von Zentralbanken aufzuweichen. Vollstreckungsmaßnahmen gegen Zentralbanken scheiterten, soweit ersichtlich, in allen Fällen an ihrer strengen Immunität.[96] In *AIG Capital Partners Inc. v. Kazakhstan*[97] hatte ein zu dem US-amerikanischen Versicherungskonzern AIG gehörendes Unternehmen den

---

[94] *Blair*, 57 The Cambridge Law Journal (1998) 374, 379; *Delaume*, 73 American Journal of International Law (1979) 185, 197; *Fox/Webb*, The Law of State Immunity, S. 182.

[95] *Schreuer*, State Immunity, S. 158 m. w. N.

[96] Im Rahmen des Verfahrens *Koo Golden East Mongolia v. Bank of Nova Scotia and others* versuchte der private Kläger eine gerichtliche *injunction* zu erwirken, die der mongolischen Zentralbank verboten hätte, bestimmte Vermögenswerte außer Landes zu bewegen. Das betroffene Gericht verwies auf die Vollstreckungsimmunität der Zentralbank und lehnte den Erlass der *injunction* ab, vgl. die Prozessgeschichte in Court of Appeal, *Koo Golden East Mongolia v. Bank of Nova Scotia* [2008] Q.B. 717, 725 f., ferner High Court, QBD, *Crescent Oil and Shipping Services Ltd. v. Banco Nacional de Angola et al.*, Ent. v. 28.05.1999 (unveröffentlicht), dort untersagte das Gericht Vollstreckungsmaßnahmen gegen die Zentralbank Angolas aufgrund des besonderen Vollstreckungsschutzes für Zentralbanken.

[97] High Court, QBD, *AIG Capital Partners Inc and another v. Kazakhstan*, [2006] 1 WLR 1420.

kasachischen Staat wegen Verletzung des bilateralen Investitionsschutzvertrages zwischen den USA und Kasachstan vor einem Schiedsgericht verklagt und umfangreiche Schadensersatzsummen erstritten. Nach Anerkennung und Vollstreckbarerklärung des Schiedsspruchs pfändete AIG Bargeld und Wertpapiere, die sich auf Konten und in Depots der kasachischen Zentralbank bei privaten Banken in London befanden. Die gepfändeten Vermögenswerte waren Teil des National Fund, einem Staatsfonds, in dem die kasachische Regierung Einnahmen im Zusammenhang mit der Erdölförderung und Bergbauindustrie sammelte. Nach der gesetzlichen Grundlage war der Fonds zugleich ein Sparfonds und ein Stabilisierungsfonds, hatte also die Funktionen, Vermögen für die Zukunft aufzubauen und zugleich die Haushaltseinnahmen von den Schwankungen der Rohstoffpreise abzukoppeln. Nach dem Haushaltsgesetz war die kasachische Zentralbank vor allem gehalten, mit der Anlage des Fondsvermögens hohe Renditen zu erzielen. Das Depot bei der Londoner Bank enthielt Wertpapiere, insbesondere britische Staatsanleihen und Anleihen britischer Unternehmen, die häufig gehandelt wurden.[98] Der angerufene High Court of Justice kam zu dem Schluss, dass die Zentralbank Kasachstans den Fonds zwar zugunsten der kasachischen Regierung verwalte, der kasachische Staat aber rechtlicher Inhaber der Vermögensmittel bleibe.[99]

Ähnlich wie in den USA beriefen sich Gläubiger auf die Gesetzesbegründung, um den nach dem Gesetzeswortlaut undurchdringlichen Vollstreckungsschutz von Zentralbanken zu durchlöchern. Die Vorschrift, die später ihren Platz in Sec. 14(4) SIA UK gefunden hat, wurde erst im Laufe des parlamentarischen Gesetzgebungsverfahrens eingefügt und verfolgte nach der Stellungnahme der Regierung den Zweck, Zentralbanken in Vollstreckungsverfahren ohne Rücksicht auf ihre Unabhängigkeit dieselbe Immunität wie dem Staat zukommen zu lassen.[100] Diesen Vergleich mit der sonstigen Immunität des Staates nutzten Gläubiger der Argumentation, der Wortlaut von Sec. 14(4) SIA UK gewähre Zentralbanken einen größeren Immunitätsschutz als dem Staat und müsse daher eingeschränkt werden.

Der High Court of Justice trat dieser Argumentation nachdrücklich entgegen und entschied, dass nach dem eindeutigen Wortlaut von Sec. 14(4) SIA UK jeglichem Vermögen von Zentralbanken uneingeschränkte Immunität zukomme, unabhängig davon, ob die Zentralbank eine „separate entity" sei oder für welche

---

[98] High Court, QBD, *AIG Capital Partners Inc and another v. Kazakhstan*, [2006] 1 WLR 1420, 1426 f.

[99] High Court, QBD, *AIG Capital Partners Inc and another v. Kazakhstan*, [2006] 1 WLR 1420, Nr. 1427.

[100] Debatte im House of Commons v. 13.06.1978, abgedruckt in Hansard, Parliamentary Debates, Series 5, House of Commons, 13.06.1978, Vol. 951, col. 844.

Zwecke die Vermögenswerte benutzt würden. Für die Sondervorschrift für Zentralbanken bleibe danach nur dann ein Regelungssinn, wenn sie den Zentralbanken eine uneingeschränkte Vollstreckungsimmunität zubillige.[101] Das Vermögen der kasachischen Zentralbanken sei demnach immun.

In einem obiter dictum widersprach der High Court zudem der Argumentation von AIG, bei den gepfändeten Vermögensmitteln des National Fund handele es sich um „property which is for the time being in use or intended for use for commercial purposes" und daher um vollstreckbares Vermögen. Die Gläubigerin begründete ihr Subsumtionsergebnis damit, dass der Handel mit den Wertpapieren eindeutig Finanztransaktionen i. S. d. der Legaldefinition von „commercial activities" sei und der Gewinnerzielung diene. Abweichend davon rekurrierte der High Court auf den Zweck des Depots, das Vermögen des National Fund zu verwalten:

„That was established to assist in running the National Fund. The securities accounts contain assets which are part of the National Fund. In my view the dealings are all part of the overall exercise of sovereign authority by the Republic of Kazakhstan."[102]

(2) Rechtssache AIC Ltd. v. Federal Government of Nigeria

Keine andere Auffassung legte der High Court bereits in der Sache *AIC Ltd. v Federal Government of Nigeria*[103] zugrunde. Dort hatte der private Gläubiger *AIC* Guthaben der nigerianischen Zentralbank bei der Bank of England und einer privaten Geschäftsbank in England pfänden lassen. Im Hinblick auf den besonderen Vollstreckungsschutz in Sec. 14(4) stellte das Gericht fest:

„It follows that moneys in a bank account of a central bank with another bank are immune from execution irrespective of the source of the funds in the account the use of the account or the purpose for which the account is maintained."[104]

Die so weitgehende Auslegung hält die Literatur einhellig für zutreffend.[105] Sie kann sich auf den Gesetzeswortlaut, der im Vergleich zur US-amerikanischen Regelung keine einschränkenden Merkmale enthält, sowie den eindeutigen Re-

---

[101] High Court, QBD, *AIG Capital Partners Inc and another v. Kazakhstan* [2006] 1 WLR 1420, 1440 f., 1448 f.

[102] High Court, QBD, *AIG Capital Partners Inc and another v. Kazakhstan* [2006] 1 WLR 1420, Nr. 1450. Dieses Ergebnis dürfte unvereinbar mit dem Urteil Supreme Court (UK) (Supreme Court (UK)), *SerVaas Inc v. Rafidain Bank* [2012] 3 WLR 545, 554.

[103] High Court, QBD, *AIC Ltd v. The Federal Government of Nigeria* [2003] EWHC 1357

[104] High Court, QBD, *AIC Ltd v. The Federal Government of Nigeria* [2003] EWHC 1357, para. 47.

[105] *Blair*, 57 The Cambridge Law Journal (1998) 374, 378 f.; *Schreuer*, State Immunity, S. 156 f.; *Ostrander*, 22 Berkeley Journal of International Law (2004) 541, 571.

gelungswillen des Gesetzgebers, Zentralbanken dem Vollstreckungszugriff von Gläubigern vollständig zu entziehen, stützen.

dd) Gesetzliches Merkmal des „Vermögens"

Im Ergebnis hängt die Überwindung des Immunitätsschutzes von Zentralbanken allein von der Frage ab, ob das betroffene Vermögen zu „property of a State's central bank or other monetary authority" zählt. Auch in der Hinsicht legen englische Gerichte eine sehr weite und damit zentralbankfreundliche Auslegung zugrunde.

Zunächst wird die Vermögensinhaberschaft von Bankguthaben im Einklang mit allgemeinen Grundsätzen des englischen Rechts durch den Namen des Kontoinhabers ausgewiesen, weil allein dieser einen vertraglichen Auszahlungsanspruch gegen die Bank hat. Somit zählen auf den Namen fremder Zentralbanken geführte Guthaben bereits zu von Sec. 14(4) geschützten Vermögen.[106] Gleiches gilt für den Depotinhaber, dem aus dem Depotvetrag ein Recht auf die Wertpapiererträge zukommt und der die Wertpapiere nicht nur treuhänderisch hält.[107] Nach der Auffassung des High Court in der Sache *AIG Capital Partners Inc. v. Kazakhstan* reicht der Begriff aber noch weiter und erfasst „all real and personal property and [...] any right or interest, legal, equitable, or contractual in assets".[108] Danach genügen Rechte des Treugebers bei treuhänderisch gehaltenen Vermögenswerten.[109] In dem Fall sollte es für „Vermögen" der kasachischen Zentralbank i. S. d. Vorschrift auch ausreichen, obwohl nach kasachischem Recht die kasachische Regierung ultimativer Rechteinhaber bleibt und die kasachische Regierung zur Ausübung bestimmter Rechte ermächtigt.[110]

ee) Immunitätsverzicht auf Grundlage des SIA UK

Somit bleibt, dass die Vollstreckungsimmunität von Zentralbanken nur durch einen schriftlichen Immunitätsverzicht nach Sec. 13(3) überwunden werden

---

[106] High Court, QBD, *AIG Capital Partners Inc and another v. Kazakhstan* [2006] 1 WLR 1420, 1435; High Court, QBD, *AIC Ltd v. The Federal Government of Nigeria* [2003] EWHC 1357, para. 47; *Yang*, State Immunity in International Law, S. 416.

[107] *Blair*, 57 The Cambridge Law Journal (1998) 374, 380.

[108] High Court, QBD, *AIG Capital Partners Inc and another v. Kazakhstan* [2006] 1 WLR 1420, 1438.

[109] High Court, QBD, *AIG Capital Partners Inc and another v. Kazakhstan* [2006] 1 WLR 1420, 1442.

[110] High Court, QBD, *AIG Capital Partners Inc and another v. Kazakhstan* [2006] 1 WLR 1420, 1448 f.

kann.[111] Dabei genügt die pauschale Unterwerfung unter die Jurisdiktionsgewalt eines Staates nicht. Der Immunitätsverzicht muss sich ausdrücklich auf Vollstreckungsverfahren beziehen.[112]

Ein wirksamer Immunitätsverzicht lag in dem Verfahren *Camdex International, Ltd. v. Bank of Zambia* vor. Die Gläubigerbank versuchte Forderungen gegen die sambische Zentralbank, die sie von der kuwaitischen Zentralbank erworben hatte, zu vollstrecken.[113] Dazu erwirkte sie eine sog. mareva injunction, die dem Schuldner untersagt, vollstreckbares Vermögen ins Ausland zu verschieben, und hinderte die Bank of Zambia so daran, bei einem englischen Hersteller gedruckte Banknoten in der sambischen Währung außer Landes zu bringen. Auf die Immunität der Bank of Zambia aus Sec. 14(4) SIA UK ging der Court of Appeal gar nicht ein. In der ursprünglichen Kreditvereinbarung mit der kuwaitischen Zentralbank hatte die Zentralbank Sambias ausdrücklich und unwiderruflich auf ihre Immunität in jeder Hinsicht verzichtet. Der Court of Appeal ging davon aus, dass die Voraussetzungen für einen wirksamen Verzicht auf die Vollstreckungsimmunität gem. Sec. 13(3) vorlagen und die Vollstreckungsmaßnahmen jedenfalls nicht an der speziellen Immunität der sambischen Zentralbank scheitern konnten.[114]

c) Rezeption der Immunitätskodifikationen der ersten Generation

In mehreren Ländern des Common Law-Rechtskreises kam es sehr schnell zu einer Rezeption des FSIA US und SIA UK. Insbesondere Staaten aus dem Commenwealth of Nations nahmen den britischen Sovereign Immunities Act zum Anlass und Vorbild für eigene Immunitätsgesetze. Neben der Verbundenheit mit dem britischen Rechtssystem gaben etwa im Fall von Südafrika die Erwägungen, der Praxis transparente und detaillierte Immunitätsregeln bereitzustellen, den Ausschlag dafür, ebenfalls den Weg der Immunitätskodifikation einzuschlagen und sich bei den britischen Vorarbeiten zu bedienen.[115]

---

[111] Sec. 13(3) lautet „Subsection (2) above does not prevent the giving of any relief or the issue of any process with the written consent of the State concerned ...".

[112] Sec. 13(3) a. E. heißt es dazu: „but a provision merely submitting to the jurisdiction of the courts is not regarded as a consent for the purposes of this subsection"; *Blair*, 57 The Cambridge Law Journal (1998) 374, 380; *Dickinson/Lindsay/Loonam*, State Immunity, S. 394.

[113] Court of Appeal, *Camdex International Ltd v. Bank of Zambia* [1997] 1 WLR 632, 633 f.

[114] Court of Appeal, *Camdex International Ltd v. Bank of Zambia* [1997] 1 WLR 632, 636.

[115] *Erasmus*, 8 South African Yearbook of International Law (1982) 92, 93 f.

2. Die Vollstreckungsimmunität in nationalen Immunitätsgesetzen 183

aa) Immunitätsgesetze Pakistans, Singapurs und Südafrikas

Die im Anschluss an den Erlass des britischen State Immunity Act geschaffenen Immunitätsgesetze Pakistans, Singapurs und Südafrikas[116] kopieren nahezu vollständig den britischen Gesetzestext. Die jeweiligen Regelungen zur Vollstreckungsimmunität haben nicht nur die Regelungstechnik, sondern in weiten Teilen auch den Wortlaut des britischen Vorbilds übernommen.[117]

Für Zentralbanken finden sich dieselben Vorschriften wie in Sec. 14(3), (4) SIA UK. Für Zentralbankvermögen gilt auch hier die unwiderlegliche Vermutung, dass sie nicht wirtschaftlichen Zwecken dienen. Eine absolute Immunität in Vollstreckungsverfahren ist die Folge. Die kaum überwindbare Vollstreckungsimmunität ausländischer Zentralbanken ist umso überraschender, als dass diese Staaten keine vergleichbar bedeutenden Finanzzentren wie London beheimaten und daher auch kein vergleichbares wirtschaftspolitisches Interesse an dem Schutz von Zentralbanken haben.[118] Allerdings lassen sich die nationalen Immunitätsgesetze im Lichte des Völkergewohnheitsrechts dadurch viel eher als relevante Staatenpraxis werten. Gerade weil eine jeweilige wirtschaftspolitische Motivation fehlt, dürften die Staaten von der völkerrechtlichen Gebotenheit der Privilegierung von Zentralbanken ausgegangen sein und daher eine entsprechende opinio iuris aufweisen.

bb) Kanadischer State Immunity Act und Australischer Foreign States Immunities Act

(1) Entwicklung eigenständiger Regelungsaussagen

Kanada und Australien haben einen deutlich eigenständigeren Regelungsweg beschritten. Der 1982 in Kraft getretene kanadische State Immunity Act[119] ebenso

---

[116] Pakistan *State Immunity Ordinance*, Ordinance No. VI of 1981, vom 11.03.1981 („SIO Pakistan"), abgedruckt bei *Dickinson/Lindsay/Loonam*, State Immunity, S. 496 ff.; Singapur *State Immunity Act*, ursprünglich Act 19 of 1979 ("SIA Singapur"), abgedruckt in *Dickinson/Lindsay/Loonam*, State Immunity, S. 504 ff.; Südafrika *Foreign State Immunities Act*, No. 87 of 1981 in der durch den *Foreign States Immunities Amendment Act* 5 of 1988 geschaffenen Fassung („Immunitätsgesetz Südafrika"), abgedruckt bei *Dickinson/Lindsay/Loonam*, State Immunity, S. 513 ff.

[117] Ausnahmen bilden allein Vorschriften, die Besonderheiten Großbritanniens, etwa die Geltung des Europäischen Übereinkommens zur Staatenimmunität, Rechnung tragen, s. Sec. 13(4) SIA UK. Teilweise finden sich kleinere redaktionelle Unterschiede, ohne dass dadurch der Regelungsgehalt modifiziert wird. Sec. 14(2)(b) SIO Pakistan beschränkt beispielsweise die Immunität in Verfahren zur Durchsetzung von Titeln von vornherein auf Vermögen, das keinen wirtschaftlichen Zwecken dient.

[118] *Erasmus*, 8 South African Yearbook of International Law (1982) 92, 104.

[119] State Immunity Act, R.S. 1985, c S-18 („SIA Kanada"), abgedruckt bei *Dickinson/Lindsay/Loonam*, State Immunity, S. 488 ff.

wie das vier Jahre später nachfolgende australische Pendant[120] verfolgten vor allem die Ziele, die restriktive Immunität fremder Staaten auch in Vollstreckungsverfahren im Einklang mit der internationalen Rechtslage in detaillierten und transparenten Regelungen festzuschreiben.[121] Beide Gesetze sind einerseits unverkennbar Rezeptionen der US-amerikanischen und britischen Vorreiter und kombinieren ausgewählte Teile beider Gesetze. Andererseits, weil sie erste Erfahrungen mit den bestehenden gesetzlichen Regelungen berücksichtigen konnten,[122] emanzipieren sie sich deutlich von den Vorlagen und treffen an mehreren Stellen, insbesondere auch bei der Immunität von Zentralbanken, eigenständige Regelungsaussagen.

Entsprechend der aus den SIA UK und FSIA US bekannten Regelungstechnik legen der kanadische State Immunity Act und der australische Foreign States Immunities Act in Vollstreckungsverfahren zunächst die Immunität als Regel fest, von der sie dann jeweils die üblichen Ausnahmen vorsehen.[123] Während der kanadische Gesetzestext sich hierbei eng an dem britischen Vorbild anlehnt,[124] lässt das australische Pendant an dieser Stelle das den gesamten Gesetzestext durchziehende Bemühen erkennen, den Immunitätsschutz zurückhaltend und korrespondierend dazu die Rechtsschutzmöglichkeiten gegen fremde Staaten großzügig auszugestalten.[125] Bei Immunität selbstständiger staatlicher Untergliederungen folgen beide Immunitätsgesetze dem FSIA US[126] und damit dem Grundsatz, dass keine Immunität in Vollstreckungsverfahren besteht, wenn sie bereits in Erkenntnisverfahren fehlt.[127]

Bestimmte Kategorien von Vermögenswerten statten die Immunitätsgesetze beider Länder mit einem besonderen Immunitätsschutz aus. Sec. 12(3) des kanadischen State Immunity Act versieht militärisches oder militärisch genutztes Vermögen mit einer Vollstreckungsimmunität, die nicht einmal durch einen Verzicht überwunden werden kann.[128] Der australische *Foreign States Immunities Act*

---

[120] Foreign States Immunities Act 1985, No. 196 of 1985 ("FSIA Australien"), abgedruckt bei *Dickinson/Lindsay/Loonam*, State Immunity, S. 469 ff.

[121] *Molot/Jewett*, 20 The Canadian Yearbook of International Law (1982) 79; *Hess*, Staatenimmunität bei Distanzdelikten, S. 138 ff.

[122] Dazu *Crawford*, 8 Australian Yearbook of International Law (1983) 71.

[123] Sec. 12(1) SIA Kanada; Sec. 30 ff. FSIA Australien.

[124] Die Ausnahme für wirtschaftlich genutztes Vermögen in Sec. 12(1)(b) SIA Kanada entspricht beispielsweise dem Wortlaut des SIA UK.

[125] So genügt es beispielsweise für die Immunitätsausnahme in dem australischen Gesetz, dass das Vermögen im Wesentlichen wirtschaftlichen Zwecken dient oder dass das Vermögen offensichtlich keinen bestimmten Zwecken zugeordnet ist, s. Sec. 32(3) FSIA Australien.

[126] Dort Sec. 1610(b)(2).

[127] Sec. 35 Australian Foreign States Immunities Act; Sec. 12(2) State Immunity Act; *Molot/Jewett*, 20 The Canadian Yearbook of International Law (1982) 79, 117.

[128] Sec. 12(3) SIA Kanada.

schraubt den Schutz für diplomatisches und militärisches Vermögen an zwei Stellen hoch. Erstens ist ein Immunitätsverzicht nach Sec. 31(4) nur wirksam, wenn er die Vermögensgegenstände militärischer oder diplomatischer Art genau bezeichnet. Zweitens gelten diese Vermögenskategorien kraft gesetzlicher Anordnung in Sec. 32(3)(a) nicht als wirtschaftliches Vermögen und unterfallen damit nie der Immunitätsausnahme nach Sec. 32(1). Bemerkenswerterweise nehmen Zentralbanken an diesem gesteigerten Schutz nicht teil. Für Zentralbankvermögen wurden jeweils abweichende und im Ergebnis weit weniger weitreichende Regelungen geschaffen.

(2) Immunitätsschutz von Zentralbanken nach dem kanadischen State Immunity Act

Sec. 12(4)[129] des kanadischen *State Immunity Act* lautet in der geltenden Fassung:

„Subject to subsection (5), property of a foreign central bank or monetary authority that is held for its own account and is not used or intended for a commercial activity is immune from attachment and execution."

Das einschränkende Merkmal „and is not used or intended for a commercial activity" wurde erst während des Gesetzgebungsverfahrens eingefügt und sollte sicherstellen, dass Zentralbanken für Vermögen mit wirtschaftlicher Zwecksetzung gerade keine Vollstreckungsimmunität zukommt.[130] Dabei ist es nicht so, wie vereinzelt behauptet wird, dass der nachträglich eingefügte Zusatz keinen Unterschied macht, weil Vermögen ohne eine wirtschaftliche Zwecksetzung ohnehin keine Immunität genießt.[131] Denn Sec. 12(4), (5) schafft ein Sonderregime, das die Vollstreckungsimmunität von Zentralbankvermögen eigenständig und abschließend regelt. Wenn Zentralbanken beispielsweise als „agency of a foreign state" zu qualifizieren wären, dann würde nicht die Immunitätsausnahme für wirtschaftliche Zwecke gem. Sec. 12(1)(b), sondern die Regelung der Sec. 12(2), die abweichende Immunitätsausnahmen formuliert, eingreifen.[132]

Zwar hat das kanadische Gesetz offenbar das Merkmal „held for its own account" von Sec. 1611(b)(1) des US-amerikanischen FSIA übernommen, die Auslegung muss aber anders ausfallen. Denn, wie oben gezeigt, soll das Merkmal nach der Rechtsprechung US-amerikanischer Gerichte die Immunität auf Vermögenswerte beschränken, die charakteristischen oder üblichen Zentralbankfunk-

---

[129] Damals noch Sec. 11(4), vgl. *Molot/Jewett*, 20 The Canadian Yearbook of International Law (1982) 79, 116.
[130] *Molot/Jewett*, 20 The Canadian Yearbook of International Law (1982) 79, 116.
[131] *Molot/Jewett*, 20 The Canadian Yearbook of International Law (1982) 79, 116.
[132] Anders wohl *Asiedu-Akrofi*, 28 Canadian Yearbook of International Law (1990) 263, 292.

tionen dienen.¹³³ Diese Auslegung ist mit dem weiteren Merkmal „not used for commercial activity" nur schwer vereinbar. Die ausschließliche Berücksichtigung typischer Zentralbankfunktionen sollte gerade ein Alternativmodell zu der sonst verwendeten Abgrenzung zwischen wirtschaftlichen- und nicht-wirtschaftlichen Tätigkeiten sein, weil Zentralbanken eben ganz typisch auch wirtschaftliche Tätigkeiten ausüben.

Dem Wortsinn der Einschränkung „held for its own account" kann am ehesten Geltung verschafft werden, wenn das Merkmal so ausgelegt wird, dass die Immunität allein Vermögenswerte erfasst, die die Zentralbank für eigene Rechnung und damit als wirtschaftlicher Eigentümer hält.¹³⁴ Diese Interpretation wurde auch im Gesetzgebungsprozess geäußert.¹³⁵ Die nachträgliche Einfügung des Merkmals unterstreicht, dass der kanadische Gesetzgeber nicht bereit war, Zentralbankvermögen zu privilegieren, wenn dieses Verwendung für eine Tätigkeit findet, die, so die Legaldefinition von „commercial activity" in Sec. 2, „by reason of its nature is of a commercial character". Unklar bleibt dabei, wie mit Aktivitäten umzugehen ist, die für Zentralbanken charakteristisch sind, aber ihrer Natur nach bloß gewöhnliche wirtschaftliche Transaktionen sind.

In jedem Fall kann die Vollstreckungsimmunität von Zentralbanken durch einen Verzicht überwunden werden. Sec. 12(5) SIA Kanada trifft dazu notwendigerweise, weil die allgemeinen Vorschriften keine Anwendung finden, eine gesonderte Regelung.¹³⁶

(3) Immunität von Zentralbanken in dem australischen Foreign States Immunities Act

Einen noch liberaleren Ansatz gegenüber Zentralbanken zeigt der australische Foreign States Immunities Act. Zentralbanken werden allein mit einer Sondervorschrift in Sec. 35(1) bedacht. Die Bestimmung unterstellt Zentralbanken denselben Immunitätsregeln wie fremde Staaten unabhängig davon, ob sie als „separate entities" i. S. d. Sec. 3(1) zu qualifizieren sind oder nicht. Im Ergebnis wird Zentralbankvermögen kein höherer Immunitätsschutz gewährt als anderen staat-

---

¹³³ Siehe oben S. 169.

¹³⁴ Vgl. die Ausführungen zu dieser Auslegungsvariante des Merkmals im FSIA US, oben S. 171.

¹³⁵ Nachweis bei *Asiedu-Akrofi*, 28 Canadian Yearbook of International Law (1990) 263, 100.

¹³⁶ Sie lautet: „The immunity conferred on property of a foreign central bank or monetary authority by subsection (4) does not apply where the bank, authority or its parent foreign government has explicitly waived the immunity, unless the bank, authority or government has withdrawn the waiver of immunity in accordance with any term thereof that permits such withdrawal."

lichen Vermögenswerten. Ihr Immunitätsschutz hängt damit maßgeblich davon ab, ob ihr Vermögen als „commercial property" anzusehen ist. Dieses wird in Sec. 32(3) als „property [...] that is in use by the foreign State concerned substantially for commercial purposes" legaldefiniert. Mithin werden allein die Verwendungszwecke zum Beurteilungsmaßstab erhoben, so dass die Eigenheiten zentralbanklicher Tätigkeit in Formen ordinärer Markttransaktionen hinreichend berücksichtigt werden können.

Aufschluss über die Hintergründe der weitgehenden Nivellierung des Immunitätsschutzes im Vergleich zu den übrigen nationalen Immunitätsgesetzen gibt der Abschlussbericht der Australian Law Reform Commission,[137] der das australische Immunitätsgesetz maßgeblich vorbereitete.[138] Der dort vorgeschlagene Gesetzesentwurf behandelt Zentralbanken in gleicher Weise wie der spätere Gesetzestext. Die Zentralbanken betreffende Passage hat folgenden Inhalt:

„All the recent overseas legislation on restrictive state immunity contains a saving clause preserving immunity for the property of a foreign state's central bank or monetary authority. The State immunity Act 1978 (UK) s 14(4) provides absolute protection. The United States Act provides slightly more limited protection. The Canadian Act provides still less, in effect doing no more than restating the legislation's general test for restricting immunity. Both the United States and United Kingdom provisions were at least partly motivated by a desire to protect the positions of New York and London respectively as investment centres for foreign state reserves. Australia has at present no similar interest. Since it is hard to justify on any general principle a provision which gives foreign central banks a greater degree of immunity than then foreign state itself has, and since such an exemption could open up avenues for evasion, the Commission believes that the Canadian solution is right in principle. However there is no need to repeat the 'commercial use' test solely for central banks: it is sufficient to provide that separate entities of foreign states which are central banks or monetary authorities should be treated in the same way as the foreign state itself."[139]

In aller Deutlichkeit äußert die Kommission ihre Auffassung, dass sich eine besondere Privilegierung nur durch wirtschaftspolitische Ziele, nicht aber aus dem Wesen der Staatenimmunität rechtfertigen lasse. Die australische Regierung hat-

---

[137] Australian Law Reform Commission, Foreign State Immunity, Rep. No. 24, Canberra 1984, abrufbar unter http://www.austlii.edu.au/au/other/lawreform/ALRC/1984/24.html (zuletzt abgerufen 01.05.2019).

[138] Die Kommission wurde von der australischen Regierung eingesetzt, um die Notwendigkeit eines nationalen Immunitätsgesetzes zu untersuchen. In dem Abschlussbericht bejahte die Kommission eine solche Notwendigkeit und schlug einen Gesetzestext vor, der anschließend in weiten Teil unverändert als *Foreign States Immunities Act* umgesetzt wurde, *Hess*, Staatenimmunität bei Distanzdelikten, S. 140 f. Der Gesetzesentwurf findet sich in *Appendix A* des Abschlussberichts, Australian Law Reform Commission, Foreign State Immunity, Rep. No. 24, Canberra 1984, S. 107 ff.

[139] Australian Law Reform Commission, Foreign State Immunity, Rep. No. 24, Canberra 1984, S. 81, Rn. 132.

te zum damaligen Zeitpunkt gerade nicht die Absicht, Zentralbankinvestitionen im Inland anzulocken und den australischen Dollar zu einer Reservewährung auszubauen.[140]

d) Die neueste Welle an nationalen Immunitätskodifikationen

Die neuesten Immunitätskodifikationen finden sich in Israel, Japan und nun auch in der Russischen Föderation und in Spanien. Die Gesetze behandeln die Vollstreckungsimmunität von Zentralbanken in ganz ähnlicher Weise, wenn auch mit durchaus unterschiedlicher Regelungsstruktur.

aa) Immunitätsgesetz Israels

Das israelische *Foreign States Immunities Law*[141] („FSIL Israel") trat Anfang 2009 in Kraft. Eine Ausnahme von der generellen Immunität fremder Staaten zur Vollstreckung gerichtlicher Entscheidungen[142] besteht nach Sec. 16(1) für „commercial assets". Diese werden in Sec. 1 legaldefiniert als „any asset, excluding a diplomatic or consular asset, a military asset or an asset of a central bank which is held in Israel by a foreign state for a commercial purpose". Im Ergebnis läuft diese Vorschrift auf eine Regelungsaussage hinaus, die bereits aus dem britischen State Immunity Act bekannt ist: Zentralbankvermögen kann unter keinen Umständen als wirtschaftliche Vermögenswerte angesehen werden. Aber anders als bei dem britischen Pendant kann sich die Durchbrechung der Immunität von Zentralbankvermögen noch aus anderen in Sec. 16(2), (3) aufgeführten sachlichen Gründen ergeben, etwa wenn es sich um unbewegliches Vermögen von Zentralbanken handelt. Daneben stellt Sec. 18 des Gesetzes sicher, dass Zentralbanken nicht anders zu behandeln sind, wenn sie als eigene Rechtspersönlichkeit und damit als „separate entities" organisiert sind.[143] Denn nach dieser Vorschrift nehmen „separate entities" grundsätzlich gar nicht an dem Immunitätsschutz des Staates teil.

---

[140] Australian Law Reform Commission, Foreign State Immunity, Rep. No. 24, Canberra 1984, S. 81, Fn. 78.

[141] Foreign States Immunities Law 5762-2008; Sefer Hukim 5769, p. 76 (Nov. 16, 2008); abrufbar unter http://www.coe.int/t/dlapil/cahdi/Source/state_immunities/Israel%20Immunities%20January%202009.pdf (zuletzt abgerufen 01.05.2019).

[142] Sec. 15(a) FSIL Israel.

[143] „Separate entities" werden in Sec. 1 als „governmental authority of a foreign state having separate legal personality from that of the government of the state" legaldefiniert. Sec. lautet: „the assets of a separate entity, excluding a central bank, shall not have immunity from execution of a judgement or other decision rendered by a court in Israel."

bb) Gesetzliche Immunitätsregeln in Japan

Nur wenige Monate nach dem israelischen Gesetzestext erlangte der japanische Act on the Civil Jurisdiction of Japan over Foreign States[144] Gesetzeskraft. Erst wenige Jahre zuvor hatten japanische Gerichte ihre bisherige Rechtsprechung aufgegeben und eine restriktive Staatenimmunität akzeptiert.[145] Anstoß für die Schaffung eines eigenen Immunitätsgesetzes gab die UN-Immunitätskonvention, der Japan kurz zuvor beigetreten war. Das Immunitätsgesetz sollte die Konventionsvorgaben in der japanischen Rechtsordnung, jedoch einheitlich gegenüber allen ausländischen Staaten unabhängig von ihrem Beitritt zur Konvention, umsetzen und die Ratifikation der Konvention, die mittlerweile im Mai 2010 erfolgte, vorbereiten.[146] Inhaltlich wurden die Immunitätsregelungen der Konvention mit nur kleineren Änderungen übernommen.

Art. 18(1) des japanischen Immunitätsgesetzes enthält eine Immunitätsausnahme[147] für Vermögen mit wirtschaftlichen Verwendungszwecken. Die Regelungen zur Vollstreckungsimmunität gelten im Übrigen unterschiedslos, ob das Vermögen von selbstständigen staatlichen Einrichtungen betroffen ist oder nicht. Zentralbanken ist ein eigener Artikel (Art. 19) gewidmet, der ihre Immunität in zweifacher Hinsicht absichert. Absatz 1 regelt die personelle Immunitätsberechtigung von Zentralbanken. Die Vorschrift ordnet an, dass Zentralbanken in jedem Fall als ausländische Staaten und damit als Immunitätsträger gelten, auch wenn sie die materiellen Voraussetzungen der Definition eines „ausländischen Staates" in Art. 2 des Gesetzes nicht erfüllen. Auf die schwierig zu beantwortende Frage, ob Zentralbanken im konkreten Fall Hoheitsgewalt ausüben, kommt es mithin nicht an. Eine vergleichbare Vorschrift kennt die UN-Konvention dagegen nicht. Die Bestimmung zielt vor allem auf Gewährleistung von Rechtssicherheit und soll dafür sorgen, dass die Immunitätsprivilegien von Zentralbanken nicht durch eine ihnen eingeräumte Unabhängigkeit gefährdet werden.[148] Art. 19(2) hat die sachliche Immunitätsreichweite zum Gegenstand und regelt lediglich, dass die Immunitätsausnahme für wirtschaftliche Vermögenswerte in Art. 18(1) gegenüber Zentralbanken keine Anwendung findet. In der Folge unterfällt Zentralbankvermögen nur im Fall eines Immunitätsverzichts nach Art. 17 der inländischen Gerichtsbarkeit und profitiert so von einem absoluten Immunitätsschutz.

---

[144] Act No. 24 of April 24, 2009 („Immunitätsgesetz Japan"), eine Übersetzung des Gesetzes findet sich in *Japan*, Act on Civil Jurisdiction over Foreign States, Japanese Yearbook of International Law 2010, S. 830.
[145] *Yakushiji*, 53 The Japanese Yearbook of International Law (2010) 202, 203.
[146] *Nobumori*, 53 Japanese Yearbook of International Law (2010) 275, 291.
[147] Diese wird für alle Verfahrensarten in Art. 4 des Gesetzes niedergelegt.
[148] Diese Gefahr wurde in Japan offensichtlich bei dem Regelungsmechanismus der UN-Konvention gesehen, *Nobumori*, 53 Japanese Yearbook of International Law (2010) 275, 297.

Der sehr weitreichende Immunitätsschutz lässt sich im Fall von Japan viel eher rechtfertigen. Sicherlich ist die gesetzliche Ausgestaltung der Zentralbankimmunität maßgeblich durch die UN-Konvention geprägt. Allerdings wird in Japan die Berechtigung für einen Immunitätsschutz auch für zentralbankliches Vermögen, das nichthoheitlichen Verwendungszwecken dient, ernsthaft in Zweifel gezogen.[149] Ausschlaggend dürften daher ebenfalls wirtschaftspolitische Überlegungen gewesen sein. Der japanische Yen ist zurzeit die weltweit drittwichtigste Reservewährung.[150] Der Finanzplatz Tokyo und die japanische Zahlungsbilanz profitieren daher von den großen Investitionen ausländischer Zentralbanken. Die hohen Immunitätsmauern um Zentralbankvermögen lassen sich hier wieder als wirtschaftspolitisches Mittel verstehen, um die Attraktivität des japanischen Finanzplatzes abzusichern.[151] Vergleichbare Gründe sind dagegen im Fall von Israel nicht zu erkennen.

cc) Immunitätsrechtliche Zeitenwende in Russland

(1) Russisches Immunitätsgesetz und Anerkennung der völkergewohnheitsrechtlichen Linie

Die Praxis der Russischen Förderation galt lange Zeit als verlässliches Argument gegen die Universalität einer sachlich eingeschränkten Immunität. Russlands Haltung war durch ein Festhalten an dem absoluten Immunitätsverständnis geprägt. Andererseits hatte das Land regelmäßig in Handelsverträgen auf die Vollstreckungsimmunität seiner staatlichen Handelsgesellschaften, die als Teil des Handelsministeriums das staatliche Handelsmonopol wahrnahmen, verzichtet, um ihnen Zugang zu westlichen Märkten zu erschließen.[152] In den letzten Jahrzehnten zeichneten sich Veränderungen in der Haltung Russlands ab.[153] So untersagte beispielsweise die Anfang 2003 in Kraft getretene Neufassung des Zivilverfahrensgesetzes in Art. 401 Abs. 1 noch ausdrücklich, gerichtliche Verfahren, einschließlich Vollstreckungensverfahren, gegen fremde Staaten ohne deren vorherige Zustimmung einzuleiten. Der im selben Zeitraum geschaffene Art. 251 des Gesetzbuchs über Wirtschaftsverfahren führte dagegen für gerichtliche Erkenntnisverfahren und auch für vorläufige Vollstreckungsmaßnahmen bereits

---

[149] Vgl. Nachweise bei *Nobumori*, 53 Japanese Yearbook of International Law (2010) 275, 298, Fn. 99.

[150] *IWF*, Annual Report 2016, Appendix I: International Reserves, 2.

[151] So auch *Nobumori*, 53 Japanese Yearbook of International Law (2010) 275, 298.

[152] *Crawford*, 75 American Journal of International Law (1981) 820, 827 ff.

[153] Ein Überblick über die veränderte Immunitätspraxis des russischen Staates findet sich in dem Urteil des EGMR, *Oleynikov v. Russia*, Ent. v. 13.03.2013, Rs. 36703/04 Rn. 15 ff.

eine beschränkte Immunität ein.[154] Am 1. Dezember 2006 unterzeichnete Russland – ein Beitritt steht noch aus – die UN-Immunitätskonvention. Gleichzeitig war das Vermögen des russischen Staates in den vergangenen Jahren wiederholt Ziel von Vollstreckungsversuchen in westlichen Staaten geworden. Beispielsweise hatte die schweizerische Gesellschaft Noga d'importation et d'exportation auf Grundlage eines Schiedsspruchs in zahlreichen Staaten in russisches Vermögen wie Botschaftskonten,[155] Forderungen Russlands gegen die Luftverkehrs-Vereinigung IATA[156] und in Gemälde des russischen Puschkin-Museums[157] vollstreckt.

Mit dem im November 2015 erlassenen und zu Beginn des Jahres 2016 in Kraft getretenen Immunitätsgesetz hat Russland endgültig eine Zeitenwende eingeläutet.[158] Das Gesetz orientiert sich inhaltlich weitgehend an den Regelungen der UN-Immunitätskonvention und gibt damit auch für Vollstreckungsverfahren den absoluten Immunitätsschutz auf, den der russische Staat vor ausländischen Gerichten für sich schon länger nicht mehr in Anspruch nehmen konnte. An diese immunitätsrechtliche Behandlung Russlands vor ausländischen Gerichten knüpft eine Besonderheit des Immunitätsgesetzes an. Sämtliche Immunitätsregeln stehen unter einem Reziprozitätsvorbehalt.[159] Dieser führt dazu, dass ein fremder Staat sich nur auf die gesetzlichen Immunitätsvorschriften stützen kann, sofern er dem russischen Staat vor seinen eigenen Gerichten ein vergleichbares Immunitätsniveau zugesteht. Reicht der Immunitätsschutz vor ausländischen Gerichten weniger weit, reicht die russische Gerichtsbarkeit entsprechend weiter und russische Gerichte sind zu einer Gleichbehandlung befugt.

(2) Inhalt des Gesetzes: Traditionelle Elemente und eine entscheidende Besonderheit

Abgesehen von dem Reziprozitätsprinzip gleichen die Bestimmungen des russischen Gesetzes über die Vollstreckungsimmunität in großem Maße den Regelungen der UN-Immunitätskonvention. In Art. 14 findet sich die aus Art. 18 UN-Im-

---

[154] Die gesetzlichen Bestimmungen sind wiedergegeben bei EGMR, *Oleynikov v. Russia*, Ent. v. 13.03.2013, Rs. 36703/04 Rn. 15 ff.

[155] Cour d'appel de Paris, *Ambassade de la Fédération de Russie en France c. société NOGA*, JDI 2001, 116.

[156] Schw. Bundesgericht, *Automated Air Traffic Control c. Commission de surveillance des office des poursuites et des faillites du canon de Geneve*, BGE 134 III, 122.

[157] *Kunst als Geisel*, FAZ v. 17.11.2005, Nr. 268, S. 33. *Moskau triumphiert im Fall Yukos*, FAZ v. 21.04.2016, Nr. 93, S. 93.

[158] Law on Jurisdictional Immunity of a Foreign State and a Foreign State's Property in the Russian Federation, Federal Law No. 297-FZ v. 03.11.2015 (nachstehend „Immunitätsgesetz Russland").

[159] Art. 4 Abs. 1 Immunitätsgesetz Russland.

munitätskonvention bekannte Sonderbehandlung von Vollstreckungsmaßnahmen vor Erlass einer gerichtlichen Entscheidung und die Durchbrechung der Immunität allein in Fällen expliziter oder impliziter Zustimmung. Die Vollstreckung von Urteilen ist dagegen auch in solches Vermögen fremder Staaten zulässig, das für Zwecke verwendet wird, die nicht im Zusammenhang mit der Ausübung von Hoheitsrechten stehen. In Art. 16 Abs. 1 findet sich in inhaltlicher Entsprechung zu Art. 21 UN-Immunitätskonvention die besondere Privilegierung bestimmter staatlicher Vermögensgüter. Auch hier schließt eine unwiderlegliche Vermutung aus, dass die genannten Vermögenskategorien unter die Immunitätsausnahme für nicht zur Ausübung von Hoheitsrechten genutzte Vermögensgegenstände fallen. Wenig überraschend erstreckt sich der absolute Immunitätsschutz auch auf Zentralbankvermögen fremder Staaten. Hier zeigt sich allerdings eine inhaltliche Abweichung zur UN-Immunitätskonvention. Als mit der Ausübung von Hoheitsrechten im Zusammenhang stehend gilt neben dem Eigentum der Zentralbank auch das Eigentum einer Aufsichtsbehörde, die Aufgaben der Bankaufsicht wahrnimmt. Die Regelung bringt die Auffassung zum Ausdruck, Bankaufsichtsbehörden seien gleichermaßen schutzwürdig, auch wenn diese, anders als Zentralbanken, regelmäßig nicht über großes Auslandsvermögen verfügen dürften.

Mag die UN-Immunitätskonvention für die gesetzlichen Bestimmungen Pate gestanden haben, so werden die dort entlehnten Regelungen durch das Reziprozitätsprinzip wieder in Frage gestellt. Denn wie bereits in der vorangegangenen Untersuchung der nationalen Immunitätsgesetze angeklungen ist und noch in der folgenden Untersuchung zu zeigen sein wird, ist insbesondere die Vollstreckungsimmunität von Zentralbanken in einigen Staaten deutlich zurückhaltender ausgestaltet als in der UN-Immunitätskonvention. So errichtet die Reziprozitätsklausel eine Immunitäts-Höchstgrenze, während das anzulegende Immunitätsmaß im Einzelfall von der Rechtsordnung des betroffenen ausländischen Staates festgelegt wird.

dd) Spanische Doppelregelung

Der spanische Gesetzgeber hat in der jüngeren Vergangenheit gleich zwei Gesetze geschaffen, die die Immunität von Zentralbankvermögen in Vollstreckungsverfahren behandeln. Diese sind inhaltlich allerdings nicht aufeinander abgestimmt und erzeugen daher Inkonsistenzen.

(1) Weg zur spanischen Immunitätskodifikation

Nicht anders als in den kontinentaleuropäischen Nachbarländern enthielt die spanische Rechtsordnung bis zuletzt bloß fragmentarische Immunitätsregelungen.

2. Die Vollstreckungsimmunität in nationalen Immunitätsgesetzen

Für die verbleibenden Bereiche fand die allgemeine Regelung des Art. 21 Abs. 2 des Gesetzes über das Justizwesen (Ley Orgánica del Poder Judicial) Anwendung, nach der sich die Immunität in spanischen Justizverfahren nach den allgemeinen völkerrechtlichen Immunitätsgrundsätzen richtete.[160] Da die Aufgabe, die völkerrechtlichen Regelungen in nationalen Verfahren zu formulieren, der spanischen Rechtsprechung zufiel, war das Recht der Staatenimmunität in erster Linie durch Richterrecht geprägt. Im Einklang mit der völkergewohnheitsrechtlichen Linie gewährten die Gerichte bloß eine sachlich eingeschränkte Immunität. Für die Vollstreckungsimmunität hat das spanische Verfassungsgericht zuerst in der Sache *Diana Gayle Abbott v. Republica de Sudafrica* anerkannt, dass allein Vermögen, das eindeutig und ausschließlich für acte iure imperii verwendet wird, gegenüber Vollstreckungsmaßnahmen immun ist,[161] und diese Grundsätze in nachfolgenden Urteilen bestätigt.[162] Nach Ansicht des spanischen Verfassungsgerichts waren die nicht immer widerspruchsfreien Einzelfallentscheidungen zu den lückenhaften völkerrechtlichen Regelungen aber nicht geeignet, Rechtssicherheit zu produzieren. Das Gericht empfahl dem spanischen Gesetzgeber 1992 ausdrücklich, legislativ Abhilfe zu schaffen.[163] Nachdem Spanien am 21. September 2011 die UN-Immunitätskonvention ratifiziert hatte, kam der spanische Gesetzgeber dieser Empfehlung mit dem am 17. November 2015 in Kraft getretenem Immunitätsgesetz[164] nach und widmete die umfassende Kodifikation dem Ziel, die „notwendige Rechtssicherheit" auf diesem Gebiet herzustellen.[165] Neben systematischen Regelungen zur Staatenimmunität enthält das Gesetz auch Bestimmungen zu Immunitäten von Internationalen Organisationen und internationalen Konferenzen.

---

[160] *Ley Orgánica 6/1985 del Poder Judicial*, Boletin Oficial des Estado no. 157, 02.07.1985.

[161] Tribunal Constitucional de Espana, Urteil vom 01.07.1992, ILR 1992, 411, 420.

[162] Vgl. Übersicht bei *Hafner/Kohen/Breau*, State Practice Regarding State Immunities, S. 539 ff.

[163] Einleitung zu *Ley Orgánica 16/2015 sobre privilegios e inmunidades de los Estados extranjeros, las Organizaciones Internacionales con sede u oficina en España y las Conferencias y Reuniones internacionales celebradas en España*, Boletin ofical del Estado, No. 258, Sec. I, p. 101299, 101302.

[164] *Ley Orgánica 16/2015 sobre privilegios e inmunidades de los Estados extranjeros, las Organizaciones Internacionales con sede u oficina en España y las Conferencias y Reuniones internacionales celebradas en España*, Boletin ofical del Estado, No. 258, Sec. I, p. 101299 (nachstehend „Immunitätsgesetz Spanien").

[165] Einleitung zu *Ley Orgánica 16/2015 sobre privilegios e inmunidades de los Estados extranjeros, las Organizaciones Internacionales con sede u oficina en España y las Conferencias y Reuniones internacionales celebradas en España*, Boletin ofical del Estado, No. 258, Sec. I, p. 101299, 101302.

(2) Vollstreckungsimmunität von Zentralbanken

Das spanische Immunitätsgesetz lehnt sich eng an den Konventionstext an. So enthalten die Bestimmungen zur Vollstreckungsimmunität im zweiten Kapitel wenig Neues. Allerdings fordert die Immunitätsausnahme für Vermögensgegenstände, die zu anderen als nichtwirtschaftlichen Zwecken genutzt werden, zusätzlich, dass die betroffenen Vollstreckungsobjekte einen sachlichen Zusammenhang mit dem fremden Staat als Verfahrensbeteiligten aufweisen, selbst wenn sie nicht den Zwecken dienen, die dem Rechtsstreit zugrunde liegen.[166] Nicht verständlich ist, welche Bedeutung dem Erfordernis eines sachlichen Zusammenhangs mit dem Vollstreckungsschuldner zukommen soll, weil auch im spanischen Zwangsvollstreckungsrecht allein auf das Vermögen des Vollstreckungsschuldners, d.h. der in dem Vollstreckungstitel genannten Partei, zugegriffen werden darf.[167]

Art. 20 Abs. 1 stellt in bekannter Art und Weise eine Reihe von Vermögensgegenständen unter einen besonderen Schutz, indem er die Einordnung der Vermögensobjekte als wirtschaftlichen Zwecken dienend ausschließt und allein durch einen Immunitätsverzicht überwunden werden kann.[168] Auch das Vermögen von Zentralbanken und Währungsbehörden zählt zu den besonders geschützten Vermögenskategorien. Aber abweichend von der UN-Immunitätskonvention enthält Art. 20 Abs. 1 lit. (c) noch ein zusätzliches, einschränkendes Merkmal. Das Vermögen der Zentralbank unterfällt nur dann dem besonderen Immunitätsschutz, wenn es Zwecken gewidmet ist, die für derartige Institutionen charakteristisch sind („Los bienes del banco central u otra autoridad monetaria del Estado que se destinen a los fines propios de dichas instituciones"). Die verstärkte Immunisierung wird demnach nicht schon dann ausgelöst, wenn das betroffene Vermögen im Eigentum oder unter der Kontrolle einer Zentralbank steht. Vielmehr werden nur Vermögensgegenstände mit einer bestimmten Zweckverwendung erfasst. Die Formulierung legt das Verständnis nahe, dass die betroffenen Vermögensobjekte Funktionen zugeordnet sein müssen, die den Zentralbanken eigen („a los fines propios") sind, indem sie zu ihrem typischen Aufgabenbereich zählen. Dabei handelt es sich um Aufgaben der Geld- und Währungspolitik und Maßnahmen im Zusammenhang mit der Finanzstabilität. Funktionen, die nur vereinzelt

---

[166] Art. 17 Abs. 2 Immunitätsgesetz Spanien lautet: „Después de la resolución judicial, los órganos jurisdiccionales españoles podrán también adoptar medidas de ejecución si se ha determinado que los bienes objeto de aquellas se utilizan o están destinados a ser utilizados por el Estado con fines distintos de los oficiales no comerciales, siempre que se encuentren en territorio español y tengan un nexo con el Estado contra el que se ha incoado el proceso, aunque se destinen a una actividad distinta de la que dio lugar al litigio."

[167] *Gathmann*, Spanisches Zwangsvollstreckungsrecht, 48.

[168] Vgl. Art. 21 Abs. 3, Art. 18 Immunitätsgesetz Spaniens.

von Zentralbanken wahrgenommen werden, fallen dagegen aus dem Schutzbereich heraus. Es bleibt abzuwarten, ob die spanische Rechtsprechung die Vorschrift in dieser Weise auslegen wird.

(3) Immunitätsschutz im Gesetz über die Unabhängigkeit der Banco de Espana

Zu den in der Einleitung zum neuen Immunitätsgesetz genannten fragmentarischen gesetzlichen Immunitätsbestimmungen zählte gerade auch die Normierung der zentralbanklichen Vollstreckungsimmunität. Nur wenige Jahre vor Erlass des umfassenden Immunitätsregelwerks hatte der spanische Gesetzgeber spezielle Regelungen zur Vollstreckungsimmunität von Vermögen fremder Zentralbanken geschaffen. Im Jahr 2005 wurde das nationale Zentralbankengesetz um eine Vorschrift über Vollstreckungen gegen Banco de Espana und ausländische Zentralbanken ergänzt.[169] Deren erster Absatz untersagt die Anordnung von Vollstreckungsmaßnahmen gegen jede Art von Vermögen, das die Banco de Espana als eigenes inne hat (*belonging*), hält (*possessed*) oder verwaltet (*managed*)[170] und das im Wesentlichen der Ausübung von hoheitlichen Funktionen oder Verwaltungsbefugnissen dient. Nach dem zweiten Absatz soll das Gleiche für Vermögenswerte gelten, die fremde Staaten oder deren Zentralbanken inne haben, halten oder verwalten und die zu den jeweiligen Währungsreserven des Landes zählen. Vermögenswerte der BIZ werden in ähnlicher Weise privilegiert. Der dritte Absatz der Vorschrift regelt die Anforderungen an die Wirksamkeit eines Immunitätsverzichts. Dieser eröffnet nur dann die inländische Gerichtsbarkeit in Vollstreckungsverfahren, sofern er sich explizit auf die in den vorigen Absätzen gewährte Immunität bezieht.

Da die Vorschrift die Vollstreckungsimmunität ausländischer Vermögen mit dem Vollstreckungsschutz der Banco de Espana (der keine Frage der Immunität ist) inhaltlich verschränkt, kommt es zu ungewöhnlichen sachlichen Differenzierungen. Denn Vermögenswerte ausländischer Zentralbanken genießen nur in zwei Fällen die gesetzlich angeordnete Vollstreckungsimmunität. Einmal können Vermögenswerte an dem Vollstreckungsschutz der Banco de Espana nach dem ersten Absatz teilnehmen, weil es nach der Gesetzesformulierung ausreicht, dass die Vermögenswerte nicht der Banco de Espana gehören, sondern bloß von ihr besessen oder verwaltet werden. Ein Vollstreckungsschutz von Vermögenswer-

---

[169] Mit dem Gesetz 22/2005 vom 18.11.2005 wurde die *disposición adicional séptima* im *Ley 13/1994, de 1 de junio, de Autonomía del Banco de España* geschaffen.

[170] In der von der Banco de Espana veröffentlichten englischen Übersetzung (abrufbar unter http://www.bde.es/f/webbde/COM/funciones/ficheros/en/leyautone.pdf, zuletzt abgerufen 01.05.2019) der Seventh Additional Provision des Law of the Autonomy of the Banco de Espana heißt es: „goods and property rights belonging, possessed or managed by the Banco de España".

ten ausländischer Zentralbanken greift demnach ein, wenn die spanische Zentralbank diese besitzt oder verwaltet und sie hoheitlichen Zwecken dienen. Diese Voraussetzungen erfüllen etwa klassische Devisenreserven, die zu währungspolitischen Zwecken gehalten werden. Im zweiten Fall sind auf Konten oder in Depots anderer Banken in Spanien belegene Vermögenswerte immun, wenn sie einen Teil der Währungsreserve des Landes bilden und gleichzeitig der Ausübung hoheitlicher Befugnisse gewidmet sind. Offensichtlich gesteht die Regelung dagegen den übrigen zentralbanklichen Vermögenswerten mit hoheitlicher Zwecksetzung keine Immunität zu, wenn diese in keine der Kategorien fallen, weil sie weder über die Banco de Espana gehalten werden noch zur Währungsreserve des fremden Staates zählen.

(4) Auswirkungen der Doppelregelung auf den Immunitätsschutz ausländischer Zentralbanken

Mit dem Erlass des Immunitätsgesetzes wird die Vollstreckungsimmunität von Zentralbanken nunmehr in zwei unabhängigen Regelungsregimen behandelt, die aber überraschenderweise nicht aufeinander abgestimmt sind.

In der ersten Variante verleiht das spanische Zentralbankengesetz solchen Vermögenswerten besonderen Vollstreckungsschutz, die fremde Zentralbanken bei der Banco de Espana halten und die hoheitlichen Zwecken gewidmet sind. Das Zusammenspiel mit Art. 20 Abs. 1 lit. c) des spanischen Immunitätsgesetzes muss hier lediglich dazu führen, dass Vermögenswerte jedenfalls dann hoheitlichen Zwecken dienen, wenn die Voraussetzungen von Art. 20 Abs. 1 lit. c) des Immunitätsgesetzes vorliegen. Denn die letztgenannte Vorschrift stellt gerade die unwiderlegliche Vermutung auf, dass die betreffenden Vermögensgegenstände nicht anderen als nichtwirtschaftlichen, sprich hoheitlichen Zwecken dienen.

Auch die zweite Variante der immunitätsrechtlichen Privilegierung im spanischen Zentralbankengesetz, die für Währungsreserven fremder Staaten und fremder Zentralbanken gilt, kann den Immunitätsschutz der Zentralbanken nicht erweitern. Denn das Halten und Verwalten der Währungsreserven gehört zu den klassischen Zentralbankenaufgaben und ist daher in jedem Fall von der Privilegierung Art. 20 Abs. 1 lit. c) des Immunitätsgesetzes erfasst.

Ein abweichender Immunitätsschutz ergibt sich auch nicht daraus, dass das spanische Immunitätsgesetz keine besonderen Anforderungen an die rechtliche Position der Zentralbank in Bezug auf die Vermögenswerte verlangt und ausreichen lässt, dass die Zentralbank die Vermögenswerte lediglich besitzt oder verwaltet. Denn Art. 20 Abs. 1 lit. c) fällt in dieser Hinsicht nicht weniger weitgehend aus und löst die verstärkte Immunität auch für Vermögen im Besitz oder bei bloßer Kontrolle der Zentralbanken aus.[171] Einen Unterschied bedeuten die Immunitätsregelungen im spanischen Immunitätsgesetz allein in der Konstellation, dass die staatlichen Währungsreserven nicht von einer Zentralbank oder staatlichen Währungsbehörde gehalten werden. Denn an diese Institutionen knüpft Art. 20 Abs. 1 lit. c) des neu erlassenen Immunitätsgesetzes die besondere Immunisierung der Vermögenswerte.

e) Vollstreckungsimmunität der Zentralbanken in nationalen Spezialregelungen

Einige Staaten haben einen anderen Weg zur Regelung der Zentralbankenimmunität beschritten. Anstelle von umfassenden Immunitätskodifikationen haben diese Länder lediglich punktuelle Regelungen geschaffen. An diesen Gesetzen wird eine jeweils empfundene Regelungsnotwendigkeit der zentralbanklichen Immunität sichtbar. Da die Gesetze mitunter nicht dazu dienen, Zentralbanken gegenüber den allgemeinen Immunitätsregeln in stärkerem Maße zu schützen, entsprechen sie vor allem dem Bedürfnis, Rechtssicherheit für ausländische Zentralbanken zu schaffen.

aa) Französischer Code monétaire et financier

(1) Keine Reformgesetzgebung

Genau diese Motivation stand hinter dem Erlass der französischen Spezialvorschrift zur Vollstreckungsimmunität von Zentralbankvermögen: Der im Jahr 2005 in das Kapitel über die Finanzbeziehungen mit dem Ausland des *Code monétaire et financier* eingefügte Artikel L153-1[172] sollte Rechtssicherheit schaffen und auf diesem Weg Investitionen von ausländischen Zentralbanken in Frankreich anlocken.[173]

---

[171] Zu Beginn von Art. 20 Abs. 1 Immunitätsgesetz Spanien heißt es: „De los bienes propiedad del Estado extranjero o de los que este ostente su posesión o control, se consideran en todo caso específicamente utilizados o destinados a ser utilizados para fines públicos no comerciales los siguientes".

[172] Eingefügt durch l'article 51 de la loi n° 2005-842 pour la confiance et la modernisation de l'économie vom 26.Juli 2005.

[173] *Legros*, Gazette du Palais 52 (2009), 2, 7. Die französische Nationalversammlung hat einen Bericht zum Beitritt Frankreichs zur UN-Konvention zur Staatenimmunität erstellt und darin untersucht, inwieweit die geltende Rechtslage mit den Konventionsvorgaben übereinstimmt. Für Art. L153-1 des *Code monétaire et financier* konnte der Bericht nur einen geringen Anpassungsbedarf feststellen. Der Bericht empfiehlt lediglich, dass die Ausnahmen der UN-Konvention hinsichtlich des Immunitätsverzichts eine klarstellende Regelung im Gesetz erfahren sollten, s. Assemblée nationale, Rapport sur le projet de loi autorisant la ratification de

Zuvor hatte die französische Rechtsprechung Zentralbanken keine besondere Privilegierung zugestanden und immunitätsrechtlich anderem staatlichen Vermögen gleichgeachtet. In der Sache *Englander c. Statni Banka Ceskoslovenska* scheint der Cour de cassation dem Ausgangspunkt der vorherigen Instanz zuzustimmen, dass Zentralbanken nur dann Vollstreckungsimmunität beanspruchen können, wenn die betroffenen Vermögenswerte für die Erfüllung hoheitlicher Aufgaben benötigt werden („dont il a besoin pour assurer la bonne marche de ses services ou pour faire face a des engagements assures en vertu de ses attributions de puissance publique").[174] Einen Grund zur Aufhebung des unterinstanzlichen Urteils sah das Gericht allerdings in der Aufklärung der tatsächlichen Gegebenheiten. In dem Fall wurde das Bankkonto der Zentralbank ohne Unterschied für diplomatische wie für kommerzielle Zwecke genutzt. Das Untergericht sah sich deshalb außer Stande, zwischen den einzelnen Vermögenswerten zu trennen, und hatte, um nicht die Ausübung hoheitlicher Befugnisse zu gefährden, die Pfändung aufgehoben. Das genügte dem Cour de cassation für die Immunitätsgewährung nicht. Er verwies die Sache zur Entscheidung an das Appellationsgericht zurück.

Diese Grundsätze wendet auch ein Urteil des Tribunal de grande instance de Paris an, das über die Zulässigkeit von Zwangsvollstreckungsmaßnahmen gegen den libyschen Staat und u. a. die libysche Zentralbank zu entscheiden hatte. Das Gericht hob die Pfändungen auf und verlangte eine nähere Untersuchung, welche Vermögenswerte eine hoheitliche Tätigkeit („les fonds affectes a une activite de souveainete ou de service publique") betreffen und welche lediglich Produkt einer wirtschaftlichen Tätigkeit auf der Ebene des Privatrechts („provenant d'une simple activite economica our commerciale de droit privee") waren.[175] Von diesen Maßstäben ist der Cour de cassation in drei parallelen Urteilen zur Vollstreckungsimmunität abgewichen.[176] Die drei Verfahren betrafen vorläufige Vollstreckungsmaßnahmen in staatliche Ansprüche Argentiniens gegen eine Bank, eine Fluggesellschaft und ein Unternehmen aus der Erdölindustrie auf Zahlung von Steuern und Beiträgen aus ihrer dortigen wirtschaftlichen Tätigkeit. Die Vollstreckungsverfahren waren Teil des Versuchs von NML Capital Ltd., ihre Forderungen aus argentinischen Staatsanleihen durchzusetzen. Nach Auffassung des Cour

---

la convention des Nations unies sur les immunités juridictionnelles des États et de leurs biens, 04.05.2011, abrufbar unter http://www.assemblee-nationale.fr/13/rapports/r3387.asp (zuletzt abgerufen am 01.05.2019).

[174] Cour de cassation (Frankreich), *Englander c Statni Banka Ceskoslovenska*, JDI 96 [1969] 923.

[175] Tribunal de Grande Instance de Paris, *Procurer de la Republique et autres c. Societe LIAMCO et autres*, JDI 106 [1979] 859.

[176] Cour de cassation, *NML Capital c. La République argentine; et autre*, Arrêt n° 394 (11-13.323), Arrêt n° 395 (11-10.450), Arrêt n° 396 (10-25.938), Urt. v. 28.03.2013.

de cassation stand Argentinien auch deshalb Vollstreckungsimmunität zu, weil die beschlagnahmten Ansprüche im Zusammenhang mit der Ausübung staatlicher Souveränität stünden („l'objet des saisies conservatoires en cause se rattachaient nécessairement à l'exercice par l'Etat argentin des prérogatives liées à sa souveraineté").[177]

(2) Gesetzesinhalt

Im Vergleich zu der Rechtsprechung fällt das neue gesetzliche Immunitätsregime nur ein wenig großzügiger aus. Nach dem Willen des Gesetzgebers sollte die Gesetzesänderung bloß die zuvor ergangene Rechtsprechung in eine klarstellende Gesetzesform gießen und Vollstreckungen gegen Zentralbankvermögen, die eine privatwirtschaftliche Tätigkeit betreffen, ermöglichen.[178]
Die Regelung beginnt im ersten Absatz mit dem Grundsatz, dass sämtliches Vermögen, insbesondere Währungsreserven, die eine Zentralbank in ihrem Namen oder im Namen des Staates hält oder verwaltet, keinen Zwangsvollstreckungsmaßnahmen unterliegt.[179] Der zweite Absatz sieht eine Ausnahme für solche Teile des Vermögens vor, die hauptsächlich eine vom Privatrecht beherrschte Tätigkeit der Zentralbank betreffen („affecte a une activite principale relevant du droit prive"). Für die Vollstreckung in derartige Vermögenswerte kann der Gläubiger einer bezifferbaren und fälligen Forderung in einem besonderen Verfahren eine richterliche Vollstreckungsgenehmigung beantragen.[180] Allerdings ist er im Rahmen dessen für die Tatsache, dass die betroffenen Vermögenswerte privatrechtlicher Natur sind, beweispflichtig.[181] Die Sichtweise ist durch Gerichtsentscheidungen[182] bestätigt worden, in denen die Gerichte die

---

[177] Cour de cassation (Frankreich), *NML Capital c. La République argentine; et autre*, Ent. v. 28.03.2013, Rs. No. 10-25.938.
[178] *Sawah*, Les immunités des états et des organisations internationales, S. 171; *Legros*, Gazette du Palais 52 (2009), 2, 7.
[179] Abs. 1 von L153-1 lautet: „Ne peuvent être saisis les biens de toute nature, notamment les avoirs de réserves de change, que les banques centrales ou les autorités monétaires étrangères détiennent ou gèrent pour leur compte ou celui de l'Etat ou des Etats étrangers dont elles relèvent."
[180] Dieser Genehmigung bedarf es ansonsten nicht, *Legros*, Gazette du Palais 52 (2009), 2, 8.
[181] *Sawah*, Les immunités des états et des organisations internationales, S. 171.
[182] Tribunal de Grande Instance de Nanterre, *Banque centrale de la Fédération de Russie c. Société Compagnie, NOGA d'importation et d'exportation*, Gazette de Palais 20-21 Februar 2009, 54; Tribunal de Grande Instance de Paris, *Banque centrale de la Fédération de Russie c. Compagnie Noga d'importation et d'export*, Gazette de Palais 20-21 Februar 2009, 54; jeweils bestätigt, vgl. Darstellung bei *Credot/Samin*, Revue de Droit bancaire et financier 2010, 34; *Sawah*, Les immunités des états et des organisations internationales, S. 172.

Pfändungen aufhoben, weil die Gläubiger[183] ihrer Beweislast nicht genügen konnten.

Ohne Bedeutung für die Immunität bleibt eine etwaig rechtlich selbstständige Organisation der Zentralbanken – die Institute profitieren in jedem Fall von der in Art. L153-1 gewährten Immunität. Vor dem Hintergrund der Beweislastverteilung in Art. L153-1 Abs. 2 findet auch die Rechtsprechung französischer Gerichte, die von einer Vermutung privatrechtlicher Tätigkeit bei selbstständigen Einrichtungen ausgeht, keine Anwendung.[184]

Die Ausnahme von der Vollstreckungsimmunität im zweiten Absatz der Vorschrift ist in bemerkenswerter Weise durch den Zusatz „pour son propre compte" eingeschränkt. Abhängig davon, wer wirtschaftlicher Inhaber der Vermögenswerte bei der Zentralbank ist, begründet der Zusatz zwei unterschiedliche Immunitätsregime. Sofern die Zentralbank eigenes Vermögen („für eigene Rechnung") hält, gilt die Ausnahmebestimmung des zweiten Absatzes und der Gläubiger kann auf dieses Vermögen nur zugreifen, soweit er dessen privatrechtliche Natur nachweist. Für Vermögen, das Zentralbanken lediglich im Namen oder auf Rechnung des ausländischen Staates halten, gilt diese Ausnahme hingegen nicht. Es bleibt bei dem Grundsatz, dass dieses Vermögen von sämtlichen Vollstreckungsmaßnahmen freigestellt ist, unabhängig von der Art des Vermögens.[185] In der Folge würden bei der Zentralbank gehaltene Guthaben des Staates einen stärkeren Immunitätsschutz als zentralbankeigenes Vermögen genießen, obwohl der Gesetzgeber gerade Investitionen von Zentralbanken und nicht per se Investitionen fremder Staaten privilegieren wollte.

Die bisher zu dieser Norm ergangene Rechtsprechung ist alles andere als eindeutig. Die Entscheidungen erwecken den Eindruck, die Vorschrift sei dahingehend zu interpretieren, dass die Immunitätsausnahme auch für fremdes, bei der Zentralbank liegendes Vermögen gelte.[186] Eine abschließende Klärung der Reichweite der Vollstreckungsimmunität von Zentralbanken steht insofern noch aus.

Im Jahr 2015 änderte der französische Gesetzgeber zudem den *Code des procédures civiles d'exécution* und überführte im Wesentlichen die Vorschriften zur Vollstreckungsimmunität der UN-Immunitätskonvention (Art. 18, 19 und 21) in

---

[183] Es handelte sich jeweils um Zwangsvollstreckungsversuche derselben Gesellschaft, *Société Compagnie NOGA d'importation et d'exportation*, gegen Vermögenswerte der russischen Zentralbank.

[184] *Sawah*, Les immunités des états et des organisations internationales, S. 171.

[185] Nachweise der Rechtsprechung bei *Credot/Samin*, Revue de Droit bancaire et financier 2010, 34; *Sawah*, Les immunités des états et des organisations internationales, S. 171, *Legros*, Gazette du Palais 52 (2009), 2, 8.

[186] Nachweise bei *Sawah*, Les immunités des états et des organisations internationales, S. 172 f.

das Gesetz.¹⁸⁷ Die Gesetzesänderung ließ allerdings die Regelung des Art. L153-1 Code monetaire et financier unberührt, so dass die fanzösische Rechtsordnung weiterhin hinter den Immunitätsanforderungen für Zentralbankvermögen des Art. 21 der UN-Immunitätskonvention zurückbleibt. Denn Zentralbankenvermögen wurde nicht in die Liste der absolut geschützten Vermögenswerte des Art. L111-1-2 3 Code des procédures civiles d'exécution aufgenommen.

Mit der Änderung des Code des procédures civiles d'exécution dehnte der französische Gesetzgeber zudem das aus Art. L153-1 Code monétaire et financier bekannte Erfordernis einer richterlichen Erlaubnis vor der Vollstreckung auf sämtliche Vollstreckungen gegen Fremdstaaten aus.¹⁸⁸ Das französische Recht übernimmt auch die Anforderung aus Art. 19(c) der UN-Immunitätskonvention, dass Vollstreckungen nur in zu privatwirtschaftlichen Zwecken genutztes Vermögen solcher Rechtsträger möglich sind, die (vereinfacht) auch materiell-rechtliche Schuldner sind (Art. L111-1-2 3). Ob diese Regelung auch für Zentralbanken gilt, ist zweifelhaft, da Art. L153-1 Code monetaire et financier hierzu eine speziellere Regelung trifft.¹⁸⁹

bb) Immunitätsschutz für Zentralbanken nach dem belgischen Code Judiciaire

Die belgische Spezialbestimmung¹⁹⁰ zur Vollstreckungsimmunität von Zentralbanken ähnelt stark der französischen. Bereits die Gesetzesmotive decken sich. Die Immunitätsvorschrift soll die Position Belgiens im weltweiten Wettbewerb um Investitionen von Zentralbanken stärken. Allerdings hat auch der belgische Gesetzgeber auf eine Ausweitung der Zentralbankenimmunität verzichtet und beschränkt sich darauf, die von der Rechtsprechung allein für zu hoheitlichen Zwecken verwendetes Vermögen gewährte Vollstreckungsimmunität von Zentralbanken rechtssicher im Gesetz zu verankern.¹⁹¹ Vollstreckungen gegen Zentralbanken betraf gerade die Entscheidung in Sachen *Socobel et l'Etat hellénique et la banque de Grèce et Banque de Bruxelles*,¹⁹² mit der die belgische Rechtsprechung im Jahr 1951 die Einschränkung der Immunität gegenüber Vollstreckungs-

---

¹⁸⁷ Article L111-1 Code des procédures civiles d'exécution. Im Übrigen bleibt es bei der richterrechtlichen Grundlage der Immunitätsregeln in der französischen Rechtsordnung, *Glucksmann*, 111 The American Journal of International Law (2017) 453.
¹⁸⁸ Art. L111-1-1 Code des procédures civiles d'exécution.
¹⁸⁹ Anders *Wuerth*, Immunity from Execution of Central Bank Assets, 2018, 13.
¹⁹⁰ Die Vorschrift findet sich in Art. 1412quater des belgischen Code Judiciaire.
¹⁹¹ Vgl. Chambre des representants de belgique, Proposition de loi modifiant le Code judiciaire en vue d'instituer une immunité d'exécution à l'égard des avoirs de banques centrales étrangères et d'autorités monétaires internationales, 08.02.2007, DOC 51 2903/001, Chambre 2006/2007, 6592.
¹⁹² Tribunal civil de Bruxelles, *Socobel et Etat belge c. Etat hellénique, Banque de Grèce et Banque de Bruxelles*, JT 1951, 302.

maßnahmen einleitete. Die belgische Gesellschaft *Socobelge* hatte aufgrund eines Vertrages mit dem griechischen Staat Arbeiten an Eisenbahnanlagen in Griechenland erbracht, und als der griechische Staat dafür fällige Zahlungen nicht leistete, u. a. Vermögen der griechischen Zentralbank bei Banken in Belgien pfänden lassen. Das belgische Gericht gewährte die geltend gemachte Befreiung von der Gerichtsbarkeit nicht und stützte sich noch auf den wenig klar gefassten Gedanken, dass der griechische Staat auf dem Gebiet der internationalen Wirtschaft aufgetreten sei.[193] Später nahm die Rechtsprechung hingegen ausschließlich die konkreten Vermögensgegenstände in den Blick.[194]

Auch in Regelungsstruktur und -inhalt der im Jahr 2008 als Art. 1412quater in den Code Judiciaire[195] eingefügten Vorschrift erkennt man das französische Pendant wieder. Während der erste Absatz beinahe wortgleich mit der französischen Fassung die Vollstreckungsimmuntiät von Vermögen ausländischer Zentralanken im Grundsatz anordnet, kann ein Gläubiger nach der Ausnahme im zweiten Absatz eine gerichtliche Genehmigung erwirken, wenn er nachweist, dass das betroffene Vermögen ausschließlich für eine wirtschaftliche oder kommerzielle Tätigkeit des Privatrechts verwendet wird („qu'il démontre que ceux-ci sont exclusivement affectés à une activité économique ou commerciale de droit privé"). Damit fällt die Vorschrift insoweit strenger aus, als dass die Vermögensgegenstände ausschließlich („exclusivement") und nicht bloß hauptsächlich eine wirtschaftliche Zweckbestimmung aufweisen müssen.[196] Allerdings hat der zweite Absatz von Art. 1412quater nicht die französische Eigenheit übernommen, die Durchbrechung der Immunität allein für eigenes Vermögen der Zentralbanken vorzusehen. Es macht somit keinen Unterschied, ob in zentralbankeigene Guthaben oder Guthaben des Staates bei der Zentralbank vollstreckt wird.

Nach belgischem Recht kommt Zentralbanken im Immunitätsrecht damit keine Sonderstellung zu, es bleibt bei der in allen Fällen geltenden Voraussetzung, dass die Vermögenswerte für hoheitliche Tätigkeiten verwendet werden. Zu solchen Vermögenswerten zählen nach dem ausdrücklichen Gesetzeswortlaut die Währungsreserven des Staates, ohne jedoch kenntlich zu machen, welche Vermögensmittel sich dahinter verbergen.

---

[193] Tribunal civil de Bruxelles, *Socobel et Etat belge c. Etat hellénique, Banque de Grèce et Banque de Bruxelles*, JT 1951, 302.

[194] Vgl etwa Cour d'appel de Bruxelles, *Leica AG c Central Bank of Iraq et Etat irakien*, JT 2001, 6.

[195] Die gesetzliche Vorschrift wurde durch das „Loi modifiant le Code judiciaire en vue d'instituer une immunité d'exécution à l'égard des avoirs de banques centrales étrangères et d'autorités monétaires internationales" vom 28.07.2008, Belgisch Staatsblad, 14.08.2008, Ed. 2, 43326, geschaffen.

[196] Die französische Vorschrift Art. L153-1 *Code monétaire et financier* spricht in Abs. 2 von „qu'elle affecte a une activite principale relevant de droit prive".

Auch der belgische Gesetzgeber hat im Jahr 2015 die Regeln der UN-Immunitätskonvention zur Vollstreckungsimmunität in Art. 1412quinquies in den Code Judiciaire überführt. Die Regelung des Art. 1412quater blieb, in Abweichung von den Vorgaben des Art. 21 UN-Immunitätskonvention, unberührt. Der Code Judiciaire enthält einen speziellen Schutz für kulturelle Vermögensgegenstände (Art. 1412ter). Auf die Einführung einer Liste mit absolut geschützten Vermögenswerten wie in Art. 21 UN-Immunitätskonvention hat der Gesetzgeber allerdings verzichtet.

cc) Besonderer Schutz für Währungsreserven in Slowenien

Eine Spezialvorschrift zur Vollstreckungsimmunität von Zentralbanken wurde im Jahr 2006 zudem in Slowenien geschaffen. Allerdings erfasst die Immunitätsprivilegierung nicht sämtliche Vermögenswerte ausländischer Zentralbanken.

Der betreffende Artikel 22a des slowenischen Zentralbankengesetzes[197] enthält eine knappe Regelung und beschränkt sich darauf, die offiziellen Währungsreserven, die fremde Staaten oder Zentralbanken auch bei der slowenischen Zentralbank halten, von Vollstreckungsverfahren frei zu stellen.[198] Er lautet in der englischen Übersetzung:

„The official foreign reserves assets of other countries and central banks deposited at Banka Slovenije may not be subject to judicial or extra-judicial execution."

Der mit der Vorschrift gewährte absolute Immunitätsschutz ist sachlich in zweifacher Hinsicht beschränkt: Er erstreckt sich nur auf die offiziellen Währungsreserven eines Landes, ohne dass deutlich wird, was hierunter zu verstehen ist. Er greift nur ein, wenn die zu den Währungsreserven zählenden Vermögenswerte auf Konten oder Depots bei der Banka Slovenije gehalten werden.

dd) Chinesisches Spezialgesetz zur Zentralbankenimmunität

(1) Genese des Gesetzes

In China durchbricht, soweit ersichtlich, nur ein ausschließlich Zentralbanken betreffendes Gesetz das ansonsten auf Gesetzesebene zu vernehmende Schweigen zur Immunität fremder Staaten. Das nur diesen einen Regelungsgegenstand betreffende Law of the People's Republic of China on Judicial Immunity from

---

[197] Banka Slovenije Act, Official Gazette of the Republic of Slovenia, No. 72/06; die Banka Slovenije hat auf ihrer Website eine offizielle Übersetzung des Gesetzes veröffentlicht, abrufbar unter https://www.bsi.si/en/about-us/regulation (zuletzt abgerufen 01.05.2019).
[198] *Van Raemdonck*, Euredia (2006) 357, 359 f.

Measures of Constraint for the Property of Foreign Central Banks[199] errichtet nur schwer überwindbare Immunitätshürden für Vollstreckungen in Zentralbankvermögen. Das Gesetz ist ein Instrument dezidierter Wirtschaftspolitik und gleichzeitig zufälliges Produkt verfassungspolitischer Entwicklungen. Im Jahr 1997 erlangte die Volksrepublik China die Hoheitsgewalt über Hongkong zurück. Mit dem Status der britischen Kronkolonie endete zugleich die Geltung des britischen State Immunity Act 1978 und damit die sehr weitreichende immunitätsrechtliche Privilegierung von ausländischen Zentralbanken.[200] Um die Position als internationales Finanzzentrum und den Schutz ausländischer Zentralbankinvestitionen besorgt, drängte die jetzige Sonderverwaltungszone Hongkong – selber nach dem Prinzip „Ein Land, zwei Systeme" ohne außenpolitische Zuständigkeit – die Volksrepublik, die Gesetzeslücke zu schließen.[201] Explizit auch um den Standort Hongkong als internationales Finanzzentrum abzusichern, erließ die Volksrepublik im Jahr 2005 das vorbezeichnete Gesetz. Allerdings erstreckte es den territorialen Anwendungsbereich auch auf das Gebiet der Volksrepublik und der Sonderverwaltungszone Macau und nutzte damit die Möglichkeit, die absolute Vollstreckungsimmunität erstmals gesetzlich festzuschreiben.[202]

(2) Gewährleistungsgehalt des Gesetzes

Die Regelungen zur Vollstreckungsimmunität in dem schlanken Gesetz gehen von zwei Prinzipien aus: Es gilt eine absolute Immunität, die durch den Reziprozitätsgrundsatz eingeschränkt wird. In Anwendung des ersten Prinzips erklärt Art. 1 des chinesischen Immunitätsgesetzes das Vermögen von Zentralbanken in Vollstreckungsverfahren vor und nach Erlass einer gerichtlichen Entscheidung[203] für immun, es sei denn, es liegt ein Immunitätsverzicht der Zentralbank oder des Heimatstaates vor. Ein wirksamer Verzicht kann explizit einmal durch eine schriftliche Erklärung, daneben aber auch implizit durch die Bereitstellung von Vermögen als Vollstreckungsobjekte erfolgen.

Art. 3 stellt diese Immunitätsgewährleistung unter einen Reziprozitätsvorbehalt: Wenn ein Staat, dessen Zentralbank in China von Vollstreckungsmaßnahmen betroffen ist, chinesischen Zentralbanken generell ein Weniger an Vollstreckungsimmunität gewährt, wird dieses niedrigere Immunitätsniveau auch in chinesischen Vollstreckungsverfahren „gespiegelt". Das Reziprozitätsprinzip

---

[199] Gazette of the Standing Committee of the National People's Congress for the People's Republic of China No. 7 2005, published 15.11.2005, 544 („Immunitätsgesetz China").
[200] *Wu*, 9 National Taiwan University Law Review (2014) 197, 205.
[201] *Wu*, 9 National Taiwan University Law Review (2014) 197, 205.
[202] *Zhu*, 6 Chinese Journal of International Law (2007) 67, 74.
[203] *Zhu*, 6 Chinese Journal of International Law (2007) 67, 76.

gegenüber ausländischen Beteiligten ist im Recht der Staatenimmunität wenig verbreitet, dafür aber im chinesischen Rechtssystem umso üblicher und vor allem durch die historischen Erfahrungen mit den als einseitiges Diktat wahrgenommenen internationalen Verträgen bedingt.[204] Ergänzt werden die Bestimmungen durch eine inhaltlich sehr weitreichende Definition der Begriffe „Zentralbank" und „Vermögen" im zweiten Artikel. Als Zentralbanken gelten danach auch Internationale Organisationen, wie die EZB, und staatliche Behörden, die Zentralbankfunktionen ausüben.

(3) Sonstige chinesische Praxis zur Staatenimmunität

Die Regelungen des chinesischen Gesetzes treten an, unfreiwillige Vollstreckungsverfahren gegen Zentralbanken gänzlich zu unterbinden. Andererseits schränkt der Reziprozitätsvorbehalt das hohe Schutzniveau nicht unwesentlich ein, weil zahlreiche Staaten, Zentralbanken nur eine eingeschränkte Vollstreckungsimmunität zugestehen. Es bleibt abzusehen, in welchem Maße chinesische Gerichte zulassen, dass der hohe Schutz durch die Reziprozitätseinschränkung derogiert wird.

Von einer immunitätsrechtlichen Sonderstellung der Zentralbanken zu sprechen, ist nur insoweit angezeigt, als dass man damit die ausdrückliche gesetzliche Regelung in diesem Bereich meint. Denn die Volksrepublik China gewährt fremden Staaten nach wie vor auch sonst in allen Bereichen eine absolute Immunität und damit ein dem gesetzlichen Regime entsprechendes Immunitätsniveau. Zwar hat das Land sich an der Erarbeitung der auf einem restriktiven Immunitätsverständnis beruhenden UN-Immunitätskonvention aktiv beteiligt, den endgültigen Konventionstext befürwortet und die Konvention frühzeitig unterschrieben, was bereits als Zeichen für eine Aufgabe der absoluten Immunität gewertet wurde.[205] Jedoch hat die Volksrepublik stets auf eine Immunität ausländischer Staaten beharrt und im Sinne der Reziprozität nur in internationalen Verträgen davon Ausnahmen zugelassen.[206] Auch heute noch nimmt China in ausländischen Gerichtsverfahren betreffend die Vollstreckung in staatliches Vermögen regelmäßig eine uneingeschränkte Immunität für sich in Anspruch.[207] Letzte Zweifel hat die Regierung der Volksrepublik in dem Verfahren *Democratic Re-*

---

[204] *Zhu*, 6 Chinese Journal of International Law (2007) 67, 80.

[205] *Qi*, 7 Chinese Journal of International Law (2008) 307, 320; *Zhu*, 6 Chinese Journal of International Law (2007) 67, 78, 81, die die Äußerungen der chinesischen Delegation im Rahmen der Konventionsarbeiten zitieren.

[206] *Qi*, 7 Chinese Journal of International Law (2008) 307, 318.

[207] *Wu*, 9 National Taiwan University Law Review (2014) 197, 201 f.; vgl etwa die Stellungnahmen der chinesischen Regierung in dem Verfahren U.S. District Court, S.D.N.Y., *Walters v. People's Republic of China*, 672 F. Supp. 2d 573, 574 (2009).

public of the Congo et al v. FG Hemisphere Associates LLC vor Gerichten in Hongkong beseitigt.[208] In mehreren Äußerungen hat die Regierung unmissverständlich deutlich gemacht, dass ausländischem Vermögen in Vollstreckungsverfahren absolute Immunität zukommt, die nur durch einen Immunitätsverzicht überwunden werden kann.[209] Der Hong Kong Court of Final Appeal folgte der verbindlichen Stellungnahme des Standing Committee of the National Peoples Congress, dass keine anderen Immunitätsregelungen in der Sonderverwaltungszone Hongkong Anwendung finden.[210]

ee) Argentinisches Gesetz Ley 26.961

Der argentinische Gesetzgeber hat Anfang August 2014 ein kurzes Gesetz geschaffen, das ausländische Zentralbanken und die Banco Central de la República Argentina mit einer verstärkten Immunität vor argentinischen Gerichten ausstattet. Der Erlasszeitpunkt des Gesetzes liegt inmitten der zähen rechtlichen Auseinandersetzung der argentinischen Zentralbank mit Gläubigern von argentinischen Staatsanleihen vor US-amerikanischen Gerichten.[211]

Trotz der bloß fünf Artikel geht der Regelungsumfang des argentinischen Gesetzes über den der übrigen hier vorgestellten nationalen Regelungen hinaus, weil sich die Regelungen auch auf die Immunität in Erkenntnisverfahren erstrecken. So befreit Art. 1 ausländische Zentralbanken und Währungsbehörden generell von der inländischen Gerichtsbarkeit in Erkenntnisverfahren, sieht aber gleichzeitig Ausnahmen von der Immunität etwa für den Fall einer ausdrücklichen Einwilligung vor. Art. 2 Abs. 2 unterstellt sämtliche Vermögenswerte der Zentralbanken und Währungsbehörden einer Immunität gegenüber jeglicher Form von Zwangsmaßnahmen, ohne eine Verzichtsmöglichkeit vorzusehen.

Der Folgeartikel relativiert diesen absoluten Immunitätsschutz aber wieder, indem er die Immunität, ganz ähnlich wie das chinesische Gesetz, einem Reziprozitätsvorbehalt unterstellt. Danach ist den ausländischen Zentralbanken gegenüber Zwangsmaßnahmen in dem gleichen Maße Immunität zuzugestehen, in dem das Vermögen der argentinischen Zentralbank nach dem Recht des auslän-

---

[208] Hong Kong Court of Final Appeal 147 ILR 376 (2012).
[209] Das *Office of the Commissioner of the Ministry of Foreign Affairs*, ein in Hongkong ansässiges Organ des chinesischen Außenministeriums, hatte in dem Verfahren Briefe an die verschiedenen Instanzen gesendet, in denen die Position der Volksrepublik dargelegt wurde, vgl. 147 ILR, 276, 439 ff. (2012). Die Position bekräftigte eine vom *Hong Kong Court of Final Appeal* für verfahrensmäßig notwendig erachtete Stellungnahme des *Standing Committee of the National Peoples Congress*, vgl. *Wu*, 9 National Taiwan University Law Review (2014) 197, 212 ff.
[210] *Wu*, 9 National Taiwan University Law Review (2014) 197, 214.
[211] Ausführlich oben S. 1 f.

dischen Staates, dem die ausländischen Institute angehören, Immunität genießt. Anders als das russische Gesetz, das die Reziprozität als Grundsatz für das gesamte Immunitätsrecht im allgemeinen Teil verankert, beschränken die argentinischen Bestimmungen den Reziprozitätsvorbehalt auf die Vollstreckungsimmunität.

ff) Versteckte immunitätsrechtliche Stellungnahme in Art. 2 VO (EU) Nr. 655/2014

(1) Europäische Kontenpfändungsverordnung

An versteckter Stelle äußert sich auch das Sekundärrecht der Europäischen Union zur Vollstreckungsimmunität von Zentralbanken. Die Stellungnahme findet sich in Art. 2 der *Verordnung zur Einführung eines Verfahrens für einen Europäischen Beschluss zur vorläufigen Kontenpfändung im Hinblick auf die Erleichterung der grenzüberschreitenden Eintreibung von Forderungen in Zivil- und Handelssachen* (VO (EU) Nr. 655/2014, „EuKPfVO").[212] Wegen der dort behandelten Spezialfragen kann nicht davon ausgegangen werden, dass der Verordnungsgeber das Anliegen verfolgt, die völkerrechtlichen Grenzen der Vollstreckungsimmunität von Zentralbanken erstmalig europarechtlich zu verankern.

Die EuKPfVO schafft ein unionsweit einheitliches Verfahren zur grenzüberschreitenden Kontopfändung, allerdings beschränkt auf die Sicherung einer zukünftigen Vollstreckung. Der Europäische Beschluss zur vorläufigen Kontenpfändung führt lediglich zu einem „Einfrieren" von Kontoguthaben des Schuldners und will damit verhindern, dass der Schuldner die Vollstreckung durch ein Beiseiteschaffen der Gelder vereitelt. Eine Befriedigung des Gläubigers im Wege der Zwangsvollstreckung regelt die Verordnung nicht.[213] Zwar wagt sich die EU mit der EuKPfVO erstmalig auf das Gebiet der Zwangsvollstreckung vor, bislang eine unangefochtene Domäne des nationalen Rechts.[214] Sie begnügt sich aber mit einer bloßen Koordinierung der nationalen Vollstreckungsrechte ohne einen grenzüberschreitenden Vollstreckungszugriff nationaler Akte oder autonom europäische Zwangsmaßnahmen einzuführen. Die Umsetzung des Beschlusses bleibt den nationalen Behörden und das Verfahren und die vollstre-

---

[212] VO (EU) Nr. 655/2014 vom 15.05.2014, ABl. 27.06.2014, L 189/59; die EuKPfVO hat gem. Art. 54 Abs. 2 erst ab dem 18. Januar 2017 Geltung erlangt.
[213] *Domej*, ZEuP 2013, 496, 504. Eine Befriedigung des Gläubigers ist gem. Art. 24 Abs. 3 EUKPfVO nur bei Zustimmung des Schuldners möglich.
[214] *Wagner*, ZEuP 2008, 6, 24.

ckungsrechtlichen Zwangswirkungen bleiben weiterhin allein der lex fori des Vollstreckungsmitgliedstaates vorbehalten.[215]

(2) Unanwendbarkeit der EuKPfVO auf Zentralbankkonten

Die Zentralbankkonten betreffenden Regelungen finden sich in Art. 2 Abs. 4 der EuKPfVO, der den Anwendungsbereich der Verordnung festlegt. Nachdem die ersten beiden Absätze die zivilrechtlichen Materien umgrenzen, aus denen die zu sichernde Geldforderung stammt, beziehen sich die Abs. 3 und 4 auf die Vollstreckungsobjekte und nennen bestimmte Bankkonten, also Forderungen gegenüber Banken, auf die sich der Europäische Beschluss zur vorläufigen Pfändung nicht erstrecken darf.

Der dritte Absatz in Alt. 1 stellt Konten von der Geltung der Verordnung frei, „die nach dem Recht des Mitgliedsstaates, in dem das Konto geführt wird, nicht gepfändet werden dürfen". Anders als der Wortlaut vermuten lässt, wird damit nicht auf die nationalen Regelungen über die Unpfändbarkeit bestimmter Forderungen verwiesen. Denn die Vorschriften des Vollstreckungsmitgliedstaates über Pfändungsfreigrenzen und unpfändbare Forderungen kommen gem. Art. 31 Abs. 1 bzw. gem. Art. 46 Abs. 1 ohnehin zur Anwendung.[216] Vielmehr schließt Art. 2 Abs. 3 EuKPfVO Forderungen gegen Banken von der Anwendbarkeit der Verordnung aus, denen nach Maßgabe des Rechts des Vollstreckungsstaates eine völkerrechtliche Vollstreckungsimmunität zukommt.[217] Der Kommissionsentwurf[218] enthielt noch die Formulierung: „Die Verordnung gilt weder für Bankkonten, die nach dem auf die Immunität in Vollstreckungsverfahren anwendbaren Recht des Mitgliedsstaates, in dem das Konto belegen ist, nicht beschlagnahmt werden dürfen", und hatte diese Regelungsaussage wesentlich deutlicher zum Ausdruck gebracht. Die Änderungen des Europäischen Parlaments[219] gaben der Vorschrift ihre Endfassung, ohne dass dadurch der Regelungsinhalt der Vorschrift modifiziert werden sollte. Das zeigt etwa ein Vergleich mit der englischen

---

[215] *Domej*, ZEuP 2013, 496, 504, *Hess*, in: Schlosser/Hess (Hrsg.), EU-Zivilprozessrecht, Vorbem. EuKtPVO Rn. 2.

[216] *Rauscher/Wiedemann*, in: Rauscher (Hrsg.), Europäisches Zivilprozess- und Kollisionsrecht, Art. 4 EuKPfVO Rn. 4.

[217] So auch *Cranshaw*, DZWiR 2012, 339, 402.

[218] Art. 2 Abs. 3 VO-Entwurf, KOM(2011) 445.

[219] Vgl. den Standpunkt des Europäischen Parlaments, festgelegt in erster Lesung am 15. April 2014 im Hinblick auf den Erlass der Verordnung (EU) Nr. ../2014 des Europäischen Parlaments und des Rates zur Einführung eines Verfahrens für einen Europäischen Beschluss zur vorläufigen Kontenpfändung im Hinblick auf die Erleichterung der grenzüberschreitenden Eintreibung von Forderungen in Zivil- und Handelssachen, Dok.-Nr. EP/PE_TC1/COD(2011)0204).

und der spanischen Sprachfassung, die jeweils immunitätsrechtliches Vokabular nutzen.[220]

Art. 2 Abs. 4 EuKPfVO enthält schließlich die Regelungen zur Vollstreckungsimmunität von Zentralbankkonten. Dort heißt es: „Diese Vordnung gilt nicht für Bankkonten, die von oder bei Zentralbanken geführt werden, wenn diese in ihrer Eigenschaft als Währungsbehörden tätig werden." Die systematische Stellung in dem Artikel über den sachlichen Anwendungsbereich der Verordnung deutet nicht gerade darauf hin, dass sich hier eine Aussage über die Vollstreckungsimmunität von Zentralbanken „versteckt". Andererseits hat bereits der dritte Absatz gezeigt, dass Artikel 2 der Verordnung die Fragen der sachlichen Reichweite der Regelungen mit der völkerrechtlichen Vollstreckungsimmunität vermengt.

Für eine immunitätsrechtliche Auslegung spricht die Genese der Vorschrift. Nach Beratungen der zuständigen Arbeitsgruppe über den Kommissionsentwurf fügte der Rat der Europäischen Union den Absatz über Zentralbankkonten in den Verordnungstext ein.[221] Der Einigung im Rat auf die Änderung des Textes war eine Stellungnahme der britischen Regierungsvertreter vorausgegangen, in der sie die Aufnahme einer Regelung in die Verordnung vorschlugen, die dem jetzigen Art. 2 Abs. 4 EuKPfVO nahezu wortlautgetreu entspricht.[222] Mit ihrer Stellungnahme beantwortete die britische Delegation eine zuvor von dem Vorsitzenden der Arbeitsgruppe des Rats an die Mitgliedstaaten gerichtete Frage über die Zugriffsmöglichkeiten auf Konten der Zentralbank nach nationalem Recht im Rahmen von vorläufigen Sicherungsmaßnahmen. Die britische Delegation bestätigte, dass sich nach britischem Recht ein besonderer Schutz für bei der Bank of England gehaltenen Konten gegenüber vorläufigen Sicherungsmaßnahmen allein aus der völkerrechtlichen Vollstreckungsimmunität ergeben könnte. Weiter heißt es:

„The Bank of England has suggested that to resolve this issue Article 2(5) could be amended to say: This Regulation shall not apply to bank accounts held with Central Banks when acting in their capacities as monetary authorities."

Die vorgeschlagene Beschränkung der Anwendung der Verordnung auf Konten bei der Zentralbank, die zu währungspolitischen Zwecken gehalten werden, sollte also gerade den anwendbaren Grundsätzen der völkerrechtlichen Vollstre-

---

[220] In der englischen Sprachfassung heißt es: „bank accounts which are immune from seizure" und in der spanischen „cuentas bancarias que, [...] gocen de inmunidad frente al embargo".
[221] Siehe Art. 2 des überarbeiteten Verordnungstextes des Rats der Europäischen Union v. 31.10.2013, Dok.-Nr. 13260/11 JUSTCIV 205 CODEC 1280.
[222] Stellungnahme der britischen Delegation v. 09.09.2013, Dok.-Nr. 13260/11 JUSTCIV 205 CODEC 1280.

ckungsimmunität Rechnung tragen.[223] Im späteren Gesetzgebungsverfahren wurde der britische Regelungsvorschlag lediglich um den Zusatz ergänzt, dass auch eigenes Vermögen der Zentralbanken („held by or with central banks") von dem Ausschluss profitiert. Bei der immunitätsrechtlichen Zielrichtung der Regelung blieb es damit.

Die Einschränkung auf Kontenguthaben mit einer währungspolitischen Funktion ist zudem nur aus der Perspektive der Staatenimmunität nachvollziehbar. Denn die Begrenzung des Ausschlusses auf Tätigkeiten der Zentralbank im Rahmen ihrer Eigenschaft als Währungsbehörde bringt das Verständnis zum Ausdruck, dass allein darin eine besondere Form der staatlichen Funktionswahrnehmung liegt, die einen Schutz vor Vollstreckungen erfordert. Der Regelungszweck deckt sich mit der völkerrechtlichen Vollstreckungsimmunität, die ihren Schutz allein auf die hoheitliche Funktionsausübung erstreckt.

f) Zentralbankenimmunität in nationalen Gesetzen – eine erste Einordnung

In der Zusammenschau lassen sich vier unterschiedliche Regelungswege in den nationalen Gesetzen ausmachen, von denen keiner die Qualität einer weit überwiegenden Staatenpraxis einnimmt. Eine erste Gruppe von Staaten stellt Zentralbankvermögen sowohl in umfassenden Immunitätskodifikationen als auch in speziellen, allein Zentralbanken betreffenden Gesetzen unter einen besonderen Schutz. Diese Regelungen gewähren eine sachlich uneingeschränkte Vollstreckungsimmunität, die allein durch einen Immunitätsverzicht überwindbar ist. Unter ihnen finden sich insbesondere Staaten, etwa Großbritannien und Japan, in denen wichtige internationale Finanzzentren angesiedelt sind. Wenn sie auch am häufigsten anzutreffen ist, kann man nicht behaupten, diese Regelungsvariante beherrsche die internationale Regelungslandschaft. Denn eine beachtliche Anzahl von Staaten, unter ihnen Australien oder Frankreich, schreibt lediglich die allgemeinen Immunitätsgrundsätze fort und gewährt eine Vollstreckungsimmunität, die nicht oder nur unwesentlich über das ansonsten gewährte Immunitätsniveau hinausreicht.

Einen Sonderweg verfolgen die USA, Spanien und die Unionsregelung in der EuKPfVO, indem sie Zentralbankvermögen zwar im größeren Maße Immunität zugestehen, aber die Privilegierung von einem neuartigen Merkmal, den charakteristischen Zentralbankfunktionen, abhängig machen. Der vierte Regelungsweg

---

[223] Sie ist bemerkenswert, weil der englische *State Immunity Act* einen absoluten Immunitätsschutz zugesteht, der nicht von der Art der betroffenen Funktionen abhängig ist, siehe oben S. 177.

schließlich etabliert ein gänzlich andersartiges Immunitätsregime. Die Einschränkung der grundsätzlich absoluten Immunität der Zentralbanken wird hier von einem Reziprozitätsvorbehalt abhängig gemacht. Die reziprozitätsbestimmte Immunität ist ein Gegenmodell zu einer bloß relativen Immunität, das von Staaten zugrunde gelegt wird, die zuvor lange an einer absoluten Immunität festgehalten hatten.

In keiner der betrachteten Jurisdiktionen hat die rechtliche Organisationsform der Zentralbanken Einfluss auf das Immunitätsprivileg der Zentralbanken. Sofern rechtlich selbstständige Staatseinrichtungen immunitätsrechtlich anders als der Staat behandelt werden, stellen die gesetzlichen Regeln sicher, dass es für die Immunitätsgewährung nicht auf die Rechtsform ankommt.

3. Praxis der Staaten ohne gesetzliche Immunitätsregeln

a) Vollstreckungsimmunität von ausländischen Zentralbanken in Deutschland

Deutschland hat bislang darauf verzichtet, die völkerrechtlichen Immunitätsgrundsätze im einfachen Gesetzesrecht zu verankern. Ein dahingehender Regelungsbedarf wurde nur selten bemängelt.[224] Dafür hat vor allem die Rechtsprechung, in erster Linie das Bundesverfassungsgericht, gesorgt. Sie hat Gelegenheiten genutzt, die völkerrechtlichen Immunitätsregeln grundlegend zu klären und den Instanzgerichten handhabbare Leitlinien vorzugeben. In ihrer Entwicklung vollzieht die Judikatur zur Vollstreckungsimmunität von Zentralbanken weitgehend die allgemeine Entwicklung der Staatenimmunität nach.

aa) Überkommener rechtsformbezogener Ansatz

Den Ausgangspunkt[225] bildet der Beitrag der deutschen Rechtsprechung zur rechtlichen Aufarbeitung der folgenschweren nigerianischen Zementlieferungen, die auch in anderen Ländern Gegenstand zahlreicher Prozesse waren.[226] Die Central Bank of Nigeria hatte zur Bezahlung ausländischer Zementlieferungen Dokumentenakkreditive zugunsten der Lieferanten eröffnet und dann im Rahmen der Vertragsabwicklungen die geschuldeten Zahlungen eingestellt. Wegen der unbeglichenen Forderungen erwirkte ein Zementlieferant einen dinglichen

---

[224] Etwa *Krauskopf/Steven*, WM 2000, 269, 279.
[225] Die Entscheidung des Preußischen Gerichtshof aus dem Jahr 1921, siehe oben S. 5 Fn. 31, betraf keine Zentralbank im modernen Sinne und soll hier unberücksichtigt bleiben.
[226] Siehe oben S. 176; nähere Beschreibung des Hintergrunds des Rechtsstreits bei *Gramlich*, RabelsZ 45 (1981), 545, 547.

Arrest in das Vermögen der Zentralbank in Deutschland, den das Landgericht Frankfurt a. M. in seiner Entscheidung vom 2. Dezember 1975 bestätigte.[227] Den Einwand der Staatenimmunität wies das Gericht mit der Begründung zurück, dass nur der Staat, nicht aber rechtlich selbstständige Einrichtungen wie die nigerianische Zentralbank, Immunität genössen[228]

Das Bundesverfassungsgericht äußerte sich in der Rechtssache *National Iranian Oil Company* im Jahr 1983 zur Vollstreckungsimmunität von Zentralbanken, obwohl die iranische Zentralbank nur mittelbar betroffen war. In dem Fall hatten Gläubiger vornehmlich aus Erdölverkäufen stammende Gelder auf Konten der staatlichen iranischen Ölgesellschaft bei mehreren Geschäftsbanken in Deutschland pfänden lassen. Die Guthaben waren nach iranischem Recht für den allgemeinen Staatshaushalt bestimmt und zur Überweisung auf dafür vorgehaltene Konten des iranischen Staates bei der iranischen Zentralbank vorgesehen.

Das Bundesverfassungsgericht ließ die Auswirkungen einer selbstständigen Rechtspersönlichkeit auf die Immunität einer staatlichen Einrichtung ausdrücklich offen.[229] Das Gericht präzisierte den wenige Jahre zuvor im Fall *Philippinisches Botschaftskonto* festgestellten Grundsatz, dass allein Vermögensgegenstände eines fremden Staates, die hoheitlichen Zwecken des fremden Staates dienen, Immunität in Vollstreckungsverfahren genießen,[230] und entschied, dass eine hoheitliche Zweckbestimmung bereits zu Beginn des Vollstreckungsverfahrens erkennbar zu Tage treten müsse. Da die betroffenen Gelder ihre eindeutige Zweckbestimmung erst in der Verfügungsgewalt der iranischen Zentralbank erhielten, seien sie nicht von der nationalen Gerichtsbarkeit befreit. Weiter führte das Gericht aus

„Der Gerichtsstaat wäre von Völkerrechts wegen auch dann nicht gehalten, die Guthaben als hoheitlichen Zwecken dienend zu qualifizieren, wenn sie nach ihrem Eingang auf dem Konto des fremden Staates bei seiner Zentralbank Zwecken zugeführt würden, die als hoheitlich zu qualifizieren wären."[231]

---

[227] In Auszügen abgedruckt in LG Frankfurt a. M., AVR 1978, 448.

[228] Allein hilfsweise verwies das Gericht darauf, dass der nigerianischen Zentralbank auch deshalb keine Immunität zustehe, weil die streitentscheidenden Ansprüche aus einer privatwirtschaftlichen Tätigkeit resultierten, LG Frankfurt a. M., AVR 1978, 448, 452 ff.

[229] BVerfG, NJW 1983, 2766, 2767. Das OLG Frankfurt hatte zuvor entschieden, dass der NIOC als selbstständiges staatliches Rechtsgebilde keine Immunität zukommen könne und dass über die Immunität der Guthaben nicht der Zweck, sondern die Natur der Handlung und das zugrundeliegende Rechtsverhältnis entscheide, OLG Frankfurt, Urt. v. 11.05.1981, Rs. 20 W 422/80, NJW, 1981, 2650, 2651.

[230] BVerfG, NJW 1983, 2766, 2768.

[231] BVerfG, NJW 1983, 2766, 2768.

Implizit gibt das Gericht damit zu erkennen, dass für die Vollstreckungsimmunität von Zentralbanken keine besonderen Maßstäbe gelten. Bestätigt wird diese Interpretation am Ende der Entscheidung, wenn es heißt:

„Es bedarf hier keiner Entscheidung darüber, wie Guthaben zu qualifizieren wären, die der fremde Staat zu währungspolitischen Zwecken bei Banken im Gerichtsstaat unterhält, hier wäre in aller Regel unmittelbar eine hoheitliche Zweckbestimmung gegeben".

Mangels eindeutiger Vorgaben durch das Bundesverfassungsgericht machten unterinstanzliche Gerichte in der Folgezeit die Immunitätsreichweite erneut ausschließlich an dem formalen Status der Institute fest. So entschied das OLG Frankfurt, allerdings für das Erkenntnisverfahren, dass die türkische Zentralbank als privatrechtliche Aktiengesellschaft und rechtlich selbstständige juristische Person keine Immunität in Anspruch nehmen könne.[232] Nicht anders beurteilte das Landgericht Frankfurt a. M. die inländische Gerichtsbarkeit für die Anordnung und den Vollzug eines dinglichen Arrestes in Vermögenswerte der jemenitischen Zentralbank. Ohne nähere Begründung ging das Gericht davon aus, dass lediglich rechtlich unselbstständigen Währungsbehörden eines ausländischen Staates bzw. seinem Vermögen, nicht hingegen einer Zentralbank in Form einer selbstständigen juristischen Person, Immunität zukomme.[233]

Die deutsche Literatur wertete die Ablehnung der Immunität allein aufgrund der rechtlichen Organisationsform der betroffenen fremdstaatlichen Notenbank zu diesem Zeitpunkt einstimmig als völkerrechtlich überholt. Einschlägige Stellungnahmen im Schrifttum sprachen sich dafür aus, in erster Linie eine funktionale Betrachtung anhand der hoheitlichen Zweckbestimmung konkreter Vermögensgegenstände über die Vollstreckungsimmunität entscheiden zu lassen, um einerseits dem aktuellen Stand des Völkerrechts gerecht zu werden[234] und andererseits willkürliche Ergebnisse aufgrund organisatorischer Zufälligkeiten zu vermeiden.[235] Unterschiedlich wurde hingegen beurteilt, inwieweit die organisationsrechtliche Verbindung zum Staat als eigenständige Immunitätsdimension das Eingreifen der Immunität bestimmen sollte. Die meisten Autoren[236] sprachen sich gegen eine vollständige Loslösung von Kriterien aus, die an dem Status der Einrichtung anknüpfen, und für eine Immunitätsberechtigung, die davon abhän-

---

[232] OLG Frankfurt, Ent. v. 24.10.1996, Rs. 1 U 242/94 (unveröffentlicht).
[233] LG Frankfurt a. M., Ent. v. 13.01.2000, Rs. 2/24 S 341/99 (unveröffentlicht).
[234] *Krauskopf/Steven*, WM 2000, 269; *Esser*, RIW 1984, 577, 585; *Gramlich*, RabelsZ 45 (1981), 545, 601.
[235] *Schönfeld*, NJW 1986, 2980, 2987.
[236] *Esser*, RIW 1984, 577, 585.

gig ist, ob sie schwerpunktmäßig mit der Wahrnehmung hoheitlicher Aufgaben betraut ist.[237] Zentralbanken sollten ohne Weiteres immunitätsberechtigt sein.[238]

bb) Hinwendung zu einem funktionsbezogenen Ansatz

Auf diese Stellungnahmen in der Literatur konnten sich kurze Zeit später ergangene Urteile des LG Frankfurt und des OLG Frankfurt stützen, als sie die Wende der Instanzenrechtsprechung zu der Immunität von Zentralbanken einleiteten.[239] In dem betreffenden Fall hatten Gläubiger aufgrund einer Wechselforderung in Höhe von über DM 15 Mio. einen Arrest gegen die Schuldnerin, eine rechtlich selbstständige Zentralbank Jemens, erstritten und daraufhin Kontoguthaben im Inland pfänden lassen, gegen die sich die Schuldnerin nun vor dem Oberlandesgericht wandte.

Wie schon die Vorinstanz[240] verwarf das OLG Frankfurt ausdrücklich den formalen, organisationsbezogenen Ansatz und schloss sich der Auffassung an, nach der ausländische Zentralbanken Vollstreckungsimmunität nur für Vermögenswerte in Anspruch nehmen können, die dem hoheitlichen Tätigkeitsbereich verobjektivierbar zuordenbar sind. Eine generelle Exemtion von Bankguthaben fremder Zentralbanken lehnte das Gericht dagegen ab. Nur offen deklarierte Devisenreserven seien als Vermögenskategorie mit hoheitlicher Zwecksetzung anzuerkennen. Die Gleichbehandlung von Zentralbanken mit anderen Einrichtungen ausländischer Staaten stützte das Gericht darauf, dass Zentralbanken zusätzlich zu den Geldern für hoheitliche Aufgaben auch über Umlaufvermögen verfügten, das für eine geschäftliche Banktätigkeit gegenüber Privaten bestimmt ist. Ein undurchdringlicher Immunitätsschutz könne für letztgenanntes Vermögen auf Kosten der Gläubiger missbraucht werden.

cc) Entscheidungen des Bundesgerichtshofs vom 4. Juli 2013

(1) Sachverhalt

Für eine weitgehende Klärung der Rechtslage sorgte der Bundesgerichtshof in zwei parallel ergangenen Urteilen aus dem Jahr 2013. Die beiden Verfahren betrafen zwei Ansprüche über rund USD 15 Mio. bzw. 4,5 Mio., u. a. aus Doku-

---

[237] Anders dagegen *Krauskopf/Steven*, WM 2000, 269, 278; *von Schönfeld*, NJW 1986, 2980, 2987, die den formalen Kriterien der rechtlichen Selbstständigkeit keine Bedeutung mehr beimessen. Später auch *Aden*, Internationales privates Wirtschaftsrecht, S. 46; *Szodruch*, Staateninsolvenz und private Gläubiger, S. 388 ff.

[238] *Damian*, Staatenimmunität und Gerichtszwang, S. 33; *Gramlich*, RabelsZ 45 (1981), 545, 582.

[239] OLG Frankfurt, Ent. v. 03.08.2000, Rs. 26 W 82/2000 (unveröffentlicht).

[240] LG Frankfurt a. M., Ent. v. 08.06.2000, Rs. 2/9 T 289/00 (unveröffentlicht).

mentenakkreditiven zur Exportfinanzierung gegen die Zentralbank der Mongolei. Zur Realisierung der Forderungen hatte die Gläubigerin nach Anordnung des dinglichen Arrestes in das Vermögen der mongolischen Zentralbank Auszahlungsansprüche aus Bankguthaben auf Konten bei der Deutschen Bundesbank, die ausdrücklich zur Verwaltung seiner Währungsreserven eingerichtet worden waren, pfänden lassen.[241] Die gegen die Pfändungen eingelegten Vollstreckungserinnerungen führten über eine Rechtsbeschwerde zum Bundesgerichtshof.

(2) Qualifikation der Vermögensmittel

Der Bundesgerichtshof stellte unter Berufung auf umfangreiche Literaturstellen klar, dass im Rahmen der funktionalen Immunitätsbeurteilung die formal-rechtliche Organisation der Zentralbank ohne jede Bedeutung bleibe. Er wendete allein allgemeine, funktionsbezogene Grundsätze für die Vollstreckungsimmunität an. Nach den in der vorangegangenen Rechtsprechung ausgeformten allgemeinen völkerrechtlichen Grundsätzen genießen allein Gegenstände, die im Zeitpunkt des Beginns des Vollstreckungsverfahrens hoheitlichen Zwecken dienen – genauer: für eine hoheitliche Tätigkeit verwendet werden sollen – Vollstreckungsimmunität. Über die Abgrenzung der verschiedenen Vermögenszwecke entscheide die lex fori. Damit lehnte der Bundesgerichtshof eine gesteigerte Vollstreckungsimmunität von Zentralbankvermögen ab, ohne sich hierzu explizit zu äußern.

Dazu hatte er, genau genommen, auch keinen Anlass. Denn nach seiner Auffassung sind Währungsreserven ganz allgemein eine Kategorie von Vermögen, das hoheitlichen Tätigkeiten dient. Er begründete diese Einordnung wie folgt:[242]

„Die von einer Zentralbank gehaltenen Gelder eines Staates dienen auch dazu, die internationale Handlungsfähigkeit des Staates als Hoheitsträger zu gewährleisten. Währungsreserven sind sowohl nach nationaler als auch nach internationaler Anschauung maßgeblich für die Fähigkeit eines Staates zur Stützung der eigenen Währung auf den Devisenmärkten. Sie stehen zur Abwicklung des Zahlungsverkehrs in das Ausland sowie letztlich im Ernstfall der gesamten Volkswirtschaft bei einer Verknappung privater Devisenbestände für den Import lebensnotwendiger Güter zur Verfügung".

Damit teilt der Bundesgerichtshof die ganz überwiegende Einschätzung in der deutschen Literatur,[243] dass für Zentralbanken im Grundsatz keine abweichenden

---

[241] BGH, Urteil vom 04.07.2013, Az. VII ZB 30/12, DÖV 2014, 48 und Urteil vom 04.07.2013, Az. VII ZB 63/12, NJW-RR 2013, 1533; im Nachfolgenden wird von den im Wesentlichen gleichlautenden Urteilen nur das Letztgenannte angeführt. Zu den Urteilen *Krauskopf/Rötting*, 30 Banking and Finance Law Review (2015) 303.

[242] BGH, NJW-RR 2013, 1532, 1533.

[243] Etwa *Geimer/Geimer/Geimer*, Internationales Zivilprozessrecht, Rn. 626a; *Herdegen*, Völkerrecht, S. 308; *von Lewinski*, Öffentlichrechtliche Insolvenz und Staatsbankrott, S. 528;

Immunitätsprivilegien bestehen. Allein *Gramlich* gesteht Bankguthaben von Währungsbehörden eine „prinzipielle Exemtion" von nationalen Vollstreckungsmaßnahmen, ähnlich wie das britische oder US-amerikanische Recht, zu.[244] Dass Währungsreserven pauschal zu Vermögensgütern mit einer hoheitlichen Zweckbestimmung zählen, ist hingegen eine eher zentralbankfreundliche Auffassung.[245] Das Bundesverfassungsgericht und einige andere Autoren beschränken den hoheitlichen Charakter auf Guthaben, die währungspolitischen Zielen dienen.[246] Währungsreserven haben darüber hinausgehende Funktionen, auf die die Begründung des Bundesgerichtshofs auch hinweist.

Gleichzeitig bringt die Urteilsbegründung die Auffassung des BGH zum Ausdruck, welche generellen Funktionen von Zentralbanken als hoheitlich einzustufen sind. Die „Stützung der eigenen Währung auf den Devisenmärkten" beschreibt die Aufgabe, in einem System gesteuerter Wechselkurse den Wert der eigenen Währung zu beeinflussen. Die „Abwicklung des Zahlungsverkehrs in das Ausland" kann sowohl auf eine Abwicklung von Fremdwährungszahlungen in einem System von Devisenkontrollen als auch auf die technische Abwicklung von Zahlungen in dem Verbund von Zentralbanken und ausländischen Korrespondenzbanken bezogen sein. Die Verwendung von Mitteln „für den Import lebensnotwendiger Güter" spricht die Funktion an, Auslandsvermögen als Sicherheitspolster vorzuhalten. Von dieser rechtlichen Einschätzung ist die (tatsächliche) Frage zu trennen, ob die Vermögensmittel diesen Zwecken im konkreten Fall dienten. Sie ist Sache der Beweiswürdigung.[247]

dd) Zwischenergebnis

Die Grundlinien der Vollstreckungsimmunität von Zentralbanken in der deutschen Rechtsordnung dürften mit den BGH-Urteilen vom 4. Juli 2013 abschließend geklärt sein. Nicht mehr ihre rechtliche Organisation, sondern allein die hoheitliche Zweckverwendung der betroffenen Vermögenswerte entscheidet über die Befreiung von der inländischen Gerichtsbarkeit. Ein darüber hinausgehender absoluter Immunitätsschutz kommt den Institutionen nicht zu. Welche Kategorien zentralbanklicher Vermögenswerte an der Immunität teilnehmen, ist

---

Schack, Internationales Zivilverfahrensrecht, Rn. 185; *Weller*, RPfleger 2006, 364, 369; *von Schönfeld*, NJW 1986, 2980, 2986.

[244] *Gramlich*, RabelsZ 45 (1981), 545, 595.

[245] So aber auch auch *Krauskopf/Steven*, WM 2000, 269, 270.

[246] BVerfG, NJW 1983, 2766, 2769; *von Schönfeld*, NJW 1986, 2980, 2980; *Szodruch*, Staateninsolvenz und private Gläubiger, S. 390; *Aden*, Internationales privates Wirtschaftsrecht, S. 46.

[247] An der Stelle nicht ganz eindeutig *Krauskopf/Rötting*, 30 Banking and Finance Law Review (2015) 303, 308.

bisher bloß in einem Fall von der Rechtsprechung entschieden worden. Allein Guthaben, die Bestandteil der Währungsreserven sind, hat der Bundesgerichtshof einen hoheitlichen Charakter attestiert. An versteckter Stelle findet sich allerdings der Hinweis, wie aus der Perspektive der deutschen Rechtsordnung in anderen Fällen zu entscheiden wäre. In der Stellungnahme zu dem Konventionsentwurf der ILC im Jahr 1986 vertritt die Bundesrepublik die Auffassung, dass Immunität allein für Vermögenswerte in Betracht komme, die für monetäre Ziele verwendet würden, und führt als Beispiele die Ausgabe und Einziehung von Banknoten oder die Regulierung von Auslandszahlungen an.[248]

b) Zentralbankbezogene Immunitätspraxis Österreichs

aa) Position Österreichs zur Zentralbankenimmunität

Welchen Immunitätsstandard die österreichische Rechtsordnung Zentralbanken in Vollstreckungsverfahren zugesteht, ist nicht eindeutig erkennbar. Die Republik Österreich ist bereits früh der UN-Immunitätskonvention beigetreten.[249] Im Rahmen der Kodifikationsarbeiten der ILC zeigte sich die österreichische Delegation mit der pauschalen Befreiung von Zentralbankvermögen von der nationalen Gerichtsbarkeit einverstanden.[250] In dem parlamentarischen Verfahren zur Genehmigung zum Abschluss der Konvention äußerte die österreichische Regierung dann die Ansicht, das „Übereinkommen [stellt] eine Kodifikation des bestehenden völkerrechtlichen Gewohnheitsrechts hinsichtlich der Staatenimmunität im Bereich des Zivilrechts dar".[251] Hinsichtlich der besonderen Immunisierung von Zentralbanken führte sie aus:

---

[248] Die Stellungnahme der deutschen Delegation ist in *International Law Commission*, Yearbook of the International Law Commission 1988 Bd. II, Teil 1, 45, 72 wie folgt zusammengefasst: „It should be made clear that immunity may only be claimed by such property of central banks or other monetary authorities of foreign States as serves monetary purposes (e.g. issuance and withdrawal of banknotes, regulation of international payment transactions)."

[249] Die Ratifikation erfolgte bereits am 14.09.2006, s. https://treaties.un.org/Pages/ShowMTDSGDetails.aspx?src=UNTSONLINE&tabid=2&mtdsg_no=III-13&chapter=3&lang=en (zuletzt abgerufen 01.05.2019).

[250] In ihrer Stellungnahme zu den 1986 von der ILC angenommenen *draft articles on jurisdictional immunities of States and their property* hatte die österreichische Delegation an der strikten Immunisierung von Zentralbankvermögen nichts auszusetzen und kritisierte lediglich die inhaltliche Vagheit des Begriffs *monetary authority*, International Law Commission, Yearbook of the International Law Commission 1988 Bd. II, Teil 1, 45, 57.

[251] Regierungsvorlage (1161 d.B.): Übereinkommen der Vereinten Nationen über die Immunität der Staaten und ihres Vermögens von der Gerichtsbarkeit, 1161 der Beilagen XXII. GP – Staatsvertrag – Materialien, S. 1.

218 *IV. Vollstreckungsimmunität nationaler Zentralbanken*

„Lit. c hält fest, dass diese Vermögen aufgrund seiner einem Hoheitszweck eines Staates dienenden Funktion, der Regelung der Währung nämlich, ebenfalls der Beschlagnahme entzogen sind, selbst wenn es sich bei der Währungsbehörde um eine eigenständige Rechtspersönlichkeit handelt."[252]

Sie geht davon aus, dass auswärtiges Zentralbankvermögen ausschließlich im Dienst währungspolitischer Funktionen stehe und daher unter allen Umständen als hoheitlichen Zwecken dienend anzusehen sei:

In der Literatur wird dagegen die Ansicht vertreten, Zentralbanken könnten lediglich nach allgemeinen Grundsätzen und damit lediglich im Hinblick auf hoheitlich genutzte Vermögenswerte Vollstreckungsimmunität genießen, während Vermögen, das aus der Teilnahme am allgemeinen Banken- und Wirtschaftsverkehr folge, taugliches Vollstreckungsobjekt sein könne.[253] Klärende Gerichtsentscheidungen stehen, soweit ersichtlich, noch aus.[254]

bb) Bewertung zentralbanklicher Funktionen in der Rechtsprechung des OGH

Ungeachtet der unklaren Position Österreichs in diesem Punkt setzen sich jüngere Entscheidungen des österreichischen Obersten Gerichtshofs im Bereich der Immunität in Erkenntnisverfahren mit dem hoheitlichen Charakter von Zentralbankfunktionen auseinander und lassen damit Rückschlüsse zu, welche Vermögenswerte von Zentralbanken aus Perspektive der österreichischen Rechtsordnung in jedem Fall Vollstreckungsimmunität genießen.

In zwei gleichgelagerten Verfahren hatte Österreichs oberstes Zivilgericht über die Immunität der Schweizerischen Nationalbank in Erkenntnisverfahren zu befinden.[255] In diesen Verfahren verlangten zwei österreiche Kreditnehmer, die in Schweizer Franken zurückzuzahlende Darlehen aufgenommen hatten, Schadens-

---

[252] Regierungsvorlage (1161 d.B.): Übereinkommen der Vereinten Nationen über die Immunität der Staaten und ihres Vermögens von der Gerichtsbarkeit, 1161 der Beilagen XXII. GP – Staatsvertrag – Materialien, S. 16.
[253] *Fasching/Konecny*, in: Fasching/Konecny (Hrsg.), Kommentar zu den Zivilprozeßgesetzen, Art. IX EGJN Rn. 220; allgemein *Klauser/Kodek/Horn*, Jurisdiktionsnorm und Zivilprozessordnung, Art. IX Rn. E 12.
[254] Die bei *Fasching/Konecny*, in: Fasching/Konecny (Hrsg.), Kommentar zu den Zivilprozeßgesetzen, Art. IX EGJN Rn. 220 genannte Entscheidung OGH Österreich, Ent. v. 28.01.1997, Rs. 1 Ob 2313/96w behandelte die Frage, welche Staaten an dem Vermögen der früheren Zentralbank der Sozialistischen Föderativen Republik Jugoslawien nach deren Auflösung berechtigt sind und setzte sich, anders als angedeutet, nicht mit der Vollstreckungsimmunität von Zentralbankvermögen auseinander.
[255] Eine ausführliche Begründung nimmt der Beschluss OGH Österreich, *Schweizerische Nationalbank I*, Ent. v. 17.08.2016, Rs. 8 Ob 68/16g vor, während der Beschluss OGH Österreich, *Schweizerische Nationalbank II*, Ent. v. 28.09.2016, Rs. 7 Ob 63/16i lediglich in weiten Teilen auf die Begründung des vorgenannten Beschlusses verweist.

ersatz für die Einbußen, die sie dadurch erlitten hatten, dass die schweizerische Zentralbank unerwartet den zuvor ausgegebenen Mindestkurs des Schweizer Franken zum Euro aufgegeben hatte. Sie stützten ihr Schadensersatzbegehren darauf, dass die Zentralbank vor Änderung ihres währungspolitischen Kurses bewusst falsche und irreführende Informationen über den Mindestkurs verbreitet habe.

Der Oberste Gerichtshof bestätigte die unterinstanzlichen Entscheidungen, die die inländische Gerichtsbarkeit auf Grundlage des Europäischen Übereinkommens über Staatenimmunität verneint hatte.[256] Nach der Auffassung des Gerichts sei eine Änderung des Wechselkurses Ausfluss der Geld- und Währungspolitik, die dem hoheitlichen Tätigkeitsbereich zuzuordnen sei. Der Gerichtshof machte sich dabei das von *Schütze* entworfene Konzept der „unmittelbaren Zentralbankenaufgaben" zu eigen.[257] Nach einer funktionalen Unterscheidung komme Zentralbanken nur für unmittelbare Zentralbankenaufgaben Immunität zu, zu denen die Notenausgabe und die Steuerung des Geldverkehrs zählten. Hingegen lösten „mittelbare Zentralbankenaufgaben" wie die Auslegung von Akkreditiven und die Erstellung von Bankbürgschaften keine Immunität aus.[258] Einen untrennbaren Bestandteil der Durchführung dieser Aufgabe bilde die Information der Öffentlichkeit über währungspolitische Absichten, weil die Informationspolitik „zur Stabilisierung der Währung und damit zur Stabilisierung des Preisniveaus und des Finanzsystems" diene.[259] Die Informationen wirkten nach der Konzeption des schweizerischen Gesetzgebers auf die Erwartungsbildung der Volkswirtschaft über die künftige Geldversorgung der schweizerischen Wirtschaft ein und entfalteten damit einen unmittelbaren geldpolitischen Steuerungseffekt. Aufgrund dessen könnten Private diese Tätigkeiten nicht in gleicher Weise ausüben wie Zentralbanken, so dass eine immunitätsauslösende, hoheitliche Tätigkeit betroffen sei.[260]

Indem der Gerichtshof auf das Konzept der „unmittelbaren Zentralbankenaufgaben" zurückgreift, bringt er zum Ausdruck, dass er nicht pauschal sämtliche Tätigkeiten von Zentralbanken dem Bereich des Hoheitlichen zuweist und von der nationalen Gerichtsbarkeit ausnimmt. Vielmehr werden nur ein beschränkter Kreis an Tätigkeiten, der durch „unmittelbare Zentralbankenfunktionen" be-

---

[256] Die Immunität einer als selbstständiger Rechtsträger organisierten Zentralbank beurteilte sich nach Art. 27 Abs. 2 des Übereinkommens. Die Vorschrift lautet: „Jeder in Absatz 1 bezeichnete Rechtsträger kann vor den Gerichten eines anderen Vertragsstaates wie eine Privatperson in Anspruch genommen werden; diese Gerichte können jedoch nicht über in Ausübung der Hoheitsgewalt vorgenommene Handlungen (acta iure imperii) des Rechtsträgers entscheiden."
[257] OGH Österreich, *Schweizerische Nationalbank I*, Ent. v. 17.08.2016, Rs. 8 Ob 68/16g.
[258] *Schütze*, Rechtsverfolgung im Ausland, Rn. 99.
[259] OGH Österreich, *Schweizerische Nationalbank I*, Ent. v. 17.08.2016, Rs. 8 Ob 68/16g.
[260] OGH Österreich, *Schweizerische Nationalbank I*, Ent. v. 17.08.2016, Rs. 8 Ob 68/16g.

schrieben ist, von der Immunität erfasst. Beziehen sich die Ausführungen auch nur auf die Reichweite der inländischen Gerichtsbarkeit in Erkenntnisverfahren, muss diese funktionale Differenzierung aber gleichermaßen auch für die Immunität in Vollstreckungsverfahren Geltung zukommen. Auf die Vollstreckungsimmunität übertragen bedeuten die dort herangezogenen Grundsätze, dass nur solche Vermögenswerte Immunität genießen, deren Einsatzzwecke den „unmittelbaren Zentralbankenzwecken" angehören. Bei dieser Auslegung der Entscheidungsgründe lässt sich ein Konflikt mit der hinsichtlich der UN-Immunitätskonvention von der österreichischen Regierung geäußerten Auffassung nicht vermeiden. Im Ergebnis erscheint die Praxis Österreichs damit widersprüchlich.

c) Rechtsprechung der Schweiz und die Klarstellung in Art. 92 Nr. 11 SchKG

Die Schweiz schuf zum Beginn des Jahres 1997 im Bundesgesetz über Schuldbetreibung und Konkurs (SchKG) eine Regelung zur Immunität von Vermögenswerten fremder Staaten. Die Vorschrift regelt an sich nicht die Gerichtsbarkeit, sondern hat die Unpfändbarkeit bestimmter Vermögenswerte im Pfändungsverfahren zum Gegenstand. Im Rahmen der Revision des SchKG wurde in der Vorschrift des Art. 92 Abs. 1 SchKG folgende Nr. 11 eingefügt:

„Unpfändbar sind: [...] Vermögenswerte eines ausländischen Staates oder einer ausländischen Zentralbank, die hoheitlichen Zwecken dienen."

Nach der Gesetzesbegründung verfolgte der schweizerische Gesetzgeber mit der Gesetzesänderung kein Reformanliegen, sondern zielte lediglich darauf ab, die in der Rechtsprechung etablierten Grundsätze gesetzlich zu verankern.[261] Die Aussage des Gesetzgebers führt ein wenig in die Irre, weil tatsächlich nur ein kleiner Teil der die Vollstreckungsimmunität ausformenden Rechtsprechungsgrundsätze Eingang in die Gesetzesvorschrift gefunden hat.

aa) Die schweizerischen Regelungen zur Vollstreckungsimmunität

Die Rechtsprechung der schweizerischen Gerichte hat für die Vollstreckungsimmunität einige nationale Besonderheiten hervorgebracht, die sich maßgeblich aus dem schweizerischen Zivilverfahrensrecht ergeben. Das gilt insbesondere für die Tendenz des Schweizerischen Bundesgerichts,[262] die Immunität in Vollstreckungsverfahren als Folge der Immunität im Erkenntnisverfahren zu betrach-

---

[261] Botschaft über die Aenderung des Bundesgesetzes über Schuldbetreibung und Konkurs (BchKG) vom 8. Mai 1991, 1 Bundesblatt 143. Jahrgang Bd. III, 1991 – 284, S. 80.
[262] Im Nachfolgenden „Bundesgericht" genannt.

3. Praxis der Staaten ohne gesetzliche Immunitätsregeln

ten und Vollstreckungsverfahren schon dann zuzulassen, wenn die inländische Gerichtsbarkeit im Erkenntnisverfahren zu bejahen ist. Prozessualer Ausgangspunkt für die einschlägigen Entscheidungen des Bundesgerichts bilden regelmäßig „Arrestbefehle" und „Zahlungsbefehle", die der fremde Staat vor dem Bundesgericht, häufig mit der staatsrechtlichen Beschwerde[263] angreift.[264] Grundlage zur Durchsetzung von Geldforderungen bildet das bundesgesetzliche SchKG, das eine Einleitung von Zwangsvollstreckungsmaßnahmen ohne vorherigen Titel ermöglicht. Der auf ausländische Personen zugeschnittene Arrestgrund in Art. 271 S. 1 Nr. 4 SchKG ermöglicht Gläubigern, auf Grundlage ihrer Forderungen einen Arrest des Vermögens des fremden Staates zu erwirken.[265]

Nach Erlass eines Arrestbefehls muss der Gläubiger innerhalb einer kurzen Frist ein Verfahren zur Erlangung eines Vollstreckungstitels (Arrestprosequierung, Art. 279 SchKG) einleiten. Der Gläubiger kann sich für das Betreibungsverfahren (Art. 67 ff. SchKG) entscheiden, das eine Mischung aus Vollstreckungs- und Erkenntnisverfahren darstellt.[266] Im Betreibungsverfahren wird auf Antrag des Gläubigers zunächst ein Zahlungsbefehl erlassen, gegen den sich der Schuldner mit einem Rechtsvorschlag zur Wehr setzen und die Einstellung der Betreibung erwirken kann (Art. 74 ff. SchKG). Wehrt der Schuldner sich nicht, kann der Gläubiger auf Grundlage des Zahlungsbefehls die Zwangsvollstreckung betreiben. In welchem Verfahren der Gläubiger den Rechtsvorschlag beseitigen kann, hängt davon ab, in welcher Weise sein Anspruch dokumentiert ist. Der Gläubiger kann die sog. provisorische Rechtseröffnung, ein summarisches Erkentnisverfahren, verfolgen, wenn die Forderung auf „einer durch öffentliche Urkunde festgestellten oder durch Unterschrift bekräftigten Schuldanerkennung" beruht (Art. 82 f. SchKG). Die Rechtseröffnung bildet die Grundlage für die Zwangsvollstreckung.[267]

Greift der fremde Staat den Zahlungsbefehl und den Arrestbefehl an, entscheidet das Bundesgericht gleichzeitig über die Immunität im Erkenntnis- und im Vollstreckungsverfahren.[268] Vollstreckungsverfahren können bereits daran scheitern, dass das den Zwangsvollstreckungsmaßnahmen zugrunde liegende

---

[263] Schw. Bundesgericht, *Sozialistische Libysche Arabische Volks-Jamahiriya gg. Libyan American Oil Company (LIAMCO)*, 106 Ia BGE, 142, 144; *Walter*, in: Institut für Rechtsvergleichung, Waseda-Universität Tokyo (Hrsg.), Law in East and West, S. 771, 785.

[264] Vgl. etwa Schw. Bundesgericht, *Sozialistische Libysche Arabische Volks-Jamahiriya gg. Libyan American Oil Company (LIAMCO)*, 106 Ia BGE, 142; Schw. Bundesgericht, *Banco de la Nación, Lima gg. Banca cattolica del Veneto, Vicenza*, 110 Ia BGE, 43.

[265] *Amonn/Walther*, Grundriss des Schuldbetreibungs- und Konkursrechts, S. 456.

[266] *Nelle*, Anspruch, Titel und Vollstreckung im internationalen Rechtsverkehr, S. 65.

[267] *Amonn/Walther*, Grundriss des Schuldbetreibungs- und Konkursrechts, S. 127, 132.

[268] Zum Ganzen auch *Hess*, Staatenimmunität bei Distanzdelikten, S. 165 f.

Rechtsverhältnis, die durchzusetzende Forderung, als privatwirtschaftliches Geschäft und als actus iure gestionis zu beurteilen ist. Auf die Unpfändbarkeit nach Art. 92 Abs. 1 Nr. 11 SchKG kommt es dann nicht mehr an.

In der Sache hat das Bundesgericht die Immunitätsgewährung schon sehr früh[269] von der Unterscheidung zwischen acte iure gestionis und acte iure imperii abhängig gemacht. Bereits im Jahr 1918 in der *Dreyfus*-Entscheidung verneinte das Bundesgericht die Immunität des österreichischen Staates gegenüber Arrestmaßnahmen unter Hinweis auf den privatrechtlichen Charakter der Anleiheemission des österreichischen Staates, aus der sich die Ansprüche der Gläubiger herleiteten, und beschränkte damit die Immunität auf acte iure imperii.[270] Nachfolgende Gesetzesinitiativen, Vollstreckungen gegen Staaten gänzlich auszuschließen, konnten sich nicht durchsetzen.[271]

Als eine weitere Eigenheit fordert das Bundesgericht für die Ausübung der schweizerischen Gerichtsbarkeit eine „Binnenbeziehung" zwischen dem zugrunde liegenden Rechtsverhältnis und dem Territorium der Schweiz.[272] Betrifft das Verfahren ein auf einem *actus iure gestionis* beruhendes Rechtsverhältnis, wird dem Staat nichtsdestotrotz Immunität zugestanden, wenn eine Binnenbeziehung zur Schweiz fehlt.[273] Das Bundesgericht bringt diese Zusammenhänge in dem Urteil *Sozialistische Libysche Arabische Volks-Jamahiriya gegen Libyan American Oil Company (LIAMCO)*[274] auf den Punkt:

„Ein Erkenntnis- oder Vollstreckungsverfahren gegen einen fremden Staat lässt das Bundesgericht nicht schon dann zu, wenn feststeht, dass der fremde Staat als Träger von privaten und nicht von hoheitlichen Rechten auftritt. Das Bundesgericht fordert vielmehr, dass das in Frage stehende Rechtsverhältnis auch eine genügende Binnenbeziehung zum schweizerischen Staatsgebiet aufweist. Es müssen daher – selbst wenn der Rechtsstreit auf nichthoheitliches Handeln des fremden Staates zurückzuführen ist – Umstände vorliegen, die das Rechtsverhältnis so sehr an die Schweiz binden, dass es sich rechtfertigt, einen fremden Staat vor schweizerischen Be-

---

[269] Schw. Bundesgericht, *K.k. Oesterreichisches Finanzministerium gg. Dreyfus*, 44 I BGE, 49.

[270] Schw. Bundesgericht, *K.k. Oesterreichisches Finanzministerium gg. Dreyfus*, 44 I BGE, 49.

[271] Vgl. *Damian*, Staatenimmunität und Gerichtszwang, S. 122 f.; *Hess*, Staatenimmunität bei Distanzdelikten, S. 166.

[272] Ständige Rechtsprechung seit Schw. Bundesgericht, *Hellenische Republik gg. Obergericht Zürich*, 56 I BGE, 237, 251 ff.; *Kren Kostkiewicz*, Staatenimmunität im Erkenntnis- und im Vollstreckungsverfahren nach schweizerischem Recht, S. 460 m. w. N.

[273] Zu den Anforderungen an die Binnenbeziehung vgl. *Simonius*, in: Jur. Fakultät der Universität Basel (Hrsg.), Privatrecht, öffentliches Recht, Strafrecht, S. 335, 345 ff.; *Kren Kostkiewicz*, Staatenimmunität im Erkenntnis- und im Vollstreckungsverfahren nach schweizerischem Recht, S. 461.

[274] Schw. Bundesgericht, *Sozialistische Libysche Arabische Volks-Jamahiriya gg. Libyan American Oil Company (LIAMCO)*, 106 Ia BGE, 142, 148.

hörden zur Verantwortung zu ziehen, denn es besteht kein Anlass und ist auch von der Sache her nicht sinnvoll, die Rechtsverfolgung gegen fremde Staaten zuzulassen, wenn eine einigermassen intensive Binnenbeziehung fehlt."

Trotz dieser zusätzlichen Voraussetzungen machten die Regelung in Art. 92 Nr. 11 SchKG und die bundesgerichtliche Rechtsprechung[275] deutlich, dass auch die hoheitliche Zweckverwendung der Vermögensgegenstände mittlerweile Voraussetzung für Vollstreckungsimmunität in der schweizerischen Rechtsordnung ist.[276]

bb) Die Behandlung der Vollstreckungsimmunität von Zentralbanken in der schweizerischen Rechtsprechung

Als traditioneller Finanzplatz von internationaler Bedeutung hat die Schweiz eine Reihe einschlägiger Urteile hervorgebracht. Wie in zahlreichen anderen Ländern ist die Rechtsprechung der schweizerischen Gerichte durch die Entwicklung der immunitätsrechtlichen Behandlung von selbstständigen staatlichen Einrichtungen von einer formalen (ratio personae) hin zu einer funktionalen Betrachtungsweise (ratio materiae) gekennzeichnet. Gleichzeitig äußerte sich Rechtsprechung zur Vollstreckungsimmunität erst in späteren Urteilen.

(1) Beurteilung der inländischen Gerichtsbarkeit ohne Bezug zur Vollstreckungsimmunität

Zunächst ging die Rechtsprechung noch davon aus, dass allein Staaten, nicht aber ihre rechtlich selbstständigen Einrichtungen Immunität beanspruchen können. In dem frühen Fall *Banque Nationale de Bulgarie c. Alcalay*[277] aus dem Jahr 1931 hatte die bulgarische Nationalbank Anleihen ausgegeben, die an Finanzplätzen in der Schweiz eingelöst werden konnten. Nachdem eine vertragsgemäße Bedienung der Anleihen ausgeblieben war, erwirkte eine schweizerische Gesellschaft Pfändungen von Bankguthaben der Emittentin. In der Entscheidungsbegründung kam das Bundesgericht zu dem Schluss, dass es sich bei der als Aktiengesellschaft organisierten bulgarischen Nationalbank um eine selbstständige Anstalt handele, die damit nicht zu dem allein immunitätsberechtigten bulgarischen Staat zähle. Allerdings klingt in dem Urteil bereits auch eine funktionsbezogene Immunitätsbetrachtung an, etwa wenn das Gericht obiter dicta die Immunität des bulgarischen Staates für den hypothetischen Fall verneinte, dass er unmittelbarer Schuldner sei, weil die Anleihen lediglich private Schuldverhältnisse begründeten.

---

[275] *Gutzwiller*, ZSR 2002, 121, 128 f.

[276] Sehr deutlich Schw. Bundesgericht, *Banque Centrale de la République de Turquie c. Weston Compagnie de Finance et d'Investissement S.A.*, 104 Ia BGE, 367, 373 ff.

[277] Unveröffentliche Entscheidung, dargestellt bei *Kren Kostkiewicz*, Staatenimmunität im Erkenntnis- und im Vollstreckungsverfahren nach schweizerischem Recht, S. 368 f.

In der Entscheidung *Banque Centrale de la République de Turquie c. Weston Compagnie de Finance et d'Investissement S.A.* aus dem Jahr 1978 hielt das Bundesgericht bereits nicht mehr die selbstständige Stellung der türkischen Zentralbank, sondern allein für ausschlaggebend, dass der Streitigkeit ein *actus iure gestionis* zugrunde lag.[278] In dem Fall hatte eine in der Schweiz ansässige Geschäftsbank einem türkischem Institut ein Darlehen gewährt, dessen Rückzahlung aufgrund der türkischen Devisengesetzgebung über die türkische Zentralbank zu erfolgen hatte, die aber schließlich ausblieb. Die Gläubigerin verarrestierte daraufhin Guthaben der türkischen Zentralbank bei schweizerischen Geschäftsbanken. In dem Urteil untersuchte das Bundesgericht allein die Natur des Rechtsverhältnisses, aus der die Verbindlichkeit resultierte, und ging der Frage nach, ob der Anspruchsgrund einem privatrechtlichen Verhältnis gleichzuachten sei. Das Gericht kam zu dem Schluss, dass die staatlichen Devisenverkehrsbestimmungen über die Darlehensrückzahlung nicht ausreichten, um das seiner Natur nach übliche Bankgeschäft in einen staatlichen Hoheitsakt umzuwandeln. Da die Verbindlichkeit aufgrund ihres schweizerischen Erfüllungsortes auch die notwendige Binnenbeziehung aufwies, drang die Zentralbank mit ihrem Immunitätseinwand nicht durch.[279]

Mit dieser Rechtsprechung setzte sich das kurz darauf folgende bundesgerichtliche Urteil in der Sache *Banco de la Nación, Lima c. Banca cattolica del Veneto, Vicenza* nur scheinbar in Widerspruch.[280] Dort lehnte das Bundesgericht die Immunität der peruanischen Zentralbank in Arrestverfahren zu Lasten verschiedener Guthaben bei Schweizer Geschäftsbanken allein deswegen ab, weil das peruanische Institut als staatliche Einrichtung mit selbstständiger Rechtspersönlichkeit keine Immunität beanspruchen könne. Allerdings erkannte das Gericht eine Ausnahme für die Fälle der Ausübung staatlicher Hoheitsgewalt an, so dass es im Ergebnis doch wieder auf die Differenzierung zwischen *acte iure gestionis* und *imperii* ankam.

(2) Anwendung der völkerrechtlichen Maßstäbe
zur Vollstreckungsimmunität

Auf die völkerrechtlichen Grundsätze, nach denen die Verwendungszwecke der betroffenen Vollstreckungsobjekte über die Vollstreckungsimmunität entschei-

---

[278] Schw. Bundesgericht, *Banque Centrale de la République de Turquie c. Weston Compagnie de Finance et d'Investissement S.A.*, 104 Ia BGE, 367, 373 ff.
[279] Schw. Bundesgericht, *Banque Centrale de la République de Turquie c. Weston Compagnie de Finance et d'Investissement S.A.*, 104 Ia BGE, 367, 376.
[280] Schw. Bundesgericht, *Banco de la Nación, Lima c. Banca cattolica del Veneto, Vicenza*, 110 Ia BGE, 43.

den, stellte erstmals die bundesgerichtliche Entscheidung *République Arabe Unie c dame X*[281] aus dem Jahr 1960 ab. Dort führte das Gericht aus, dass Vermögenswerte, die der Erfüllung von Akten der Souveränität dienten („destinés à l'accomplissement d'actes de souveraineté"), durch die Immunität in inländischen Verfahren geschützt seien. In der nachfolgenden Rechtsprechung bestätigte das Bundesgericht die Geltung der völkerrechtlichen Regeln,[282] dass Vermögenswerte immun sind, soweit sie in feststellbarer Weise hoheitlichen Zwecken dienen.[283]

Auf diesem völkerrechtlichen Grundsatz gründet das Bundesgericht sein Urteil in der Sache *Libysche Arabische Volks-Jamahiriya gegen Actimon SA*.[284] Ein Schweizer Unternehmen hatte aus einem Werkvertrag zur Herstellung einer Industrieanlage eine Forderung gegen den libyschen Staat erlangt, auf dessen Grundlage sie einen Arrestbefehl über Vermögenswerte libyscher staatlicher Einrichtungen, u. a. der libyschen Zentralbank, erwirkte. Anschließend ließ sie einen im Depot der Central Bank of Libya bei der Schweizerischen Nationalbank liegenden Schuldschein, ausgestellt von der International Bank for Reconstruction and Development, pfänden. Das Bundesgericht ließ den pauschalen Hinweis des libyschen Staates, die Zentralbank übe hoheitliche Funktionen aus, ergo sie verfüge nur über hoheitliches Vermögen, nicht ausreichen. Das Gericht zog die Unterscheidung im schweizerischen Recht zwischen Verwaltungsvermögen und dem Finanzvermögen staatlicher Einrichtungen, das dem Vermögen Privater gleichsteht, heran, um die Immunität lediglich auf staatliches Vermögen, das konkreten hoheitlichen Zwecken gewidmet ist, zu beschränken. Bei Vermögenswerten ohne inhärente Zweckbestimmung, wie Bargeld, müssten die Mittel zu bestimmten Zwecken ausgesondert sein.[285] Diesen Anforderungen genügte der betreffende Schuldschein nicht und war demnach auch nicht durch Immunität geschützt.

Welche strengen Beweisanforderungen auch Zentralbanken hinsichtlich der hoheitlichen Zweckverwendung des Vermögens genügen müssen, zeigt das Ur-

---

[281] Schw. Bundesgericht, *République Arabe Unie c. dame X*, 86 I BGE, 23, 32.

[282] *Simonius*, in: Jur. Fakultät der Universität Basel (Hrsg.), Privatrecht, öffentliches Recht, Strafrecht, S. 335, 348.

[283] Schw. Bundesgericht, *Republique italienne, Ministre italien des transports et Chemins de fer d'Etats c. Beta Holding S.A. et Autorite de sequestre de Bale-Ville*, SchwJIR 1975, 219, 221; Schw. Bundesgericht, *Banque commerciale arabe S.A.*, 103 III BGE, 1, 4, dazu *Kren Kostkiewicz*, Staatenimmunität im Erkenntnis- und im Vollstreckungsverfahren nach schweizerischem Recht, S. 314 ff.; *Simonius*, in: Jur. Fakultät der Universität Basel (Hrsg.), Privatrecht, öffentliches Recht, Strafrecht, S. 335, 348 ff.

[284] Schw. Bundesgericht, *Sozialistische Libysche Arabische Volks-Jamahiriya gg. Actimon SA*, 111 Ia BGE, 62.

[285] Schw. Bundesgericht, *Sozialistische Libysche Arabische Volks-Jamahiriya gg. Actimon SA*, 111 Ia BGE, 62, 65 f.

teil in der Sache *Central Bank of Syria c. Koncar Elektroindustrija*.[286] In dem Fall pfändete die Gläubigerin aufgrund von Arrestbefehlen Bankguthaben der syrischen Zentralbank in der Schweiz. Dagegen wandte sich die syrische Zentralbank im Instanzenzug – erfolglos – mit dem Einwand der Unpfändbarkeit gem. Art. 92 Abs. 1 Nr. 11 SchKG und legte zum Beweis der Behauptung, die Guthaben zählten zu der Währungsreserve bzw. zur Unterlegung der heimischen Währung mit ausländischen Vermögensmitteln, zwei Privatgutachten vor. Das Bundesgericht erinnerte zunächst daran, dass der ausländische Staat bei Zwangsvollstreckung in Bargeld und Wertpapiere durch konkrete und überprüfbare Angaben nachweisen müsse, dass bestimmte Vermögenswerte für eindeutig festgelegte, hoheitliche Zwecke ausgesondert worden seien. Zum Nachweis der hoheitlichen Zweckbestimmung seien etwa amtlich beglaubigte Auszüge aus den Geschäftsbüchern geeignet, aus denen eine getrennte Buchung der Vermögensmittel zu bestimmten Zwecken hervorgehe.[287]

An dem Erfordernis einer Binnenbeziehung ließ das Bundesgericht die Pfändung von Vermögenswerten einer ausländischen Zentralbank in dem nur anonymisiert veröffentlichten Verfahren *X Ltd. c. Bank Y* scheitern.[288] Das Bundesgericht hob hervor, dass die Ausdehnung der Vollstreckungsimmunität auf privatwirtschaftliche Handlungen ohne einen engen Bezug zur Schweiz gerade auch bei ausländischen Zentralbanken gerechtfertigt sei. Das Gericht verwies auf eine Literaturstelle, nach der Arreste zu Lasten von Zentralbankvermögen besonders geeignet seien, den internationalen Zahlungsverkehr und die internationalen Beziehungen in schwerwiegender Weise zu stören.[289]

cc) Zusammenfassung und Einordnung

Fasst man die Rechtsprechung der Schweizer Gerichte zusammen, hängt die Zwangsvollstreckung gegen fremde Staaten und Zentralbanken von drei kumulativen Voraussetzungen ab: Die der Vollstreckung zugrunde liegende Forderung muss einem Rechtsverhältnis entspringen, das aus einer privatwirtschaftlichen Tätigkeit resultiert. Dieses Rechtsverhältnis muss eine Binnenbeziehung zur Schweiz aufweisen. Zuletzt dürfen die betroffenen Vermögenswerte keinen hoheitlichen Zwecken dienen. Nur die letzte Voraussetzung ist in Art. 92 Abs. 1

---

[286] Schw. Bundesgericht, *Central Bank of Syria c. Koncar Elektroindustrija*, Ent. v. 25.06.2008, Rs. 5A_92/2008 (unveröffentlicht).
[287] Schw. Bundesgericht, *Central Bank of Syria c. Koncar Elektroindustrija*, Ent. v. 25.06.2008, Rs. 5A_92/2008 (unveröffentlicht), Rn. 3.1 und 3.2.
[288] Schw. Bundesgericht, *X Ltd. gg. Bank Y*, Die Praxis 2010, 460; Schw. Bundesgericht, *X Ltd. gg. Bank Y*, Die Praxis 2010, 460.
[289] Schw. Bundesgericht, *X Ltd. gg. Bank Y*, Die Praxis 2010, 460, 461.

Nr. 11 SchKG gesetzlich niedergelegt.[290] Die organisationsrechtliche Beziehung zwischen Zentralbanken und dem Mutterstaat hat für die Immunitätsbetrachtung mittlerweile keine Bedeutung mehr.[291] Auch der Wortlaut von Art. 92 Abs. 1 Nr. 11 SchKG lässt sich allein so verstehen, dass Zentralbanken, unabhängig von ihrer Organisation, Vollstreckungsimmunität für hoheitlich genutztes Vermögen genießten.

Bei vergleichender Betrachtung fällt die schweizerische Rechtsprechung zur Vollstreckungsimmunität von Zentralbanken beachtenswert liberal aus. Die Rigidität der Behandlung von Zentralbanken ist umso bemerkenswerter, als der Schweizer Franken die Stellung einer Reservewährung, wenn auch nur in einem geringen Umfang,[292] einnimmt und ausländische Zentralbanken einen Teil ihrer Devisenreserven in der Schweiz halten. In jedem Fall liegt in der Schweizer Immunitätsbehandlung ein besonders gewichtiger Beitrag der für die völkergewohnheitsrechtliche Immunitätsregel zu beurteilenden Staatenpraxis.

4. Arbeiten internationaler Gremien und wissenschaftlicher Organisationen zur Vollstreckungsimmunität von Zentralbankvermögen

a) Arbeiten der Zweiten Studienkommission der Deutschen Gesellschaft für Völkerrecht

Aus der lebhaften wissenschaftlichen Diskussion über den Stand der Staatenimmunität nach Ende des Zweiten Weltkriegs entstanden etliche Kodifikationsvorschläge nationaler und internationaler wissenschaftlicher Organisationen. Sie unterstützten den einsetzenden Trend hin zu einer bloß eingeschränkten Vollstreckungsimmunität.[293] Zu einer besonderen Immunität von Zentralbankvermögen äußerten sich die Kodifikationsarbeiten selten. Allerdings waren Vollstreckungs-

---

[290] Diese Grundsätze hat das Bundesgericht auch im Rahmen des Art. 92 S. 1 Nr. 11 SchKG für maßgeblich erklärt, Schw. Bundesgericht, *Moscow Center for Automated Air Traffic Control*, Die Praxis 2008, 675, 677; dazu auch *Kren Kostkiewicz/Walder*, SchKG, Art. 92 Rn. 70.

[291] Schw. Bundesgericht, *X Ltd. gg. Bank Y*, Die Praxis 2010, 460.

[292] Im Jahr 2018 betrug der Anteil der Schweizer Franken an den weltweiten Währungsreserven lediglich 0,2 %, siehe *IWF*, Annual Report 2018, Appendix I: International Reserves, 2.

[293] Eine Ausnahme bildet die von der *Organization of American States* (OAS) 1983 erarbeitete „Interamerican Draft Convention on Jurisdictional Immunities of States", die an der absoluten Vollstreckungsimmunität von Staaten festhält und damit hinter der sich zum Zeitpunkt seiner Erarbeitung bereits verfestigenden völkerrechtlichen Entwicklung zurückbleibt, siehe *Organization of American States*, 22 ILM (1983) 292, 292 ff.

verfahren gegen ausländische Zentralbanken zu dieser Zeit auch noch nicht verbreitet.[294]

In diesem Zusammenhang erwähnenswert sind aber die Arbeiten der Zweiten Studienkommission der Deutschen Gesellschaft für Völkerrecht zum Stand des Immunitätsrechts.[295] Auf der Grundlage umfassender Berichte von *Wilfried Schaumann* und *Walther Habscheid* beschloss das Gremium 1967 unter anderem auch Thesen zur Immunität fremder Staaten gegenüber nationaler Vollstreckungsgewalt.

Bei der Reichweite der Immunität ratio personae konnte sich eine rein funktionale Sichtweise, nach der allein die Erfüllung hoheitlicher Funktionen unabhängig von dem staatlichen Träger über die Immunität entscheidet, innerhalb der Kommission nicht durchsetzen. Die Mehrheit der Kommissionsmitglieder gestand rechtlich selbstständigen Einrichtungen des Staates nur dann Immunität zu, wenn sie generell zur Erfüllung hoheitlicher Aufgaben eingerichtet worden waren. Die Wahrnehmung von hoheitlichen Aufgaben im Einzelfall genügte dagegen nicht. Für Zentralbanken bleibt die restriktive Ausgestaltung des personellen Anwendungsbereichs ohne Folgen. Denn „Notenbanken" werden von der Kommission ausdrücklich als Beispiel für selbstständige Einrichtungen mit hoheitlicher Zwecksetzung genannt, die an der staatlichen Immunität teilhaben.[296] So lautet eine These der Zweiten Studienkommission:

„Untergliederungen des Staates [...] nehmen, soweit sie staatliche Aufgaben erfüllen, an der Immunität ihres Staates teil (abgeleitete Immunität). Dasselbe gilt für Körperschaften des Öffentlichen Rechts oder des Privatrechts und Anstalten, die primär der Erfüllung hoheitlicher Aufgaben dienen (z. B. Notenbanken)."[297]

---

[294] Erst Ende der 1970er Jahre mehrten sich Vollstreckungsverfahren gegen Zentralbanken, vgl. die Auflistung der Fälle in *International Law Commission*, Yearbook of the International Law Commission 1986 Bd. II, Teil 2, 7, 19.

[295] Die deutsche Gesellschaft für Völkerrecht hatte Entscheidungen des BVerfG, Beschl. vom 30.10.1962, 2 BvM 1/60 NJW 1963 und BVerfG, Beschl. vom 30.04.1963, 2 BvM 1/62, NJW 1963, 1732, zum Anlass genommen, den Gehalt des völkerrechtlichen Immunitätsrechts zu untersuchen, vgl. *Deutsche Gesellschaft für Völkerrecht, Arbeiten der 2. Studienkommission der Deutschen Gesellschaft für Völkerrecht* (Hrsg.), Die Immunität ausländischer Staaten nach Völkerrecht und deutschem Zivilprozessrecht, S. V.

[296] Die Frage der personellen Reichweite der Immunität ist in These 9 und in dem Abschnitt „Völkerrechtliche Grundlagen" adressiert, *2. Studienkommission der Deutschen Gesellschaft für Völkerrecht*, in: Deutsche Gesellschaft für Völkerrecht, Arbeiten der 2. Studienkommission (Hrsg.), Die Immunität ausländischer Staaten nach Völkerrecht und deutschem Zivilprozessrecht, S. 281, 285. Die Regelungen sollen gleichermaßen für die Vollstreckungsimmunität gelten.

[297] *2. Studienkommission der Deutschen Gesellschaft für Völkerrecht*, in: Deutsche Gesellschaft für Völkerrecht, Arbeiten der 2. Studienkommission (Hrsg.), Die Immunität ausländischer Staaten nach Völkerrecht und deutschem Zivilprozessrecht, S. 281, 285.

4. Arbeiten internationaler Gremien und wissenschaftlicher Organisationen 229

In sachlicher Hinsicht ist die Immunität ausländischer Staaten nach Auffassung der Kommission gegenüber nationalen Vollstreckungsverfahren nur auf Vollstreckungsobjekte beschränkt, die zur Verwendung für acta iure imperii bestimmt sind.[298] Die Abgrenzung soll aufgrund eines Katalogs an Abgrenzungskriterien erfolgen,[299] nach dem in erster Linie die charakteristischen Merkmale der Vermögensgegenstände auszumachen und darauf zu überprüfen sind, ob sie im internationalen Vergleich zu den typischen Staatsaufgaben gehören. Auch die Zweite Studienkommission ging davon aus, dass bestimmte Vermögensgegenstände a priori und gänzlich hoheitlichen Charakter aufweisen und unter allen Umständen Vollstreckungsimmunität genießen.[300] Die Aufzählung von Beispielen nennt aber Vermögen von Zentralbanken nicht. Auch der Bericht von *Habscheid* zählt Zentralbankvermögen nicht zu den immunitätsrechtlich besonders geschützten Vermögenskategorien.[301] Da die Ausführungen zur personellen Reichweite der Immunität Zentralbanken mit einbeziehen, kann die Ausklammerung von Zentralbankvermögen nicht unbewusst erfolgt sein. Für Zentralbanken kommt es somit nach dem allgemeinen Regime darauf an, dass die betroffenen Vermögenswerte im konkreten Fall Zwecken dienen, die typischerweise von Zentralbanken wahrgenommen werden.

---

[298] Thesen 30, 37 der 2. Studienkommission, *2. Studienkommission der Deutschen Gesellschaft für Völkerrecht*, in: Deutsche Gesellschaft für Völkerrecht, Arbeiten der 2. Studienkommission (Hrsg.), Die Immunität ausländischer Staaten nach Völkerrecht und deutschem Zivilprozessrecht, S. 281, 290 f.

[299] These 37 der 2. Studienkommission, *2. Studienkommission der Deutschen Gesellschaft für Völkerrecht*, in: Deutsche Gesellschaft für Völkerrecht, Arbeiten der 2. Studienkommission (Hrsg.), Die Immunität ausländischer Staaten nach Völkerrecht und deutschem Zivilprozessrecht, S. 281, 290 f.

[300] These 38 der 2. Studienkommission, *2. Studienkommission der Deutschen Gesellschaft für Völkerrecht*, in: Deutsche Gesellschaft für Völkerrecht, Arbeiten der 2. Studienkommission (Hrsg.), Die Immunität ausländischer Staaten nach Völkerrecht und deutschem Zivilprozessrecht, S. 281, 290.

[301] *Habscheid*, in: Deutsche Gesellschaft für Völkerrecht, Arbeiten der 2. Studienkommission (Hrsg.), Die Immunität ausländischer Staaten nach Völkerrecht und deutschem Zivilprozessrecht, S. 160, 264 f.

b) Neuere Kodifikationsarbeiten

aa) Resolutionen des Institut de Droit International

(1) Baseler Resolution

Das *Institut de Droit International*[302] („IDI") äußerte sich in mehreren Resolutionen[303] zur Immunität fremder Staaten in Vollstreckungsverfahren. Die jüngste Resolution, die 1991 verabschiedete Baseler Resolution zu „Contemporary Problems Concerning the Immunity of States in Relation to Questions of Jurisdiction and Enforcement",[304] fällt am differenziertesten, dafür aber in der Immunitätsreichweite tendenziell zurückhaltender[305] aus. Die Resolution sollte bewusst keinen weiteren Kodifikationsentwurf neben den Arbeiten der ILC produzieren, sondern vielmehr Kriterien zur praktischen Handhabung immunitätsrechtlicher Zweifelsfälle bieten,[306] ohne strikt an die Staatenpraxis gebunden zu sein.[307] Für Zentralbankvermögen sieht sie einen besonderen Immunitätsschutz vor.

Im Grundsatz erklärt die Resolution sämtliches staatliches Vermögen in Vollstreckungsverfahren für immun. Eine Ausnahme besteht für staatliches Vermögen, das für wirtschaftliche Zwecke benutzt wird oder dafür bestimmt ist.[308] Ohne Bedeutung bleibt, ob das Vermögen im Eigentum des fremden Staates oder einer rechtlich selbstständigen Einrichtung des Staates steht; die Resolution ver-

---

[302] Das Institut ist eine private Organisation, die sich nach Art. 2 ihrer Statuten „de favoriser le progrès du droit international" verschrieben hat. Ihre Mitglieder, ausgewählte Experten auf dem Gebiet des Völkerrechts, erarbeiten in zweijährlichen Sitzungen unter anderem Grundsätze des Völkerrechts, *Macalister-Smith*, in: Wolfrum (Hrsg.), The Max Planck Encyclopedia of Public International Law, S. 219, 219 ff.

[303] Bereits 1891 hatte sich das IDI zum ersten Mal mit der Staatenimmunität befasst und eine Resolution zu „Projet de règlement international sur la compétence des tribunaux dans les procès contre les Etats, souverains ou chefs d'Etat étrangers" verabschiedet, vgl. *Institut de Droit International*, 11 Annuaire IDI (1889-1892) 436, 436 ff. Die 1954 auf der Tagung in Aix-en-Provence gefasste Resolution zu „L'immunité de juridiction et d'exécution forcées des Etats étrangers", Institut de Droit International, Session d'Aix-en-Provence – 1954, Rapporteur *Lémonon*, *Institut de Droit International*, 45 II Annuaire IDI (1954) 293, enthält lediglich einen kurzen Artikel zur Vollstreckungsimmunität.

[304] *Institut de Droit International*, 64 II Annuaire IDI (1992) 389.

[305] Art. 4 Abs. 1 der Resolution. Daneben ist staatliches Vermögen auch nicht immun, wenn ein impliziter, Art. 4 Abs. 3 lit. a), oder expliziter Immunitätsverzicht nach Art. 5 der Resolution vorliegt.

[306] *Hess*, Staatenimmunität bei Distanzdelikten, S. 266 f.

[307] Kommissionsmitglied *Sucharitkul* sah darin gerade einen entscheidenden Unterschied zur parallelen Arbeit der ILC, *Institut de Droit International*, 64 II Annuaire IDI (1992) 214, 227.

[308] Art. 4 Abs. 3 lit. b) der Resolution; die Vorschrift macht die Durchbrechung der Immunität davon abhängig, dass vom Schuldnerstaat für Vollstreckungen bereitgestelltes Vermögen nicht ausreicht.

folgt mithin einen rein funktionalen Ansatz ohne Rücksicht auf die organisatorische Einrichtung des staatlichen Vermögensträgers.

Zentralbanken profitieren nach der Resolution von einem besonderen Vollstreckungsschutz. Die entscheidende Passage in Art. 4 Abs. 2 der Resolution lautet:

„The following categories of property of a State in particular are immune from measures of constraint: [...]
property of the central bank or monetary authority of the State in use or set aside for use for the purposes of the central bank or monetary authority".

(2) Genese der Zentralbankenprivilegierung

Die ersten Entwurfstexte verzichteten noch auf einen besonderen Schutz von bestimmten Vermögensgütern.[309] Der Berichterstatter *Brownlie* hatte einen gänzlich neuen Regelungsmechanismus vorgeschlagen, der einen umfangreichen Katalog an Kriterien enthielt, nach dem nationale Gerichte einheitlich über die Immunitätsreichweite in Erkenntnis- und Vollstreckungsverfahren entscheiden sollten.[310] Eine Sonderbestimmung für Zentralbanken hielt *Brownlie* nicht für notwendig. Da Zentralbanken unterschiedliche Funktionen ausübten, lasse sich ihre Immunität nach seiner Ansicht sachgerecht im Einzelfall nach den vorgeschlagenen Kriterien bestimmen.[311] Der Regelungsmechanismus erwies sich allerdings als zu innovativ und wurde für seinen fehlenden Bezug zur Staatenpraxis kritisiert.

Im weiteren Verlauf der Arbeiten an der Resolution wurde nicht nur ein abweichender Regelungsmechanismus eingeführt, der sich im Wesentlichen an dem aus der Staatenpraxis bekannten Regel-Ausnahme-Prinzip orientierte. Auch standen bestimmte Vermögenskategorien nunmehr unter einer besonderen Vollstreckungsimmunität, darunter auch Zentralbankvermögen.[312] Ausschlaggebend für die letztgenannte Änderung des Entwurfs war die Auffassung innerhalb der Kommission, dass die Resolution die Arbeiten der ILC zur gesteigerten Immunisierung von bestimmten Vermögensgütern nicht ignorieren dürfe.[313] Im Ergebnis beruht der besondere Immunitätsschutz für Zentralbanken damit nicht etwa auf

---

[309] *Institut de Droit International*, 62 I Annuaire IDI (1987) 13, 42; *Institut de Droit International*, Annuaire IDI 62 I (1987), 45, 98 ff.

[310] *Institut de Droit International*, Annuaire IDI 62 I (1987), 45, 98 ff.

[311] *Institut de Droit International*, Annuaire IDI 62 I (1987), 45, 70. In der Analyse der Staatenpraxis hatte *Brownlie* aber anerkannt, dass Zentralbankvermögen nach dem Prinzip der Nichteinmischung geschützt wird, *Institut de Droit International*, 62 I Annuaire IDI (1987) 13, 35.

[312] Die entscheidenden Änderungen wurden auf der Baseler Sitzung vorgenommen, *Institut de Droit International*, 64 II Annuaire IDI (1992) 214, 226.

[313] *Institut de Droit International*, 64 II Annuaire IDI (1992) 214, 241.

Wertungen, die von der Funktion der Staatenimmunität abgeleitet wurden. Er sollte lediglich verhindern, dass der Entwurfstext sich zu weit von der Staatenpraxis (insbesondere den US-amerikanischen und britischen Immunitätsgesetzen) entfernte.

(3) Inhaltliche Einschränkung des zentralbanklichen Immunitätsschutzes

Überraschenderweise ist der gesteigerte, absolute Immunitätsschutz in dem Resolutionsentwurf inhaltlich beschränkt. Er erstreckt sich allein auf Vermögensgüter „in use or set aside for use for the purposes of the central bank or monetary authority". Welche Regelungsabsicht die Kommission mit dem Merkmal „for the purposes of the central bank or monetary authority" verfolgte, erhellen die Materialien zur Resolution nicht. Die Auslegung muss sich daher auf den Wortlaut und die Systematik der Resolution verlassen.

In systematischer Hinsicht kann die Einschränkung „for the purposes of the central bank" nicht lediglich die Unterscheidung zwischen wirtschaftlichen und hoheitlichen Tätigkeiten nach Art. 4 Abs. 1, 3 lit. b) der Resolution wiederholen, weil die Sondervorschrift daneben ansonsten überflüssig wäre. Da Art. 4 Abs. 2 bestimmten Vermögenswerten gerade einen gestärkten Immunitätsschutz zukommen lässt, muss „purposes of the central bank" grundsätzlich auch Tätigkeiten mit einschließen, die als kommerzielle Tätigkeiten i. S. d. Art. 4 Abs. 3 lit. b) zu werten sind.

Daneben legt die Verwendung des bestimmten Artikels nahe, dass nur Zwecke gemeint sind, die für die betreffende Zentralbank („of the central bank") charakteristisch sind. Dann würden allein Tätigkeiten, die aus dem üblichen Geschäftskreis der betreffenden Einrichtung herausfallen und damit individuell ungewöhnlich sind, von dem besonderen Immunitätsschutz ausgenommen sein. Eine solche Auslegung wäre widersinnig. Die Funktionen von Zentralbanken fallen in der Praxis sehr unterschiedlich aus. Dadurch würde eine solche Auslegung dem Anliegen der Resolution zuwiderlaufen, international einheitliche Standards zur Immunitätsreichweite aufzustellen, die in der Praxis zu vergleichbaren Entscheidungen der nationalen Gerichte führen. Daher muss es auf die begriffswesentlichen Kernfunktionen von Zentralbanken ankommen, die für die gesamte Bandbreite nationaler Zentralbanken charakterisch sind und oben[314] näher dargestellt wurden. Dass hierunter auch wirtschaftliche Tätigkeiten fallen, die private Geschäftsbanken auch verfolgen, wurde dabei bereits herausgearbeitet.[315]

---

[314] Siehe oben S. 20 ff.
[315] Siehe oben S. 28 ff.

Das Immunitätsprivileg für Zentralbanken ist zudem in anderer Richtung beschränkt. So reicht eine bloß subjektive Zweckbestimmung für zentralbankliche Vermögenswerte nicht aus. Vielmehr muss sich die spezifisch zentralbankliche Zweckbestimmung auch in greifbaren Umständen manifestieren, indem das Vermögen diesen Zwecken tatsächlich dient („in use") oder von anderen Vermögenswerten abgesondert ist („set aside for use"). Für Zentralbanken bedeutet das: Sie profitieren nur dann von der gesteigerten Immunität, wenn sie etwa die Mittel zum Einsatz für Devisenmarktinterventionen auf einem getrennten Konto halten. Befinden sich auf dem Konto zugleich Mittel, die nicht zu spezifisch zentralbanklichen Zwecken verwendet werden, wie etwa zur Abwicklung gewöhnlicher Zahlungen für die Regierung, findet das allgemeine Immunitätsregime des Abs. 3 Anwendung und es kommt auf die Unterscheidung zwischen wirtschaftlichen/ nicht-wirtschaftlichen Zwecken an.

Die Entstehungsgeschichte der Vorschrift zur Zentralbankenimmunität macht deutlich, dass die Resolution an dieser Stelle die Nähe zur geltenden Staatenpraxis sucht. Dem besonderen Charakter von zentralbanklichen Tätigkeiten, die häufig offensichtlich wirtschaftlicher Natur sind, sollte mit einem besonderen Immunitätsschutz Rechnung getragen werden. Zugleich ist das Bemühen erkennbar, den besonderen Immunitätsschutz auf diese spezifischen Eigenheiten von Zentralbanken zu beschränken. Allein die Ausübung ihrer Kernfunktionen soll unberührt von Störungen durch nationale Vollstreckungsverfahren bleiben. Die Resolution erscheint somit als Kompromissvorschlag zwischen der großzügigen Immunität von Zentralbanken in damaligen Immunitätsgesetzen (etwa der USA) und einer auf die Grundfunktionen der Immunität reduzierten Privilegierung der Institute.

bb) Konventionsentwürfe der International Law Association

Die *International Law Association* („ILA")[316] verabschiedete auf der Konferenz in Montreal 1982 die „Draft Articles on a Convention on State Immunity".[317] Bei der Evaluation des Konventionsentwurfs einige Jahre später beschloss die ILA, den *Montreal Draft* noch einmal zu überarbeiten und an die zwischenzeitliche Rechtsentwicklung auf internationaler wie nationaler Ebene anzupassen.[318] Die

---

[316] Die International Law Association ist ebenfalls eine private Organisation, die sich der Erforschung und Entwicklung des Völkerrechts verschrieben hat. Verschiedene Komitees widmen sich einzelnen Teilgebieten des Völkerrechts und erarbeiten Berichte, die in einer zweijährlichen Versammlung erörtert werden, *Stein*, in: Wolfrum (Hrsg.), The Max Planck Encyclopedia of Public International Law, S. 872, 872 ff.

[317] Abgedruckt in *International Law Association*, 22 ILM (1983) 287 („Montreal-Draft").

[318] *International Law Association*, 66 International Law Association Conference Reports (1994) 452.

Wiederaufnahme der Kodifikationsarbeiten führte zur Annahme der „Revised Draft Articles for a Convention on State Immunity" auf der Konferenz in Buenos Aires.[319] Ursprüngliches Anliegen des Konventionsentwurfs war es, im Detail bestehende Divergenzen in der Staatenpraxis bei der Anwendung der restriktiven Staatenimmunität, insbesondere zwischen anglo-amerikanischen Immunitätsgesetzen und der kontinentaleuropäischen Gerichtspraxis, durch einen Kompromissvorschlag auszugleichen.[320]

Die Regelungsstruktur des Konventionsentwurfs orientiert sich eng an dem US-amerikanischen Foreign States Immunities Act und dem britischen Sovereign Immunities Act, hält andererseits gerade für Vollstreckungsverfahren ein zurückhaltenderes Immunitätsregime bereit.[321] Die Vollstreckungsimmunität fremder Staaten wird als Grundsatz vorgesehen,[322] der im Rahmen von bekannten Ausnahmen durchbrochen wird. Eine Ausnahme gilt für Vermögen, das einer wirtschaftlichen Betätigung dient, die gerade den im Vollstreckungstitel festgestellten Anspruch trägt.[323] Rechtlich selbstständige staatliche Einrichtungen nehmen an dem Immunitätsschutz nur teil, wenn die konkret betroffenen Tätigkeiten der Ausübung von Hoheitsgewalt zuzuordnen sind.[324]

Für rechtlich selbstständige Zentralbanken wird diese Regelung aber nur relevant, wenn sie nicht von der besonderen Immunisierung profitieren. Art. VIII sieht einen absoluten Ausschluss von Vollstreckungen für bestimmte Vermögensgüter und für Vermögen von Zentralbanken vor, der auch im Rahmen der Überarbeitung des Montreal Draft unverändert geblieben ist. Die betreffende Passage lautet:

„Attachment or execution shall not be permitted, if [...]
The property is that of a State central bank held for central bank purposes".

---

[319] Abgedruckt in *Dickinson/Lindsay/Loonam*, State Immunity, S. 194 ff. („Revised Draft Articles").

[320] *International Law Association*, 59 International Law Association Conference Reports (1980) 208, 212; *International Law Association*, 60 International Law Association Conference Reports (1982) 325, 325 f.; *Brooke*, 23 Virginia Journal of International Law (1983) 635, 639; *Hess*, Staatenimmunität bei Distanzdelikten, S. 257.

[321] So die Vollstreckungsmöglichkeit bei Konten mit gemischten Verwendungszwecken nach Art. VIII.B und Vollstreckungsverfahren vor Erlass einer gerichtlichen Entscheidung nach Art. VIII.D.

[322] Art. VII des Konventionsentwurfs.

[323] Die Passage in Art. VIII.A.2. lautet: „A foreign State's property in the forum State, shall not be immune from any measure for the enforcement of a judgement or an arbitration award if: [...] The property is in use for the purpose of commercial activity or was in use for the commercial activity on which the claim is based".

[324] Art. I.B Abs. 2 des Konventionsentwurfs.

4. Arbeiten internationaler Gremien und wissenschaftlicher Organisationen 235

Der gesteigerte Vollstreckungsschutz von Zentralbanken für Vermögen, das Zentralbankzwecken dient,[325] fand sich bereits in dem ersten Entwurfstext der eingesetzten Arbeitsgruppe. Er konnte sich auf die in der Kommission verbreitete Sichtweise stützen, dass Tätigkeiten im Zusammenhang mit Zentralbankvermögen ohne Zweifel *acta iure imperii* darstellen und mithin Immunität verdienten.[326] Maßgeblich war hierfür die Sorge, dass zu weitgehende Vollstreckungsmaßnahmen in Vermögen fremder Staaten die außenpolitischen Beziehungen der involvierten Staaten gefährden könnten.[327] Im Rahmen der Arbeiten zu den Revised Draft Articles wurde die spezielle Immunisierung von Zentralbanken nicht mehr behandelt.

Ähnlich wie die Resolution des Institut de Droit International knüpft der Wortlaut des ILA-Konventionsentwurfs die besondere Immunität der Zentralbanken an eine weitere Voraussetzung. Der Entwurf fordert, dass die Zentralbank das betroffene Vermögen für Zentralbankzwecke hält („held for central bank purposes"). Im Gegensatz zur Resolution des Institut de Droit International hebt die Formulierung hier aber auf die generell von Zentralbanken verfolgten Zwecke und nicht auf die des individuell betroffenen Instituts ab. Damit sind wie in der Baseler-Resolution des IDI die typischen Funktionen gemeint, zu denen Zentralbanken Vermögenswerte im Ausland unterhalten. Die Regelung statuiert damit einen Schutzumfang, wie er sich mittlerweile in der gerichtlichen Auslegungspraxis zum FSIA US herauskristallisiert hat.[328]

c) Bewertung der Kodifikationsbemühungen

Die Kodifikationsarbeiten unternehmen den Versuch, die divergierende Staatenpraxis in Einklang zu bringen und zugleich eine auf die Funktion der Immunität reduzierte Ausgestaltung der Immunität vorzunehmen. Für Zentralbanken führt dieser Ansatz nicht zu einem pauschalen und absoluten Vollstreckungsschutz. Vielmehr muss sich die verstärkte Vollstreckungsimmunität durch die besonderen Funktionen von Zentralbanken rechtfertigen lassen und Gläubigern gleichzeitig realistische Vollstreckungsmöglichkeiten bieten. In dieser Hinsicht unter-

---

[325] Im Ursprungsentwurf lautete die Ausnahme: „the property of a State monetary authority used for monetary purposes", *International Law Association*, 60 International Law Association Conference Reports (1982) 325, 336.
[326] So die Äußerung des Kommissionsmitglieds *Olmsteads*, *International Law Association*, 59 International Law Association Conference Reports (1980) 208, 255.
[327] So die Aussage von Kommissionsmitglied *Sinclair* im Rahmen der Beratungen in *Montreal* zum Entwurfstext, *International Law Association*, 60 International Law Association Conference Reports (1982) 325, 339.
[328] Siehe oben S. 171 ff.

scheiden sich die Regelungsentwürfe von den Lösungen in den nationalen Immunitätsgesetzen.

5. „Lehrmeinungen der fähigsten Völkerrechtler der verschiedenen Nationen"[329]

Wissenschaftliche Stellungnahmen tragen nicht zur Ausformung einer völkergewohnheitsrechtlichen Regel bei, weil sie keine völkerrechtliche Praxis darstellen. Für eine Bestandsaufnahme des geltenden Völkergewohnheitsrechts sind sie dennoch relevant. Art. 38 Abs. 1 lit. d) Alt. 2 IGH-Statut erkennt die „Lehrmeinungen der fähigsten Völkerrechtler der verschiedenen Nationen" ausdrücklich als Rechtserkenntnisquellen an. Allerdings sind damit lediglich wissenschaftliche Urteile über den Stand des Völkergewohnheitsrechts gemeint, nicht aber rechtspolitische Stellungnahmen über eine, aus Sicht des Verfassers, sinnvolle oder angemessene völkergewohnheitsrechtliche Regel.

a) Auffassungen zur Vollstreckungsimmunität von rechtlich unabhängigen Zentralbanken

Eine organisationsrechtliche Selbstständigkeit von Zentralbanken wird heute in der Literatur nicht mehr als entscheidendes Argument gegen die Vollstreckungsimmunität betrachtet. So wird an keiner Stelle ernsthaft in Zweifel gezogen, dass auch Zentralbanken mit von dem Mutterstaat getrennter Rechtspersönlichkeit generell an der Immunität des fremden Staates teilnehmen können. Die ältere Auffassung von *Gramlich*, nach der diese Institute aus dem Kreis der Immunitätsberechtigten herausfallen,[330] steht dazu nicht im Widerspruch, weil der Autor davon ausgeht, dass sich eine Immunität auch allein *ratio materiae* begründen lässt und er etwa Bankguthaben fremder Währungsbehörden prinzipiell immunisiert.

Im Ergebnis kommt es für die Vollstreckungsimmunität von Zentralbanken auf die ausgeübten Funktionen an. Im Hinblick auf die Frage, inwieweit es für die Immunitätsberechtigung in persönlicher Hinsicht ankommen soll, in welcher Beziehung die Zentralbank zum fremden Staat steht, finden sich die divergierenden Positionen aus der Staatenpraxis auch in der Literatur wieder. So hält ein Teil der Autoren an dem Erfordernis einer Immunität *ratio personae* fest, das sich danach beurteilen soll, ob die Zentralbank entweder generell oder im konkreten

---
[329] Art. 38 Abs. 1 lit. d) Alt. 2 IGH-Statut.
[330] *Gramlich*, RabelsZ 45 (1981), 545, 581 f.

5. „Lehrmeinungen der fähigsten Völkerrechtler der verschiedenen Nationen" 237

Fall hoheitliche Funktionen wahrnimmt.[331] Dabei zeigt man sich überzeugt, dass Zentralbanken bereits kraft ihrer Stellung im Wesentlichen die Wahrnehmung hoheitlicher Aufgaben obliegt.[332] So muss der Vollstreckungsschuldner nach der Konzeption *Damians* zunächst „immunitätsfähig", d.h. „Staat" im Sinne des Immunitätsrechts, sein, was sich nach dem Schwerpunkt des ihm übertragenen Tätigkeitskreises richten soll. Im Hinblick auf Zentralbanken heißt es:

> „Eine (widerlegliche) Vermutung streitet darüber hinaus für eine Immunitätsfähigkeit bestimmter Typen staatlicher Unternehmen, [...] die überwiegend mit der Wahrnehmung von Hoheitsaufgaben betraut sind. Entsprechendes gilt für Zentralnotenbanken und vergleichbare Einrichtungen, unabhängig von der Rechtsform, in der sie organisiert sind."[333]

Dagegen setzen sich andere, vor allem jüngere Abhandlungen erst gar nicht mit der Zugehörigkeit zum fremden Staat und der generellen Immunitätstauglichkeit von Zentralbanken auseinander. Sie konzentrieren sich ausschließlich auf die sachliche Reichweite der Vollstreckungsimmunität, über die der konkrete Funktionszweck des Zentralbankvermögens zu entscheiden hat.[334]

b) Inhaltliche Reichweite des Immunitätsschutzes

aa) Immunitätsrechtliches Zentralbankenprivileg als „an emerging international custom"[335]

Häufig ist die Aussage anzutreffen, die UN-Immunitätskonvention sei zwar bisher nicht in Kraft getreten, sie gebe aber generell den aktuellen Stand des Völkergewohnheitsrechts wieder.[336] Für die besondere Immunisierung von Zentral-

---

[331] So etwa wohl *Fox/Webb*, The Law of State Immunity, S. 369 ff. *Wefelscheid*, Vollstreckungsimmunität fremder Staaten, S. 40, spricht von einer sich herausbildenden Tendenz.
[332] *Asiedu-Akrofi*, 28 Canadian Yearbook of International Law (1990) 263; *Bankas*, The State Immunity Controversy in International Law, S. 236; nach *Busl*, Ausländische Staatsunternehmen im deutschen Vollstreckungsverfahren, S. 144 ff., kann die Immunität auf verschiedenen Wegen, *ratio personae* und *ratio materiae*, begründet werden; *Damian*, Staatenimmunität und Gerichtszwang, 180. Der Gedanke, dass Zentralbanken ausschließlich hoheitliche Aufgaben wahrnehmen können, kommt auch bei *Blair*, 57 The Cambridge Law Journal (1998) 374, 375 zum Ausdruck; im Ergebnis ebenfalls *Nobumori*, 53 Japanese Yearbook of International Law (2010) 275, 297.
[333] *Damian*, Staatenimmunität und Gerichtszwang, S. 32 f.
[334] Wohl *Geimer/Geimer/Geimer*, Internationales Zivilprozessrecht, R. 626a; *Krauskopf/Steven*, WM 2000, 269, 278 f.; *Kren Kostkiewicz*, Staatenimmunität im Erkenntnis- und im Vollstreckungsverfahren nach schweizerischem Recht, S. 369 ff.; *Schack*, Internationales Zivilverfahrensrecht, Rn. 185; *van Raemdonck*, Euredia (2006) 357; *Zhu*, 6 Chinese Journal of International Law (2007) 67, 68 ff.
[335] *Nobumori*, 53 Japanese Yearbook of International Law (2010) 275, 298.
[336] So etwa die Auffassung der deutschen Bundesregierung im Verfahren vor dem Internati-

bankvermögen in Vollstreckungsverfahren nach Art. 21 der Konvention wird überwiegend eine abweichende Auffassung vertreten. Diese kommt etwa in folgender Aussage von *Fox* zum Ausdruck:

„There is seemingly no general acceptance in State practice for the higher degree of immunity for its [central bank] property conferred by UNSCI, Art. 21 than that which applies to the property of other State entities."[337]

Die Auffassung stützt sich auf zwei Begründungselemente. Zum einen streitet sie ab, dass sich bislang eine hinreichend einheitliche Praxis weltweit oder auch nur eine Praxis der von der völkergewohnheitsrechtlichen Regel besonders betroffenen Staaten gezeigt hat. Denn selbst innerhalb der Gruppe von Ländern, in denen die global bedeutsamsten Finanzzentren beheimatet sind und deshalb die größten Aktivitäten ausländischer Zentralbanken zu verzeichnen sind, besteht keine uniforme Praxis.[338] Diese Auffassung bringt *Singh* zum Ausdruck, wenn er feststellt:

„However, the law on *central bank immunity* is not uniform in the financial centres of the world. In continental Europe, there is no unified theory on central bank immunity."[339]

Zum anderen verweist die Meinung darauf, dass die gesteigerte Immunisierung von Zentralbankvermögen vornehmlich Folge einer politischen Entscheidung zur Stärkung des eigenen Investitionsstandorts anstatt Ausdruck einer völkerrechtlich relevanten opinio iuris sei. Für den Nachweis einer völkergewohnheitsrechtlichen Regel komme aus diesem Grund insbesondere den gesetzlichen Regelungen der USA, Großbritanniens und Chinas nur geringe Beweiskraft zu.[340]

Eine andere Meinung sieht in der immunitätsrechtlichen Privilegierung von Zentralbanken in Vollstreckungsverfahren eine sich bereits abzeichnende Rege-

---

onalen Gerichtshof (IGH), *Jurisdictional Immunities of the State (Germany v. Italy: Greece intervening)*, I.C.J. Reports 99, 147 (2012).

[337] *Fox/Webb*, The Law of State Immunity, S. 523; auch *Herdegen*, Völkerrecht, S. 308; *Krauskopf/Rötting*, 30 Banking and Finance Law Review (2015) 303, 306; *Schreuer*, State Immunity, S. 159; *Lorz*, Ausländische Staaten vor deutschen Zivilgerichten, S. 385 ff.; anders aber wohl *Shaw*, International Law, S. 542 und *Gramlich*, RabelsZ 45 (1981), 545, 594 f.; *Crawford*, 75 American Journal of International Law (1981) 820, 864.

[338] Die dahingehende Feststellung *Brownlies*, *Institut de Droit International*, Annuaire IDI 62 I (1987), 45, 70, ist immer noch gültig; *Damian*, Staatenimmunität und Gerichtszwang, 180; *Reinisch*, 17 European Journal of International Law (2006) 803, 826 f.; *Szodruch*, Staateninsolvenz und private Gläubiger, S. 390; wohl auch *Yang*, State Immunity in International Law, S. 410, 422 und *Bankas*, The State Immunity Controversy in International Law, S. 234 ff.; *Zhu*, 6 Chinese Journal of International Law (2007) 67, 73; für Europa ferner *van Raemdonck*, Euredia (2006) 357; sehr pauschal *Seidl-Hohenveldern*, RIW 1983, 613, 615.

[339] *Singh*, Recovery Rates from Distressed Debt, 2003, 9.

[340] *Blair*, 57 The Cambridge Law Journal (1998) 374, 378; *Fox/Webb*, The Law of State Immunity, S. 523.

lung des Völkergewohnheitsrechts. Zum geltenden Recht soll die Sonderbehandlung von Zentralbanken zur Zeit noch nicht zählen.[341]

bb) Grenzlinie der Vollstreckungsimmunität von Zentralbanken

(1) Immune Vermögenswerte im Einzelnen

Mit der Ablehnung eines absoluten Immunitätsschutzes in Vollstreckungsverfahren werden Zentralbanken auf das allgemeine Immunitätsregime verwiesen. Anders als *Gramlich*, der in Bankguthaben ausländischer Zentralbanken pauschal Vermögenswerte mit hoheitlicher Zweckwidmung sieht, gesteht die überwiegende Mehrheit der Autoren zu, dass Zentralbanken auch wirtschaftliche Zwecke verfolgen können und ihre Vermögenswerte zu diesen Zwecken einsetzen.[342]

Die Frage, welche Vermögensgüter konkret hoheitlichen Zwecken zuzuordnen sind, wird lediglich für eine einzige Kategorie hinreichend klar und übereinstimmend beantwortet. Bei *Patrikis* heißt es dazu:

„No other activities of sovereign are more inherently characteristic of sovereignty than the custody and management of a country's financial reserves".[343]

Nobumori beleuchtet die mit dem Begriff der Währungsreserven verbundenen staatlichen Zwecke. Der hoheitliche Charakter sei Folge der währungspolitischen Zweckbestimmung, Auslandszahlungen im Fall von Notfällen bereit zu halten und Deviseninterventionen zu ermöglichen. *Nobumori* zufolge liegen immune Währungsreserven selbst dann vor, wenn die Mittel der Vermögenserhaltung und -mehrung dienen.[344] Auch in der deutschsprachigen Literatur ist man sich einig, dass jedenfalls solche Vermögenswerte von der nationalen Vollstre-

---

[341] *Nobumori*, 53 Japanese Yearbook of International Law (2010) 275, 298; einen dahingehenden Trend sieht auch *Note*, 124 Harvard Law Review (2010) 550, 571; eine eindeutige Regel fehlt bislang auch nach der Ansicht von *Ostrander*, 22 Berkeley Journal of International Law (2004) 541, 572. Diesen Schritt vollzieht aber etwa *Kleinlein*, AVR 44 (2006), 405, 418, der einen „besonderen Vollstreckungsschutz" für Zentralbanken anerkennt, aber eine Begründung schuldig bleibt.

[342] Etwa *Damian*, Staatenimmunität und Gerichtszwang, S. 180; *Kren Kostkiewicz*, Staatenimmunität im Erkenntnis- und im Vollstreckungsverfahren nach schweizerischem Recht, S. 556; *Schreuer*, State Immunity, S. 159; *Schütze*, Rechtsverfolgung im Ausland, Rn. 99; *Webb*, in: Evans (Hrsg.), International Law, S. 316, 337 f.

[343] *Patrikis*, University of Illinois Law Review (1982) 265, 286; *Lee*, 41 Columbia Journal of Transnational Law (2003) 327, 373 f.; ganz ähnlich *Nobumori*, 125 Banking Law Journal (2008) 885, 888.

[344] *Nobumori*, 125 Banking Law Journal (2008) 885, 887.

ckungsgewalt ausgenommen sind, die Teil der Währungsreserven[345] bzw. des zu währungspolitischen Zwecken gehaltenen Vermögens[346] sind.

Darüber hinaus herrscht weit weniger Klarheit. Symptomatisch ist folgende Aussage von *Kren Kostkiewicz*:

„Im allgemeinen werden auch Währungsreserven als hoheitliche Zwecke dienend von der Vollstreckung ausgenommen. Die anderen Guthaben, die als Finanzvermögen eines Staates qualifiziert werden können, sollen einer Vollstreckung zugänglich sein."[347]

Deutlicher wird eine Stellungnahme in der Harvard Law Review, die sich vor allem zu der Rolle der Zentralbanken während der jüngsten Finanzkrise äußert.[348] Gemeinsamkeit der von Zentralbanken in der Krise verwendeten Instrumente sei danach ihre hoheitliche Funktion. Gerade in Krisenfällen würden Währungsreserven als „Sicherheitsnetz"[349] gebraucht, um den Verfall der eigenen Währung zu verhindern und die Zahlungsfähigkeit aufrecht zu halten. Der währungspolitische Zweck der Reserven verlange Immunität.[350] Nicht weniger Ausdruck von Hoheitsgewalt sei die Durchführung der Geldpolitik durch Beeinflussung der Marktliquidität in Form von Geschäften auf den Finanzmärkten.[351] Die Bereitstellung von Liquidität in Form von Nothilfen sei ebenfalls essentiell für die Überwindung der Krise.[352] Als hoheitlich müssen demnach auch Maßnahmen zur Aufrechterhaltung der Stabilität des Finanzsystems gewertet werden. Mit der Zuordnung der Ziele Geldpolitik, Währungspolitik und Finanzstabilität zu dem Bereich der Hoheitsausübung wird die Immunität nicht weniger als auf sämtliche Kernfunktionen moderner Zentralbanken und damit auf den ganz überwiegenden Teil der Aktivitäten von Zentralbanken erstreckt.

---

[345] *Gutzwiller*, ZSR 2002, 121, 129 ff.; *Krauskopf/Steven*, WM 2000, 269, 278 f.; *Aden*, Internationales privates Wirtschaftsrecht, S. 46; *Schack*, Internationales Zivilverfahrensrecht, Rn. 185; *Esser*, Klagen gegen ausländische Staaten, S. 259; *Pullen*, Die Immunität von Staatsunternehmen im zivilrechtlichen Erkenntnis- und Vollstreckungsverfahren, S. 255 f.; *Stein*, IPRax 1984, 179, 182.

[346] *Szodruch*, Staateninsolvenz und private Gläubiger, S. 390; *von Lewinski*, Öffentlichrechtliche Insolvenz und Staatsbankrott, S. 525; *Weller*, RPfleger 2006, 364, 369; *von Schönfeld*, NJW 1986, 2980, 2986.

[347] *Kren Kostkiewicz*, Staatenimmunität im Erkenntnis- und im Vollstreckungsverfahren nach schweizerischem Recht, S. 556.

[348] Auch wenn zweifelhaft ist, ob diese *Note* der Harvard Law Review eine Lehrmeinung eines der fähigsten Völkerrechtler darstellt.

[349] *Note*, 124 Harvard Law Review (2010) 550, 568.

[350] *Note*, 124 Harvard Law Review (2010) 550, 567.

[351] *Note*, 124 Harvard Law Review (2010) 550, 569.

[352] *Note*, 124 Harvard Law Review (2010) 550, 564.

(2) Vollstreckbares Zentralbankvermögen

Der Bereich auf der anderen Seite der Grenzlinie, also Vermögensgegenstände mit nichthoheitlichem Charakter, wird häufig nicht näher mit Beispielen bedacht. So erläutert *Kren Kostkiewicz* nicht weiter, welche Vermögenswerte als Finanzvermögen anzusehen sind. In den spärlichen Stellungnahmen in der Literatur werden zusammengenommen drei Fallgruppen genannt. So findet sich die nicht näher begründete Aussage, dass Gelder dann keine hoheitliche Widmung aufwiesen, wenn sie aus staatlichen Kapitalverkehrskontrollen resultierten, was verwundert, weil die Quelle der Gelder nichts über ihre Verwendung aussagt.[353]

Daneben sollen Vermögenswerte, die Zentralbanken im Zusammenhang mit gewöhnlichen Bankgeschäften verwenden, um den Staatshandel mit dem Ausland abzuwickeln, eindeutig einen wirtschaftlichen Charakter aufweisen. Forderungen aus Bankgarantien oder aus von Zentralbanken begebenen Akkreditiven im Zusammenhang mit Wirtschaftsgeschäften des Staates sollen immunitätsfreies Vermögen darstellen.[354] In der Hinsicht großzügiger fällt die Einordnung von *Patrikis* aus. Sofern die Zentralbank zwar gewöhnliche Bankdienstleistungen, diese aber für den Mutterstaat und andere staatliche Einrichtungen erbringe, handele sie in Ausübung von Hoheitsgewalt. Erst wenn diese gegenüber Privaten geschäftlich tätig würden, solle der Immunitätsbereich enden.[355]

Die dritte Gruppe von Vermögen, über die sich die nationale Gerichtsbarkeit erstrecken soll, betrifft Staatsfonds. Je nach Ausgestaltung könne ihnen eine volkswirtschaftliche Rolle zukommen, die als Ausübung hoheitlicher Funktionen des Staates zu bewerten sei.[356] Halten dagegen Zentralbanken Vermögensmittel in Fonds, die in erster Linie der Vermögensmehrung, ultimativ aber anderen, noch nicht näher konkretisierten Zwecken dienen, wird ihnen ein hoheitlicher Charakter und folglich eine Immunität abgesprochen.[357]

---

[353] *Aden*, Internationales privates Wirtschaftsrecht, S. 46.
[354] *Gutzwiller*, ZSR 2002, 121, 134.
[355] *Patrikis*, University of Illinois Law Review (1982) 265, 277.
[356] Etwas nebulös heißt es bei *Slawotsky*, 11 University of Pennsylvania Journal of Business Law (2009) 967, 1000: „The very nature of the SWF investments may correlate with intrinsically public functions, such as adjusting or modifying core economic responsibilities of the sovereign."
[357] *Van Aaken*, in: Peters/Lagrange/Oeter u. a. (Hrsg.), Immunities in the Age of Global Constitutionalism, S. 131, 175; *Meester*, 20 European Business Law Review (2009) 779, 815; diese Sichtweise nur andeutend *Fox/Webb*, The Law of State Immunity, S. 524; kritisch sieht die Vollstreckungsimmunität von Staatsfonds auch *Gaukrodger*, Foreign State Immunity and Foreign Government Controlled Investors, 2010, 26.

(3) Abweichende Konzepte von Schütze und Gutzwiller

Schütze übersetzt die funktionale Unterscheidung zwischen hoheitlichen und nichthoheitlichen Zentralbankaufgaben in das Konzept der „unmittelbaren Zentralbankenaufgaben", das der österreichische OGH in einer Entscheidung für die immunitätsrechtliche Bewertung der Tätigkeit der schweizerischen Zentralbank übernommen hat.[358] Zu den unmittelbaren Zentralbankenaufgaben zählt er „die Notenausgabe oder die Steuerung des Geldverkehrs" und setzt ihnen „reine[n] Bankgeschäfte[n] wie der Auslegung von Akkreditiven oder der Erstellung von Bankbürgschaften" entgegen.[359] Unklar bleibt, was genau unmittelbare von bloß mittelbaren Zentralbankenaufgaben unterscheiden soll. Der Ausschluss der reinen Bankgeschäfte und dazu dienender Vermögenswerte von der Immunität hilft nicht weiter und deckt sich im Übrigen mit dem etwa von *Patrikis*[360] geäußerten Verständnis nichthoheitlicher Verwendungszwecke.

Wenig überzeugend fällt auch die Auslegung der hoheitlichen Verwendungszwecke von *Gutzwiller* aus. Er gesteht zu, dass Vermögensmittel von Zentralbanken sich grundsätzlich in immune und nicht-immune Gegenstände unterteilen können. Er führt eine stark vereinfachende Abgrenzung ein, indem er Vermögensmittel mit hoheitlicher Zweckbestimmung mit Währungsreserven gleichsetzt. Zudem geht er davon aus, dass einige Zentralbanktypen, nämlich die Institute der westlichen Länder, die sich auf die Geld- und Währungspolitik beschränken, „ausschließlich im hoheitlichen Bereich, iure imperii, tätig [sind] und [...] sich daher stets auf die völkerrechtliche Immunität berufen [können]".[361] In der Folge müsse die Frage nach dem Vorliegen von Währungsreserven „überhaupt nur für Zentralbanken von Staatshandelsländern, d. h. von Ländern, in denen der Außenhandel zumindest teilweise durch vom Staat beherrschte Organisationen abgewickelt wird", entschieden werden.[362] Die Auffassung kann schon im Ansatz nicht überzeugen. Die oben durchgeführte Untersuchung hat gezeigt, dass Währungsreserven nicht die einzigen ausländischen Vermögenswerte westlicher Zentralbanken darstellen. Ob diese anderen Vermögenswerte im Einzelnen eine hoheitliche Zweckverwendung aufweisen, lässt sich ohne nähere Untersuchung nicht feststellen.

---

[358] OGH Österreich, *Schweizerische Nationalbank I*, Ent. v. 17.08.2016, Rs. 8 Ob 68/16g.
[359] *Schütze*, Rechtsverfolgung im Ausland, Rn. 99.
[360] *Patrikis*, University of Illinois Law Review (1982) 265, 277.
[361] *Gutzwiller*, ZSR 2002, 121, 133.
[362] *Gutzwiller*, ZSR 2002, 121, 134.

6. Würdigung der untersuchten Staatenpraxis

a) Zusammenhang zwischen Zentralbankautonomie und Immunität

Die Unabhängigkeit der Zentralbanken stellt nach dem derzeitigen Stand der Staatenpraxis keine Gefahr für ihre Immunität dar. Nicht nur hat sich die Rechtsprechung der nationalen Gerichte bei der Beurteilung der Vollstreckungsimmunität von Zentralbanken von einer Betrachtung des organisatorischen Status gelöst und stört sich damit nicht mehr an einer rechtlichen Selbstständigkeit der Institute. Auch gewährleisten sämtliche Konventionstexte und nationale Immunitätskodifikationen, dass Zentralbanken unabhängig von ihrer rechtlichen Stellung in den Kreis der Immunitätsträger einbezogen werden.[363] Entweder unterfallen rechtlich selbstständige Institute hinreichend sicher der Definition der Immunitätsträger[364] oder die gesetzlichen Regelungen schließen, wie im Vereinigten Königreich,[365] in Australien[366] oder Japan[367] Zweifel von vornherein aus, indem sie ausdrücklich anordnen, dass Zentralbanken unabhängig von ihrer rechtlichen Organisation einem fremden Staat gleichzustellen sind. Ein dritter Regelungsweg besteht darin, eine Bestimmung mit verstärktem Immunitätsschutz für Zentralbanken vorzusehen, die ohne Ansehung des organisatorischen Status gilt. Nicht anders gehen die speziell für die Immunität von Zentralbanken geschaffenen Gesetze vor.[368] In der Folge sind Zentralbanken grundsätzlich ein tauglicher Immunitätsträger.

Im Rahmen der Zentralbankenimmunität lässt sich in manchen Ländern eine Ausdehnung der Immunität feststellen, die auf die betroffene Rechtspersönlichkeit keine Rücksicht nimmt. Nach einem vollstreckungsrechtlichen Grundprinzip haftet in Vollstreckungsverfahren allein das Vermögen des Vollstreckungsschuldners. Die vollstreckungsrechtliche Haftung ist demnach stets auf einen bestimmten Rechtsträger bezogen.[369] In gleicher Weise knüpft die Vollstreckungsimmunität stets an einen bestimmten Rechtsträger an.

Einige Spezialgesetze zur Immunität von Zentralbanken brechen mit diesem Prinzip und überspielen die rechtliche Verselbstständigung der Zentralbanken

---

[363] Die Möglichkeit, dass Zentralbanken nicht die Voraussetzungen des Sec. 1603(b) FSIA US und Art. 2(b) UN-Immunitätskonvention erfüllen und damit aus dem Staatsbegriff und dem Kreis der Immunitätsberechtigten herausfallen, dürfte eher theoretischer Natur sein.

[364] So sind etwa Zentralbanken in der ein oder anderen Form etwa als den „agencies or instrumentalities of the State or other entities" i. S. v. Art. 2(1)(b)(iii) UN-Immunitätskonvention zuzuordnen.

[365] Sec. 14(4) SIA UK.

[366] Sec. 35(1) FSIA Australien.

[367] Art. 19(1) Immunitätsgesetz Japan.

[368] Vgl. etwa Art. 2 Immunitätsgesetz China, siehe oben S. 204 Fn. 199.

[369] Zum deutschen Recht siehe oben S. 44.

vom Staat. So schützt das französische Gesetz zur Vollstreckungsimmunität von Zentralbanken nicht nur das eigene Vermögen der Zentralbanken, sondern auch das Vermögen, das ein fremder Staat bei der Zentralbank hält. In der Folge erstreckt sich der auf Zentralbanken bezogene Immunitätsschutz auch auf Vermögen anderer Rechtsträger und lässt eine rechtliche Trennung von Zentralbank und fremdem Staat unbeachtlich werden.[370] In gleicher Weise genügt für den Immunitätsschutz nach dem Unabhängigkeitsgesetz der *Banco d'Espana*,[371] dass eine fremde Zentralbank Vermögen besitzt oder verwaltet, ohne dass es der Zentralbank rechtlich als ihr Vermögen zugeordnet ist. In dieser Missachtung der vollstreckungsrechtlichen Zuordnung zu einem bestimmten Rechtssubjekt steht die bereits an mehreren Stellen zu beobachtende Funktionalisierung der Vollstreckungsimmunität. Der Immunitätsschutz soll sich pauschal auf sämtliches Vermögen erstrecken, das Zentralbanken für ihre Funktionen einsetzen. Diese rechtliche Gestaltung bildet gleichwohl eine Ausnahme im Immunitätsrecht.

b) Immunitätsrechtliche Unangreifbarkeit von Zentralbanken

aa) Umsichgreifende Regelungsvielfalt der Zentralbankenimmunität

Hinsichtlich der sachlichen Reichweite des Immunitätsschutzes von Zentralbanken zeigt sich die Staatenpraxis stark zersplittert und lässt sich nur schwer zu einer einheitlichen völkergewohnheitsrechtlichen Regel zusammenführen. Insbesondere die Proliferation nationaler Immunitätsgesetze in den letzten Jahren hat eine Regelungsvielfalt hervorgebracht, die allein in dem Ziel vereint ist, Zentralbanken durch erkennbare und rechtssichere Immunitätsregelungen zu schützen.

Es sind verschiedene konkurrierende Modelle auszumachen. Einige Staaten legen der Vollstreckungsimmunität nach wie vor die allgemeine Immunitätsregel zugrunde. Zahlreiche Rechtsordnungen auf dem europäischen Kontinent verweigern Zentralbanken einen erhöhten Immunitätsschutz und beschränken die Zurücknahme ihrer Gerichtsgewalt allein auf Vermögen mit hoheitlicher Zwecksetzung. Einige Länder, wie die Schweiz und Belgien, haben sich mit erlassenen Gesetzesregelungen erst in jüngster Vergangenheit bewusst gegen eine Ausweitung der Zentralbankenimmunität entschieden. Aber auch außereuropäische Rechtsordnungen, namentlich Australien und Kanada, gestehen Zentralbanken gegenüber anderem Staatsvermögen keinen erhöhten Immunitätsschutz zu.

Eine vor allem in letzter Zeit wachsende Zahl an Ländern stützt einen gegenläufigen Trend und stellt Zentralbankvermögen mit unterschiedlicher Intensität

---

[370] Article L153-1 Abs. 1 Code monétaire et financier, dazu oben auf S. 197 ff.
[371] Siebter Zusatz zum Ley 13/1994 de Autonomía del Banco de España Abs. 1 S. 2, vgl. dazu oben auf S. 195.

unter eine besondere Immunisierung. Am weitesten reicht der Schutz nach dem Modell des britischen Immunitätsgesetzes, das in der UN-Immunitätskonvention nachgebildet wurde und daran anschließend auch von anderen Staaten als Vorlage für nationale Gesetze herangezogen wurde. Danach genießen die Vermögensmittel einen Immunitätsschutz, der allein durch einen Verzicht überwunden werden kann. Ein absoluter Immunitätsschutz findet sich beispielsweise auch in Slowenien; er ist aber allein auf die offiziellen Währungsreserven beschränkt.

Eine weitere Variante einer absoluten Vollstreckungsimmunität verfolgen China, Russland und Argentinien. Die dortigen Gesetze machen die Freistellung von der nationalen Gerichtsbarkeit von einer Reziprozitätsbehandlung in dem betroffenen ausländischen Staat abhängig, was die Reichweite der Zentralbankenimmunität wenig vorhersehbar gestaltet.

Ein letztes Modell nimmt Zentralbanken von der allgemeinen Regel einer bloß auf hoheitliche Vermögenswerte beschränkten Immunität aus. Es erweitert die Vollstreckungsimmunität auf sämtliches Vermögen, das Zwecken dient, die charakteristischerweise von Zentralbanken verfolgt werden. Sie findet sich beispielsweise in Regelungen der USA und Spanien.

bb) Spezialimmunität für Zentralbankvermögen nach geltendem Immunitätsrecht

Die verstärkte Immunisierung von Zentralbankvermögen in Vollstreckungsverfahren entspricht eindeutig einem sich beschleunigenden Trend in der Staatenpraxis. Die 2004 von der UN-Generalversammlung verabschiedete UN-Immunitätskonvention wirkt dabei als Katalysator, weil die überwiegende Mehrheit der Staaten, die in den letzten Jahren gesetzliche Immunitätsregeln geschaffen haben, sich auch für die Vollstreckungsimmunität von Zentralbankvermögen an dem Ansatz der Konvention orientieren. Zudem haben Staaten wie Israel oder Spanien die besondere Immunität für Zentralbanken übernommen, obwohl ihre Währungen keine weltweite Bedeutung einnehmen und ihre Finanzmärkte nicht zu den primären Zielen von Investitionen ausländischer Zentralbanken zählen. Hier liegt die Annahme näher, dass die Gesetze aus der Überzeugung völkerrechtlicher Gebotenheit und aus nicht wirtschaftspolitischer Motivation entsprungen sind. Vor diesem Hintergrund lässt sich von einer sich herausbildenden völkergewohnheitsrechtlichen Regel sprechen.

Dennoch ist der verstärkte Vollstreckungsschutz von Zentralbanken, in welcher Gestalt auch immer, jedenfalls zur Zeit noch nicht zu einer völkergewohnheitsrechtlichen Regel erstarkt. Den Ausgangspunkt bildet das allgemeine Immunitätsregime, von dem die Sonderregel für Zentralbanken abweichen würde. Für eine Änderung der Grundsätze fehlt es mit den Worten des Bundesverfassungsgerichts „an einer Übung, die derzeit noch hinreichend allgemein sowie von der notwendigen Rechtsüberzeugung getragen wäre".[372] Denn eine nicht unbedeutende Zahl von Staaten widerspricht aktuell einem herausgehobenen Vollstreckungsschutz. Die UN-Immunitätskonvention taugt nicht als Beweis für eine entgegengesetzte Beurteilung. Zunächst haben immer noch nicht ausreichend Staaten der Konvention zur Geltung verholfen, so dass sie sich per se nicht als Zeugnis einer geltenden Praxis der Staaten eignet. Hinzu kommt, dass zahlreiche Staaten, nicht allein aus Europa, sich ausdrücklich gegen die besondere Privilegierung von Zentralbanken in Vollstreckungsverfahren in der letztlich verabschiedeten Form entschieden haben. Sie sahen Zentralbankvermögen nicht pauschal als hoheitlichen Zwecken dienend.

Nach Auffassung des IGH muss eine verbreitete und repräsentative Teilnahme an einer Rechtsregel vor allem die Praxis der Staaten einschließen, die besonders betroffen sind.[373] Wenn man davon ausgeht, dass die Rechtsordnungen von der Vollstreckungsimmunität der Zentralbanken besonders betroffen sind, deren Währungen zentraler Bestandteil der weltweiten Währungsreserven ausmachen und deshalb zahlreiche fremde Zentralbanken an ihren Finanzstandorten investieren, bleibt das Bild uneindeutig. Mit Abstand folgt als zweitbedeutendste Reservewährung der Welt der Euro. Den fünftgrößten Anteil der weltweiten Devisenreserven nimmt der Schweizer Franken ein.[374] Somit sind die Rechtsordnungen, in denen die bedeutendsten Finanzstandorte innerhalb der Eurozone beheimatet sind, Frankfurt und Paris, und die Schweiz i. S. d. Aussage des IGH „besonders betroffen". In diesen Rechtsordnungen hebt sich die Vollstreckungsimmunität der Zentralbankvermögen aber nicht von anderen Vermögenswerten ab. Auch wenn die Praxis der übrigen Staaten, die die bedeutendsten Reservewährungen stellen, USA, Großbritannien, Japan und China, in die entgegengesetzte Richtung weist, schließt der Widerspruch kontinentaleuropäischer Praxis die Annahme einer verbreiteten und repräsentativen Teilnahme an der Rechtsregel besonderer Zentralbankenimmunität aus.

Ein weiteres Argument, das bereits oben genannt wurde, stützt dieses Ergebnis. Wie der IGH in seiner *North Sea Continental Shelf*-Entscheidung herausstellt, kann das Rechtsbewusstsein völkerrechtlicher Gebotenheit nicht vorbehaltslos aus der tatsächlichen Übung geschlossen werden, sondern erfordert darüber hinausreichende Umstände.[375] Ausschlaggebender Beweggrund für die

---

[372] BVerfG, NJW 1978, 485, 487.
[373] Internationaler Gerichtshof (IGH), *The North Sea Continental Shelf Case*, I.C.J. Reports 3, 43 (1969).
[374] *IWF*, Annual Report 2018, Appendix I: International Reserves, 2.
[375] Internationaler Gerichtshof (IGH), *The North Sea Continental Shelf Case*, I.C.J. Reports 3, 45 f. (1969).

immunitätsrechtliche Privilegierung in den einflussreichsten Immunitätskodifikationen in den USA und in Großbritannien war und ist jedoch nicht die Überzeugung rechtlicher Gebotenheit, sondern das politische Ziel, die heimischen Finanzstandorte für Zentralbankinvestitionen attraktiver zu gestalten. Der Erlass des chinesischen Immunitätsgesetzes erfolgte Jahrzehnte nach den ersten nationalen Immunitätskodifikationen; das leitende Motiv war aber das Gleiche. Zudem ist die US-amerikanische Regierung von dem hauptsächlich wirtschaftspolitischen Telos auch in jüngerer Vergangenheit nicht abgerückt.[376] Die Unsicherheit über das Vorliegen der erforderlichen opinio iuris vel necessitatis schmälert zusätzlich die Aussagekraft des auf eine besondere Immunisierung von Zentralbanken weisenden Brauchs in der Völkerrechtspraxis.

cc) Desiderat verstärkter Zentralbankenimmunität in der Staatenpraxis

Auch wenn der Trend weltweit in eine andere Richtung weist, ist ein besonders hoher Immunitätsschutz für Zentralbankvermögen in der Sache nicht gerechtfertigt. Ohne Frage nehmen Zentralbanken eine elementare Stellung in den nationalen Wirtschafts- und Finanzsystemen ein, indem sie die Verantwortung dafür tragen, die Grundbedingungen des wirtschaftlichen Wohlergehens eines Landes, wie eine stabile Währung und reibungslose Zahlungsmöglichkeiten, zu gewährleisten. Ihre auswärtigen Vermögenswerte sind auch gewöhnlich Ausprägung dieser grundlegenden Staatsfunktionen.

Wie oben gesehen verbirgt sich hinter Zentralbanken ein unscharfes Konzept, das von einem Kern wesensbildender Funktionen ausgeht, gleichzeitig aber Institutionen umfasst, die im Einzelnen sehr unterschiedliche und vor allem auch solche Aufgaben wahrnehmen, die sich in ihrer Zielsetzung nicht von Aktivitäten von Geschäftsbanken oder Investitionsgesellschaften unterscheiden.[377] Vor diesem Hintergrund geht es nicht an, von vornherein sämtliche Zentralbankvermögen pauschal eine hoheitliche Zweckverwendung zu attestieren. Insbesondere wenn Zentralbanken Staatsfonds halten, die in erster Linie auf eine Wertsteigerung des Vermögens abzielen, ist der Ausschluss von Vollstreckungsmöglichkeiten für Gläubiger nicht nachvollziehbar.[378]

Eine absolute Vollstreckungsimmunität von Zentralbankvermögen wie im britischen State Immunity Act, die in ganz ähnlicher Form Eingang in die UN-Immunitätskonvention gefunden hat, um es mit den Worten *Schreuers* zu sagen,

---

[376] Siehe oben S. 174.
[377] *Geimer/Geimer/Geimer*, Internationales Zivilprozessrecht, Rn. 626a, sowie die Stellungnahmen einzelner Länder im Rahmen der Erarbeitung der UN-Immunitätskonvention, oben S. 163 f.
[378] Ebenso *Fox/Webb*, The Law of State Immunity, S. 524.

„goes one step too far".³⁷⁹ Seiner Begründung „There is the distinct danger that this provision will be abused by States and States enterprises hiding commercial assets in accounts kept in the name of central banks", lässt sich nicht widersprechen.³⁸⁰ Ein besonderer Immunitätsschutz für Konten vermittelt Staaten Anreize, Vollstreckungen in zentralbankferne Vermögen durch eine Verschiebung der Vermögen auf Zentralbankkonten zu vereiteln. Staaten könnten ihren gesamten Zahlungsverkehr über Zentralbankkonten laufen lassen und damit sämtliche Vermögenswerte immunisieren. Dass sich Staaten tatsächlich in dieser Form opportunistisch verhalten, hat Argentinien unter Beweis gestellt, als es Pfändungen seiner Vermögenswerte dadurch zuvorgekommen ist, indem es Gelder aus den USA auf Konten der BIZ in der Schweiz, die an einem besonders undurchdringlichen Immunitätsschutz teilnehmen, transferierte.³⁸¹

Den gerechtfertigten Bedürfnissen der Zentralbanken nach einem effektiven Schutz der Ausübung ihrer essentiellen Aufgaben vor Beeinträchtigungen durch Vollstreckungsversuche kann auch über das Merkmal des hoheitlichen Verwendungszwecks und die Ausgestaltung des Beweisregimes Rechnung getragen werden.

c) Bestimmung hoheitlicher Vermögenswerte

Lässt sich demnach keine Regel des Völkergewohnheitsrechts nachweisen, nach der es Staaten verwehrt ist, ausländischen Zentralbanken von nationalen Vollstreckungsverfahren in dem üblichen Maße freizustellen, indem Vermögensgüter fremder Staaten allgemein Immunität genießen, kommt es auf die Unterscheidung zwischen hoheitlichem und nicht-hoheitlichem Zentralbankvermögen an. Wie oben herausgearbeitet, ist für die Abgrenzung der Immunitätsreichweite so weit wie möglich auf Kriterien zurückzugreifen, die das Völkerrecht zur Verfügung stellt. Eine übereinstimmende Staatenpraxis und eine hinreichend eindeutige Aussage, in welchen Fällen zentralbankliche Vermögenswerte über einen hoheitlichen Charakter verfügen, kann dem Völkerrecht allenfalls nur in sehr schmalen Bereichen entnommen werden. Bestimmte von Zentralbanken wahrgenommene Funktionen werden in der Staatenpraxis wiederholt und mit einem großen Grad an Übereinstimmung als hoheitlich eingestuft. Allerdings gründet diese Beurteilung auf der Staatenpraxis eines sehr beschränkten Kreises an Staaten.

---

³⁷⁹ *Schreuer*, State Immunity, S. 159.
³⁸⁰ *Schack*, Internationales Zivilverfahrensrecht, Rn. 187; *Szodruch*, Staateninsolvenz und private Gläubiger, S. 390.
³⁸¹ Siehe oben S. 153 Fn. 351.

aa) Einmütige Beurteilung der Hoheitlichkeit von Währungsreserven

Abstrakte einheitliche Kriterien für die Abgrenzung in dem speziellen Bereich von Zentralbankvermögen können den immunitätsrechtlichen Stellungnahmen in der Staatenpraxis nicht entnommen werden. Eine einheitliche Bewertungspraxis zeigt sich aber bei bestimmten Vermögenskategorien. Nationale Gesetze, die Rechtsprechungspraxis der nationalen Gerichte wie auch das Schrifttum weisen darauf hin, dass jedenfalls Währungsreserven fremder Zentralbanken als Vermögensgüter mit hoheitlicher Zweckverwendung einzuordnen sind.

Das slowenische[382] und spanische[383] Zentralbankengesetz beschränken den Immunitätsschutz in Vollstreckungsverfahren jeweils ausdrücklich allein auf die (offiziellen) Währungsreserven fremder Staaten. Die französische und die belgische Gesetzesregelung nennen Währungsreserven explizit als Beispiele für immune Vermögenswerte von Zentralbanken.[384] Das Herausgreifen dieser Vermögensgüter lässt auf die Annahme schließen, dass das Halten der Währungsreserven jedenfalls als notwendige vom Staat auszuführende Hoheitsaufgabe verstanden wird, die es durch Vollstreckungsimmunität zu schützen gilt. Der Bundesgerichtshof judizierte unmissverständlich in seinem Urteil zur Vollstreckung in die bei der deutschen Bundesbank liegenden Währungsreserven der Mongolei: „Die auf ausländischen Konten verwalteten Währungsreserven eines Staates dienen hoheitlichen Zwecken", und berief sich dafür auf die NIOC-Entscheidung des Bundesverfassungsgerichts.[385] Gerichte anderer Staaten ordnen Währungsreserven ebenfalls den immunen Hoheitsbereich zu. Das ließ das Bundesgericht etwa in seiner Entscheidung *Central Bank of Syria c. Koncar Elektroindustrija* ebenso erkennen[386] wie der englische High Court of Justice, Queens Bench Division in der Entscheidung *Crescent Oil and Shipping Services, Ltd. v. Banco Nacional e Angola*.[387]

---

[382] Siehe oben S. 203.
[383] Siehe oben S. 195.
[384] In Abs. 1 von Artikel L.153-1 des französischen Code monétaire et financier heißt es: „notamment les avoirs de réserves de change". Art. 1412quater des belgischen Code judiciaire enthält die Formulierung „les avoirs de toute nature, dont les réserves de change".
[385] BGH, NJW-RR 2013, 1532, 1533.
[386] In den unveröffentlichten Entscheidungen Schw. Bundesgericht, *Central Bank of Syria c. Koncar Elektroindustrija*, Ent. v. 25.06.2008, Rs. 5A_92/2008 (unveröffentlicht), rügt das Bundesgericht, dass die Behauptung der syrischen Zentralbank, bei den mit einem Arrest belegten Vermögensgütern handele es sich um Währungsreserven bzw. Vermögenswerte zur Währungsdeckung, nicht in hinreichender Weise bewiesen wurde. Auf die Frage der Beweisbarkeit hätte das Gericht nicht eingehen müssen, wenn Währungsreserven grundsätzlich nicht als hoheitlichen Zwecken dienend angesehen werden.
[387] High Court, QBD, *Crescent Oil and Shipping Services Ltd. v. Banco Nacional de Angola et al.*, Ent. v. 28.05.1999 (unveröffentlicht), mitgeteilt bei Proctor, 15 Butterworths Journal

Nur wenige Gerichtsentscheidungen erhellen, welche Einzelfunktionen den hoheitlichen Gesamtcharakter der Währungsreserven begründen. Der Bundesgerichtshof führt seine Einordnung der Währungsreserven als hoheitlich genutztes Vermögen auf ihre Verwendung zur Beeinflussung des Außenwerts der eigenen Währung, ihre Verwendung als Reserve in Zeiten der Devisenknappheit und auf ihren Zweck, die Finanzstabilität durch eine ungestörte Abwicklung des Auslandszahlungsverkehrs zu sichern, zurück.[388] Auch der U.S. Court of Appeals, Second Circuit, begründete die Freistellung der Währungsreserven des argentinischen Staates von der US-amerikanischen Gerichtsbarkeit detailliert. In seiner Entscheidung *EM LTD et al v. The Republic of Argentina* sah das Gericht in dem Einsatz der Währungsreserven zur Steuerung des Wertes der Währung und zur Regulierung der Mindestreserven der Geschäftsbanken bei der Zentralbank paradigmatische Zentralbankenfunktionen und zugleich klassische Funktionen des Staates.[389]

Übereinstimmende Schnittmenge der Urteile bildet die Wertung, dass die Kontrolle und Steuerung des Außenwerts der eigenen Währung über Währungsreserven jedenfalls stets Ausübung von Hoheitsgewalt bedeutet. Nicht anders sieht es der U.S. Court of Appeals, Fifth Circuit, der in seiner Entscheidung *De Sanchez v. Banco Central de Nicaragua* die Regulierung und Kontrolle von Fremdwährungen als „one aspect of a government's sovereign function of regulating the monetary system" bezeichnete.[390]

Die (vermeintliche) Rechtssicherheit wird allerdings dadurch relativiert, dass der Begriff der Währungsreserven in Teilen unscharf ist.[391] Die vorgenannten Wertungen können jedenfalls genutzt werden, um die Vollstreckungsimmunität in Zweifelsfällen zu bestimmen.

bb) Immunitätsfernes Vermögen bei gewöhnlichen Bankdienstleistungen

Auch in einem zweiten Sachbereich zeigt sich ein deutliches Maß an Übereinstimmung bei der Beurteilung zentralbanklicher Tätigkeit in den einzelnen Staaten. Als die nigerianische Zentralbank in den siebziger Jahren des vergangenen

---

of International Banking and Financial Law (2000) 70, 74; auch Court of Appeal, *Koo Golden East Mongolia v. Bank of Nova Scotia* [2008] Q.B. 717, 733.

[388] BGH, NJW-RR 2013, 1532, 1533.

[389] U.S. Court of Appeals, 2nd Circuit, *NML Capital v. Banco Central de la Republica Argentina*, 652 F.3d 172, 195 (2011) unter Verweis auf U.S. Court of Appeals, 2nd Circuit, *Filler v. Hanvitt Bank et al.*, 378 F.3d 213, 217 (2004).

[390] U.S. Court of Appeals, 5th Circuit, *De Sanchez v. Banco Central de Nicaragua*, 770 F.2d. 1385, 1393 f. (1985).

[391] Siehe oben S. 58 und *Krauskopf/Rötting*, 30 Banking and Finance Law Review (2015) 303, 306.

Jahrhunderts[392] Akkreditive zur Zahlung von Zementlieferungen ausstellte, waren sich sämtliche Gerichte, die in den verschiedenen Ländern über Klagen der Gläubiger zu entscheiden hatten, einig, dass es sich um gewöhnliche Bankdienstleistungen gegenüber Privaten und damit privatwirtschaftliche Tätigkeiten der Zentralbank handele.[393] Zwar waren die Kriterien für die Immunitätsbewertung zu dieser Zeit nur wenig gefestigt. Der Sichtweise, Bankdienstleistungen der Zentralbanken zur Abwicklung des Außenhandels von privaten Unternehmen als nicht-hoheitliche Funktionen einzustufen, haben sich nationale Gerichte danach aber wiederholt angeschlossen. Das OLG Frankfurt a. M. urteilte beispielsweise, dass „grundsätzlich allgemeine Konten des ausländischen Staates, über die er seine Handelsgeschäfte abwickelt, dem Vollstreckungszugriff offen [stehen]".[394] In den USA hat sich die Auffassung durchgesetzt, dass jedenfalls gegenüber Privaten erbrachte Bankgeschäfte nicht der Immunität der Zentralbanken unterfallen.[395]

7. Verzicht auf die Vollstreckungsimmunität von Zentralbanken

a) Rechtstatsächliche Bedeutung des Immunitätsverzichts

Jede Immunität ist unabhängig von ihrer Ausgestaltung durch einen Verzicht überwindbar. Denn kraft seiner Souveränität kann jeder Staat uneingeschränkt über das ihm völkerrechtlich zugestandene Privileg[396] disponieren. Rechtsfolgen entfaltet ein Immunitätsverzicht nur in Bereichen, in denen ohnehin Immunität besteht; für nichthoheitlich genutzte Vermögensgüter wirkt eine Verzichtserklä-

---

[392] Siehe oben S. 211 und S. 175.
[393] LG Frankfurt a. M., AVR 1978, 448, 450, betraf die Immunität im Erkenntnisverfahren; U.S. Court of Appeals, 2nd Circuit, *Texas Trading & Milling Corp. v. Federal Republic of Nigeria*, 647 F.2d 300, 310 (1981); Court of Appeal, *Trendtex Trading Corporation v. Central Bank of Nigeria* [1977] 1 Q.B. 529, 566 ff.; ferner *Gramlich*, RabelsZ 45 (1981), 545, 546 ff.
[394] OLG Frankfurt, Ent. v. 03.08.2000, Rs. 26 W 82/2000 (unveröffentlicht).
[395] U.S. District Court, S.D.N.Y., *Banque Compafina v. Banco de Guatemala*, 583 F.Supp 320, 321 (1984); U.S. District Court, S.D.N.Y., *Weston Compagnie de Finance et D'investissement v. La Republica del Ecuador*, 823 F.Supp 1106, 1112 (1993); U.S. District Court, District of Columbia, *Banco Central de Reserva de Peru v. The Riggs National Bank of Washington*, 919 F. Supp 13, 16 (1994); U.S. Court of Appeals, 2nd Circuit, *Texas Trading & Milling Corp. v. Federal Republic of Nigeria*, 647 F.2d 300, 1223 (1981); U.S. Court of Appeals, 2nd Circuit, *NML Capital v. Banco Central de la Republica Argentina*, 652 F.3d 172, 194 (2011).
[396] *Schaumann*, in: Deutsche Gesellschaft für Völkerrecht, Arbeiten der 2. Studienkommission (Hrsg.), Die Immunität ausländischer Staaten nach Völkerrecht und deutschem Zivilprozessrecht, S. 1, 27.

rung an sich bloß klarstellend.³⁹⁷ Wegen der Beweisschwierigkeiten wird erst ein wirksamer Immunitätsverzicht, unabhängig davon, welches Vermögen betroffen ist, rechtssicher den Weg für einen Vollstreckungszugriff auf Zentralbankvermögen bahnen. Allein bei einer wirksamen Zustimmung zur Vollstreckung kann sich der Gläubgier tatsächlich darauf verlassen, dass er vollstreckbares Zentralbankvermögen vorfinden wird.

Und Verzichtserklärungen eines Schuldnerstaates kommen in der Praxis häufig vor. Beispielsweise finden sich Verzichtserklärungen im Hinblick auf die Vollstreckungsimmunität standardmäßig in den Bedingungen von Staatsanleihen.³⁹⁸ Nach deutschem Recht begebene Staatsanleihen Argentiniens, die in den vergangenen Jahren vielfach Gerichtsverfahren ausgelöst haben, enthielten beispielsweise folgende Regelung:

„In dem Ausmaß, in dem die Republik [Argentinien] derzeit oder zukünftig Immunität (aus hoheitlichen oder sonstigen Gründen) von der Gerichtsbarkeit irgendeines Gerichts oder von irgendeinem rechtlichen Verfahren (ob bei Zustellung, Benachrichtigung, Pfändung, Vollstreckung oder in sonstigem Zusammenhang) in Bezug auf sich selbst oder ihre Einkünfte, ihr Vermögen oder Eigentum besitzt oder erwerben sollte, verzichtet die Republik hiermit unwiderruflich auf eine solche Immunität in Bezug auf ihre Verpflichtungen aus den Schuldverschreibungen in dem Umfang, in dem sie dazu gemäß anwendbarem Recht berechtigt ist."³⁹⁹

Ob solche Erklärungen allerdings auch gegenüber Zentralbankvermögen in Vollstreckungsverfahren Wirkung entfalten, entscheidet sich, abgesehen von der Frage, ob die Zentralbank des betroffenen Staates materiell-rechtlich der richtige Schuldner ist, vor allem an zwei Punkten: Da Zentralbanken in der Regel als unabhängige Einrichtungen des fremden Staates organisiert sind, kommt es darauf an, ob die Verzichtserklärung des Staates gleichfalls die Zentralbank bindet. Zum anderen stellt sich die Frage, welche inhaltlichen Anforderungen an eine Verzichtserklärung zu stellen sind und ob inhaltlich nicht näher konkretisierte Erklärungen für sämtliche Vermögensarten gelten.

b) Kompetenz zur Erklärung des Verzichts

aa) Immunitätsverzicht und die Entscheidungskompetenz des Souveräns

Auch wenn eine Zentralbank rechtliche Unabhängigkeit genießt, begegnet die Kompetenz des Mutterstaates, auf die Immunität ihrer Zentralbank zu verzichten, dogmatisch keinen Bedenken. Denn Immunität ist Ausfluss der staatlichen Souveränität. Träger der Souveränität ist das Völkerrechtssubjekt Staat. Die Im-

---

[397] BVerfG, NJW 2007, 2605, 2607.
[398] *Baars/Böckel*, ZBB 2004, 445, 452.
[399] Beispielsweise zitiert in BVerfG, NJW 2007, 2605.

munität rechtlich selbstständiger Einheiten und Untergliederungen des Staates, wie etwa der Zentralbank, speist sich allein aus der Immunität des Staates. Bei einem Immunitätsverzicht entäußert sich der Staat freiwillig eines Teils seiner Souveränität; die Zustimmung zur Zwangsvollstreckung hat einen „Souveränitätsverlust"[400] zur Folge. In der Konsequenz muss der Souveränitätsträger befugt sein, über alle Elemente seines völkerrechtlichen Anrechts zu verfügen, unabhängig davon, welche staatliche organisatorische Einheit sie konkret ausübt. Schließlich genießt ein Staat uneingeschränkte Entscheidungshoheit hinsichtlich seiner inneren Organisation und kann über die Verteilung staatlicher Aufgaben auf die verschiedenen Organisationseinheiten und deren Mittelausstattung nach seinem Belieben disponieren. Das schließt die Kompetenz mit ein, den Vollstreckungszugriff von Gläubigern auf Teile oder die Gesamtheit des Vermögens zuzulassen.

In der immunitätsrechtlichen Staatenpraxis bringen das US-amerikanische und das chinesische Immunitätsgesetz diese Grundsätze am deutlichsten zum Ausdruck. Sec. 1611(b)(1) FSIA US stellt klar, dass sowohl die Zentralbank als auch der Mutterstaat die besondere Immunität von Zentralbanken aufheben können („unless such bank or authority, or its parent foreign government, has explicitly waived its immunity").[401] Die gleiche Regelungsaussage erreicht die UN-Immunitätskonvention stillschweigend dadurch, dass sie nach Art. 2 Abs. 1 (b)(iii) unter den Begriff des Staates auch rechtlich selbstständige Einrichtungen („agencies or instrumentalities of the State or other entities") fasst und einen wirksamen Immunitätsverzicht davon abhängig macht, dass dieser Staat eine entsprechende Erklärung abgegeben hat. Eine Verzichtserklärung des Staates entfaltet so Wirkung für seine gesamten Bestandteile.

Welches innerstaatliche Organ für die Abgabe einer Verzichtserklärung mit Wirkung für den Staat zuständig ist, richtet sich grundsätzlich nach der innerstaatlichen Kompetenzverteilung. Da es sich bei der Verzichtserklärung um eine einseitige Gestaltungserklärung handelt,[402] gelten im Übrigen die völkerrechtlichen Grundsätze, nach denen eine Kompetenz zur Abgabe von Willenserklärungen im völkerrechtlichen Verkehr vermutet wird.[403] Neben den nachweisbar Bevollmächtigten gelten danach die Staatsoberhäupter und die zentralen Organe

---

[400] *Habscheid*, in: Deutsche Gesellschaft für Völkerrecht, Arbeiten der 2. Studienkommission (Hrsg.), Die Immunität ausländischer Staaten nach Völkerrecht und deutschem Zivilprozessrecht, S. 160, 217.

[401] Inhaltlich entsprechend heißt es in Art. 1 des Immunitätsgesetzes Chinas in der englischen Fassung „unless the foreign central banks or the governments of their States waive in written form".

[402] *Damian*, Staatenimmunität und Gerichtszwang, S. 37.

[403] *Von Schönfeld*, NJW 1986, 2980, 2984; *Wefelscheid*, Vollstreckungsimmunität fremder Staaten, S. 144.

des auswärtigen Verkehrs als zur Abgabe von Erklärungen und zum Abschluss von Verträgen befugt.[404] Daneben vermutet die immunitätsrechtliche Staatenpraxis, dass der jeweilige Leiter der örtlichen diplomatischen Mission über die Kompetenz verfügt, wirksam einen Immunitätsverzicht zu erklären.[405]

bb) Verzichtskompetenz der Zentralbank

Obwohl der Immunitätsverzicht die staatliche Souveränität berührt und sich damit auf der Ebene des Völkerrechts auswirkt, hat sich die Staatenpraxis aus praktischen Erwägungen weitgehend von den strengen formellen Anforderungen für völkerrechtliche Willenserklärungen gelöst und insbesondere den Kreis der für eine Verzichtserklärung zuständigen staatlichen Organe ausgeweitet. In der Folge kann jedes Organ und jede staatliche Einheit im Hinblick auf den eigenen Aufgabenbereich und die dazu verwendeten Vermögensmittel sich wirksam der Gerichtsbarkeit des fremden Staates unterwerfen. In der UN-Immunitätskonvention ist die Reichweite staatlicher Verzichtskompetenz zwar nicht ausdrücklich geregelt, sie lässt sich aber aus dort vorgesehenen möglichen Verzichtsformen schließen. Art. 18(a) und 19(a) der Konvention sehen vor, dass sich ein Staat nicht nur durch einen völkerrechtlichen Vertrag, sondern auch im Wege einer Schiedsvereinbarung oder eines privatrechtlichen Vertrags in Schriftform oder durch Erklärung gegenüber dem Gericht seiner Vollstreckungsimmunität begeben kann.[406] Daraus folgt, dass die staatliche Entität, die den Vertrag schließt oder an dem Rechtsstreit beteiligt ist, auch wirksam für den betroffenen Bereich über die Vollstreckungsimmunität disponieren kann.

Das Völkerrecht gesteht damit einer fremdstaatlichen Zentralbank die Befugnis zu, über die Reichweite der Vollstreckungsimmunität ihres eigenen Vermögens selbstständig zu verfügen.[407] Die eigenständige Dispositionsbefugnis ist vorbehaltlich einer anderweitigen Bevollmächtigung auf die ihr zugewiesenen Aufgabenbereiche begrenzt.

---

[404] Vgl. Art. 7 des Wiener Übereinkommens über das Recht der Verträge, BGBl. 1985 II S. 927; *Dahm/Delbrück/Wolfrum*, Völkerrecht, Band I/3, S. 532.

[405] Sec. 13(5) SIA UK, Sec. 31(5) Immunitätsgesetz Australien; Art. 17(e) FSIL Israel.

[406] Auf eine entsprechende Staatenpraxis und die Verzichtskompetenz der Zentralbank verweist schon *Schaumann*, in: Deutsche Gesellschaft für Völkerrecht, Arbeiten der 2. Studienkommission (Hrsg.), Die Immunität ausländischer Staaten nach Völkerrecht und deutschem Zivilprozessrecht, S. 1, 28; *Albert*, Völkerrechtliche Immunität ausländischer Staaten gegen Gerichtszwang, S. 305; ferner *Damian*, Staatenimmunität und Gerichtszwang, S. 36.

[407] Anders wohl *Gramlich*, RabelsZ 45 (1981), 545, 595; der BGH hat diese Frage in BGH, NJW-RR 2013, 1532, 1534, explizit offengelassen.

c) Anforderungen an die Verzichtserklärung

aa) Unterschiedliche Arten des Verzichts

Dass ein Immunitätsverzicht für das Erkenntnisverfahren nicht ohne Weiteres als Zustimmung zu Vollstreckungsverfahren zu werten ist und ein Verzicht auf die Vollstreckungsimmunität nicht leichterdings angenommen werden kann, zählt mittlerweile zum Kanon immunitätsrechtlichen Allgemeinwissens.[408] Oben wurde zudem herausgearbeitet, dass das Völkerrecht einem Verzicht auf die Vollstreckungsimmunität im Wege schlüssigen Verhaltens nicht entgegensteht, wenn der Verzichtswille hinreichend deutlich zutage tritt.[409] Im Bereich des Immunitätsverzichts für Zentralbankvermögen herrscht insbesondere in dem Punkt Unklarheit, ob nach dem Völkergewohnheitsrecht eine pauschale Verzichtserklärung, wie etwa diejenige in den Klauseln argentinischer Staatsanleihen, auch gegenüber Zentralbankvermögen Wirkung entfaltet oder ob dazu erforderlich ist, dass sich die Erklärung spezifisch auf Zentralbankvermögen bezieht. Die Unsicherheiten über die Regelungsaussage des Völkerrechts speisen sich einerseits daraus, dass anerkannt ist, dass pauschale und hinsichtlich der Vermögensarten gänzlich unspezifische Verzichtserklärungen für zu diplomatischen Zwecken genutztes Vermögen keine Wirkung entfalten.[410] Andererseits hat sich im Immunitätsrecht bislang nicht eindeutig herauskristallisiert, ob Zentralbankvermögen ebenfalls eine herausgehobene Stellung im Immunitätsrecht einnimmt. Im Ergebnis deutet die im Folgenden untersuchte Staatenpraxis eher darauf hin, dass eine pauschale Erklärung nicht genügt.

Verlangt das Völkerrecht jedoch eine konkret auf Zentralbankvermögen bezogene Verzichtserklärung, dann muss die Einwilligung in den Vollstreckungszugriff in der Erklärung in einer Zweifel ausschließenden Weise hervortreten. Ob die Verzichtserklärung dieser Aussage hinreichend deutlich entnommen werden kann, ist im Wege der Auslegung zu klären. Ein Immunitätsverzicht beeinflusst neben der völkerrechtlichen Rechtslage zugleich auch die inländische Gerichtsbarkeit als nach dem inländischen Prozessrecht zu beurteilende Prozessvoraussetzung und ist aus diesem Grund eine Prozesshandlung.[411] Als solche ist ihr

---

[408] Internationaler Gerichtshof (IGH), *Jurisdictional Immunities of the State (Germany v. Italy: Greece intervening)*, I.C.J. Reports 99, S. 146 f. (2012); BGH, NJW-RR 2013, 1532, 1534; BGH, NJW-RR 2006, 425, 427.
[409] Siehe oben S. 151.
[410] BVerfG, NJW 2007, 2605, 2607 f.
[411] *Habscheid*, in: Deutsche Gesellschaft für Völkerrecht, Arbeiten der 2. Studienkommission (Hrsg.), Die Immunität ausländischer Staaten nach Völkerrecht und deutschem Zivilprozessrecht, S. 160, 217.

Inhalt analog §§ 133, 157 BGB zu bestimmen.[412] Nicht erforderlich ist aber, dass der Verzicht „unmissverständlich – also z. B. unter Nennung der betroffenen Vermögensgegenstände formuliert ist", wie das Kammergericht für die Einwilligung zur Vollstreckung in Vermögen mit diplomatischer Zweckbestimmung forderte.[413] Angesichts des staatlichen Selbstbestimmungsrechts muss dem fremden Staat nicht mit Hilfe eines Ausdrücklichkeitserfordernisses zu seinem Schutz vor Augen geführt werden, dass er sich seines völkerrechtlichen Schutzes begibt. Allenfalls die erleichterten Beweismöglichkeiten der Gläubiger könnten für das Erfordernis, die erfassten Vermögenswerte aufzulisten, sprechen. Aber den Gläubigern dürfte eher durch niedrigere formale Verzichtsanforderungen geholfen sein.

Zu wenig nachvollziehbaren Ergebnissen führt die Ansicht des Kammergerichts insbesondere dann, wenn die ausländische Zentralbank selber den Willen zum Verzicht auf ihre Immunität hinreichend deutlich, aber lediglich unspezifisch bekundet hat. In diesem Fall kann sich die Erklärung in erster Linie allein auf das Vermögen der Zentralbank erstrecken, weil sich deren Befugnis zur Disposition über die Immunität grundsätzlich auf ihren Geschäftsbereich beschränkt. Da der Erklärungsinhalt insoweit zwangsläufig ausfällt, ist nicht einzusehen,[414] dass eine Zentralbank zudem noch ausdrücklich Vermögenswerte nennen muss, die von der Immunität ausgenommen sein sollen.

bb) Rezeption der UN-Immunitätskonvention in den nationalen Rechtsordnungen

(1) Vage Andeutungen des Bundesverfassungsgerichts

In der Frage der Zustimmung zu Vollstreckungen in Zentralbankvermögen war die deutsche Rechtsprechung bislang nicht gezwungen, eindeutig Position zu beziehen. So bleiben die Äußerungen der Gerichte in diesem Punkt vage. In dem Beschluss zu den mongolischen Währungsreserven fehlte es bereits an einem eindeutig erkennbaren Verzichtswillen, so dass der Bundesgerichtshof diese Frage explizit offenlassen konnte. Das Gericht meinte gleichwohl einem Bundesverfassungsgerichtsurteil entnehmen zu können, dass eine inhaltlich nicht näher konkretisierte Verzichtserklärung für die Vollstreckung in Zentralbankvermögen, bzw. dort betroffene Währungsreserven, nicht ausreiche. In dem Beschluss heißt es:

---

[412] KG, NJOZ 2004, 3382, 3385; *Weller*, RPfleger 2006, 364, 368; zur Auslegung von Prozesshandlungen im Allgemeinen *Rosenberg/Schwab/Gottwald*, Zivilprozessrecht, S. 364 f.
[413] KG, NJOZ 2004, 3382, 3387.
[414] *Kröll*, IPRax 2002, 439, 444.

„Es muss an dieser Stelle nicht entschieden werden, ob ein pauschaler Verzicht auf Vollstreckungsimmunität sich auch auf die Immunität von Währungsreserven erstrecken kann (dagegen wohl *BVerfGE* 117, 141 [163] [...] zu diplomatisch genutztem Vermögen, aber unter Hinweis auf die Kommentierung zum Entwurf des heutigen Art. 21 des Übereinkommens der Vereinten Nationen über die gerichtlichen Immunitäten der Staaten und ihres Eigentums)".[415]

Allerdings mag die Andeutung im Hinblick auf die Umstände des Falles nicht so recht einleuchten. Nach dem Vorbringen des Gläubigers kam ein Immunitätsverzicht allenfalls durch eine Erklärung der mongolischen Zentralbank in Betracht. Wenn aber die Zentralbank selber der Vollstreckung zustimmt, dann ist auch eine pauschale Verzichtserklärung naheliegenderweise so auszulegen, dass sie in jedem Fall das Vermögen der Zentralbank erfasst. Die Frage der Ausdrücklichkeit hätte sich hier gar nicht gestellt.

In dem dort referenzierten Verfahren hatte das Amtsgericht Berlin-Mitte dem Bundesverfassungsgericht auf Grundlage von Art. 100 Abs. 2 GG die Frage vorgelegt, ob eine allgemeine Regel des Völkerrechts existiert, nach der „ein lediglich pauschaler Immunitätsverzicht zur Aufhebung des Schutzes der Immunität auch für solches Vermögen genügt, das dem Entsendestaat im Empfangsstaat zur Aufrechterhaltung der Funktionsfähigkeit seiner diplomatischen Mission dient". Von dem Inhalt der völkerrechtlichen Regelung hing ab, ob die Inhaberin argentinischer Staatsanleihen, deren Anleihebedingungen den soeben zitierten pauschalen Immunitätsverzicht enthielten, in Konten der argentinischen Botschaft vollstrecken durfte. Verschiedene Instanzgerichte waren zuvor in dieser Frage zu gegenläufigen Ergebnissen gelangt.[416] Im Ergebnis verneinte das Bundesverfassungsgericht nach kursorischer Untersuchung der Staatenpraxis die Existenz einer völkerrechtlichen Regel, nach der ein pauschaler Immunitätsverzicht die diplomatische Immunität aufhebe.[417]

Auch wenn sich die Vorlagefrage allein auf die Vollstreckung in zu diplomatischen Zwecken genutztes Vermögen beschränkte, äußerte sich das Bundesverfassungsgericht beiläufig auch zu den Verzichtsmöglichkeiten anderer Vermögensarten, die im Immunitätsrecht eine spezielle Behandlung erfahren. Dogmatisch sind die Ausführungen allerdings nicht restlos stringent. Denn einerseits betont das Gericht, dass sich die Eigenständigkeit des völkerrechtlichen Instituts der diplomatischen Immunität gegenüber der allgemeinen Staatenimmunität in herausgehobenen Anforderungen an einen wirksamen Verzicht niederschlägt und der „spezielle, aus dem Recht der diplomatischen Beziehungen abgeleitete Sonderstatus des Vermögens [...] besonderen Schutz" gewährt.[418] Andererseits

---
[415] BGH, NJW-RR 2013, 1532, 1534.
[416] Nachweise bei *Hein*, IPRax 2007, 399, 400.
[417] BVerfG, NJW 2007, 2605, 2610.
[418] BVerfG, NJW 2007, 2605, 2607 f.

geht das Gericht davon aus, dass nicht nur diplomatisch genutztem Vermögen, sondern in gleicher Weise auch anderen Vermögenswerten, wie Staatsschiffen- oder Flugzeuge oder Material der Streitkräfte ein Sonderstatus im Immunitätsrecht zukommt, der für Voraussetzungen einer wirksamen Verzichtserklärung relevant ist. Das Bundesverfassungsgericht verweist später auf die Kommentierung eines Entwurfs für ein Immunitätsübereinkommen der ILC, aus dem später die UN-Immunitätskonvention hervorgegangen ist. Danach soll ein allgemeiner Immunitätsverzicht nicht für in Vollstreckungsverfahren besonders geschützte Vermögenswerte gelten. In der Liste von Gegenständen mit herausgehobener Vollstreckungsimmunität ist diplomatisch genutztes Vermögen aufgeführt, daneben aber auch Zentralbankvermögen.[419]

(2) Immunitätsverzicht nach der UN-Immunitätskonvention

Eine unbefangene Betrachtung des Konventionstextes legt nicht unbedingt nahe, dass der besondere Schutz bestimmter Vermögenskategorien in Art. 21 Abs. 1 auch gesteigerte Anforderungen an einen Immunitätsverzicht nach sich zieht. Während Art. 21 Abs. 1 die Immunitätsausnahme bei nichthoheitlicher Zwecksetzung für unanwendbar erklärt, heißt es in Bezug auf die Verzichtsmöglichkeiten in Absatz 2 der Vorschrift lapidar:

„Paragraph 1 is without prejudice to article 18 and article 19, subparagraphs (a) and (b)."

Damit werden die allgemeinen Regelungen über einen Immunitätsverzicht für Vollstreckungsverfahren für anwendbar erklärt, die aber nicht weiter zwischen verschiedenen Vermögenskategorien differenzieren. Allein die Materialien zu den vorbereitenden Arbeiten der ILC geben Aufschluss darüber, dass die gesonderte Behandlung bestimmter Verwendungszwecke auch auf die Verzichtsmöglichkeiten durchschlagen soll.

Nach dem ersten Entwurf der Vorschriften über die Vollstreckungsimmunität des ILC-Berichterstatters *Sucharitkul* sollte ein Verzicht auf die Vollstreckungsimmunität für die aufgelisteten Vermögenskategorien sogar überhaupt nicht möglich sein. Die Vorgängervorschrift des heutigen Art. 21 UN-Immunitätskonvention leitete mit den Worten ein:

„Notwithstanding article 23 and regardless of consent or waiver of immunity, the following property may not be attached, arrested"

Hintergrund war die paternalistische Sorge, dass insbesondere Entwicklungsländer sich in Verträgen aufgrund einseitiger wirtschaftlicher Kräfteverhältnisse vorschnell zum Immunitätsverzicht drängen lassen, ohne die Konsequenzen für

---

[419] BVerfG, NJW 2007, 2605, 2609 f.

die diplomatischen Beziehungen im Vollstreckungsfall zu übersehen.[420] Die anderen Kommissionsmitglieder waren allerdings nicht bereit, einen Ausschluss der Verzichtsmöglichkeit, die sich aus der staatlichen Souveränität ableitet und in zahlreichen internationalen Verträgen praktiziert wurde, hinzunehmen. Im Laufe der Sitzung im Jahr 1985 wurde ein Verzicht unter strengen formalen Bedingungen zugelassen und die Vorschrift in folgende Fassung geändert:

„Unless otherwise expressly and specifically agreed by the State concerned, no judicial measure of constraint".[421]

Die im darauffolgenden Jahr verabschiedeten „Draft Articles on jurisdictional immunities of States and their property" („ILC Draft Articles") änderten die Verzichtsmöglichkeiten für besonders geschützte Vermögenswerte erneut, indem sie die Regelungen dabei einerseits an die allgemeine Unterscheidung zwischen implizitem Verzicht durch Bereitstellung von vollstreckbarem Vermögen und Verzicht durch explizite Erklärungen anpassten und daneben eine auf ein bestimmtes Vermögen oder eine Vermögenskategorie bezogene Verzichtserklärung verlangten. Dass eine allgemeine Zustimmung zur Zwangsvollstreckung nicht ausreicht, drückt Abs. 2 des Art. 23 der Draft Articles wie folgt aus:

„A category of property, or part thereof, listed in paragraph 1 shall not be subject to measures of constraint in connection with a proceeding before a court of another State, unless the State in question has allocated or earmarked that property within the meaning of subparagraph *(b)* of article 21, or has specifically consented to the taking of measures of constraint in respect of that category of its property, or part thereof, under article 22."[422]

In den abschließenden Arbeiten der ILC zu den Draft Articles im Jahr 1991, bevor die Arbeitsgruppe der Vereinten Nationen das Konventionsprojekt weiterführte, erhielt die Regelung über den Immunitätsverzicht für besonders geschützte Vermögensmittel die endgültige Fassung, die sich gegenüber der verabschiedeten UN-Immunitätskonvention inhaltlich nicht mehr ändern sollte. Die entsprechende Vorschrift ordnete an: „Paragraph 1 is without prejudice to paragraph 1 *(a)* and *(b)* of article 18."[423] Mit der deutlichen sprachlichen Verkürzung sollten nach der Auffassung der Kommission keine inhaltlichen Anforderungen an eine wirksame Verzichtserklärung gebunden sein. In der Kommentierung zu dieser Vorschrift erklärte die ILC:

---

[420] *International Law Commission*, Yearbook of the International Law Commission 1985 Bd. II, Teil 2, 51, 54, 56.
[421] *International Law Commission*, Yearbook of the International Law Commission 1985 Bd. II, Teil 2, 51, 57 f.
[422] *International Law Commission*, Yearbook of the International Law Commission 1986 Bd. I, Teil 1, 1, 12.
[423] *International Law Commission*, Yearbook of the International Law Commission 1991 Bd. II, Teil 2, 12, 58.

„Notwithstanding the provision of paragraph 1, the State may waive immunity in respect of any property belonging to one of the specific categories listed, or any part of such a category by either allocating or earmarking the property within the meaning of article 18 *(b)*, paragraph 1, or by specifically consenting to the taking of measures of constraint in respect of that category of its property, or that part thereof, under article 18 *(a)*, paragraph 1. A general waiver or a waiver in respect of all property in the territory of the State of the forum, without mention of any of the specific categories, would not be sufficient to allow measures of constraint against property in the categories listed in paragraph 1."[424]

Da Art. 21 Abs. 2 UN-Immunitätskonvention einen inhaltlich identischen Verweis auf die Vorschriften über den Immunitätsverzicht enthält, beansprucht die Kommentierung dort genauso Geltung.

In der Konsequenz kann eine fremdstaatliche Zentralbank auf Grundlage der Konvention auf zwei Wegen wirksam auf seine Vollstreckungsimmunität für Zentralbankvermögen verzichten: Zum einen kommt ein Immunitätsverzicht dadurch zum Ausdruck, dass die Zentralbank spezifische Vermögenswerte zur Befriedigung des Gläubigers bereitstellt. Zum anderen kann ein Verzicht dadurch erfolgen, dass ein internationales Abkommen, eine Schiedsklausel, ein schriftlicher Vertrag, eine Erklärung gegenüber einem Gericht oder eine Abrede nach Entstehen des Streits ausdrücklich den Willen zum Verzicht auf die Immunität in Vollstreckungsverfahren und ausdrücklich auch für spezifische Vermögenskategorien zum Ausdruck bringt.[425]

Im Gegensatz zu früheren Fassungen der Vorschrift findet damit die Auslegung, dass eine Verzichtserklärung die erfassten Vermögenswerte nennen muss, weder im Gesetzeswortlaut noch in der Gesetzessystematik eine Stütze. Art. 21 Abs. 2 verweist ohne Einschränkungen auf die allgemeinen Verzichtsmöglichkeiten. In dem Ziel der Verweisung, Art. 18 und Art. 19 Abs. 1, 2, findet sich kein Hinweis darauf, dass eine Zustimmung zur Vollstreckung die erfassten Vermögensarten bezeichnen muss.[426] Endlich spricht der Gesetzeszweck auch nicht zwingend für die strenge Gesetzesauslegung der Kommentierung zu den ILC Draft Articles. Zwar soll Art. 21 den dort aufgelisteten Vermögenskategorien einen herausgehobenen, absoluten Immunitätsschutz verschaffen. Andererseits bringt die Vorschrift lediglich durch den Ausschluss von Art. 19(c) zum Ausdruck, dass diese Vermögensarten unter allen Umständen als hoheitlichen, nichtwirtschaftlichen Zwecken dienend anzusehen sind. Damit wird ihre Immunität unwiderleglich vermutet. Auf die Immunität seines Vermögens kann ein Immunitätsträger aber jederzeit verzichten. Eine Binnendifferenzierung zwischen ein-

---

[424] *International Law Commission*, Yearbook of the International Law Commission 1991 Bd. II, Teil 2, 12, 59.
[425] *Fox/Webb*, The Law of State Immunity, S. 515.
[426] So auch *Brown/O'Keefe*, in: O'Keefe/Tams/Tzanakopoulos (Hrsg.), The United Nations Convention on Jurisdictional Immunities of States and Their Property, Art. 21 S. 346.

zelnen Vermögensarten für die Wirksamkeit einer Verzichtserklärung sieht die Staatenimmunität nicht vor. Sie kann sich allenfalls aus einem Sonderregime, wie etwa der diplomatischen Immunität, ergeben.

(3) Staatenpraxis Frankreichs und Belgiens

Das Bundesverfassungsgericht ist nicht das einzige nationale Gericht, das die Verzichtsmöglichkeiten nach der UN-Immunitätskonvention sehr restriktiv auslegt. Der französische Cour de cassation ist in den drei parallelen Urteilen aus dem Jahr 2013 über die Vollstreckungsversuche von NML Capital Ltd. in Abgabenansprüche Argentiniens gegen französische Unternehmen sogar noch deutlich weiter gegangen. Die Abgabenansprüche setzten sich aus verschiedenen Steuer- und Beitragsforderungen zusammen, die aus der Banken-, Flug- und Erdölförderungstätigkeit von Air France, BNP Paribas und einem Unternehmen aus der Erdölindustrie in Argentinien resultierten.

Der Cour de cassation[427] entnahm dem Völkergewohnheitsrecht, das in der UN-Immunitätskonvention Niederschlag gefunden habe, die Voraussetzungen, dass ein Verzicht auf die Vollstreckungsimmunität für Vermögen mit hoheitlicher Zweckbestimmung ausdrücklich unter spezifischer Bezeichnung des Vermögens oder der Vermögenskategorie erfolgen müsse.[428] Der in den Anleihebedingungen enthaltene, pauschal formulierte Vollstreckungsverzicht genügte diesen Anforderungen nicht. Bemerkenswert ist, dass die Vollstreckungsmaßnahmen nicht die in Art. 21 UN-Immunitätskonvention aufgelisteten, besonders geschützten Vermögenskategorien betreffen, und die immunitätsfreundlichen Grundsätze des Cour de cassation damit für sämtliches fremdstaatliches Vermögen Anwendung finden.

Kurze Zeit später vollzog der Cour de cassation mit dem Urteil in der Rechtssache *Commisimpex c. Republic de Congo* allerdings eine Kehrtwende.[429] In dem Urteil erlaubte das Gericht Vollstreckungen eines Schiedsspruchs in Bankguthaben der kongolesischen Botschaft und der kongolesischen Vertretung bei der UNESCO auf Grundlage einer pauschalen Verzichtserklärung der Republik Kongo. Nach der geänderten Auffassung des Cour de cassation verlange das Völkergewohnheitsrecht für eine wirksame Disposition über die Vollstreckungsim-

---

[427] Cour de cassation, *NML Capital c. La République argentine; et autre,* Arrêt n° 394 (11-13.323), Arrêt n° 395 (11-10.450), Arrêt n° 396 (10-25.938), Urt. v. 28.03.2013.

[428] In dem Urteil heißt es dazu „il ne peut y être renoncé que de manière expresse et spéciale, en mentionnant les biens ou la catégorie de biens pour lesquels la renonciation est consentie".

[429] Cour de cassation (Frankreich), *Commisimpex c. Republic de Congo,* Ent. v. 13.05.2015, Rs. No. 13-17.751, dazu *Glucksmann,* 111 The American Journal of International Law (2017) 453, 454.

munität allein eine ausdrückliche, aber keine auf spezifische Vermögen bezogene Verzichtserklärung.[430]

Die in der Entscheidung ausformulierten Grundsätze hatten wiederum nicht lange Bestand. Im Jahr 2016 griff der französische Gesetzgeber ein und regelte mit einer Änderung des Code des procédures civiles d'exécution die Anforderungen an eine Verzichtserklärung. Der neu eingeführte Art. L111-1-3 stellt nunmehr klar, dass ein Verzicht auf die Vollstreckungsimmunität für Vermögen, das von einer diplomatischen oder konsularischen Vertretung genutzt wird, nur wirksam ist, wenn diese ausdrücklich und bezogen auf den spezifischen Vermögensgegenstand erfolgt. Für den Verzicht auf die Immunität von Zentralbankvermögen finden hingegen die allgemeinen Regeln Anwendung, nach denen eine ausdrückliche Erklärung genügt (Art. L111-1-2 Code des procédures civiles d'exécution). Die zentralbankenspezifische Bestimmung des Art. L153-1 des Code monétaire et financier[431] enthält keine vorrangigen Regelungen zum Immunitätsverzicht.

Kurze Zeit zuvor hatte auch der belgische Gesetzgeber die Regeln der UN-Immunitätskonvention zur Vollstreckungsimmunität in Gesetzesform gegossen und dabei für einen Verzicht auf die Immunität von sämtlichem fremdstaatlichen Vermögen eine ausdrückliche und auf das konkrete Vermögen bezogene Verzichtserklärung verlangt.[432] In einer Entscheidung im Jahr 2017 urteilte der belgische Cour constitutionnelle, dass die Anforderung einer spezifischen Verzichtserklärung allein für Vermögen von diplomatischen oder konsularischen Vertretungen, Spezialmissionen oder Vertretungen bei internationalen Organisationen gelte. Für andere Vermögenswerte genüge eine ausdrückliche Erklärung.[433] Da sich die Spezialvorschrift des Art. 1412quater zum Immunitätsverzicht für Zentralbankenvermögen nicht äußert, bleibt es auch im Hinblick auf die Zentralbankenimmunität bei den allgemeinen Regeln und einem wirksamen Immunitätsverzicht jedenfalls durch ausdrückliche Erklärung.[434]

---

[430] Cour de cassation (Frankreich), *Commisimpex c. Republic de Congo*, Ent. v. 13.05.2015, Rs. No. 13-17.751. Bereits in der Rechtssache *Creighton c. Qatar*, allerdings noch vor Verabschiedung der UN-Immunitätskonvention, hatte der Cour de cassation eine Unterwerfung unter die ICC-Schiedsregeln, die den Parteien lediglich pauschal eine Erfüllung des Schiedsspruchs auferlegte, als wirksame Verzichtserklärung gewertet, Cour de cassation (Frankreich), *Société Creighton Ltd. C. Ministre des Finances du Qatar*, JDI 2000, 1054.
[431] Siehe oben S. 199.
[432] Art. 1412quinquies Code Judiciaire, dazu *Glucksmann*, 111 The American Journal of International Law (2017) 453, Fn. 22.
[433] Belgischer Verfassungsgerichtshof, Moniteur Belge 12.06.2017, 63563.
[434] Siehe oben S. 151.

cc) Praxis in den übrigen Staaten

Das Bundesverfassungsgericht misst den Arbeiten der Völkerrechtskommission für die Bestimmung völkergewohnheitsrechtlicher Regelungen zwar ein besonderes Gewicht zu, eine Überprüfung anhand der Staatenpraxis blieb allerdings auf Fälle der Vollstreckungen in Vermögen mit diplomatischer Zweckbestimmung beschränkt. Tatsächlich zeigt die übrige Staatenpraxis ein ausgesprochen unsicheres Bild, das die Auffassung des Bundesverfassungsgerichts tendenziell zu stützen scheint.

Die in einer Art vorauseilender Umsetzung der UN-Immunitätskonvention geschaffenen nationalen Immunitätsgesetze haben häufig den bloßen Verweis auf die allgemeinen Verzichtsvorschriften und die damit verbundenen Unklarheiten übernommen.[435] In Abweichung davon lässt das spanische Immunitätsgesetz erkennen, dass der Verzicht die besonders geschützte Vermögenskategorie nennen muss.[436] Ebenso ist die Regelung in Art. 17(b) FSIL Israel zu verstehen.[437]

Auf dieser Linie liegt auch die Rechtslage in den USA und in Kanada. Der US-amerikanische FSIA adressiert die Möglichkeiten des Verzichts auf die herausgehobene Vollstreckungsimmunität des Zentralbankvermögens mit einer speziellen Regelung. Für eine Durchbrechung der Immunität verlangt er, dass die Zentralbank oder ihr Mutterstaat ausdrücklich auf ihre Immunität in Vollstreckungsverfahren verzichtet („unless such bank or authority, or its parent foreign government, has explicitly waived its immunity from attachment in aid of execution, or from execution"). Die Rechtsprechung hat klargestellt, dass Wortlaut und Systematik keinen Zweifel daran lassen, dass die Verzichtserklärung sich ausdrücklich auf Vermögen der Zentralbank beziehen muss. In dem Verfahren *NML Capital, Ltd. and EM, Ltd. v. Banco Central de la Republica Argentina* lehnte der U.S. Court of Appeals, Second Circuit, einen wirksamen Verzicht des argentinischen Staates auf die Immunität der Banco Central de la Republica Argentina (BCRA) mit folgender Begründung ab:

---

[435] Vgl. Art. 19 Abs. 1 Immunitätsgesetz Japan; Art. 16 Abs. 2 Immunitätsgesetz Russland.

[436] Die Verzichtsmöglichkeit ist in demselben Artikel wie der besondere Immunitätsschutz geregelt. In Art. 20 Abs. 3 Immunitätsgesetz Spanien heißt es: „Los bienes enumerados en este artículo no podrán ser objeto de medidas de ejecución, salvo que el Estado extranjero haya prestado su consentimiento". Und anders als Art. 21 Abs. 2 UN-Immunitätskonvention verweist die Vorschrift nicht bloß auf die allgemeine Verzichtsregelung in Art. 18. Es bedarf mithin eines speziellen, auf die dort aufgeführten Vermögenskategorien bezogenen Immunitätsverzichts.

[437] Art. 17(b) FSIL Israel in der englischen Übersetzung lautet: „A waiver under this section may be made generally or in respect of a specific matter, in advance or *ex post factum*, and may be limited by exceptions, provided that a waiver in respect of [...] a central bank shall be made expressly". Der Ausdruck „expressly" verdeutlicht, dass der Immunitätsverzicht inhaltlich konkret auf die zentralbanklichen Vermögenswerte bezogen sein muss.

„As we previously observed, although the Republic's waiver of immunity from attachment is worded broadly, it does not appear to clearly and unambiguously waive BCRA's immunity from attachment, as it must do in order to be effective."[438]

Ein Verzicht auf die Immunität sämtlicher staatlicher *agencies and instrumentalities* genügt demnach nicht.[439] Eine größere Kontroverse umgibt die Frage, ob Sec. 1611(b)(1) wegen der Beschränkung auf „attachment in aid of execution, or from execution" einen Immunitätsverzicht für Maßnahmen vor Erlass eines Urteils ausschließt. Obwohl eine derartige strenge Auslegung mit der Autonomie des fremden Staates nur schwer in Einklang zu bringen scheint,[440] lehnt die Rechtsprechung die Möglichkeit eines Immunitätsverzichts für „prejudgement attachment" zum Schutz der Zentralbanken rundheraus ab.[441]

Eine der US-amerikanischen Vorschrift sehr ähnliche Regelung enthält der kanadische State Immunity Act. Sec. 11(5) sieht vor, dass die Zentralbank oder der Mutterstaat explizit auf die besondere Vollstreckungsimmunität der Zentralbanken verzichten muss. Da die Vorschrift über den Immunitätsverzicht ausdrücklich auf „the immunity conferred on property of a foreign central bank or monetary authority by subsection (4)" Bezug nimmt, muss eine Verzichtserklärung gerade auch diese spezielle Immunität ausdrücklich adressieren. Die strengen Anforderungen an eine Verzichtserklärung sind insofern bemerkenswert, als dass Zentralbanken inhaltlich Vollstreckungsimmunität allein für hoheitliche Tätigkeiten genießen und dadurch besondere Anforderungen für einen Immunitätsverzicht gelten, obwohl Zentralbankvermögen keinen wesentlichen größeren Immunitätsschutz genießt.

Von den nationalen Gesetzen, die speziell die Immunität von Zentralbanken behandeln, äußert sich allein das chinesische Gesetz zu Verzichtsmöglichkeiten. Für eine wirksame Zustimmung zu Vollstreckungen ist erforderlich, dass die Zentralbank oder der Mutterstaat durch eine schriftliche Erklärung spezifisch auf die Zentralbankenimmunität[442] oder durch Bereitstellung von Vermögen verzichtet.

---

[438] U.S. Court of Appeals, 2nd Circuit, *NML Capital v. Banco Central de la Republica Argentina*, 652 F.3d 172, 196 (2011) mit Bezug auf U.S. Court of Appeals, 2nd Circuit, *EM Ltd. v. Republic of Argentina*, 473 F.3d 463, 485 Fn. 22 (2007).

[439] *Patrikis*, University of Illinois Law Review (1982) 265, 280; wohl zweifelnd *Lee*, 41 Columbia Journal of Transnational Law (2003) 327, 362.

[440] *Brower/Bistline/Loomis*, 73 American Journal of International Law (1979) 200, 209; *Delaume*, 88 American Journal of International Law (1994) 257, 270; *Dellapenna*, Suing foreign governments and their corporations, S. 759f.

[441] U.S. District Court, S.D.N.Y., *Weston Compagnie de Finance et D'investissement v. La Republica del Ecuador*, 823 F.Supp 1106, 1110 (1993); offengelassen U.S. District Court, S.D.N.Y., *Banque Compafina v. Banco de Guatemala*, 583 F.Supp 320, 322 (1984); ferner *Patrikis*, University of Illinois Law Review (1982) 265, 282.

[442] In der englischen Übersetzung von Art. 1 Immunitätsgesetz China heißt es: „The Peop-

Die Draft Articles und die Revised Draft Articles der International Law Association erlauben eine Durchbrechung des erhöhten Immunitätsschutzes für Zentralbankvermögen ebenfalls nur, wenn der fremde Staat eine ausdrückliche Verzichtserklärung im Hinblick auf dieses Vermögen („the foreign State has made an explicit waiver with respect to this property") abgibt.[443]

Die Gegenposition lässt allein das australische Immunitätsgesetz erkennen. Zentralbankvermögen genießt dort ohnehin keine Sonderstellung. In der Konsequenz erstreckt sich ein pauschaler Verzicht auf die Vollstreckungsimmunität auch auf Zentralbankvermögen. Etwas anderes gilt hingegen für diplomatisch oder militärisch genutztes Vermögen, deren Immunität durch einen Verzicht nur aufgehoben wird, wenn die Erklärung das betroffene Vermögen ausdrücklich nennt.[444]

Die Rechtslage bei Anwendung des britischen State Immunity Act ist nicht eindeutig.[445] Die Sonderbestimmung zugunsten von Zentralbanken in Sec. 14(4) schließt die Geltung der Immunitätsausnahme für nichthoheitlich genutztes Vermögen aus, lässt aber die allgemeinen Regelungen über den Immunitätsverzicht in Sec. 13(3) unberührt. Sie erlauben eine Vollstreckung, wenn der Staat schriftlich und gerade für Vollstreckungsverfahren auf seine Immunität verzichtet hat. Rechtsprechung und Literatur sind sich darin einig, dass der Immunitätsschutz Vollstreckungsverfahren nicht entgegensteht, wenn die Zentralbank selber eine schriftliche Verzichtserklärung abgegeben hat.[446] Ob auch eine Zustimmung des Mutterstaates ausreichen kann, ist unklar; die Frage wurde, soweit ersichtlich, bislang in keinem Gerichtsverfahren entscheidungserheblich. Jedenfalls lässt eine Stellungnahme in der Literatur auch eine Zustimmung des Mutterstaates ausreichen, wobei die inhaltlichen Anforderungen offen bleiben.[447]

---

le's Republic of China grants to foreign central banks property the judicial immunity from the compulsory measures of property preservation and execution, except where a foreign central bank, or a government to which a central bank is subordinate, gives up *such immunity* in writing, and where the property which is designated to be used for property preservation and execution" (Hervorhebung hinzugefügt). Die Verzichtserklärung muss sich also auf die spezielle Zentralbankenimmunität beziehen; *Zhu*, 6 Chinese Journal of International Law (2007) 67, 77.

[443] Art. VIII.D. Draft Articles for a Convention on State Immunity, *International Law Association*, 22 ILM (1983) 287; *International Law Association*, 22 ILM (1983) 287, 291. Der Artikel ist bei der Überarbeitung unverändert geblieben, *International Law Association*, 66 International Law Association Conference Reports (1994) 452, 490.

[444] Sec. 31(4) FSIA Australien.

[445] Entsprechendes gilt für die in dieser Hinsicht inhaltsgleichen Vorschriften Sec. 15(4),14(3) Immunitätsgesetz Pakistan, Sec. 16(4), 15(3) SIA Singapur und Sec. 15(3), 14(2) FSIA Südafrika.

[446] *Dickinson/Lindsay/Loonam*, State Immunity, S. 396.

[447] Mit Verweis auf eine entsprechende Literaturstelle High Court, Chancery Div., *In re Banco Nacional de Cuba* [2001] 1 W.L.R. 2039, 2051; Court of Appeal (UK), *Camdex Inter-*

Ebenso unklar ist die Position der schweizerischen Rechtsprechung. Das Bundesgericht stützte in der Sache *Fédération de Russie c. Compagnie Noga d'importation et d'exportation SA et al.* die Zulässigkeit der Vollstreckung von Guthaben, das die russische Zentralbank bei mehreren Schweizer Banken hielt, auf eine Vertragsklausel, in der der russische Staat gegenüber der Gläubigerin einen umfassenden, aber inhaltlich nicht näher konkretisierten Immunitätsverzicht für Erkenntnis- und Vollstreckungsverfahren erklärte. Allerdings hatte das Gericht zuvor entschieden, dass die verarrestierten Gelder nicht der Zentralbank, sondern dem russischen Staat zuzuordnen seien.[448]

dd) Inhalt der völkerrechtlichen Regelung

Zwar lassen sich nur einer kleinen Zahl an Rechtsordnungen in dieser Frage eindeutige Aussagen entnehmen, so dass die Beurteilung des Inhalts der völkergewohnheitsrechtlichen Regelung lediglich auf einem dünnen Fundament steht. Andererseits stützt die ganz überwiegende Mehrheit der Staatenpraxis die Annahme einer Regel, nach der eine Verzichtserklärung nur dann für Zentralbankvermögen Wirkung entfaltet, wenn diese jedenfalls die Kategorie „Vermögen von Zentralbanken" ausdrücklich benennt. Eine abweichende Position, die hinreichend deutlich hervortritt, enthält allein das australische Immunitätsgesetz.

Dadurch ergibt sich eine asymmetrische Rechtslage. Entgegen der Regelung der UN-Immunitätskonvention erkennt das Völkergewohnheitsrecht bislang eine absolute Vollstreckungsimmunität von Zentralbankvermögen nicht an. Im Hinblick auf einen Immunitätsverzicht genießen Zentralbanken hingegen eine Sonderstellung, weil eine allgemeine Verzichtserklärung, die sich auf sämtliches Staatsvermögen bezieht, nicht ausreicht. Ein Grund für die asymmetrische Behandlung ist nicht ersichtlich. Zwar dürften die praktischen Auswirkungen für den Immunitätseinwand angesichts der Verbreitung pauschaler Verzichtserklärungen in Anleihebedingungen beträchtlich sein. Andererseits leuchtet nicht ein, warum ein Schuldnerstaat, der auf die Immunität sämtlicher ihm zuzurechnender Einrichtungen und Untergliederungen auch für Vollstreckungsverfahren verzichtet und sich dadurch günstigere Finanzierungsbedingungen erschließt, ex post nicht an seine klaren vertraglichen Zugeständnisse gebunden sein soll und große

---

national Ltd. v. Bank of Zambia, 1 W.L.R. 632, 636 (1997); High Court, QBD, *Crescent Oil and Shipping Services Ltd. v. Banco Nacional de Angola et al.*, Ent. v. 28.05.1999 (unveröffentlicht) wiedergegeben bei *Proctor*, 15 Butterworths Journal of International Banking and Financial Law (2000) 70, 74; *Blair*, 57 The Cambridge Law Journal (1998) 374, 384; *Proctor*, 15 Butterworths Journal of International Banking and Financial Law (2000) 70, 71; *Yang*, State Immunity in International Law, S. 415.

[448] Schw. Bundesgericht, *Compagnie Noga d'importation et d'exportation SA c. Fédération de Russie*, Ent. v. 10.01.2008, Rs. 5A_618/2007 (unveröffentlicht).

Teile seines vollstreckbaren Vermögens dem Zugriff der Gläubiger doch wieder entziehen kann.

V. Reichweite der Vollstreckungsimmunität im Einzelnen

1. Abgrenzung von hoheitlichen und nichthoheitlichen Vermögenswerten von Zentralbanken

a) Nutzung völkerrechtlicher Spielräume

aa) Bewältigung der Abgrenzungsaufgabe mit Hilfe des Werkzeugkastens der nationalen Rechtsordnung

Oben wurde herausgearbeitet, dass das Völkerrecht nicht nur generell, sondern auch in dem speziellen Bereich der Vollstreckungsimmunität von Zentralbanken in überwiegenden Teilen dazu schweigt, wie die Abgrenzung zwischen hoheitlich und nichthoheitlich genutzten Vermögenswerten im Einzelnen vorzunehmen ist. Um die Immunitätsreichweite trotzdem bestimmen zu können, bleibt allein, das immunitätsrechtliche Merkmal der „Hoheitlichkeit" anhand von Maßstäben anderer Provenienz auszufüllen. Den Staaten kommt hierbei ein völkerrechtlicher Spielraum zu, weil eine feste Immunitätsuntergrenze bis auf wenige Ausnahmen nicht erkennbar ist.[1] Dabei überzeugt das Vorgehen etwa der deutschen Rechtsprechung,[2] zur Bewältigung der Abgrenzungsfrage auf den Besitzstand der Rechtsordnung des Forumstaates zurückzugreifen.[3]

Keine Schwierigkeiten bestehen, sofern der Forumstaat die Staatenimmunität mit einer gesetzlichen Regelung bedacht hat und speziell für die Immunitätsreichweite in Vollstreckungsverfahren geschaffene Kriterien vorgegeben hat. Eine solche gesetzliche Regelung fehlt in Deutschland indes. Daher ist man auf bestehende Abgrenzungsmaßstäbe aus anderen Bereichen verwiesen.

Im Folgenden soll untersucht werden, ob die deutsche Rechtsordnung taugliche Qualifikationskriterien bereithält. Dabei werden zunächst Maßstäbe betrach-

---

[1] *Schaumann*, in: Deutsche Gesellschaft für Völkerrecht, Arbeiten der 2. Studienkommission (Hrsg.), Die Immunität ausländischer Staaten nach Völkerrecht und deutschem Zivilprozessrecht, S. 1, 77.

[2] Siehe oben S. 142 Fn. 293.

[3] Zu der Maßgeblichkeit der *lex fori* zur Ausfüllung von völkerrechtlichen Spielräumen bereits oben auf S. 141.

tet, die die Abgrenzung zwischen hoheitlichen und nichthoheitlichen Verwendungszwecken im gesamten Bereich der Vollstreckungsimmunität vorgeben können. Schließlich fehlen besondere völkerrechtliche Regelungen für die Vollstreckungsimmunität von Zentralbanken, so dass hier allgemeine Kriterien über das Eingreifen der Immunität entscheiden.

bb) Anforderungprofil der Abgrenzungsmaßstäbe

Greift man auf vorhandene Maßstäbe der deutschen Rechtsordnung zurück, werden diese Maßstäbe kaum in das Immunitätsrecht „passen". Das vorhandene Abgrenzungsinstrumentarium der lex fori bietet immer nur geborgte Maßstäbe, die allenfalls als „Krücke" zur Ausfüllung eines völkerrechtlichen Merkmals dienen. So handelt es sich in erster Linie um unterschiedliche Wertungen, die die Qualifikation der Verwendungszwecke tragen können. Die Auswahl der geborgten Maßstäbe ist trotzdem nicht völlig frei. Vielmehr geben bereits die die Staatenimmunität formenden Grundsätze und von ihr betroffenen Rechtsschutzkonstellationen inhaltliche Anforderungen vor.[4]

Zunächst sollten sich die Abgrenzungsdeterminanten für eine international einheitliche Verwendung eignen, um zu verhindern, die völkerrechtliche Immunitätsregel durch allein regional oder national verhaftete Wertungen allzu sehr zu relativieren oder zu fragmentieren.[5] Jedoch wird sich eine nationale Einfärbung nicht gänzlich verhindern lassen, wenn Maßstäbe der lex fori herangezogen werden. Daneben müssen Kriterien eine rechtssichere und praktisch sinnvolle Handhabung gewährleisten.[6] Bereits der grundrechtlich und konventionsrechtlich verbürgte Rechtsschutzanspruch des Einzelnen verlangt, dass Gläubiger das Eingreifen der Immunität übersehen können.

Schließlich müssen die Kriterien sich in das Rechtsregime der Vollstreckungsimmunität einfügen. Wie gesehen knüpft die Vollstreckungsimmunität an die hinter einzelnen Vermögenswerten stehenden Verwendungszwecke an und dient so dem Schutz der effektiven Wahrnehmung staatlicher Funktionen, die Ausfluss der staatlichen Souveränität sind. Ein taugliches Abgrenzungsregime muss dem-

---

[4] Nachfolgend werden in erster Linie einige ausgewählte Anforderungen benannt, die *Schaumann* an ein immunitätsrechtliches Abgrenzungsregime gestellt hat, *Schaumann*, in: Deutsche Gesellschaft für Völkerrecht, Arbeiten der 2. Studienkommission (Hrsg.), Die Immunität ausländischer Staaten nach Völkerrecht und deutschem Zivilprozessrecht, S. 1, 87 ff.

[5] *Schaumann*, in: Deutsche Gesellschaft für Völkerrecht, Arbeiten der 2. Studienkommission (Hrsg.), Die Immunität ausländischer Staaten nach Völkerrecht und deutschem Zivilprozessrecht, S. 1, 87.

[6] *Schaumann*, in: Deutsche Gesellschaft für Völkerrecht, Arbeiten der 2. Studienkommission (Hrsg.), Die Immunität ausländischer Staaten nach Völkerrecht und deutschem Zivilprozessrecht, S. 1, 91.

1. Abgrenzung von hoheitlichen und nichthoheitlichen Vermögenswerten   271

nach Maßstäbe bereit halten, die eine Beurteilung der Verwendung der Vollstreckungsobjekte für konkrete Funktionen ermöglichen.[7]

In inhaltlicher Hinsicht folgt daraus, dass nicht sämtliches fremdstaatliches Vermögen von vornherein als hoheitlich eingestuft werden kann. Ansonsten gäbe es gar keine realistische Vollstreckungsmöglichkeit der Gläubiger. Vermögen, das nur zu den allgemeinen staatlichen Haushaltsmitteln zählt, kann keine Vollstreckungsimmunität genießen. In solchen Fällen fehlt es schon an einer konkret erfassbaren staatlichen Aufgabe, deren wirksame Erfüllung durch die Ausübung der nationalen Vollstreckungsgewalt beeinträchtigt werden könnte. Dass die bloße Absicherung des allgemeinen Finanzbedarfs des Staates keinem Immunitätsschutz untersteht, ist auch für die Immunität in Erkenntnisverfahren anerkannt. So zählt die überwiegende Auffassung im In- und Ausland die Kapitalaufnahme durch Emission von Staatsanleihen nicht zu den hoheitlichen Tätigkeiten eines Staates. Für Klagen aus Staatsanleihen besteht nationale Gerichtsbarkeit und sie ist wiederholt ausgeübt worden.[8] Wenn die allgemeine Kapitalaufnahme auf den Märkten keine hoheitliche Tätigkeit darstellt, kann Vermögen, das lediglich zum allgemeinen Haushaltsaufkommen ohne besondere Zweckzuweisung gehört, keine Immunität in Vollstreckungsverfahren genießen.

Das LG Frankfurt vertrat in einer Entscheidung die gegenteilige Auffassung.[9] Das Gericht hatte darüber zu entscheiden, ob einer Vollstreckung in Forderungen Brasiliens aus Staatsanleihen, die das Land ausgegeben hatte, die völkerrechtlichen Grundsätze der Staatenimmunität entgegenstanden. Das Gericht urteilte, dass es sich „bei der fraglichen Anleihe, in die vollstreckt werden soll, [...] um Mittel [handelt], die der Deckung des Staatshaushalts der Schuldnerin dienen, mithin nicht der Zwangsvollstreckung unterliegen". Eine solche Rechtsauffassung wird dem Zweck und der rechtlichen Bedeutung der Unterscheidung zwischen hoheitlichen und nichthoheitlichen Zwecken dienendem Vermögen im Rahmen der Vollstreckungsimmunität nicht gerecht.

---

[7] *Schaumann*, in: Deutsche Gesellschaft für Völkerrecht, Arbeiten der 2. Studienkommission (Hrsg.), Die Immunität ausländischer Staaten nach Völkerrecht und deutschem Zivilprozessrecht, S. 1, 92.

[8] BVerfG, NJW 2007, 2605, 2607; BGH, NJW 2016, 1659, 1660, das Urteil verweist auf die Entscheidung EuGH, *Fahnenbrock u. a./Hellenische Republik*, EuZW 2015, 633, in dem der EuGH Rechtsstreitigkeiten aus Staatsanleihen als Zivil- und Handelssachen i. S. d. VO Nr. 1393/2007 einordnete; zudem Tokyo District Court, The Japanese Yearbook of International Law 204, 205 (2001); ferner *Baars/Böckel*, ZBB 2004, 445 m.w.N.; *Bröhmer*, in: Peters/Lagrange/Oeter u. a. (Hrsg.), Immunities in the Age of Global Constitutionalism, S. 182, 187 ff.; zu dem älteren, wesentlich disparateren Meinungsspektrum *Kren Kostkiewicz*, Staatenimmunität im Erkenntnis- und im Vollstreckungsverfahren nach schweizerischem Recht, S. 319 f.

[9] LG Frankfurt a. M., RIW 2001, 308; ebenso *Esser*, Klagen gegen ausländische Staaten, S. 253.

b) Kriterienleihe in Rechtsprechung und Literatur

aa) Vorgehen der deutschen Rechtsprechung

Die Durchsicht der deutschen Rechtsprechung zur Vollstreckungsimmunität zeigt, dass sich die Gerichte aus dem Angebot der verschiedenen Abgrenzungsmaßstäbe der deutschen Rechtsordnung pragmatisch, ohne nähere Begründung und je nach Tauglichkeit im Einzelfall bedienen. Mitunter bleiben die Maßstäbe, sollten sie überhaupt existieren, vollkommen im Dunkeln.[10]

(1) Rechtsprechung zu Vollstreckungen gegen Zentralbanken

Im Fall von Verfahren gegen Zentralbanken verzichten Gerichte auf eine Offenlegung der Abgrenzungsmaßstäbe oder begnügen sich allenfalls damit, die Beurteilung der Verwendungszwecke mit entsprechenden Rechtsauffassungen in der Wissenschaft zu belegen. In dem Verfahren über Pfändungen gegen die nigerianische Zentralbank untersuchte das Landgericht Frankfurt entgegen der heutigen Rechtslage in Vollstreckungsverfahren die Natur der zugrundeliegenden Rechtsverhältnisse und stellte lapidar fest:

„Nach der somit nach deutschen Recht vorzunehmenden Qualifikation gehören der Abschluss eines Kaufvertrages und die Erfüllung der Zahlungspflicht des nigerianischen Verteidigungsministeriums als Käufer bzw. Eröffnung eines Dokumentenakkreditivs ihrer rechtsgeschäftlichen Natur nach nicht zum Bereich der Staatsgewalt im engeren und eigentlichen Sinne".[11]

Die Maßstäbe für die Qualifikation blieben dagegen offen. In einem anderen Verfahren des OLG Frankfurt über die Pfändung zentralbanklichen Vermögens machte sich das Gericht lediglich die Auffassung in der Literatur zu eigen „Vollstreckungsimmunität könnten Zentralbanken eines ausländischen Staates nur für offen als solche deklarierte Devisenreserven in Anspruch nehmen".[12] Ganz ähnlich verwies der Bundesgerichtshof in seiner Entscheidung über die Zulässigkeit der Vollstreckung in Währungsreserven der mongolischen Zentralbank zur Begründung seiner Feststellung „Die auf ausländischen Konten verwalteten Währungsreserven eines Staates dienen hoheitlichen Zwecken" bloß auf unterstützende Literaturnachweise und hebt daneben die wirtschaftspolitische Bedeutung der Währungsreserven für den Staat hervor.[13]

---

[10] LG Frankfurt a. M., RIW 2001, 308.
[11] LG Frankfurt a. M. 1976 NJW 1976, 1044, 1046.
[12] OLG Frankfurt, Ent. v. 03.08.2000, Rs. 26 W 82/2000 (unveröffentlicht).
[13] BGH, NJW-RR 2013, 1532, 1533.

(2) Rechtsprechung zur Vollstreckungsimmunität im Übrigen

Das Bundesverfassungsgericht bediente sich in seinem NIOC-Beschluss der Unterscheidung zwischen staatlichem Verwaltungs- und Finanzvermögen zur Bestimmung des auf öffentliche Sachen anwendbaren Rechts.[14] Das Gericht wendete die Vorschrift des § 882a Abs. 2 ZPO entsprechend[15] an. Danach ist die Zwangsvollstreckung in Sachen des Bundes oder eines Landes unzulässig, soweit diese „für die Erfüllung öffentlicher Aufgaben des Schuldners unentbehrlich sind oder deren Veräußerung ein öffentliches Interesse entgegensteht". Nach allgemeiner Auffassung gilt das Pfändungsverbot der Vorschrift allein für Verwaltungsvermögen, nicht aber für das Finanzvermögen des Staates.[16]

In der traditionellen Staats- und Verwaltungsrechtslehre bezeichnet Verwaltungsvermögen das öffentliche Vermögen, das unmittelbar durch seinen Gebrauch bestimmten Verwaltungsaufgaben dient. Finanzvermögen meint hingegen die primär erwerbswirtschaftlich genutzten Vermögensgegenstände des öffentlichen Gemeinwesens, die über ihre Erträge sowie den durch ihn innewohnenden Kapitalwert zur allgemeinen Finanzierung der Verwaltung und damit nur mittelbar zu ihrer Aufgabenerfüllung beitragen. Als Beispiel für Finanzvermögen werden Beteiligungen an gewerblichen Betrieben und Kapitalforderungen genannt, die weder für die laufende Haushaltswirtschaft noch zu maßgeblicher Einflussnahme auf Unternehmensführung genutzt werden.[17] Die Unterscheidung dient dazu, die Reichweite des öffentlichen Rechts zu markieren. Allein auf das Verwaltungsvermögen findet öffentliches Recht Anwendung, während das Finanzvermögen ausschließlich dem bürgerlichen Recht untersteht. Das Bundesverfassungsgericht ordnete die Erträge aus Erdölverkäufen, die zunächst lediglich dem allgemeinen Staatshaushalt Irans zugeführt werden sollten, dem der nationalen Gerichtsbarkeit unterliegenden Finanzvermögen zu.[18]

Diese Abgrenzungsmaßstäbe übernahm das OLG Köln in einer Entscheidung über die Immunität der Russischen Föderation gegenüber Versuchen zur Vollstreckung in Ansprüche Russlands aus seiner Luftverkehrsverwaltung, d.h. aus der Einräumung von Überflugrechten, Transitrechten etc., gegen eine Luftfahrt-

---

[14] BVerfG, NJW 1983, 2766, 2768; das OLG Köln, NJOZ 2004, 788, 791 f., übernahm die Differenzierung zwischen Verwaltungs- und Finanzvermögen als Abgrenzungskriterium aus dem bundesverfassungsgerichtlichen Urteil.
[15] Nach ihrem Wortlaut gilt die Vorschrift unmittelbar allein für Sachen, *Becker*, in: Musielak/Voit (Hrsg.), Zivilprozessordnung, § 882a ZPO Rn. 6.
[16] *Becker*, in: Musielak/Voit (Hrsg.), Zivilprozessordnung, § 882a ZPO Rn. 6; *Münzberg*, in: Stein/Jonas (Hrsg.), Kommentar zur Zivilprozessordnung, § 882a ZPO Rn. 19.
[17] *Wolff/Bachof/Stober u. a.*, Verwaltungsrecht II, S. 148.
[18] BVerfG, NJW 1983, 2766, 2768.

gesellschaft.[19] Nach Auffassung des Gerichts seien die Erträge aus den Ansprüchen als Verwaltungsvermögen einzuordnen, weil sie unmittelbar für den Betrieb der Luftverkehrsverwaltung verwendet werden. Und die Luftverkehrsverwaltung sei im deutschen Recht öffentlich-rechtlich ausgestaltet. Diese Einordnung werde zudem durch internationale Abkommen gestützt.[20] Im Rahmen der Rechtsbeschwerde bestätigte der BGH uneingeschränkt die Einordnung des Oberlandesgerichts.[21] Auch er wertete die Luftverkehrsverwaltung als eine hoheitliche Aufgabe, verwies zur Begründung aber ohne Rückgriff auf das Konzept des Finanzvermögens direkt auf den öffentlich-rechtlichen Charakter der Gebührenansprüche. Die öffentlich-rechtliche Qualifizierung stützte der Bundesgerichtshof darauf, dass die „Schuldnerin [...] die fraglichen Gebühren für die Einräumung von Rechten, die sich aus ihrer Gebietshoheit ergeben (vgl. Art. 1 des sog. Chicagoer Abkommens – BGBl 1956 II, 411 i.V. mit dem Abkommen zwischen der Regierung der Bundesrepublik Deutschland und der Regierung der Russischen Föderation über den Luftverkehr vom 14.7.1993 – BGBl 1997 II, 681)" erhebt.[22]

Die Qualifikation von zu Kultur- und Forschungseinrichtungen gehörenden Vermögenswerten folgt stets einem ähnlichen Begründungsmuster. In einem in der jüngeren Vergangenheit vom Bundesgerichtshof zu entscheidenden Fall hatte ein Gläubiger auf Grundlage eines in Deutschland für vollstreckbar erklärten Schiedsspruchs des Internationalen Schiedsgerichts bei der Handelskammer in Stockholm in Forderungen aus der Vermietung von Räumlichkeiten im „Russischen Haus der Wissenschaft und Kultur" vollstreckt. Für die Frage entgegenstehender Vollstreckungsimmunität bezog sich der BGH auf ein entsprechendes *obiter dictum* des Bundesverfassungsgerichts[23] und urteilte, dass sich die Vollstreckungsimmunität auch auf kulturelle Einrichtungen beziehe, da „zur Wahrnehmung ausländischer Gewalt auch die vom Staat abhängige Repräsentation

---

[19] OLG Köln, NJOZ 2004, 788
[20] OLG Köln, NJOZ 2004, 788, 791 f. In ganz ähnlicher Weise wertete das LG Hagen Forderungen aus der Verpachtung von Ladenlokalen durch den russischen Staat, deren Erlöse zum Betrieb einer kulturellen Einrichtung Russlands verwendet werden sollten, als nichthoheitliches Vermögen, s. LG Hagen, Ent. v. 16.01.2008, Rs. 3 T 377/07 u.a. (zitiert nach juris), Rn. 30.
[21] BGH, NJW-RR 2006, 425, 200.
[22] Diese Begründung findet sich nicht im Rahmen der Erörterung der Vollstreckungsimmunität hinsichtlich der Gebührenansprüche. Sie ist vielmehr Bestandteil der Ausführungen zur fehlenden internationalen Zuständigkeit deutscher Gerichte, auf die der BGH aber für die Zwecke der immunitätsrechtlichen Qualifikation verweist, BGH, NJW-RR 2006, 425, 199.
[23] BVerfG, NJW 2007, 2605, 2608, dort heißt es „so verbleiben als hoheitlich genutzte Gegenstände und Vermögenswerte eines ausländischen Staates im Vollstreckungsstaat im Wesentlichen Kultur- und Forschungseinrichtungen".

von Kultur und Wissenschaft im Ausland durch Mittelorganisationen gehört".[24] Zur Begründung verwies er unter anderem auf ein entsprechendes völkerrechtliches Abkommen zwischen der Russischen Föderation und Deutschland. Dass sich die Staaten in einem völkerrechtlichen Abkommen über die gegenseitige Förderung bestimmter kultureller Einrichtungen verständigten, sah das Gericht damit als Hinweis für eine hoheitliche Zweckbestimmung an.[25]

bb) Abgrenzungsmaßstäbe in der Literatur

Die Stimmen in der Literatur verzichten ganz überwiegend darauf, konkrete Maßstäbe der deutschen Rechtsordnung zu nennen, nach denen sich die Abgrenzung richten soll. Sofern sie sich überhaupt zur inhaltlichen Bewältigung der Qualifikationsfrage äußern, begnügen sich die Autoren entweder mit der Zustimmung zum Vorgehen deutscher Instanzgerichte, die Entscheidung aufgrund der Kategorien von Finanz- und Verwaltungsvermögen vorzunehmen.[26] Oder sie listen Fälle oder Fallgruppen auf, insbesondere zu währungspolitischen Zwecken gehaltenes Vermögen, in denen jedenfalls eindeutig hoheitliche Verwendungszwecke vorliegen sollen, ohne dass dahinter stehende verallgemeinerungsfähige Wertungen erkennbar werden.[27]

Esser spricht sich dafür aus, die Qualifikation nach dem vom Bundesverfassungsgericht aufgestellten Kriterium der Zugehörigkeit einer Funktion zum notwendigen Kernbereich staatlichen Handelns vorzunehmen. Dabei variiere dieser Maßstab nach den jeweiligen konkreten wirtschaftlichen Verhältnissen des betroffenen Staates.[28] Dieses Vorgehen verspricht jedoch keine Erleichterung der Qualifikationsfrage. Denn die Schwierigkeiten der Gerichte bestätigen immer wieder den Ausspruch *von Schönfelds*: „Über kaum etwas dürfte jedoch völkerrechtlich weniger Klarheit herrschen als darüber, welche Staatszwecke zum ‚Kernbereich' gehören".[29] Auch bringt der variable Maßstab die diffizile Aufgabe mit sich, die ökonomische Verfassung des Schuldnerstaates zu ergründen.

---

[24] BGH, NJW 2010, 769, 770.
[25] Wohl zustimmend BVerfG, NJW 2012, 293, 295; ganz ähnlich BGH, NJW-RR 2014, 1088. In dem Fall ordnete der BGH Ansprüche Griechenlands gegen das Bundesland Bayern auf Auszahlung von Zuschüssen für den Betrieb einer privaten Volksschule als hoheitliche Vermögenswerte ein, weil sie dazu dienten, „einen Beitrag zur Förderung von Sprache und Kultur des ausländischen Staates im jeweiligen Sitzland zu erbringen". Ebenso BGH, RIW 2016, 365; OLG München, FGPrax 2015, 17, 19.
[26] *Kröll*, IPRax 2004, 223, 226 f.; *Dutta*, IPRax 2007, 109, 110 f.
[27] *Weller*, RPfleger 2006, 364, 369; *Stein*, IPRax 1984, 179, 183; *von Schönfeld*, NJW 1986, 2980, 2986; *Krauskopf/Steven*, WM 2000, 269, 279; *Szodruch*, Staateninsolvenz und private Gläubiger, S. 388.
[28] *Esser*, Klagen gegen ausländische Staaten, S. 255.
[29] *Von Schönfeld*, NJW 1986, 2980, 2986.

cc) Zwischenergebnis und das weitere Vorgehen

Die vorangegangenen Ausführungen haben gezeigt, dass die Maßstäbe für eine Qualifikation der Verwendungszwecke von Vollstreckungsobjekten in der deutschen Rechtsordnung alles andere als feststehen. Spezielle Maßstäbe für die Beurteilung der hoheitlichen Qualität der Verwendungszwecke von zentralbanklichen Vermögenswerten haben sich nicht gezeigt. Die Gerichte behelfen sich in pragmatischer Manier vor allem mit dem verwaltungsrechtlichen Instrumentarium zur Unterscheidung zwischen öffentlichem und Privatrecht, um die Vollstreckungsimmunität zu umgrenzen. Daneben ist ein wiederkehrendes Muster, dass die Gerichte die Regelung einer bestimmten Aufgabe in einem internationalen Abkommen als zusätzliches Indiz für einen hoheitlichen Charakter einer staatlichen Tätigkeit werten.

c) Qualifikation von Verwendungszwecken in der deutschen Rechtsordnung

aa) Begriff der hoheitlichen Zwecke in der deutschen Rechtsordnung

Im Nachfolgenden werden einzelne Kriterien der deutschen Rechtsordnung auf ihre Tauglichkeit für die immunitätsrechtliche Abgrenzungsarbeit untersucht. Neben den von den Gerichten zugrunde gelegten Maßstäben sollen auch andere Möglichkeiten in den Blick genommen werden. Inwieweit diese Kriterien eine sinnvolle Abgrenzungsarbeit leisten können, soll anhand von praktischen Anwendungsbeispielen überprüft und illustriert werden. Zu diesem Zweck werden die oben[30] aufgeführten Kategorien von Vermögenswerten, die Zentralbanken typischerweise im Ausland halten, herangezogen. Dabei wurden oben Währungsreserven zu währungspolitischen Zwecken, Staatsfonds, Fremdwährungsaktiva im Rahmen von Währungsswaps, ausländische Sicherheiten für geldpolitische Geschäfte sowie Vermögenswerte aus gewöhnlichen Bankgeschäften genannt. Im Hinblick auf Staatsfonds beschränkt sich die nachfolgende Analyse auf Stabilisierungsfonds, die einem gleichmäßigen Haushaltsaufkommen dienen, und Sparfonds, die der Bewahrung nationalen Rohstoffreichtums für zukünftige Generationen gewidmet sind.

Die Bestimmung von „hoheitlichen Verwendungszwecken" im Rahmen der Vollstreckungsimmunität würde leichtfallen, wenn die deutsche Rechtsordnung eine treffsichere inhaltliche Differenzierung zwischen verschiedenen Staatsaufgaben bereit hielte, die sich nach der Nähe zur Staatlichkeit oder der Zugehörigkeit zum Kernbereich staatlicher Betätigung richtet. Das ist indes nicht der Fall.

---

[30] Siehe oben S. 54 ff.

Das liegt vor allem daran, dass die jeweilige politische Willensbildung auf Grundlage der Verfassung darüber zu entscheiden hat, welche Aufgaben der Staat zu erfüllen hat. Es verbleibt nur eine empirisch fundierte Typizität staatlicher Aufgaben.

(1) Begriff der Staatsaufgaben

Eine Qualifikation von staatlichen Funktionen als „hoheitlich" bzw. „nichthoheitlich" könnte danach erfolgen, inwieweit die Rechtsordnung die betroffene Aufgabe dem Staat zuweist. Eindeutige Vorgaben enthält die deutsche Rechtsordnung indes nicht.

Die Staatsaufgabenlehre versucht, konkrete Sachgegenstände zu benennen, die staatlicher Befassung und Verantwortung obliegen. Staatsaufgaben sind demnach ein Kreis an Aufgaben, die der Staat übernehmen soll. Zur Klärung der Frage, wie dieser Kreis zu ziehen ist, bieten die verschiedenen Wissenschaftsbereiche konkurrierende Zugriffsmöglichkeiten.[31] Die juristische Perspektive entnimmt die Staatsaufgaben in erster Linie der Verfassung.[32] Da das Grundgesetz zwar in verschiedener Weise Staatsaufgaben festlegt, aber keine Definition ausdrücklicher Aufgabenkompetenzen des Staates vorsieht,[33] wird im Ausgangspunkt ein formaler Staatsaufgabenbegriff zugrunde gelegt. Eine Aufgabe wird zu einer Staatsaufgabe, „wenn sich der Staat mit dieser Aufgabe in irgendeiner Form befasst".[34] Die Kompetenz zur Bestimmung der eigenen Aufgaben geht von dem Dogma der potentiellen Allzuständigkeit des Staates, die allein den Beschränkungen der Verfassung unterworfen ist,[35] aus.[36] Zwar lassen sich der Verfassung trotz des offenen Staatsaufgabenbegriffs einzelne Sachgegenstände staatlicher Aufgaben entnehmen. Die Versuche, aus einzelnen Verfassungsbestimmungen konkrete staatliche Aufgaben,[37] grundlegende Verwaltungsaufga-

---

[31] *Baer*, in: Hoffmann-Riem/Schmidt-Aßmann/Voßkuhle (Hrsg.), Grundlagen des Verwaltungsrechts, Band I, § 11 Rn. 3 ff.

[32] *Burgi*, Funktionale Privatisierung und Verwaltungshilfe, S. 34.

[33] *Burgi*, Funktionale Privatisierung und Verwaltungshilfe, S. 31; *Gramm*, Privatisierung und notwendige Staatsaufgaben, S. 41 ff.; *Isensee*, in: Isensee/Kirchhof (Hrsg.), Handbuch des Staatsrechts, Band IV, § 73 Rn. 42.

[34] BVerfG 12 BVerfGE, 205, 243.

[35] Im Einzelnen streitig, *Schulze-Fielitz*, in: Grimm (Hrsg.), Wachsende Staatsaufgaben – sinkende Steuerungsfähigkeit des Rechts, S. 11, 31 ff.; *Weiß*, Privatisierung und Staatsaufgaben, S. 91.

[36] *Burgi*, Funktionale Privatisierung und Verwaltungshilfe, S. 49 ff.; *Gramm*, Privatisierung und notwendige Staatsaufgaben, S. 47; *Isensee*, in: Isensee/Kirchhof (Hrsg.), Handbuch des Staatsrechts, Band IV, § 73 Rn. 137, 147.

[37] Etwa *Kirchhof*, in: Isensee/Kirchhof (Hrsg.), Handbuch des Staatsrechts, Band V, § 99 Rn. 29 ff.

ben³⁸ oder ein Staatsaufgabensystem zu induzieren,³⁹ helfen hier jedoch nicht weiter, weil sie keine normativen Vorgaben hervorbringen können, welche von den so identifizierten Aufgaben zu einem engeren Kreis der „hoheitlichen Staatsaufgaben" gehören.

(2) Hoheitliche Staatsaufgaben und der Dualismus von öffentlichem Recht und Zivilrecht

Eine herkömmliche Kategorisierung in der Staatsaufgabenlehre ist die Unterscheidung zwischen öffentlichen und privaten Aufgaben.⁴⁰ Öffentliche Aufgaben beschreiben Tätigkeitsbereiche, die dem öffentlichen Interesse entsprechen und die „zur Gemeinwohlrealisierung beitragen".⁴¹ Das öffentliche Interesse kann die Staatsaufgaben inhaltlich nicht eingrenzen, weil alle staatlichen Aufgaben zwingend dem Gemeinwohl verpflichtet sind und auch private Betätigung Gemeinwohlinteressen fördert.⁴² Im Übrigen weisen die Kategorien nach wie vor keine inhaltliche Trennschärfe auf.⁴³

Die Kategorie der „hoheitlichen Staatsaufgaben"⁴⁴ in dem gängigen Verständnis ist im Hinblick auf den Untersuchungsgegenstand ebenfalls wenig brauchbar. In der klassischen Verwaltungsrechtslehre bezeichnet „hoheitlich" die spezifisch öffentlich-rechtlichen Gestaltungsmittel der Verwaltung in Abgrenzung zu der privatrechtlichen Handlungsform der Fiskalverwaltung.⁴⁵ An die Erledigungsformen knüpft auch die Auslegung des Terminus „Hoheitsaufgaben" an, den das Grundgesetz in Art. 87f Abs. 2 S. 2 GG verwendet.⁴⁶ Sie werden etwa als „notwendigerweise von einem Hoheitsträger mit hoheitlichen Mitteln wahrzunehmenden öffentlichen Aufgaben" definiert.⁴⁷ Der Wortbestandteil „Hoheit" meint

---

³⁸ *Baer*, in: Hoffmann-Riem/Schmidt-Aßmann/Voßkuhle (Hrsg.), Grundlagen des Verwaltungsrechts, Band I, § 11 Rn. 29.

³⁹ *Bull*, Die Staatsaufgaben nach dem Grundgesetz, S. 149 ff.; *Weiß*, Privatisierung und Staatsaufgaben, S. 91, 97 ff.

⁴⁰ Zu Abweichungen *Weiß*, Privatisierung und Staatsaufgaben, S. 22 ff.

⁴¹ *Weiß*, Privatisierung und Staatsaufgaben, S. 22.

⁴² *Isensee*, in: Isensee/Kirchhof (Hrsg.), Handbuch des Staatsrechts, Band IV, § 73 Rn. 5.

⁴³ *Baer*, in: Hoffmann-Riem/Schmidt-Aßmann/Voßkuhle (Hrsg.), Grundlagen des Verwaltungsrechts, Band I, § 11 Rn. 13; *Gramm*, Privatisierung und notwendige Staatsaufgaben, S. 56 ff.

⁴⁴ Etwa BVerfG, NJW 2012, 1563, 1564.

⁴⁵ Vgl. nur *Stober*, in: Wolff/Bachof/Stober u. a. (Hrsg.), Verwaltungsrecht I, § 3 Begriff der öffentlichen Verwaltung Rn. 20.

⁴⁶ Die Vorschrift lautet: „Hoheitsaufgaben im Bereich des Postwesens und der Telekommunikation werden in bundeseigener Verwaltung ausgeführt."

⁴⁷ *Windthorst*, in: Sachs (Hrsg.), Grundgesetz, Art. 87f Rn. 31.

also „eine öffentlich-rechtliche Handlungsform"[48] oder noch enger „eine rechtliche Überlegenheit" der öffentlichen Hand in dem betroffenen Rechtsverhältnis.[49] Dieses Begriffsverständnis des „Hoheitlichen" rekurriert damit im Kern auf den Dualismus von öffentlichem und privatem Recht, der die gesamte Rechtsordnung grundlegend strukturiert und die Grenze des Sonderbereichs staatlicher Tätigkeit gegenüber den übrigen Teilen der Rechtsordnung markiert. Öffentliches Recht wird in Abgrenzung zum Privatrecht als „Sonderrecht des Staates" für dessen Funktion als Hoheitsträger verstanden.[50] Eine Zuordnung erfolgt maßgeblich danach, ob die Norm, die der in Rede stehenden staatlichen Aktivität zugrunde liegt, dem öffentlichen Recht oder dem Privatrecht angehört.[51] Für die Qualifizierung der Rechtsnormen existiert ein breites Angebot an Ansätzen. Nach der in der Literatur herrschenden modifizierten Subjektstheorie soll sich die Qualität einer Rechtsnorm des öffentlichen Rechts beispielsweise danach richten, ob sie zwingend einen Träger öffentlicher Gewalt (als solchen) berechtigt oder verpflichtet.[52]

Genau auf diese Unterscheidung zwischen öffentlichem und Privatrecht greift zuweilen die Rechtsprechung zurück, um die Qualifikation der Verwendungszwecke fremdstaatlicher Vermögenswerte im Rahmen der Vollstreckungsimmunität zu bewältigen.[53] Das OLG Köln begründete beispielsweise den hoheitlichen Charakter der Luftverkehrsverwaltung damit, dass diese nach deutschem Recht öffentlich-rechtlich ausgestaltet sei, also auf einem Geflecht aus öffentlich-rechtlichen Normen basiere.[54] Dieser Ansatz macht die Immunitätsbeurteilung somit davon abhängig, ob der fremde Staat die Aufgabe, zu der er den betroffenen Vermögenswert einsetzt, in einem öffentlich-rechtlichen oder privatrechtli-

---

[48] BVerfG, NJW 2012, 1563, 1564 f.; *Gersdorf*, in: Mangoldt/Klein/Starck (Hrsg.), Kommentar zum Grundgesetz, Art. 87f Rn. 72 ff.

[49] *Stober*, in: Wolff/Bachof/Stober u. a. (Hrsg.), Verwaltungsrecht I, § 3 Begriff der öffentlichen Verwaltung Rn. 20. Soweit die deutsche Lehre den Begriff der „Hoheitlichkeit" im Zusammenhang mit Staatsaufgaben im Übrigen verwendet, bezieht sie diesen vornehmlich ebenfalls auf den Modus der Aufgabenerfüllung und den Grad der staatlichen Steuerungsverantwortung, s. *Eifert*, in: Hoffmann-Riem/Schmidt-Aßmann/Voßkuhle (Hrsg.), Grundlagen des Verwaltungsrechts, Band I, § 19 Rn. 14, unter Bezug auf *Hoffmann-Riem*, in: Hoffmann-Riem/Schmidt-Aßmann (Hrsg.), Öffentliches Recht und Privatrecht als wechselseitige Auffangordnungen, S. 261, 300 ff.

[50] *Ehlers/Schneider*, in: Schoch/Bier/Schneider (Hrsg.), Verwaltungsgerichtsordnung, § 40 Rn. 18 ff.

[51] Siehe etwa GmS-OGB, NJW 1988, 2295, 2296.

[52] *Ehlers/Schneider*, in: Schoch/Bier/Schneider (Hrsg.), Verwaltungsgerichtsordnung, § 40 Rn. 226; *Ruthig*, in: Schenke/Kopp (Hrsg.), VwGO, § 40 Rn. 11.

[53] BGH, NJW-RR 2006, 425, 199; LG Hagen, Ent. v. 16.01.2008, Rs. 3 T 377/07 u. a. (zitiert nach juris).

[54] OLG Köln, NJOZ 2004, 788, 791 f.

chen Modus erfüllt, und untersucht dazu die Qualität der Rechtsquellen, die der staatlichen Aufgabe zugrunde liegen.

Für die Bewältigung der immunitätsrechtlichen Qualifikation der Verwendungszwecke von Vermögenswerten ist dieser Ansatz untauglich. Denn die Handlungsform und das zugrunde liegende Rechtsregime in den Blick zu nehmen, ergibt zunächst deshalb wenig Sinn, weil ein Staat in einem fremden Forumstaat ohnehin auf zivilrechtliche Handlungsformen verwiesen ist und sein durch die Heimatrechtsordnung vorgegebenes öffentlich-rechtliches Instrumentarium gar nicht zum Einsatz bringen kann. Hält eine fremdstaatliche Zentralbank auf Konten bzw. Depots bei der Bundesbank Guthaben oder Wertpapiere, um Deviseninterventionen tätigen zu können oder den Wert eines Staatsfonds zu steigern, dann sind privatrechtliche Verträge zwingend Grundlage dieser Tätigkeiten.

Es bliebe nur, eine Hilfsbetrachtung anzustellen und zu fragen, wie die fremdstaatlichen Funktionen anhand der Abrenzung von öffentlichem Recht und Privatrecht auf Grundlage der deutschen Rechtsordnung zu qualifizieren wären, wenn der deutsche Staat bzw. die Deutsche Bundesbank diese im Inland vornehmen würden. Sinnvoll ist diese hypothetische Beurteilung für die Auslegung des Begriffs der Hoheitlichkeit im Rahmen der Zentralbankenimmunität gleichwohl nicht.

Das lässt sich schon daran ablesen, wie schwer sich Rechtsprechung und Literatur in der Vergangenheit damit getan haben, das maßgebliche Rechtsregime für Tätigkeiten der Deutschen Bundesbank zu bestimmen.[55] Inwieweit diese Tätigkeiten dem öffentlichen Recht oder dem Privatrecht unterliegen, hat beispielsweise Bedeutung für den zulässigen Rechtsweg, etwa im Rahmen von § 40 VwGO,[56] oder der Amtshaftung der Deutschen Bundesbank nach § 839 Abs. 1 BGB i. V. m. Art. 34 GG.[57] Hinsichtlich der Einordnung von Aufgaben der Bundesbank schreibt *Schmidt* etwa:

„[Die] rechtliche Einordung bereitet Schwierigkeiten, weil der Gesetzgeber hierzu nichts aussagt, und weil die herkömmlichen Kategorien der Rechtsquellenlehre und der verwaltungsrechtlichen Handlungsformen auf die Besonderheiten des Währungswesens und seiner Organisation nicht ohne weiteres passen."[58]

---

[55] VG Frankfurt a. M., WM 2010, 887, 889; *Berger/Rübsamen*, Bundesbankgesetz, S. 31; *Coburger*, Die währungspolitischen Befugnisse der Deutschen Bundesbank; *Schmidt*, Öffentliches Wirtschaftsrecht, S. 372 ff.; *Löber*, in: Kümpel/Wittig (Hrsg.), Bank- und Kapitalmarktrecht, Der Euro und das Europäische System der Zentralbanken Rn. 5.463 f.; *Zezschwitz*, NJW 1983, 1873.

[56] GmS-OGB, NJW 1988, 2295, 2296; *Ehlers/Schneider*, in: Schoch/Bier/Schneider (Hrsg.), Verwaltungsgerichtsordnung, § 40 Rn. 217 ff.

[57] *Papier/Shirvani*, in: Säcker/Oetker/Rixecker u. a. (Hrsg.), Münchener Kommentar zum BGB, § 839 Rn. 144 ff.

[58] *Schmidt*, Öffentliches Wirtschaftsrecht, S. 372.

1. Abgrenzung von hoheitlichen und nichthoheitlichen Vermögenswerten

Dass die herkömmlichen Kategorien der Rechtsquellenlehre nicht so recht passen, liegt vor allem daran, dass Zentralbanken ihre Aufgaben im Wesentlichen durch Marktgeschäfte erfüllen und ihre Instrumente sich von Rechtsgeschäften privater Geschäftsbanken nicht unterscheiden.

Hinzu kommt, dass man ratlos zurückbliebe, wenn die betroffenen Funktionen der deutschen Rechtsordnung fremd wären und maßgebliche Rechtssätze fehlten. Auch eine hypothetische Beurteilung kann nicht verdecken, dass eine Unterscheidung anhand der Handlungsinstrumente und der dafür maßgeblichen Rechtsquellen sich nicht in die Perspektive der Vollstreckungsimmunität einfügt. Dort müssen Funktionen beurteilt werden. Staatliche Organe üben bestimmte Funktionen nicht selten über ein großes Bündel an unterschiedlichen Maßnahmen und Instrumenten aus. Eine Zentralbank betreibt Geldpolitik mit Hilfe zahlreicher Instrumente. Wenn nun eine bestimmte Handlungsform dem Privatrecht oder dem öffentlichen Recht zugeordnet wird, sagt das nichts über die Qualifikation der staatlichen Funktion aus, die mit der Gesamtheit der Instrumente ausgeübt wird, zumal die Wahl eines bestimmten Handlungsinstruments aufgrund des Formenwahlrechts der Verwaltung lediglich von Zweckmäßigkeitsgesichtspunkten abhängt.[59] Für die Durchführung der Geldpolitik kann eine Zentralbank etwa auf das Instrument der Festlegung von Mindestreservesätzen, einer einseitigen, eher öffentlich-rechtlichen Handlungsform, oder auf Offenmarktgeschäfte, die mit Hilfe privatrechtlicher Rechtsgeschäfte abgewickelt werden, zurückgreifen. Welches Werkzeug sie einsetzt, hängt von den angestrebten Effekten ab. Die Zuordnung zum öffentlichen oder Zivilrecht und damit die Immunitätsentscheidung hinge von bloßen Zufälligkeiten ab.

(3) Dem Staat eigentümliche Aufgaben, notwendige und ausschließliche Staatsaufgaben

Für den Untersuchungsgegenstand interessanter sind hingegen die vor allem in der Privatisierungsdebatte[60] erörterten genuin staatlichen Aufgaben. Nützlich sind hier zwei Erscheinungsformen. Notwendige Staatsaufgaben muss der Staat trotz aller Kompetenzfreiheit wegen bestimmter „Merkmale des Staatlichen"[61] wahrnehmen. Hier wird teilweise auch von „Staatskernaufgaben" gesprochen.[62] Eine andere Kategorie bilden „ausschließliche Staatsaufgaben", die sich dadurch

---

[59] *Ehlers/Schneider*, in: Schoch/Bier/Schneider (Hrsg.), Verwaltungsgerichtsordnung, § 40 Rn. 243 ff.
[60] Vor allem *Burgi*, Funktionale Privatisierung und Verwaltungshilfe.
[61] *Burgi*, Funktionale Privatisierung und Verwaltungshilfe, S. 184.
[62] *Püttner*, Verwaltungslehre, S. 37.

auszeichnen, dass sie kraft Natur der Sache allein der Staat erfüllen kann.[63] Die Ausschließlichkeit der Aufgabe bezieht sich auf die Art und Weise der Erfüllung, für die dem Staat ein natürliches Monopol zukommt.[64] Wie die überwiegende Auffassung im Schrifttum[65] geht auch das Bundesverfassungsgericht davon aus, dass es einen engeren Kreis an staatlichen Aufgaben gibt.[66] Wenn bestimmte „Aufgaben der öffentlichen Hand vorbehalten sind"[67] oder „wesensmäßig"[68], dann spricht viel dafür, diesen engeren Kreis an Aufgaben jedenfalls auch zu den „hoheitlichen Aufgaben" i. S. d. Immunitätsrechts zu zählen.

Notwendige Staatsaufgaben werden teilweise als staatstheoretische Kategorie oder deskriptives Phänomen aufgefasst, das unterschiedlich begründet[69] meistens in der Nennung von Beispielen, wie innere und äußere Sicherheit, mündet,[70] eine Zuordnung von Staatsaufgaben im Einzelnen aber nicht möglich macht. Eine andere Sichtweise folgert die Pflicht zur Wahrnehmung bestimmter Aufgaben aus der Verfassung, etwa aus Staatszielbestimmungen oder den Grundrechten. Aber auch hier fehlt ein eindeutiges Verständnis, welche Aufgaben im Einzelnen dazu zählen sollen.[71] Die Ausschließlichkeit der Aufgabe soll sich entweder aus dem Einsatz staatsvorbehaltener Mittel, allen voran dem Einsatz von

---

[63] *Gramm*, Privatisierung und notwendige Staatsaufgaben, S. 23.

[64] *Isensee*, in: Isensee/Kirchhof (Hrsg.), Handbuch des Staatsrechts, Band IV, § 73 Rn. 27. Notwendige und ausschließliche Staatsaufgaben können sich überschneiden und häufig werden beide Kategorien nicht auseinandergehalten, s. etwa *Weiß*, Privatisierung und Staatsaufgaben, S. 339 ff.; *Ossenbühl*, in: Leßmann/Großfeld/Vollmer (Hrsg.), Festschrift für Rudolf Lukes zum 65. Geburtstag, S. 525, 542.

[65] Insbesondere *Isensee*, in: Isensee/Kirchhof (Hrsg.), Handbuch des Staatsrechts, Band IV, § 73 Rn. 29. Ausführliche Nachweise bei *Gramm*, Privatisierung und notwendige Staatsaufgaben, S. 32 Fn. 90.

[66] Das Bundesverfassungsgericht verwendet eine unterschiedliche Terminologie. Es spricht von „originären Staatsaufgaben", BVerfG, 73 BVerGE, 280, 294; von „von Verfassungs wegen notwendigen Staatsaufgaben", BVerfG, 95 BVerfGE, 250, 265, oder „typischen staatlichen Funktionen, die ihrem Wesen nach nur von Staatsorganen wahrgenommen werden können", BVerfG, 30 BVerfGE, 292, 311.

[67] BVerwG, NJW 1955, 1532, 1533; *Burgi*, Funktionale Privatisierung und Verwaltungshilfe, S. 32.

[68] *Peters*, in: Dietz/Hübner (Hrsg.), Festschrift für Hans Carl Nipperdey zum 70. Geburtstag, Bd. 2, S. 877, 892.

[69] *Gramm*, Privatisierung und notwendige Staatsaufgaben, S. 34.

[70] Etwa *Herzog*, in: Isensee/Kirchhof (Hrsg.), Handbuch des Staatsrechts, Band IV, § 72 Rn. 23 ff.

[71] *Burgi*, Funktionale Privatisierung und Verwaltungshilfe, S. 194 ff.; einen gänzlich anderen Ansatz verfolgt *Gramm*, Privatisierung und notwendige Staatsaufgaben, S. 278. Er beurteilt die Verantwortungsintensität des Staates für die Bereitstellung bestimmter Güter anhand folgender vier Kriterien: unerträglicher Gütermangel, notwendige Güterbereitstellung für alle, gerechte Regulierung des Güterzugangs bei knappen Gütern und Systemerhaltung und Systemanpassung der (bestehenden) Güterbereitstellung. Der Ansatz soll hier nicht weiter verfolgt

Zwangsgewalt als Ausfluss des Gewaltmonopols,[72] oder aus der Notwendigkeit einheitlicher und authentischer Wahrnehmung ergeben.[73]

Nach einer Auffassung gehört jedenfalls die Sorge für ein geordnetes Geld- und Währungswesen zu den fundamentalen Staatsaufgaben.[74] Eine ähnliche Sichtweise ordnet jedenfalls Geldpolitik eindeutig dem hoheitlichen Funktionsbereich des Staates zu.[75] Sie können sich darauf stützen, dass das Bundesverfassungsgericht mehrfach betont hat, dass die öffentliche Hand verpflichtet ist, „für ein geordnetes Währungs- und Geldwesen zu sorgen".[76] In dem Maastricht-Urteil bezeichnete das Bundesverfassungsgericht das Währungswesen als ein staatliches Hoheitsrecht und die Währungspolitik als „staatliche Hoheitsgewalt".[77] Die Aussagen lassen sich so deuten, dass zumindest diese Bereiche notwendige Staatsaufgaben beschreiben.

Auch wenn diese abstrakten Einordnungen dazu beitragen können, eine einheitliche Bewertung der Zugehörigkeit von zentralbanklichen Funktionen zum inneren Hoheitsbereich des Staats innerhalb der deutschen Rechtsordnung zu erreichen, kann sich die Immunitätsbetrachtung nicht auf sie verlassen. Denn die Wertungen bleiben zum einen Stückwerk, sie erfassen nur bestimmte Bereiche der Zentralbanken und können allenfalls als Indizien für die Zugehörigkeit der Aufgaben zur staatlichen Hoheitsgewalt herangezogen werden. Zum anderen legt eine allgemeine Qualifikation die Wertungsprinzipien, auf denen sie beruhen, nicht offen. Sie hängen damit gleichsam in der Luft und lassen sich nicht überprüfen.

bb) Unterscheidung zwischen Verwaltungs- und Finanzvermögen

(1) Verbreitung des Kriteriums

Wie gesehen, hat sich in der deutschen Rechtsprechung ausgehend von dem NIOC-Beschluss des Bundesverfassungsgerichts eine Linie herausgebildet, die zur Beurteilung der Vollstreckungsimmunität fremdstaatlicher Vermögenswerte die aus der Verwaltungsrechtswissenschaft herrührende Differenzierung zwischen Verwaltungs- und Finanzvermögen des Staates anwendet. Das Bundesge-

---

werden, weil bereits die Annahme eines Mangels einer rechtlich kaum handhabbaren politischen Einschätzung unterliegt.

[72] Dazu relativierend *Burgi*, Funktionale Privatisierung und Verwaltungshilfe, S. 193.
[73] *Isensee*, in: Isensee/Kirchhof (Hrsg.), Handbuch des Staatsrechts, Band IV, § 73 Rn. 27.
[74] *Coburger*, Die währungspolitischen Befugnisse der Deutschen Bundesbank, S. 91; anders dagegen *Kratzmann*, ZfgK 2013, 301, der in der Geldpolitik lediglich das Instrument für „das inflationsfreie Funktionieren der bürgerlichen Schuldrechtsordnungen" sieht.
[75] Löber in: *Kümpel/Wittig* (Hrsg.) Bank- und Kapitalmarktrecht, Rn. 5.463 f.
[76] BVerfG, 9 BVerfGE, 305, 307; BVerfG, 23 BVerfGE, 153, 178.
[77] BVerfG, NJW 1993, 3047, 3056.

richt macht sich diesen Abgrenzungsmaßstab, den das schweizerische Verwaltungsrecht übernommen hat, ebenfalls zunutze.[78]

(2) Ungeeignetheit des Kriteriums

Es wurde bereits erläutert, dass die Differenzierung zwischen beiden Kategorien von Sachen der öffentlichen Hand daran anknüpft, ob der Vermögensgegenstand unmittelbar für eine Verwaltungstätigkeit gebraucht wird oder ob er lediglich mittelbar über die Steigerung des allgemeinen Finanzaufkommens zur Bewältigung der Verwaltungsaufgaben beiträgt. Die Zuordnung zum öffentlich-rechtlichen oder privatrechtlichen Rechtsregime hängt somit von der Nähebeziehung zwischen der Nutzung des Vermögensgegenstands und den konkreten Verwaltungszwecken ab.

Das verwaltungsrechtliche Konzept kann jedoch keine erschöpfende Abgrenzung gewährleisten. Das Immunitätsrecht muss entscheiden, welche durch den Staat ausgeübten Funktionen inhaltlich der Souveränität eines Staates so nahe stehen, dass sie eine Ausnahme von der Gerichtsbarkeit rechtfertigen. Die Kategorie des Finanzvermögens trifft keine inhaltliche Bewertung der Verwendungszwecke. Sie lässt jeglichen Zweck genügen, dem der Gegenstand unmittelbar dient, wenn er nicht in der Ertragserzielung liegt. Das oben bereits genannte Urteil des OLG Köln[79] verdeutlicht, dass das Konzept des Verwaltungsvermögens aus sich heraus den hoheitlichen Charakter des betroffenen Vermögens nicht abschließend beurteilen kann. Das Gericht stellte zwar fest, dass die Gebührenansprüche aus der Luftverkehrsverwaltung unmittelbar für diese Staatsaufgabe verwendet wurden und daher als Verwaltungsvermögen einzuordnen sind. Zu der Einordnung der Luftverkehrsverwaltung als hoheitliche Funktion gelangte das Gericht erst dadurch, dass sie auf die öffentlich-rechtliche Ausgestaltung der Luftverkehrsverwaltung in Deutschland verwies. Die Kategorie des Finanzvermögens vermochte die Qualifikationsfrage nicht abschließend zu klären, weil sie nichts darüber aussagt, was für eine Art von Aufgabe betroffen ist.[80]

Inhaltlich läuft das Konzept des Finanzvermögens darauf hinaus, dass allein Ziele der Ertragserwirtschaftung aus dem Begriff der hoheitlichen Verwendungszwecke auszuklammern sind, weil Finanzvermögen unmittelbar allein dem Erhalt und der Mehrung von Finanzmitteln dient. Die Ertragserwirtschaftung zählt sicherlich nicht zu den hoheitlichen Funktionen des Staates. Es darf aber ernst-

---

[78] Etwa in Schw. Bundesgericht, *Sozialistische Libysche Arabische Volks-Jamahiriya gg. Actimon SA*, 111 Ia BGE, 62, 65.
[79] OLG Köln, NJOZ 2004, 788.
[80] OLG Köln, NJOZ 2004, 788, 791 f.

haft bezweifelt werden, ob ein solch enges Verständis der „Nichthoheitlichkeit" die Immunitätsgrenzen angemessen deliminiert.

Nicht nur kann private Wirtschaftstätigkeit vielfältige von der Gewinnerzielung abweichende Ziele verfolgen, die in gleicher Weise der Staat als Aufgabenfelder besetzt.[81] Die Satzung der Axel-Springer-Beteiligungs AG verpflichtete beispielsweise das Unternehmen auf das Ziel, auf friedlichem Wege die Wiedervereinigung Deutschlands zu erreichen.[82]

Auch beließe man dem fremden Staat in weiten Bereichen Vollstreckungsimmunität, in denen er in Konkurrenz zu privaten Marktteilnehmern wirtschaftlich tätig ist, aber gleichzeitig marktferne, öffentliche Ziele verfolgt. In Deutschland ist der Staat anerkanntermaßen neben seiner fiskalischen Tätigkeit in großem Umfang wirtschaftlich tätig, insbesondere in der sog. Daseinsvorsorge.[83] Das wirtschaftliche Engagement lässt sich aber stets nur durch die Verfolgung öffentlicher Zwecke legitimieren, weil sich der Staat nach der überwiegenden Auffassung in der Verwaltungsrechtswissenschaft nicht allein aus fiskalischem Interesse wirtschaftlich betätigen darf.[84]

Oben[85] wurde beschrieben, dass Zentralbanken von Entwicklungsländern häufig klassische Geschäfte von Geschäftsbanken tätigen, indem sie etwa für Exportgeschäfte privater Unternehmen Wechsel ausstellen oder Sicherheiten gewähren. Häufig werden Zentralbanken dabei staatliche Ziele verfolgen, wie etwa die Förderung der nationalen Exportwirtschaft. Da sie unmittelbar einem öffentlichen Zweck dienen, wären sie damit als Verwaltungsvermögen einzuordnen und nähmen an der Vollstreckungsimmunität teil. Eine sachliche Rechtfertigung dafür, dass Mittel für die Wirtschaftsförderung Schutz der Vollstreckungsimmunität genießen, drängt sich nicht auf. In der Folge wäre auch Vermögen von Staatsfonds, das Investitionen in Infrastrukturprojekte zur Förderung der nationalen Wirtschaft zugewiesen ist, immun. Zudem können Vermögenswerte leicht dem Schutzbereich der Immunität unterstellt werden, indem ihnen Zwecke jenseits der Gewinnerzielung zugeschrieben werden. Schließlich hat die Untersuchung der Staatenpraxis darauf hingedeutet, dass Vermögenswerten, mit denen übliche Handelsgeschäfte abgewickelt werden, in der Staatenpraxis keine Vollstreckungsimmunität zugestanden wird. Mit dieser Tendenz stünde diese Grenz-

---

[81] *Storr*, Der Staat als Unternehmer, S. 40; *Grossmann*, Unternehmensziele im Aktienrecht, S. 32 ff.

[82] Beispiel bei *Dreher*, ZHR 1991, 349, 372.

[83] *Ronellenfitsch*, in: Isensee/Kirchhof (Hrsg.), Handbuch des Staatsrechts, Band IV, § 98 Rn. 1 ff.; *Ruthig/Storr*, Öffentliches Wirtschaftsrecht, Rn. 27.

[84] *Schulze-Fielitz*, in: Hoffmann-Riem/Schmidt-Aßmann/Voßkuhle (Hrsg.), Grundlagen des Verwaltungsrechts, Band I, § 12 Rn. 133 m.w.N.

[85] Siehe oben S. 80.

ziehung im Widerspruch. Die (alleinige) Heranziehung einer Gewinnerzielungsabsicht ist daher kein geeignetes Kriterium für die Demarkation der Immunitätsgrenze.

(3) Berechtigung des Ansatzes

Das soll nicht heißen, dass das verwaltungsrechtliche Konzept des Finanzvermögens für die Qualifikation des Verwendungszwecks gänzlich unbrauchbar wäre. Vollstreckungsimmunität ist nach dem Schutzzweck nur in Fällen gerechtfertigt, in denen eine eindeutige staatliche Aufgabe erkennbar ist, deren Erfüllung durch die Ausübung der nationalen Gerichtsbarkeit beeinträchtigt würde. Das Konzept des Finanzvermögens lenkt den Blick darauf, inwieweit Vollstreckungsobjekte konkreten staatlichen Funktionen gewidmet sind. Da Finanzvermögen keiner konkreten staatlichen Aufgabe zugewiesen ist, ist die Unterscheidung von Finanz- und Verwaltungsvermögen gut geeignet, um Vermögenswerte auszusondern, die eines Schutzes durch die Vollstreckungsimmunität nicht bedürfen. Welche der konkreten Funktionsbestimmungen dagegen sachlich von der Vollstreckungsimmunität profitieren sollen, müssen andere Maßstäbe entscheiden.

cc) Zwischenergebnis

Der Rückgriff auf Kriterien des deutschen Rechts hilft nicht, die Abgrenzung von hoheitlichen und nichthoheitlichen Verwendungszwecken zu bewältigen. Ein objektiver Maßstab, mit dessen Hilfe die Abgrenzung von hoheitlichen und nichthoheitlichen Verwendungszwecken überzeugend gelänge, lässt sich nicht im Völkerrecht, aber genauso wenig in der deutschen Rechtsordnung aufspüren. Um zu entscheiden, welche Vermögenswerte fremder Zentralbanken hoheitlich sind, bedarf es demnach teilweise anderer Wertungen.

d) Abgrenzung anhand von „wirtschaftlichen Zwecken"

aa) Immunitätsausnahme für „wirtschaftliche Zwecke"

Historisch war die sachliche Zurücknahme der Immunität eine Reaktion auf die ausgedehnte Teilnahme fremder Staaten am Wirtschaftsleben auf Märkten jenseits ihrer eigenen Territorien. Dahinter steht die Wertung, dass ein Akteur, der freiwillig Austauschbeziehungen auf dem Markt eingeht, nicht gleichzeitig in dadurch ausgelösten Gerichtsverfahren Privilegien aufgrund seiner Stellung als souveräner Staat in Anspruch nehmen kann. Ausgehend davon haben sämtliche nationalen Immunitätsgesetze vor Erlass der UN-Immunitätskonvention und Kodifikationsvorschläge den wirtschaftlichen Charakter der Zweckbestimmung eines Vollstreckungsobjektes zum entscheidenden Merkmal erhoben, um den Ausschluss der Immunität auszulösen. Gelegentlich klingt das beschränkte Verständnis nichthoheitlicher Zwecke auch in der deutschen Rechtsprechung an. So führte das Bundesverfassungsgericht in einem Urteil aus dem Jahr 2006 aus: „Inzwischen unterscheidet die Staatenpraxis bei der Vollstreckung weitgehend zwischen Vermögen eines Staates, das kommerziellen Zwecken dient, und solchen Vermögensgegenständen oder -werten, die hoheitlichen Zwecken dienen."[86] Zu den wenigen von der Staatenpraxis getragenen, gesicherten Erkenntnissen gehört somit, dass wirtschaftliche Verwendungszwecke keinen Immunitätsschutz in Anspruch nehmen können, so dass es naheliegt, eine rechtssichere und handhabbare Abgrenzung von immunen und immunitätsfreien Vollstreckungsobjekten über dieses Merkmal zu suchen.

Wirtschaftliche Zwecke lassen sich auf zwei verschiedene Arten interpretieren. Zum einen kann der mit einer Tätigkeit verfolgte Zweck wirtschaftlicher Art sein. Es wurde bereits darauf hingewiesen, dass der wirtschaftliche Charakter der hinter einer Tätigkeit stehenden Ziele sich nicht eindeutig bestimmen lässt.[87] Zum anderen lässt sich wirtschaftlicher Zweck aber auch als Verwendung eines Gegenstands für eine Tätigkeit, die wirtschaftlicher Natur ist, verstehen.

bb) Wirtschaftlicher Charakter der angestrebten Tätigkeit

Der Begriff des „Wirtschaftens" wird in gängiger Weise und Anlehnung an das Verständnis in der Volkswirtschaftslehre von seiner Funktion her erfasst und damit sehr weit verstanden.[88] Nach Auffassung des Bundesverfassungsgerichts fallen unter die Gesetzgebungskompetenz des Bundes für das Recht der Wirtschaft (Art. 74 Abs. 1 Nr. 11 GG) sämtliche „Vorschriften, die sich in irgendeiner Form auf die Erzeugung, Herstellung und Verteilung von Gütern des wirtschaftlichen Bedarfs beziehen".[89] Ähnlich fällt die Definition des Europäischen Gerichtshofs im Europäischen Wettbewerbsrecht aus. Verpflichtungsadressaten sind „Unternehmen", die nach der ständigen Rechtsprechung des EuGH „jede eine wirtschaftliche Tätigkeit ausübende Einheit unabhängig von Rechtsform oder Art der Finanzierung" umfassen. Eine wirtschaftliche Tätigkeit versteht das Gericht als

---

[86] BVerfG, NJW 2007, 2605, 2607.
[87] Siehe oben S. 63.
[88] *Schmidt*, Öffentliches Wirtschaftsrecht, S. 38 f.
[89] BVerfG, NJW 1959, 29; BVerfG, NJW 1971, 319.

„jede Tätigkeit, die darin besteht, Güter oder Dienstleistungen auf einem bestimmten Markt anzubieten".[90]

Als bloße Vorgangsbeschreibung ist sie aber nicht geeignet, die Besonderheiten zentralbanklicher Tätigkeit auf den Märkten zu erfassen. Schließen Zentralbanken auf den Geld- und Devisenmärkten Finanzgeschäfte ab, fragen sie Produkte und Dienstleistungen an Märkten nach und betätigen sie sich unzweifelhaft in einer wirtschaftlichen Art und Weise in dem oben genannten Sinne. Dass sie dabei eine genuin staatliche Aufgabe verfolgen, wird erst durch die verfolgten Ziele deutlich. Die Tätigkeiten dienen dazu, das Marktgeschehen zu beeinflussen.

Traditionell nimmt der Staat die Aufgabe wahr, die wirtschaftliche Betätigung und das Geschehen auf verschiedenen Märkten gesetzlich und administrativ zu steuern. Klassisches Mittel der Wirtschaftsverwaltung ist neben der Wirtschaftsaufsicht, die die Einhaltung der für die selbstverantwortliche Teilnahme am privatrechtlichen Wirtschaftsverkehr geschaffenen Rechtsregeln überwacht,[91] die Wirtschaftslenkung und -förderung, die auf die wirtschaftlichen Prozesse einwirkt, um einen wirtschafts-, sozial- oder gesellschaftspolitisch erwünschten Zustand oder Ablauf des Wirtschaftslebens herzustellen oder zu erhalten.[92] Der noch in der Ausbildung begriffene Begriff des „Regulierungsrechts" versucht auch andere Formen der Wirtschaftsverwaltung mit einzubeziehen und beschreibt alle staatlichen Instrumente zur Beeinflussung und Konstituierung von Märkten, die spezifisch öffentliche Bindungen der konkret ausgeübten Wirtschaftstätigkeit vermitteln bzw. alle politisch motivierten Eingriffe des Staates zur Beschränkung oder zur Übernahme von Marktmechanismen oder zur Übernahme und Koordination von Marktfunktionen bei fehlendem Markt.[93]

Zum Arsenal zur Steuerung von Ablauf und Zustand des Marktgeschehens gehörten schon immer auch marktkonforme Instrumente. Ein Fall dieser Steuerungswerkzeuge sind beispielsweise öffentliche Unternehmen, die als Marktakteure auftreten und dabei ohne Zweifel wirtschaftlich tätig werden.[94] Öffentliche Unternehmen sind als regulierungsrechtliches Steuerungsinstrument an-

---

[90] EuGH, *Kommission/Italien [Zollspediteure]*, Slg. 1998, I-3851, 32; weitere Nachweise zu diesem funktionalen Begriffsverständnis bei *Storr*, Der Staat als Unternehmer, S. 39.

[91] *Ruthig/Storr*, Öffentliches Wirtschaftsrecht, Rn. 22; *Schmidt*, Öffentliches Wirtschaftsrecht, S. 338; *Stadermann*, Die Haftung der Kartellaufsicht, S. 28 f.

[92] *Schulte/Kloos/Apel*, in: Schulte/Kloos (Hrsg.), Handbuch Öffentliches Wirtschaftsrecht, S. 3, 21.

[93] *Eifert*, in: Hoffmann-Riem/Schmidt-Aßmann/Voßkuhle (Hrsg.), Grundlagen des Verwaltungsrechts, Band I, § 19 Rn. 5; *Schulte/Kloos/Apel*, in: Schulte/Kloos (Hrsg.), Handbuch Öffentliches Wirtschaftsrecht, S. 3, 33 ff.

[94] *Schulte/Kloos/Apel*, in: Schulte/Kloos (Hrsg.), Handbuch Öffentliches Wirtschaftsrecht, S. 3, 19.

1. Abgrenzung von hoheitlichen und nichthoheitlichen Vermögenswerten 289

erkannt, und zwar nicht nur in der Form, Güter und Dienstleistungen i. S. d. Daseinsvorsorge bereitzustellen,[95] sondern auch zur lenkenden Einwirkung auf das Marktgeschehen, indem etwa Wettbewerb belebt wird oder indem bestimmte ordnungspolitische Ziele über den Markt verfolgt werden.[96] Im Immunitätskontext ist diese Form staatlichen Wirkens auch in anderen Ländern anerkannt. Der australische Court of Appeals of South Wales stellte beispielsweise jüngst fest: „the state does not lose its sovereign immunity just because it implements public policy through a corporate vehicle".[97]

In diesem Sinne lässt sich auch die Geld- und Währungspolitik von Zentralbanken als Ausdruck staatlicher Regulierung verstehen. Indem die Zentralbank beispielsweise Kredite in einem bestimmten Umfang und zu einem bestimmten Zins am Geldmarkt anbietet, beeinflusst sie die Zinssätze im Geldmarkt und steuert damit ein wesentliches Element des Marktzustands, nämlich den Preis von Geld. Gleiches gilt etwa für Swap-Geschäfte auf den Devisenmärkten. Dort entscheiden Umfang und Austauschverhältnis der Geschäfte über den Einfluss auf die Preisbildung der Währungen und auf diese Weise können Wechselkurse gesteuert werden. Hierbei handelt es sich ebenfalls um staatliche Wirtschaftssteuerung. Ihre Besonderheit besteht darin, dass sie auf die Beeinflussung der gesamtwirtschaftlichen Verhältnisse ausgerichtet und nicht bloß, wie etwa die Regulierung von Netzwirtschaften, auf einzelne Sektoren beschränkt ist.[98] Zwar setzen geldpolitische Impulse an den Geldmärkten bzw. Devisenmärkten an, durch die verschiedenen Transmissionsmechanismen wirken sie sich aber auch auf die gesamtwirtschaftliche Entwicklung aus.[99]

e) Leitende Wertungen für die Bestimmung der Hoheitlichkeit von Staatsfunktionen

Die vorangegangene Untersuchung verfolgte den Anspruch, ein Konzept subsumtionsfähiger Kriterien aufzuspüren, das eine eindeutige Unterscheidung zwischen immunen und nichtimmunen Vollstreckungsobjekten im Einzelfall erlaubt. Der Rückgriff auf die deutsche Rechtsordnung hat jedoch kein zufriedenstellen-

---

[95] *Eifert*, in: Hoffmann-Riem/Schmidt-Aßmann/Voßkuhle (Hrsg.), Grundlagen des Verwaltungsrechts, Band I, § 19 Rn. 31.
[96] *Storr*, Der Staat als Unternehmer, S. 126 ff.; *Ruthig/Storr*, Öffentliches Wirtschaftsrecht, Rn. 657.
[97] Court of Appeal of New South Wales, *Firebird Global Master Fund II Ltd v. Republic of Nauru and Another*, 289 FLR 398, 426 (2014).
[98] *Schulte/Kloos/Apel*, in: Schulte/Kloos (Hrsg.), Handbuch Öffentliches Wirtschaftsrecht, S. 3, 19.
[99] Siehe oben S. 26 ff.

des Konzept zu Tage gefördet. Vor diesem Hintergrund soll im Folgenden ein in doppelter Hinsicht bescheidenerer Weg eingeschlagen werden. Der Weg ist erstens bescheidener, weil er anstelle präziser, subsumtionsfähiger Abgrenzungvoraussetzungen lediglich versucht, Sachgründe zu benennen, die einen nützlichen Beitrag leisten können, die Zuordnung von zentralbanklichen Vermögenszwecken zu hoheitlichen und nichthoheitlichen Bereichen zu bewältigen.

Der Weg ist zweitens bescheidener, weil die aufgezeigten Wertungen nicht mit dem Anspruch ausgewählt werden, die Grenze der Vollstreckungsimmunität allgemeingültig in allen Sachbereichen festzulegen. Gleichwohl lassen sich die aufgeführten Wertungen durchaus für sämtliche Sachbereiche heranziehen.

Das Kriterium des Verwaltungsvermögens entscheidet darüber, ob die Vermögenswerte überhaupt konkreten staatlichen Aufgaben dienen. Nur in einem solchen Fall lässt sich die Immunität vor dem Hintergrund ihres Schutzzwecks rechtfertigen. Im Anschluss soll das finanzwissenschaftliche Konzept der öffentlichen Güter klären, welche Aufgaben dem Staat aus ökonomischer Sicht vorbehalten sind und damit den kleinsten gemeinsamen Nenner staatlicher Tätigkeit bilden. Das letzte Kriterium bildet die eindeutige Zugehörigkeit der betroffenen staatlichen Aufgabe zu dem souveränen Hoheitsbereich des Staates. Die Zentralbanktätigkeit berührt insbesondere die staatliche Währungshoheit. Sie wird daher zur Beurteilung der Hoheitlichkeit von Verwendungszwecken zentralbanklicher Vermögenswerte herangezogen.

aa) Erstens: Beschränkung der Vollstreckungsimmunität auf Verwaltungsvermögen

Als erster Filter soll das verwaltungsrechtliche Konzept des Verwaltungsvermögens dienen. In Abgrenzung zum Finanzvermögen bezeichnet das Verwaltungsvermögen, wie oben dargestellt,[100] Vermögensgegenstände, die unmittelbar zu konkreten Aufgaben der Verwaltung herangezogen werden. Wendet man dieses Abgrenzungsregime an, so sind die meisten der hier betrachteten Fallgruppen zentralbanklichen Auslandsvermögens als Verwaltungsvermögen einzuordnen. Währungsreserven dienen unmittelbar der Währungspolitik und als eine Art Versicherung gegen Devisenknappheit; ausländische Sicherheiten im Rahmen geldpolitischer Geschäfte sind untrennbarer Bestandteil der Werkzeuge zur Umsetzung der Geldpolitik, und Swaplinien haben den Zweck, die Stabilität des Finanzsystems zu gewährleisten. Sofern Zentralbanken Bankgeschäfte nicht lediglich zur Erwirtschaftung von Erträgen, sondern zur Verwirklichung darüber hinaus-

---

[100] Siehe oben S. 283 ff.

1. Abgrenzung von hoheitlichen und nichthoheitlichen Vermögenswerten 291

reichender Ziele, wie etwa der Förderung der heimischen Exportwirtschaft, unternommen werden, sind sie als Verwaltungsvermögen einzuordnen.

Allein bei Anlagen von Staatsfonds ist eine andere Bewertung angezeigt. Staatsfonds in der Gestalt von Sparfonds verfolgen vorrangig die Ziele der Vermögenserhaltung und -mehrung. Stabilisierungsfonds dienen daneben der Stabilisierung der Staatseinnahmen. Sie sind mithin lediglich auf die Gewährleistung allgemeiner Haushaltsmittel gerichtet, die dann erst zur Wahrnehmung konkreter staatlicher Aufgaben verwendet werden können. Fiskalpolitische Zwecke können keine Vollstreckungsimmunität begründen.

Nach diesem Maßstab wäre die vom englischen High Court of Justice judizierte Rechtssache *AIG Capital Partners Inc v. Kazakhstan* anders zu entscheiden.[101] Die von der kasachischen Zentralbank gehaltenen Mittel des Staatsfonds National Fund wären als Vermögenswerte mit nichthoheitlichen Verwendungszwecken zu qualifizieren. Der englische High Court of Justice wertete die Funktion, Finanzmittel für den allgemeinen Haushalt anzulegen, dagegen als Ausdruck der staatlichen Souveränität. Diese Sichtweise lässt sich nur schwer mit der mittlerweile einmütigen Staatenpraxis in Einklang bringen, die Aufnahme von Kapital an den Finanzmärkten als wirtschaftliche Tätigkeit einzuordnen. Denn andernfalls wäre der Staat als Schuldner anders zu behandeln, wenn dieser die Position eines Gläubigers einnimmt. Auf diesen Widerspruch haben bereits andere hingewiesen.[102]

bb) Zweitens: Bestimmung hoheitlicher Staatsfunktionen anhand des finanzwissenschaftlichen Konzepts der öffentlichen Güter

Wie gesehen bestehen erhebliche Schwierigkeiten, juristisch vorzugeben, welche Aufgaben ein Staat unbedingt wahrnehmen muss bzw. kann. Auch auf Grundlage des Grundgesetzes ist es bisher nicht gelungen, normativ einen Kreis notwendiger Staatsaufgaben zu formulieren. Vor diesem Hintergrund ist es sinnvoll, einen anderen Blickwinkel einzunehmen und außerrechtliche Gründe aufzuspüren, die erklären können, welche Aufgaben ausschließlich der Staat wahrnehmen kann. Dieser Tätigkeitskreis bildet gleichfalls den kleinsten gemeinsamen Nenner staatlicher Aufgaben. In diesem schmalen Bereich besteht Gewissheit, dass es sich um ureigene Aufgaben des Staates handelt und diese daher auch durch Vollstreckungsimmunität zu schützen sind.

---

[101] Oben, S. 178 f.
[102] *Gaukrodger*, Foreign State Immunity and Foreign Government Controlled Investors, 2010, 23.

Bereits *van Aaken*[103] hat vorgeschlagen, ökonomische Argumente zur Begründung der Hoheitlichkeit eines Verwendungszwecks heranzuziehen. Danach sind die Einsatzzwecke von Vollstreckungsobjekten daran zu messen, ob sie an der Produktion öffentlicher Güter beteiligt sind. Staatliche Aufgaben werden zu diesem Zweck als Bereitstellung bestimmter Güter, bestimmter Bedürfnisse der Bürger, aufgefasst. Daran knüpft die Überlegung an, dass Vermögenswerte der nationalen Vollstreckungsgewalt entzogen sein müssen, mit denen Güter bereitgestellt werden, die nur der Staat, nicht aber gesellschaftliche Systeme gewährleisten können.

(1) „Leihe" ökonomischer Kriterien

Auch die Finanzwissenschaft unternimmt es, ganz ähnlich dem Immunitätsrecht, Aufgaben zu identifizieren, die einen besonderen Charakter aufweisen und daher von dem Staat übernommen werden müssen. Ein Ansatz innerhalb der Finanzwissenschaft, die normative Theorie der Staatstätigkeit, zielt darauf ab, Vorgaben zu entwickeln, wie weit der Kreis der staatlichen Aktivitäten in einer marktwirtschaftlich geprägten Gesellschaft zu ziehen ist.[104] Als normatives Wertesystem dient der wohlfahrtsökonomische Ansatz. Dabei liegt ein Wirtschaftssystem zugrunde, das sich aus einem privaten, marktwirtschaftlich organisierten und einem öffentlichen Sektor zusammensetzt.[105] Der wohlfahrtsökonomische Ansatz geht basierend auf neoklassischen Theorien davon aus, dass der Preismechanismus im Modell eines perfekten Konkurrenzmarktes die größtmögliche Befriedigung individueller Nutzenpräferenzen und damit eine volkswirtschaftlich effiziente[106] Allokation der Ressourcen und Güter sicherstellt.[107] Da Marktmechanismen am besten geeignet sind, volkswirtschaftliche Wohlfahrt zu gewährleisten, lautet eine Prämisse, dass Aufgaben grundsätzlich nicht vom Staat erbracht, sondern dem freien Spiel des Marktes überlassen werden.[108] In der Folge verlangt ein Tätigwerden des Staates von vornherein nach einer Rechtfertigung. Diese

---

[103] *Van Aaken*, in: Peters/Lagrange/Oeter u.a. (Hrsg.), Immunities in the Age of Global Constitutionalism, S. 131, 176 ff.
[104] *Musgrave/Musgrave/Kullmer*, Die öffentlichen Finanzen in Theorie und Praxis, Bd. 1, S. 3; *Wigger*, Grundzüge der Finanzwissenschaft, S. 1 f.
[105] *Zimmermann/Henke/Broer*, Finanzwissenschaft, S. 50.
[106] Effizienz meint dabei „Pareto-Effizienz", *Brümmerhoff/Büttner*, Finanzwissenschaft, S. 38 f.; *Musgrave/Musgrave/Kullmer*, Die öffentlichen Finanzen in Theorie und Praxis, Bd. 1, S. 91 ff.
[107] *Brümmerhoff/Büttner*, Finanzwissenschaft, S. 37 ff.; *Musgrave/Musgrave/Kullmer*, Die öffentlichen Finanzen in Theorie und Praxis, Bd. 1, S. 4; *Wigger*, Grundzüge der Finanzwissenschaft, S. 17 ff.; zur Wohlfahrtsökonomik *Stiglitz/Walsh*, Mikroökonomie, S. 249 ff.
[108] *Musgrave/Musgrave/Kullmer*, Die öffentlichen Finanzen in Theorie und Praxis, Bd. 1, S. 4.

Rechtfertigung besteht insbesondere dann, wenn die Marktkoordination nicht in der Lage ist, eine Aufgabe in gleichem Maße zu erfüllen.[109]

Nach diesem Ansatz setzen staatliche Interventionen ein Marktversagen voraus, d. h. eine Situation, in der die marktwirtschaftlichen Prozesse keine volkswirtschaftlich optimale Allokation der Ressourcen hervorbringen. Ein Fall, in dem Marktversagen eintritt, ist die Produktion öffentlicher Güter. Aufgrund ihrer Eigenschaften sind öffentliche Güter dem Marktmechanismus nicht zugänglich. Würde der Staat ihre Produktion nicht übernehmen, bliebe eine ausreichende Versorgung mit diesen Gütern aus.[110]

Öffentliche Güter als Fall des Marktversagens herauszugreifen und im Rahmen der Vollstreckungsimmunität von Zentralbanken als Abgrenzungsmaßstab zu benutzen, bietet sich aus mehreren Gründen an. Zunächst werden Zentralbanken regelmäßig mit der Bereitstellung von öffentlichen Gütern in Verbindung gebracht. Der historische Ursprungszweck von Zentralbanken wird überwiegend darin erblickt, dass Zentralbanken Bedürfnisse des Geld- und Finanzsystems befriedigen sollten, die der Markt selber nicht erfüllen konnte. Historisch waren zahlreiche Zentralbankaufgaben eine Antwort auf das Versagen des Marktes, öffentliche Güter zu produzieren.[111] Beispielsweise plagten die frühen Finanzsysteme Ende des 19. Jahrhunderts immer wieder durch „bankruns" ausgelöste Bankenpleiten, die auf andere solide Institute übergriffen und das gesamte Bankensystem bedrohten. Als Reaktion auf die systemimmanente Instabilität des Bankensystems wies man Zentralbanken bzw. deren Vorläuferinstitutionen die Aufgabe eines *Lender of last resort* zu, um Bankenkrisen einzudämmen und damit die Stabilität des Finanzsystems, die der Markt ohne staatliche Intervention nicht sicherstellen konnte, zu erreichen.[112]

Die Vorgehensweise, ökonomische Kriterien nutzbar zu machen, passt insofern zu Zentralbanken, weil ihre Tätigkeiten auf den Wirkungsweisen marktwirtschaftlicher Prozesse fußen. Die ökonomische Theorie ist in weiten Teilen Binnenlogik ihrer Arbeit. Die Wirkung von Zentralbanktätigkeiten werden erst durch ökonomische Erkenntnisse verständlich. Schließlich sind die Fragestellungen des Rechts der Vollstreckungsimmunität und der ökonomischen Perspektive strukturidentisch. Denn in beiden Fällen geht es darum, konkrete staatliche Aufgaben auf ihre besondere Nähe zur Staatlichkeit hin zu beurteilen.

---

[109] *Zimmermann/Henke/Broer*, Finanzwissenschaft, S. 49.
[110] *Zimmermann/Henke/Broer*, Finanzwissenschaft, S. 49.
[111] *Central Bank Governance Group*, Issues in the Governance of Central Banks, 2009, 19 f.; *Broz*, The international origins of the Federal Reserve System, S. 2.
[112] *Deane/Pringle*, The Central Banks, S. 40 ff.; *Moenjak*, Central Banking, S. 6.

(2) Eigenschaften eines öffentliches Guts

Das ökonomische Konzept der öffentlichen Güter im Rahmen des Immunitätsrechts zur Anwendung zu bringen, bedeutet, dass ein Verwendungszweck eines zentralbanklichen Vermögensgegenstands umso eher hoheitlich ist, je mehr er der Bereitstellung öffentlicher Güter dient.

Ein Gut bezeichnet alle Mittel, die der Befriedigung eines bestimmten menschlichen Bedürfnisses dienen.[113] Reine öffentliche Güter zeichnen sich dadurch aus, dass kein Konsument von ihrem Gebrauch ausgeschlossen werden kann (Nichtexklusivität des Konsums) und Konsumenten sich untereinander durch den Gebrauch des Guts nicht beeinträchtigen (Nichtrivalität im Konsum).[114] Ein klassisches Beispiel für ein öffentliches Gut ist die Landesverteidigung und die dadurch bedingte erhöhte Sicherheit des Landes. Die Sicherheit eines Landes kann jeder Bürger unbeschränkt in Anspruch nehmen; durch einen gleichzeitigen Genuss dieses Guts werden Bürger nicht gegenseitig beeinträchtigt. Eine Versorgung mit öffentlichen Gütern durch den Markt scheitert vor allem daran, dass Nutzer von dem Konsum des Guts nicht oder nicht sinnvoll ausgeschlossen werden können. Der Nutzen eines Guts steht allen offen, unabhängig davon, ob sie das Gut mitfinanzieren oder nicht.[115] Ein Marktversagen tritt ein, weil Personen sich an dem Konsum des Guts beteiligen, ohne offenzulegen, wie viel ihnen der Konsum wert ist, so dass der marktwirtschaftliche Preisfindungsmechanismus nicht funktioniert.[116] Zudem besteht ein sog. Trittbrettfahrerproblem. Trittbrettfahrer nehmen eine Leistung in Anspruch, die ein anderer mit Kosten bereitstellt, ohne dafür eine Gegenleistung zu erbringen. Können Personen ein Gut ohne Gegenleistung konsumieren, fehlt ein ökonomischer Anreiz, sich an den Kosten für die Bereitstellung des Guts zu beteiligen. Da der Produzent keine Möglichkeit hat, die Produktionskosten durch die Konsumenten zurückzuverdienen, unterbleibt die Versorgung mit diesem Gut.

In einem solchen Fall ist es sinnvoll, die Aufgabe dem Staat zu übertragen und die Abdeckung der Produktionskosten im Rahmen der allgemeinen Finanzierung des Staates (durch Steuern) zu gewährleisten. Andererseits wäre es nicht effizient, Konsumenten von der Inanspruchnahme des Guts auszuschließen, weil die Zulassung eines weiteren Nutznießers mit keinerlei Kosten verbunden ist.

---

[113] Gabler Wirtschaftslexikon, „Gut".
[114] Zum Nachfolgenden *Musgrave/Musgrave/Kullmer*, Die öffentlichen Finanzen in Theorie und Praxis, Bd. 1, S. 60 ff.
[115] *Blankart*, Öffentliche Finanzen in der Demokratie, S. 59 f.
[116] *Musgrave/Musgrave/Kullmer*, Die öffentlichen Finanzen in Theorie und Praxis, Bd. 1, S. 70 f.

Diese Form des Marktversagens stellt sich im Übrigen nicht nur bei reinen öffentlichen Gütern ein. Handelt es sich, wie häufig in der Realität, um Mischgüter, die Merkmale privater Güter aufweisen, aber gleichzeitig Auswirkungen auf Dritte hervorbringen, die den Verursacher nicht belasten, dann bleibt eine Intervention auch in diesem Fall sinnvoll.[117]

(3) Produktion von öffentlichen Gütern durch Zentralbanken

An diesen Kriterien können die Aufgaben gemessen werden, zu denen die Beispiele zentralbanklichen Auslandsvermögen eingesetzt werden. Von den Geschäftsbanken zur Verfügung gestellte Sicherheiten sind ein integraler Bestandteil der Durchführung der Geldpolitik, indem sie das Verlustrisiko der Zentralbanken im Rahmen ihrer geldpolitischen Geschäfte absichern. Die Aufgabe der Geldpolitik, ein stabiles Preisniveau im Sinne einer niedrigen Inflation sicherzustellen, wird immer wieder als Beispiel für die Bereitstellung eines öffentlichen Guts genannt.[118] Der Konsum der Preisstabilität rivalisiert nicht, noch wirkt er ausschließend. Eine Währung mit stabilem Wert kommt sämtlichen Angehörigen des Währungsraumes gleichzeitig zugute, ohne dass bestimmte Nutzer ausgeschlossen werden können. Zugleich können alle Nutznießer in gleichem Umfang von einem stabilen Preisniveau profitieren.[119] Natürlich ist der Nutzen niedriger Inflation für Vermögende größer als für Arme. Die Verfügbarkeit des Guts „stabile Währung" ist jedoch für jeden Nutzer gleich.[120] Auch dass die Preisstabilität sich stets auf eine bestimmte Währung bezieht und damit ihr Nutzen nur den (geographisch umrissenen) Angehörigen eines Währungsraums zur Verfügung steht, ist unbeachtlich.[121]

Allerdings ist zuzugeben, dass diese Sichtweise an eine staatlich verordnete Monopolwährung anknüpft. Dass es sich bei der Bereitstellung von Geld um ein natürliches Monopol und Geld, einschließlich der Wertstabilität, um ein öffentliches Gut handelt, ziehen Teile der ökonomischen Literatur stark in Zweifel. Insbesondere vor dem Hintergrund historischer Erfahrungen mit Phasen von Wäh-

---

[117] *Musgrave/Musgrave/Kullmer*, Die öffentlichen Finanzen in Theorie und Praxis, Bd. 1, S. 77 ff.

[118] Etwa *Oritani*, Public Governance of Central Banks, 2010, 39; *Estevadeordal/Frantz/Nguyen* (Hrsg.), Regional Public Goods, 137; *Laurens/Arnone/Segalotto*, Central Bank Independence, Accountability, and Transparency, S. 1.

[119] *Frowen*, Monetary Theory and Monetary Policy, S. 34.

[120] *Sandmo*, in: Durlauf/Blume (Hrsg.), The new Palgrave dictionary of economics, S. 739, 740.

[121] Folgerungen, die sich durch eine lokale Beschränkung von öffentlichen Gütern (sog. *local public goods*) ergeben, werden hier ausgeblendet, dazu *Sandmo*, in: Durlauf/Blume (Hrsg.), The new Palgrave dictionary of economics, S. 739, 746.

rungswettbwerb werden unterschiedliche Systeme staatlich unregulierter Währungen vorgeschlagen.[122] Im Ergebnis geht die ökonomische Forschung aber überwiegend davon aus, dass eine echte Währungskonkurrenz mit unterschiedlichen Werteinheiten nicht funktionsfähig sein kann.[123] Die vorliegende Untersuchung muss der Möglichkeit von Systemen freier Währungskonkurrenz nicht weiter nachgehen. Hier geht es lediglich darum, bestehende staatliche Aufgaben zu qualifizieren. Und Staaten halten nach wie vor an monetären Systemen fest, die auf staatlichen Währungsmonopolen aufbauen.

Auch Wechselkursstabilität stellt ein öffentlichen Gut dar. Welchselkursstabilität kommt sämtlichen Nutzern der betreffenden Währung zugute. Sie profitieren nicht nur unmittelbar, wenn sie Investitionen in einer fremden Währung tätigen, sondern auch mittelbar, weil die Wechselkurse Importe sowie Exporte beeinflussen und damit die Gesamtwirtschaft eines Landes. Vermögenswerte wie Währungsreserven, die der Aufrechterhaltung der Wechselkursstabilität dienen, sind damit im Rahmen des Immunitätsrechts als hoheitlich zu qualifizieren.

An dem Maßstab des Charakters eines öffentlichen Guts gemessen, sind auch Vermögenswerte, die aus Währungsswaps resultieren, hoheitlich. Es wurde bereits herausgearbeitet,[124] dass Währungsswaps dazu dienen, das heimische Finanzsystem mit Fremdwährungen zu versorgen, damit die Marktakteure ihren Devisenverbindlichkeiten nachkommen können und keine Zahlungsausfälle auftreten, die rasch auch Liquiditätsschwierigkeiten für andere Teilnehmer des Finanzsystems auslösen können. Währungsswaps sind damit ein Mittel zur Gewährleistung der Stabilität eines Finanzsystems. Auch der Finanzstabilität werden Merkmale öffentlicher Güter zugeschrieben.[125] Eine Nichtrivalität des Konsums liegt vor, weil der Nutzen eines stabilen Finanzsystems allen Teilnehmern des Wirtschaftssystems gleichermaßen zugute kommt; eine verdrängende Konkurrenz um die Vorteile der Finanzstabilität ist nicht vorstellbar. Die Banken profitieren von der Finanzstabilität, weil Liquiditätsprobleme eines Instituts ansonsten rasch auf sie überspringen könnten und sie so vor Verlusten bewahrt werden. Für die übrigen Teile der Wirtschaft bestehen gleichermaßen Vorteile, weil dem Bankensektor eine kardinale Bedeutung für den Zahlungsverkehr und die Finanzierungsmöglichkeiten zukommt. Wegen der Bedeutung des Finanzsystems

---

[122] Einen Überblick über die ökonomische Diskussion gibt *Selgin/White*, 32 Journal of Economic Literature (1994) 1718; *Herrmann*, Währungshoheit, Währungsverfassung und subjektive Rechte, S. 321 ff.

[123] *Herrmann*, Währungshoheit, Währungsverfassung und subjektive Rechte, S. 331 f.

[124] Siehe oben S. 73.

[125] *Quintyn/Taylor*, Regulatory and Supervisory Independence and Financial Regulation. IMF Working Paper No. 02/46, 2002, 8 m.w.N.; *Crokett*, in: Federal Reserve Bank of Kansas City (Hrsg.), Maintaining Financial Stability in a Global Economy, S. 7, 14.

für die gesamte Wirtschaft können Wirtschaftsteilnehmer von dem Nutzen der Finanzstabilität auch nicht ausgeschlossen werden. Da das öffentliche Gut einen Systemzustand betrifft, profitiert jeder, der Leistungen dieses Systems nutzt.[126]

Darüber hinaus wird Finanzstabilität auch als ein globales öffentliches Gut[127] beschrieben, weil sein Nutzen sich nicht auf einen Wirtschaftsraum beschränkt. Wegen der weltweiten Interdependenzen regionaler und nationaler Finanzmärkte können Finanzkrisen in einem Staat leicht auf andere Staaten übergreifen. Der Nutzen eines stabilen Finanzsystems macht an Ländergrenzen nicht Halt. Andere Staaten können von den Vorteilen der Finanzstabilität nicht ausgeschlossen werden. Der Genuss der Finanzstabilität in einem Land schmälert andererseits nicht den Nutzen in einem anderen Land.[128] Da die Finanzstabilität aus der nationalen wie internationalen Perspektive Charakteristika eines öffentlichen Guts aufweist, ist dieses Ziel, wenn ein Vermögenswert ihm dient, immunitätsrechtlich als hoheitlich einzuordnen.

(4) Übrige Vermögenswerte: Ein unsicherer Befund

Weniger eindeutig fällt die Bewertung der übrigen Vermögenswerte anhand des finanzwissenschaftlichen Konzepts der öffentlichen Güter aus. Staatsfonds in den hier betrachteten Formen dienen einerseits der Stabilisierung des staatlichen Haushalts, um einen gleichmäßigen Einnahmefluss des Staates sicherzustellen, andererseits der Bewahrung von Reichtum für kommende Generationen. Der Spar- und der Stabilisierungszweck zielen darauf ab, die allgemeine staatliche Finanzausstattung zu verbessern und Mittel für allfällige Ausgaben bereitzustellen. Stellenweise wird die Kreditwürdigkeit eines Staates als öffentliches Gut qualifiziert.[129] Leidet die Kreditwürdigkeit des Staates infolge großen Ausgabenbedarfs, kann der Staat gezwungen sein, Steuern zu erhöhen. So gesehen profitieren sämtliche Angehörige einer Gesellschaft mittelbar von einer gleichbleibend hohen Finanzausstattung, ohne dass Einzelne von dem Genuss dieses Guts ausgeschlossen werden könnten oder der Konsum Einzelner sich gegenseitig beschränkt. Die Merkmale eines öffentlichen Guts sind an sich erfüllt.

---

[126] *Stasch*, Lender of last resort, S. 81 f.; *Partnoy*, in: Ferran/Moloney/Payne (Hrsg.), The Oxford Handbook of Financial Regulation, Financial Systems, Crisis and Regulation 70.

[127] Nach der Definition von *Kaul/Grunberg/Stern*, in: Kaul/Grunberg/Stern (Hrsg.), Global Public Goods, S. 1, 10 f., zeichnen sich globale öffentliche Güter dadurch aus, dass öffentliche Güter mehr als einer Gruppe von Ländern, ein breites Spektrum der Weltbevölkerung betreffen und die Bedürfnisse heutiger Generationen nicht auf Kosten zukünftiger Generationen erfüllen.

[128] *Lastra*, in: Kaul (Hrsg.), Providing Global Public Goods, Systemic Risk and Macroprudential Supervision 313–314; *Griffith-Jones*, in: Kaul (Hrsg.), Providing Global Public Goods, S. 435, 435; *Viterbo*, International Economic Law and Monetary Measures, S. 32 ff.

[129] *Broz*, The international origins of the Federal Reserve System, S. 242.

Mit dieser Argumentation ließe sich jedoch die Hoheitlichkeit sämtlicher Vermögenswerte begründen, die dazu dienen, das allgemeine Staatsvermögen zu vergrößern oder zu erhalten. Denn diese Vermögenswerte würden sich an der Bereitstellung des öffentlichen Guts der Kreditwürdigkeit des Staates beteiligen. Dadurch gäbe das Abgrenzungsmerkmal jedoch seine Konturen preis. Vor allem wird eine solche Beurteilung nicht den Vorgaben des Immunitätsrechts gerecht, konkrete staatliche Funktionen zu schützen. Zudem profitieren Bürger nicht unmittelbar von einer guten Finanzausstattung des Staates, sondern erst, wenn sich diese in einer konkreten Aufgabenerfüllung (wie etwa der Landesverteidigung und damit einer erhöhten Sicherheit) niederschlägt. Da sich der unmittelbare Nutzen auf den Staat beschränkt, ist die Finanzausstattung nicht als öffentliches Gut einzuordnen.

Auch bei der Einordnung von im Rahmen gewöhnlicher Bankgeschäfte gegenüber dem Staat und privaten Wirtschaftsteilnehmern vorgenommener Vermögenswerte stoßen die ökonomischen Kriterien an ihre Grenzen. Schwierig ist bereits die Bezeichnung des bereitgestellten Guts. Führt die Zentralbank Zahlungen ins Ausland aus oder stellt sie Sicherheiten für den Export von Anlagen heimischer Unternehmen, dann ist der Nutzen dieser Bankdienstleistungen ausschließlich, weil er sich auf die jeweiligen Kunden beschränkt. Wegen der Gemeinwohlverantwortung des Staates, die jede seiner Tätigkeiten prägt, ließe sich andererseits auch ein öffentliches Interesse formulieren, das Merkmale eines öffentlichen Guts beinhaltet. Zahlungsabwicklungen für die Regierung könnten etwa dem Zweck zugeordnet werden, Möglichkeiten bereitzustellen, um eine verlässliche Abwicklung auswärtiger Verbindlichkeiten des Staates zu garantieren. Dadurch würde das Vertrauen auswärtiger Gläubiger in die Fähigkeit des Staates zur reibungslosen Zahlungsabwicklung gestärkt. Die Stellung einer Sicherheit gegenüber ausländischen Gläubigern für ein Importgeschäft könnte der nationalen Wirtschaftsentwicklung zugeschrieben werden. Die Beurteilung der Hoheitlichkeit eines Verwendungszwecks wäre dadurch allerdings wieder der Beliebigkeit preisgegeben. Gewöhnliche Bankgeschäfte dienen damit nicht eindeutig der Bereitstellung öffentlicher Güter.

cc) Drittens: Bestimmung hoheitlicher Verwendungszwecke anhand der Währungshoheit

(1) Zusammenhang zwischen Währungshoheit und Zentralbankenimmunität

Das letzte Kriterium untersucht, inwieweit die betroffenen staatlichen Funktionen eine Ausprägung staatlicher Souveränität darstellen. Der Ansatz, Vermögenswerte dann der Vollstreckungsimmunität zu unterstellen, wenn der Staat sie für Zwecke verwendet, mit denen er zweifelsfrei einen seiner souveränen Hoheitsbereiche ausgestaltet, liegt nah. Schließlich besteht der traditionelle Geltungsgrund der Staatenimmunität in der souveränen Gleichheit der Staaten. Der Schutzzweck hat sich heute nur auf den Schutz von mit der Souveränität in enger Beziehung stehende staatliche Funktionen beschränkt.

Die vorangegangenen Ausführungen haben jedoch gezeigt, dass bis heute weder auf völkerrechtlicher Ebene noch auf der Ebene der deutschen Rechtsordnung in vielen Fällen geklärt werden konnte, welche Sachbereiche mit hinreichender Sicherheit eine Ausprägung staatlicher Souveränität darstellen. Und trotzdem bemühen sich deutsche Gerichte, die immunitätsrechtliche Einordnung eines bestimmten Verwendungszwecks als hoheitlich zumindest auch auf die Zugehörigkeit zu einem staatlichen Souveränitätsbereich zurückzuführen.

In der Entscheidung zur Vollstreckung in Gebührenansprüche Russlands aus der Luftverkehrsverwaltung weist der Bundesgerichtshof etwa darauf hin, dass die Gebühren aus der „Einräumung von Rechten, die sich aus ihrer [der russischen] Gebietshoheit ergeben",[130] resultieren. Auch stützen Gerichte die Hoheitlichkeit von Verwendungszwecken häufig unter anderem darauf, dass der betroffene staatliche Aufgabenbereich Gegenstand völkerrechtlicher Verträge ist.[131] Dass Staaten sich auf völkerrechtlicher Ebene in einem Abkommen inhaltlich über die Reichweite bestimmter Sachaufgaben verständigen, lässt sich als Hinweis interpretieren, dass der betroffene Aufgabenbereich eindeutig dem Bereich staatlicher Souveränität zuzuordnen ist.

Mag der Inhalt staatlicher Souveränität in weiten Teilen ungeklärt sein, so gilt dies nicht für die staatliche Währungshoheit. Dabei handelt es sich um einen relativ klar umrissenen Hoheitsbereich, der zweifelsfrei zu den Bestandteilen der staatlichen Souveränität zählt. Der Währungshoheit lässt sich ein Großteil der klassischen Zentralbankaufgaben zuordnen. Dass Zentralbanken wesentliche Teile der Währungshoheit wahrnehmen, ist auch der Grund, aus dem zahlreiche nationale Immunitätsbestimmungen und die UN-Immunitätskonvention Zentralbankvermögen besondere vollstreckungsrechtliche Privilegien zugestehen. Denn es zielt auf den Schutz des staatlich organisierten und verwalteten Geldsystems, das Ausdruck der Währungshoheit ist und maßgeblich von den Zentralbanken verwaltet wird. Das Konzept der Währungshoheit ist daher besonders geeignet, die Hoheitlichkeit von zentralbanklichen Verwendungszwecken zu überprüfen.

---

[130] BGH, NJW-RR 2006, 425, 199.
[131] BGH, NJW-RR 2014, 1088; BGH, NJW 2010, 769, 770; OLG Köln, NJOZ 2004, 788, 791 f.

Allerdings sind auch andere staatliche Stellen mit der Wahrnehmung der Währungshoheit befasst, etwa wenn Regierungen mit anderen Staaten internationale Währungsabkommen abschließen oder Parlamente die jeweilige Währung durch Gesetze bestimmen. Alleinstellungsmerkmal von Zentralbanken gegenüber anderen staatlichen Organen bei Wahrnehmung der Währungshoheit ist ihre Unabhängigkeit.[132] Sie ist Charakteristikum moderner Zentralbanken und zugleich eine Anomalie in einem demokratischen Staatsgefüge, in dem staatliche Organe demokratischer Kontrolle unterliegen.[133] Unabhängigkeit ist kein Selbstzweck, sondern soll den Erfolg der Wahrnehmung spezifischer Aufgaben im Rahmen der Währungshoheit sichern. Diese Aufgaben, die Ausdruck der Währungshoheit sind und Anlass zur Einräumung von Unabhängigkeit geben, begründen die zentralbankliche Sonderstellung. Und wenn besondere institutionelle Vorkehrungen im Staatsgefüge getroffen werden, um die staatliche Gestaltung bestimmter Sachbereiche von politischer Einflussnahme abzuschirmen, spricht viel dafür, dass die betroffenen Aufgaben gleichzeitig eine herausgehobene Stellung im Kanon staatlicher Tätigkeit einnehmen. Die besonderen staatlichen Funktionen dürfen dann nicht durch die nationale Vollstreckungsgewalt in Frage gestellt werden. Sie sind mithin als hoheitlich einzuordnen.

(2) Inhalt der Währungshoheit

Um eine Entscheidung über die Immunität einzelner Vermögenswerte der Zentralbanken zu erreichen, soll zunächst geklärt werden, welche subsumtionsfähigen Aufgabentitel Währungshoheit im Einzelnen zuzuordnen sind. Währungshoheit wird hier als umfassendes Recht verstanden, die grundlegende Ordnung des Währungs- und Geldwesens festzulegen.[134] Um der Perspektive der deutschen Rechtsordnung treu zu bleiben, wird der nähere Inhalt der Währungshoheit anhand der Regelungen des Grundgesetzes bestimmt. Im Anschluss daran werden die Aufgabentitel auf ihre Interpendenz mit zentralbanklicher Unabhängigkeit überprüft.

(a) Staatliche Währungshoheit nach dem Grundgesetz

Die staatliche Währungshoheit behandelt das Grundgesetz in den Art. 73 Abs. 1 Nr. 4, 88 GG. Die Vorschrift des Art. 73 Abs. 1 Nr. 4 GG weist dem Bund die ausschließliche Kompetenz für das Währungs-, Geld- und Münzwesen zu und erfasst „mithin alle Regelungsbefugnisse, die zur Wahrnehmung der staatlichen

---

[132] Siehe oben S. 41 ff.
[133] *Endler*, Europäische Zentralbank und Preisstabilität, S. 263 f.
[134] Siehe oben S. 21 Fn. 20.

I. Abgrenzung von hoheitlichen und nichthoheitlichen Vermögenswerten 301

Währungshoheit erforderlich sind".[135] Das Bundesverfassungsgericht erblickt in den Geld- und Währungswesen „nicht allein die besondere institutionelle Ordnung der Geldrechnung und der in ihr gültigen Zahlungsmittel, sondern auch die tragenden Grundsätze der Währungspolitik".[136] Im Einzelnen wird zum Währungswesen die Ausgestaltung einer Währung als gesetzliches Zahlungsmittel, ihre Unterteilung (Banknoten und Münzen), die Festlegung des Werts der Währung und die Versorgung der Wirtschaft mit Geldmitteln gezählt. Ferner schließt es die Bestimmung und Steuerung des Geldwertes durch Beeinflussung des Geldvolumens, der Zinssätze sowie die Währungsaußenpolitik im Sinne einer Wechselkurspolitik einschließlich einer darauf bezogenen Devisenbewirtschaftung ein.[137] Das Devisenrecht, die Möglichkeit mit Devisen zu zahlen, ist ansonsten Teil des Zahlungsverkehrs und unterfällt Art. 73 Abs. 1 Nr. 5 GG.[138]

Art. 88 GG ergänzt die Kompetenzzuweisung in Art. 73 Abs. 1 Nr. 4 GG durch einen organisationsrechtlichen Verfassungsauftrag an den Bund, eine „Währungs- und Notenbank als Bundesbank" zu errichten. Es handelt sich dabei um eine „funktional angereicherte Bestandsgarantie",[139] die sich auf die Gewährleistung einer Institution mit bestimmten Aufgaben und Befugnissen bezieht. Die Funktion der „Währungs- und Notenbank" umfasst damit die Wahrnehmung der währungsbezogenen Aufgaben, die sich aus der Währungshoheit ergeben. Der Währungs- und Notenbank werden überwiegend drei Aufgabenkreise zugeschrieben, die sich mit dem Inhalt des Art. 73 Abs. 1 Nr. 4 GG weitgehend decken.[140] Sie umfassen die Versorgung der Wirtschaft mit ausreichenden Geldmitteln, damit ein funktionierender Zahlungsverkehr über die Banken gewährleistet ist.[141] Ferner verantwortet eine Währungsbank als „Hüterin der Währung" die Währungssicherung, und zwar durch Sicherung des Binnenwertes der Währung durch Abwendung von Inflation und Deflation, sowie in der Form der Wechsel-

---

[135] *Uhle*, in: Maunz/Dürig (Hrsg.), Grundgesetz, 87. EL März 2019, Art. 73 Rn. 79; *Heintzen*, in: Mangoldt/Klein/Starck (Hrsg.), Kommentar zum Grundgesetz, Art. 73 Rn. 36. Der Beitritt zur Europäischen Währungsunion hat die Kompetenzzuordnung zwar inhaltlich weitgehend entleert, für den Begriff der Währungshoheit bleibt die Reichweite des Kompetenztitels aber relevant.
[136] BVerfG, NJW 1954, 1762.
[137] *Uhle*, in: Maunz/Dürig (Hrsg.), Grundgesetz, 87. EL März 2019, Art. 73 Rn. 80; *Heintzen*, in: Mangoldt/Klein/Starck (Hrsg.), Kommentar zum Grundgesetz, Art. 73 Rn. 37; *Hoffmann*, Rechtsfragen der Währungsparität, S. 96.
[138] *Uhle*, in: Maunz/Dürig (Hrsg.), Grundgesetz, 87. EL März 2019, Art. 73 Rn. 113.
[139] *Siekmann*, in: Sachs (Hrsg.), Grundgesetz, Art. 88 Rn. 12.
[140] *Siekmann*, in: Sachs (Hrsg.), Grundgesetz, Art. 88 Rn. 15 ff.
[141] *Herdegen*, in: Maunz/Dürig (Hrsg.), Grundgesetz, 87. EL März 2019 Art. 88 Rn. 43; *Siekmann*, in: Sachs (Hrsg.), Grundgesetz, Art. 88 Rn. 16 f., 20 ff.

kurspolitik zur Beeinflussung des Außenwerts der Währung.[142] Schließlich obliegt ihr die Schaffung gesetzlicher Zahlungsmittel durch das Monopol zur Ausgabe von Banknoten und Münzen.[143] Außerhalb des in Art. 88 S. 1 GG angesprochenen Funktionskreises liegen hingegen die Bankaufsicht und die Stellung als „Hausbank des Bundes".[144] Sie sind damit keine Ausprägungen der Währungshoheit.

Der im Zuge des Maastrichter Vertrages und der darin entscheidenden Währungsintegration der EU geschaffene Art. 88 Abs. 2 GG ermächtigt die Bundesrepublik dazu, „Aufgaben und Befugnisse" der Bundesbank „im Rahmen der Europäischen Union der Europäischen Zentralbank" zu übertragen. Da allgemein anerkannt ist, dass mit dem Beitritt zur Währungsunion die Währungshoheit auf die Europäische Union übergegangen ist,[145] lassen sich auch aus dem Aufgabenkatalog des ESZB Rückschlüsse auf den Inhalt der Währungshoheit ziehen. Bestandteile dieser Übertragung sind die Einführung einer gemeinsamen Währung als gesetzliches Zahlungsmittel, die Geldpolitik zur Steuerung der Preisstabilität im Innenverhältnis, die Wechselkurspolitik sowie die Förderung des reibungslosen Zahlungsverkehrs.[146]

(b) Verständnis der Währungshoheit im Übrigen

Das Verständnis des Begriffs der Währungshoheit außerhalb des Grundgesetzes offenbart keine wesentlichen Unterschiede. Verlässliche Hinweise auf den Inhalt der Währungshoheit geben einschlägige internationale Verträge, in denen sich Staaten Bindungen hinsichtlich ihres Währungswesens unterworfen haben. Die weitreichendsten Regelungen enthält das IWF-Abkommen. Das nach den Gründungsjahren bis Anfang der 1970er-Jahre bestehende *Bretton-Woods-Regime* verpflichtete die Mitgliedstaaten zu relativ festen Wechselkursen mit einer freien Konvertibilität der Währung und einem freien Kapitalverkehr.[147] Nach dem Scheitern des Bretton-Woods-Regimes überließ die Reform des IWF-Abkom-

---

[142] *Herdegen*, in: Maunz/Dürig (Hrsg.), Grundgesetz, 87. EL März 2019 Art. 88 Rn. 44; *Kämmerer*, in: Münch/Kunig (Hrsg.), Grundgesetz-Kommentar, Art. 88 Rn. 6 ff.; *Siekmann*, in: Sachs (Hrsg.), Grundgesetz, Art. 88 Rn. 18 f.

[143] *Siekmann*, in: Sachs (Hrsg.), Grundgesetz, Art. 88 Rn. 20.

[144] *Herdegen*, in: Maunz/Dürig (Hrsg.), Grundgesetz, 87. EL März 2019 Art. 88 Rn. 51.

[145] *Häde*, in: Kahl/Waldhoff/Walter (Hrsg.), Bonner Kommentar zum Grundgesetz, Art. 88 EL 161 Mai 2013 Rn. 18, 586; *Herrmann*, Währungshoheit, Währungsverfassung und subjektive Rechte, S. 106 ff.; *Pernice*, in: Dreier (Hrsg.), Grundgesetz Kommentar, Art. 88 Rn. 8.

[146] Die Aufgaben des ESZB ergeben sich im Wesentlichen aus Art. 127, 128 AEUV; *Häde*, in: Kahl/Waldhoff/Walter (Hrsg.), Bonner Kommentar zum Grundgesetz, Art. 88 EL 161 Mai 2013, 640 ff.; *Herrmann*, Währungshoheit, Währungsverfassung und subjektive Rechte, S. 106 ff.

[147] *Lowenfeld*, International Economic Law, S. 622 ff.

mens die Wahl des Wechselkurssystems den Mitgliedstaaten und erlegte ihrer staatlichen Währungssouveränität nur noch schwache Bindungen auf.[148] Durch die Reform unberührt sind hingegen die Vorschriften über die grundsätzliche Unzulässigkeit von Devisenkontrollbestimmungen in Art. VIII(2)(a), (3) IWF-Abkommen, um den freien Umtausch der Währungen zu gewährleisten.[149] Die Vorschriften des IWF-Abkommens bestätigen, dass die Steuerung des Außenwerts der Währung Bestandteil der Währungshoheit ist.

Völlige Übereinstimmung, welche staatlichen Kompetenzen der Währungshoheit im Einzelnen zuzuordnen sind, besteht in der Literatur zwar nicht.[150] Aber die Schnittmenge aus den verschiedenen Auffassungen im Schrifttum sowie der durch völkerrechtliche Verträge geprägten Staatenpraxis zur Währungshoheit lässt jedenfalls drei Kernbereiche erkennen, von denen mit hinreichender Sicherheit davon ausgegangen werden kann, dass sie Bestandteile der Währungshoheit eines Staates bilden. Erstens zählt zur Währungshoheit das Recht zur Festlegung einer Währungseinheit als gesetzliches Zahlungsmittel, ihres nominalen Wertes und ihrer Stückelung. Diese Kompetenz erfasst auch das Monopol zur Ausgabe von Banknoten und Münzen sowie die Bestimmung der Schaffung und Verwendung von Buch- und elektronischem Geld. Zweitens ist Bestandteil der Währungshoheit auch das Recht zur Festlegung der Geldmenge und der Zinsen und damit die Steuerung des Wertes der Währung. Drittens erstreckt sich die Währungshoheit auch auf die Festlegung des Außenverhältnisses der Währung, ihrer Konvertibilität sowie die Beschränkungen des grenzüberschreitenden Kapital- und Zahlungsverkehrs.[151]

(c) Unabhängigkeit der Zentralbanken

Ein weiteres Argument für die „Hoheitlichkeit" von zentralbanklichen Funktionen ist ein enger Zusammenhang der Funktion mit der Unabhängigkeit der Zentralbank. Die Unabhängigkeit schirmt Zentralbanken vor der Einflussnahme aus anderen Teilen des Staates auf ihre Aufgabenerfüllung ab.[152] Sofern bestimmte Aufgaben nach der inneren Verfasstheit des Staates einem besonderen Schutz unterstehen, liegt es nahe, ihnen auch im Außenverhältnis einen Immunitätsschutz zukommen zu lassen.

---

[148] Eine Beeinflussung der Währungspolitiken soll vor allem durch ausführliche Berichtspflichten sichergestellt werden, *Lowenfeld*, International Economic Law, S. 634 ff.
[149] *Lowenfeld*, International Economic Law, S. 606 ff.
[150] *Herrmann*, Währungshoheit, Währungsverfassung und subjektive Rechte, S. 103.
[151] *Herrmann*, Währungshoheit, Währungsverfassung und subjektive Rechte, S. 103 ff.
[152] Siehe oben S. 41 ff.

Das Konzept der Unabhängigkeit der Zentralbanken berührt die Versorgung der Volkswirtschaft mit Geld und damit den Kern zentralbanklicher Tätigkeit. Es bezweckt, Rahmenbedingungen zu gewährleisten, damit die Institute erfolgreich Geldpolitik betreiben können, indem sie Verfügbarkeit und Preis des Geldes steuern und damit die Stabilität der Währung sichern. Sie trägt damit der positiven Korrelation zwischen der Unabhängigkeit der Zentralbank und der Sicherstellung eines niedrigen Inflationsniveaus Rechnung.[153] Der Schutzweck der Unabhängigkeit beschränkt sich mithin auf einen kleinen Ausschnitt der Währungshoheit.

Gleichzeitig entfaltet die Unabhängigkeit auch bei der Wahrnehmung anderer Aufgabenbereiche Wirkung, weil verschiedene Zentralbankfunktionen in untrennbarer Wechselwirkung mit der Geldpolitik stehen und eine enge Koordinierung beider Aufgabenbereiche notwendig ist. Es wurde bereits darauf hingewiesen,[154] dass unabweisbare Überschneidungen zwischen Geldpolitik und Wechselkurspolitik bestehen, weil Wechselkurspolitik immer monetäre Steuerungsgrößen beeinflusst bzw. Geldpolitik auf die Beeinflussung des Wechselkurses gerichtet sein kann. Insofern besteht ein Zusammenhang zwischen Wechselkurspolitik und der Unabhängigkeit von Zentralbanken.

Maßnahmen zur Sicherung der Finanzstabilität und insbesondere das Eingreifen als Lender of last resort im Falle von Liquiditätskrisen von Finanzinstituten sind dagegen nicht unmittelbar eine Ausprägung von Währungshoheit. Liquiditätshilfen zur Verhinderung von Bankenkrisen sind ein Instrument zur Sicherung der Finanzstabilität.[155] So zählt etwa die EZB außerordentliche Liquiditätshilfen für Banken nicht zur Geldpolitik und weist diese Aufgabe den nationalen Zentralbanken und dem nationalen Recht zu.[156] Für effektive Maßnahmen zur Förderung der Finanzstabilität bedarf es auch keiner besonderen Unabhängigkeit des verantwortlichen staatlichen Organs. Schließlich liegt die Bankenaufsicht regelmäßig nicht bei der Zentralbank, sondern in der hierarchisch organisierten Staatsverwaltung.

Dennoch sind zentralbankliche Aufgaben der Finanzstabilität nicht bloß Überbleibsel historischer Entwicklung.[157] Die Zuständigkeit der Zentralbank ist

---

[153] Siehe oben S. 43 und *Zeitler*, in: Gornig/Schöbener/Bausback u. a. (Hrsg.), Iustitia et Pax, S. 981, 997 f.

[154] Siehe oben S. 32 und insbesondere *Goodhart*, 18 Financial History Review (2011) 135, S. 151 ff.

[155] Vgl. nur *Tucker*, in: Bank für Internationalen Zahlungsausgleich (BIZ) (Hrsg.), Rethinking the lender of last resort, S. 10, 12 ff.

[156] *Zilioli/Athanassiou*, in: von der Groeben, Hans/Schwarze/Hatje (Hrsg.), Europäisches Unionsrecht, Satzung ESZB/EZB Art. 14 Rn. 51.

[157] *Bordo*, 76 FRB Richmond Economic Review (1990) 18, 23.

sachlich bedingt und ergibt sich aus ihrer zentralen Verantwortung für die Bewirtschaftung des nationalen Geldsystems. Im Rahmen dieser Aufgabe versorgen Zentralbanken Kreditinstitute mit Zentralbankgeld, beeinflussen so regelmäßig die Liquidität des Marktes und einzelner Institute.[158] Hier ergeben sich Überschneidungen mit der zentralbanklichen Geldpolitik.[159] Das geldpolitische Instrument der Ständigen Fazilitäten sorgt für ständigen Zugang zu Finanzmitteln und übt dadurch stabilisierende Wirkung auf das Finanzsystem aus. Liquiditätshilfen in Krisen haben immer auch geldpolitische Konsequenzen und müssen im Einklang mit geldpolitischen Zielen eingesetzt werden. Und die massive Lockerung der Geldpolitik zur Bekämpfung der Liquiditätsengpässe im Finanzsektor in der zurückliegenden Finanzkrise belegt, wie die Grenzen zwischen beiden Aufgabenbereichen verschwimmen können.[160] Dort nutzte die Zentralbank geldpolitische Instrumente, Ständige Fazilitäten und Offenmarktgeschäfte, um Kreditinstitute mit benötigter Liquidität zu versorgen. Neben der Finanzstabilität zielten die Maßnahmen auch auf eine Ausweitung der Geldmenge zur Stimulation von Kreditvergabe und gesamtwirtschaftlicher Aktivität.

(3) Anwendung dieses Maßstabs auf einzelne Zentralbankfunktionen

Zentralbankliche Vermögenswerte sind nach dem hier verfolgten Ansatz als hoheitlich zu qualifizieren und der Vollstreckungsimmunität zu unterstellen, sofern sie dem identifizierten Kernbereich der Währungshoheit angehören und in einem feststellbaren Zusammenhang mit der Unabhängigkeit der Institute stehen.

Die Bereitstellung von Geld für das Finanzsystem ist Ausfluss der Währungshoheit. Danach liegt eine hoheitliche Aufgabenerfüllung vor, wenn eine Zentralbank Banknoten druckt, um sie dem Geldsystem als Zahlungsmittel zur Verfügung zu stellen. Gleiches muss für die Schaffung von Buchgeld gelten, etwa wenn eine Zentralbank dem Bankensektor unbares Zentralbankgeld zur Verfügung stellt. Hoheitliche Verwendungszwecke liegen auch vor, wenn eine Zentralbank den Wert der Währung im Innenverhältnis steuert und über die Beeinflussung der Geldmenge und der Zinsen Geldpolitik betreibt. Einen geldpolitischen Zweck beweisen damit beispielsweise ausländische Sicherheiten von Zen-

---

[158] *Lastra*, 48 The International and Comparative Law Quarterly (1999) 340, 341.
[159] Gerade auch zwischen der Geldpolitik und der Rolle als Lender of last resort bestehen enge Wechselwirkungen, *Lastra*, 48 The International and Comparative Law Quarterly (1999) 340, S. 340 Fn. 2., insbesondere bei systemischen Liquiditätsengpässen *Domanski/Sushko*, in: Bank für Internationalen Zahlungsausgleich (BIZ) (Hrsg.), Re-thinking the lender of last resort, S. 1, 5 ff.
[160] Dazu auch *Lastra*, 48 The International and Comparative Law Quarterly (1999) 340, 352 ff.

tralbanken, die oben als Beispiel für Auslandsvermögen von Zentralbanken genannt wurden. Die von Banken im Ausland gestellten Sicherheiten sichern geldpolitische Kreditgeschäfte (im wirtschaftlichen Sinn) ab und sind somit unmittelbare Folge der Ausführung geldpolitischer Maßnahmen. Zwar dienen sie unmittelbar nur der Minimierung von Verlustrisiken des Staates im Rahmen seiner geldpolitischen Geschäfte. Andererseits kommt der Zinshöhe gleichzeitig ein geldpolitischer Steuerungszweck zu. Wegen ihrer untrennbaren Verknüpfung mit geldpolitischen Maßnahmen und der Steuerung des inländischen Währungswertes sind ausländische Sicherheiten als eine Wahrnehmung der Währungshoheit und damit als hoheitlich genutztes Vermögen anzusehen.

Nun können Staaten ihre Geldpolitik auf ganz unterschiedliche Ziele ausrichten und damit den geldpolitischen Aktionsradius von Zentralbanken erheblich variieren. Während sich die Geldpolitik des ESZB zuvorderst auf das Ziel der Preisstabilität fokussiert,[161] ist das US-amerikanische *Federal Reserve System* auch der Vollbeschäftigung[162] verpflichtet. Die Zentralbank Venezuelas hat das Mandat, zu einer gesunden Entwicklung der Volkswirtschaft auf Grundlage des sozialen und wirtschaftlichen Systems beizutragen.[163] Durch eine Anreicherung des Mandats mit verschiedenen Zwecken vergrößert sich auch das geldpolitische Aufgabenspektrum. Wenn eine Zentralbank etwa in Umsetzung ihres geldpolitischen Mandats Vermögenswerte für die Armutsbekämpfung einsetzt, fragt sich, ob sich das Immunitätsprivileg auch auf die Interpretationsvariante der Geldpolitik erstreckt. Dabei entsteht rasch die Gefahr, die souveräne Entscheidung eines Staates über die Ziele der Geldpolitik inhaltlich bewerten zu müssen. Sinnvoll erscheint es daher, sich auf ein formales Verständnis von Geldpolitik zurückzuziehen, das bereits oben[164] zugrunde gelegt wurde. Die vor der Vollstreckungsimmunität zu schützende Aufgabe der Geldpolitik umfasst alle Maßnahmen, die auf die Einflussnahme auf die Geldversorgung einer Volkswirtschaft, ausgedrückt durch Geldmenge und Zinsen, abzielen.

Schließlich haben solche Funktionen einen hoheitlichen Charakter, die Ausprägung der staatlichen Kompetenz zur Bestimmung des Außenwertes der eigenen Währung und der Bewirtschaftung von Devisen sind. Währungsreserven haben unter anderem die Funktion, die Steuerung des Wechselkurses der eigenen Währung zu ermöglichen, so dass sie insoweit an der Wahrnehmung der Währungshoheit eines Staates teilnehmen und Bestandteil seines hoheitlich genutzten Vermögens bilden. Maßnahmen der Finanzstabilität und Geldpolitik weisen

---

[161] Art. 2 ESZB/EZB-Satzung.
[162] Sec. 2A Federal Reserve Act, 12 U.S. Code § 226.
[163] Art. 5 S. 2 Law on the Central Bank of Venezuela, englischsprachige Version, abrufbar unter http://www.bcv.org.ve/c3/lawbcv.pdf (zuletzt abgerufen 01.05.2019).
[164] Siehe oben S. 24.

wahrnehmbare Wechselwirkungen auf und stehen damit in Beziehung zu der institutionellen Sonderstellung der Zentralbank. Sie sollen daher auch als Ausübung einer hoheitlichen Funktion bewertet werden. Devisen aus Währungsswaps, die im Wesentlichen als Instrument der Finanzpolitik identifiziert wurden, nehmen damit ebenfalls an der Vollstreckungsimmunität teil.

Die anderen oben genannten Beispiele, Staatsfonds und Finanzmittel aus gewöhnlichen Bankgeschäften, dienen Funktionen, die nicht im Zusammenhang mit der Währungshoheit stehen. Das kann aber nicht bedeuten, dass mit der Verknüpfung der Währungshoheit die Grenzlinie der Vollstreckungsimmunität abschließend beschrieben ist. Zentralbanken können auch schützenswerte Funktionen jenseits dessen ausüben.

f) Zwischenergebnis: Die Einordnung der Beispielsfälle

Die hier betrachteten Beispielsfälle skizzieren, wo die drei erarbeiteten normativen Leitlinien die Grenze der Vollstreckungsimmunität ziehen. Sofern Vermögen in Staatsfonds gehalten wird, um den Reichtum für künftige Generationen zu bewahren oder Haushaltseinnahmen zu stabilisieren, dient es allein fiskalischen Zwecken und keinen konkreten staatlichen Funktionen, um deren Schutz es der Vollstreckungsimmunität geht. Es handelt sich lediglich um Finanzvermögen. Der Immunitätsschutz ist auch aus keinen anderen Gründen sachlich gerechtfertigt. Weder dienen diese Staatsfonds eindeutig der Produktion öffentlicher Güter, noch berühren sie den Kernbereich zentralbanklicher Funktionen. Gleiches gilt für Vermögensmittel aus gewöhnlichen Bankgeschäften. Sofern die Zentralbank mit ihnen über die Ertragserwirtschaftung hinausgehende Ziele, etwa die Förderung der nationalen Wirtschaft, verfolgt, handelt es sich zwar um Verwaltungsvermögen. Anhand der anderen Kriterien lässt sich aber eine Zuordnung zu den hoheitlichen Zwecken allein dann rechtfertigen, wenn diese Bankgeschäfte untrennbar mit der Durchführung der Geldpolitik in Zusammenhang stehen.

Alle anderen beleuchteten Vermögenswerte, Währungsreserven, ausländische Sicherheiten aus geldpolitischen Geschäften und im Ausland befindliche Mittel von Swaplinien dienen unmittelbar konkreten Verwaltungsaufgaben und sind das Ergebnis der Wahrnehmung der Währungshoheit. Sie genießen daher Vollstreckungsimmunität. Diese Einordung hat die Qualifikation anhand des ökonomischen Kriteriums der öffentlichen Güter bestätigt.

Insbesondere die Einstufung von Währungsreserven als hoheitlich genutzte Vermögenswerte kommt einer Forderung der Staatenpraxis nach, die darin einmütig eine immune Vermögenskategorie erblickt. Ebenso verhält es sich mit Vermögenswerten aus gewöhnlichen Bankgeschäften. Aus dem Immunitätsschutz von Währungsreserven können sich allerdings Schwierigkeiten ergeben. Währungsreserven haben schließlich auch die Funktion, sicherzustellen, dass ein fremder Staat seinen Zahlungsverbindlichkeiten in Fremdwährungen nachkommen kann. Gleichzeitig können nicht alle Mittel in Fremdwährungen, die der Staat für jegliche Zahlungen ins Ausland verwendet, Immunitätsschutz beanspruchen. Bezahlt ein Staat beispielsweise Anwälte in fremder Währung für ihre Dienste im Ausland,[165] ist kein Grund ersichtlich, Immunitätsschutz zuzubilligen. Diese Vermögensmittel können daher nicht zu den Währungsreserven gezählt werden. Wie sind nun Fremdwährungsguthaben auf Konten im Ausland zu behandeln? Eine Zuordnung zu den immunen Devisenreserven muss sich an der konkreten Zweckbestimmung der Mittel orientieren. Werden Guthaben auf Konten im Ausland generell für unspezifische Zahlungszwecke als Reserve gehalten, können sie zu den Währungsreserven gezählt werden. Wenn sie dagegen dann für konkrete Transaktionen eingesetzt werden sollen, muss nach den erarbeiteten Kriterien entschieden werden, ob der Verwendungszweck einen hoheitlichen Charakter aufweist.

g) Kritische Überprüfung des vorgeschlagenen Abgrenzungskonzepts

Die Arbeit verfolgt das Anliegen, die Reichweite der Vollstreckungsimmunität im Hinblick auf Zentralbankvermögen zu klären. Im Rahmen dessen sollte sie im Ergebnis eine Antwort darauf finden, welche der ausgesuchten Beispielsfälle an dem Regime der Vollstreckungsimmunität partizipieren und in welchen Fällen ein Forumstaat seine inländische Vollstreckungsgerichtsbarkeit ungeschmälert ausüben kann. Die soeben im Einzelnen dargestellten Kriterien sollten Rechtsanwender in die Lage versetzen, diese Aufgabe zu bewältigen. Nunmehr ist eine kritische Bestandsaufnahme angebracht, ob hiermit der bestmögliche Weg gefunden oder ob der Vorschlag doch anderen Lösungsmöglichkeiten unterlegen ist.

Da klare völkerrechtliche Maßstäbe zur Ausfüllung des Begriffs der Hoheitlichkeit nicht auszumachen sind, wurde zunächst auf die deutsche Rechtsordnung zurückgegriffen, um passende Abgrenzungsregime aufzuspüren. Die dort ausgewählten Kriterien passten entweder nicht zum Rechtsregime der Vollstreckungsimmunität (hoheitliche Staatsfunktionen im staatswissenschaftlichen Sinne) oder konnten die Qualifikationsfrage nicht restlos entscheiden (Rechtsfigur des Verwaltungsvermögens). Da sich ein einziges taugliches Instrument nicht zeigte, beschränkte sich die Arbeit auf den Versuch, eine Abfolge von drei Wer-

---

[165] U.S. Court of Appeals, 2nd Circuit, *NML Capital v. Banco Central de la Republica Argentina*, 652 F.3d 172, 177 ff. (2011).

tungen zu benennen, mit deren Hilfe eine treffsichere Auslegung des Merkmals hoheitlich im Hinblick auf Zentralbankvermögen gelingen sollte.

Allerdings ist zuzugeben, dass dieser Lösungsweg an Schwächen leidet. Zunächst handelt es sich um eine Zusammenstellung verschiedener, in der Sache effektiver Maßstäbe, die aber darüber hinaus ohne größere Kohärenz sind und, mit Ausnahme des Maßstabs der Währungshoheit, keine erkennbare Legitimation aufweisen, über die Reichweite der Vollstreckungsimmunität zu entscheiden. Schwerer wiegt, dass auch die ausgewählten Kriterien mit Unsicherheiten belastet sind. Der Begriff der öffentlichen Güter verfügt über keine eindeutigen Konturen; in der Finanzwissenschaft besteht in vielen Fällen Uneinigkeit, ob bestimmte Güter als öffentliche Güter einzuordnen sind.[166] Auch die Währungshoheit ist lediglich in ihrer Existenz und in ihren Grundausprägungen unbestritten. Es bleibt vor allem die Gefahr, dass anhand dieser Kriterien zentralbankliche Tätigkeiten aus dem Bereich des Hoheitlichen verwiesen werden, deren Wahrnehmung aus anderen Gründen auf einem schützenswerten Interesse der Zentralbanken basiert. Inbesondere Maßnahmen der Finanzstabilität, etwa zur Stützung von Finanzinstituten, müssen keinen unmittelbaren Bezug zur Währungshoheit aufweisen. Zudem erfordert die Kombination mehrerer Kriterien stets eine Wertungsentscheidung, die die Entscheidung über das Eingreifen der Vollstreckungsimmunität mit Unsicherheit belastet. Im Ergebnis können auf die Vollstreckung angewiesene Gläubiger das Maß der Vollstreckungsimmunität nicht rechtssicher übersehen.

Vor diesem Hintergrund drängt sich die Frage auf, ob das bestehende Angebot an Lösungsansätzen zur Bewältigung der Abgrenzungsfrage nicht eine überlegenere Lösung bereithält. Die Staatenpraxis hat auf die Schwierigkeiten im Zusammenhang mit der Auslegung des Merkmals hoheitlicher Verwendungszwecke reagiert, indem sie dazu übergegangen ist, den hoheitlichen Charakter einzelner Sachbereiche ausdrücklich festzuschreiben und immune Kategorien staatlichen Vermögens rechtssicher herauszuarbeiten. Dieser Ansatz trägt zu der grundsätzlichen Klärung des Verlaufs der Immunitätsgrenze nur wenig bei, erzielt im Gegenzug aber in ausgewählten Bereichen ein hohes Maß an Rechtssicherheit und leistet auf diesem Wege einen Beitrag zur klaren Demarkierung der Immunitätsgrenze.

Im Sachbereich der Zentralbankenimmunität besteht die rigoroseste, aber auch einfachste Lösung darin, sämtliches Vermögen in Inhaberschaft oder unter Kontrolle von Zentralbanken zu immunisieren. In seiner Pauschalität schießt dieser Ansatz aber über das Ziel hinaus, weil Staaten zu opportunistischem Verhalten angereizt werden, staatliches Vermögen im Ausland der Zentralbank zuzu-

---

[166] Siehe oben S. 294.

weisen und so Gläubigern berechtigter Vollstreckungsmöglichkeiten zu berauben. Das Immunitätsprivileg von einem Reziprozitätsvorbehalt abhängig zu machen, verkompliziert die Qualifizierung bedeutend, weil der Immunitätsstandard im Forumstaat und im Heimatstaat der Zentralbank erforscht werden muss.

Ein anderer Ansatz unterstellt solches Vermögen einem absoluten Immunitätsschutz, das zu typischen Zentralbankfunktionen eingesetzt wird. Dieser Lösungsweg vermeidet die Schwächen der Alles-oder-nichts-Lösung, verspricht gleichzeitig aber auch ein rechtssicheres Abgrenzungskriterium. Das Merkmal charakteristischer Zentralbankvermögen erfasst die kardinalen Funktionen der Institute und trägt der Sorge Rechnung, dass Zentralbanken ihre essentielle Rolle in der Bewirtschaftung des jeweiligen Währungswesens ungehindert wahrnehmen können. Zudem besteht ein relativ gesichertes Verständnis, welche Funktionen zum Kreis der charakteristischen Aufgaben der Zentralbanken gehören. Diese wurden oben näher dargestellt.[167]

Ein Nachteil besteht jedoch darin, dass neuartige Zentralbankaufgaben, wie etwa die Ausgabe von Kryptogeld, erst bei einer bestimmten Verbreitung zu „typischen" Aufgaben werden. Wenn man die ausgewählten Beispielsfälle daraufhin an diesem Maßstab misst, weisen die Ergebnisse nur geringe Unterschiede auf. Währungsreserven, Sicherheiten im Rahmen geldpolitischer Geschäfte und Fremdwährungsswaps stehen im unmittelbaren Zusammenhang mit klassischen Funktionen von Zentralbanken. Die Unterhaltung von Staatsfonds ist eine neuere Entwicklung, die nicht typischerweise von Zentralbanken, nicht einmal von Staaten wahrgenommen wird. Unsicherer fällt allein die Bewertung von kommerziellen Bankdienstleistungen aus. Als Banken der Regierungen führen Zentralbanken im weitreichenden Umfang Bankgeschäfte für ihre Mutterstaaten aus. Eine Ansicht[168] zählt aber auch Bankdienstleistungen zur Begleitung wirtschaftlicher Aktivitäten von Staatsunternehmen oder Privater jenseits geldpolitischer Geschäfte zu den gewöhnlichen Funktionen von Zentralbanken. Die Bewertung überzeugt nicht, weil diese Aufgabe sich nicht von den Tätigkeiten von Geschäftsbanken unterscheidet und auch sonst ein besonderer staatlicher Charakter nicht erkennbar ist.

Wenn dieses Merkmal somit nicht zu wesentlichen anderen Ergebnissen führt, so vermeidet es doch die komplexe Wertungsentscheidung, wie sie die oben vorgeschlagene Lösung auf Grundlage der Kombination verschiedener Wertungen erfordert. Darüber hinaus hat das Merkmal der typischen Zentralbankfunktionen den Vorteil, keiner bestimmten Rechtsordnung verhaftet zu sein, und erlaubt damit ein internationales Verständnis, das sich in das völkerrechtliche Regime der

---

[167] Siehe oben S. 20 ff.
[168] *Patrikis*, University of Illinois Law Review (1982) 265, 277, dazu bereits oben S. 171.

Vollstreckungsimmunität einfügt. Schließlich ist dieses Merkmal bereits in der Praxis einiger bedeutender Rechtsordnungen (z. B. der USA) verankert und insoweit immunitätsrechtlich legitimiert.

Im Ergebnis zwingt der Vergleich der beiden Lösungswege zu der Einsicht, dass mit dem vorgeschlagenen Ansatz, den Begriff des Hoheitlichen im Bereich der Vollstreckungsimmunität auszufüllen, keine entscheidenden Vorteile verbunden sind.

2. Praktische Reichweite der Vollstreckungsimmunität von Zentralbanken – der Nachweis der Immunitätsvoraussetzungen im Prozess

a) Bedeutung der prozessualen Anforderungen an den Nachweis der Immunitätsvoraussetzungen im Prozess

aa) Ausschluss des Rechtsschutzes durch die Ausgestaltung des Beweisverfahrens

Für Gläubiger von Vermögensansprüchen gegen Zentralbanken ist die Ermittlung der Tatsachen, aus denen sich die inländische Gerichtsbarkeit für die Vollstreckung in konkrete Vermögenswerte von Zentralbanken ergibt, die letzte kritische Etappe auf einem bereits bis dahin steinigen Rechtsschutzweg. Nachdem Gerichte die inländische Gerichtsbarkeit bejaht und über die Ansprüche in einem Urteil befunden haben, muss der Gläubiger Vermögenswerte der fremden Zentralbank im Vollstreckungsstaat aufspüren. Auch wenn theoretisch bekannt ist, welche Verwendungszwecke Vollstreckungsimmunität auslösen, muss anschließend in einem Prozess geklärt werden, welchen Aufgaben die erfassten Vollstreckungsobjekte tatsächlich gewidmet sind.[169]

Der Nachweis, dass Zentralbankvermögen für nichthoheitliche Zwecke verwendet wird, begegnet von vornherein größeren Schwierigkeiten als bei anderen staatlichen Vollstreckungsobjekten. Das Vermögen der Zentralbanken besteht vor allem aus Finanzinstrumenten, die hinsichtlich der mit ihnen verfolgten Zwecke indifferent sind. Anders als bei Panzern, ausgestellten Kunstwerken oder Botschaftsgebäuden geben Kontoguthaben oder Depots keine verlässlichen äu-

---

[169] Die Schwierigkeiten bei der Vollstreckung von Forderungen gegen fremde Staaten war dem Gesetzgeber des FSIA US bewusst. In Reaktion auf diese Schwierigkeiten enthält Sec. 1610(f)(2)(A) folgende Regelung: „the Secretary of the Treasury and the Secretary of State should make every effort to fully, promptly, and effectively assist any judgment creditor or any court that has issued any such judgment in identifying, locating, and executing against the property of that foreign state or any agency or instrumentality of such state".

ßerlichen Hinweise auf die Zweckbestimmung. Staatsanleihen in Depots bei Banken lassen sich äußerlich nicht danach unterscheiden, ob Zentralbanken sie als Währungsreserve halten oder als Mittel eines Staatsfonds zu Anlagezwecken. Da subjektive Zielgerichtetheit genügt, bleibt der Verwendungszweck in der Regel virtuell, dadurch leicht manipulierbar und für Außenstehende außer anhand von Indizien nicht objektiv verifizierbar.

Das Beweisproblem zeigt sich in besonderer Schärfe bei Bankkonten, deren Guthaben sowohl für hoheitlich als auch für nichthoheitliche Zwecke genutzt wird. Wenn man wie etwa das englische House of Lords dem Gläubiger den Beweis der Immunitätsdurchbrechung für nichthoheitliche Verwendungszwecke aufbürdet, dann wird eine Vollstreckung gegen Zentralbankvermögen schnell illusorisch. In der Sache *Alcom Ltd. v. Republic of Colombia* entschied das Gericht:

„The debt owed by the bank to the foreign sovereign state [...] is, however, one and indivisible; it is not susceptible of anticipatory dissection into the various uses to which moneys drawn upon it might have been put in the future if it had not been subjected to attachment by garnishee proceedings. Unless it can be shown by the judgment creditor who is seeking to attach the credit balance by garnishee proceedings that the bank account was earmarked by the foreign state solely (save for de minimis exceptions) for being drawn upon to settle liabilities incurred in commercial transactions [...] it cannot, in my view, be sensibly brought within the crucial words of the exception for which section 13(4) provides."[170]

Dem Gläubiger ohne sonstige prozessuale Kompensation aufzuerlegen, die ausschließliche Verwendung eines Bankguthabens für bestimmte Zwecke nachzuweisen, bedeutet, ihm von vornherein eine Vollstreckungsmöglichkeit zu verwehren. Solche rechtlichen Anforderungen vermitteln dem fremden Staat zudem Anreize zu opportunistischem Verhalten, durch Vermischung von Vermögensmassen sämtliches Vermögen zu immunisieren.

Dagegen verlangt der untrennbare Zusammenhang mit dem Anspruch des Gläubigers auf effektiven Rechtsschutz, das Beweisrecht so zu konstruieren, dass Gläubiger in die wenigen nichtimmunen Vermögenswerte von Zentralbanken tatsächlich vollstrecken können. Inwieweit Gläubigern der Nachweis nichthoheitlicher Verwendungszwecke gelingt, entscheidet darüber, ob der mühsame Prozess der sachlichen Zurückdrängung der Vollstreckungsimmunität tatsächlich in einer Ausweitung der Rechtsschutzmöglichkeiten von Gläubigern mündet.

bb) Maßgebliche Rechtsordnung

Nach welcher Rechtsordnung sich Beweisverfahren vor inländischen Gerichten zu richten haben, ist noch nicht abschließend geklärt. Im Ausgangspunkt gibt das Sachrecht, die lex causae, das Beweisthema vor, die lex fori regelt das Beweis-

---

[170] House of Lords, *Alcom Ltd. v. Republic of Colombia* [1984] 1 AC 580, 604.

verfahren.¹⁷¹ Die Tatsachengrundlage für die Immunitätsentscheidung ermitteln Forumgerichte damit grundsätzlich nicht nach dem Völkergewohnheitsrecht, sondern nach der jeweiligen Prozessordnung. Da aber gleichzeitig das materielle Recht auf das prozessuale Verfahren zur Tatsachenermittlung ausstrahlt,¹⁷² greifen im Ergebnis verschiedene Rechtsordnungen auf unterschiedlichen Ebenen ineinander. So ist beispielsweise anerkannt, dass sich die Beweislastverteilung nach dem Sachrecht richtet.¹⁷³

Im Bereich der Staatenimmunität kann diese Zuordnung nur eingeschränkt gelten. Denn wenn einerseits eine völkergewohnheitsrechtliche Regel Vorgaben für das Verfahren zum Nachweis der Immunitätsvoraussetzungen macht, ist ein deutsches Gericht ohnehin nach Art. 25 S. 2 GG zur Beachtung dieser Vorgaben verpflichtet. Andererseits ist insbesondere das Völkergewohnheitsrecht derart lückenhaft, dass sich das Beweisverfahren grundsätzlich nach inländischem Verfahrensrecht i. S. e. Auffangordnung richten muss. Bevor man in den Blick nimmt, wie das Verfahren zur Klärung der tatsächlichen Voraussetzungen der inländischen Gerichtsbarkeit auf Grundlage des nationalen Prozessrechts aussieht, bedarf es mithin der Klärung, ob nicht ausnahmsweise das Völkerrecht eine vorrangige Maßgabe bereithält. Sofern sich völkerrechtliche Spielräume ergeben, sind diese im nationalen Recht anhand von Wertungen, die dem Rechtsschutzanspruch des Gläubigers Rechnung tragen, auszufüllen.

Dabei sind die Einzelelemente, die das Beweisverfahren im Wesentlichen strukturieren, abzuschichten. Eine entscheidende Weichenstellung folgt daraus, ob das Gericht oder die Parteien für die Ermittlung der Tatsachengrundlagen verantwortlich sind. Darüber, inwieweit der Nachweis nichtimmuner Verwendungszwecke gelingen kann, entscheiden letztlich aber in erster Linie die Verteilung der Beweislast und das anzuwendende Beweismaß.

b) Pflicht des Forumstaates zur Immunitätsgewährung

aa) Berücksichtigung der Immunität von Amts wegen

Das Völkerrecht beschränkt sich nicht darauf, die inhaltliche Reichweite der Befreiung von Vollstreckungsimmunität festzulegen, sondern macht auch Vorgaben zur prozessualen Berücksichtigung des Immunitätsprivilegs in nationalen Ver-

---

¹⁷¹ *Geimer/Geimer/Geimer*, Internationales Zivilprozessrecht, Rn. 2260. Einige Staaten weichen von diesem Grundsatz aber ab, dazu *Gottwald/Nagel*, Internationales Zivilprozessrecht, Rn. 2 ff.
¹⁷² *Geimer/Geimer/Geimer*, Internationales Zivilprozessrecht, Rn. 2260 ff.
¹⁷³ Im Zusammenhang mit dem Immunitätsrecht vgl. *von Schönfeld*, NJW 1986, 2980, 2982.

fahren. Im Urteil „Jurisdictional Immunities" drückte der IGH die aus der Staatenimmunität folgende völkerrechtliche Verpflichtung wie folgt aus:

„a national court is required to determine whether or not a foreign State is entitled to immunity as a matter of international law before it can hear the merits of the case brought before it and before facts have been established."[174]

Die völkergewohnheitsrechtlichen Vorgaben zur prozessualen Behandlung der Immunität bringt ferner Art. 6 Abs. 1 der UN-Immunitätskonvention zum Ausdruck. Dort heißt es: „[A State] shall ensure that its courts determine on their own initiative that the immunity of that other State [...] is respected."[175] Für die nationalen Gerichte ergeben sich daraus unmittelbar zwei Vorgaben: Zum einen muss das staatliche Rechtspflegeorgan die potentielle Befreiung von der inländischen Gerichtsbarkeit von sich aus, ohne dass der fremde Staat einen Einwand erheben muss, prüfen und berücksichtigen. Zum anderen muss ein Gericht zu Beginn und vorrangig vor allen anderen Verfahrensvoraussetzungen über die Immunität entscheiden.[176] Deswegen darf das Vollstreckungsorgan Vollstreckungsmaßnahmen erst dann anordnen, wenn es sich über die inländische Gerichtsbarkeit vergewissert hat.

bb) Ermittlung der tatsächlichen Immunitätsvoraussetzungen im deutschen Zivilprozess

(1) Grundsätzliche Geltung des Beibringungsgrundsatzes in Vollstreckungsverfahren

Die deutsche Rechtsordnung setzt diese völkerrechtlichen Vorgaben um, indem sie die inländische Gerichtsbarkeit und den Ausschluss der Immunität als eine allgemeine Prozessvoraussetzung des zivilprozessualen Vollstreckungsverfahrens behandelt, die entsprechend der allgemeinen für Prozessvoraussetzungen geltenden Grundsätze „in jeder Lage des Verfahrens von Amts wegen zu prüfen

---

[174] Internationaler Gerichtshof (IGH), *Jurisdictional Immunities of the State (Germany v. Italy: Greece intervening)*, I.C.J. Reports 99, 136 (2012).

[175] Zwar bezieht sich Art. 6 Abs. 1 UN-Immunitätskonventino lediglich auf die Immunität in Erkenntnisverfahren, die Pflicht muss aber für eingriffsintensivere Vollstreckungsverfahren erst recht gelten, *O'Keefe*, in: O'Keefe/Tams/Tzanakopoulos (Hrsg.), The United Nations Convention on Jurisdictional Immunities of States and Their Property, Part II: General principles 97; *von Schönfeld*, NJW 1986, 2980, 2982. Anders aber die US-amerikanische Rechtsordnung, die von dem fremden Staat verlangt, die Immunität i. S. einer „affirmative defense" geltend zu machen, vgl. die Gesetzesbegründung zum FSIA US, *U.S. Congress*, Congressional Committee Report on the Jurisdiction of United States Courts in Suits against Foreign States, Report No. 94-1487, ILM 1976, S. 1398, 1407.

[176] *Schack*, Internationales Zivilverfahrensrecht, Rn. 189.

und zu beachten"¹⁷⁷ ist. Bindungen an etwaige Entscheidungen der Vorinstanz bestehen nicht.¹⁷⁸ Greift die Immunität ein, sind Vollstreckungsverfahren unzulässig, ohne dass sich der fremde Staat auf seine Immunität berufen muss.¹⁷⁹

Nach den gefestigten Rechtsprechungsgrundsätzen bedeutet die Pflicht zur Berücksichtigung einer Prozessvoraussetzung von Amts wegen nicht etwa, dass Rechtspflegeorgane die Tatsachenbasis für die Prozessvoraussetzungen i.S.d. Inquisitionsmaxime von sich aus ermitteln und beweisen müssen. Vielmehr bleibt es auch in Vollstreckungsverfahren¹⁸⁰ bei dem Beibringungsgrundsatz.¹⁸¹ Dieser hat zur Folge, dass die darlegungs- und beweisbelastete Partei neben der objektiven Beweislast auch die subjektive Beweisführungslast trägt, so dass es ihr obliegt, den relevanten Prozessstoff vorzutragen und die notwendigen Beweise zu beschaffen, um den Prozess nicht zu verlieren.¹⁸² Unter Geltung des Amtsermittlungsgrundsatzes muss dagegen das Gericht von sich aus alle Tatsachen ermitteln und Beweismittel besorgen.¹⁸³ Einer Partei ist allein die objektive Beweislast zugewiesen, die bestimmt, zu wessen Nachteil die Nichterweislichkeit einer Tatsache (sog. *non-liquet*) geht.¹⁸⁴

---

¹⁷⁷ Ständige Rechtsprechung seit BVerfG, NJW 1978, 485, 486, BGH, NJW 2010, 769, 770; BGH, WM 2016, 2357, 2358.
¹⁷⁸ BGH, NJW-RR 2003, 1218, 1219.
¹⁷⁹ BGH, NJW-RR 2006, 425, 200; *Geimer/Geimer/Geimer*, Internationales Zivilprozessrecht, Rn. 843c.
¹⁸⁰ *Münzberg*, in: Kommentar zur Zivilprozessordnung, vor § 704 Rn. 76 m.w.N.; *Gaul/Schilken/Becker-Eberhard*, Zwangsvollstreckungsrecht, S. 91. Eine abweichende Ansicht unterwirft das Zwangsvollstreckungsrecht, siehe *Paulus*, in: Wieczorek/Schütze (Hrsg.), Zivilprozessordnung und Nebengesetze, Vor § 704 Rn. 43, oder zumindest Pfändungen, siehe *Rauscher*, in: Münchener Kommentar zur ZPO, Einleitung Rn. 410; *Stürner*, ZZP 99 (1986), 291, 309, dem Amtsermittlungsgrundsatz. Das muss konsequenterweise im gleichen Maße für die Tatsachen, aus denen sich die allgemeinen Verfahrensvoraussetzungen ergeben, gelten. Diese Ansicht überzeugt nicht. Denn ansonsten müsste sich das Vollstreckungsorgan bei möglicher Vollstreckungsimmunität vor der Pfändung der schwierigen Aufgabe widmen, den Verwendungszweck der Vollstreckungsobjekte zu ermitteln, obwohl das Zwangsvollstreckungsrecht durch die Formalisierung der Zwangsvollstreckung und nur summarischen Prüfungskompetenz der Vollstreckungsorgane darauf ausgelegt ist, diffizile Rechts- und Tatsachenfragen grundsätzlich auf Rechtsbehelf der Parteien oder Dritter in nachgelagerten kontradiktorischen Verfahren zu klären, *Paulus*, in: Wieczorek/Schütze (Hrsg.), Zivilprozessordnung und Nebengesetze, Vor § 704 Rn. 42; *Münzberg*, in: Kommentar zur Zivilprozessordnung, vor § 704 Rn. 76; für die Vollstreckungsgerichtsbarkeit ebenso *Habscheid*, in: Deutsche Gesellschaft für Völkerrecht, Arbeiten der 2. Studienkommission (Hrsg.), Die Immunität ausländischer Staaten nach Völkerrecht und deutschem Zivilprozessrecht, S. 160, 271.
¹⁸¹ Siehe nur BGH, NJW 1991, 3095, 3096; *Rosenberg/Schwab/Gottwald*, Zivilprozessrecht, S. 429 „grundsätzlich in jedem Verfahren".
¹⁸² *Rosenberg/Schwab/Gottwald*, Zivilprozessrecht, S. 429 f, 697 f.
¹⁸³ *Rosenberg/Schwab/Gottwald*, Zivilprozessrecht, S. 438.
¹⁸⁴ *Prütting*, in: Münchener Kommentar zur ZPO, § 286 Rn. 100.

(2) Keine Ausnahme für die Ermittlung der tatsächlichen Immunitätsvoraussetzungen

Im Schrifttum ist umstritten, ob im Immunitätsrecht nicht von den allgemeinen Grundsätzen abgewichen und die Tatsachen, aus denen sich die Immunität fremder Staaten ergibt, dem Amtsermittlungsgrundsatz unterstellt werden sollten. Nach einer weit verbreiteten Ansicht in der Literatur sei die inländische Gerichtsbarkeit „im Interesse der Immunität"[185] nach der Inquisitionsmaxime zu prüfen.[186] Die Rechtsprechung scheint dagegen an den für die Prüfung von Amts wegen geltenden Grundsätzen und dem Beibringungsgrundsatz festzuhalten.[187] Allerdings ist eine eindeutige Äußerung zugunsten der Anwendung des Beibringungsgrundsatzes wie etwa die des OLG Schleswig[188] selten.[189]

Ein Abweichen von dem das deutsche Zivilverfahren durchziehenden Beibringungsgrundsatz ist nur geboten, wenn ausnahmsweise ein öffentliches Interesse an der Aufklärung besteht[190] und nicht von dem Vollstreckungsschuldner verlangt werden kann, seine Rechte in einem nachgelagerten Rechtsbehelfsverfahren geltend zu machen. Ein solches öffentliches Interesse könnte man in dem aus der Völkerrechtsfreundlichkeit der deutschen Rechtsordnung basierenden Gebot der umfassenden Berücksichtigung völkerrechtlicher Vorgaben erblicken.[191] Schließlich sind inländische Gerichte und andere Rechtspflegeorgane von Völkerrechtswegen verpflichtet, jedwede Vollstreckungstätigkeit zu unterlassen, sofern fremdstaatliche Immunität eingreift, selbst wenn der fremde Staat dem Verfahren vollständig fern bleibt. Die Pflicht zur „Berücksichtigung" könnte

---

[185] *Geimer/Geimer/Geimer*, Internationales Zivilprozessrecht, Rn. 843c.

[186] *Rosenberg/Schwab/Gottwald*, Zivilprozessrecht, S. 108; ferner *Schack*, Internationales Zivilverfahrensrecht, Rn. 189, der von „objektiver Beweislast" spricht; *Albert*, Völkerrechtliche Immunität ausländischer Staaten gegen Gerichtszwang, S. 282; abweichend dagegen *Lange*, Internationale Rechts- und Forderungspfändung, S. 94 Fn. 266.

[187] Die Entscheidungen beschränken sich in der Regel auf die Formel „Die deutsche Gerichtsbarkeit ist eine allgemeine Verfahrensvoraussetzung auch des gerichtlichen Vollstreckungsverfahrens. Ihr Bestehen und ihre Grenzen sind als Rechtsfragen in jeder Lage des Verfahrens von Amts wegen zu prüfen", vgl. nur BGH, NJW-RR 2003, 1218, 1219; BGH, WM 2016, 2357, 2358.

[188] OLG Schleswig, ZIP 2015, 1253, 1258.

[189] Äußerungen anderer Gerichte lassen zumindest indirekt auf die Geltung des Beibringungsgrundsatzes schließen. Das OLG Köln formulierte in einem Urteil etwa: „die Schuldnerin, an deren Darlegungs- und Beweisführungslast insoweit keine hohen Anforderungen zu stellen sind", und gab damit die Anwendung des Beibringungsgrundsatzes zu erkennen, OLG Köln, NJOZ 2004, 788, 792; ebenso LG Frankfurt a.M., Ent. v. 08.06.2000, Rs. 2/9 T 289/00 (unveröffentlicht).

[190] *Rosenberg/Schwab/Gottwald*, Zivilprozessrecht, S. 428.

[191] *Herdegen*, in: Maunz/Dürig (Hrsg.), Grundgesetz, 87. EL März 2019, Art. 25 Rn. 6 ff.; *Lange*, Internationale Rechts- und Forderungspfändung, S. 94 f.

man als Verbot interpretieren, dem ausländischen Staat die Aufgabe zuzuschieben, die Tatsachenbasis für Immunitätsbeurteilung zu beschaffen und ihm im Falle seiner Untätigkeit Immunität zu verwehren. Diese Sichtweise passt zu der allgemeinen Auffassung, dass im Fall der Säumnis eines Staates im Prozess die Tatsachenfiktion des § 331 Abs. 1 ZPO im Hinblick auf die Staatenimmunität keine Anwendung findet. Danach darf das Gericht sich nicht allein auf das Vorbringen des Klägers verlassen, sondern muss Zweifel durch eigene Sachverhaltsaufklärung ausräumen.[192]

Trotz der vorgenannten Bedenken kann diese strenge Interpretation des völkerrechtlichen Berücksichtigungsgebots nicht überzeugen. Der *Jurisdictional-Immunities*-Entscheidung des IGH lässt sich zunächst nichts in der Richtung entnehmen, dass eine notwendige Berücksichtigung der Immunität bedeutet, dass das nationale Gericht verpflichtet ist, den dafür entscheidenden Sachverhalt zu ermitteln. Auch würde eine solche Pflicht sich beispielsweise nicht ohne Weiteres mit den prozessrechtlichen Grundsätzen anderer Rechtsordnungen vertragen. Im US-amerikanischen Zivilprozessrecht umfasst die burden of proof einer Partei auch die Pflicht, Beweise für entsprechende Tatsachen zu beschaffen.[193] Die Staatenimmunität ist zudem als eine „affirmative defense" ausgestaltet, die der fremde Staat geltend machen muss.[194] Entscheidend ist, dass eine Amtsermittlung in vielen Fällen fruchtlose Bemühungen der Gerichte provozieren würde. Handelt es sich um unkörperliche Vermögenswerte, können die Parteien und insbesondere der fremde Staat ohne große Mühe aufklären, zu welchen Zwecken die Vollstreckungsobjekte eingesetzt werden. Dann ist es aber auch sinnvoll, mit Hilfe des Beibringungsgrundsatzes auf eine solche Aufklärung durch die Parteien hinzuwirken.

Allerdings hat *Lange* zu Recht darauf hingewiesen, dass ein Gericht den fremden Staat gem. § 834 ZPO in den Fällen der Pfändung und Überweisung von Ansprüchen bzw. Rechten gem. §§ 828 ff. ZPO vor der Vollstreckung gar nicht anhören darf.[195] Das von *Lange*[196] vorgeschlagene Modell einer vorläufigen

---

[192] *Rosenberg/Schwab/Gottwald*, Zivilprozessrecht, S. 108; *Damian*, Staatenimmunität und Gerichtszwang, S. 97; Art. 23 UN-Immunitätskonvention erlaubt den Erlass von Versäumnisurteilen, macht diese aber von bestimmten formellen Voraussetzungen, wie einer ordnungsgemäßen Zustellung nach Art. 22 und Ablauf einer Wartefrist, abhängig. Allerdings untersagt Art. 24, aus der fehlenden Mitwirkung Nachteile für den fremden Staat herzuleiten, was damit z. B. einer Tatsachenfiktion entgegensteht.

[193] *Teply/Whitten*, Civil Procedure, S. 940.

[194] *U.S. Congress*, Congressional Committee Report on the Jurisdiction of United States Courts in Suits against Foreign States, Report No. 94-1487, ILM 1976, S. 1398, 1407.

[195] Anders dagegen *Prütting*, Gegenwartsprobleme der Beweislast, S. 96 f., der vor Anhörung des fremden Staates lediglich eine vorläufige Pfändung zulassen will.

[196] *Lange*, Internationale Rechts- und Forderungspfändung, S. 96 f.

Pfändung mit einer nach Anhörung zu erfolgenden Bestätigung, das die ZPO in ähnlicher Form mit der Vorpfändung nach § 845 ZPO kennt, bietet einen sinnvollen Weg, die Immunität des fremden Staates zu berücksichtigen, ohne die Rechtsschutzinteressen des Gläubigers unter Missachtung des § 834 ZPO preiszugeben.

c) Verteilung der Beweislast

Gilt der Beibringungsgrundsatz, dann entscheidet die Verteilung der Beweislast darüber, welche Partei den relevanten Tatsachenstoff vortragen und notwendige Beweise beschaffen muss und welche Partei das Risiko der Unaufklärbarkeit des Sachverhalts trägt.[197] Sie gibt damit auch vor, ob im Falle der Unaufklärbarkeit der relevanten Tatsachen sich die nationale Gerichtsbarkeit oder die Immunität des fremden Staates durchsetzt.

Da die Beweislastverteilung besonders eng mit Sachrecht verknüpft ist, liegt es nahe, dass das völkerrechtliche Immunitätsrecht das nationale Verfahrensrecht derogiert. Nach Beurteilung der deutschen Literatur überlässt das Völkerrecht die Ausgestaltung des Beweisverfahrens der lex fori. Nach der häufig zitierten,[198] aber nicht weiter überprüften Feststellung *von Schönfelds* „gibt das Völkerrecht keine bestimmte Beweislastverteilung vor".[199] Der nicht näher begründete Befund wird allerdings bei näherem Hinsehen durch die – heterogene – Staatenpraxis belegt.

Sofern die Verteilung der Behauptungs- und Beweislast nicht speziell geregelt ist, kann sie insbesondere aus dem grundsätzlichen Verhältnis von inländischer Gerichtsbarkeit und Staatenimmunität i. S. e. Regel und ihrer Ausnahmen hergeleitet werden.[200] Dadurch folgt die Beweislastverteilung dem allgemeinen zivilprozessualen Prinzip, dass jeder Prozessbeteiligte die Beweislast für die Tatsachen trägt, aus denen sich eine für ihn günstige Rechtsfolge ergibt.[201] Bildet die Immunität der fremden Staaten die Regel, dann ist die ausnahmsweise Durchbrechung des Immunitätsschutzes für den Gläubiger günstig, so dass ihn die Be-

---

[197] *Rosenberg/Schwab/Gottwald*, Zivilprozessrecht, S. 697 f.
[198] *Wefelscheid*, Vollstreckungsimmunität fremder Staaten. S. 188; *Lange*, Internationale Rechts- und Forderungspfändung. S. 82.
[199] *Von Schönfeld*, NJW 1986, 2980, 2982; *Wefelscheid*, Vollstreckungsimmunität fremder Staaten, S. 188; *Lange*, Internationale Rechts- und Forderungspfändung, S. 82; anders aber *Geiger*, NJW 1987, 1124, 1125 und auch *Walter*, RIW 1984, 9, der davon ausgeht, dass eine völkerrechtliche Regelung dem fremden Staat auferlegt „bei Vorliegen eines die Immunität ausschließenden Tatbestands" das Eingreifen der Immunität zu beweisen.
[200] *Hess*, Staatenimmunität bei Distanzdelikten, S. 49.
[201] Dazu *Rosenberg/Schwab/Gottwald*, Zivilprozessrecht, S. 698; *Prütting*, Gegenwartsprobleme der Beweislast, S. 265 ff.

weislast hierfür trifft. Die umfassenden Immunitätsregelwerke verfahren sämtlich nach einem Regel-Ausnahme-Prinzip.[202] Ohne solche eindeutigen Regelungen lässt sich das grundsätzliche Verhältnis aus dem Völkerrecht allerdings theoretisch nicht zufriedenstellend klären.

aa) Völkerrechtlicher Spielraum der Gerichtsstaaten
(1) Praxis der Staaten mit Immunitätsgesetzen

Die UN-Immunitätskonvention[203] sowie sämtliche Konventionsentwürfe[204] und nationalen Immunitätsgesetze folgen derselben Regelungsstruktur. Sie sehen die Vollstreckungsimmunität eines Staates als Grundsatz vor und formulieren begrenzte Fallgruppen, in denen die inländische Vollstreckungsgewalt ausnahmsweise greift. Die Systematik lässt allerdings nicht den sicheren Schluss zu, dem Gläubiger die Beweislast dafür zuzuweisen, dass die inländische Vollstreckungsgewalt eingreift. Denn einerseits zeichnet die von den ersten Immunitätsgesetzen in den USA und Großbritannien begründete Regel-Ausnahme-Struktur bloß die historische Entwicklung der Etablierung von Ausnahmen von der zuvor absolut geltenden Immunität nach,[205] andererseits sollte die Regelungstechnik die schwammige Unterscheidung zwischen *acta iure imperii* und *gestionis* in praktisch handhabbarere Formen gießen.[206] Während der Vorarbeiten der ILC zur UN-Immunitätskonvention war das grundsätzliche Verhältnis von Gerichtsbarkeit und Immunität zudem heftig umstritten.[207]

Dass von der gesetzlichen Regelungssystematik nicht ohne Weiteres auf die Verteilung der Beweislast geschlossen werden kann, zeigt die Gesetzesbegründung zum US-amerikanischen FSIA, die hinsichtlich der Immmunitätsvoraussetzungen für Erkenntnisverfahren klarstellt: „The ultimate burden of proving immunity would rest with the foreign state". Darüber hinaus gibt der Gesetzgeber eine ausgefeilte Beweislastverteilung vor:

„Since sovereign immunity is an affirmative defense which must be specially pleaded, the burden will remain on the foreign state to produce evidence in support of its claim of immunity. Thus, evidence must be produced to establish that a foreign state [...] is the defendant in the suit and that the plaintiff's claim relatives to a public act of the foreign state-that is, an act not within the exceptions in sections 1605–1607. Once the foreign state has produced such prima

---

[202] Siehe oben S. 166 ff.
[203] Vgl. Art. 18 und 19 UN-Immunitätskonvention.
[204] Vgl. etwa Art. VIII Abs. 1 und 2 Montreal Draft, *International Law Association*, 22 ILM (1983) 287. Allerdings sieht Art. II des Montreal Draft eine gegenteilige Beweislast für die Immunität in Erkenntnisverfahren vor, dazu *Walter*, RIW 1984, 9, 13.
[205] *Hess*, Staatenimmunität bei Distanzdelikten, S. 48.
[206] *Lange*, Internationale Rechts- und Forderungspfändung, S. 78.
[207] Nachweise bei *Hess*, Staatenimmunität bei Distanzdelikten, S. 276 f.

facie evidence of immunity, the burden of going forward would shift to the plaintiff to produce evidence establishing that the foreign state is not entitled to immunity."[208]

Die Gerichte der USA haben diese Vorgaben in die Praxis umgesetzt.[209] Weit weniger gesichert ist hingegen, ob diese Beweislastverteilung auch für die Immunität in Vollstreckungsverfahren nach den Sec. 1609-1611 gilt. Die spärlichen Stellungnahmen in Rechtsprechung und Literatur gehen davon aus, dass der Gläubiger der Struktur von Regel und Ausnahme folgend nachweisen muss, dass eine der Immunitätsausnahmen eingreift.[210] Beansprucht der fremde Staat aber einen besonderen Immunitätsschutz nach sec. 1611, etwa den für Zentralbankvermögen nach (b)(1), dann obliegt es ihm, die Voraussetzungen für diese Rückausnahme nachzuweisen.[211] Die Folgen der Beweislastverteilung, insbesondere für den Gläubiger, werden allerdings durch die discovery, die dem Gläubiger größere Möglichkeiten zur Sachverhaltsaufklärung einräumt, abgemildert.[212]

In Bezug auf die Beweislastverteilung nach dem britischen State Immunity Act entschied das House of Lords in der Sache *Alcom Ltd. v. Republic of Colombia*:

„the onus of proving that the balance standing to the credit of the diplomatic mission's current bank account falls within the exception created by the crucial words in section 13(4) lies upon the judgment creditor".[213]

Die Beweislast für eine Immunitätsausnahme trifft also den Gläubiger.[214] Der Gläubiger wird zusätzlich dadurch belastet, dass nach Sec. 13(5) eine entspre-

---

[208] *U.S. Congress*, Congressional Committee Report on the Jurisdiction of United States Courts in Suits against Foreign States, Report No. 94-1487, ILM 1976, S. 1398, 1407.

[209] U.S. Court of Appeals, 9th Circuit, *Meadows v. Dominican Republic*, 817 F.2d 517, 522 f. (1987) und Nachweise bei *Dellapenna*, Suing foreign governments and their corporations, S. 644 Fn. 37; ferner *Slawotsky*, 11 University of Pennsylvania Journal of Business Law (2009) 967, 991 f.

[210] U.S. District Court, District of N.J., *Behring International Inc. v. Imperial Iranian Air Force*, 475 F.Supp 383, 395 (1979); *Walter*, Evidence and Burden of Proof in Foreign Sovereign Immunity Litigation, S. 334; ein differenzierteres Beweislastkonzept findet sich bei *Dellapenna*, Suing foreign governments and their corporations, 754.

[211] U.S. District Court, District of N.J., *Behring International Inc. v. Imperial Iranian Air Force*, 475 F.Supp 396, 407 (1979); U.S. District Court, S.D.N.Y., *Banque Compafina v. Banco de Guatemala*, 583 F.Supp 320, 322 (1984); *Walter*, Evidence and Burden of Proof in Foreign Sovereign Immunity Litigation, S. 330 ff.

[212] *Dellapenna*, Suing foreign governments and their corporations, 754.

[213] House of Lords, *Alcom Ltd. v. Republic of Colombia*, [1984] 1 AC 580, 604.

[214] Auch Supreme Court (UK), *SerVaas Inc v. Rafidain Bank*, [2012] 3 WLR 545, 557; *Dickinson/Lindsay/Loonam*, State Immunity, S. 344 f.; anders *Walter*, RIW 1984, 9, 11, der es als Sache des beklagten Staates ansieht, eine *prima facie* eingreifende Immunitätsausnahme zu widerlegen.

chende Bescheinigung des Leiters der diplomatischen Mission als ausreichender Beweis der darin bezeichneten Verwendungszwecke der Vermögenswerte gilt. Die Vorschrift ändert an der Beweisbelastung des Gläubigers nichts, weil dieser eine abweichende Zwecksetzung nach dem ausdrücklichen Wortlaut zu beweisen hat.[215] Sec. 41 des australischen Foreign Sovereign Immunities Act lässt eine solche Erklärung[216] lediglich als Beweismittel zu, gesteht ihm aber keine weitergehende Beweiskraft zu. Zudem hilft Sec. 35(3)(b) dem Gläubiger mit einer Vermutung nichtimmuner Verwendung, wenn die Vermögensgegenstände keine erkennbare Nutzung aufweisen, was darauf hinweist, dass der Gläubiger die nicht kommerzielle Nutzung zu beweisen hat. Keine andere Beweislastverteilung sehen die Immunitätsgesetze vor, die dem britischen State Immunity Act nachgebildet sind.[217]

Schließlich lässt die UN-Immunitätskonvention nicht den sicheren Schluss zu, dass dem fremden Staat nicht die Beweislast für das Immunitätsprivileg aufgebürdet werden darf. Art. 24 Abs. 1 der Konvention befasst sich mit den „privileges and immunities during court proceedings" und untersagt, den fremden Staat für die Nichtbefolgung von Anordnungen des Gerichts, etwa zur Herausgabe von Informationen, zu sanktionieren. Die Vorschrift verwehrt es dagegen ausdrücklich nicht, das Verhalten des fremden Staates innerprozessual zu dessen Ungunsten zu berücksichtigen.[218] Eine solche Regelung greift vor allem dann ein, wenn dem fremden Staat auch die Aufklärungslast zugewiesen werden darf. Da die Regelung denkbar allgemein gehalten ist, müssen diese Grundsätze auch für die Sachverhaltsaufklärung in Bezug auf die Immunitätsvoraussetzungen gelten.

(2) Immunitätspraxis in Deutschland

Im Gegensatz zu den Immunitätsregelwerken werten deutsche Gerichte die unbeschränkte Gerichtsbarkeit des Forumstaates als Grundsatz, von der ein fremder Staat ausnahmsweise im Falle seiner Immunität ausgenommen sein kann. Das Bundesverfassungsgericht verzichtete bislang auf eine explizite Stellungnahme, aber ohne eine Beweisbelastung des fremden Staates bleibt die Feststellung: „Das allgemeine Völkerrecht verwehrt es andererseits nicht, vom Entsen-

---

[215] Sec. 13(5) Hs. 2 SIA UK lautet: „his [the head's of a State's diplomatic mission] certificate to the effect that any property is not in use or intended for use by or on behalf of the State for commercial purposes shall be accepted as sufficient evidence of that fact unless the contrary is proved", dazu *Schreuer*, State Immunity, S. 153.

[216] *Fox/Webb*, The Law of State Immunity, S. 498.

[217] Siehe oben S. 183; dazu *Walter*, Evidence and Burden of Proof in Foreign Sovereign Immunity Litigation, S. 419 ff.

[218] *Gazzini*, in: O'Keefe/Tams/Tzanakopoulos (Hrsg.), The United Nations Convention on Jurisdictional Immunities of States and Their Property, Art. 24 S. 367 f.

destaat zu verlangen, daß er glaubhaft macht, es handle sich"[219] nicht nachvollziehbar.[220] Auf die inländische Gerichtsbarkeit als Regel weist auch folgende sprachliche Fassung der Immunitätsregel hin:

„Wenngleich in der Staatenpraxis keine völlige Übereinstimmung [...] besteht, ist doch allgemein anerkannt, dass die Zwangsvollstreckung in im Vollstreckungsstaat belegenes oder dort befindliches Vermögen, das hoheitlichen Zwecken eines ausländischen Staates dient, ohne die Einwilligung des betreffenden Staates nicht zulässig ist."[221]

Unter Zugrundelegung der Normentheorie[222] deutet die negative Formulierungsweise darauf hin, dass der fremde Staat die Voraussetzung der für ihn günstigen Rechtsfolge darlegen und beweisen muss.

Die Zivilgerichte nehmen ganz offen eine Beweislastverteilung zu Lasten der fremden Staaten an. Nach den Worten des BGH trägt „die Schuldnerin [...] nach allgemeinen Regeln die Darlegungs- und Beweislast für die tatsächlichen Voraussetzungen der Vollstreckungsimmunität" und wertet Immunität damit als Ausnahmeprivileg.[223] Für Zentralbankvermögen gilt nichts Abweichendes. Auch hier muss die fremde Zentralbank die hoheitliche Zwecksetzung glaubhaft machen.[224] Unter Anwendung des Beibringungsgrundsatzes folgt daraus, dass die fremde Zentralbank die Tatsachen darlegen und im Bestreitenfall glaubhaft machen muss, aus denen sich das Eingreifen der Vollstreckungsimmunität ergibt. Genügt sie ihren Darlegungs- und Beweislasten nicht, geht dies zu ihren Lasten.

Das OLG Frankfurt beschäftigte sich mit Beweislastverteilung nach dem Völkerrecht und kam dabei zu dem Ergebnis: „Bezüglich der Frage, welche Partei für die hoheitliche Zweckbestimmung eines Gegenstandes die Beweislast trägt, besteht keine einhellige Ansicht".[225] Es verzichtete aber auf eine Entscheidung, weil „auch dann, wenn man die Beweislast beim Gläubiger sieht, [trifft] den ausländischen Staat die sekundäre Darlegungslast, den hoheitlichen Verwen-

---

[219] BVerfG, NJW 1978, 485, 494.
[220] So auch *Weller*, RIW 2010, 599, 600.
[221] BVerfG, NJW 2007, 2605, 2607; eine ähnliche negative Formulierung findet sich in BVerfG, NJW 1983, 2766, 2768.
[222] Dazu *Rosenberg/Schwab/Gottwald*, Zivilprozessrecht, S. 698; *Prütting*, Gegenwartsprobleme der Beweislast, S. 256 ff.
[223] BGH, NJW 2010, 769, 770, dort verweist der BGH auf *Geimer*, Internationales Zivilprozessrecht, 5. Aufl., Rdnrn. 558 ff., der explizit in der inländischen Gerichtsbarkeit die Regel sieht. Ferner BGH, NJW-RR 2003, 1218, 1220; OLG Köln, NJOZ 2004, 788, 792.
[224] BGH, NJW-RR 2013, 1532, 1534; OLG Frankfurt, Ent. v. 03.08.2000, Rs. 26 W 82/2000 (unveröffentlicht).
[225] OLG Frankfurt, Ent. v. 24.05.2007, Rs. 26 W 51/07 (unveröffentlicht), Rn. 17.

dungszweck des mit Vollstreckungsmaßnahmen zu belegenden Gegenstandes ausreichend konkret zu benennen". Schließlich „wäre die etwaige Darlegungs- und Beweislast des Gläubigers ohnehin darauf zu beschränken, die von der Schuldnerin vorgebrachten Verwendungszwecke zu widerlegen", weil dem Gläubiger der Verwendungszweck in der Regel unbekannt sein wird.[226]

(3) Praxis in anderen Staaten ohne Immunitätsgesetze

Andere Staaten ohne gesetzliche Immunitätsregelungen sehen ebenfalls die Beweislast bei dem Schuldnerstaat. Der österreichische Oberste Gerichtshof legte für den Nachweis hoheitlicher Zweckverwendung den Satz „in dubio pro jurisdictione" zugrunde. Einem Botschaftskonto hatte das Gericht zuvor eine Vermutung für eine Verwendung zu hoheitlichen Zwecken zugestanden, eine solche aber für Kulturleihgaben verneint.[227] Das schweizerische Recht verpflichtet dazu, die tatsächliche Grundlage für die inländische Gerichtsbarkeit von Amts wegen aufzuklären.[228] Die höchstrichterliche Rechtsprechung belastet den fremden Schuldnerstaat aber mit einer Beweislast, die sie mit sehr strengen Anforderungen verbindet. „Für Bargeld und andere Wertschriften" könne so lange keine Immunität beansprucht werden, als nicht bestimmte Summen oder Titel für konkrete hoheitliche Zwecke ausgeschieden worden seien, wobei eine bloß allgemein gehaltene Behauptung in dieser Richtung nicht genüge, sondern verlangt werde, dass die Beschwerdeführerin Elemente „permettant d'établir la véracité de l'affectation alléguée" vorbringe.[229] Somit obliegt dem fremden Staat, die Voraussetzungen für seine Immunität nicht bloß zu behaupten, sondern im Einzelnen durch Offenlegung von Kontodetails nachzuweisen.[230]

Die französische Rechtsprechung behandelt die Beweislastverteilung nicht ganz einheitlich. Im Gegensatz zu den anderen, soeben betrachteten Rechtsordnungen auf dem europäischen Kontinent sieht sie in der Immunität die Regel,

---

[226] OLG Frankfurt, Ent. v. 24.05.2007, Rs. 26 W 51/07 (unveröffentlicht).

[227] OGH Österreich, ÖJZ 2012, 1074, 1075.

[228] *Kren Kostkiewicz*, Staatenimmunität im Erkenntnis- und im Vollstreckungsverfahren nach schweizerischem Recht, S. 507.

[229] Schw. Bundesgericht, *Central Bank of Syria c. Koncar Elektroindustrija*, Ent. v. 25.06. 2008, Rs. 5A_92/2008 (unveröffentlicht), Rn. 3.1 und 3.2; ferner Schw. Bundesgericht, *Automated Air Traffic Control c. Commission de surveillaince des office des poursuites et des faillites du canon de Geneve*, BGE 134 III, 122, 129 und Schw. Bundesgericht, *Sozialistische Libysche Arabische Volks-Jamahiriya gg. Actimon SA*, 111 Ia BGE, 62, 66.

[230] *Schreuer*, State Immunity, S. 152 Fn. 138; *Gutzwiller*, ZSR 2002, 121, 132 ff.; *Kren Kostkiewicz*, Staatenimmunität im Erkenntnis- und im Vollstreckungsverfahren nach schweizerischem Recht, S. 557 ff.

von der das moderne Immunitätsregime Abweichungen erlaubt.[231] In der Rechtssache *Eurodif* stellte der Cour de cassation fest:

„l'immunité d'exécution dont joit l'État étranger est de principe; toutfois, elle peut être exceptionellement écarteé; il en est ainsi lorsque le bien saisi a été affecté à l'activité économique ou commerciale relevant du droit privé qui donne lieu à la demande en justice."[232]

Damit weist die Rechtsprechung den Gläubigern die Beweislast für die Durchbrechung der Immunität zu.[233] Für vom Staat unabhängige Einrichtungen gilt die Immunitätsvermutung dagegen nicht; sie müssen den Nachweis erbringen, dass ihr Vermögen hauptsächlich einer dem Zivilrecht unterliegenden Tätigkeit dient und sie daher in dem betreffenden Fall Immunität genießen.[234] Die Sonderregelung in Art. 153-1 Code monétaire et financier sieht davon aber wiederum eine Rückausnahme für Zentralbankvermögen vor. Nach dem ausdrücklichen Wortlaut muss der Gläubiger das Vollstreckungsgericht davon überzeugen, dass „les avoirs font partie d'un patrimoine que la banque centrale ou l'autorité monétaire étrangère affecte à une activité principale relevant du droit privé" und daher ausnahmsweise ein Vollstreckungszugriff auf das Zentralbankvermögen möglich ist. Diese Beweislastverteilung beschränkt sich aber auf das eigene Vermögen der Zentralbanken; für Vermögen Dritter auf Konten der Zentralbank bleibt es bei den allgemeinen Grundsätzen.[235] Nach der belgischen Rechtsprechung trifft den Gläubiger ebenfalls die Beweislast.[236] Für Zentralbankvermögen ergibt sich das ausdrücklich aus der Sonderregelung,[237] die der belgische Gesetzgeber nach französischem Vorbild geschaffen hat.

Reinisch kommt zu dem Urteil „more and more courts are willing to presume the public purpose of property", und verweist damit auf die Tendenz in der Staa-

---

[231] *Legros*, Gazette du Palais 52 (2009), 2, 3 f.; *Cuniberti/Normand/Cornette*, Droit International de l'exécution, S. 241.

[232] Cour de cassation (Frankreich), *Société Eurodif c. République islamique d'Iran*, Revue de l'Arbitrage 1985, 69.

[233] Zu der nicht ganz eindeutigen Rechtsprechung *Sawah*, Les immunités des états et des organisations internationales, S. 169 f.

[234] Cour de cassation (Frankreich), *Société Sonatrach c. Migeon* 26 ILM 998 (1987); *Cuniberti/Normand/Cornette*, Droit International de l'exécution, S. 244 f.; *Legros*, Gazette du Palais 52 (2009), 2, 5; *Sawah*, Les immunités des états et des organisations internationales, S. 141.

[235] *Legros*, Gazette du Palais 52 (2009), 2, 7 f., weist darauf hin, dass die Entscheidungen Tribunal de Grande Instance de Paris, *Banque centrale de la Fédération de Russie c. Compagnie Noga d'importation et d'export*, Gazette de Palais 20-21 Februar 2009, 54, und Tribunal de Grande Instance de Nanterre, *Banque centrale de la Fédération de Russie c. Société Compagnie, NOGA d'importation et d'exportation*, Gazette de Palais 20-21 Februar 2009, 54, diese Regelungen missachteten.

[236] Cour d'Appel de Bruxelles, *République de Zaire v. D'Hop et crts.*, JT 1997, 100; Cour d'Appel de Bruxelles, *Etat d'irak v. Vinci Constructions Grands Projets SA*, JT 2003, 318.

[237] § 2 des Art. 1412quater des belgischen Code Judiciaire.

tenpraxis, die Beweislast dem Gläubiger aufzubürden. Aber unabhängig von der Frage, ob die Staatenpraxis auch jeweils von einer *opinio iuris* getragen ist, zeigt die Rechtsprechung in Deutschland, Österreich und der Schweiz, dass die staatliche Übung nicht so eindeutig ausfällt, als dass sich die Tendenz zu einer völkergewohnheitsrechtlichen Regelung verfestigt hat. Die Rechtsprechung in diesen Staaten lässt aber *Geiger* unberücksichtigt, wenn er zu dem gegenteiligen Befund kommt und sich dabei maßgeblich auf die nationalen Immunitätsgesetze und internationalen Immunitätskodifikationen stützt.[238] Mangels völkerrechtlicher Vorgaben bleibt es bei der nationalen Regelungsautonomie. Die Verteilung der Beweislast für die Nachweise der völkerrechtlichen Voraussetzungen obliegt damit dem nationalen Prozessrecht.

bb) Beweislastverteilung aufgrund eines Regel-Ausnahme-Verhältnisses – eine Sackgasse

Die Literatur ist wie die Staatenpraxis in der Frage von Regel und Ausnahme und der Beweisverteilung gespalten. In der jeweiligen Position kommt zum Ausdruck, ob man eher aus der inländischen Perspektive die unbeschränkte Gerichtsbarkeit[239] oder aus völkerrechtlicher Perspektive das Prinzip der Staatenimmunität in den Vordergrund rückt. Die völkerrechtliche Literatur sieht unter dem Eindruck der UN-Immunitätskonvention und der nationalen Gesetze überwiegend die Beweislast auf Seiten des Gläubigers,[240] die prozessrechtliche Literatur betont dagegen eher die unbeschränkte Gerichtsgewalt eines Staates auf seinem Territorium.[241]

Der festgefahrene Streit zwischen den unversöhnlichen Auffassungen ist letztlich nur Beweis, dass nationale Gerichtsbarkeit und Immunität in einer Wechselbeziehung zueinander stehen, der kein eindeutiges Vorrangverhältnis entnommen werden kann. Diese Sichtweise legt auch der IGH zugrunde, wenn er in dem *Jurisdictional Immunities*-Urteil ausführt:

„Exceptions to the immunity of the State represent a departure from the principle of sovereign equality. Immunity may represent a departure from the principle of territorial sovereignty and the jurisdiction which flows from it."[242]

---

[238] *Geiger*, NJW 1987, 1124.
[239] *Geimer/Geimer/Geimer*, Internationales Zivilprozessrecht, Rn. 527; *Lange*, Internationale Rechts- und Forderungspfändung, S. 79 ff.; *Wefelscheid*, Vollstreckungsimmunität fremder Staaten, S. 190; *Weller*, RIW 2010, 599, 600, anders aber *Hess*, Staatenimmunität bei Distanzdelikten, S. 69.
[240] *Yang*, State Immunity in International Law, S. 40; *Higgins*, 29 Netherlands International Law Review (1982) 265, 271.
[241] *Dutta*, IPRax 2007, 109, 111.
[242] Internationaler Gerichtshof (IGH), *Jurisdictional Immunities of the State (Germany v. Italy: Greece intervening)*, I.C.J. Reports 99, 124 (2012).

Der tieferliegende Grund für die Unaufklärbarkeit von Regel und Ausnahme besteht darin, dass es hier um die Abgrenzung von Souveränitätssphären gleichgeordneter Staaten geht.[243] Das lässt sich mit einer Analogie zum Verlauf einer Grenze zwischen zwei Staatsgebieten deutlich machen, bei der sich aus objektiver Perspektive ebenfalls nicht sagen lässt, wo grundsätzlich das Staatsgebiet des einen und ausnahmsweise das Staatsgebiet des anderen Landes liegt.

cc) Nutzung der völkerrechtlichen Spielräume

(1) Beweislastverteilung auf dem Boden der deutschen Rechtsordnung

Lässt sich die Beweisverteilung nicht aus der völkerrechtlichen Beziehung von inländischer Gerichtsbarkeit und Immunität herleiten, dann ist auf die Grundsätze der deutschen Rechtsordnung zurückzugreifen. Im deutschen Zivilprozessrecht richtet sich die Beweislastverteilung nach der herrschenden modifizierten Normentheorie nach Beweislastnormen. Beweislastnormen ergänzen als eine Art Hilfsmittel diejenigen materiellen oder prozessualen Rechtsnormen, deren Voraussetzungen die streitigen Tatsachen begründen sollen.[244] Ausgehend von *Rosenberg* legt die ganz überwiegende Auffassung[245] die Grundregel einer ungeschriebenen negativen Beweislastnorm zugrunde. Sie lautet mit den Worten *Rosenbergs*:

„Jede Partei trägt die Beweislast für das Vorhandensein aller Voraussetzungen derjenigen Norm, ohne deren Anwendung ihr Prozessbegehren keinen Erfolg haben kann, kurz: für die Voraussetzungen der ihr günstigen Normen."[246]

Ohne hinreichenden Beweis der Tatsachenbasis unterbleibt die Anwendung der Norm.[247] Die Regel baut auf der Unterscheidung zwischen rechts- bzw. klagebegründenden Normen, deren tatsächlichen Voraussetzungen der Kläger, und „rechthindernden" Normen, dessen tatsächliche Voraussetzungen der Prozessgegner zu beweisen hat. Welche Qualität einer Norm zukommt, soll durch Auslegung zu klären sein.[248] Mit den Worten des BGH „ist ausschlaggebend, wer sich auf einen gesetzlichen oder von der Rechtsprechung entwickelten Regeltat-

---

[243] So auch *Hess*, Staatenimmunität bei Distanzdelikten, S. 49.
[244] Für die Rechtsprechung vgl. nur BGH, NJW 1983, 2032, 2033.
[245] *Greger*, in: Zöller (Hrsg.), Zivilprozessordnung, Vor § 284 Rn. 17a; *Musielak/Stadler*, Grundfragen des Beweisrechts, S. 109 f.
[246] *Rosenberg*, Die Beweislast, S. 100 f.
[247] *Rosenberg/Schwab/Gottwald*, Zivilprozessrecht, S. 697 f.
[248] *Musielak/Stadler*, Grundfragen des Beweisrechts, S. 113 f.; *Laumen*, in: Baumgärtel/Laumen/Prütting (Hrsg.), Handbuch der Beweislast, Kapitel 27 Die Ermittlung der Beweislastverteilung durch Auslegung Rn. 1 ff.

2. Praktische Reichweite der Vollstreckungsimmunität von Zentralbanken 327

bestand beruft und wer auf die Ausnahme hiervon".[249] Diese Grundregel kann durch gesetzliche oder gewohnheitsrechtliche Rechtssätze modifiziert sein.[250]

Nach einhelliger Auffassung obliegt der Beweis der Tatsachengrundlage für die Prozessvoraussetzungen derjenigen Partei, „die aus der behaupteten Prozessvoraussetzung Rechte für sich herleitet",[251] in der Regel daher dem Betreiber des Verfahrens.[252] Darüber hinaus weist etwa *Becker-Eberhard* die Beweislast für die negativen Prozessvoraussetzungen und Prozesshindernisse dem Beklagten zu.[253] Es fällt auf, dass Rechtsprechung und Literatur diese Beweislastverteilung mehr behaupten als anhand einer Auslegung der entsprechenden gesetzlichen Grundlagen begründen.[254]

Richtigerweise muss eine Klärung der Beweislast an den normativen Grundlagen der betreffenden Prozessvoraussetzung ansetzen und versuchen, der Norm durch Ausschöpfung aller Auslegungsmöglichkeiten eine Aussage zu entnehmen.[255] Der Kategorien der negativen oder positiven Prozessvoraussetzung bedarf es dabei aber nicht. Die Kategorien setzen an der Beweislastverteilung an, die gerade ermittelt werden soll.

Die Vollstreckungsimmunität findet ihre Grundlage nach Art. 25 GG unmittelbar in völkergewohnheitsrechtlichen Rechtssätzen. Nun ist aber, wie gesehen, auf völkerrechtlicher wie auf nationaler Ebene umstritten, ob das Bestehen der inländischen Gerichtsbarkeit ein Recht des Vollstreckungsgläubigers oder die Staatenimmunität ein Recht des Vollstreckungsschuldners darstellt oder, anders gewendet, ob der Ausschluss der inländischen Gerichtsbarkeit Regel oder Ausnahme bildet. Die Grundregel der Normentheorie ist hier auf den ersten Blick

---

[249] BGH, NJW 1983, 2499, 2500.
[250] *Musielak/Stadler*, Grundfragen des Beweisrechts, S. 131; *Laumen*, in: Baumgärtel/Laumen/Prütting (Hrsg.), Handbuch der Beweislast, Kapitel 27 Die Ermittlung der Beweislastverteilung durch Auslegung Rn. 9, 11 ff.
[251] BGH, NJW-RR 2006, 138, 139.
[252] *Rosenberg/Schwab/Gottwald*, Zivilprozessrecht, S. 560 f.; *Becker-Eberhard*, in: Münchener Kommentar zur ZPO, Vorbemerkung zu § 253 Rn. 15; *Althammer*, in: Zöller (Hrsg.), Zivilprozessordnung, § 56 Rn. 9.
[253] *Becker-Eberhard*, in: Münchener Kommentar zur ZPO, Vorbemerkung zu § 253 Rn. 15.
[254] Für die Prozessfähigkeit rekurriert der BGH auf die Erkenntnis der Lebenserfahrung, dass Prozessunfähigkeit in der Rechtswirklichkeit ein seltenes Phänomen ist, BGH, NJW 1955, 1714, keine normbezogene Begründung auch bei BGH, NJW 2000, 289, 290; BGH, NJW 2013, 1535, 1538; *Becker-Eberhard*, in: Münchener Kommentar zur ZPO, Vorbemerkung zu § 253 Rn. 15; *Foerste*, in: Musielak/Voit (Hrsg.), Zivilprozessordnung, § 286 Rn. 37 ff. Um eine dogmatisch klare Begründung auf Grundlage der (modifizierten) Normentheorie bemüht sich *Musielak*, NJW 1997, 1736.
[255] *Arnold*, 209 AcP (2009) 286, 301 ff.

unergiebig. Die allgemeinen Grundsätze über die Beweislastverteilung geben eine Entscheidung, anders als der BGH meint,[256] nicht ohne Weiteres vor.

Die einzigen prozessrechtlichen Regelungen über die Befreiung von der inländischen Gerichtsbarkeit finden sich in den §§ 18 ff. GVG. Zwar sind diese Bestimmungen für eine sachlich begründete Vollstreckungsimmunität wegen ihrer ausschließlichen Fokussierung auf natürliche Personen nicht anwendbar,[257] sie sind aber die einzigen prozessualen Immunitätsregelungen des einfachen Rechts und können daher für die grundsätzliche Beweislastbestimmung für die immunitätsbasierende Befreiung von der nationalen Gerichtsbarkeit fruchtbar gemacht werden. Das trifft insbesondere auf § 20 GVG zu, der nicht wie die beiden vorangehenden Vorschriften auf die Sonderregelungen der diplomatischen Immunität rekurriert.

(2) Auslegung des § 20 GVG

Eine ausdrückliche Beweislastverteilung enthält diese Vorschrift nicht. Aber der Wortlaut eines Rechtssatzes bietet in der Regel bereits Anhaltspunkte für eine bestimmte Beweislastverteilung. Rückschlüsse ergeben sich in erster Linie aus der sprachlichen Fassung der Norm, wenn man darin eine planvolle Entscheidung des Gesetzgebers erblickt. Im Rahmen der Normentheorie schließt die sog. Satzbaulehre aus negativ gefassten Konditionalsätzen, die Formulierungen wie „das gilt nicht" oder „diese Vorschrift findet keine Anwendung" verwenden, auf eine rechtshindernde Voraussetzung und eine Beweisbelastung des Beklagten, während positive Formulierungen für eine gegensätzliche Beweislastverteilung sprechen.[258]

Aus der Perspektive der inländischen Gerichtsbarkeit formulieren die §§ 18 ff. GVG durchweg negativ. Das Gesetz spricht in §§ 18 und 19 GVG davon, dass die „Mitglieder [...] von der deutschen Gerichtsbarkeit befreit" sind. Noch deutlicher leiten die beiden Absätze von § 20 GVG ein mit „Die deutsche Gerichtsbarkeit erstreckt sich auch nicht auf", bzw. „Im übrigen erstreckt sich die deutsche Gerichtsbarkeit auch nicht auf". Dass der Gesetzgeber sich in allen Fällen für die sprachliche Festlegung von Ausnahmen von der deutschen Gerichtsbarkeit entschieden hat, deutet auf eine planvolle gesetzgeberische Gestaltung hin. Nach dem Wortlaut liegt die Beweislast für die Befreiung von der nationalen Gerichtsbarkeit daher bei dem potentiellen Immunitätsträger.

---

[256] BGH, NJW 2010, 769, 770.
[257] Siehe oben S. 99.
[258] *Rosenberg*, Die Beweislast, S. 126 f.; *Ahrens*, Der Beweis im Zivilprozess, S. 201; *Laumen*, in: Baumgärtel/Laumen/Prütting (Hrsg.), Handbuch der Beweislast, Kapitel 27 Die Ermittlung der Beweislastverteilung durch Auslegung Rn. 3.

Der Befund wird durch die systematische Auslegung gestützt. Die Anforderungen an eine andere sachliche Prozessvoraussetzung, die ordnungsgemäße Klageerhebung nach § 253 Abs. 2 ZPO, sind etwa positiv formuliert („Die Klageschrift muss enthalten").[259] Ähnlich fällt etwa die sprachliche Fassung der Prozessfähigkeit nach § 51 ZPO aus, für die der Kläger die objektive Beweislast trägt.[260] Zudem fehlen anderweitige gesetzliche Regelungen, wann die inländische Gerichtsbarkeit besteht. Die Befreiung von der inländischen Gerichtsbarkeit erscheint so als ausnahmsweise Durchbrechung eines im Übrigen bestehenden Grundsatzes.

Historisch sind die §§ 18, 19 GVG eine Anpassung an das Übereinkommen über die diplomatischen Beziehungen[261] und das Übereinkommen über konsularische Beziehungen,[262] denen Deutschland zuvor beigetreten war. Dagegen wurde § 20 Abs. 1 GVG zu dem Zweck eingefügt, Staatsbesuche sonstiger Repräsentanten fremder Staaten ungestört durchführen zu können.[263] Der Gesetzeszweck der Regelungen bestand demnach darin, die Beachtung der völkerrechtlichen Regelungen zum Schutz von Repräsentanten ausländischer staatlicher Gewalt vor Beeinträchtigung durch die nationale Gerichtsgewalt sicherzustellen und dem Interesse des fremden Staates an unbehelligter Entfaltung seiner diplomatischen, konsularischen oder außenpolitischen Aktivitäten im Gerichtsstaat Rechnung zu tragen.[264] Der auf den Schutz vor Ausübung der inländischen Gerichtsgewalt gerichtete Zweck der Vorschriften spricht eher dafür, dem Verfahrensbetreiber die Beweislast aufzubürden.

Insgesamt bieten die Auslegungskriterien ein unsicheres Bild. Tendenziell sprechen sie für eine Beweislast des fremden Staates für seine Immunität, insbesondere weil die Vorschriften lediglich eine punktuelle Durchbrechung der ansonsten in allen Bereichen bestehenden deutschen Gerichtsbarkeit vorsehen.

---

[259] Gleichwohl dürften tatsächliche Zweifel in der Praxis allein das zwingende Erfordernis der wirksamen Unterschrift betreffen, dazu *Greger*, in: Zöller (Hrsg.), Zivilprozessordnung, § 253 Rn. 20d, 22.

[260] *Musielak*, NJW 1997, 1736; *Althammer*, in: Zöller (Hrsg.), Zivilprozessordnung, § 56 Rn. 9.

[261] Vgl. das Gesetz zu dem Wiener Übereinkommen vom 06. August 1964 über diplomatische Beziehungen v. 06.08.1964, BGBl. II, S. 957 ff.

[262] Vgl. das Gesetz zu dem Wiener Übereinkommen vom 24. April 1963 über konsularische Beziehungen v. 26.08.1969, BGBl. II, S. 1585 ff.

[263] Zum Hintergrund der Vorschriften *Zimmermann*, in: Münchener Kommentar zur ZPO, Vor §§ 18 ff. GVG Rn. 1.

[264] Für die Erfüllung diplomatischer Aufgaben BVerfG, NJW 1978, 485, 493: „Zweck der Unverletzlichkeit wie der Immunität in diesem Bereich ist es, das ungehinderte Funktionieren der diplomatischen Vertretung des Entsendestaates im Empfangsstaat zur Erfüllung ihrer diplomatischen Aufgaben zu gewährleisten."

(3) Beweislastverteilung aufgrund von Wertungen

Lassen sich aus den völkerrechtlichen Normen und gesetzlichen Vorschriften zur Immunität keine Beweislastnormen herauslesen, besteht eine Regelungslücke, die mangels anderer verfügbarer Normen auch nicht durch eine Analogie geschlossen werden kann. In diesem Fall bleibt nur, die Beweislastverteilung auf Sachgründe zu stützen.[265] Sachliche Gründe stehen hinter jeder Beweislastregel. Es gibt zudem zahlreiche Versuche, die Beweislast nicht anhand von Beweislastnormen, sondern ausschließlich anhand bestimmter sachlicher Prinzipien, wie der Wahrscheinlichkeit, der Zuweisung von Gefahrenbereichen zu den Verfahrensbeteiligten oder des Grundsatzes der Waffengleichheit, auszugestalten, ohne dass diese Auffassungen sich bislang durchsetzen konnten.[266] Für die Beantwortung zweifelhafter Beweislastfragen sind die sachlichen Wertungen hingegen maßgeblich.[267]

(a) Einwirkungen des Verfassungsrechts auf die Beweisanforderungen

Eine Verteilung der Beweislast muss sich einerseits an den Wertungen der materiellen Rechtsnormen, die sie prozessual zur Durchsetzung verhelfen soll, und andererseits am Gebot des Schutzes der Verbürgungen des Grundgesetzes und der EMRK orientieren.[268]

Im Ausgangspunkt kann nach Auffassung des Bundesverfassungsgerichts das Grundgesetz keine konkrete Beweislastverteilung vorgeben. In einer denkbar knappen Entscheidung zur Beweislast im Arzthaftungsprozess hat sich das Bundesverfassungsgericht, anders als die andere Hälfte des Senats in einem Sondervotum, geweigert, dem aus Art. 3 Abs. 1 GG folgenden Gebot der prozessualen Waffengleichheit,[269] dem Gebot des fairen Verfahrens aus Art. 2 Abs. 1 in Verbindung mit dem Rechtsstaatsprinzip (Art. 20 Abs. 2, 3 GG) und dem Willkürverbot materielle Vorgaben für eine bestimmte Beweislastverteilung im Zivilprozess zu entnehmen.[270] Die verfassungsrechtlichen Vorgaben verlangten in

---

[265] So auch *Prütting*, in: Münchener Kommentar zur ZPO, § 286 Rn. 117.

[266] *Laumen*, in: Baumgärtel/Laumen/Prütting (Hrsg.), Handbuch der Beweislast, Kapitel 27 Die Ermittlung der Beweislastverteilung durch Auslegung Rn. 11 ff. *Rosenberg/Schwab/Gottwald*, Zivilprozessrecht, S. 699 f.

[267] *Prütting*, in: Münchener Kommentar zur ZPO, § 286 Rn. 117.

[268] *Ahrens*, Der Beweis im Zivilprozess, S. 206.

[269] Es ist umstritten, aus welchen Vorschriften der Grundsatz der prozessualen Waffengleichheit abzuleiten ist. Das Bundesverfassungsgericht stützt den Prozessgrundsatz auf den allgemeinen Gleichheitssatz gem. Art. 3 Abs. 1 GG, BVerfG, NJW 1999, 3186; BVerfG, NJW 2008, 2170, 2171, dazu *Vollkommer*, in: Gottwald/Prütting (Hrsg.), Festschrift für Karl Heinz Schwab zum 70. Geburtstag, S. 503, 506.

[270] BVerfG, NJW 1979, 1925.

dem durch die weitreichende Verantwortung der Prozessparteien geprägten Zivilverfahrensrecht lediglich die formale „Gleichwertigkeit der prozessualen Stellung der Parteien vor dem Richter". Für „das zivilprozeßrechtliche Erkenntnisverfahren mit seiner von der jeweiligen Beweislage und den geltenden Beweisregeln abhängigen Verteilung des Risikos am Verfahrensausgang" ließen „sich keine verfassungsrechtlichen Folgerungen herleiten".[271] Nach Ansicht der Hälfte der von dem Mehrheitsvotum abweichenden Richter verlangt das Verfassungsrecht unmittelbar Einfluss auf die Beweislastentscheidung. Der Richter sei nach Art. 3 Abs. 1 i. V. m. dem Rechtsstaatsprinzip verpflichtet, für eine „grundsätzliche faire, zumutbare Handhabung des Beweisrechts" i. S. einer gerechten Interessenabwägung Sorge zu tragen.[272]

Auch wenn man dem gleichheitsgerichteten Prinzip der prozessualen Waffengleichheit keine Verpflichtung zu einer fairen Interessenabwägung bei Ausgestaltung der Prozessordnung zuschreibt und daraus eine konkrete Beweislastverteilung herleitet,[273] so geht das Mehrheitsvotum zumindest davon aus, dass der Grundsatz der prozessualen Waffengleichheit eine äußere Grenze für die Ausgestaltung des Beweisrechts markiert.[274] In einer jüngeren Entscheidung konkretisierte das Bundesverfassungsgericht diese Grenze im Hinblick auf die Verteilung der Beweislast folgendermaßen:

„Aus dem Rechtsstaatsprinzip folgt die Verpflichtung zu einer fairen Handhabung des Beweisrechts, insbesondere der Beweislastregeln Darlegungs- und Beweislasten dürfen nicht in einer Weise zugeordnet werden, die es den belasteten Verfahrensbeteiligten faktisch unmöglich macht, sie zu erfüllen."[275]

Die Literatur entnimmt eine solche äußere Grenze für die Beweislastverteilung ebenfalls unmittelbar dem Grundsatz des fairen Verfahrens bzw. seiner Ausprägung der prozessualen Waffengleichheit. In seiner freiheitsrechtlichen Komponente sollen danach übertriebene und unerfüllbare Anforderungen an die Beweislast verfassungsrechtlich untersagt sein.[276]

Tatsächlich liegt es nahe, dass Parteien im Sinne des Grundsatzes prozessualer Waffengleichheit keine „gleichwertigen Durchsetzungschancen"[277] im Prozess

---

[271] BVerfG, NJW 1979, 1925, 1927 f.
[272] BVerfG, NJW 1979, 1925.
[273] *Wagner*, Prozeßverträge, 153 m.w.N. aus der Literatur.
[274] BVerfG, NJW 1979, 1925, 1927.
[275] BVerfG, NJW 2013, 3630, 3632; zu den Auswirkungen des Gebots effektiven Rechtsschutzes auf das Beweisrecht im Zivilprozess ferner BVerfG, NJW 2001, 2531.
[276] *Schlemmer-Schulte*, Beweislast und Grundgesetz, S. 90 m.w.N.
[277] *Vollkommer*, in: Gottwald/Prütting (Hrsg.), Festschrift für Karl Heinz Schwab zum 70. Geburtstag, S. 503, 520.

zukommen, wenn eine Partei aufgrund der Beweisanforderungen so gut wie nie in der Lage sein wird, ihrer Darlegungs- und Beweislast zu genügen.

Eine ganz ähnliche Wertung wird auf den Anspruch der Partei auf Gewährleistung effektiven zivilprozessualen Rechtsschutzes gestützt, der aus dem Rechtsstaatsprinzip in Verbindung mit den Grundrechten, insbesondere mit Art. 2 Abs. 1 GG folgt.[278] Der Justizgewährungsanspruch verpflichtet den Staat unter anderem zu einer Gestaltung des Zivilprozesses, die eine gesetzeskonforme und dadurch sachlich zutreffende Entscheidung des Gerichts sicherstellt.[279] Das Bundesverfassungsgericht erblickte eine „Verletzung des Anspruchs auf einen effektiven Rechtsschutz, der sich unmittelbar aus der Eigentumsgarantie ergibt", darin, dass der Richter einem Prozessbeteiligten „so hohe verfahrensrechtliche Hürden in den Weg legt, daß dieser sie nicht in zumutbarer Weise überwinden kann".[280] Die Anforderungen an die Beweisführung und das Beweismaß dürften nicht so hochgeschraubt werden, dass es zu einer „faktisch[en] Änderung des materiellen Rechts mit Hilfe verfahrensrechtlicher Vorschriften"[281] komme.[282] Insofern überschneiden sich beide Gewährleistungen, der Grundsatz der prozessualen Waffengleichheit und das Gebot effektiven Rechtsschutzes, was auch nicht weiter verwundert, entspringen sie beide doch zum Teil dem Rechtsstaatsprinzip und zielen auf die „Erlangung und Erhaltung der materiellen Gerechtigkeit" im Zivilprozess.[283]

Im Ergebnis bedeuten die verfassungsrechtlichen Vorgaben, dass die Ausgestaltung der Beweisanforderungen nicht dazu führen dürfen, dass die Durchsetzung materiell-rechtlicher Gewährleistungen auf dem Rechtsschutzwege unmöglich werden. Die skizzierten verfassungsrechtlichen Grenzen müssen auch in der hier betrachteten Konstellation beachtlich sein. Es geht hier nicht um die Korrektur einer einfachgesetzlichen vorgegebenen Beweislastverteilung, sondern um die Ausfüllung von Spielräumen, weil rechtliche Vorgaben für eine Beweislastverteilung fehlen. In ihrer Funktion als objektive Werteordnung der Verfassung[284] binden die verfassungsrechtlichen Vorgaben unmittelbar die Gerichte.

---

[278] Statt aller BVerfG, NJW 1988, 3141.
[279] *Rauscher*, in: Münchener Kommentar zur ZPO, Einleitung Rn. 19.
[280] BVerfG, NJW 1974, 1499, 1501 f.
[281] BVerfG, NJW 1974, 1499, 1501.
[282] *Stürner*, NJW 1979, 2334, 2337; *Schlemmer-Schulte*, Beweislast und Grundgesetz, S. 90; *Laumen*, in: Baumgärtel/Laumen/Prütting (Hrsg.), Handbuch der Beweislast, Kapitel 27 Die Ermittlung der Beweislastverteilung durch Auslegung Rn. 19; *Huster*, NJW 1995, 112, 113, der diese Grenzen aber vorrangig den materiellen Grundrechten entnehmen will.
[283] BVerfG, NJW 2001, 1482, 1483.
[284] Zum objektiven Grundrechtsgehalt *Herdegen*, in: Maunz/Dürig (Hrsg.), Grundgesetz, 87. EL März 2019, Art. 1 Abs. 3 GG Rn. 17 ff.

Sie sind daher bei der Entscheidung über die Beweislastverteilung vorrangig zu beachten. Mithin darf das Verfahren zum Nachweis der Tatsachengrundlage für die Vollstreckungsimmunität keine derart hohen prozessualen Hürden aufstellen, dass die Erfüllung der Gläubigerrechte durch Vollstreckung in Vermögenswerte, die nicht der Vollstreckungsimmunität unterliegen, im Ergebnis leerläuft.[285]

(b) Umsetzung der verfassungsrechtlichen Vorgaben

Gegen eine Beweislastverteilung zu Lasten des fremden Staates spricht zwar das Angreiferprinzip,[286] nach dem derjenige, der eine Veränderung des Status quo ersucht, auch die tatsächlichen Voraussetzungen nachweisen muss, und das hier zu einer Beweisbelastung führen muss. Verlangt man aber von dem Gläubiger, die Nichthoheitlichkeit der Verwendungszwecke von Zentralbankvermögen nachzuweisen, wird sein Rechtsschutzanspruch faktisch ausgeschlossen. Die Möglichkeiten zur Zwangsvollstreckung gegen fremdes Staatsvermögen hängen ganz wesentlich von der Reichweite der Immunität ab. Greift Immunität ein, so bleibt zivilprozessualer Rechtsschutz in jeder Hinsicht verwehrt. Die Verwirklichung der Gläubigerrechte hängt somit davon ab, dass auf Vermögen zugegriffen wird, das keine Vollstreckungsimmunität genießt. Der praktisch relevanteste Bereich sind Vermögenswerte mit nichthoheitlichen Verwendungszwecken. Handelt es sich um Konten oder Depots, wird der Gläubiger zu den Einsatzzwecken der Vermögensmittel in der Regel überhaupt nichts vortragen und erst recht nichts beweisen können.

Ihm steht zwar ein Auskunftsanspruch nach § 836 Abs. 3 S. 1 Fall 1 ZPO zu, mit dem der Gläubiger in die Lage versetzt werden soll, „die Aussichten einer Drittschuldnerklage zu überprüfen und notfalls eine solche exakt beziffern [zu] können".[287] Dadurch wird der Gläubiger lediglich die Existenz eines Kontoguthabens und dessen Höhe, nicht aber weitergehende Details über Einrichtungszweck, Kontobewegungen und Verwendungszwecke und Guthaben in Erfahrung bringen können. Für die Immunität relevante Tatsachen kann der Auskunftsanspruch schon allein deswegen nicht hervorbringen, weil er auf die Rechtsverfolgung gegen den Drittschuldner (etwa die Bank, bei der Währungsreserven gehalten werden), nicht aber den immunitätsberechtigten Schuldner gerichtet ist, der alleine die Verwendungszwecke benennen kann.[288] Auch der Anspruch auf Ver-

---

[285] Auf den Zusammenhang zwischen Beweislast und Justizgewährleistungsanspruch weist auch *Lange*, Internationale Rechts- und Forderungspfändung, S. 80, hin.
[286] *Prütting*, in: Münchener Kommentar zur ZPO, § 286 Rn. 117.
[287] BGH, NJW 2012, 1081.
[288] Der Auskunftsanspruch aus § 840 ZPO ist aus gleichem Grunde unergiebig.

mögensauskunft nach § 802c ZPO hilft dem Gläubiger, unabhängig von der Frage, ob ein fremder Staat überhaupt zur Auskunft verpflichtet ist, nicht weiter. Im Hinblick auf Forderungen erstreckt sich der Auskunftsanspruch neben der Existenz und Höhe auch auf den Grund der Forderung und die Beweismittel. Die Zweckwidmung des Vermögens dürfte dagegen kein tauglicher Auskunftsgegenstand sein, weil sie nicht zwingend für einen Zugriff auf den Vermögensgegenstand erforderlich ist.[289]

In aller Regel wird der Gläubiger im Dunkeln tappen und vor unüberwindbaren Beweisproblemen stehen. Vollstreckungsversuche sind dadurch zum Scheitern verurteilt, wenn die fremde Zentralbank das Eingreifen der Vollstreckungsimmunität behauptet. Auf diese Beweisschwierigkeiten ist in der Literatur immer wieder hingewiesen worden.[290] Der damit verbundene Eingriff in den grundgesetzlichen Justizgewährleistungsanspruch des Gläubigers lässt sich durch die von Völkerrechtswegen zu beachtenden Immunitätsregelungen nicht rechtfertigen, weil im Bereich der Beweislast keine Vorgaben existieren.

In Literatur und Rechtsprechung ist ferner anerkannt, dass strukturell bestehende Beweisnot bei der Ausgestaltung der Beweisanforderungen zu berücksichtigen ist.[291] Die in richterlicher Rechtsfortbildung entwickelten Beweiserleichterungen im Rahmen der Produzentenhaftung nach § 823 Abs. 1 BGB hatte der Bundesgerichtshof darauf gestützt, dass es dem Geschädigten praktisch unmöglich sei, den im Betrieb des Herstellers verborgenen Sachverhalt aufzuklären, und damit die strukturelle Informationsasymmetrie der Parteien zum Anlass für eine Beweislastumkehr genommen. Die Beweislastumkehr beruhe „überwiegend auf dem Gedanken, daß der Schädiger eher als der Geschädigte in der Lage ist, die für den Vorwurf der Fahrlässigkeit maßgebenden Vorgänge aufzuklären, daß es daher gerecht sei, ihn das Risiko einer Unaufklärbarkeit tragen zu lassen".[292] Die

---

[289] BGH, NJW 2004, 2452, 2453. Man wird in jedem Fall verlangen müssen, dass der fremde Staat Vermögenswerte auch dann angibt, wenn er davon ausgeht, dass diese Vermögenswerte immun sind und damit einer Pfändung nicht unterliegen. Andernfalls wird eine gerichtliche Überprüfung der Immunität von vornherein verhindert.

[290] *Lange*, Internationale Rechts- und Forderungspfändung, S. 82 f.; *Zimmermann*, in: Münchener Kommentar zur ZPO, § 20 GVG Rn. 15; *von Schönfeld*, NJW 1986, 2980, 2982.

[291] *Prütting*, in: Münchener Kommentar zur ZPO, § 286 Rn. 129 ff.; zu den Beweiserleichterungen im Arzthaftungsrecht in Reaktion auf das dort herrschende strukturelle Beweisgefälle BVerfG, NJW 1979, 1925. Mittlerweile wurden die richterrechtlichen Beweisgrundsätze für den Bereich des Behandlungsvertrags in § 630h BGB kodifiziert, *Wagner*, in: Säcker/Oetker/Rixecker u. a. (Hrsg.), Münchener Kommentar, BGB, § 630h Rn. 1 ff.

[292] BGH, NJW 1969, 269, 275, seitdem ständige Rechtsprechung, vgl. etwa BGH, NJW 1981, 1603, 1605.

2. Praktische Reichweite der Vollstreckungsimmunität von Zentralbanken

Beweisnähe gilt als ein gerechtes, wenn auch konturenloses[293] Kriterium für die Verteilung der Beweislast.

Zudem spricht die Beweisnähe des fremden Staates dafür, diesem die Beweislast für die Tatsachen, die für die Immunitätsbeurteilung relevant sind, aufzubürden. Er kann ohne Schwierigkeiten Verwendungszwecke der Vollstreckungsobjekte offen legen, die dem Vollstreckungsgläubiger verborgen bleiben. Eine (objektive) Beweislast zu Lasten des fremden Staates vernachlässigt auch nicht den Schutzzweck der Immunität. Denn der fremde Staat hat es selbst in der Hand, die Befreiung von der Gerichtsbarkeit auszulösen, indem er entsprechende Nachweise über eine Verwendung des Vermögens für hoheitliche Zwecke liefert. Etwaigen gegenteiligen Bedenken kann durch die Bemessung des Beweismaßes Rechnung getragen werden.

Ein Rückgriff auf das Instrumentarium der Beweiserleichterungen, etwa dem Institut der sekundären Beweislast,[294] ist nicht notwendig, wenn die Beweislast des fremden Staates nicht vorgegeben ist. Die Literatur sucht einen anderen Weg, um den Beweisschwierigkeiten Rechnung zu tragen. *Kröll* sieht zwar den Gläubiger hinsichtlich der Verwendungszwecke der Vollstreckungsobjekte beweisbelastet, will aber die Beweisschwierigkeiten durch widerlegbare Vermutungen einer kommerziellen Nutzung für bestimmte Vermögensgüter aufgrund objektiver Kriterien Rechnung tragen.[295] Nach einem ähnlichen Vorschlag *Alberts* sollen die Beweisanforderungen danach abgestuft sein, inwieweit bereits äußerliche Merkmale auf eine nichthoheitliche Verwendung schließen lassen.[296] Die Vorschläge gelangen in dem Fall von Bankkonten und Wertpapierdepots zu denselben Ergebnissen. Sie kranken aber daran, dass sie lediglich die Schwierigkeiten, welche Zwecke als hoheitlich einzuordnen sind, in den Bereich des Beweises fortschreiben.

d) Beweiserleichterungen zugunsten des fremden Staates

aa) Immunitätsfreundliche Auffassung der deutschen Rechtsprechung

Belastet die deutsche Rechtsprechung den fremden Staat mit dem Nachweis für die immunitätsbegründenden Tatsachen, so kommt sie ihm in den anderen Elementen des Beweisverfahrens sehr weit entgegen. Sie nimmt dem Gläubiger mit der einen Hand, was sie ihm mit der anderen Hand gegeben hat. Die deutsche

---

[293] *Ahrens*, Der Beweis im Zivilprozess, S. 208.
[294] So etwa OLG Frankfurt, Ent. v. 24.05.2007, Rs. 26 W 51/07 (unveröffentlicht).
[295] *Kröll*, IPRax 2002, 439, 445.
[296] *Albert*, Völkerrechtliche Immunität ausländischer Staaten gegen Gerichtszwang, S. 285 ff.

Rechtsprechung hat sich an die strengen Vorgaben gebunden, die das Bundesverfassungsgericht in seinem Urteil zur Immunität des philippinischen Botschaftskontos[297] für den Bereich der diplomatischen Immunität entwickelt hat. Dort lehnte das Bundesverfassungsgericht die Anwendung des normalen Beweismaßes des § 286 ZPO ab. Denn eine „andere Auffassung müßte dazu führen, daß die Vollstreckungsorgane des Empfangsstaats sich gegebenenfalls über das Bestehen eines Guthabens auf einem solchen Konto und über die Zwecke, zu denen der Entsendestaat dieses Guthaben oder Teilbeträge davon bestimmt hat, vergewissern müßten". Das sei mit dem völkerrechtlichen Gesandtschaftsrecht unvereinbar:

„Dem Entsendestaat ohne seine Zustimmung von seiten der Vollstreckungsorgane des Empfangsstaats anzusinnen, das Bestehen oder die früheren, gegenwärtigen oder künftigen Verwendungszwecke von Guthaben auf einem solchen Konto näher darzulegen, würde überdies eine völkerrechtswidrige Einmischung in die ausschließlichen Angelegenheiten des Entsendestaats darstellen."

Die streng interpretierten völkerrechtlichen Schranken übersetzte das Bundesverfassungsgericht in eine Beweismaßreduzierung. Es führte aus:

„Das allgemeine Völkerrecht verwehrt es andererseits nicht, vom Entsendestaat zu verlangen, daß er glaubhaft macht, es handle sich bei einem Konto um ein Konto, das zur Aufrechterhaltung der Funktionen seiner diplomatischen Vertretung dient. Für Inhalt und Form dieser Glaubhaftmachung wird es der Gerichtsstaat von Völkerrechts wegen allerdings genügen lassen müssen, wenn eine gehörige Versicherung durch ein zuständiges Organ des Entsendestaats erfolgt."

Obwohl die Ausführungen des Bundesverfassungsgerichts allein die Vollstreckungsimmunität von Botschaftskonten betreffen, erstreckte der Bundesgerichtshof die „verringerten Anforderungen an die Darlegungs- und Beweislast auch auf sonst hoheitlich genutzte Gegenstände und Vermögenswerte". Er wiederholte dabei die Worte des Bundesverfassungsgerichts „Einen über die Glaubhaftmachung hinausgehenden Nachweis zu fordern, würde eine unzulässige Einmischung in die inneren Angelegenheiten des fremden Staates bedeuten"[298], und äußerte damit die Auffassung, dass die Gründe für eine zurückgenommene Tatsachenaufklärung außerhalb von diplomatisch genutztem Vermögen genauso Geltung beanspruchen. Auch als der Bundesgerichtshof über die Zulässigkeit von Vollstreckungen in Währungsreserven der mongolischen Zentralbank zu entscheiden hatte, ließ er eine Glaubhaftmachung der Nutzungsweise der Konten

---

[297] Die nachfolgenden Zitate finden sich bei BVerfG, NJW 1978, 485, 493 f.
[298] BGH, NJW 2010, 769, 770; ohne weitere Erörterung BGH, NJW-RR 2013, 1532, 1534; ferner LG Frankfurt a. M., RIW 2001, 308.

als Währungsreserve ausreichen.²⁹⁹ Der österreichische Oberste Gerichtshof scheint dieser deutschen Rechtsprechung zu folgen.³⁰⁰

Beschränkt man die Anforderungen an den Nachweis auf eine Glaubhaftmachung gem. § 294 ZPO, werden dadurch Beweiserleichterungen in zweierlei Hinsicht ausgelöst. Zum einen ist das erforderliche Beweismaß reduziert, weil der Nachweis im Gegensatz zu § 286 ZPO bereits dann erfolgreich geführt ist, wenn der Richter die Tatsache für überwiegend wahrscheinlich hält.³⁰¹ Zum anderen sind mit der Glaubhaftmachung Erleichterungen im Beweisverfahren verbunden. Danach sind sämtliche Beweismittel zugelassen, insbesondere auch die Versicherung an Eides statt.³⁰² Zum Nachweis der Immunitätsvoraussetzungen macht die deutsche Rechtsprechung den fremden Staaten eine Glaubhaftmachung besonders einfach, weil sie nicht einmal eine Versicherung an Eides statt i. S. d. §§ 156, 161 StGB verlangt, sondern bereits „eine gehörige Versicherung durch ein zuständiges Organ des Entsendestaats" genügen lässt.³⁰³ Gleichzeitig stellt die Rechtsprechung keine hohen Anforderungen an den Substantiierungsgrad der Versicherung; es reicht vielmehr eine pauschal gehaltene Versicherung aus. Der BGH hatte etwa über die Vollstreckungsimmunität von Umsatzsteuererstattungsansprüchen eines fremden Staates zu entscheiden, die ein Gläubiger hatte pfänden lassen. Hinsichtlich der Beweiskraft der Versicherung des Botschaftsrates des fremden Staates, die aufgrund der Umsatzsteuererstattungsansprüche empfangenen Gelder dienten ausschließlich dem Betrieb der diplomatischen Mission, heißt es in der Urteilsbegründung:

„Allein der Umstand, dass die Erklärung des Botschaftsrats der Botschaft der Schuldnerin formelhaft wirkt, hindert es entgegen der Auffassung der Rechtsbeschwerde nicht, die Erklärung als zur Glaubhaftmachung ausreichend anzusehen. Es liegt in der Natur der Sache, dass ohne eine nähere Darlegung des Verwendungszwecks des fraglichen Vermögenswerts eine inhaltliche Überprüfung der Erklärung kaum möglich ist."³⁰⁴

Der Bundesgerichtshof hatte vor diesem Hintergrund eine eidesstattliche Versicherung des ersten stellvertretenden Präsidenten der mongolischen Zentralbank, dass die beschlagnahmten Guthaben Teil der staatlichen Währungsreserven seien, für eine Glaubhaftmachung ausreichen lassen.³⁰⁵ Andererseits nehmen Ge-

---

²⁹⁹ BGH, NJW-RR 2013, 1532, 1534; ferner BGH, RIW 2016, 365, 368.
³⁰⁰ OGH Österreich, ÖJZ 2012, 1074, 1075.
³⁰¹ Vgl. nur BGH, NJW 1996, 1682 und *Prütting*, in: Münchener Kommentar zur ZPO, § 294 Rn. 24.
³⁰² *Prütting*, in: Münchener Kommentar zur ZPO, § 294 Rn. 14 ff.
³⁰³ BVerfG, NJW 1978, 485, 494; *Lange*, Internationale Rechts- und Forderungspfändung, S. 87, sieht darin keinen Unterschied.
³⁰⁴ BGH, NJW-RR 2006, 425, 426; ferner KG, NJOZ 2004, 3382, 3384.
³⁰⁵ BGH, NJW-RR 2013, 1532, 1534.

richte die Versicherungen nicht in allen Fällen unkritisch hin. So glich der BGH die vorgenannte eidesstattliche Versicherung des ersten stellvertretenden Präsidenten der mongolischen Zentralbank mit anderen Indizien, wie Regelungen im mongolischen Recht zu den Aufgaben der mongolischen Zentralbank, ab. Das OLG Frankfurt sah in einem die Vollstreckung betreffenden Fall den Nachweis einer hoheitlichen Zweckverwendung als nicht geführt an, weil mehrere Indizien gegen die Darstellung des fremden Staates sprachen.[306] Allerdings widersprach bereits der statuarische Aufgabenkreis der pauschalen Behauptung der Zentralbank, sie verfolge ausschließlich hoheitliche Aufgaben.

bb) Furcht vor einer Ausforschung interner Angelegenheiten

(1) Zustimmung anderer Rechtsordnungen

Die Behauptung des Bundesverfassungsgerichts, eine Zurücknahme der Beweisanforderungen sei erforderlich, um ein unzulässiges Eindringen in den internen Funktionsbereich des fremden Staates zu verhindern, ist zwar in den Kanon gefestigter Rechtsprechungsgrundsätze zur Staatenimmunität übergegangen, blieb jedoch von Anfang an ohne nähere Begründung. Bei näherem Hinsehen teilen zahlreiche Rechtsordnungen jedenfalls im Hinblick auf Botschaftskonten die Vorbehalte des Bundesverfassungsgerichts.

Auch das britische House of Lords verweigerte sich einer vollen Überprüfung der Verwendungszwecke von Bankguthaben. In dem Urteil *Alcom Ltd. v. Republic of Colombia* führte *Lord Diplock* aus:

„The debt owed by the bank to the foreign sovereign state [...] is, however, one and indivisible; it is not susceptible of anticipatory dissection into the various uses to which moneys drawn upon it might have been put in the future if it had not been subjected to attachment by garnishee proceedings."[307]

Der britische State Immunity Act zielt darauf ab, eingehende Beweiserhebungen über Zweckbestimmungen von vornherein auszuschließen. Denn eine Bescheinigung des Leiters der diplomatischen Vertretung löst eine widerlegliche Vermutung für die darin angegebene Zweckbestimmung aus.[308] Eine pauschale Angabe, dass die betroffenen Vermögenswerte hoheitlichen Zwecken dienen, reicht dabei aus; nähere Einzelheiten muss die Bescheinigung nicht nennen.[309] Diese Vermutung kann der Gläubiger widerlegen; es gilt aber das übliche Beweismaß.[310] Nie-

---

[306] OLG Frankfurt, Ent. v. 03.08.2000, Rs. 26 W 82/2000 (unveröffentlicht).
[307] House of Lords, *Alcom Ltd. v. Republic of Colombia*, [1984] 1 AC 580, 604.
[308] Siehe oben S. 177.
[309] High Court, QBD, *AIC Ltd v. The Federal Government of Nigeria* [2003] EWHC 1357.
[310] *Dickinson/Lindsay/Loonam*, State Immunity, S. 345; vergleichbare Regelungen finden sich etwa in Sec. 14(1) SIA Kanada und Sec. 14(1) SIO Pakistan.

derländische, belgische und italienische Gerichte[311] befürchteten ebenfalls einen unzulässigen Eingriff in die fremdstaatliche Souveränität, wenn über die einzelnen Verwendungszwecke der Botschaftsguthaben Beweis erhoben wird.

(2) Abweichende Praxis in anderen Rechtsordnungen

Sec. 41 des australischen FSIA lässt eine Bescheinigung des Leiters der diplomatischen Vertretung lediglich als Beweis für einen bestimmten Verwendungszweck zu. In einem Fall, in dem ein Käufer von Schuldtiteln, die die Inselrepublik Nauru in Japan emittiert hatte, in Kontoguthaben des Pazifikstaates bei Banken in Australien vollstreckte, beschränkten sich die Gerichte nicht auf die Würdigung der Bescheinigung der diplomatischen Vertretung, sondern erhoben durch Zeugenvernehmung eingehend Beweis über Zwecke, zu denen die verschiedenen Konten benutzt worden waren.[312] Die Beweiserhebung beschränkte sich aber auf die abstrakten Zwecke des Kontos, so dass das Gericht nicht so weit ging, sich „über die Zwecke, zu denen der Entsendestaat dieses Guthaben oder Teilbeträge davon bestimmt hat",[313] zu vergewissern.

Die aus der Perspektive des Gläubigers liberalste Linie verfolgt die schweizerische Rechtsprechung. Sie gesteht dem fremden Staat keinerlei Beweiserleichterungen zu. Denn nach Auffassung des Schweizerischen Bundesgerichts kann

„Immunität im Hinblick auf die Natur der verarrestierten Sache [...] somit nur dann beansprucht werden, wenn diese in erkennbarer Weise einem konkreten hoheitlichen Zweck gewidmet ist, wie etwa der Pflege diplomatischer Beziehungen (Botschaftsgebäude)".

Unkörperliche Gegenstände lassen ihre Zweckbestimmung nach den äußeren Umständen nur schwer erkennen. Wenn ein Einsatz zu nicht-hoheitlichen Zwecken nicht ausgeschlossen werden kann, wie etwa im Falle von Zentralbanken, dann kann für „Bargeld und Wertschriften [...] nach herrschender Auffassung so lange keine Immunität beansprucht werden, als nicht bestimmte Summen oder Titel für derartige Zwecke ausgeschieden worden sind".[314] Wie der fremde Staat eine solche getrennte Ausweisung der Vermögenswerte vorzunehmen hatte, erörterte das Schweizerische Bundesgericht in einem unveröffentlichten Urteil, das die Vollstreckung in Zentralbankvermögen betraf. Dort verlangte das Bundesgericht:

---

[311] Nachweise bei *Reinisch*, 17 European Journal of International Law (2006) 803, 831 ff.

[312] Court of Appeal of New South Wales, *Firebird Global Master Fund II Ltd v. Republic of Nauru and Another*, 289 FLR 398, 418 ff. (2014).

[313] BVerfG, NJW 1978, 485, 493.

[314] Schw. Bundesgericht, *Sozialistische Libysche Arabische Volks-Jamahiriya gg. Actimon SA*, 111 Ia BGE, 62, 66; dazu *Kren Kostkiewicz*, Staatenimmunität im Erkenntnis- und im Vollstreckungsverfahren nach schweizerischem Recht, S. 557 ff.

„Sie [die Zentralbank] hat darüber nicht bloss allgemein gehaltene Behauptungen aufzustellen, sondern konkrete Angaben zu machen und z. B. durch beglaubigte Abzüge ihrer Geschäftsbücher zu belegen."

Die vorgelegten Privatgutachten akzeptierte das Bundesgericht nicht als ausreichendes Beweismittel, weil sie nach schweizerischem Zivilprozessrecht bloß zum Parteivortrag zählten. Im Ergebnis blieb die syrische Zentralbank einen Beweis fällig.[315]

(3) Reichweite der discovery in den USA

In den USA gilt für den Bereich der Staatenimmunität zwar keine Modifikation von Beweismaß und Beweismittel.[316] Entscheidende Bedeutung für die Sachverhaltsaufklärung hat aber ohnehin die vorprozessuale Sachverhaltsaufklärung im Rahmen des discovery-Verfahren. Der FSIA US selber schweigt hierzu. Dafür äußerte der Gesetzgeber in die Gesetzesbegründung die Auffassung, für discovery-Verfahren sollten die allgemeinen Regeln Anwendung finden, genauso wie für die Durchsetzung der Pflicht zur Mitwirkung[317] an der discovery.[318] In der Folge sind fremde Staaten grundsätzlich zu einer sehr weitreichenden Offenlegung von Informationen in einem Maß verpflichtet, dem andere Rechtsordnungen generell ablehnend gegenüberstehen.[319] Die sich daraus ergebende Gefahr, politisch sensible Interna des fremden Staates offenzulegen, versuchen Gesetzgeber und Gerichte auf zwei Wegen zu bannen.

Zum einen soll nach Vorstellung des Gesetzgebers das Konzept des „governmental privilege" Schutz bieten,[320] auf das Gerichte in der Praxis aber eher selten zurückgreifen.[321] Deutlich häufiger versuchen sie, Souveränitätskonflikte durch

---

[315] Schw. Bundesgericht, *Central Bank of Syria c. Koncar Elektroindustrija*, Ent. v. 25.06. 2008, Rs. 5A_92/2008 (unveröffentlicht).

[316] *Dellapenna*, Suing foreign governments and their corporations, 755.

[317] Vgl. Rule 37 der U.S. Federal Rules of Civil Procedure ("FRCP"), die für Verfahren in U.S. District Courts gelten, vgl. Rule 1 FRCP. Nach dieser Vorschrift kann die Nichteinhaltung einer gerichtlichen Anordnung zur Durchführung der *discovery* in *contempt of court* und Zwangsmaßnahmen resultieren.

[318] *U.S. Congress*, Congressional Committee Report on the Jurisdiction of United States Courts in Suits against Foreign States, Report No. 94-1487, ILM 1976, S. 1398, 1410.

[319] *Dellapenna*, Suing foreign governments and their corporations, S. 651.

[320] *U.S. Congress*, Congressional Committee Report on the Jurisdiction of United States Courts in Suits against Foreign States, Report No. 94-1487, ILM 1976, S. 1398, 1410 mit Verweis auf Sec. 552 über öffentliche Informationen des Freedom of Information Act, 5 U.S.C. § 552.

[321] U.S. Court of Appeals, 7th Circuit, *Reinsurance Company of America, Inc. v. Administratia Asigurarilor de Stat*, 902 F.2d 1275, 1279 f. (1990); *Dellapenna*, Suing foreign governments and their corporations, S. 654.

2. Praktische Reichweite der Vollstreckungsimmunität von Zentralbanken 341

eine Zurückhaltung bei der Anordnung von discovery-Maßnahmen zu vermeiden. Die Rechtsprechungslinie wird an einem Urteil des U.S. Court of Appeals, Second Circuit, deutlich, das Klagen gegen eine irakische Staatsbank und gegen die irakische Zentralbank zum Gegenstand hatte. Nach Auffassung des Gerichts verlange die Völkerrechtsfreundlichkeit (comity)

„a delicate balancing "between permitting discovery to substantiate exceptions to statutory foreign sovereign immunity and protecting a sovereign's or sovereign agency's legitimate claim to immunity from discovery."

Die Anordnung der discovery sei lediglich auf genau bezeichnete Tatsachen zu beschränken, die für das Vorbringen des Gläubigers und die Immunitätsbeurteilung notwendig seien. Weiter heißt es in dem Urteil: „generally a plaintiff may be allowed limited discovery with respect to the jurisdictional issue; but until she has shown a reasonable basis for assuming jurisdiction, she is not entitled to any other discovery".[322] Das Gericht erlaubte schließlich zusätzliche discovery-Maßnahmen, weil diese allein die nicht-immune irakische Staatsbank, nicht aber die Immunität der irakischen Zentralbank betrafen.

In den lang andauernden Rechtsstreitigkeiten zwischen *EM Ltd. v. Republic of Argentina* verweigerte das gleiche Gericht zusätzliche discovery-Maßnahmen gegen die bei der Federal Reserve Bank of New York gehaltenen Guthaben der argentinischen Zentralbank. Hier war entscheidend, dass das Vermögen unter den besonderen Immunitätsschutz für Zentralbanken falle und der Gläubiger daher nicht die Möglichkeit der ausnahmsweisen Eröffnung der jurisdiction dargetan habe.[323]

Im Gegensatz zu vielen anderen Staaten behandelt die US-amerikanische Rechtsprechung die Nachweismöglichkeiten gegenüber fremden Staaten in erster Linie als Frage der Immunität. Steht die Immunität fest, muss eine discovery als unzulässige Ausforschung unterbleiben. Sofern eine Durchbrechung der Immunität aber tatsächlich in Betracht kommt, sind fremde Staaten zu einer weitgehenden Offenlegung verpflichtet.[324] Auch Zentralbanken kann die sehr weitrei-

---

[322] U.S. Court of Appeals, 2nd Circuit, *First City, Texas-Houston, N.A. v. Rafidain Bank*, 150 F.3d 172, 176 f. (1998) unter Verweis auf U.S. Court of Appeals, 5th Circuit;, *Ariba Ltd. v. Petroleos Mexicanos*, 962 F.2d 528, 534 (1992).

[323] U.S. Court of Appeals, 2nd Circuit, *EM Ltd. v. Republic of Argentina*, 473 F.3d 463, 485 f. (2007). Das U.S. District Court, S.D.N.Y., *Olympic Chartering v. Ministry of Industry and Trade of Jordan*, 134 F.2d 528, 536 (2001), lehnte ein discovery-Ersuchen gegen die jordanische Zentralbank ab, weil diese in dem Prozess Immunität genieße. Zur Zulässigkeit von discovery-Maßnahmen bzgl. im Ausland belegener Vermögensmittel U.S. Supreme Court, *Republic of Argentina v. NML Capital, Ltd.*, 134 S.Ct. 2250 (2014).

[324] Zum Ganzen *Dellapenna*, Suing foreign governments and their corporations, S. 651 ff.; *Sanchez*, The Foreign Sovereign Immunities Act deskbook, S. 103 f.

chende Pflicht zur Offenlegung von internen Informationen treffen, etwa um die Immunitätsvoraussetzungen nach Sec. 1611(b) FSIA US zu überprüfen. Das wurde in dem Verfahren zur Vollstreckung in Vermögen der argentinischen Zentralbank vor Gerichten in New York deutlich, in dem die Gerichte sich dezidiert mit der Verwendung bestimmter Summen auf den betreffenden Konten auseinandersetzten.[325] Wird eine discovery zugelassen, sind Gerichte gewillt, im Gegensatz zu der Haltung der US-Regierung ihre Anordnungen mit Hilfe von Sanktionen, wie etwa Zwangsgeld, durchzusetzen, auch wenn eine Vollstreckung schließlich an der Immunität scheitert.[326]

cc) Gratwanderung bei der Bestimmung der prozessualen Lasten der fremden Zentralbank

(1) Notwendigkeit von Nachprüfungsmöglichkeiten der Gerichte

Den rigorosen Ansatz der US-amerikanischen Rechtsordnung bei der Sachverhaltsaufklärung teilen die meisten der hier dargestellten Rechtsordnungen nicht. Sie üben weit mehr Zurückhaltung und gestehen fremden Staaten zu, im Einzelnen nicht näher offenlegen zu müssen, wozu sie Vermögensgüter verwenden. Dabei verlieren sie mitunter die Rechte der rechtsschutzsuchenden Gläubiger aus den Augen. Das gilt auch für die deutsche Rechtsprechung.

Das bereits zur Beweislast Ausgeführte gilt auch im Hinblick auf die sonstigen Beweisanforderungen. Wenn im Fall von Zentralbanken die Vollstreckungsimmunität sachlich auf bestimmte Verwendungszwecke begrenzt ist, verlangt das Recht auf wirkungsvollen Rechtsschutz sichere Möglichkeiten der Gläubiger, auf nichtimmune Vollstreckungsobjekte zuzugreifen. Voraussetzung dafür ist, dass die nationalen Gerichte, in deren Händen die Immunitätsbeurteilung liegt, die Voraussetzungen der Immunität auch wirksam überprüfen können. Dazu sind Gerichte aber nur in der Lage, wenn der fremde Staat Verwendungszwecke offenbart und überprüfbare Nachweise vorlegt. Zustimmung verdient daher im Grundsatz die Aussage von *Stein*:

„Wäre hier das Verlangen nach Offenlegung der Kontobewegungen grundsätzlich ausgeschlossen, bliebe die Möglichkeit eines Zugriffs auf nichthoheitliche Vermögensgegenstände bloße Theorie".[327]

---

[325] U.S. Court of Appeals, 2nd Circuit, *NML Capital v. Banco Central de la Republica Argentina*, 652 F.3d 172, 177 ff. (2011).

[326] Vgl. etwa U.S. Court of Appeals, District of Columbia, *FG Hemisphere Assoc. v. Democratic Republic of Congo*, 637 F.3d 373, 376 (2011); weitere Nachweise bei *Weidemaier/ Gelpern*, 31 Yale Journal on Regulation (2014) 189, 205 Fn. 87, und *Foster*, 25 Arizona Journal of International and Comparative Law (2008) 666, 714.

[327] *Stein*, IPRax 1984, 179, 183.

Eine solche unabhängige Überprüfung der Verwendungszwecke ist unter Geltung des Ansatzes, den die deutsche Rechtsordnung entwickelt hat, nicht möglich. Verlässt man sich auf eine „gehörige Versicherung durch ein zuständiges Organ des Entsendestaats", wird es für eine fremde Zentralbank ein Leichtes sein, durch entsprechende Versicherungen die Immunität von Vermögen herbeizuführen. Gerichte können allenfalls die Plausibilität der Darstellungen anhand allgemeiner Indizien überprüfen;[328] die tatsächliche Verwendung der Mittel bleibt ihnen dagegen verborgen. Und Gläubiger haben regelmäßig keine Möglichkeit, die Tatsachengrundlage für die Immunitätsgewährung in Zweifel zu ziehen.

Dass die deutsche Rechtsprechung dem fremden Staat mit Beweiserleichterungen so weit entgegenkommt, entspricht völkerrechtlich gleichwohl einem berechtigten Anliegen. Zutreffend ist die Ansicht der Gerichte, dass beispielsweise eine fremde Zentralbank nicht gezwungen werden darf, detailliert darüber Auskunft zu geben, ob, zu welchem Zeitpunkt und in welchem Umfang sie Gelder oder Wertpapiere für Devisenmarktinterventionen oder sonstige geldpolitische Zwecke einzusetzen gedenkt. Diese Wertung lässt sich aber entgegen der Auffassung der deutschen Rechtsprechung nicht auf das völkerrechtliche Interventionsverbot stützen. Zum einen sind die genauen Vorgaben dieses völkerrechtlichen Verbotssatzes bis heute unsicher,[329] so dass es nicht verwundert, dass Rechtsprechung und Literatur die Grenzen des Interventionsverbots nicht näher erörtern.[330] Zum anderen leuchtet nicht ein, warum die Aufklärung über die Verwendungszwecke von Vermögenswerten einer Einmischung in die ausschließlich inneren Angelegenheiten eines Staates gleichkommen soll. Eine Einflussnahme auf die freie Entscheidung über Einsatzzwecke des Vermögens ist damit nicht verbunden. Vielmehr werden lediglich Tatsachen aufgeklärt, von denen die Gerichte im Einklang mit dem Völkerrecht die Gewährung der Immunität abhängig machen. *Lange* weist zudem zutreffend darauf hin, dass eine verbotene Intervention ein zielgerichtetes Einwirken auf den ausschließlichen Souveränitätsbereich des Fremdstaates voraussetzt.[331]

Sachlich zutreffender dürfte die beweisrechtliche Privilegierung aus einer Rücksichtnahme auf die aus der staatlichen Souveränität folgenden Geheimhal-

---

[328] Wie etwa ein Vergleich der Behauptungen des fremden Staates mit gesetzlichen Grundlagen, vgl. OLG Frankfurt, Ent. v. 03.08.2000, Rs. 26 W 82/2000 (unveröffentlicht).

[329] *Dahm/Delbrück/Wolfrum*, Völkerrecht, Band I/3, S. 796 ff.; *Crawford*, Brownlie's Principles of Public International Law, S. 292 ff.

[330] Die Literatur nimmt die These der drohenden Verletzung des Interventionsverbots unkritisch hin, beispielhaft *Dutta*, IPRax 2007, 109, 111; *Weller*, RIW 2010, 599, 600 f.; *Weller*, RPfleger 2006, 364, 368; anders dagegen *Lange*, Internationale Rechts- und Forderungspfändung, S. 85.

[331] *Lange*, Internationale Rechts- und Forderungspfändung, S. 85, unter Verweis auf *Graf Vitzthum*, in: Graf Vitzthum/Proelß (Hrsg.), Völkerrecht, Abschnitt I Rn. 76.

tungsinteressen des fremden Staates entspringen, die es verwehrt, einen fremden Staat zu zwingen, in Gerichtsverfahren interne Entscheidungen und Abläufe zu offenbaren. Bei Zentralbanken ist zudem denkbar, dass ihre Funktionsausübung beeinträchtigt wird. Beispielsweise könnte der Markt im Rahmen der Sachverhaltsaufklärung in Gerichtsverfahren Kenntnisse über die Höhe der Devisenreserven eines Landes und damit seine Fähigkeit zur Stützung der Wechselkurse erlangen, die dann Möglichkeiten zu Spekulationen eröffnen, durch die die Effektivität der Devisenmarktinterventionen beeinträchtigt wird.

Jedenfalls steht die überwiegende Staatenpraxis einer solchen weitreichenden Aufklärung ablehnend gegenüber. Sie wird auch durch Art. 24 UN-Immunitätskonvention gestützt, die es untersagt, in Gerichtsverfahren fremde Staaten zur Herausgabe von Informationen zu zwingen.[332] Die Privilegierung kommt vor allem darin zum Ausdruck, dass die Rechtsordnungen, mit Ausnahme der USA, darauf verzichten, von dem fremden Staat zu verlangen, konkrete Einzelzwecke, also die Verwendung der Vermögensmittel für konkrete Transaktionen, näher darzulegen. Sie geben sich vielmehr mit der allgemeinen Zweckbestimmung zufrieden, etwa der Nutzung eines Kontoguthabens als Währungsreserve. Insofern trifft auch die Aussage *Habscheids* zu „es ist einem fremden Staat nicht zuzumuten, z.B. militärische Vorhaben durch das Vorlegen von Beweisurkunden bis in letzte zu offenbaren".[333]

Im Ergebnis ist festzuhalten, dass sich die gerichtliche Sachaufklärung auf die generellen Zweckbestimmungen der betroffenen Vermögenswerte beschränken muss. Andererseits kann das deutsche Prozessrecht dem fremden Staat auferlegen, diese abstrakte Zweckverwendung nachzuweisen. Die subjektive Darlegungs- und Beweislast darf allerdings nur so weit reichen, als der fremde Staat nicht gezwungen wird, konkrete Vorhaben oder vergangene Nutzungen offenzulegen. Ist ein erschöpfender Beweis der Verwendungszwecke daher von vornherein ausgeschlossen, macht es auch keinen Sinn, dem fremden Staat einen Vollbeweis i.S.d. § 286 ZPO aufzubürden. Eine Glaubhaftmachung i.S.d. § 294 ZPO muss genügen.

---

[332] Art. 24 Abs. 1 UN-Immunitätskonvention lautet: „Any failure or refusal by a State to comply with an order of a court of another State enjoining it to perform or refrain from performing a specific act or to produce any document or disclose any other information for the purposes of a proceeding shall entail no consequences other than those which may result from such conduct in relation to the merits of the case. In particular, no fine or penalty shall be imposed on the State by reason of such failure or refusal."

[333] *Habscheid*, in: Deutsche Gesellschaft für Völkerrecht, Arbeiten der 2. Studienkommission (Hrsg.), Die Immunität ausländischer Staaten nach Völkerrecht und deutschem Zivilprozessrecht, S. 160, 267.

2. Praktische Reichweite der Vollstreckungsimmunität von Zentralbanken 345

(2) Rücksichtnahme auf die Geheimhaltungsinteressen fremder Staaten

Dem deutschen Prozessrecht ist nicht unbekannt, dass Pflichten einer Partei zur Aufklärung des streitrelevanten Sachverhalts durch ihre berechtigten Geheimhaltungsinteressen eingeschränkt sein können. Nach der Ansicht des Bundesverfassungsgerichts folgt aus dem Gebot eines wirkungsvollen Rechtsschutzes auf Grundlage des Rechtsstaatsprinzips zwar grundsätzlich, dass das Gericht die Richtigkeit bestrittener erheblicher Tatsachen nicht ohne Prüfung bejaht und dass Prozessgegnern die Möglichkeit eingeräumt werden muss, an der Prüfung mitzuwirken. Beispielsweise entschied das Bundesverfassungsgericht, dass dem Prozessgericht und anderen Prozessbeteiligten die Befundtatsachen eines zu verwertenden Sachverständigengutachtens zugänglich sein müssen, um die Beweiskraft des Gutachtens einschätzen zu können.[334] In dem angesprochenen Urteil erkennt das Bundesverfassungsgericht aber Einschränkungen des formulierten Prinzips an. So führte es aus:

„Die im rechtsstaatlichen Fairneßprozeß verankerte Pflicht des Gerichts, die tatsächlichen Grundlagen eines Gutachtens hinreichend zu überprüfen und daran auch die Parteien mitwirken zu lassen, verträgt Einschränkungen, soweit Rechte anderer beeinträchtigt würden. Das Gericht kann daher im Interesse eines beweisbelasteten Prozeßbeteiligten geringere Anforderungen an die Offenlegung durch den Sachverständigen stellen, wenn die von diesem dafür vorgebrachten Gründe hinreichend gewichtig sind."[335]

In dem vom Bundesverfassungsgericht entschiedenen Fall haben die Geheimhaltungsinteressen Dritter die prozessualen Lasten für einen erfolgreichen Nachweis des relevanten Sachverhalts verringert. Aber auch die Geheimhaltungsinteressen der Parteien bleiben prozessual nicht folgenlos. Zwar finden die Zeugnisverweigerungsrechte aufgrund von Geheimhaltungspflichten bzw. -bedürfnissen gem. §§ 383 Abs. 1 Nr. 6, 384 Nr. 3 ZPO auf Parteien grundsätzlich keine Anwendung. Sie sind nicht in dem Verweis des § 451 ZPO auf die im Rahmen der Parteivernehmung anzuwendenden Vorschriften aufgeführt. Mit Blick auf die Prozessförderungspflichten der Parteien lehnt die überwiegende Literaturansicht eine analoge Anwendung der Vorschriften über Zeugnisverweigerungsrechte auf Parteien ab.[336] Gleichwohl ist man sich darüber einig, dass die Geheimhaltungsinteressen einer Partei zu ihren Gunsten Berücksichtigung finden. Sie sollen sich entweder auf die Anordnung der Vorlage von Urkunden gem. § 142 ZPO bzw. im Rahmen der Beweiswürdigung auswirken.[337]

---

[334] BVerfG, NJW 1995, 40.
[335] BVerfG, NJW 1995, 40, 41.
[336] Vgl. nur *Greger*, in: Zöller (Hrsg.), Zivilprozessordnung, § 383 Rn. 2.
[337] *Stadler*, in: Musielak/Voit (Hrsg.), Zivilprozessordnung, § 142 Rn. 7 m.w.N.; *Zekoll/Bolt*, NJW 2002, 3129, 3130.

Das deutsche Zivilprozessrecht lässt es somit grundsätzlich zu, dass berechtigte Geheimhaltungsinteressen die prozessualen Pflichten zur Sachverhaltsaufklärung einschränken können. Allerdings gestehen deutsche Zivilgerichte fremden Staaten mit Rücksicht auf die Geheimhaltung staatlicher Interna ungemein größere prozessuale Erleichterungen zu. Es stellt sich daher die Frage, inwieweit völkerrechtlich beachtliche Geheimhaltungsinteressen fremde Staaten tatsächlich zu einer Zurückhaltung der gerichtlichen Sachverhaltsaufklärung zwingen. Im Ergebnis ist davon auszugehen, dass nicht jede Nachweisobliegenheit zu Lasten des fremden Staates, die über eine „gehörige Versicherung" hinausgeht, das Maß des völkerrechtlich Zulässigen überschreitet.

Wertvolle Anhaltspunkte, inwieweit der Geheimhaltungsschutz zugunsten fremder Staaten einer gerichtlichen Sachverhaltsaufklärung entgegensteht, lassen sich den Regeln über die Befreiung von Vertretern ausländischer Staaten von der Zeugnispflicht entnehmen. Sind Repräsentanten fremder Staaten von der Zeugnispflicht befreit, liegt es nahe, dass der Sachbereich fremdstaatlicher Interna, mit dem die Repräsentanten befasst sind, insgesamt der gerichtlichen Aufklärung des Forumstaates entzogen ist und dem fremden Staat daher nur sehr eingeschränkte Nachweisobliegenheiten auferlegt werden dürfen.

Der Umfang der Zeugnispflicht von Vertretern fremder Staaten ergibt sich unmittelbar aus dem völkerrechtlichen Immunitätsregime, weil die gerichtliche Sachverhaltsaufklärung Ausprägung der Ausübung innerstaatlicher Gerichtsgewalt ist.[338] Nach § 18 S. 1 GVG i. V. m. Art. 31 Abs. 2 des Wiener Übereinkommens über diplomatische Beziehungen[339] ist diplomatisches Personal umfassend von der Zeugnispflicht vor deutschen Gerichten befreit, ohne dass es sachlich auf einen Bezug zur diplomatischen Tätigkeit ankommt. Berufsdiplomaten dürfen weder als Zeugen noch zur Vernehmung als Partei geladen werden[340] und können sich auf ein umfassendes Zeugnisverweigerungsrecht berufen.[341] Ein sachlich umfassendes Zeugnisverweigerungsrecht steht auch Konsularbeamten gem. § 19 GVG i. V. m. Art. 44 Abs. 1 Wiener Übereinkommen über konsularische Beziehungen[342] zu. Das Verwaltungs- oder technische Personal eines Konsulats ist hingegen gem. Art. 44 Abs. 3 des Übereinkommens nur im Hinblick auf Angelegenheiten zur Verweigerung des Zeugnisses berechtigt, die mit der Wahrnehmung ihrer Aufgaben zusammenhängen.[343] Die rigorose Befreiung von der Zeugnispflicht, die das auch im Übrigen kompromisslose Immunitätsregime,

---

[338] *Zimmermann*, in: Münchener Kommentar zur ZPO, § 18 GVG Rn. 3.
[339] Siehe oben S. 99 Fn. 62.
[340] *Baumbach/Lauterbach/Albers/Hartmann*, Zivilprozessordnung, Einf §§ 18-20 Rn. 2.
[341] VGH Kassel, NJW 1989, 3110.
[342] Oben S. 99 Fn. 62.
[343] *Zimmermann*, in: Münchener Kommentar zur ZPO, § 19 GVG Rn. 5.

etwa im Bereich der Vollstreckungsimmunität,³⁴⁴ ergänzt, weist darauf hin, dass sämtliche mit der diplomatischen Vertretung im Zusammenhang stehende Tätigkeit des fremden Staates der gerichtlichen Aufklärung des Forumstaates entzogen ist.

Außerhalb des Bereichs diplomatischer Immunität führt die Anwendung des allgemeinen völkerrechtlichen Immunitätsregimes dazu, dass Repräsentanten fremder Staaten lediglich in eingeschränktem Umfang von der Zeugnispflicht befreit sind.³⁴⁵ Zu diesem Ergebnis kam beispielsweise das Bundesverwaltungsgericht, als es über die Ablehnung eines Beweisantrags zu entscheiden hatte, nach dem der indische Verteidigungsminister als Zeuge über Handlungen des indischen Militärs vernommen werden sollte. Nach Auffassung des Gerichts schließe das geltende Immunitätsregime die Ladung des Organs eines fremden Staates zu einer Vernehmung als Zeuge in Bezug auf hoheitliche Tätigkeiten nicht grundsätzlich aus.³⁴⁶ Die von dem Gericht herangezogenen Maßstäbe bedeuten andererseits, dass Organe fremder Staaten im Hinblick auf nichthoheitliche Tätigkeiten einer Zeugnispflicht vor deutschen Gerichten unterliegen.

Demnach ist die gerichtliche Sachverhaltsklärung, die Interna fremder Staaten jenseits des speziellen Bereichs diplomatischer Vertretungen betrifft, zulässig. Insoweit können fremden Staaten durchaus substantielle prozessuale Nachweisobliegenheiten zugemutet werden. Eine weitgehende Zurücknahme gerichtlicher Aufklärung, die dazu führt, dass pauschale „gehörige Versicherungen" genügen, um prozessentscheidende Tatsachen nachzuweisen, ist allenfalls im Bereich diplomatischer Vertretungen gerechtfertigt. Für andere Bereiche, wie etwa die Tätigkeiten ausländischer Zentralbanken, sind die völkerrechtlichen Geheimhaltungsinteressen des fremden Staates nicht schon dann verletzt, wenn das Gericht Nachweise zur Glaubhaftmachung von Verwendungszwecken von Vollstreckungsobjekten fordert, die über eine „gehörige Versicherung" hinausgehen.

Bereits aufgrund der unterschiedlichen Immunitätsregeln lassen sich die Besonderheiten, die im Bereich diplomatisch genutzter Vermögenswerte angesichts des völkerrechtlichen Gebots des *ne impediatur legatio* gelten, nicht ohne Weiteres auf andere Bereiche übertragen. Wenn das allgemeine Immunitätsregime allein den für zu hoheitlichen Zwecken verwendeten Vermögenswerten Vollstreckungsimmunität zugesteht, dann müssen Gerichte auch in der Lage sein, die tatsächlichen Grundlagen der Verwendungszwecke aufklären zu können.

---

³⁴⁴ BVerfG, NJW 2007, 2605.
³⁴⁵ Grundsätzlich besteht Immunität nur bei amtlichen Besuchen, *Zimmermann*, in: Münchener Kommentar zur ZPO, § 20 GVG Rn. 9. Diese Aussage steht unter dem Vorbehalt besonderer völkervertraglicher Regelungen und der Sonderregelung in § 20 Abs. 1 GVG.
³⁴⁶ BVerwG, NJW 1989, 678, 679.

Schließlich spricht die Praxis schweizerischer,[347] US-amerikanischer[348] und australischer[349] Gerichte, die eine nähere Darlegung der erheblichen Tatsachen verlangen, gegen die Sichtweise, dass jede über eine pauschale Behauptung hinausgehende Offenlegung der Tatsachen, aus denen sich die Verwendungszwecke von Vermögenswerten ergeben, stets einer Verletzung der Geheimhaltungsinteressen fremder Staaten gleichkommt. Mithin geht es entgegen der Rechtsprechung der deutschen Zivilgerichte zu weit, die Beweiserleichterungen aus dem Bereich der diplomatischen Immunität auf den Bereich der allgemeinen Vollstreckungsimmunität zu erstrecken. Zu Recht ist diese Rechtsprechung in weiten Teilen der Literatur auf Ablehnung gestoßen.[350]

(3) Nachweisobliegenheiten des fremden Staates

Sind deutsche Gerichte somit nicht gezwungen, für den Nachweis der generellen Verwendungszwecke eines Vermögensgegenstands von dem fremden Staat lediglich eine „gehörige Versicherung" zu fordern, sind die weitergehenden Nachweisobliegenheiten im Rahmen der Glaubhaftmachung so zu gestalten, dass der fremde Staat nicht gezwungen ist, konkrete vergangene oder geplante Nutzungen aufzudecken. Um den Anforderungen eines wirkungsvollen Rechtsschutzes gerecht zu werden, ist jedenfalls erforderlich, dass der fremde Staat objektive Anhaltspunkte nachweist, die unmittelbar auf den generellen Verwendungszweck eines Vermögensgegenstands schließen lassen und zugleich einer effektiven gerichtlichen Überprüfung zugänglich sind. Das Dilemma dabei ist, dass beispielsweise der Gesamtzweck eines Kontos sich erst daraus ergibt, welche Einzelzwecke die Transaktionen verfolgen, die mit dem Kontoguthaben getätigt werden.

Dieses Dilemma lässt sich dadurch auflösen, dass man die generelle Zweckbestimmung eines Kontos nicht mehr allein an den zugrunde liegenden Einzelnutzungen des Kontoguthabens, sondern an stellvertretenden Umständen festmacht. Einen überzeugenden Weg in diese Richtung hat die schweizerische Rechtsprechung aufgezeigt. Wie gesehen, verlangt sie von fremden Staaten, die Zweckwidmung von unkörperlichen Vermögenswerten, wie etwa Bankguthaben, da-

---

[347] Siehe oben S. 224 f. für die maßgeblichen Urteile des Schweizerischen Bundesgerichts.
[348] Siehe oben S. 171 ff.
[349] Vgl. etwa die Beweiswürdigung im Fall Court of Appeal of New South Wales, *Firebird Global Master Fund II Ltd v. Republic of Nauru and Another*, 289 FLR 398, 418 (2014).
[350] *Albert*, Völkerrechtliche Immunität ausländischer Staaten gegen Gerichtszwang, S. 286; *Dutta*, IPRax 2007, 109, 111; *Esser*, Klagen gegen ausländische Staaten, S. 257; tendenziell auch *Ress*, ZaöRV 40 (1980), 217, S. 200 Fn. 6; *Stein*, IPRax 1984, 179, 183; anders dagegen *Weller*, RPfleger 2006, 364, 368; *Weller*, RIW 2010, 599, 603; der Rechtsprechung zustimmend auch *Lange*, Internationale Rechts- und Forderungspfändung, S. 86.

durch kenntlich zu machen, dass sie die Vermögensmittel zunächst nach Einsatzzwecken getrennt halten und die Vermögenstrennung sowie die Einsatzzwecke so weit wie möglich durch objektive Anhaltspunkte, etwa „beglaubigte Abzüge ihrer Geschäftsbücher",[351] belegen.

Allein wenn man von dem fremden Staat verlangt, die generellen Verwendungszwecke seiner in dem Forumstaat belegenen Vermögensgüter von vornherein zu fixieren und anhand objektiver Umstände nach außen zu dokumentieren, können die Gerichte des Forumstaates eine effektive Kontrolle vornehmen. Um Manipulationen auszuschließen, müssen die äußerlich dokumentierbaren Hinweise bereits vor dem Vollstreckungsverfahren bestehen. Ähnliche Anforderungen finden sich auch in einem unveröffentlichten Beschluss des OLG Frankfurt, in dem das Gericht eine „objektivierbare[r] Zuordnungsmöglichkeit zugunsten hoheitlicher Zwecke" forderte, um die Immunität auf Kontoguthaben des fremden Staates zu erstrecken.[352] Damit stimmt die Auffassung in der Literatur überein, Vollstreckungsimmunität bestehe allein für „offen deklarierte Devisenreserven".[353]

Aber allein wenn man von dem fremden Staat zusätzlich verlangt, seine Vermögensmittel getrennt nach einzelnen Zweckbestimmungen auszuweisen, werden die Gerichte in die Lage versetzt, die Behauptungen des fremden Staates in allen Fällen sicher zu überprüfen. Mehr noch macht die Obliegenheit zur Vermögenstrennung es gänzlich entbehrlich, die tatsächliche Nutzung des Vermögensmittels für die Beurteilung der Verwendungszwecke heranziehen zu müssen. Sie befreit damit die Gerichte von der kaum zu bewältigenden Aufgabe, aktuelle Verwendungszwecke eines fremdstaatlichen Vermögensmittels festzustellen, ohne nachforschen zu dürfen, was der fremde Staat mit diesem Vermögensmittel tatsächlich anstellt.

Die getrennte Anlage der Vermögensmittel und die Einsatzzwecke hat der Staat mit Hilfe aller im Rahmen der Glaubhaftmachung zulässigen Mittel nachzuweisen. Umstände, die Einsatzzwecke belegen können, sind etwa der offen deklarierte Einrichtungszweck des Kontos bzw. der Unterkontos, die Art und Weise der Kontobewegungen, ohne einzelne Transaktionen offen zu legen, und die Art der Anlagemittel. Im Rahmen der Beweiswürdigung ist ohne Frage auch der auf eine fehlende Vollstreckungsimmunität hinweisende Vortrag des Gläubigers zu berücksichtigen.[354] Von Zentralbanken ist dann zu fordern, dass sie die Währungsreserven getrennt von Mitteln hält, mit denen laufende Zahlungen be-

---

[351] Schw. Bundesgericht, *Central Bank of Syria c. Koncar Elektroindustrija*, Ent. v. 25.06.2008, Rs. 5A_92/2008 (unveröffentlicht).
[352] OLG Frankfurt, Ent. v. 03.08.2000, Rs. 26 W 82/2000 (unveröffentlicht).
[353] *Geimer/Geimer/Geimer*, Internationales Zivilprozessrecht, Rn. 626a.
[354] Bei Geltung des Beibringungsgrundsatzes sind keine Gründe ersichtlich, warum dem

stritten werden oder Bankgeschäfte abgewickelt werden. Ist eine Vermögenstrennung unterblieben, muss das erkennende Gericht von einer nichthoheitlichen Zweckbestimmung ausgehen.

Eine solche Obliegenheit zur ordnungsgemäßen Buchführung bringt das justizielle Aufklärungsinteresse zugunsten der Gläubiger und die Interessen des fremden Staates an der Geheimhaltung seiner Interna in einem angemessenen Ausgleich, ohne den fremden Staat über die Gebühr zu belasten. Für den fremden Staat bringen die Anforderungen vor allem Rechtssicherheit. Denn er kann sich sicher sein, dass Gerichte in jedem Fall Vollstreckungsimmunität zugestehen, wenn er gewisse formale Vorgaben für die Gestaltung seiner Vermögensmittel einhält. Ein unangemessener Eingriff in die inneren Angelegenheiten des fremden Staates ist damit nicht verbunden. Die Obliegenheiten zur Vermögenstrennung sind nichts anderes als allgemeine Anforderungen einer Prozessrechtsordnung, die sich für die Verfahrensbeteiligten belastend auswirken können.[355]

(4) „Pfändungsschutz" zugunsten armer Staaten?

Allerdings ist zuzugeben, dass im Ergebnis organisatorische Versäumnisse über den Erfolg der Vollstreckung entscheiden und dieser Umstand sich vor allem zu Lasten von armen Entwicklungsländern auswirken kann, denen es angesichts knapper Ressourcen schwerer fällt, rechtliche Vorgaben und damit eine getrennte Verbuchung der Vermögensmittel einzuhalten. Auch wenn beispielsweise die Zentralbank des Vollstreckungsstaates, bei der fremde Zentralbanken Konten unterhalten, anderen Instituten bei der Einhaltung der Obliegenheiten behilflich ist, könnte die oben genannte Lösung dazu führen, dass Vollstreckungsverfahren armen Staaten Mittel für überlebenswichtige Importe im Krisenfall entziehen. Dieser Gefahr kann durch die Einführung einer Art „Pfändungsschutz", ähnlich den §§ 850 ff. ZPO, für Währungsreserven eines Landes in bestimmter Höhe begegnet werden.[356]

Die Berechnung des maßgeblichen Betrags kann an dieser Stelle nicht geleistet werden. Aber die Debatte in der ökonomischen Forschung über die angemessene Höhe von Währungsreserven zeigt,[357] dass die Quantifizierung einer huma-

---

Gläubiger ein Gegenbeweis nicht möglich sein soll, den dahingehenden Ausführungen, *Weller*, RIW 2010, 599, 602, ist daher zuzustimmen.

[355] Ebenso *von Schönfeld*, NJW 1986, 2980, 2982.

[356] Der fremde Staat, der einen solchen Pfändungsschutz für sich in Anspruch nimmt, müsste die Höhe seiner gesamten im Ausland gehaltenen Währungsreserven glaubhaft machen.

[357] *Castelli/Scacciavillani*, The New Economics of Sovereign Wealth Funds, S. 45 ff.; *Jeanne/Rancière*, 121 The Economic Journal (2011) 905; *IWF*, Assessing Reserve Adequacy – Specific Proposals, 2014; *Green/Torgerson*, Are High Foreign Exchange Reserves in Emerging Markets a Blessing or a Burden?, 2007.

nitären Untergrenze möglich ist. Dort werden verschiedene konkurrierende Richtgrößen diskutiert. Eine Richtgröße sieht beispielsweise vor, dass die Währungsreserven eines Entwicklungslandes für die Begleichung sämtlicher im Zeitraum von einem Jahr fällig werdender Verbindlichkeiten ausreichen müssen.[358] Auch der Einwand des Staatsnotstands verlangt eine Bewertung, ob dem Fremdstaat noch ausreichende Mittel zur Verfügung stehen, um „essenzielle Staatsfunktionen"[359] wahrzunehmen.[360]

dd) Auskunftsanspruch des Gläubigers gegen den Fremdstaat vor der Vollstreckung?

Ob das Vermögen, in das der Gläubiger zu vollstrecken versucht, hoheitlichen Zwecken dient und daher immun ist, klärt sich erst im Rahmen eines Gerichtsverfahrens, nachdem das Vollstreckungsverfahren in Gang gesetzt wurde. Viel effizienter wäre es, wenn der Gläubiger bereits im Vorfeld wüsste, ob das Vollstreckungsobjekt der Vollstreckungsimmunität unterliegt. Ein entsprechendes Auskunftsrecht des Gläubigers sieht das geltende Recht nicht vor.[361] Es wäre durchaus zulässig, weil das Völkerrecht nicht jegliche Aufdeckung von Fremdstaaten betreffenden Informationen untersagt.[362]

Tatsächlich dürfte ein Anspruch auf Auskunft über die Widmung der Vollstreckungsobjekte, etwa durch Erweiterung der Vermögensauskunft nach § 802c ZPO, dem Gläubiger keine entscheidenden Vorteile bringen. Zum einen würde der Fremdstaat durch ein Auskunftsverlangen gewarnt und könnte das Vollstreckungsobjekt, sofern möglich, in Sicherheit bringen. Zum anderen könnte das Auskunftsrecht auch nicht durchgesetzt werden. Beispielsweise könnten Botschafter, sofern sie sich der Vermögensauskunft nach §§ 802c, 802f ZPO verweigern, aufgrund der Immunität diplomatischen Personals (Art. 31 WÜD)[363] nicht in Erzwingungshaft genommen werden.

---

[358] Sog. Greenspan-Guidotti-Regel, dargestellt bei *Green/Torgerson*, Are High Foreign Exchange Reserves in Emerging Markets a Blessing or a Burden?, 2007, 3.
[359] So das Sondervotum der Richterin *Lübbe-Wolff*, BVerfG, NJW 2007, 2605, 2615.
[360] OLG Frankfurt, NJW 2006, 2931, 2932 f.
[361] § 802c ZPO erstreckt sich lediglich auf die Existenz und die Höhe des Vermögens, nicht aber auf weitere das Vermögen betreffende Informationen.
[362] Siehe oben S. 345 ff.
[363] Siehe oben S. 345 ff.

e) Beweisanforderungen bei Mischkonten

Mit Hilfe der hier zugrunde gelegten Anforderungen gelingt es, ein Problem zu bewältigen, das in fast allen Fällen auftritt, in denen Vollstreckungsversuche Konten betreffen. Vermengen Zentralbanken auf einem einheitlichen Konto Mittel mit hoheitlicher Zweckbestimmung und nichtimmunes Vermögen, ist die Gefahr besonders groß, dass Vollstreckungen in das Konto Vermögen erfassen, das nicht der nationalen Gerichtsbarkeit unterliegt. Andererseits leuchtet unmittelbar ein, dass gemischte Konten nicht insgesamt Vollstreckungsimmunität genießen dürfen, nur weil ein Teil von der Vollstreckungsgewalt befreit ist. Eine solche Ausgestaltung der Immunität würde fremden Staaten starke Anreize setzen, bewusst Gelder für verschiedenste Zwecke miteinander zu vermischen, um möglichst die Vollstreckungsimmunität auf das gesamte Vermögen auszudehnen. Deshalb trifft die Feststellung von *Schreuer* zu: „Such a mixing of funds is, of Coure, highly undesireable from the viewpoint of an orderly administration of justice and should be discouraged."[364]

Eine völkergewohnheitsrechtliche Regel für gemischt genutzte Konten hat sich angesichts der unterschiedlichen Lösungswege in den verschiedenen Rechtsordnungen bisher nicht gebildet. Gerichtsurteile betreffen häufig lediglich die diplomatische Immunität und lassen sich auf andere Vermögenswerte daher nicht ohne Weiteres übertragen. Insgesamt lassen sich drei Lösungsansätze in der Staatenpraxis ausmachen.

aa) Die schuldnerfreundlichste Lösung

Am weitesten kommt die Lösung dem Schuldner entgegen, die den gesamten Vermögensgegenstand schon dann der Vollstreckungsimmunität unterstellt, wenn lediglich Teile hoheitlichen Zwecken dienen. Eines der bekanntesten Beispiele für diese Sichtweise ist das *Alcom*-Urteil des House of Lords, in dem es heißt

---

[364] *Schreuer*, State Immunity, S. 151; *Albert*, Völkerrechtliche Immunität ausländischer Staaten gegen Gerichtszwang, S. 289, spricht sich dafür aus, der mutwilligen Vermischung verschiedener Vermögenswerte mit Hilfe des völkerrechtlichen Verbots rechtsmissbräuchlichen Verhaltens zu begegnen. Dieses Prinzip ist eine Ausprägung des völkerrechtlichen Gebots von Treu und Glauben und verwehrt es einem Staat, sich auf eine formale Rechtsposition allein zu dem Zweck zu berufen, einer rechtlichen Verpflichtung zu entgehen, s. *Ziegler/Baumgartner*, in: Mitchell/Sornarajah/Voon (Hrsg.), Good Faith and International Economic Law, S. 9, 32. Im Immunitätskontext untersagt das Prinzip, sich den Schutz der Vollstreckungsimmunität für Vermögenswerte zu erschleichen, obwohl ihm das Privileg in keiner Weise zusteht. Den Gläubigerinteressen ist dadurch aber nicht gedient, denn sie müssten nachweisen, dass der fremde Staat die Vermögensvermengung vor dem Hintergrund der Immunitätsbeurteilung bewusst vorgenommen hat. Das wird dem Gläubgier aber noch weniger möglich sein als der Nachweis der Verwendungszwecke.

„Such expenditure will, no doubt, include *some* moneys due under contracts for the supply of goods or services to the mission, to meet which the mission will draw upon its current bank account; but the account will also be drawn upon to meet many other items of expenditure which fall outside even the extended definition of ‚commercial purposes' […]. The debt owed by the bank to the foreign sovereign state […] is however one and indivisible".[365]

Ein Urteil der in dieser Frage uneinheitlichen Rechtsprechung US-amerikanischer Gerichte nimmt an, dass eine teilweise Nutzung für kommerzielle Zwecke die Immunität der Botschaftskonten nicht aufheben kann.[366] Das U.S. District Court, District of Columbia, entschied in der Rechtssache *Liberian Eastern Timer Corp. v. Government of the Republic of Liberia*:

„On the contrary, following the narrow definition of ‚commercial activity', funds used for commercial activities which are ‚incidental' or ‚auxiliary', not denoting the essential character of the use of the funds in question, would not cause the entire bank account to lose its mantle of sovereign immunity".

Entscheidungen aus Spanien und Italien weisen ebenfalls in diese Richtung. Hintergrund der meisten Fälle ist, dass die Gerichte sich weigerten, die Verwendungszwecke der Mittel auf den Botschaftskonten in Beweisverfahren mühsam aufzuklären.[367] Nicht nur für Botschaftskonten, sondern für die Vollstreckung in sämtliche Vermögenswerte fordern das japanische und das spanische Immunitätsgesetz eine ausschließliche Nutzung für andere als hoheitliche, nicht-kommerzielle Zwecke.[368] Speziell für Zentralbankvermögen erlaubt Art. 1412quater des belgischen Code Judiciaire Vollstreckungen nur, wenn das betroffene Vermögen „exclusivement affectés à une activité économique ou commerciale de droit privé". Nach der Auffassung *Crawfords* sollen im Gegensatz zu anderen Vermögensmitteln jedenfalls Zentralbankkonten mit einer Mischnutzung komplett immun sein, weil Zentralbanken in der Regel nur hoheitliche Zwecke verfolgen würden.[369]

Dieser Lösungsweg missachtet offensichtlich die Rechtsschutzinteressen der Gläubiger. Infiziert ein zu hoheitlichen Zwecken gehaltener Teil des Vermögens das gesamte Konto, hat eine fremde Zentralbank es in der Hand, beliebig über die Reichweite der Vollstreckungsimmunität zu verfügen. Angesichts der Be-

---

[365] House of Lords, *Alcom Ltd. v. Republic of Colombia* [1984] 1 AC 580, 604.
[366] U.S. District Court, District of Columbia, *Liberian Eastern Timer Corp. v. Government of the Republic of Liberia*, 659 F.Supp. 606, 610 (1987).
[367] Nachweise bei *Yang*, State Immunity in International Law, S. 420 ff.
[368] Art. 18(1) Immunitätsgesetz Japan bzw. Art. 20 Abs. 2 Immunitätsgesetz Spanien.
[369] *Crawford*, 75 American Journal of International Law (1981) 820, 864; *Patrikis*, University of Illinois Law Review (1982) 265, 278.

weisschwierigkeiten kann der Gläubiger so gut wie nie nachweisen, dass eine teilweise Nutzung zu hoheitlichen Zwecken auszuschließen ist.[370]

bb) Schwerpunkt der Nutzung

Für einen tendenziell gläubigerfreundlichen Ansatz hat sich beispielsweise das australische Immunitätsgesetz entschieden. In der Gesetzesbegründung werden die verschiedenen Möglichkeiten erwogen und im Anschluss der Mittelweg eingeschlagen. Nach Sec. 33(3) FSIA Australien besteht schon dann keine Vollstreckungsimmunität, wenn das Vermögen wesentlich („substantially") zu wirtschaftlichen Zwecken genutzt wird. Zudem vermutet die Vorschrift widerleglich, dass ungenutztes Vermögen zu nichthoheitlichen Zwecken genutzt wird.

Die Ausführungen des U.S. District Court, District of Columbia in der Rechtssache[371] *Birch Shipping Corp. v. The Embassy of the United Republic of Tanzania* lässt sich diesem Lösungsweg zuordnen. Das Gericht äußerte die Ansicht, dass ein Konto, um der inländischen Vollstreckungsgewalt zu unterliegen, nicht in Gänze für kommerzielle Tätigkeiten verwendet werden müsse. Obwohl ein Botschaftskonto betroffen war, schloss das Gericht aus der Gesetzbegründung zum FSIA US im Hinblick auf Zentralbankenkonten: „Central Bank accounts are exempt, but that exception is not applicable to accounts used for mixed purposes". Weiter stellte es fest: „Indeed, a reading of the Act which exempted mixed accounts would create a loophole, for any property could be made immune by using it, at one time or another, for some minor public purpose."

Ähnlich fällt ein Urteil des Högsta domstolen, dem höchsten schwedischen Zivilgericht, aus. Ein Gläubiger hatte in ein Grundstück der russischen Handelsmission nahe Stockholm vollstreckt und unter anderem Mietforderungen pfänden lassen. Nur ein Teil der Räumlichkeiten wurde im Zusammenhang mit der diplomatischen Vertretung Russlands genutzt, der überwiegende Teil hingegen war an Privatpersonen und Unternehmen vermietet. Das Gericht wies den Einwand der Vollstreckungsimmunität des russischen Staates zurück, weil das Gebäude nicht in erheblichen Umfang für hoheitliche Zwecke genutzt wurde.[372] Die Nutzung in geringen Teilen zu diplomatischen Zwecken genüge dagegen nicht. Unterstützung erfährt dieser Ansatz in der Literatur.[373]

---

[370] Aus der Perspektive der französischen Rechtsordnung *Sawah*, Les immunités des états et des organisations internationales, S. 169 f.

[371] U.S. District Court, District of Columbia, *Birch Shipping Corp. v. The Embassy of the United Republic of Tanzania*, 507 F.Supp 311, 313 (1980).

[372] *Mahmoudi*, in: Boschiero/Scovazzi/Ragni u. a. (Hrsg.), International Courts and the Development of International Law, S. 77, 88.

[373] *Crawford*, 75 American Journal of International Law (1981) 820, 863; *Lange*, Internationale Rechts- und Forderungspfändung, S. 108 f.

Auch dieser Lösungsansatz kann nicht überzeugen. Schraubt man die objektiven Voraussetzungen für einen Vollstreckungszugriff zugunsten des Gläubigers herunter, wird eine Vollstreckung erfolglos bleiben, wenn der Schuldnerstaat die ganz überwiegende Nutzung der Vermögensmittel zu hoheitlichen Zwecken ungeprüft behaupten kann. Sind wie bei dem Urteil des Högsta domstolen Gebäude betroffen, wird man die Nutzung im Einzelnen aufklären können; bei Konten sieht es dagegen anders aus. Die Immunitätsbeurteilung gemischtgenutzter Vermögenswerte allein auf eine Lösung nach dem Schwerpunkt zu stützen, führt nicht weiter.

cc) Aufteilung des Kontos

Gemischtgenutzte Konten nach dem Schwerpunkt oder dem Verhältnis seiner Nutzungszwecke zueinander zu beurteilen, führt an dem eigentlichen Problem vorbei. Die Schwierigkeiten bei der Beurteilung der Immunitätsreichweite resultieren vor allem aus Tatsachenzweifeln, die in zwei Ausprägungen auftreten können. In dem einen Fall ist nachgewiesen, dass beispielsweise Kontogelder für nichthoheitliche Zwecke verwendet werden, gleichzeitig kann aber nicht ausgeschlossen werden, dass andere Teile Vollstreckungsimmunität genießen. Hier hilft bereits die Beweislastentscheidung zu Lasten des fremden Staates weiter. Bleiben Zweifel an der Nutzung einzelner Vermögensteile, gehen diese zu Lasten der Immunität. In dem anderen Fall steht zur ausreichenden Überzeugung des Gerichts fest, dass das betroffene Konto zu verschiedenen Zwecken genutzt wird. Dann vermag allein eine Trennung zwischen den einzelnen Vermögensteilen über die Immunität entscheiden.

Für diesen Weg etwa hat sich die International Law Association entschieden. Art. VII.B. des Montreal-Draft ordnet an: „In the case of mixed financial accounts that proportion duly identified of the account used for non-commercial activity shall be entitled to immunity." Dabei muss der Schuldnerstaat nachweisen, dass bestimmte Teile des Vermögensgegenstands für hoheitliche Zwecke verwendet werden. Gelingt ihm das nicht, steht der gesamte Vermögensgegenstand dem Vollstreckungszugriff offen.[374] Auch das U.S. District Court, Southern District of New York, lehnte in der Sache *Weston Compagnie v. La Republica del Ecuador* für Zentralbankenkonten eine Alles-oder-nichts-Lösung ab und verwarf die in den Urteilen *Birch Shipping Corp.* und *Liberian Eastern Timer Corp.* vertretene Lösung. Wenn ohne weitergehende discovery eine ausreichende Tatsachengrundlage bestehe, solle das Gericht zwischen nichtimmunen Vermögen

---

[374] *International Law Association*, 60 International Law Association Conference Reports (1982) 325, 336; in der Literatur spricht sich für diesen Weg Schreuer, State Immunity, S. 159, aus.

und den Teilen, die Vollstreckungsimmunität für sich beanspruchen könnten, differenzieren.[375]

Für die deutsche Rechtsordnung hat das Bundesverfassungsgericht im Jahr 2012 explizit klargestellt, dass sich die

„Reichweite der Vollstreckungsimmunität nur auf den Umfang hoheitlicher Zwecksetzung beschränkt, das allgemeine Völkerrecht bei gemischt genutzten Gegenständen mit anderen Worten einer Vollstreckung in die nicht hoheitlich genutzten Teile von Gegenständen grundsätzlich nicht entgegensteht".[376]

Damit verlagert sich das Problem auf die Nachweisbarkeit. Aber eine Zuordnung der Vermögensmassen zu hoheitlichen und nichthoheitlichen Zwecken wird nicht gelingen, wenn man von dem Staat nicht von vornherein verlangt, für eine klare Unterscheidung zu sorgen und die unterschiedlichen Zweckbestimmungen erkennbar zu dokumentieren. Das gilt erst recht, wenn man bloß eine Erklärung des diplomatischen Personals, ohne dass nachprüfbare Umstände dargestellt werden, zum Nachweis der hoheitlichen Zwecksetzung ausreichen lässt. Auch das OLG Frankfurt erkannte in einem unveröffentlichten Beschluss zur Vollstreckungsimmunität von Zentralbankenkonten, dass sich die Schwierigkeiten einer Mischnutzung nur auf diesem Weg bewältigen lassen. Es sprach sich dafür aus, dass bei „gemischten Konten *eines Staates* mit zugleich hoheitlicher und nichthoheitlicher Zweckbestimmung unter gewissen Umständen erhöhte Anforderungen an die Beweislast des ausländischen Staates für die Beeinträchtigung seiner hoheitlichen Zwecke gestellt werden müssen". Es verlangte von dem fremden Staat, „den vollen Nachweis für die nach außen erkennbare hoheitliche Zwecksetzung eines Kontos bzw. eines Guthabens".[377] Da die betroffene Zentralbank die Nutzungszwecke nicht anhand objektiv überprüfbarer Anhaltspunkte belegen konnte, lehnte das Gericht die Immunität des gesamten Kontoguthabens ab.

---

[375] U.S. District Court, S.D.N.Y., *Weston Compagnie de Finance et D'investissement v. La Republica del Ecuador*, 823 F.Supp 1106, 1114 (1993).

[376] BVerfG, NJW 2012, 293, 295, unter Verweis auf die Formulierung „soweit" in BVerfG, NJW 1978, 485; BVerfG, NJW 1983, 2766.

[377] OLG Frankfurt, Ent. v. 03.08.2000, Rs. 26 W 82/2000 (unveröffentlicht).

VI. Vollstreckungsimmunität Internationaler Zentralbanken

1. Relevanz der Vollstreckungsimmunität von Internationalen Zentralbanken

Die Vollstreckungsimmunität von Internationalen Zentralbanken war in der Rechtsprechungspraxis nationaler Gerichte bislang ohne Bedeutung. Trotzdem ist die Vollstreckungsimmunität dieser Institute relevant. Internationale Zentralbanken, wie die EZB bzw. das ESZB, sind in der Rechtswirklichkeit präsent. Zudem können diese Institute Ziel von Vollstreckungsverfahren werden. Zum einen schließen die Zentralbanken einer Währungsunion, nicht anders als ihre staatlichen Pendants, im Rahmen der Erfüllung ihrer Aufgaben im großen Umfang Finanzgeschäfte auf den Märkten ab.[1] So ist denkbar, dass privaten Gläubigern aus dieser Geschäftstätigkeit Ansprüche erwachsen, die sie im Wege der Vollstreckung geltend machen. Zum anderen hat das Verfahren vor dem Schweizerischen Bundesgericht zwischen US-amerikanischen Hedgefonds und der BIZ deutlich gemacht, dass ausländische Staaten und Zentralbanken umfangreiche Vermögenswerte auf Konten und Depots der BIZ halten, die Ziel von Vollstreckungsversuchen privater Gläubiger werden können,[2] gleichzeitig aber von dem Immunitätsregime Internationaler Zentralbanken erfasst sein können. Auch insoweit muss näher untersucht werden, inwieweit Internationale Zentralbanken von einer Vollstreckungsimmunität profitieren.

---

[1] Dazu sogleich. Ein Beispiel bildet das Ankaufprogramm der EZB für Anleihen, vgl. dazu EuGH, *OMT-Programm*, NJW 2015, 2013.

[2] Schw. Bundesgericht, *NML Capital Ltd. und EM Limited gg. Bank für Internationalen Zahlungsausgleich* 136 III BGE, 379.

2. Immunitätsregime Internationaler Zentralbanken

a) Völkerrechtlicher Status Internationaler Zentralbanken

Internationale Zentralbanken können immunitätsrechtlich nicht mit Staaten gleichgesetzt werden. Sie sind kein Teil eines souveränen Staates. Sie bilden Internationale Organisationen oder gehören ihnen an.

Internationale Organisationen bilden eine eigenständige Kategorie von Handlungs- und Rechtssubjekten in der Völkerrechtslandschaft. Sie können definiert werden als ein auf einem völkerrechtlichen Vertrag beruhender, mitgliedschaftlich strukturierter Zusammenschluss von mehreren Völkerrechtssubjekten, der mit eigenen Organen in dem Gründungsvertrag festgelegte Zwecke verfolgt.[3] Sie sind eine Kooperationsform zwischen verschiedenen Völkerrechtssubjekten und dabei in allen Aspekten ein Produkt der vertraglichen Willenseinigung ihrer Urheber. Sämtliche Aspekte der Existenz fließen aus diesem Vertrag mit der Folge, dass insbesondere die völkerrechtliche Rechtspersönlichkeit und die Handlungsfähigkeit nur so weit reichen, wie statuarische Ziele und Zwecke dies erfordern.[4] Insoweit ist ihre Existenz im Völkerrecht, im Gegensatz zu souveränen Staaten, a priori partikular.

b) Das eigenständige Immunitätsregime Internationaler Organisationen

aa) Systematische Unabhängigkeit der Immunitätsregime

Die unterschiedliche Qualität der Völkerrechtssubjektivität schlägt auf das Immunitätsrecht durch. Die Immunitätsregime von Staaten und Internationalen Organisationen stehen systematisch unabhängig nebeneinander; sie trennt eine jeweils eigene historische Entwicklung, abweichende Geltungsgründe und ein unterschiedlicher Umfang. In begrifflicher Abgrenzung zur Staatenimmunität hat sich für die Immunität Internationaler Organisationen die unglücklich uneindeutige Bezeichnung der „Internationalen Immunität" etabliert. Der Regelungszweck beider Immunitätsregime ist derselbe, Immunität meint auch hier die Befreiung von staatlicher Gerichtsgewalt. Ihre Binnendifferenzierung fällt nicht anders als die der Staatenimmunität aus. Die Vollstreckungsimmunität ist von

---

[3] *Klein/Schmahl*, in: Graf Vitzthum/Proelß (Hrsg.), Völkerrecht, Abschnitt IV Rn. 12; *Dahm/Delbrück/Wolfrum*, Völkerrecht, Band I/2, S. 208 ff., fordern zudem eine auf Dauer angelegte Organisationsstruktur.

[4] *Doehring*, Völkerrecht, S. 94 f.

der Immunität in Erkenntnisverfahren zu trennen und folgt eigenen Regelungen.[5] Auch hier bedarf es etwa für das Vollstreckungsverfahren eines gesonderten Verzichts.

Historisch nahm die Entwicklung der Immunität der Internationalen Organisationen zwar Anleihen bei der diplomatischen Immunität und der Immunität von Staaten. Sie hat sich aber erst viel später im 20. Jahrhundert mit der sprunghaften Proliferation Internationaler Organisationen als eigenständiges Immunitätsregime etabliert.[6] Art. 105 der 1947 verabschiedeten Charta der Vereinten Nationen dient als eine Art Gründungsdokument, weil die Bestimmung im ersten Absatz erstmals die eigenständige Immunität einer bedeutenden Organisation festlegte und eine Leitbildfunktion für nachfolgende Regelungen entwickelte.[7] Sie lautet:

„Die Organisation genießt im Hoheitsgebiet jedes Mitglieds die Vorrechte und Immunitäten, die zur Verwirklichung ihrer Ziele erforderlich sind."

bb) Geltungsgründe der Immunität

Der auf die spezifischen Funktionen der Organisationen gerichtete Schutzumfang weist auf die Ratio hin, aus der sich die Immunität nach überwiegender Auffassung speist. Die Immunität rechtfertigt sich nach der in der Vielfalt der Begründungsansätze[8] überwiegend vertretenen Auffassung durch den Zweck, eine Unabhängigkeit zu gewährleisten, damit die Organisation ihre Gründungszwecke und ihre Aufgaben wirksam erfüllen kann. Um Souveränitätsverluste durch einen Beitritt zu einer Internationalen Organisation hinzunehmen, müssen die Mitgliedstaaten von der Unparteilichkeit der Organisation überzeugt sein. Können einzelne Mitglieder die Aufgabenerfüllung der Organisation durch Ausübung ihrer Gerichtsgewalt zu ihren Gunsten beeinflussen, schadet das dem Vertrauen der Mitglieder und untergräbt die Autorität der Organisation genauso wie die Effektivität ihres Handelns gegenüber den Mitgliedstaaten.[9] In eine ähnliche

---

[5] *Wenckstern*, Die Immunität internationaler Organisationen, Rn. 793; *Tauchmann*, Die Immunität internationaler Organisationen gegenüber Zwangsvollstreckungsmaßnahmen, S. 77.

[6] *Amerasinghe*, Principles of the Institutional Law of International Organizations, S. 6; *Ruffert/Walter*, Institutionalisiertes Völkerrecht, Rn. 53 ff.

[7] *International Law Association*, 66 International Law Association Conference Reports (1994) 452, 474 ff.

[8] Eine Sammlung bietet *Wenckstern*, Die Immunität internationaler Organisationen, Rn. 53 ff.

[9] *Seidl-Hohenveldern/Loibl*, Das Recht der internationalen Organisationen einschließlich der Supranationalen Gemeinschaften, Rn. 1901; *Tauchmann*, Die Immunität internationaler Organisationen gegenüber Zwangsvollstreckungsmaßnahmen, S. 41 f.; *Wenckstern*, Die Immunität internationaler Organisationen, Rn. 44.

Richtung geht das Argument, Mitgliedstaaten dürften ihre Rechtsauffassungen der Organisation nicht aufoktroyieren und auf diese Weise Einfluss ausüben. Hinzu tritt die Überlegung, dass die Effektivität der Aufgabenerfüllung leide, wenn nationale Gerichte die Rechte der Organisationen unterschiedlich beurteilten.[10]

Die Vollstreckungsimmunität trägt dem Funktionsschutz in zweierlei Hinsicht Rechnung: Zum einen sichert sie die finanzielle und gegenständliche Ausstattung, das *sachliche Substrat*[11] der Organisation, ohne dass eine Erfüllung des Organisationszwecks rasch unmöglich und die Daseinsberechtigung infrage gestellt wäre.[12] Zum anderen nimmt die Vollstreckungsimmunität einzelnen Staaten das ultimative Druckmittel, um die Tätigkeit der Organisation zu beeinflussen, und schützt somit die Entschließungsfreiheit der Korporation.[13] In einem Rechtsstaat mit einer unabhängigen Justiz ist letzterer Aspekt von untergeordneter Bedeutung.

Die Gewährleistung der Funktionsfähigkeit der Organisation berührt unmittelbar nur das Verhältnis zu den Mitgliedern. Wenn die Vollstreckungsimmunität auch gegenüber anderen Völkerrechtssubjekten wirken soll, die nicht an der Organisation beteiligt sind, kann dieser Aspekt nicht Platz greifen. Es bedarf daher darüber hinausgehender Erklärungen, die absolut wirken. Hier führen insbesondere die Gedanken weiter, dass eine Internationale Organisation stets Kreatur der Souveränitätsausübung der Mitgliedstaaten ist und sich die Immunität der Organisation von den Mitgliedstaaten ableitet.[14] Schließlich ist ihre Existenz mit dem Mitgliederbestand verknüpft, denn ohne Mitglieder geht die Organisation trotz jeder rechtlichen Verselbstständigung unter.[15] Zusätzlich lässt sich anführen, dass sich Internationale Organisationen in Hinblick auf die Ausübung nationaler Gerichtsgewalt in einer mit Staaten vergleichbaren Lage wiederfinden. Denn wenn man die neuere Sichtweise zugrunde legt, dient die Immunität hier wie dort dazu, die effektive Erfüllung konkreter Funktionen zu gewährleisten.

---

[10] Nachweise bei *Wenckstern*, Die Immunität internationaler Organisationen, Rn. 53 ff.

[11] *Wenckstern*, Die Immunität internationaler Organisationen, Rn. 804.

[12] *International Law Commission*, Yearbook of the International Law Commission 1985 Bd. II, Teil 1, 145, 163.

[13] *Tauchmann*, Die Immunität internationaler Organisationen gegenüber Zwangsvollstreckungsmaßnahmen, S. 78 ff.

[14] *Schröer*, Revue générale de droit international public 75 (1971), 712, 724, weitere Nachweise bei *Wenckstern*, Die Immunität internationaler Organisationen, Rn. 56.

[15] *Klein/Schmahl*, in: Graf Vitzthum/Proelß (Hrsg.), Völkerrecht, Abschnitt IV Rn. 54; *Seidl-Hohenveldern/Loibl*, Das Recht der internationalen Organisationen einschließlich der Supranationalen Gemeinschaften, S. 280 ff.

c) Rechtsquellen und die Reichweite der Immunität

aa) Immunitätsbestimmungen der völkerrechtlichen Verträge

(1) Relativität der Immunitätsgewährleistungen

Die bedeutendste Rechtsquelle der Internationalen Immunität bilden völkerrechtliche Verträge.[16] Immunitätsregeln, die alle Mitgliedstaaten binden, werden entweder bereits in den Gründungsverträgen oder in speziellen multilateralen Abkommen wie etwa dem *Protokoll über die Immunitäten der BIZ*,[17] bei denen die Organisation nicht selber Vertragspartner wird, sondern Begünstiger eines Vertrags zwischen Mitgliedstaaten. Internationale Organisationen schließen selber regelmäßig ergänzend spezielle Abkommen mit dem Sitzstaat ab, in denen die Befreiung von der Gerichtsgewalt des Gaststaates ausführlich geregelt ist. Auch die BIZ und die Europäische Zentralbank haben ihre Gerichtsunterworfenheit in der Schweiz bzw. der Bundesrepublik Deutschland in eigenen Abkommen näher festgelegt.[18]

Inhaltlich geben die Verträge ein sehr unübersichtliches, mosaikhaftes Bild ab. Die Verträge lassen eine Differenzierung der Immunitätsregeln nach der Art der Organisation erkennen. So weisen Organisationen mit ähnlichen Aufgaben bestimmte Typen von Immunitätsregeln auf, die auf die jeweiligen Organisationszwecke zugeschnitten sind. Trotz aller Binnendifferenzierung lassen sich mit einem hohen Maß an Abstraktheit verallgemeinernde Aussagen treffen.

---

[16] Zum Nachfolgenden *Wenckstern*, Die Immunität internationaler Organisationen, Rn. 96 ff.

[17] Die Immunität der Bank wird zudem in einem Protokoll über die Immunität der Bank für Internationalen Zahlungsausgleich (nachstehend „Brüsseler Protokoll"), das die Vertragsstaaten des Haager Reparationsabkommens am 30. Juli 1936 in Brüssel abgeschlossen hatten, zusätzlich geregelt. Das Protokoll präzisiert die Immunitätsrechte der Bank und sichert die Immunitätsstellung gegenüber den Signatarstaaten ab. Die Bundesrepublik Deutschland trat dem Protokoll mit Gesetz vom 19.03.1956 über den Beitritt der BRD zum Brüsseler Protokoll vom 30. Juli 1936 über die Immunitäten der Bank für Internationalen Zahlungsausgleich bei, BGBl. II 1956, 331. Davor hatte sich Deutschland in dem Haager Reparationsabkommen vom 20. Januar 1930 zur Achtung der Immunität der BIZ verpflichtet, vgl. die Präambel des Brüsseler Protokolls.

[18] Abkommen zwischen dem Schweizerischen Bundesrat und der Bank für Internationalen Zahlungsausgleich zur Regelung der rechtlichen Stellung der Bank in der Schweiz vom 10. Februar 1987 und Abkommen zwischen der Europäischen Zentralbank und der Regierung der Bundesrepublik Deutschland über den Sitz der Europäischen Zentralbank, vgl. das Zustimmungsgesetz v. 19.12.1998, BGBl. II 1998, 2995.

(2) Traditionelle Auffassung von der absoluten Immunität

Nach der traditionellen Auffassung geht aus den vertraglichen Grundlagen der Internationalen Immunität eine Vollstreckungsimmunität hervor, die im Grundsatz absolut ist.[19] Die Ausübung nationaler Vollstreckungsgewalt ist danach bei sämtlichen Vollstreckungsobjekten ausgeschlossen. Exemplarisch sieht Abschnitt 2 des Übereinkommens über die Vorrechte und Immunitäten der Vereinten Nationen vom 13. Februar 1946[20] eine umfassende Vollstreckungsimmunität vor, indem dieser bestimmt:

„Die Organisation der Vereinten Nationen, ihr Vermögen und ihr Guthaben, gleichviel wo und in wessen Besitz sie sich befinden, genießen Immunität von der Gerichtsbarkeit, soweit nicht im Einzelfall die Organisation ausdrücklich auf sie verzichtet hat."

Die Vollstreckungsimmunität für Internationale Organisationen im Finanzbereich, etwa internationale Entwicklungsbanken oder die Multilaterale Investitions-Garantie-Agentur („MIGA") als Teil der Weltbankgruppe,[21] fällt häufig anders aus. Dort ist die Immunität für Rechtsstreitigkeiten regelmäßig aus gewöhnlichen Finanzgeschäften mit Dritten ausgeschlossen. Und auch die Vollstreckung von rechtskräftigen Urteilen, die die Teilnahme am Wirtschaftsleben betreffen, wird zugelassen.[22] Hier ist die Immunität demnach von vornherein beschränkt. Allerdings beruht die Einschränkung der Immunität nicht auf der besonderen Qualität der Finanzgeschäfte und der dazu verwendeten Vermögenswerte, sondern folgt schlicht aus der praktischen Erwägung, dass wirksame Rechtsdurchsetzungsmöglichkeiten der Gläubiger die Kreditwürdigkeit der Organisationen erhöhen und ihnen den Zugang zu Kapital für ihre Finanzierungstätigkeit erleichtern.

Die Ansicht, die sich für eine absolute Immunität ausspricht, begründet die Abweichung von der modernen Gestalt der Vollstreckungsimmunität im Rahmen

---

[19] *Tauchmann*, Die Immunität internationaler Organisationen gegenüber Zwangsvollstreckungsmaßnahmen, S. 77; *Seidl-Hohenveldern/Loibl*, Das Recht der internationalen Organisationen einschließlich der Supranationalen Gemeinschaften, S. 282; *Geimer/Geimer/Geimer*, Internationales Zivilprozessrecht, Rn. 825; *Damian*, Staatenimmunität und Gerichtszwang, S. 85; für die Schweiz Schw. Bundesgericht, *NML Capital Ltd. und EM Limited gg. Bank für Internationalen Zahlungsausgleich*, 136 III BGE, 379, 386; für Österreich *Klauser/Kodek/Horn*, Jurisdiktionsnorm und Zivilprozessordnung, Art. IX EGJN Rn. E 14.
[20] BGBl. 1980 II, 943, 944.
[21] Die MIGA wurde 1985 gegründet, um Investitionen Privater vor allem in den Entwicklungsländern durch Absicherungen gegen politische Risiken zu fördern, vgl. Art. 2 der Convention establishing the Multilateral Investment Guarantee Agency, Zustimmungsgesetz zum Beitritt Deutschlands vom 20.08.1987, BGBl. 1987 II, 454.
[22] *Wenckstern*, Die Immunität internationaler Organisationen, Rn. 834 ff.; *Sands/Klein/Bowett*, Bowett's Law of International Institutions, Rn. 15-050.

der Staatenimmunität mit dem streng funktionalen Charakter Internationaler Organisationen. Häufig stößt man auf das Argument, dass „infolge des *funktionellen* Charakters der Rechtspersönlichkeit jeder Internationalen Organisation [...] *alle* ihre Handlungen *eng* mit ihrem *Organisationszweck* in Verbindung stehen müssen"[23] und daher eine Unterscheidung im Sinne des Rechts der Staatenimmunität nicht möglich sei. Sofern den Organisationen marktwirtschaftliche Aktivitäten erlaubt seien, sei die statuarische Immunität ohnehin beschränkt.[24] Andere haben bereits darauf hingewiesen, dass diese Sichtweise verkennt, dass Internationale Organisationen selbstverständlich ihren Organisationszweck unzulässigerweise überschreiten können und insoweit sich eine Immunitätsgewährung nicht rechtfertigen lässt.[25]

Eine absolute Immunität Internationaler Organisationen beschwört rasch einen Konflikt mit dem grundrechtlich verbürgten Justizgewährleistungsanspruch und dem konventionsrechtlich geschützten Recht auf freien Zugang zu den Gerichten herauf.[26] Allerdings hat die Rechtsprechung einen Ausweg aus dem unweigerlichen Konflikt zwischen Immunität und individuellen Rechtsschutzgewährleistungen ausgemacht, indem sie akzeptiert, dass die Lücken gerichtlichen Rechtsschutzes durch interne Rechtsschutzmechanismen der Organisation kompensiert werden können.[27] Der EGMR hielt etwa in den vielbeachteten Rechtssachen *Waite and Kennedy* und *Beer and Reagan* die Immunitätsgewährung deutscher Gerichte für arbeitsrechtliche Klagen gegen die European Space Agency für einen verhältnismäßigen Eingriff in Art. 6 Abs. 1 EMRK, weil den Betroffenen dadurch, dass sie zur Beilegung der Streitigkeit den unabhängigen Appeals Board der ESA anrufen konnten, vernünftige alternative Rechtsschutzmöglichkeiten zur Verfügung stünden.[28]

In den hier untersuchten Konstellationen hat dieses Argument allerdings keine Berechtigung. Interne Rechtsschutzsysteme der Organisationen stehen in der Re-

---

[23] *Seidl-Hohenveldern/Loibl*, Das Recht der internationalen Organisationen einschließlich der Supranationalen Gemeinschaften, S. 282 (Hervorhebungen im Werk); zustimmend *Geimer/Geimer/Geimer*, Internationales Zivilprozessrecht, Rn. 825; *Damian*, Staatenimmunität und Gerichtszwang, S. 85; *Crawford*, Brownlie's Principles of Public International Law, S. 174 f.; aus der Rechtsprechung etwa das Schweizerische Bundesgericht, Schw. Bundesgericht, *NML Capital Ltd. und EM Limited gg. Bank für Internationalen Zahlungsausgleich*, 136 III BGE, 379, 386; weitere Nachweise bei *Gaillard/Pingel-Lenuzza*, 51 The International and Comparative Law Quarterly (2002) 1, Fn. 8.

[24] *Damian*, Staatenimmunität und Gerichtszwang, S. 85.

[25] *Peters*, SZIER 21 (2011), 397, 409.

[26] Im Einzelnen dazu *Tauchmann*, Die Immunität internationaler Organisationen gegenüber Zwangsvollstreckungsmaßnahmen, S. 186 ff.

[27] Nachweise bei *Peters*, SZIER 21 (2011), 397, 424.

[28] EGMR, *Case of Waite and Kennedy v. Germany*, NJW 1999, 1173, 1175; das Urteil in der Parallelsache ist gleichlautend, EGMR, *Case of Beer and Regan v. Germany*, [1999] ECHR 6.

gel allein für Binnenrechtsstreitigkeiten, insbesondere für arbeitsrechtliche Streitigkeiten, zur Verfügung. Für Zwangsvollstreckungen in das Vermögen der Organisationen, vor allem von Außenstehenden, existieren solche Mechanismen nicht und können daher nicht die Rechtsschutzlücke füllen, die eine absolute Vollstreckungsimmunität Internationaler Organisationen verursacht.[29] Insofern bleibt der Konflikt zwischen den durch die Vollstreckungsimmunität geschützten Interessen der Organisation an funktionaler Unabhängigkeit und dem Rechtsschutzanspruch des Einzelnen ungelöst.

(3) Functional necessity-Doktrin

Um den individuellen Ansprüchen auf Justizgewährleistung mehr Raum zu geben, drängt die moderne, vordringende Ansicht den Immunitätsschutz für Internationale Organisationen inhaltlich zurück.[30] Dabei knüpft sie an der Ratio der Internationalen Immunität an, allein die Funktionsfähigkeit der Organisation abzusichern, und gesteht Internationalen Organisationen eine Befreiung von der Gerichtsgewalt nur insoweit zu, als dies zur Erfüllung ihrer spezifischen Funktionen notwendig ist (sog. Functional necessity-Doctrin).[31] Die Regelungen des spanischen Immunitätsgesetzes aus dem Jahr 2015 verfolgen diesen Ansatz. Art. 35 des Gesetzes erstreckt die Immunität gegenüber jeglicher Jurisdiktionsgewalt auf sämtliche Handlungen mit Bezug zu den Funktionen der Organisation mit Ausnahme von arbeitsrechtlichen Binnenstreitigkeiten und Verkehrsunfällen.[32]

Die funktionale Erforderlichkeit knüpft an die Reichweite der statuarischen Kompetenzen der jeweiligen Organisation an, die zugleich die Grenzen der Völkerrechtsfähigkeit markiert.[33] Nach einer verbreiteten Sichtweise soll der Umfang der funktional ausgerichteten Immunität noch enger ausfallen und nur solche Bereiche erfassen, die essentiell für eine wirksame Aufgabenerfüllung der Organisationen sind.[34]

---

[29] *Tauchmann*, Die Immunität internationaler Organisationen gegenüber Zwangsvollstreckungsmaßnahmen, S. 195 ff.

[30] *Dahm/Delbrück/Wolfrum*, Völkerrecht, Band I/2, S. 221; *Gaillard/Pingel-Lenuzza*, 51 The International and Comparative Law Quarterly (2002) 1, 4; *Fox/Webb*, The Law of State Immunity, S. 575; *Wenckstern*, Die Immunität internationaler Organisationen, Rn. 68 m.w.N.; *Peters*, SZIER 21 (2011), 397, 407.

[31] *Ruffert/Walter*, Institutionalisiertes Völkerrecht, Rn. 186; *Gottwald/Nagel*, Internationales Zivilprozessrecht, S. 61.

[32] Oben, S. 193, Rn. 164.

[33] Vgl. nur *Dahm/Delbrück/Wolfrum*, Völkerrecht, Band I/2, S. 214; *Reinisch*, in: Klabbers/ Wallendahl (Hrsg.), Research Handbook on the Law of International Organizations, S. 132, 133

[34] *Bekker*, The legal position of intergovernmental organizations, S. 5, 156 ff.; zu den Dis-

Methodisch wird der Immunitätseinschränkung *de lege lata* Geltung verschafft, indem Auslegungsspielräume der vertraglichen Immunitätsregelungen unter Rückgriff auf den jeweiligen Organisationszweck und den Aufgabenbestand ausgefüllt werden.[35] In der Praxis haben Gerichte allerdings Schwierigkeiten, die funktionale Immunitätsbeschränkung umzusetzen, was faktisch häufig zu der Anwendung einer absoluten Immunität führt.[36]

(4) Konvergenz der Immunitätsregime

De *lege ferenda* spricht viel dafür, noch ein paar Schritte weiter zu gehen und die Immunitätsreichweite derjenigen der Staatenimmunität anzunähern.[37] In der Studie „The practice of the United Nations, the specialized agencies and the International Atomic Energy Agency concerning their status, privileges and immunities" prophezeit das Sekretariat der ILC:

„Although not directly applicable to international organizations, the changing doctrine of sovereign immunity and in particular the more restrictive approach to the commercial activity of foreign sovereigns will inevitably have an impact on the way national courts view the activities of international organizations."[38]

Tatsächlich werden die Unterschiede zwischen den Immunitätsregimen immer kleiner. Wie oben gezeigt, hat sich auch der Immunitätsschutz von Staaten in Vollstreckungsverfahren gleichermaßen durch die Fokussierung auf die hinter den Vollstreckungsobjekten stehenden Verwendungszwecke auf konkrete staatliche Funktionen verengt.[39]

Die frühere italienische und US-amerikanische Rechtsprechung hat die Grundsätze der Staatenimmunität auf Internationale Organisationen übertragen, ohne dass die Staatenpraxis diesem Ansatz gefolgt ist.[40] Hartnäckig hält sich das Argument, dass die Völkerrechtssubjekte zu unterschiedlich seien, als dass die Immunitätsregime gleichlaufen könnten.[41] Richtig ist, dass die Unabhängigkeit der

---

krepanzen zwischen Kompetenz und funktional notwendiger Immunität *Tauchmann*, Die Immunität internationaler Organisationen gegenüber Zwangsvollstreckungsmaßnahmen, S. 237.

[35] So etwa *Peters*, SZIER 21 (2011), 397, 408.

[36] Nachweise bei *Reinisch*, in: Klabbers/Wallendahl (Hrsg.), Research Handbook on the Law of International Organizations, S. 132, 138 ff.

[37] Dafür auch *Gaillard/Pingel-Lenuzza*, 51 The International and Comparative Law Quarterly (2002) 1, 7.

[38] *International Law Commission*, Yearbook of the International Law Commission 1985 Bd. II, Teil 1, 145, 161.

[39] So auch *Peters*, SZIER 21 (2011), 397, 413, 414.

[40] *Tauchmann*, Die Immunität internationaler Organisationen gegenüber Zwangsvollstreckungsmaßnahmen, S. 46 f.

[41] *Tauchmann*, Die Immunität internationaler Organisationen gegenüber Zwangsvollstreckungsmaßnahmen, S. 47.

Organisationen durch Zugriff auf sämtliche Vermögenswerte bedroht ist und sie insoweit verwundbarer sind, weil kein eigenes Territorium Schutz bietet.[42] Auch kann die Immunität keinen inneren Souveränitätsbereich Internationaler Organisationen schützen, weil sie keine Souveränität genießen.[43]

Allerdings führt die traditionelle Sichtweise zu dem wenig erträglichen Ergebnis, dass Internationale Organisationen nach einem funktionalen Immunitätsverständnis Befreiungen von der Gerichtsbarkeit genießen, die Staaten als geborenen Völkerrechtssubjekten nicht zustehen. Scharf tritt der Widerspruch bei überstaatlichen Zentralbanken hervor. Sobald mehrere Staaten Zentralbankfunktionen auf eine Internationale Organisation übertragen, fallen sie in einen Immunitätsschutz, der auf den Zweck von Vermögensgegenständen keine Rücksicht nimmt und damit zu Lasten der Gläubiger vom Recht der Staatenimmunität abweicht. Warum gerade eine überstaatliche Zentralbank Immunität genießen soll, wenn sie beispielsweise einen Staatsfonds unterhält und bloße Finanzinvestitionen zur Vermögenssteigerung tätigt, leuchtet nicht ein. Stringenter wäre es, die Vollstreckungsimmunität analog zur Staatenimmunität von der Zweckverwendung abhängig zu machen. Dabei kann auf dieselben Abgrenzungskriterien abgestellt werden, so dass beispielsweise überstaatlichen Zentralbanken allein für solche Vermögenswerte Vollstreckungsimmunität zusteht, für die auch staatliche Institute von der Gerichtsbarkeit befreit wären („Als-ob-Betrachtung").[44]

bb) Regelung der Immunität von Internationalen Zentralbanken in nationalen Immunitätsgesetzen

Die völkerrechtlichen Verträge werden selten durch nationale Immunitätsgesetze für Internationale Organisationen ergänzt. Beipiele sind der US-amerikanische „International Organizations Immunities Act of 1945"[45] oder das österreichische „Gesetz über die Einräumung von Privilegien und Immunitäten an internationale Organisationen".[46] Innerstaatliche Gesetze sind in der Regel allein für Internationale Organisationen von Bedeutung, denen die jeweiligen Erlassstaaten nicht angehören. Inhaltlich haben die Bestimmungen nicht den Anspruch, verallgemeinerungsfähige Immunitätsregelungen bereitzustellen. Der britische „International Organisations Act 2005" vom 7. April 2005[47] etwa regelt lediglich Einzelheiten für ausgesuchte Organisationen, die gesetzlichen Immunitätsvorschriften

---

[42] *Wenckstern*, Die Immunität internationaler Organisationen, 199.
[43] *Ruffert/Walter*, Institutionalisiertes Völkerrecht, Rn. 183.
[44] Für eine Angleichung ebenfalls *Peters*, SZIER 21 (2011), 397, 417.
[45] Pub. L. No. 79-291, 59 Stat. 669, 2 U.S.C. §§ 288-288l, nachstehend bezeichnet als „IOIA US".
[46] Bundesgesetz vom 14. Dezember 1977, BGBl. Nr. 677/1977.
[47] International Organisations Act 2005 vom 07.04.2005, c.20.

in Kanada,[48] Australien[49] und Österreich[50] ermächtigen die Exekutive zur individuellen Immunitätsgewährung, und der US-amerikanische IOIA erklärt schlicht die für Staaten geltende Immunität für anwendbar. Bei Verabschiedung des Gesetzes nach Ende des Zweiten Weltkrieges galt in den USA noch eine unbeschränkte Immunität, was erst durch den FSIA US geändert wurde. Bislang herrscht unter US-amerikanischen Gerichten noch keine Einigkeit, ob der IOIA US einen dynamischen Verweis enthält und die zwischenzeitliche Weiterentwicklung der Immunitätsreichweite für Staaten auf Internationale Organisationen durchschlägt.[51]

cc) Vollstreckungsimmunität auf Grundlage einer völkergewohnheitsrechtlichen Regel

Ob darüber hinaus die Immunität Internationaler Organisationen bereits Bestandteil des Völkergewohnheitsrechts ist und welche Gestalt sie darin annimmt, ist ausgesprochen umstritten.[52] Die Beurteilung hängt davon ab, ob man eine beständige und zumindest annähernd einheitliche Vertragspraxis als hinreichende staatliche Übung deutet.[53] Ob nationale Gerichte ihre Jurisdiktionsgewalt zurücknehmen müssen, wird allein in den seltenen Fällen virulent, in denen vertragliche Immunitätsregelungen nicht eingreifen, also vor allem gegenüber Nichtmitgliedstaaten, in denen die betreffende Organisation nicht angesiedelt ist.

---

[48] Sec. 5(1) Foreign Missions and International Organizations Act vom 12.05.1991, S.C. 1991, c. 41.

[49] Sec. 6(1) International Organisations (Privileges and Immunities) Act 1963 vom 18.10.1963.

[50] § 1 Abs. 1 Österreiches Gesetz über die Einräumung von Privilegien und Immunitäten an internationale Organisationen.

[51] *Young*, 44 Georgetown Journal of International Law (2012) 311, 322 ff. m. w. N.

[52] Für einen solchen völkergewohnheitsrechtlichen Rechtssatz etwa *Dahm/Delbrück/Wolfrum*, Völkerrecht, Band I/2, S. 221; *Akande*, in: Evans (Hrsg.), International Law, S. 227, 247; *Schermers/Blokker*, International Institutional Law, § 1611; nach der Ansicht von *Wenckstern*, Die Immunität internationaler Organisationen, Rn. 900 ff., entspricht das Völkergewohnheitsrecht im Bereich der Vollstreckungsimmunität den verschiedenen Typen vertraglicher Regelung; dagegen *Fox/Webb*, The Law of State Immunity, S. 573; *Crawford*, Brownlie's Principles of Public International Law, S. 173; *Sawah*, Les immunités des états et des organisations internationales, 220–221; eine Übersicht über den Meinungsstand gibt *Tauchmann*, Die Immunität internationaler Organisationen gegenüber Zwangsvollstreckungsmaßnahmen, Fn. 159. Die Schwierigkeiten bei der Feststellung einer solchen Regel resultieren vor allem daraus, dass die Staatenpraxis sich in weiten Teilen auf Verträge über bestimmte Organisationen beschränkt und nicht deutlich wird, ob vertragliche Regelungen eine völkergewohnheitsrechtliche Regelung oder eine Ausnahme von dieser zum Ausdruck bringen.

[53] *Seidl-Hohenveldern/Loibl*, Das Recht der internationalen Organisationen einschließlich der Supranationalen Gemeinschaften, Rn. 1905.

Anders als bei letzteren Konstellationen folgt die Immunität gegenüber Mitgliedstaaten und Sitzstaaten in jedem Fall bereits aus dem Verbot widersprüchlichen Verhaltens als Teil des völkerrechtlichen Prinzips von Treu und Glauben, weil Staaten nicht einerseits der Organisation beitreten bzw. diese beherbergen und andererseits den Schutz vorenthalten dürfen, den sie für ihre Funktionsfähigkeit benötigen.[54] Für Nationen, die den völkerrechtlichen Status der Einrichtung anerkannt haben, kann nichts anderes gelten, weil die Völkerrechtssubjektivität untrennbar mit ihren Funktionszwecken verknüpft ist und durch eine unbeschränkte Ausübung der Jurisdiktionsgewalt nicht konterkarriert werden darf. Die Aufnahme von privatrechtlichen Beziehungen, etwa indem Bankgeschäfte mit einer Internationalen Zentralbank abgeschlossen werden, genügt als Verpflichtungstatbestand für eine Immunitätsgewährung dagegen nicht. Denn für privatrechtliche Rechtsgeschäfte bedarf es allein einer innerstaatlichen Rechtsfähigkeit, die sich auch unabhängig von der Völkerrechtsfähigkeit aus dem Internationalen Privatrecht ergibt und mehrheitlich für das Personalstatut an das völkerrechtliche Gründungsabkommen angeknüpft wird.[55]

Aber selbst die Frage einer völkergewohnheitsrechtlichen Immunitätsregel gegenüber Mitgliedstaaten und Sitzstaaten beurteilen nationale Gerichte uneinheitlich und verneinen teilweise eine gewohnheitsrechtliche Verpflichtung zur Immunitätsgewährung.[56] Hinsichtlich Drittstaaten ohne Verbindung zu den Organisationen zeigt sich die Staatenpraxis noch zurückhaltender[57] und lässt damit den Schluss auf einen völkergewohnheitsrechtlichen Rechtssatz gerade nicht zu.[58]

---

[54] *Higgins*, Problems and process, S. 91; *Akande*, in: Evans (Hrsg.), International Law, S. 227, 247; *Sands/Klein/Bowett*, Bowett's Law of International Institutions, Rn. 15-039.

[55] *Wenckstern*, Die Immunität internationaler Organisationen, Rn. 88 f.

[56] Eindeutig zugunsten von Völkergewohnheitsrecht Supreme Court of the Netherlands, *A.S. v. Iran-United States Claims Tribunal*, Netherlands Yearbook of International Law 357, 360 (1987); weitere Nachweise bei *Reinisch*, in: Klabbers/Wallendahl (Hrsg.), Research Handbook on the Law of International Organizations, S. 132, Fn. 23; *Wickremasinghe*, in: Wolfrum (Hrsg.), The Max Planck Encyclopedia of Public International Law, S. 10, 17 f.

[57] Nachweise bei *Akande*, in: Evans (Hrsg.), International Law, S. 227, S. 247 Fn. 69; *Wickremasinghe*, in: Wolfrum (Hrsg.), The Max Planck Encyclopedia of Public International Law, S. 10, 17 f.; *Crawford*, Brownlie's Principles of Public International Law, S. 173 f.

[58] *Sands/Klein/Bowett*, Bowett's Law of International Institutions, Rn. 15-040; zu diesem Ergebnis kommt auch *Wood* in seiner ausführlichen Analyse der erkennbaren Staatenpraxis, *Wood*, 10 International Organizations Law Review (2013) 287, 312 ff.

3. Vollstreckungsimmunität der Zentralbank in einer Währungsunion – die Europäische Zentralbank

a) Grundlagen der Immunität

Die institutionelle Ausgestaltung des Zentralbankensystems der Europäischen Währungsunion weist insoweit die Besonderheit auf, dass die Zentralbankenaufgaben in einem Systemverbund aus EZB und nationalen Zentralbanken wahrgenommen werden, der selber nicht als rechtsfähige Einheit konstituiert ist. Die Immunität kann daher auch nur an den rechtsfähigen Systembestandteilen anknüpfen.[59] Wichtigste Quelle für die Immunitätsrechte der EZB sind, wie üblich für Internationale Organisationen, völkerrechtliche Verträge. Das Primärrecht der Union erstreckt in Art. 343 AEUV die für die Union geltenden Immunitätsregelungen auch auf die EZB, indem er bestimmt:

„Die Union genießt im Hoheitsgebiet der Mitgliedsstaaten die zur Erfüllung ihrer Aufgabe erforderlichen Vorrechte und Befreiungen nach Maßgabe des Protokolls vom 8. April 1965 über die Vorrechte und Befreiungen der Europäischen Union. Dasselbe gilt für die Europäische Zentralbank und die Europäische Investitionsbank."[60]

Art. 22 S. 1 Immunitätsprotokoll und Art. 39 EZSB/EZB-Satzung wiederholen die Anwendbarkeit des Immunitätsprotokolls auf die EZB. Wegen ihrer eigenständigen Völkerrechtspersönlichkeit handelt es sich dabei um eine autonome Immunität; sie leitet sich nicht bloß von der Immunität der EU ab.[61]

Die in dem Immunitätsprotokoll gewährten Immunitäten gegenüber dem Sitzstaat Deutschland sind daneben in einem zwischen dem deutschen Staat und der EZB abgeschlossenen Sitzabkommen konkretisiert.[62] Allerdings geht das Immunitätsprotokoll als Bestandteil des Primärrechts dem Sitzabkommen in Form eines völkerrechtlichen Vertrags normenhierarchisch vor, so dass im Letzteren gewährte Privilegien sich an den Vorgaben des Immunitätsprotokolls messen lassen müssen.[63]

---

[59] *Becker*, in: Siekmann (Hrsg.), Kommentar zur Europäischen Währungsunion, Art. 343 AEUV Rn. 33.

[60] Die Anwendbarkeit des nachfolgend als „Immunitätsprotokoll" bezeichneten Protokolls (Nr. 7) über die Vorrechte und Befreiungen der EU, ABl. C-326 vom 26.10.2012, S. 266, auf die EZB ergibt sich aus Art. 22 S. 1 Immunitätsprotokoll und Art. 39 EZSB/EZB-Satzung.

[61] *Athen/Dörr*, in: Grabitz/Hilf/Nettesheim (Hrsg.), Das Recht der Europäischen Union, 67. EL Juni 2019, Art. 343 AEUV Rn. 25.

[62] Abkommen vom 18.09.1998 zwischen der Regierung der Bundesrepublik Deutschland und der Europäischen Zentralbank über den Sitz der Europäischen Zentralbank, BGBl. 1998 II, 2996.

[63] *Becker*, in: Siekmann (Hrsg.), Kommentar zur Europäischen Währungsunion, Art. 343 AEUV Rn. 7 ff.

Gegenüber Drittstaaten – dies ist vor allem für Investitionen der EZB in anderen Ländern relevant – richtet sich die Immunität nach bilateralen Abkommen oder innerstaatlichem Recht. Auf eine Befreiung von der Gerichtsgewalt kraft Völkerrechts kann sich die EZB dagegen nicht stützen.[64]

b) Immunitätsprotokoll und das Sitzabkommen

aa) Rigoros weiter Schutzbereich in den Vertragsdokumenten

Das Immunitätsprotokoll und das Sitzabkommen befreien die EU und damit auch die EZB in einem ersten Schritt pauschal von der Vollstreckungsgewalt der Mitgliedstaaten; in Erkenntnisverfahren unterliegt die Union wie die EZB dagegen der nationalen Jurisdiktionsgewalt.[65] Im Ergebnis ist die gewährte Vollstreckungsimmunität allerdings alles andere als absolut. Die maßgebliche Vorschrift des Art. 1 S. 3 Immunitätsprotokoll bestimmt:

„Die Vermögensgegenstände und Guthaben der Union dürfen ohne Ermächtigung des Gerichtshofs nicht Gegenstand von Zwangsmaßnahmen der Verwaltungsbehörden oder Gerichte sein."

Der Europäische Gerichtshof interpretiert den Schutzbereich der Vorschrift sehr weit und erstreckt die Befreiung von der Gerichtsgewalt auf sämtliche Arten von innerstaatlichen Zwangsmaßnahmen mit Bezügen zur EU. So sieht der EuGH auch Pfändungen als erfasst an, von denen die EU lediglich als Drittschuldnerin betroffen ist. Obwohl Vollstreckungen in Forderungen gegen Drittschuldner etwa nach deutschem Recht das Vermögen des Drittschuldners unberührt lassen[66] und damit an sich keine „Guthaben der Union" i.S.d. Art. 1 Abs. 3 Immunitätsprotokoll betroffen sind, genügt dem EuGH für die Anwendung der Vorschrift, dass die Pfändung auf die Rechtsstellung der EU einwirken kann und potentiell die Funktionalität der EU berührt.[67] Art. 6 des Sitzabkommens mit Deutschland präzisiert die Reichweite der Immunität der EZB, indem die Vorschrift erklärt:

---

[64] Anders *Becker*, in: Siekmann (Hrsg.), Kommentar zur Europäischen Währungsunion, Art. 343 AEUV Rn. 32 mit Verweis auf *Simma/Vedder*, in: Grabitz/Hilf (Hrsg.), Recht der Europäischen Union, 1999, Art. 281 EGV Rn. 18.

[65] *Dörr*, in: Grabitz/Hilf/Nettesheim (Hrsg.), Das Recht der Europäischen Union, 67. EL Juni 2019, Art. 47 EUV Rn. 63.

[66] Das folgt nicht zuletzt aus der schuldnerschützenden Vorschrift des § 835 Abs. 2 ZPO, §§ 408 Abs. 1, 407 BGB; dazu *Smid*, in: Münchener Kommentar zur ZPO, § 835 ZPO Rn. 20.

[67] EuGH, *SA Générale de Banque/Kommission*, Slg. 1989, 857, 861; *Tauchmann*, Die Immunität internationaler Organisationen gegenüber Zwangsvollstreckungsmaßnahmen, S. 171; *Wenckstern*, Die Immunität internationaler Organisationen, Rn. 818 ff.

"Der Schutz gegen Zwangsmaßnahmen der Verwaltungsbehörden oder Gerichte nach Maßgabe des Artikels 1 des Protokolls gilt auch für Gelder oder Wertbelege, die bei der EZB zum Zwecke der Abrechnung im Rahmen von Zahlungsverkehrssystemen gehalten werden."

Zahlungsverkehrssysteme zeichnen sich dadurch aus, dass der Träger des Systems gerade nicht Inhaber der Gelder ist. In der Folge erstreckt sich die primärrechtliche Vollstreckungsimmunität auf sämtliches Vermögen, das der EZB zugeordnet werden kann. Unterhalten etwa fremde Institutionen Guthaben auf Konten bei der EZB, so handelt es sich zwar rechtlich um Vermögen der Kontoinhaber, das aber von dem Immunitätsregime erfasst ist.

Art. 28.4 ESZB/EZB-Satzung erweitert den Immunitätsschutz schließlich in Richtung der Anteilseigner an der EZB, zu denen nach Art. 28.2 ESZB/EZB-Satzung allein die nationalen Zentralbanken zugelassen sind. Nach erstgenannter Vorschrift unterliegen die Kapitalanteile nicht der Pfändung.

bb) Ermächtigung zur Vollstreckung durch den EuGH

Die im Ausgangspunkt strikte Vollstreckungsimmunität kann auf zwei Wegen durchbrochen werden. Zum einen kann die EZB über den Immunitätsschutz durch Zustimmung zur Vollstreckung disponieren. Nach der Rechtsprechung muss der Immunitätsverzicht ausdrücklich erfolgen.[68] Strengere formale Anforderungen gelten auch für den zweiten Weg, auf dem die Vollstreckungsimmunität durchbrochen werden kann.[69] Denn die Immunität wird zum anderen durchbrochen, wenn der EuGH auf Antrag des Gläubigers und bei Vorliegen eines vollstreckbaren Titels nationale Justizorgane ermächtigt, gegen die Union Vollstreckungsmaßnahmen durchzuführen. Der justizielle Erlaubnisvorbehalt realisiert die funktionale Ausrichtung der Immunität, die primärrechtlich in Art. 343 AEUV mit der Formulierung „die zur Erfüllung ihrer Aufgaben erforderlichen Vorrechte und Befreiungen" verankert ist. Nach ständiger Rechtsprechung des

---

[68] EuGH, *Forafrique Burkinabe SA/Kommission*, Slg. 1993, I-2161, Rn. 17.

[69] Die Notwendigkeit eines ausdrücklichen Verzichts ist allerdings umstritten, vgl. dazu *Tauchmann*, Die Immunität internationaler Organisationen gegenüber Zwangsvollstreckungsmaßnahmen, S. 170; *Schmidt*, in: von der Groeben, Hans/Schwarze/Hatje (Hrsg.), Europäisches Unionsrecht, Art. 343 AEUV Rn. 9; *Becker*, in: Siekmann (Hrsg.), Kommentar zur Europäischen Währungsunion, Art. 343 AEUV Rn. 15; dagegen *Wenckstern*, Die Immunität internationaler Organisationen, S. 821. Die Uneinigkeit beruht zu großen Teilen darauf, dass der EuGH in anderen Urteilen davon spricht, dass die Vollstreckungsimmunität erst gar nicht in Betracht kommt, wenn „das betroffene Gemeinschaftsorgan gegen die Zwangsmaßnahme keine Einwände" erhebt. Die so gewendeten Voraussetzungen lassen im Ergebnis die Annahme eines stillschweigenden Immunitätsverzichts zu, siehe etwa EuGH, *Dupret/Kommission*, Slg. 1995, I-0001; EuGH, *Dupret/Kommission*, Slg. 1995, I-0001; weitere Nachweise bei *Athen/Dörr*, in: Grabitz/Hilf/Nettesheim (Hrsg.), Das Recht der Europäischen Union, 67. EL Juni 2019, Art. 343 AEUV Rn. 49.

EuGH ist die Ermächtigungsentscheidung nämlich inhaltlich allein davon abhängig, ob die Maßnahme „im Hinblick auf die Wirkungen, die sie nach dem anwendbaren nationalem Recht entfaltet, geeignet ist, das ordnungsgemäße Funktionieren und die Unabhängigkeit der Union zu beeinträchtigen".[70] In der Vergangenheit sah der EuGH die Funktionsfähigkeit vor allem dann beeinträchtigt, wenn die gepfändeten Mittel für gemeinsame Politiken und Aktionsprogramme (insbesondere der Entwicklungspolitik) bestimmt waren.[71] Dagegen erlaubte der Gerichtshof die Vollstreckung eines Gläubigers des belgischen Staates in von der Union geschuldete Mietzinsen und führte zur Begründung aus:

„Zwar kann das Funktionieren der Gemeinschaften durch Zwangsmaßnahmen behindert werden, die die Finanzierung der gemeinsamen Politiken oder die Durchführung von Aktionsprogrammen der Gemeinschaften betreffen. Eine solche Behinderung ist jedoch dann nicht zu erwarten, wenn die Pfändung die Beträge betrifft, die die Gemeinschaften dem belgischen Staat als dem Eigentümer der Gebäude als privatrechtlich vereinbarten Mietzins zu zahlen haben."[72]

Inwieweit Vollstreckungen die Tätigkeit der EZB beeinträchtigen können und der EuGH eine Ermächtigung zur Vollstreckung in Vermögen versagen würde, hängt von den konkret betroffenen Aufgaben des ESZB ab. Bei Vollstreckungen in Währungsreserven der EZB ist eine Beeinträchtigung der Erfüllung damit verfolgten Aufgaben allenfalls bei geringfügigen Beträgen auszuschließen. Ansonsten ist davon auszugehen, dass die EZB auf den ungeschmälerten Bestand ihrer Reserven angewiesen ist, um im Bedarfsfall Wechselkurspolitik zu betreiben. Es liegt in der Natur der Sache, dass die Währungsreserven als „Polster" zügig und in voller Höhe einsatzbereit sein müssen,[73] so dass eine Vollstreckung nicht mit dem Argument zugelassen werden könnte, dass noch ausreichende Mittel zur Verfügung stehen. Nicht anders sind Vollstreckungen in Sicherheiten, die Geschäftspartner dem ESZB im Rahmen geldpolitischer Geschäfte gewährten, zu beurteilen, denn eine Vollstreckung macht die Abwicklung geldpolitischer Geschäfte unmöglich und beeinträchtigt damit die Durchführung der Geldpolitik. Im Ergebnis decken sich, wegen der übereinstimmenden funktionalen Ausrichtung auch wenig verwunderlich, die Grenzen der nationalen Gerichtsbarkeit nach der Staatenimmunität und der von der Rechtsprechung des EuGH ausgeformten Immunität der Europäischen Union.

---

[70] EuGH, *Antippas / Kommission*, Slg. 2003, I-2893, Rn. 14; *Athen/Dörr*, in: Grabitz/Hilf/Nettesheim (Hrsg.), Das Recht der Europäischen Union, 67. EL Juni 2019, Art. 343 AEUV Rn. 50.

[71] Dazu ausführlich *Tauchmann*, Die Immunität internationaler Organisationen gegenüber Zwangsvollstreckungsmaßnahmen, S. 172 ff.; EuGH, *SA Générale de Banque/Kommission*, Slg. 1989, 857 ferner EuGH, *Antippas / Kommission*, Slg. 2003, I-2893.

[72] EuGH, *SA Générale de Banque/Kommission*, Slg. 1989, 857.

[73] Zu den Funktionen der Währungsreserven siehe oben auf S. 55 f.

cc) Immunität der nationalen Zentralbanken im ESZB

Obwohl die nationalen Zentralbanken neben der EZB wesentliche Bestandteile des ESZB bilden, nennt Art. 343 S. 2 AEUV, nicht anders als sämtliche anderen maßgeblichen Unionsvorschriften,[74] als Begünstigten des Immunitätsschutzes ausschließlich die EZB. Um ein einheitliches Immunitätsregime für die Gesamtheit des ESZB bemüht, erstreckt eine Auffassung im Schrifttum das Immunitätsregime der europäischen Verträge über ihren Wortlaut hinaus auf das Vermögen der nationalen Zentralbanken, soweit sie als Teil des ESZB tätig werden.[75] Die Ansicht kann sich immerhin darauf stützen, dass die Arbeit der nationalen Institute im Rahmen des ESZB allein auf dem Unionsrecht gründet, die EZB ihre Tätigkeit durch Weisungen und Leitlinien steuert und ihr damit die Letztverantwortung für die Aufgabendurchführung obliegt. Ist das Handeln der nationalen Zentralbanken dabei der EZB zuzurechnen, liegt es nahe, das für die EZB geltende Immunitätsregime anzuwenden.

Im Ergebnis spricht diese Auffassung für eine funktionale Immunität in Reinform, die allein an den wahrgenommenen Aufgaben anknüpft ohne Rücksicht darauf, welcher konkrete Rechtsträger zuständig ist. Auf ein solches Verständnis der Immunität lässt sich die Entwicklung der „Funktionalisierung" des Immunitätsrechts zwar fortdenken und ist bei einem rein funktionalen Ansatz nur konsequent;[76] sie spiegelt jedoch nicht den geltenden Stand des Immunitätsrechts wider und missachtet zudem die im Völkerrecht fest verankerte systematische Trennung zwischen Staatenimmunität und Internationaler Immunität. Das Immunitätsrecht knüpft in all seinen Bereichen nach wie vor stets an ein bestimmtes Zuordnungssubjekt des Immunitätsrechts an und gilt nicht bloß zugunsten bestimmter Funktionen. Die unterschiedlichen dogmatischen Grundlagen von Staatenimmunität und Internationaler Immunität schließen es aus, die Trennung beider Immunitätsregime durch funktionale Erwägungen ohne ausreichende völkervertragliche Grundlage zu überspielen. Die Begrenzung der Vollstreckungsimmunität in den Unionsverträgen auf die EZB ist daher nur stimmig. Denn auch bei Aktivierung der nationalen Zentralbanken im Rahmen des Eurosystems bleiben die Institute Organe der jeweiligen Mitgliedstaaten und sind damit nicht Ausfluss einer völkervertraglichen Einigung zwischen Staaten. Sie nehmen daher auch an der Immunität der Mitgliedstaaten teil.

---

[74] Art. 22 Immunitätsprotokoll, Art. 39 ESZB/EZB-Satzung.
[75] *Proctor*, Butterworths Journal of International Banking and Financial Law (2001) 23, 28 f.
[76] Die funktionale Sichtweise betont auch *Becker*, in: Siekmann (Hrsg.), Kommentar zur Europäischen Währungsunion, Art. 343 AEUV Rn. 33.

Das Ergebnis der Aufspaltung der Immunität für die einzelnen Systembestandteile des ESZB gründet auf der Anomalie, dass eine Internationale Organisation zur Erfüllung ihrer Aufgaben auf Organe von Staaten zurückgreift und damit die Grenzen zwischen den verschiedenen Völkerrechtssubjekten verwischt. Auf solche Hybride verschiedener Völkerrechtssubjekte hat das Immunitätsrecht bislang noch keine Antworten gefunden.

4. Bank für Internationalen Zahlungsausgleich

a) Vollstreckungsimmunität auf Grundlage der völkerrechtlichen Verträge

Die Reichweite der Befreiung der BIZ von staatlichen Zwangsmaßnahmen ergibt sich erst aus einer Zusammenschau der verschiedenen Rechtstexte, die die Rechtsgrundlagen für die Bank bilden. Die völkerrechtlichen Abkommen über die Gründung der BIZ zwischen den Gründungsstaaten („Haager Reparationsabkommen") und mit der Schweiz („Schweizer Abkommen") verleihen den von der BIZ gehaltenen Vermögenswerten Schutz vor hoheitlichen Zwangsmaßnahmen.[77] Sie lauten wortgleich:

„The Bank, its property and assets, and also the deposits of other funds entrusted to it, on the territory of, or dependent on the administration of, the Parties shall be immune from any disabilities and from any restrictive measures such as censorship, requisition, seizure or confiscation, in time of peace or war, reprisals, prohibition or restriction of export of gold or currency and other similar interferences, restrictions or prohibitions."[78]

Mit dem Brüsseler Protokoll aus dem Jahr 1936 besserten die Gründungsstaaten vertraglich gewährte Immunitätsrechte nach, um, mit den Worten der Präambel des Protokolls,

„die Tragweite der genannten Artikel genauer zu bestimmen und an die Stelle der verwendeten Ausdrucksweise Ausdrücke treten zu lassen, die klarer sind und in höherem Masse geeignet, den Geschäften der Bank für Internationalen Zahlungsausgleich die für die Erfüllung ihrer Aufgaben unerlässlichen Immunitäten zu garantieren".

Die Präzisierung beschränkte sich im Ergebnis darauf, den Kreis der erfassten Vermögenswerte genauer zu umreißen,[79] ohne aber die Art der Zwangsmaßnahmen näher zu bestimmen.[80]

---

[77] Dazu *Devos*, in: Lastra/Buchheit (Hrsg.), Sovereign Debt Management, S. 127, 128 ff.
[78] Art. X Abs. 2 Haager Reparationsabkommen und Ziff. 10 Grundgesetz der Bank für Internationalen Zahlungsausgleich.
[79] Vgl. Art. 1 Brüsseler Protokoll.
[80] Art. 1 lautet wie folgt: „Die Bank für Internationalen Zahlungsausgleich, ihre Vermögenswerte und Guthaben sowie alle Vermögenswerte und Guthaben, die ihr anvertraut sind

Die Bestimmungen scheinen wegen ihrer sprachlichen Weite über legislative und administrative Zwangsmaßnahmen wie Enteignungen und Ausfuhrbeschränkungen hinaus auch die Ausübung von innerstaatlicher Gerichtsgewalt zu erfassen; tatsächlich reichen die Regelungen so weit aber nicht. Denn die Immunität gegenüber der innerstaatlichen Gerichtsbarkeit ist eigens in den bereits bei Gründung beschlossenen Statuten der BIZ adressiert. Art. 55 Abs. 1 der Statuten[81] gewährt der Bank zunächst grundsätzlich Immunität in Erkenntnisverfahren mit Ausnahme für den Fall einer Verzichtserklärung oder „für in Zivil- und Handelssachen von Vertragspartnern der Bank im Zusammenhang mit Bank- und Finanzgeschäften erhobenen Klagen".[82] Die Vollstreckungsimmunität ist in dem zweiten und dritten Absatz geregelt. Sie lauten:

„2. Das Eigentum und die Vermögenswerte der Bank, gleichgültig wo und in wessen Händen sie sich befinden, sind von jeder Zwangsvollstreckungsmassnahme befreit (insbesondere können sie nicht gepfändet, mit Arrest belegt, gesperrt oder mit anderen Zwangsvollstreckungs- oder Sicherungsmassnahmen belegt werden); ausgenommen ist nur der Fall, dass die Vollstreckung aufgrund eines rechtskräftigen Urteils verlangt wird, das von einem gemäss dem vorstehenden Absatz 1 a) oder b) zuständigen Gericht gegen die Bank ausgesprochen wurde.
3. Der Bank anvertraute Werte ebenso wie Ansprüche jeder Art gegen die Bank und von der Bank ausgegebene Aktien, gleichgültig wo und in wessen Händen sie sich befinden, können ohne ausdrückliche vorherige Zustimmung der Bank nicht mit Vollstreckungsmassnahmen belegt werden [...]."

---

oder werden, ohne Rücksicht darauf, ob es sich um Bargeld oder sonstige vertretbare Sachen, Gold-, Silber- oder sonstige Metallbarren, Wertgegenstände, Wertpapiere oder sonstige Gegenstände handelt, deren Hinterlegung nach bankmässigen Gepflogenheiten zulässig ist, sind von den Bestimmungen oder Maßnahmen, die in Artikel X Absatz 2 der Vereinbarung mit Deutschland und in Artikel X des auf Grund des Abkommens mit der Schweiz vom 20. Januar 1930 erlassenen Grundgesetzes genannt sind, befreit. Vermögenswerte und Guthaben Dritter, die irgendeine Institution oder Person auf Weisung, im Namen oder für Rechnung der Bank für Internationalen Zahlungsausgleich in Gewahrsam hat, gelten als der Bank für Internationalen Zahlungsausgleich anvertraut und geniessen die in den obenerwähnten Artikeln vorgesehenen Immunitäten in gleicher Weise wie die Vermögenswerte und Guthaben, welche die Bank für Internationalen Zahlungsausgleich für fremde Rechnung in den von ihr, ihren Zweigstellen oder Agenturen hierzu bestimmten Gebäuden in Gewahrsam hat."

[81] Statuten der Bank für Internationalen Zahlungsausgleich vom 20. Januar 1930 in der Fassung vom 27.06.2005 („BIZ-Statuten").
[82] Art. 55 Abs. 1 lautet in Gänze: „Die Bank geniesst Befreiung von jeglicher Gerichtsbarkeit, ausgenommen:
a) insoweit diese Befreiung vom Vorsitzenden des Verwaltungsrats, vom Generaldirektor, vom Stellvertretenden Generaldirektor oder von ihren gehörig ermächtigten Stellvertretern für bestimmte Fälle formell aufgehoben worden ist; b) im Falle von in Zivil- und Handelssachen von Vertragspartnern der Bank im Zusammenhang mit Bank- und Finanzgeschäften erhobenen Klagen; vorbehalten bleiben die Fälle, die durch Schiedsvereinbarungen gedeckt sind oder gedeckt werden."

Die Vollstreckungsimmunität ist demnach zweispurig ausgestaltet. Eigenes Vermögen der Zentralbank unterliegt nach Abs. 2 der Vorschrift ohne Beschränkungen dem Vollstreckungszugriff der Gläubiger, sofern ein rechtskräftiges Urteil im Einklang mit den vorgesehenen Immunitätsausnahmen in Erkenntnisverfahren ergangen ist. Dieser Teil gleicht den Immunitätsregelungen anderer Internationaler Organisationen aus dem Finanzbereich und bezweckt genauso wie dort, ihre Kreditwürdigkeit durch Vollstreckungsmöglichkeiten der Gläubiger abzusichern und dadurch ihre Geschäftätigkeit auf den Finanzmärkten etwa bei der Ausgabe von Wertpapieren zu erleichtern.[83] Hierin manifestiert sich auch eine Art funktionale Ausrichtung der Immunität, indem der Funktionswahrnehmung nunmehr dadurch gedient ist, dass die Vollstreckungsimmunität zurückgenommen wird.

Auf der zweiten Spur genießt fremdes Vermögen, das der BIZ „anvertraut" ist, wie etwa bei ihr gehaltene Kontoguthaben oder Wertpapierdepots, absolute Immunität. Das Sitzabkommen mit der Schweiz und mit der Volksrepublik China sowie Mexiko für die dortigen Repräsentanzen wiederholen die zweigeteilten Immunitätsregelungen der Statuten. Allerdings findet sich die Immunitätsausnahme für Klagen aus Finanzgeschäften mit der BIZ in den Abkommen für die Repräsentanzen nicht.

Wie weit der Kreis an Staaten reicht, die dieses Regime der Vollstreckungsimmunität beachten müssen, ist nicht eindeutig. Die Sitzabkommen gelten lediglich gegenüber den Sitzstaaten. An die Immunitätsregelungen in den BIZ-Statuten sind unmittelbar allein Zentralbanken, die an der BIZ als Anteilseigner beteiligt sind, gebunden.[84] Das Haager Reparationsabkommen nimmt allerdings in Art. VI auch Bezug auf die Statuten, was für die Auslegung spricht, dass jedenfalls die Gründungsstaaten aufgrund des Abkommens zur Gewährung einer entsprechenden Immunität verpflichtet sind.[85] Alle anderen Mitgliedsländer dürften zumindest nach dem Gebot von Treu und Glauben[86] aus dem Beitritt ihrer Zentralbanken einer Pflicht unterliegen, der BIZ Vollstreckungsimmunität im Umfang der Statuten zu gewähren. Ansonsten können ihre Währungsreserven nach einem Beitritt ihrer Zentralbanken von der Vollstreckungsimmunität profitieren, die sie der BIZ vor eigenen Gerichten aber nicht gewähren.

---

[83] *Wenckstern*, Die Immunität internationaler Organisationen, Rn. 842.
[84] Art. 17 der BIZ-Statuten lautet „Das Eigentum an Aktien der Bank schliesst die Annahme der Statuten der Bank ein". Mithin ist jeder Anteilseigner zur Achtung der Immunitätsregelungen der Statuten verpflichtet.
[85] So auch *Wenckstern*, Die Immunität internationaler Organisationen, Rn. 844.
[86] Siehe oben S. 368 Fn. 53.

b) Vollstreckungsimmunität für Vermögen Dritter

Im Jahr 2009 forderten Gläubiger Argentiniens die Vollstreckungsimmunität für Vermögenswerte Dritter in den Händen der BIZ heraus. Angesichts der Klagen vor Gerichten in New York und der sich daraus ergebenden Vollstreckungsgefahren verschob die argentinische Zentralbank den größten Teil ihres bei der Federal Reserve Bank of New York liegenden Dollarguthabens auf Konten bei der BIZ in der Schweiz. Die Hedgefonds setzten den Geldern nach und erwirkten aufgrund der in den USA erstrittenen Urteile bei dem zuständigen kantonalen Betreibungsamt Arrestbefehle in „bei der Bank für Internationalen Zahlungsausgleich (BIZ) in Basel auf den Namen der Republik Argentinien oder der Zentralbank der Republik Argentinien lautende[n] Guthaben in in- oder ausländischer Währung, Forderungen, Wertschriften (Aktien, Obligationen, Schuldbriefe) sowie Barmittel".[87] Die BIZ rügte einen Verstoß gegen ihre Immunität und erwirkte die Aufhebung der Arrestbefehle durch die kantonale Aufsichtsbehörde. Die Gläubiger wandten sich daraufhin – letztlich erfolglos – mittels Beschwerde an das Bundesgericht.

aa) Funktionale Notwendigkeit der Vollstreckungsimmunität

Das Gericht hielt den Hedgefonds das Immunitätsregime für der BIZ anvertraute Werte und Einlagen Dritter nach dem Sitzabkommen mit der Schweiz entgegen. Nach Auffassung des Gerichts könne dieses allein durch einen Verzicht überwunden werden. Da eine solche Erklärung fehlte, seien gerichtliche und amtliche Zwangsvollstreckungsmaßnahmen gegen die BIZ als Drittschuldnerin in jedem Fall unzulässig.[88]

Dagegen argumentierten die Gläubiger, dass in einer funktionalen Auslegung der Vorschriften die Immunität nach dem Sitzabkommen allein auf die Funktion der Internationalen Organisation bezogen sei. Da die BIZ in diesem Fall lediglich als Drittschuldnerin betroffen sei, die Zwangsmaßnahmen damit die Funktionsfähigkeit der Bank nicht beeinträchtigten, sei die Immunität somit nicht funktional notwendig. Das Bundesgericht ließ eine Durchbrechung des absoluten Immunitätspanzers auf diesem Weg jedoch nicht zu. Selbst bei einer funktionalen Auslegung bleibe es bei der Nichtigkeit der Arrestbefehle, weil die Funktion der BIZ als Bank der Zentralbanken darin bestehe, gerade Einlagen und Vermögenswerte entgegenzunehmen und Zentralbanken bei der Verwaltung dieser Mit-

---

[87] Schw. Bundesgericht, *NML Capital Ltd. und EM Limited gg. Bank für Internationalen Zahlungsausgleich*, 136 III BGE, 379, 380; dazu *Devos*, in: Lastra/Buchheit (Hrsg.), Sovereign Debt Management, S. 127, 130 ff.

[88] Schw. Bundesgericht, *NML Capital Ltd. und EM Limited gg. Bank für Internationalen Zahlungsausgleich*, 136 III BGE, 379, 385.

tel zu unterstützen. Die Wahrnehmung der Funktionen sei beeinträchtigt, wenn Vollstreckungen in Kundengelder möglich seien.[89]

Die Sichtweise der schweizerischen Richter überzeugt. Die Vollstreckungsimmunität auf der betroffenen Spur, der Vollstreckungsimmunität für fremdes Vermögen bei der BIZ, ist in dem Sitzabkommen absolut ausgestaltet. Anders als die Immunität für Aktiva, die zum eigenen Vermögen der Bank zählen, ist die Vollstreckungsimmunität für die Durchsetzung von Forderungen aus Bank- und Finanzgeschäften gegen die Bank vertraglich nicht eingeschränkt. Vor dem Hintergrund des Regelungszwecks, dass Einschränkungen der Immunität die Kreditwürdigkeit der BIZ stärken sollen, besteht hierfür auch keine Notwendigkeit, weil Einlagen und Guthaben Dritter für Forderungen gegen die Bank nicht haften und damit für ihre Kreditwürdigkeit auf den Finanzmärkten nicht unmittelbar von Bedeutung sind.

Allerdings steht auch die Vollstreckungsimmunität der BIZ unter dem Vorbehalt des funktional Notwendigen.[90] Die Feststellung des Bundesgerichts, die Bank „wäre bei der Erfüllung ihrer Aufgabe zweifellos im Kern betroffen, wenn die Guthaben einer Zentralbank in Milliardenhöhe verarrestiert oder die ihr anvertrauten Werte und Einlagen mit einem hoheitlichen Verfügungs- bzw. Zahlungsverbot belegt würden", begegnet keinen Bedenken. Die statuarische Funktion der Bank liegt in ihrer Stellung als internationale „Zahlungsdrehscheibe" für die Zentralbanken und in der Unterstützung bei der Verwaltung der Währungsreserven. Droht die Gefahr von Vollstreckungen in Vermögenswerte bei der BIZ, werden Zentralbanken, die der Sicherheit ihrer Mittel oberste Priorität einräumen, sich hüten, ihre Vermögenswerte der BIZ anzuvertrauen. Die Ausübung der nationalen Vollstreckungsgewalt beeinträchtigt in diesem Fall ohne Weiteres die Funktionsfähigkeit der BIZ.

bb) Missbrauchseinwand der Hedgefonds

Der Vorwurf der Hedgefonds, Argentinien und seine Zentralbank missbrauchten das Immunitätsprivileg, war keine Überraschung, lautete doch der Vorwurf, dass die argentinische Zentralbank zu dem Zeitpunkt 99% der liquiden Devisenreserven auf Konten bei der BIZ hielt, während der entsprechende Anteil anderer Länder bei höchstens 15% lag.[91] Argentinien war offensichtlich darauf bedacht, seine Devisenreserven unter dem Immunitätsschirm der BIZ in Sicherheit zu bringen.

---

[89] Schw. Bundesgericht, *NML Capital Ltd. und EM Limited gg. Bank für Internationalen Zahlungsausgleich*, 136 III BGE, 379, 387.
[90] Siehe oben S. 364 ff.
[91] *Peters*, SZIER 21 (2011), 397, 425.

Das Bundesgericht weigerte sich, über eine Einschränkung der Immunität wegen Rechtsmissbrauchs zu entscheiden. Art. 22 des Sitzabkommens verpflichtet die Bank und die Schweiz dazu, einvernehmlich dem Missbrauch der Immunitätsrechte zu begegnen und Streitigkeiten der Parteien über die Auslegung des Sitzabkommens gem. Art. 27 im Verhandlungswege, notfalls durch Schiedsgerichte beizulegen. Da die verarrestierten Vermögenswerte nach Einschätzung der BIZ immun waren, hätte eine abweichende Position der Rechtsprechung nach einer Lösung durch die Politik oder ein Schiedsgericht verlangt. Die Gerichte wären insoweit nicht zuständig.

Einen Missbrauch der Immunitätsrechte begründete die Vermögensverschiebung ohnehin nicht. Das völkerrechtliche Verbot des Rechtsmissbrauchs untersagt es einer Partei, sich auf eine völkerrechtliche Rechtsposition zu einem anderen Zweck als vorgesehen oder auf eine unfaire Art und Weise zu berufen.[92] Die Nutzung der Dienstleistungen erfolgte jedoch im Einklang mit dem statuarischen Zweck der BIZ. Bei den argentinischen Vermögenswerten handelte es sich um Devisenreserven, nicht etwa um Pensionsrückstellungen oder sonstige Mittel ohne Bezug zu den klassischen Aufgaben einer Zentralbank. Es gibt keinerlei Beschränkungen, zu welchen Anteilen die Devisenreserven eines Landes auf Konten der BIZ gehalten werden dürfen, diese Entscheidung obliegt allein der jeweiligen Zentralbank. Und schließlich folgt der Transfer der Mittel auf Konten der BIZ der inneren Logik von Devisenreserven, die neben ihrer Liquidität vor allem sicher sein müssen.[93] Vor allem aber hätte das Bundesgericht in die nur schwer zu bewältigende Beurteilung einsteigen müssen, in welcher Höhe eine Zentralbank bei Gefahr von Vollstreckungen zulässigerweise ihre Devisenguthaben im Ausland halten darf und ab wann ein entsprechender Betrag eine missbräuchliche Höhe erreicht.

Nach der Entscheidung des Bundesgerichts verlangten die Hedgefonds von der Schweizer Regierung Maßnahmen gegen die BIZ, damit diese ihre Zustimmung zu dem Arrest erteilt.[94] Letztlich weigerte sich die Regierung aber, die Vermögensverwaltungstätigkeit der BIZ oder die Anlagestrategie der Zentralbank eines anderen Staates zu überprüfen und dem Missbrauchsvorwurf nachzugehen.[95]

---

[92] *Ziegler/Baumgartner*, in: Mitchell/Sornarajah/Voon (Hrsg.), Good Faith and International Economic Law, S. 9, 32.
[93] Siehe oben S. 61.
[94] Zu dem Verfahrensverlauf *Devos*, in: Lastra/Buchheit (Hrsg.), Sovereign Debt Management, S. 127, 136.
[95] Pressemitteilung des Bundesrates vom 17.10.2012, abrufbar unter https://www.admin.ch/gov/de/start/dokumentation/medienmitteilungen.msg-id-46343.html (zuletzt abgerufen 01.05.2019)

5. Immunität der EZB und BIZ gegenüber Drittstaaten

a) Immunitätsregeln im Völkergewohnheitsrecht und auf Grundlage von Treu und Glauben

Gegenüber Drittstaaten entfalten weder die Immunitätsbestimmungen der Unionsverträge noch die den Immunitätsstatus der BIZ vorgebenden Abkommen Wirkung. Für den unwahrscheinlichen Fall, dass Drittstaaten die Union und damit die EZB oder die BIZ nicht als Internationale Organisation anerkannt haben, verpflichtet auch das Völkergewohnheitsrecht, wie oben gesehen, nicht zur Gewährung von Vollstreckungsimmunität. Das ist anders, wenn ein Staat die Völkerrechtsfähigkeit und nicht bloß die Privatrechtsfähigkeit der Internationalen Zentralbank anerkannt hat. Es ist aber wenig überzeugend, dass sich, wenn die Zentralbank einer Währungsunion auf Konten einer nationalen Zentralbank Währungsreserven unterhält oder eine nationale Zentralbank die BIZ jeweils auf Grundlage privatrechtlicher Verträge mit der Verwaltung von Währungsreserven betraut, die Anerkennung der Rechtsfähigkeit der EZB oder der BIZ sich lediglich auf den Privatrechtsverkehr beschränken soll. Schließlich sind die getätigten Rechtsgeschäfte in der Regel Ausdruck der Ausübung von staatlicher Währungshoheit und erstrecken sich damit auch auf die Völkerrechtsebene.

b) Innerstaatliche Immunitätsregelungen

Die einzelnen Regelungen einschlägiger nationaler Immunitätsgesetze fallen zu unterschiedlich aus, als dass sie den Boden für die Herausbildung eines völkergewohnheitsrechtlichen Rechtssatzes für die Vollstreckungsimmunität von Internationalen Zentralbanken bereiten könnten.

Die speziellen Immunitätsgesetze für Zentralbankvermögen, die im Rahmen der Betrachtung der Vollstreckungsimmunität nationaler Zentralbanken untersucht wurden, spannen den Immunitätsschirm teilweise auch über Organe Internationaler Organisationen. Beispielsweise definiert das chinesische Immunitätsgesetz Zentralbanken als „the central bank of a foreign country and of a regional economic integration organization" und bezieht damit Zentralbanken einer regionalen Währungsunion explizit in den Schutzbereich mit ein.[96] In ähnlicher Form nennen die belgischen Immunitätsvorschriften ausdrücklich „autorités monétaires internationales".[97] Der Immunitätsschutz nach dem slowenischen Zentralbankengesetz erstreckt sich auf „reserves assets of other countries and central banks" und ist damit ausreichend offen formuliert, um unter das Merkmal

---

[96] Art. 2 in der englischen Übersetzung des Immunitätsgesetzes Chinas (S. 204, Fn. 199).
[97] Art. 1412*quater*. § 1er Code Judiciaire, oben S. 202 Fn. 195.

„central banks" auch Internationale Zentralbanken zu subsumieren.[98] Diese sprachliche Offenheit der Merkmale teilen die französischen Immunitätsvorschriften.[99] Jedoch deutet etwa der legislatorische Zweck, die Grundsätze der Staatenimmunität transparent gesetzlich festzuschreiben,[100] darauf hin, dass es sich um Regelungen der Staatenimmunität handelt, die für Internationale Organisationen nicht gelten.

Einen unorthodoxen Regelungsweg verfolgt der an sich die Staatenimmunität adressierende australische FSIA. Sec. 3 (2) des Gesetzes blendet die eigenständige Rechtspersönlichkeit mancher Internationaler Organisationen aus, rechnet sie den hinter ihnen stehenden Staaten zu und lässt sie an deren Immunität teilhaben. Die Vorschrift ordnet an:

„[...] a natural person who is, or a body corporate or a corporation sole that is, an agency of more than one foreign State shall be taken to be a separate entity of each of the foreign States."

Das Merkmal „agency" setzt voraus, dass die Staaten das Unternehmen kontrollieren und dieses Hoheitsaufgaben wahrnimmt.[101] Die Vorschrift setzt die erfassten Internationalen Organisationen „separate entities" der Mitgliedstaaten gleich, so dass sie sämtliche dort niedergelegten Immunitätsprivilegien in Anspruch nehmen können. Nach der Gesetzesbegründung soll die Vorschrift privatrechtliche Unternehmen erfassen, an denen mehrere Staaten beteiligt sind, gleichzeitig wegen ihres ausschließlichen privatrechtlichen Status aber nicht in jedem Fall unter den für Internationale Organisationen geltenden „International Organisations (Privileges and Immunities) Act" („IOPIA") fallen.[102] Um Abgrenzungsschwierigkeiten aus dem Weg zu gehen, wurde in Kauf genommen, dass sich Überschneidungen zwischen beiden Gesetzen ergeben können.[103] Anders als die EZB, die sich nur schwer unter den Begriff der „corporation" subsumieren lässt, ist die BIZ sowohl in der Rechtsform einer privatrechtlichen Aktiengesellschaft nach schweizerischem Recht organisiert als auch bei der Verwaltung der Währungsreserven mit Aufgaben hoheitlichen Charakters betraut, so dass sie neben der Immunität nach dem IOPIA auch von der Staatenimmunität ihrer Mitgliedszentralbanken profitiert.

Das japanische Immunitätsgesetz zählt zu einem „foreign state" und damit zu dem Kreis der Immunitätsbegünstigten neben Staaten auch „entities that are granted the authority to exercise sovereign power".[104] Obwohl die EZB oder die

---

[98] Art. 22a Banka Slovenije Act, oben S. 203 Fn. 197.
[99] Abs. 1 des Article L153-1 Code monétaire et financier (S. 197, Fn. 172).
[100] *Legros*, Gazette du Palais 52 (2009), 2, 8.
[101] Australian Law Reform Commission, Report No. 24, Canberra 1984, S. 38, Rn. 71.
[102] Australian Law Reform Commission, Report No. 24, Canberra 1984, S. 39 f., Rn. 74.
[103] Australian Law Reform Commission, Report No. 24, Canberra 1984, S. 39 f., Rn. 74.
[104] Art. 2(iii) Immunitätsgesetz Japan.

BIZ sich sprachlich nicht mit dem Begriff „foreign state" vereinbaren lassen, fasst eine Literaturauffassung Internationale Zentralbanken unter starker Betonung des funktionalen Charakters der Immunität unter das Merkmal „entities that are granted the authority to exercise sovereign power".[105] Die Auffassung kann darauf verweisen, dass vor allem die EZB Funktionen klassischer Zentralbanken, im Bereich der Verwaltung von Währungsreserven gilt das auch für die BIZ, ausübt.

Eine Auslegung, die Internationale Organisationen an der Immunität von Staaten teilhaben lässt, erlaubt jedoch die mehrheitliche Anzahl der Immunitätsgesetze nicht. Sec. 1603(b) FSIA US verengt die personelle Reichweite des Immunitätsschutzes auf staatliche Einrichtungen.[106] Der immunitätsrechtliche Status Internationaler Zentralbanken in den USA richtet sich damit ausschließlich nach dem *International Organizations Immunities Act*. Der US-amerikanische Präsident hat von seiner dortigen speziellen Ermächtigung Gebrauch gemacht[107] und die EZB als Internationale Organisation anerkannt.[108] Nach Sec. 288a(b) IOIA US werden Internationale Organisationen immunitätsrechtlich fremden Staaten gleichgestellt. Die Vorschrift lautet:

„International organizations, their property and their assets, wherever located, and by whomsoever held, shall enjoy the same immunity from suit and every form of judicial process as is enjoyed by foreign governments, except to the extent that such organizations may expressly waive their immunity for the purpose of any proceedings or by the terms of any contract."

Bis heute ist umstritten, ob der Verweis auf die für Staaten geltende Immunität statisch ist und sich auf den (absoluten) Immunitätsstandard, der zum Zeitpunkt des Erlasses des Gesetzes im Jahr 1945 galt, bezieht oder ob er insbesondere die Anwendung des im Jahr 1976 erlassenen FSIA US mit einer nur eingeschränkten Immunität erlaubt. Der Meinungsstand von Gerichten und Schrifttum ist in dieser Frage gespalten.[109] Die Vollstreckungsimmunität der EZB fällt damit im US-amerikanischen Recht im Ergebnis zumindest nicht geringer aus als die Immunität staatlicher Zentralbanken. Ein Gesetzesentwurf, der darauf zielte, die BIZ als Internationale Organisation unter dem IOIA US anzuerkennen, schaffte

---

[105] *Nobumori*, 53 Japanese Yearbook of International Law (2010) 275, 300 ff.

[106] Die Vorschrift verlangt für das Merkmal „agency or instrumentality of a foreign state" u. a., dass die betroffene Einrichtung als „an organ of a foreign state or political subdivision thereof" zu qualifizieren ist.

[107] Die speziell für die EZB geschaffene Ermächtigung findet sich in Sec. § 288f–5 IOIA US.

[108] Executive Order 13307 v. 29.05.2003, Federal Register Vol. 68, No. 106, 3338.

[109] Dazu ausführlich *Glenn/Kearney/Padilla*, 22 Virginia Journal of International Law (1981-1982) 247, 256 ff.; *Adams III*, 81 Fordham Law Review (2012) 241, 259 ff.; *Young*, 44 Georgetown Journal of International Law (2012) 311.

es bislang nicht bis zur Verabschiedung.[110] Allerdings ist der *Board of Governors of the Federal Reserve System* Mitglied der BIZ[111] und gem. Art. 17 der BIZ-Statuten an diese gebunden, was die Pflicht zur Gewährung von Immunität nach Art. 55 BIZ-Statuten einschließt. Hierzu würden sich US-amerikanische Gerichte zumindest in Widerspruch setzen, wenn sie der BIZ Vollstreckungsimmunität vorenthielten.

6. Zwischenergebnis: Vollstreckungsimmunität Internationaler Zentralbanken – Paradebeispiele „fremder Zentralbanken"

Die Immunität Internationaler Zentralbanken verläuft zwar nicht ohne Einfluss, aber dogmatisch getrennt von der die Immunität nationaler Zentralbanken speisenden Staatenimmunität. Die Reichweite der Befreiung Internationaler Organisationen von der nationalen Gerichtsbarkeit richtet sich dort mehr nach ihren individuellen völkervertraglichen Grundlagen als nach nationalen Immunitätsbestimmungen und Völkergewohnheitsrecht. Dabei sind ihre Vermögenswerte nicht unter allen Umständen immun, sondern nur insoweit, als die Funktionalität der Organisation nicht beeinträchtigt ist. Für die Union und damit auch die EZB hat die Rechtsprechung des EuGH diese Abhängigkeit der Immunitätsgewährung vom jeweiligen Organisationszweck fest etabliert.

Auch bei der BIZ zeigt sich diese funktionale Begrenzung der Immunität, allerdings in einer abgewandelten Form. Der Bezug zu den Funktionen der Organisation ergibt sich daraus, dass die Öffnung des eigenen Vermögens für Vollstreckungen von Gläubigern notwendig ist, damit die Bank ihre statuarischen Aufgaben wirksam erfüllen kann. Der absolute Immunitätsschutz für Fremdvermögen auf der einen Immunitätsspur ist klar durch die Ausübung ihrer bankmäßigen Funktionen bedingt. Die Immunität rechtfertigt sich auch dadurch, dass die BIZ Zentralbanken bei der Verwaltung ihrer Währungsreserven und damit bei der Ausübung hoheitlicher Funktionen unterstützt. Gleiches gilt für die nur eingeschränkte Vollstreckungsimmunität für eigenes Vermögen. Denn indem Gläubigern die Möglichkeit eröffnet wird, Forderungen aus Finanzgeschäften gegen die Bank zu vollstrecken, wird ihre Teilnahme an den Finanzmärkten erleichtert und ihre Aufgabenwahrnehmung gefördert. Im letzteren Fall folgt nicht die Freistellung von der nationalen Gerichtsbarkeit, sondern deren Ausübung einer funktionalen Notwendigkeit.

---

[110] Bill H.R.3269, 109th Congress (2005–2006), abrufbar unter https://www.congress.gov/bill/109th-congress/house-bill/3269/text (zuletzt abgerufen 01.05.2019).
[111] Vgl. *BIZ*, 85th Annual Report, 2015, 162.

Die an den Erwägungen der funktionalen Notwendigkeit orientierten Immunitätsregime für die beiden betrachteten Internationalen Zentralbanken ermöglichen wertvolle Rückschlüsse darauf, welches Maß an Immunität Zentralbanken bzw. die vertragsschließenden Staaten im Hinblick auf Zentralbanken für notwendig erachten. Dabei sind Internationale Zentralbanken Prototypen *fremder* Einrichtungen, weil sie selbst im Sitzstaat fremd sind und daher ihre Vermögenswerte nicht in ihre eigenen Jurisdiktionen retten können. Trotzdem wird eine absolute Vollstreckungsimmunität allenfalls für fremde Vermögenswerte, die einer Zentralbank zuzuordnen sind, eingeräumt, während es für eigenes Vermögen dagegen bei einer eingeschränkten Vollstreckungsimmunität bleibt.

Dieser Befund passt zu der These, dass das Umsichgreifen eines absoluten Vollstreckungsschutzes für Zentralbankvermögen in den Staaten auf der wirtschaftspolitischen Erwägung gründet, ausländische Währungsreserven anzuziehen, die für die Bildung des Völkergewohnheitsrechts keine entscheidende Rolle spielt. Für die Ausübung der zentralbanktypischen Aufgaben in der Geldpolitik und in der Finanzpolitik, und der Haftung des eigenen Vermögens genügt eine der Funktionalität akzessorische Freistellung von der inländischen Gerichtsbarkeit. In diesem Immunitätsregime mag man auch eine Beschränkung der Immunität auf typische Zentralbankfunktionen in dem oben aufgeführten Sinne erblicken. Denn es ist anzunehmen, dass die statuarischen Aufgaben der Zentralbank einer Währungsunion die typischen Aufgaben einer Zentralbank in den Mitgliedsländern widerspiegelt; und allein für diese typischen Funktionen gilt die Immunität.

Im Ausgangspunkt kommt das Immunitätsregime Internationaler Zentralbanken den Rechtsschutzinteressen von Gläubigern entgegen, weil die Reichweite der Vollstreckungsimmunität anhand der ihnen zugewiesenen Aufgaben abgelesen werden kann. Andererseits wird der Erfolg einer Vollstreckung gegen Internationale Zentralbanken wieder entscheidend davon abhängig sein, wie der Nachweis der Verwendungszwecke der Vermögensgüter ausfällt. Und über das prozessuale Verfahren zum Nachweis der tatsächlichen Immunitätsvoraussetzungen entscheidet allein das nationale Prozessrecht. Um die Unabhängigkeit der Organisationen nicht zu gefährden und dadurch ihre wirksame Funktionswahrnehmung nicht zu kompromittieren, kann den Internationalen Zentralbanken ebenso wenig auferlegt werden, die Verwendungszwecke einzelner Vermögenswerte im Detail darzulegen. Die oben skizzierten beweisrechtlichen Grundsätze müssen auch hier Anwendung finden.

VII. Ergebnisse der Untersuchung

1. Geltende Rechtslage – Ein unvollständiges Rechtsregime

Die Arbeit hat sich zum Ziel gesetzt, die geltende Rechtslage der Vollstreckungsimmunität von Zentralbankvermögen zu erhellen. Damit die normativen Aussagen über die vollstreckungsrechtliche Stellung der Zentralbanken so konkret wie möglich ausfallen, hat sie zu diesem Zweck fünf praktische Beispiele an Vermögensarten ausgewählt, die Zentralbanken typischerweise im Ausland halten und für jeweils unterschiedliche Zwecke einsetzen. Sie hat dann versucht, die Vollstreckungsimmunität dieser Vermögenswerte anhand des geltenden Immunitätsregimes zu überprüfen und so die Grenzlinie zwischen immunem und nicht immunem Zentralbankvermögen aufzudecken. Dieses Vorgehen sollte die Beurteilung ermöglichen, inwieweit es dem geltenden Immunitätsregime gelingt, den notwendigen Schutz von ausländischem Vermögen fremder Staaten sicherzustellen und zugleich den Gläubigern ausreichend Raum für die Verwirklichung ihrer Rechte im Wege von Vollstreckungen zu lassen.

Am Ende der Untersuchung lautet die Bilanz: Die Rechtslage ist ausgesprochen unsicher. Eindeutige Rechtsregeln haben sich nicht gezeigt, so dass die Beurteilung der Vollstreckungsimmunität der betrachteten Vermögenskategorien schwer fällt. Darüber hinaus gelingt es weder dem geltenden völkerrechtlichen Immunitätsregime noch der praktischen Umsetzung der Vollstreckungsimmunität im deutschen Zivilprozess, den Rechtsschutzinteressen der Gläubiger hinreichend Rechnung zu tragen. Zu einem großen Teil liegen die Schwierigkeiten an dem Untersuchungsgegenstand, den Zentralbanken. Mit den bestehenden immunitätsrechtlichen Kategorien lassen sich die Tätigkeiten dieser Institute kaum angemessen fassen.

2. Untersuchungsgegenstand: Zentralbanken

a) Funktionales Verständnis – Kernaufgaben und Unabhängigkeit

Zentralbanken sind kuriose Gebilde. Sie spielen das Spiel der Märkte und kontrollieren zur selben Zeit die Spielkarten. Sie hüten die Quellen des Geldes, nehmen dabei originäre Interessen des Staates wahr und sind gleichzeitig von diesem unabhängig. Um das Phänomen „Zentralbank" zu fassen, rekurriert das Recht der Staatenimmunität auf das allgemeine, in anderen Bereichen entwickelte, allerdings eher konturlose Verständnis. Begriffsbildendes Merkmal ist die Verfolgung eines Kreises an charakteristischen Kernfunktionen, die diese Institute zu einem gewissen Maße überall auf der Welt ausüben.

Im Kern sind sie verantwortlich für die Bewirtschaftung des jeweiligen Geldsystems. Das nationale Währungssystem wurzelt in dem staatlichen Monopol zur Ausgabe von Geld als Zahlungsmittel. Die Kompetenz des Staates, sein Währungswesen mit Wirkung für andere Staaten eigenständig festzulegen, folgt aus der staatlichen Währungshoheit. Sie ist der Souveränitätsbereich, auf dem die Tätigkeiten der Zentralbanken maßgeblich gründen. Staaten müssen ihre Währungshoheit nicht autonom wahrnehmen, sondern können diese vollständig oder in Teilen auf eine Währungsunion übertragen, mit der Folge, dass überregionale Zentralbanken wie die EZB die damit verbundenen Kompetenzen ausfüllen.

Ausprägung der Währungshoheit ist vor allem die Bereitstellung der Grundlagen und der Infrastruktur des Zahlungsverkehrs. Zentralbanken sind nicht nur verantwortlich für die Ausgaben von Banknoten und Münzen sowie die Bereitstellung von Buchgeld, sondern unterhalten zudem die Zahlungsverkehrssysteme, über die Zahlungen zwischen Wirtschaftsteilnehmern und ultimativ zwischen Banken abgewickelt werden. Untrennbar verknüpft mit der Bereitstellung des Geldes ist die Steuerung des Geldwertes. Wenn eine einzige Funktion ausgewählt werden müsste, die das zentralbankliche Tätigkeitsprofil in herausgehobener Weise prägt, dann wäre sicherlich die Geldpolitik zu nennen. Sie ist der Grund dafür, dass Zentralbanken Unabhängigkeit zugestanden wird.

Eng mit der Geldpolitik und mithin auch mit der zentralbanklichen Unabhängigkeit ist die Steuerung des Wechselkurses verbunden, die unmittelbar durch Devisenmarktinterventionen und Kapitalverkehrsbeschränkungen umgesetzt wird. Nicht nur für die Zwecke von Devisenmarktinterventionen fällt auch das Halten und Verwalten der Währungsreserven charakteristisch in die Kompetenz der Zentralbanken. Bezüge zur Währungshoheit, ohne zu ihren Kernbestandteilen zu zählen, weisen Maßnahmen der Finanzstabilität auf. Typischerweise übernehmen Zentralbanken die Aufgaben, Zahlungsverkehrssysteme zu unterhalten oder zu beaufsichtigen und als „lender of last resort" zu agieren. Ihre herausgehobene Stellung im nationalen Bankensystem, ihre Verbindungen zu ausländischen Finanzsystemen und nicht zuletzt ihre fehlende Insolvenzfähigkeit machen Zentralbanken zu idealen Bankinstituten. So agieren Zentralbanken für gewöhnlich als Banken für die Regierung und für andere staatliche Einrichtungen, in Entwicklungsländern zudem für Staatsunternehmen oder Privatunternehmen.

Da auch Internationale Zentralbanken zentralbanktypische Funktionen ausüben, wurden diese Institute in der Untersuchung berücksichtigt. Zu Internationalen Zentralbanken zählen neben den jeweiligen Entsprechungen einer nationalen Zentralbank in einer Währungsunion, insbesondere dem ESZB, auch die BIZ. Sie fordern eine gesonderte Betrachtung, weil ihr Rechtsstatus als Internationale Organisationen sich in einem eigenständigen Immunitätsregime niederschlägt.

b) Erscheinungsformen zentralbanklichen Auslandsvermögens

Die Vollstreckungsimmunität kann allein dann relevant werden, wenn Zentralbanken im Ausland über Vermögen verfügen, das potentiell Ziel von Vollstreckungsversuchen Privater wird. Die ausgewählten Vermögenskategorien, an denen die Reichweite der Vollstreckungsimmunität dargestellt wurde, bilden die zuvor erläuterten Kernfunktionen der Zentralbanken ab.

Einen Großteil des ausländischen Staatsvermögens machen regelmäßig Währungsreserven aus. Sie versetzen Staaten in die Lage, Wechselkurspolitik zu betreiben, und dienen darüber hinaus als Absicherung der internationalen Zahlungsfähigkeit. Um den Begriff der Währungsreserven nicht der Konturlosigkeit zu überlassen, werden unter ihn lediglich Mittel mit währungspolitischen Funktionen gefasst.

Die nächste Kategorie sind ausländische Sicherheiten. Zentralbanken schließen geldpolitische Geschäfte mit den Marktteilnehmern ausschließlich gegen die Gewährung von Sicherheiten ab und akzeptieren zu diesem Zweck häufiger im Ausland belegene Sicherheiten. Die auf diesem Weg in die Hände von Zentralbanken gelangenden ausländischen Vermögenswerte dienen unmittelbar der geldpolitischen Aufgabe der Zentralbanken.

Auch Swaplinien resultieren in Auslandsvermögen der Zentralbanken. Mit Hilfe von Swaplinien versorgen sich Zentralbanken untereinander mit unterschiedlichen Währungen. Sie sind in den vergangenen Jahren als Instrument zur Sicherung der Finanzstabilität etabliert worden, um finanzstaatliche stabilitätsbedrohende Devisenknappheit auf ihren heimischen Finanzmärkten abzuwehren.

Eine weitere Kategorie sind Auslandsvermögen, die sich aus der Abwicklung von Bankgeschäften im Ausland ergeben. Im Rahmen ihrer Rolle als Kreditinstitut gegenüber der Regierung, Staatsunternehmen und in weniger entwickelten Volkswirtschaften auch gegenüber Privatunternehmen wickeln Zentralbanken Bankgeschäfte im Ausland ab.

Die letzte untersuchte Vermögenskategorie bilden Staatsfonds. Die Verwaltung von Staatsfonds zählt nicht zu den traditionellen Aufgaben von Zentralbanken. In diesen Fonds sammeln Staaten in beträchtlichem Umfang Devisen aus Handelsüberschüssen oder Rohstoffexporten, um sie für eine Reihe von in erster Linie fiskalpolitischen Zwecken einzusetzen.

3. Zugrundeliegendes Rechtsregime – Die völkerrechtliche Vollstreckungsimmunität

Die Immunität in Vollstreckungsverfahren ist ein eigenständiger Teilbereich des Rechts der Staatenimmunität. Sie grenzt sich durch die tatsächlichen und rechtlichen Belastungswirkungen von der Immunität in gerichtlichen Erkenntnisverfahren ab. Aus dem Ziel der Untersuchung ergibt sich eine zweite Einschränkung. Es sollen mit Vollstreckungsverfahren allein solche staatlichen Verfahren erfasst werden, die darauf gerichtet sind, die Befriedigung vermögensrechtlicher Ansprüche zu sichern oder zu erreichen.

Theoretisch gründet die Vollstreckungsimmunität nach wie vor auf dem völkerrechtlichen Prinzip der souveränen Gleichheit der Staaten. Die moderne, sachlich begrenzte Gestalt der Immunität wird aber erst durch die Ratio, den Schutz staatlicher Kernfunktionen zu gewährleisten, verständlich. Vollstreckungsimmunität führt im Ergebnis dazu, dass Rechtsschutzmöglichkeiten der Gläubiger ausgeschlossen sind. Eine sachlich beschränkte und in seinen Einzelheiten ungeklärte Immunität muss sich viel stärker gegenüber den menschenrechtlichen und grundrechtlichen Rechtsschutzgarantien rechtfertigen. Auch wenn die völkerrechtlich vorgegebene Vollstreckungsimmunität keine Verletzung dieser Rechte bedingt, müssen die Ausgestaltung des Immunitätsregimes und insbesondere seine Integration in die innerstaatliche Rechtsordnung effektive Vollstreckungsmöglichkeiten eröffnen, die Gläubiger rechtssicher übersehen können.

Vollstreckungsimmunität gründet bislang, solange die UN-Immunitätskonvention noch nicht in Kraft getreten ist, in Staaten ohne nationale Immunitätskodifikationen fast ausnahmslos auf dem Völkergewohnheitsrecht. Innerstaatlich sind die Regeln der Vollstreckungsimmunität in der deutschen Rechtsordnung gem. Art. 25 S. 2 GG unmittelbar zu beachten. Nach den völkergewohnheitsrechtlichen Grundsätzen steht das immunitätsrechtliche Privileg allein Einrichtungen zu, die Teil des Staates bilden. Die Zurechnung zu einem fremden Staat erfordert heute keine enge organisationsrechtliche Verbindung mehr; vielmehr reicht die Wahrnehmung staatlicher Funktionen aus. Zentralbanken sind insofern privilegiert. Sämtliche Rechtsordnungen stellen sicher, dass eine Unabhängigkeit der Zentralbanken ihre Immunitätberechtigung nicht in Frage stellt.

In sachlicher Hinsicht erstreckt sich die Vollstreckungsimmunität allein auf Vermögensgegenstände, die zu Beginn der Vollstreckungsverfahren hoheitlichen Verwendungszwecken zugeführt wurden, sofern der Fremdstaat sich nicht freiwillig seiner Vollstreckungsimmunität begeben hat. Vorrangig zu beachtende völkerrechtliche Vorgaben, welche Verwendungszwecke eine hoheitliche Qualität aufweisen, bestehen kaum. Nichthoheitliche Verwendungszwecke werden aber etwa bei Vermögenswerten angenommen, die zu privatwirtschaftlichen Zwecken eingesetzt werden. Der damit einhergehenden Rechtsunsicherheit versucht das Völkerrecht durch die Herausbildung eindeutig hoheitlicher Vermögenskategorien zu begegnen. Verbleibende Lücken bei der Qualifikation der Verwendungszwecke hat nach richtiger Auffassung die lex fori zu schließen.

4. Reichweite und Verwirklichung des Immunitätsschutzes von Zentralbanken gegenüber Vollstreckungsverfahren

a) Immunitätsrechtliche Behandlung von Zentralbankvermögen

Eine Analyse der im Umfang eher dürftigen Staatenpraxis hat gezeigt, dass gesetzliche Immunitätsregelungen in zahlreichen Ländern Zentralbanken einen immunitätsrechtlichen Sonderstatus zubilligen. Ein Teil der Länder hat die Regelungen der noch nicht in Kraft getretenen UN-Immunitätskonvention einschließlich ihres strikten Immunitätsschutzes für Zentralbankvermögen in nationale Gesetze übernommen. Zum anderen haben nationale Gesetzgeber in den letzten Jahren immer häufiger immunitätsrechtliche Vorschriften mit dem einzigen Ziel erlassen, die Vollstreckungsimmunität von Zentralbanken rechtssicher festzuschreiben. Dabei lassen sich unterschiedliche Regelungsmodelle feststellen, die von einer absoluten Vollstreckungsimmunität über eine spezielle Immunisierung von im Zusammenhang mit typischen Zentralbankfunktionen gehaltenen Vermögenswerten bis hin zu einem unter einem Reziprozitätsvorbehalt stehenden absoluten Vollstreckungsschutz reichen. Trotz dieser zu beobachtenden gesetzgeberischen Aktivitäten lässt sich bislang keine völkergewohnheitsrechtliche Regelung feststellen, nach der Zentralbanken einen gegenüber anderen Vermögenskategorien herausgehobenen Immunitätsschutz genießen.

Denn im Hinblick auf zahlreiche Staaten bestehen Zweifel, ob diese Praxis von einer ausreichenden *opinio iuris* getragen wird. Zudem behandelt eine nicht unbedeutende Anzahl an Rechtsordnungen, die zum Teil von Zentralbankaktivitäten besonders betroffen sind und damit auf die Gestalt der völkergewohnheitsrechtlichen Regel gesteigerten Einfluss ausüben (etwa die Schweiz, Deutschland und Frankreich), die Institute nicht anders als andere Vermögensträger. Die erkennbare staatliche Übung ist insgesamt begrenzt. Aber wenn eine Rechtsregel selbst innerhalb dieser zahlenmäßig beschränkten Kohorte keine ganz klar überwiegende Unterstützung erhält, dann lässt sich ein Abgehen von anerkannten völkergewohnheitsrechtlichen Grundsätzen nicht rechtfertigen. Im Einklang mit zahlreichen Stimmen im Schrifttum ist die Gestalt der Vollstreckungsimmunität von Zentralbanken daher zumindest unsicher. Dieses Ergebnis findet eine Stütze in dem Immunitätsregime Internationaler Zentralbanken, das den Instituten lediglich eine auf ihre vertraglichen Aufgaben beschränkte Immunität verleiht und insoweit funktionalisiert ist.

Mithin verbleibt es bei dem allgemeinen Immunitätsregime und der Einordnung der Verwendungszwecke entlang der Grenzlinie zwischen hoheitlichen und nichthoheitlichen Verwendungszwecken. Die Frage, wo die Immunitätsgrenze im Rahmen von Zentralbankvermögen verläuft, lässt das völkerrechtliche Immunitätsregime in weiten Teilen unbeantwortet. Das ist insoweit wenig überraschend, weil die Staatenpraxis gerade darauf abzielte, mit dem besonderen Vollstreckungsschutz bestehende Rechtsunsicherheiten zu beseitigen. Allein Währungsreserven unterstellt die Staatenpraxis einmütig der Vollstreckungsimmunität, während Vermögenswerte, die kommerziellen Bankgeschäften dienen, eindeutig dem nichthoheitlichen Bereich zugewiesen werden. Im Übrigen schweigt das Immunitätsrecht.

Fehlen völkerrechtliche Vorgaben, können nationale Gerichte auf Kriterien und Wertungen ihrer jeweiligen Rechtsordnung zurückgreifen, um die Abgrenzungsfrage zu bewältigen. Im Rahmen der deutschen Rechtsordnung liegt es nahe, auf die staatsrechtliche Differenzierung der verschiedenen Staatsaufgaben zu rekurrieren, weil sie auf die verschiedenen Verwendungszwecke hinweisen, die hinter staatlichen Vermögenswerten stehen. Aber weder der Begriff der Hoheitsaufgaben noch die Kategorien von notwendigen oder ausschließlichen Staatsaufgaben können die immunitätsrechtliche Kategorie des Hoheitlichen näher ausfüllen. Auch der Dualismus zwischen öffentlichem und privatem Recht, der traditionell in der deutschen Rechtsordnung den Sonderbereich des Staates von Privaten abgrenzt, hilft nicht weiter, weil er sich maßgeblich auf die Handlungsformen oder die Qualifizierung zugrundeliegender Rechtsnormen fokussiert. Genauso wenig ist die in der deutschen Rechtsprechung häufiger verwendete Unterscheidung zwischen Verwaltungsvermögen und Finanzvermögen allein geeignet, die Immunitätsgrenze festzulegen. Zwar weist die Rechtsfigur zutreffend auf den für das Immunitätsprivileg notwendigen Zusammenhang zwischen öffentlichen Vermögenswerten und der Verfolgung konkreter öffentlicher Zwecke hin. Die Rechtsfigur klammert allein Zwecke der Ertragserwirtschaftung aus, die die Abgrenzung zum Bereich des Hoheitlichen im Immunitätsrecht aber nicht abschließend vorgeben können. Nicht nur aus diesem Grund ist auch das Kriterium der wirtschaftlichen Zwecke für die Abgrenzung im Immunitätsrecht ungeeignet.

Mit Hilfe einer Kombination verschiedener Wertungen gelang es, zumindest die Zentralbankaufgaben zu identifizieren, die dem Bereich des Hoheitlichen zuzuordnen sind. Die Rechtsfigur des Verwaltungsvermögens hat all jene Vermögenswerte ausgeschieden, die keinen bestimmten öffentlichen Zwecken gewidmet sind. Das finanzwissenschaftliche Konzept der öffentlichen Güter konnte, anders als verfassungsrechtliche Ansätze, begründen, welche ausgewählten Zentralbankaufgaben der Staat zwingend wahrnehmen sollte und welche Aufgaben aus diesem Grund durch Vollstreckungsimmunität geschützt werden sollten. Die zuletzt ausgewählte Wertung, die staatliche Währungshoheit, knüpft an Elemente an, die die Sonderstellung der Zentralbank im jeweiligen Staatsgefüge begründen und zugleich auf die Grundlage der Immunität, die staatliche Souveränität, zurückverweisen. Die identitätsstiftenden Aufgaben von Zentralbanken sind Ausdruck der staatlichen Währungshoheit, deren Wahrnehmung durch Unabhängigkeit abgesichert ist. Die Zuordnung von Zentralbankfunktionen zur staatlichen Währungshoheit hat die zuvor erreichten Ergebnisse bestätigt. Danach genießen Währungsreserven, zu geldpolitischen Geschäften eingesetzte Vermögenswerte und Mittel zur Gewährleistung der Finanzstabilität Vollstreckungsimmunität. Staatsfonds und im Rahmen von Bankgeschäften gehaltene Vermögensmittel unterliegen dagegen der inländischen Vollstreckungsgewalt.

Obwohl sich somit die Qualifikation zentralbanklicher Vermögenswerte anhand der Kumulation der Abgrenzungskriterien bewerkstelligen lässt, konnte die gewählte Lösung dennoch nicht vollends überzeugen. Den Merkmalen fehlt es an Kohärenz, die Kombination verschiedener Kriterien vergrößert bestehende Wertungsspielräume und macht den Qualifikationsprozess aufwendig. Vor allem bietet sie gegenüber der Lösung, die beispielsweise das US-amerikanische Recht verfolgt, keine entscheidenden Vorteile. Dort genießen nur solche Vermögenswerte Vollstreckungsimmunität, die typischen Funktionen der Zentralbanken dienen. Der Kreis an typischen Zentralbankfunktionen umfasst dabei im Wesentlichen die Aufgaben, denen zuvor eine Immunitätsberechtigung zugesprochen wurde. Allein die Erbringung von Bankdienstleistungen gegenüber dem Staat und privaten Unternehmen fordert eine abweichende Bewertung, weil diese Aufgaben von zahlreichen Zentralbanken und damit typischerweise erfüllt werden. Fallen die Ergebnisse nicht anders aus, so ist dieser Maßstab im Vergleich doch einfacher zu handhaben, weil ein hinreichend gesichertes Verständnis besteht, welche Funktionen Zentralbanken charakteristischerweise wahrnehmen. Dieses Abgrenzungsregime ist daher vorzugswürdig.

b) Anforderungen an den Immunitätsverzicht von Zentralbanken

Zentralbanken können auf ihre Immunität in Vollstreckungsverfahren verzichten. Nach allgemeinen Grundsätzen bedarf es hierfür einer Verzichtserklärung, die sich ausdrücklich auf die Vollstreckungsimmunität bezieht. Trotzdem lässt die überwiegende Staatenpraxis einen im Hinblick auf Vollstreckungsverfahren pauschal formulierten Immunitätsverzicht, wie er sich in Staatsanleihen standardmäßig findet, nicht genügen, um gerade den Immunitätspanzer von Zentralbanken zu durchbrechen.

Die überwiegende Mehrheit der nur beschränkt feststellbaren Staatenpraxis behandelt Zentralbankvermögen im Hinblick auf die Verzichtsanforderungen als eine besonders geschützte Immunitätskategorie. Sie unterliegt, wie diplomatisches Vermögen, allein der nationalen Vollstreckungsgewalt, wenn sich die Zustimmung zur Vollstreckung gerade auf Zentralbankvermögen bezieht. Die damit beschriebene Rechtslage setzt sich in Widerspruch zu der sachlichen Reichweite der Vollstreckungsimmunität. Dort konnte gerade kein besonderer Immunitätsschutz für Zentralbanken festgestellt werden.

c) Praktische Verwirklichung der Vollstreckungsimmunität im Prozess

Der genaue Verlauf der Immunitätsgrenze rückt in den Hintergrund, wenn sich die Verwendungszwecke von Vermögensgegenständen ohne Mitwirkung der Zentralbanken nicht aufklären lassen und bloße Behauptungen der betroffenen Zentralbank Grundlage für die Qualifikation der Verwendungszwecke bleiben. So entscheiden gerade die prozessualen Bedingungen für den Nachweis der tatsächlichen Immunitätsvoraussetzungen darüber, ob der justizielle Rechtsschutzanspruch im Ergebnis erfüllt wird. Auf diese Zusammenhänge nehmen nationale Gerichte bei der Ausgestaltung des prozessualen Beweisverfahrens nur unzureichend Rücksicht.

Für die nationalen Rechtsordnungen ergeben sich Spielräume, weil das Völkerrecht nationale Rechtspflegeorgane lediglich dazu zwingt, einerseits die potentielle Immunität von Amts wegen und vor der Erörterung anderer Rechtsfragen zu klären und andererseits die aus der Souveränität fließenden Geheimhaltungsinteressen des fremden Staates zu wahren. Im Hinblick auf Letzteres darf ein Forumstaat einen anderen Staat von Völkerrechts wegen nicht zwingen, in Beweisverfahren „bis ins Letzte" offenzulegen, für welche einzelnen Transaktionen er sein Vermögen einsetzt. Es ist allerdings offen, wie weit das völkerrechtliche Verbot im Einzelnen reicht und welche prozessualen Mitwirkungslasten fremden Staaten in Beweisverfahren auferlegt werden dürfen.

Insbesondere die Verteilung der Beweislast bleibt der lex fori vorbehalten. Nach den im deutschen Zivilprozessrecht überwiegend angewendeten Grundsätzen geben Beweislastnormen, die insbesondere gesetzlichen Regelungen zu entnehmen sind, die Verteilung der Beweislast vor. Da aber selbst dem spärlichen Normbestand der deutschen Rechtsordnung zur Immunität in justiziellen Verfahren keine eindeutigen Aussagen entnommen werden können, muss die Beweislastverteilung hilfsweise auf anerkannte Wertungen gestützt werden. In der untersuchten Konstellation verlangt die grund- und menschenrechtliche Gewährleistung effektiven Rechtsschutzes, dem fremden Staat die Beweislast für die immunitätsbegründenden Voraussetzungen zuzuweisen. Sind wie bei Zentralbankvermögen keine körperlichen Vermögenswerte betroffen, wird es Gläubigern in den seltensten Fällen gelingen, überhaupt irgendeine Zweckverwendung nachzuweisen. Demgegenüber steht die fremde Zentralbank in strukturell bedingter Nähe zu den relevanten Tatsachen und kann die zur Wahrung ihrer Rechte notwendigen Nachweise ohne Schwierigkeiten beschaffen.

Noch größere Belastungen für die Rechtsschutzposition des Gläubigers sind allerdings mit den Beweiserleichterungen verbunden, die Rechtsordnungen in großer Zahl vorsehen. Wenn man fremden Staaten bzw. fremden Zentralbanken aus Rücksicht auf die Geheimhaltung ihrer internen Angelegenheiten zugesteht, die tatsächlichen Grundlagen des Immunitätsrechts lediglich glaubhaft machen zu müssen, und hierzu bereits eine pauschale Behauptung diplomatischer Vertreter genügen lässt, werden sich die Zweckbestimmungen der Vermögenswerte in den seltensten Fällen objektiv überprüfbar aufklären lassen.

Überzeugender ist es, dem fremden Staat aufzugeben, die Verwendungszwecke zwar nicht bis ins Letzte, jedoch im Hinblick auf die grundlegenden Funktionen des betroffenen Vermögensgegenstandes in einer Art und Weise nachzuweisen, die dem Gericht eine objektive Nachprüfbarkeit ermöglicht. Im Falle von Konten kann dieses Ziel insbesondere dadurch erreicht werden, dass fremdstaatliche Vollstreckungsschuldner nur dann Vollstreckungsimmunität genießen, wenn sie von vornherein Guthaben getrennt nach verschiedenen Zwecken unterhalten. Mit Hilfe der Obliegenheiten einer äußerlich wahrnehmbaren Vermögenstrennung lässt sich zudem wirksam der Gefahr begegnen, dass fremde Zentralbanken sich durch Vermischung von Vermögenswerten mit hoheitlichen und nichthoheitlichen Zwecksetzungen unberechtigt das Immunitätsprivileg erschleichen.

5. Gesonderte Immunitätswelt Internationaler Zentralbanken

Für Internationale Zentralbanken wie die EZB und die BIZ gilt ein gesondertes Immunitätsregime. Denn Internationale Zentralbanken sind nicht Bestandteile souveräner Staaten, sondern stellen Internationale Organisationen dar oder bilden einen Teil solcher Organisationen. Ihre Immunität ergibt sich maßgeblich aus den völkerrechtlichen Verträgen, die die Rechtsstellung der Organisation gegenüber den Mitglied- und Sitzstaaten festschreiben. Eine völkergewohnheitsrechtliche Immunitätsregel existiert bislang nicht. Vereinzelte, die Staatenimmunität adressierende nationale Regelwerke spannen einen besonderen Immunitätsschirm auch über solche Zentralbanken, die nicht Teil eines Staates bilden.

Trotz unterschiedlicher dogmatischer Grundlagen ist die Ratio der Immunität von Staaten und von Internationalen Organisationen ähnlich. Wie die Staatenimmunität zielt die Immunität Internationaler Organisationen darauf ab, die effektive Wahrnehmung von Funktionen abzusichern. Der Unterschied besteht darin, dass es bei Internationalen Zentralbanken nicht um staatliche, sondern um statuarische Funktionen geht. Ihre Immunität reicht demnach nicht weiter, als dies für die wirksame Erfüllung ihrer statuarischen Funktionen notwendig ist.

Diese strenge funktionale Begrenzung spiegelt das für die EZB geltende Regime der Vollstreckungsimmunität wider. Vollstreckungen in bei der Europäischen Zentralbank bestehende Vermögenswerte aufgrund eines Vollstreckungstitels sind ausschließlich nach voriger Ermächtigung durch den Europäischen Gerichtshof zulässig. Dieser macht seine Zustimmung allein davon abhängig, ob die Vollstreckung dazu geeignet ist, das ordnungsgemäße Funktionieren und die Unabhängigkeit der Zentralbank zu beeinträchtigen. Immunisiert sind danach allein Vermögenswerte, die zu statuarischen Zwecken genutzt werden.

Das zweispurige System der Vollstreckungsimmunität der BIZ sieht auf der einen Spur eine absolute Immunität für Vermögen Dritter in den Händen der BIZ vor. Auf der zweiten Spur sind Vollstreckungen in das eigene Vermögen der Bank erlaubt, sofern damit ein rechtskräftiges Urteil, das über Ansprüche aus Bank- und Finanzgeschäften ergangen ist, durchgesetzt wird. In beiden Fällen folgt die Immunitätsreichweite funktionalen Zielsetzungen. Die absolute Immunität für fremdes Vermögen ist für die effektive Ausübung von Banktätigkeiten der BIZ für fremde Zentralbanken notwendig, während die bloß eingeschränkte Immunität für eigenes Vermögen ihre effektive Teilnahme an den Finanzmärkten ermöglicht.

6. Abschließende Bewertung

In welcher Weise hat sich die hier skizzierte unsichere völkerrechtliche Rechtslage auf den Schutz von Zentralbankvermögen in nationalen Vollstreckungsverfahren ausgewirkt? Führt sie zu einer erhöhten Gefahr von Vollstreckungen in einzelnen Staaten oder reagieren Staaten mit der Gewährung eines großzügigeren Schutzes von Zentralbankvermögen?

Die Untersuchung hat zunächst ergeben, dass auf Grundlage eines beschränkten Immunitätsregimes weite Teile des auswärtigen Vermögens von Zentralbanken den Schutz der Vollstreckungsimmunität verdienen. Mittel der Zentralbanken, die im engen Zusammenhang mit der Bewirtschaftung des jeweiligen Geld- und Wirtschaftssystems stehen, sollten Vollstreckungsimmunität genießen. Nach den ausgesuchten Wertungen sollten lediglich Mittel aus Staatsfonds und zu kommerziellen Bankgeschäften zugunsten privater Unternehmen genutztes Vermögen dem Vollstreckungszugriff der Gläubiger vor nationalen Gerichten offen stehen.

Einzelne Vollstreckungen in die von der Vollstreckungsimmunität geschützten Vermögenswerte würden eine Zentralbank zwar in der Regel nicht (mit Ausnahme vielleicht von Vollstreckungen zur Befriedigung von sehr hohen, beispielsweise den in der Einleitung genannten Beträgen) in die Handlungsunfähigkeit zwingen. Möglicherweise müssten Zentralbanken einen größeren Aufwand betreiben, weil sie in größerem Umfang die individuellen Rechtsrisiken einer Rechtsordnung berücksichtigen und Transaktionen über sichere Wege abwickeln müssten.[1] In jedem Fall erschüttern erfolgreiche Vollstreckungen in zu schützende Vermögenswerte das Vertrauen der Märkte in die Fähigkeiten der Zentralbank, ihre geld- oder wechselkurspolitischen Ziele effektiv umsetzen zu können, und beeinträchtigen auf diesem Wege die wirksame Erfüllung ihrer Aufgaben. Denn moderne Zentralbanken verlassen sich bei ihrer Aufgabenwahrnehmung vor allem auf Marktmechanismen. Sind beispielsweise Marktteilnehmer nicht davon überzeugt, dass eine Zentralbank über ausreichende Devisenreserven verfügt, um den angestrebten Wechselkurs sicherzustellen, dann werden sie Spekulationsgeschäfte eingehen, die den wechselkurspolitischen Zielen der Zentralbank zuwiderlaufen.[2]

---

[1] Man denke an das Einleitungsbeispiel der argentinischen Zentralbank, die ihre Währungsreserven vor ihren Gläubigern auf Konten der BIZ in Sicherheit brachte, siehe oben S. 1.

[2] In der Vergangenheit ist es Spekulationen der Märkte tatsächlich gelungen, die Wechselkurspolitik von Zentralbanken zu durchkreuzen. Beispielsweise zwangen im September 1992 Spekulationen auf den Devisenmärkten die Bank of England dazu, den Europäischen Wechselkursmechanismus zu verlassen. Im Rahmen des Europäischen Wechselkursmechanismus musste die Bank of England den Wechselkurs des Britischen Pfunds zur Deutschen Mark inner-

Die Betrachtung der nationalen Gesetze und Rechtsprechung gibt wenig Anlass zu der Befürchtung, in dem unsicheren Regelungsumfeld trage die Rechtspraxis dem Schutzbedürfnis der Zentralbanken bei der Wahrnehmung ihrer grundlegenden Aufgaben im Rahmen der Bewirtschaftung des nationalen Währungssystems nicht ausreichend Rechnung. So ist etwa keine Rechtsordnung erkennbar, die zu geld- und währungspolitischen Zwecken gewidmetem Vermögen Vollstreckungsimmunität vorenthält.

Die Durchsicht der Staatenpraxis zeigt eher in die entgegengesetzte Richtung. Sie vermittelt den Eindruck, Zentralbankvermögen profitiert von einer sehr großzügig ausgestalteten und ausgelegten Vollstreckungsimmunität. Der überschießende Vollstreckungsschutz von Zentralbanken geht unmittelbar zu Lasten der Staatengläubiger. Die Vollstreckungsimmunität durchkreuzt ultimativ ihre Rechtsschutzchancen. Im Einleitungsabschnitt wurde darauf hingewiesen, dass die Staatenimmunität in zivilprozessualen Verfahren den grundlegenden Zusammenhang zwischen der materiell-rechtlichen Anerkennung einer Verbindlichkeit und ihrer prozessrechtlichen Durchsetzbarkeit zertrennt, ohne dass die Privatrechtsordnung eine Kompensation bietet. Im Ergebnis entscheiden somit die Rechtssätze der Vollstreckungsimmunität darüber, in welchem Umfang, aber viel eher noch, ob überhaupt eine Verwirklichung vermögensrechtlicher Ansprüche auf dem Weg des zivilprozessualen Rechtsschutzes gelingen kann. Die historische Entwicklung, die sachliche Reichweite des Immunitätsschutzes zurückzudrängen, verfolgte gerade das Ziel, den Gläubigern in größerem Umfang vor nationalen Gerichten in Verfahren gegen fremde Staaten zu ihrem Recht zu verhelfen. Die tatsächlichen Rechtsschutzchancen bleiben jedoch hinter den „Errungenschaften" der völkerrechtlichen Vollstreckungsimmunität zurück.

Der Befund stützt sich zunächst auf die gesetzlichen Regelungen in zahlreichen Staaten, die Zentralbankvermögen unter allen Umständen immunisieren. Da das Völkerrecht lediglich Mindestvorgaben enthält, ist diese Praxis, über das völkerrechtlich notwendige Maß an Immunität hinauszugehen und fremden Staaten ein Mehr an Immunität zuzugestehen, von Völkerrechts wegen ganz und gar unbedenklich. Sie negiert allerdings von vornherein die Rechtsschutzmöglichkeiten der Gläubiger und setzt Schuldnerstaaten Anreize zu missbräuchlichem Verhalten. Sie können nämlich ohne Weiteres Vermögenswerte in die Hände von Zentralbanken verschieben, damit diese einem Vollstreckungszugriff der Gläubiger entzogen sind. Die Verbreitung absoluten Immunitätsschutzes für

---

halb einer bestimmten Bandbreite halten. Die Märkte gingen davon aus, dass das Britische Pfund überbewertet sei, und setzten auf den Fall des Wechselkurses des Pfundes. Dieser trat tatsächlich ein, als die Bank of England ausreichende Stützungskäufe nicht mehr vornehmen konnte. Vgl. dazu *Mayhem*, The Economist v. 19.09.1992, Nr. 7777, S. 13; *A ghastly game of dominoes*, The Economist v. 19.09.1992, Nr. 7777, S. 115.

6. Abschließende Bewertung

Zentralbanken mag auch der Unklarheit der rechtlichen Reichweite der beschränkten Vollstreckungsimmunität geschuldet sein. Internationale Investitionen werden sicherlich auch dadurch abgeschreckt, dass ausländische Zentralbanken das Ausmaß ihrer Vollstreckungsimmunität nicht übersehen können.[3]

Rechtsschutzpotentiale zugunsten von Gläubigern fremder Staaten lassen aber gerade auch solche Staaten ungenutzt, die sich einer auf hoheitliche Funktionen beschränkten Vollstreckungsimmunität verschrieben haben. Ein solches Immunitätsregime sollte an sich gewährleisten, dass Vollstreckungen gegen Zentralbankvermögen in nichtimmunen Bereichen in der Regel zum Erfolg führen. Dass dem nicht so ist, lässt sich auch auf die unsichere völkerrechtliche Rechtslage zurückführen.

Diese unsichere Rechtslage besteht einmal hinsichtlich des Merkmals „hoheitliche Verwendungszwecke". Welche Vermögenswerte im Einzelnen Vollstreckungsimmunität genießen, hängt von der Qualifizierung ihrer Verwendungszwecke ab. Die Arbeit hat gezeigt, dass weder das Völkerrecht noch ein Rückgriff auf nationale Wertungen eine rechtssichere Qualifizierung gewährleisten können, weil kein gesichertes Verständnis von hoheitlichen Aufgaben besteht. Stehen die Maßstäbe nicht fest, so führt das theoretisch dazu, dass nationale Gerichte unter Rückgriff auf nationale Wertungen das Merkmal der „hoheitlichen Verwendungszwecke" ausdehnen und hierunter eine größere Bandbreite an staatlichen Funktionen fassen. Das zeigt etwa das Urteil des englischen High Court of Justice, in dem das Gericht das Unterhalten eines Staatsfonds entgegen überwiegender Ansicht in der Literatur als „exercise of sovereign authority" einordnet.[4]

Die Untersuchung hat einen Weg aufgezeigt, auf dem sich der Begriff des „Hoheitlichen" ausfüllen lässt. Aber die vorgeschlagene Kombination aus verschiedenen Wertungen eröffnet einen großen Beurteilungsspielraum und gibt die Qualifikation einzelner Verwendungszwecke damit erneut der Rechtsunsicherheit preis. Fremden Zentralbanken und rechtsschutzsuchenden Gläubigern ist eher geholfen, wenn komplexe und unsichere Wertungsentscheidungen zugunsten klarer, handhabbarer Maßstäbe, mögen sie auch holzschnittartig sein, eingetauscht werden. Deshalb spricht sich die Arbeit dafür aus, den hoheitlichen Charakter eines zentralbanklichen Vermögenswertes danach zu beurteilen, ob mit ihm typische Zentralbankaufgaben verfolgt werden.

Ein noch größerer Hemmschuh für den Erfolg immunitätsrechtlich zulässiger Vollstreckungsversuche liegt darin, dass Staaten ihre nationalen Verfahren, in denen Gerichte über die Berechtigung des Immunitätseinwands fremder Staaten

---

[3] Zahlreiche Staaten, wie die USA oder Großbritannien, zielten mit dem besonderen Immunitätsschutz für Zentralbankvermögen darauf ab, Investitionen ausländischer Zentralbanken anzuziehen, siehe oben S. 245.

[4] Siehe oben S. 178 f.

entscheiden, zum Nachteil von Gläubigern ausgestalten. Hier sehen sich Forumstaaten völkerrechtlich dazu verpflichtet, auf die Geheimhaltungsinteressen der fremden Staaten Rücksicht zu nehmen, ohne dass im Einzelnen klar ist, was aus dieser Verpflichtung folgt. Aus Sorge, den völkerrechtlichen Verpflichtungen nicht gerecht zu werden, gestehen sie fremden Staaten zuweilen unverhältnismäßige Beweiserleichterungen zu. Die deutsche Rechtsprechung lässt beispielsweise pauschale „Versicherungen" als Beweismittel zu und sieht sich dann nicht in der Lage, mehr als eine Plausibilitätskontrolle durchzuführen. Die Rechtsprechungsgrundsätze haben zur Folge, dass Schuldnerstaaten auch solche Vermögensmittel dem Vollstreckungszugriff der Gläubiger entziehen können, die an sich keine Vollstreckungsimmunität genießen. Die durch die Beschränkung der Vollstreckungsimmunität erschlossenen Rechtsschutzmöglichkeiten liegen dadurch brach. Schlimmer noch tragen diese Rechtsprechungsgrundsätze den grund- und menschenrechtlichen Gewährleistungen eines effektiven Rechtsschutzes nicht ausreichend Rechnung.

Im Rahmen der Untersuchung der – zugegebenermaßen nicht sehr zahlreichen – Entscheidungen nationaler Gerichte zur Vollstreckungsimmunität von Zentralbanken unter Anwendung des modernen, funktional eingeschränkten Immunitätsregimes entsteht der Eindruck, dass Vollstreckungsverfahren der Gläubiger gerade dann Erfolg haben, wenn nationale Gerichte der fremden Zentralbank auferlegen, hoheitliche Verwendungszwecke durch objektiv überprüfbare Beweismittel nachzuweisen. Schweizer Gerichte legen etwa strenge Maßstäbe an den von Zentralbanken zu erbringenden Nachweis hoheitlicher Zweckverwendung an und ließen in der Vergangenheit mehrmals Vollstreckungen in Zentralbankvermögen zu.[5] In Deutschland verweigerte das Oberlandesgericht Frankfurt der jemenitischen Zentralbank Vollstreckungsimmunität, weil diese eine „objektivierbare Zuordnungsmöglichkeit zugunsten hoheitlicher Zwecke" nicht dargetan hatte.[6] Aufgrund des discovery-Verfahrens in den USA ist die dortige Rechtslage mit der Ausgestaltung der Beweislast nicht vollends vergleichbar. Jedoch zeigen Entscheidungen US-amerikanischer Gerichte deutlich, dass Vollstreckungen gegen Zentralbankvermögen gerade dann möglich werden, wenn das *discovery*-Verfahren die Verwendungszwecke der von der Vollstreckung betroffenen Vermögenswerte aufdeckt und am Maßstab eingeschränkter Immunität misst.[7]

Auch wenn es sich dabei bei weitem nicht um eine belastbare empirische Untersuchung handelt, stützen diese Beispielsfälle doch die Annahme, dass Gläubiger die durch die sachliche Begrenzung der Vollstreckungsimmunität eröffneten

---

[5] Siehe oben S. 224 ff.

[6] OLG Frankfurt, Ent. v. 03.08.2000, Rs. 26 W 82/2000 (unveröffentlicht).

[7] Siehe etwa U.S. District Court, S.D.N.Y., *Weston Compagnie de Finance et D'investissement v. La Republica del Ecuador*, 823 F.Supp 1106, 1113 ff. (1993).

Rechtsschutzmöglichkeiten nur dann effektiv nutzen können, wenn dem Schuldnerstaat prozessuale Lasten für Darlegung und Beweis der tatsächlichen Grundlage der Immunität auferlegt werden, die über bloß pauschale Behauptungen hinausgehen. Durch eine entsprechende Einstellung des nationalen Prozessrechts haben es die nationalen Rechtsordnungen somit in der Hand, die grundsätzlich rechtsschutznegierenden Wirkungen der Vollstreckungsimmunität abzumildern und in der praktischen Anwendung das sachliche Maß der Immunität auf das völkerrechtlich Notwendige zurückzuführen. Auf diesem Wege lassen sich die widerstreitenden Prinzipien, der völkerrechtlich zwingende Immunitätsstandard zugunsten der Zentralbanken und der Rechtsschutzanspruch des Einzelnen auf Verwirklichung seiner privaten Rechte in einen angemessenen Ausgleich bringen.

Auflistung zitierter ausländischer und internationaler Immunitätsregelwerke

1. Nationale Immunitätsgesetze

Titel	Urheber	Erlassjahr	zitiert als
Foreign Sovereign Immunities Act 1976	Vereinigte Staaten von Amerika	1976	„FSIA US"
State Immunity Act 1978	Vereinigtes Königreich	1978	„SIA UK"
State Immunity Ordinance	Pakistan	1981	„SIO Pakistan"
Foreign State Immunities Act, Act 87	Republik Südafrika	1981	„FSIA Südafrika"
Foreign States Immunities Act 1985	Australien	1985	„FSIA Australien"
State Immunity Act	Kanada	1985	„SIA Kanada"
State Immunity Act 1985	Republik Singapur	1985	„SIA Singapur"
Foreign States Immunities Law (engl. Übersetzung)	Israel	2009	„FSIL Israel"
Act on the Civil Jurisdiction of Japan with respect to a Foreign State, etc. (engl. Übersetzung)	Japan	2009	„Immunitätsgesetz Japan"
Law on Jurisdictional Immunity of a Foreign State and a Foreign State's Property in the Russian Federation (engl. Übersetzung)	Russische Föderation	2015	„Immunitätsgesetz Russland"
Gesetz über die Vorrechte und Immunitäten fremder Staaten, internationaler Organisationen mit Sitz oder Niederlassung in Spanien und internationaler Konferenzen und Vereinigungen in Spanien, (deutsche Übersetzung)	Königreich Spanien	2015	„Immunitätsgesetz Spanien"

2. Internationale Immunitätsregelwerke

Titel	Urheber	Erlassjahr	Zitatbezeichnung
Europäisches Übereinkommen über Staatenimmunität	Europarat	1972	„Europäisches Übereinkommen über Staatenimmunität"
Draft Articles on a Convention on State Immunity	International Law Association	1982	„Montreal Draft Articles"
Contemporary Problems Concerning the Immunity of States in Relation to Questions of Jurisdiction and Enforcement	Institut de Droit International	1991	„Baseler Resolution"
Revised Draft Articles for a Convention on State Immunity	International Law Association	1994	„Revised Draft Articles"
United Nations Convention on Jurisdictional Immunities of States and Their Property	Vereinte Nationen	2004	„UN-Immunitätskonvention"

3. Spezielle Regelwerke zur Zentralbankenimmmunität

Regelung	Urheber	Erlassjahr
Law of Autonomy of the Banco de España, Law 13/1994, of 1 June (engl. Übersetzung)	Königreich Spanien	1994
Art. 92 Nr. 11 Bundesgesetz über Schuldbetreibung und Konkurs (SchKG)	Schweizerische Eidgenossenschaft	1997
Law of the People's Republic of China on Judicial Immunity from Measures of Constraint for the Property of Foreign Central Banks (engl. Übersetzung)	Volksrepublik China	2005
Art. L153-1 Code monétaire et financier	Französische Republik	2005
Art. 22a Banka Slovenije Act (engl. Übersetzung)	Republik Slowenien	2006
Art. 1412quater Code Judiciaire	Königreich Belgien	2008
Ley No 26.961	Argentinische Republik	2014
Art. 2 VO (EU) Nr. 655/2014 zur Einführung eines Verfahrens für einen Europäischen Beschluss zur vorläufigen Kontenpfändung im Hinblick auf die Erleichterung der grenzüberschreitenden Eintreibung von Forderungen in Zivil- und Handelssachen	Europäische Union	2014

Verzeichnis der zitierten Gerichtsentscheidungen

Belgischer Verfassungsgerichtshof
Ent. v. 27.04.2017, Rs. 6372, 6373, Moniteur Belge 12.06.2017, 63563.
Ent. v. 31.05.2018, Rs. Nr. 6371, Moniteur Belge 23.07.2018, 58624.

Bundesgerichtshof
Ent. v. 24.09.1955, Rs. IV ZR 162/54, NJW 1955, 1714.
Ent. v. 26.11.1968, Rs. VI ZR 212/66, NJW 1969, 269.
Ent. v. 17.03.1981, Rs. VI ZR 191/79, NJW 1981, 1603.
Ent. v. 17.02.1983, Rs. III ZR 184/81, NJW 1983, 2032.
Ent. v. 16.06.1983, Rs. VII ZR 370/82, NJW 1983, 2499.
Ent. v. 31.01.1991, Rs. III ZR 150/88, NJW 1991, 3095.
Ent. v. 17.11.1994, Rs. III ZR 70/93, WM 1995, 124.
Ent. v. 20.03.1996, Rs. VIII ZB 7/96, NJW 1996, 1682.
Ent. v. 04.11.1999, Rs. III ZR 306/98, NJW 2000, 289.
Ent. v. 28.05.2003, Rs. IXa ZB 19/03, NJW-RR 2003, 1218.
Ent. v. 12.12.2003, Rs. IXa ZB 115/03, NJW 2004, 954.
Ent. v. 19.05.2004, Rs. IXa ZB 224/03, NJW 2004, 2452.
Ent. v. 25.08.2004, Rs. IXa ZB 271/03, NJW 2004, 3770.
Ent. v. 25.05.2005, Rs. VIII ZR 301/03, NJW-RR 2006, 138.
Ent. v. 04.10.2005, Rs. VII ZB 9/05, NJW-RR 2006, 425.
Ent. v. 15.12.2005, Rs. I ZB 63/05, NJW 2006, 1290.
Ent. v. 22.01.2009, Rs. III ZR 172/08, NJW-RR 2009, 601.
Ent. v. 01.10.2009, Rs. VII ZB 37/08, NJW 2010, 769.
Ent. v. 09.02.2012, Rs. VII ZB 49/10, NJW 2012, 1081.
Ent. v. 19.02.2013, Rs. II ZR 56/12, NJW 2013, 1535.
Ent. v. 04.07.2013, Rs. VII ZB 63/12, NJW-RR 2013, 1532.
Ent. v. 25.06.2014, Rs. VII ZB 23/13, NJW-RR 2014, 1088.
Ent. v. 24.02.2015, Rs. XI ZR 193/14, NJW 2015, 2328.
Ent. v. 08.03.2016, Rs. VI ZR 516/14, NJW 2016, 1659.
Ent. v. 24.03.2016, Rs. VII ZR 150/15, RIW 2016, 365.
Ent. v. 22.09.2016, Rs. V ZB 125/15, WM 2016, 2357.

Bundesverfassungsgericht
Ent. v. 21.10.1954, Rs. 1 BvL 52/52, NJW 1954, 1762.
Ent. v. 23.10.1958, Rs. 1 BvR 458/58, NJW 1959, 29.
Ent. v. 16.06.1959, Rs. 2 BvF 5/56, BVerfGE 9, 305.
Ent. v. 28.02.1961, Rs. 2 BvG 1/60 u. a., BVerfGE 12, 205.
Ent. v. 30.10.1962, Rs. 2 BvM 1/60, NJW 1963, 435.

Ent. v. 14.11.1962, Rs. 1 BvR 987/58, NJW 1963, 62.
Ent. v. 30.04.1963, Rs. 2 BvM 1/62, NJW 1963, 1732.
Ent. v. 06.03.1968, Rs. 1 BvR 975/58, BVerfGE 23, 153.
Ent. v. 15.12.1970, Rs. 1 BvR 559/70 u.a., NJW 1971, 319.
Ent. v. 16.03.1971, Rs. 1 BvR 52/66 u.a., BVerfGE 30, 292.
Ent. v. 07.07.1971, Rs. 1 BvR 775/66, NJW 1971, 2167.
Ent. v. 23.04.1974, Rs. 1 BvR 6/74 u.a., NJW 1974, 1499.
Ent. v. 08.07.1976, Rs. 1 BvL19/75 u.a., NJW 1976, 1783.
Ent. v. 13.12.1977, Rs. 2 BvM 1/76, NJW 1978, 485.
Ent. v. 25.07.1979, Rs. 2 BvR 878/74, NJW 1979, 1925.
Ent. v. 12.04.1983, Rs. 2 BvR 678/81 u.a., NJW 1983, 2766.
Ent. v. 18.06.1986, Rs. 1 BvR 787/80, BVerGE 73, 280.
Ent. v. 27.04.1988, Rs. 1 BvR 549/87, NJW 1988, 3141.
Ent. v. 12.10.1993, Rs. 2 BvR 2134/92 u.a., NJW 1993, 3047.
Ent. v. 11.10.1994, Rs. 1 BvR 1398/93, NJW 1995, 40.
Ent. v. 11.03.1997, Rs. 2 BvG 3/95 u.a., BVerfGE 95, 250.
Ent. v. 14.07.1998, Rs. 1 BvR 1640/97, NJW 1998, 2515.
Ent. v. 23.06.1999, Rs. 1 BvR 984/89, NJW 1999, 3186.
Ent. v. 31.01.2001, Rs. 1 BvR 66/01 u.a., NJW 2001, 1482.
Ent. v. 21.02.2001, Rs. 2 BvR 140/00, NJW 2001, 2531.
Ent. v. 03.03.2004, Rs. 1 BvF 3/92, NJW 2004, 2213.
Ent. v. 14.10.2004, Rs. 2 BvR 1481/04, NJW 2004, 3407.
Ent. v. 27.06.2005, Rs. 1 BvR 224/05, NZM 2005, 657.
Ent. v. 06.12.2006, Rs. 2 BvM 9/03, NJW 2007, 2605.
Ent. v. 08.05.2007, Rs. 2 BvM 6/03 u.a., NJW 2007, 2610.
Ent. v. 08.05.2007, Rs. 2 BvM 1/03 u.a., NJW 2007, 2605.
Ent. v. 27.02.2008, Rs. 1 BvR 2588/06, NJW 2008, 2170.
Ent. v. 15.12.2008, Rs. 2 BvR 2495/08, IPRax 2011, 389.
Ent. v. 12.10.2011, Rs. 2 BvR 2984/09 u.a., NJW 2012, 293.
Ent. v. 18.01.2012, Rs. 2 BvR 133/10, NJW 2012, 1563.
Ent. v. 22.08.2013, Rs. 1 BvR 1067/12, NJW 2013, 3630.
Ent. v. 17.03.2014, Rs. 2 BvR 736/13, NJW 2014, 1723.

Bundesverwaltungsgericht
Ent. v. 10.05.1955, Rs. I C 121.53, NJW 1955, 1532.
Ent. v. 30.09.1988, Rs. 9 CB 47/88, NJW 1989, 678.

Corte costituzionale della Repubblica Italiana
Ent. v. 15.07.1992, *Condor and Filvem v. Ministry of Justice*, 101 ILR 394.

Cour d'appel de Bruxelles
Ent. v. 15.02.2000, JT 2001, 6.
Ent. v. 08.10.1995, JT 1997, 100.
Ent. v. 04.10.2002, JT 2003, 318.

Cour d'appel de Paris
Ent. v. 10.08.2000, JDI 2001, 116.

Cour de cassation (Frankreich)
Ent. v. 11.02.1969, JDI 96 1969, 923.
Ent. v. 14.03.1984, Revue de l'Arbitrage 1985, 69.
Ent. v. 01.10.1985, *Société Sonatrach c. Migeon*, ILM 998 (1987).
Ent. v. 06.07.2000, JDI 2000, 1054.
Ent. v. 28.03.2013, Rs. No. 10-25.938.
Ent. v. 13.05.2015, Rs. No. 13-17.751.

Court of Appeal
The Porto Alexandre, [1920] P. 30.
Ent. v. 13.01.1977, *Trendtex Trading Corporation v. Central Bank of Nigeria*, [1977] 1 Q.B. 529.
Ent. v. 22.05.1996, *Camdex International Ltd v Bank of Zambia*, [1997] 1 WLR 632.
Ent. v. 19.12.2007, *Koo Golden East Mongolia v Bank of Nova Scotia*, [2008] Q.B. 717.

Court of Appeal of New South Wales,
Ent. v. 23.10.2014, *Firebird Global Master Fund II Ltd v Republic of Nauru and Another*, 289 FLR 398 (2014).

Europäischer Gerichtshof
Ent. v. 16.06.1987, Rs. 118/85, Slg. 1987, 2599.
Ent. v. 11.04.1989, Rs. C-1/88, Slg. 1989, 857.
Ent. v. 29.4.1993, Rs. C-182/91, Slg. 1993, I-2161.
Ent. v. 10.01.1995, Rs. C-1/94 SA, Slg. 1995, I-0001.
Ent. v. 18.06.1998, Rs. C-35/96, Slg. 1998, I-3851.
Ent. v. 23.03.2003, Rs. C-1/02 SA, Slg. 2003, I-2893.
Ent. v. 27.11.2012, Rs. C-370/12, NJW 2013, 29.
Ent. v. 11.06.2015, Rs. C-226/13 u. a., EuZW 2015, 633.
Ent. v. 16.06.2015, Rs. C-62/14, NJW 2015, 2013.

Europäischer Gerichtshof für Menschenrechte (EGMR)
Ent. v. 19.03.1997, Rs. 18357/91, Reports of Judgments and Decisions 1997-II, 512.
Ent. v. 18.02.1999, Rs. Nr. 26083-94, NJW 1999, 1173.
Ent. v. 18.02.1999, Rs. Nr. 28934/95, [1999] ECHR 6.
Ent. v. 12.11.2001, Rs. 35763/97, Reports of Judgments and Decisions 2001-XI, 79.
Ent. v. 12.12.2002, Rs. 59021/00, NJW 2004, 273.
Ent. v. 03.03.2005, Rs. 60861/00, Reports of Judgments and Decisions 2005-VI, 357.
Ent. v. 23.03.2010, Reports of Judgments and Decisions 2010-III, 153.
Ent. v. 13.03.2013, Rs. 36703/04.

Gemeinsamer Senat der obersten Gerichtshöfe des Bundes
Ent. v. 29.10.1987, Rs. GmS-OGB 1/86, NJW 1988, 2295.

High Court of Justice, Chancery Division
Ent. v. 11.04.2001, *In re Banco Nacional de Cuba*, [2001] 1 W.L.R. 2039.

High Court of Justice, Queen's Bench Division
Ent. v. 13.06.2003, *AIC Ltd v. The Federal Government of Nigeria*, [2003] EWHC 1357.
Ent. v. 20.10.2005, *AIG Capital Partners Inc and another v Kazakhstan*, [2006] 1 WLR 1420.

High Court of Justice, Queen's Bench Division, Commercial Court
Ent. v. 28.05.1999, *Crescent Oil and Shipping Services Ltd. v. Banco Nacional de Angola et al.* (unveröffentlicht).

Högsta domstolen (Schweden)
Ent. v. 01.07.2011, Rs. Beslut Ö 170-10.

Hong Kong Court of Final Appeal
Ent. v. 8.6.2011, 147 ILR 376 (2012).

House of Lords
Ent. v. 12.04.1984, *Alcom Ltd. v. Republic of Colombia,* [1984] 1 AC 580.

Internationaler Gerichtshof (IGH)
Ent. v. 20.02.1969, *The North Sea Continental Shelf Case,* I.C.J. Reports 3 (1969).
Ent. v. 24.05.1980, *United States of America vs. Iran,* I.C.J. Reports 3 (1980).
Ent. v. 27.06.1986, *Military and Paramilitary Activities in and against Nicaragua,* I.C.J. Reports 14 (1986).
Ent. v. 03.02.2012, *Jurisdictional Immunities of the State (Germany v. Italy: Greece intervening),* I.C.J. Reports 99 (2012).

Internationaler Seegerichtshof
Ent. v. 15.12.2012, Rs. Order 2012/4, *ARA Libertad (Argentina v. Ghana).*

Judicial Committee of the Privy Council
Philippine Admiral v. Wallem Shipping Ltd., [1977] A.C. 373.

Kammergericht
Ent. v. 07.11.2003, Rs. 25 W 100/03, NJOZ 2004, 3382.
Ent. v. 05.03.2010, Rs. 18 W 2/10, IPrax 2011, 594.
Ent. v. 14.06.2010, Rs. 1 W 276/09, RPfleger 2010, 658.

Landesarbeitsgericht Berlin-Brandenburg
Ent. v. 09.11.2011, Rs. 17 Sa 1468/11 (zitiert nach juris).

Landgericht Frankfurt a. M.
Ent. v. 02.12.1975, Rs. 3/8 O 186/75, NJW 1976, 1044.
Ent. v. 02.12.1975, Rs. 3/8 O 186/75, AVR 1978, 448.
Ent. v. 13.01.2000, Rs. 2/24 S 341/99 (unveröffentlicht).
Ent. v. 23.05.2000, Rs. 2/13 T 65/99 u. a., RIW 2001, 308.
Ent. v. 08.06.2000, Rs. 2/9 T 289/00 (unveröffentlicht).
Ent. v. 14.03.2003, Rs. 2-21 O 294/02 u. a., WM 2003, 783.
Ent. v. 14.03.2003, Rs. 2-21 O 509/02, JZ 2003, 1010.

Landgericht Hagen
Ent. v. 16.01.2008, Rs. 3 T 377/07 u. a., (zitiert nach juris).

Oberlandesgericht Frankfurt
Ent. v. 11.05.21981, Rs. 20 W 422/80, NJW 1981, 2650.
AVR 1978, 448.
Ent. v. 21.10.1980, Rs. 5 W 24/80, ZIP 1980, 1144.
Ent. v. 24.10.1996, Rs. 1 U 242/94, OLGR Frankfurt 1997, 227.
Ent. v. 24.10.1996, Rs. 1 U 242/94 (unveröffentlicht).
Ent. v. 03.08.2000, Rs. 26 W 82/2000 (unveröffentlicht).
Ent. v. 13.06.2006, Rs. 8 U 107/03, NJW 2006, 2931.
Ent. v. 24.05.2007, Rs. 26 W 51/07 (unveröffentlicht).
Ent. v. 09.08.2007, Rs. 26 W 37/07 (zitiert nach juris).
Ent. v. 09.08.2007, Rs. 26 W 48/07 (zitiert nach juris).

Oberlandesgericht Köln
Ent. v. 6.10.2003, Rs. 16 W 35/02, NJOZ 2004, 788.
Ent. v. 24.03.2004, Rs. 2 Wx 34/03, IPRax 2006, 170.
Ent. v. 18.03.2008, Rs. 22 U 99/07 (zitiert nach juris).

Oberlandesgericht München
Ent. v. 12.09.2014, Rs. 34 Wx 269/14, FGPrax 2015, 17.

Oberster Gerichtshof (Österreich)
Ent. v. 28.01.1997, Rs. 1 Ob 2313/96w.
Ent. v. 11.07.2012, Rs. 3 Ob 18/12, ÖJZ 2012, 1074.
Ent. v. 17.08.2016, Rs. 8 Ob 68/16g.
Ent. v. 28.09.2016, Rs. 7 Ob 63/16i.

Preußischer Gerichtshof zur Entscheidung der Kompetenzkonflikte
Ent. v. 12.03.1921, JW 50 1921, 1481.

Schleswig-Holsteinisches Oberlandesgericht 5. Zivilsenat
Ent. v. 04.12.2014, Rs. 5 U 89/14, ZIP 2015, 1253.

Schweizerisches Bundesgericht
Ent. v. 13.03.1918, BGE 44 I, 49.
Ent. v. 20.03.1930, BGE 56 I, 237.
Ent. v. 10.02.1960, BGE 86 I, 23.
Ent. v. 22.06.1960, SchwJIR 1975, 219.
Ent. v. 27.04.1977, BGE 103 III, 1.
Ent. v. 15.11.1978, BGE 104 Ia, 367.
Ent. v. 19.06.1980, BGE 106 Ia, 142.
Ent. v. 21.03.1984, BGE 110 Ia, 43.
Ent. v. 25.04.1985, BGE 111 Ia, 62.
Ent. v. 21.11.2003, BGE 130 III, 136.
Ent. v. 15.08.2007, BGE 134 III, 122.
Ent. v. 17.08.2007, Rs. 7B.2/2007, Die Praxis 2008, 675.
Ent. v. 10.01.2008, Rs. 5A_618/2007 (unveröffentlicht).
Ent. v. 25.06.2008, Rs. 5A_92/2008 (unveröffentlicht).
Ent. v. 01.09.2008, Die Praxis 2010, 460.
Ent. v. 12.07.2010, Rs. 5A_360/2010, BGE 136 III, 379.

Supreme Court (UK) (Supreme Court (UK))
Ent. v. 17.08.2012, *SerVaas Inc v. Rafidain Bank*, [2012] 3 WLR 545.

Supreme Court of the Netherlands
Ent. v. 20.12.1985, *A.S. v. Iran-United States Claims Tribunal*, Netherlands Yearbook of International Law 357 (1987).

Supreme Court of the State of New York, Appellate Division
Ent. v. 12.12.1961, *Stephen v. Zivnostenska Banka*, 222 N.Y.S. 2d 128 (1961).

Supreme Court of the United States
Ent. v. 24.02.1812, *The Schooner Exchange v. McFaddon and Other*, 7 Cranch 136 (1812).
Ent. v. 24.05.1976, *Alfred Dunhill of London, Inc. v. Republic of Cuba*, 425 U.S. 682 (1976).
Ent. v. 17.06.1983, *First National City Bank v. Banco Para El Comercio Exterieur de Cuba*, 462 U.S. 611 (1983).
Ent. v. 12.06.1992, *Republic of Argentina v. Weltover, Inc.*, 504 U.S. 607 (1992).
Ent. v. 16.06.2014, *Republic of Argentina v. NML Capital, Ltd.*, 134 S.Ct. 2250 (2014).

Tokyo District Court
Ent. v. 30.11.2000, Rs. H.J. [1740] 54 [2000], The Japanese Yearbook of International Law 204 (2001).

Tribunal civil de Bruxelles
Ent. v. 30.04.1951, JT 1951, 302.

Tribunal de Grande Instance de Nanterre
Ent. v. 06.05.2008, Rs. 08/02116, Gazette de Palais 20-21 Februar 2009, 54.

Tribunal de Grande Instance de Paris
Ent. v. 12.08.1979, JDI 106 1979, 859.
Ent. v. 07.03.2008, Rs. 08/ 80538, Gazette de Palais 20-21 Februar 2009, 54.

U.S. Court of Appeals, 2nd Circuit
NML Capital Ltd. v. Banco Central de la Republica Argentina et. al., 2010 WL 4597226.
Ent. v. 16.04.1981, *Texas Trading & Milling Corp. v. Federal Republic of Nigeria*, 647 F.2d 300 (1981).
Ent. v. 19.01.1994, *The Commercial Bank of Kuwait v. Rafidain Bank and Central Bank of Iraq*, 15 F.3d 238 (1994).
Ent. v. 25.03.1997, *Pravin Banker Associates, Ltd. v. Banco Popular Del Peru and the Republic of Peru*, 109 F.3d 850 (1997).
Ent. v. 16.07.1998, *First City, Texas-Houston, N.A. v. Rafidain Bank*, 150 F.3d 172 (1998).
Ent. v. 18.09.2003, *Banco de Seguros del Estado v. Mutual Marine Office, Inc.*, 344 F.3d 255 (2003).
Ent. v. 06.08.2004, *Filler v. Hanvitt Bank et al.*, 378 F.3d 213 (2004).
Ent. v. 05.01.2007, *EM Ltd. v. Republic of Argentina*, 473 F.3d 463 (2007).
Ent. v. 05.07.2011, *NML Capital v. Banco Central de la Republica Argentina*, 652 F.3d 172 (2011).
Ent. v. 26.10.2012, *NML Capital Ltd. et al v. Republic of Argentina*, 699 F.3d 246 (2012).

Ent. v. 23.08.2013, *NML Capital Ltd. et al v. Republic of Argentina*, 727 F.3d 230 (2013).
Ent. v. 31.08.2015, *EM Ltd., NML Capital, Ltd., v. Banco Central de la Republica Argentina*, 800 F.3d 78 (2015).

U.S. Court of Appeals, 5th Circuit
Ent. v. 19.09.1985, *De Sanchez v. Banco Central de Nicaragua*, 770 F.2d. 1385 (1985).
Ent. v. 11.06.1992, *Ariba Ltd. v. Petroleos Mexicanos*, 962 F.2d 528 (1992).

U.S. Court of Appeals, 7th Circuit
Ent. v. 25.05.1990, *Reinsurance Company of America, Inc. v. Administratia Asigurarilor de Stat*, 902 F.2d 1275 (1990).
Ent. v. 07.06.2002, *International Insurance Company v. Caja Nacional de Ahorro y Seguro*, 293 F.3d 392 (2002).

U.S. Court of Appeals, 9th Circuit
Ent. v. 14.05.1987, *Meadows v. Dominican Republic*, 817 F.2d 517 (1987).
Ent. v. 30.05.2001, *Patrickson v. Dole Food Company*, 251 F.3d 795 (2001).
Ent. v. 20.07.2001, *EOTT Energy Operating Partnership v. Winterthur Swiss Ins. Co. et al.*, 257 F.3d 992 (2001).
Ent. v. 27.02.2003, *EIE Guam Corp. v. Long Term Credit Bank of Japan*, 322 F.3d 635 (2003).
Ent. v. 7.10.2004, *The Ministry of Defense and Support for the Armed Forces of the Islamic Republic of Iran v. Cubic Defense Systems, Inc.*, 385 F.3d 1206 (2004).

U.S. Court of Appeals, District of Columbia
Ent. v. 15.03.2011, *FG Hemisphere Assoc. v. Democratic Republic of Congo*, 637 F.3d 373 (2011).
Ent. v. 18.11.1980, *Birch Shipping Corp. v. The Embassy of the United Republic of Tanzania*, 507 F.Supp 311 (1980).
Ent. v. 16.04.1987, *Liberian Eastern Timer Corp. v. Government of the Republic of Liberia*, 659 F.Supp. 606 (1987).
Ent. v. 12.12.1994, *Banco Central de Reserva de Peru v. The Riggs National Bank of Washington*, 919 F. Supp 13 (1994).

U.S. District Court, District of New Jersey
Ent. v. 24.07.1979, *Behring Internation Inc. v. Imperial Iranian Air Force*, 475 F.Supp 383 (1979).
Ent. v. 13.08.1979, *Behring International Inc. v. Imperial Iranian Air Force*, 475 F.Supp 396 (1979).

U.S. District Court, Southern District of New York
CIBC Bank and Trust Company Ltd. v. Banco Central do Brasil et. al., 1994 WL 16780549.
NML Capital Ltd. et al v. Republic of Argentina, 2008 WL 839740.
Ent. v. 26.9.1980, *New England Merchants National Bank v. Iran Power Generation and Transmission Co.*, 502 F.Supp. 120 (1980).
Ent. v. 23.03.1984, *Banque Compafina v. Banco de Guatemala*, 583 F.Supp. 320 (1984).
Ent. v. 23.03.1984, *Banque Compafina v. Banco de Guatemala*, 583 F.Supp 320 (1984).
Ent. v. 12.05.1988, *Minpeco S.A. v. Hunt*, 686 F.Supp. 427 (1988).

Ent. v. 11.06.1993, *Weston Compagnie de Finance et D'investissement v. La Republica del Ecuador*, 823 F.Supp 1106 (1993).

Ent. v. 16.03.1994, *Concord Reinsurance Co., Ltd. v. Caja Nacional de Ahorro y Seguro*, 1994 WL 86401.

Ent. v. 26.04.2000, *LNC Investments, Inc. v. Republic of Nicaragua*, 115 F.Supp.2d 358 (2000).

Ent. v. 6.02.2001, *Olympic Chartering v. Ministry of Industry and Trade of Jordan*, 134 F.2d 528 (2001).

Ent. v. 14.04.2003, *Lightwater v. Republic of Argentina*, 2003 WL 1878420.

Ent. v. 20.11.2003, *Applestein v. Republic of Argentina*, 2003 WL 22743762.

Ent. v. 15.01.2008, *Scheidemann v. Qatar Football Asssociation*, 2008 WL 144846.

Ent. v. 02.12.2009, *Walters v. People's Republic of China*, 672 F. Supp. 2d 573 (2009).

Ent. v. 07.04.2010, *EM Ltd. v. The Republic of Argentina*, 720 F.Supp.2d 273 (2010).

Verwaltungsgericht Frankfurt a. M.
Ent. v. 11.02.2010, Rs. 1 K 2319/09.F, WM 2010, 887.

Verwaltungsgerichtshof Kassel
Ent. v. 25.11.1983, Rs. 10 OE 28/82, NJW 1989, 3110.

Verzeichnis der zitierten Literatur

2. Studienkommission der Deutschen Gesellschaft für Völkerrecht, Thesen, in: Deutsche Gesellschaft für Völkerrecht, Arbeiten der 2. Studienkommission der Deutschen Gesellschaft für Völkerrecht (Hrsg.), Die Immunität ausländischer Staaten nach Völkerrecht und deutschem Zivilprozessrecht, Karlsruhe 1968, S. 281 ff.

van Aaken, Anne, Blurring Boundaries between Sovereign Acts, in: Peters, Anne/Lagrange, Evelyne u. a. (Hrsg.), Immunities in the Age of Global Constitutionalism, Leiden 2015, S. 131 ff.

Adams III, George B., Plain Reading, Subtle Meaning: Rethinking the IOIA and the Immunity International Organizations, 81 Fordham Law Review (2012) 241 ff.

Aden, Menno, Internationales privates Wirtschaftsrecht, 2. Aufl., München 2009.

ders., Insolvenzverfahren über Fiskalvermögen eines Staates, ZRP 2010, S. 191 ff.

Ahrens, Hans-Jürgen, Der Beweis im Zivilprozess, Köln 2015.

Aizenman, Joshua/Glick, Reuven, Sovereign Wealth Funds – Stylized facts about their determinants and governance, 12 International Finance (2009) 351 ff.

ders./Lee, Jaewoo, International Reserves – Precautionary vs. mercantilist views, theory and evidence, IMF Working Paper, No. 05/198, 2005, https://www.imf.org/en/Publications/WP/Issues/2016/12/31/International-Reserves-Precautionary-vs-18597 (geprüft am 01.05.2019).

Akande, Dapo, International Organizations, in: Evans, Malcolm D. (Hrsg.), International Law, 5. Aufl., Oxford 2018, S. 227 ff.

Albert, Michael, Völkerrechtliche Immunität ausländischer Staaten gegen Gerichtszwang, Berlin 1984.

Al-Hassan, Abdullah/Papaioannou, Michael/Skancke, Martin/Sung, Cheng Chih, Sovereign Wealth Funds – Aspects of Governance Structures and Investment Management, IMF Working Paper, 2013, http://www.elibrary.imf.org/view/IMF001/20889-9781475518610/20889-9781475518610/20889-9781475518610.xml (geprüft am 01.05.2019).

Allen, William A./Moessner, Richhild, Central Bank Co-Operation and International Liquidity in the Financial Crisis of 2008-9, BIS Working Papers, No. 310, 2010, https://www.bis.org/publ/work310.htm (geprüft am 01.05.2019).

Altig, David E./Smith, Bruce D. (Hrsg.), Evolution and Procedures in Central Banking, Cambridge 2003.

Amerasinghe, Chittharanjan Felix, Principles of the Institutional Law of International Organizations, 2. Aufl., Cambridge 2005.

American Bar Association, Report: Reforming the Foreign Sovereign Immunities Act, 40 Columbia Journal of Transnational Law (2002) 489 ff.

American Law Institute (ALI)/UNIDROIT, Principles of Transnational Civil Procedure, Uniform Law Review 2004, S. 758 ff.

Amonn, Kurt/Walther, Fridolin, Grundriss des Schuldbetreibungs- und Konkursrechts, 9. Aufl., Bern 2013.

Archer, David, Foreign exchange market intervention: methods and tactics, in: Bank für Internationalen Zahlungsausgleich (BIZ) (Hrsg.), Foreign Exchange Market Intervention in Emerging Markets: Motives, Techniques and Implications – BIS Papers No 24, Basel 2005, S. 40 ff.

ders./*Halliday, Jerse*, The Rationale for Holding Foreign Currency Reserves, 61 Reserve Bank of New Zealand Bulletin (1998) 347 ff.

Arnold, Stefan, Zu den Grenzen der Normentheorie – Die Beweislast bei non liquet über das Verstreichen von Anfechtungsfristen, 209 AcP (2009) 286 ff.

Asiedu-Akrofi, Derek, Central Banks and the Doctrine of Sovereign Immunity, 28 Canadian Yearbook of International Law (1990) 263 ff.

Assmann, Heinz-Dieter/Schneider, Uwe H. (Hrsg.), Wertpapierhandelsgesetz – Kommentar, 6. Aufl., Köln 2012.

Aufricht, Hans, Comparative Survey of Central Bank Law, London 1965.

Baars, Alf/Böckel, Margret, Argentinische Auslandsanleihen vor deutschen und argentinischen Gerichten, ZBB 2004, S. 445 ff.

Bader, Johann/Ronellenfitsch, Michael (Hrsg.), VwVfG, 2. Aufl., München 2016.

Badr, Gamal Moursi, State Immunity – An Analytical and Prognostic View, Den Haag 1984.

Baer, Susanne, § 11 – Verwaltungsaufgaben, in: Hoffmann-Riem, Wolfgang/Schmidt-Aßmann, Eberhard/Voßkuhle, Andreas (Hrsg.), Grundlagen des Verwaltungsrechts, Band I – Methoden, Maßstäbe, Aufgaben, Organisation, 2. Aufl., München 2012.

Bagehot, Walter, Lombard Street. A description of the money market, London 1873.

Baker, Colleen, The Federal Reserve's Use of International Swap Lines, 55 Arizona Law Review (2013) 603 ff.

Balz, Manfred, Logik und Grenzen des Insolvenzrechts, ZIP 1988, S. 1438 ff.

Banco Central de Chile, Annual Report 2015, https://ww3.bancochile.cl/wps/wcm/connect/da9eb4804b7a8c758d10dd60b15dc6b2/Annual_Report_2015_final.pdf?MOD=AJPERES&CONVERT_TO=url&CACHEID=da9eb4804b7a8c758d10dd60b15dc6b2 (geprüft am 01.05.2019).

Bank für Internationalen Zahlungsausgleich (BIZ) (Hrsg.), 85th Annual Report, 2015, www.bis.org/publ/arpdf/ar2015e.htm (geprüft am 01.05.2019).

dies., Central Bank Operating Frameworks and Collateral Markets – Report submitted by a Study Group established by the Committee on the Global Financial System and the Markets Committee, 2015, http://www.bis.org/publ/cgfs53.htm (geprüft am 01.05.2019).

dies. (Hrsg.), Re-thinking the lender of last resort – BIS Papers No 79, Basel 2014.

dies., Triennial Central Bank Survey: Foreign Exchange Turnover in April 2013 – Preliminary Global Results, 2013, https://www.bis.org/publ/rpfx13fx.pdf (geprüft am 01.05.2019).

dies., Portfolio and Risk Management for Central Banks and Sovereign Wealth Funds – BIS Papers No 58, 2011, http://www.bis.org/publ/bppdf/bispap58.htm (geprüft am 01.05.2019).

dies., Foreign Exchange Market Intervention in Emerging Markets: Motives, Techniques and Implications – BIS Papers No 24, Basel 2005.

Bank of Japan, Functions and Operations of the Bank of Japan, 2012, https://www.boj.or.jp/en/about/outline/data/fobojall.pdf (geprüft am 01.05.2019).

Bankas, Ernest K., The State Immunity Controversy in International Law – Private Suits Against Sovereign States in Domestic Courts, Berlin 2005.

Bassan, Fabio, The Law of Sovereign Wealth Funds, Cheltenham 2011.

Basu, Kaushik/Varoudakis, Aristomene, How to Move the Exchange Rate If You Must – The Diverse Practice of Foreign Exchange Intervention by Central Banks and a Proposal for

Doing It Better, Policy Research Working Paper, 2013, http://hdl.handle.net/10986/15551 (geprüft am 01.05.2019).
Baumbach, Adolf/Lauterbach, Wolfgang/Albers, Jan/Hartmann, Peter (Hrsg.), Zivilprozessordnung, 77. Aufl., München 2019.
Beaufort Wijnholds, Onno de/*Kapteyn, Arend*, Reserve Adequacy in Emerging Market Economics, IWF Working Paper, WP/01/143, 2001, http://www.imf.org/external/pubs/ft/wp/2001/wp01143.pdf (geprüft am 01.05.2019).
Bech, Morten L./Hobjin, Bart, Technology Diffusion within Central Banking: The Case of Real-Time Gross Settlement, 3 International Journal of Central Banking (2007) 147 ff.
Beck, Roland/Fidora, Michael, Foreign Exchange Reserves and Sovereign Wealth Funds: Will They Change the Global Financial Landscape?, in: Berkelaar, Arjan B./Coche, Joachim/Nyholm, Ken (Hrsg.), Central bank reserves and sovereign wealth management, Basingstoke 2010, S. 309 ff.
dies., Sovereign Wealth Funds – Before and Since the Crisis, 10 European Business Organization Law Review (2009) 353 ff.
Bekker, Peter H. F., The legal position of intergovernmental organizations – A functional necessity analysis of their legal status and immunities, Dordrecht 1994.
Beltran, Daniel O./Kretchmer, Maxwell/Marquez, Jaime/Thomas, Charles P., Foreign Holdings of U.S. Treasuries and U.S. Treasury Yields, International Finance Discussion Papers, No 1041, 2012, https://www.federalreserve.gov/pubs/ifdp/2012/1041/ifdp1041.pdf (geprüft am 01.05.2019).
Berger, Henning/Rübsamen, Katrin, Bundesbankgesetz, 2. Aufl., Baden-Baden 2014.
Bernanke, Ben S., Central Bank Independence, Transparency, and Accountability – Speech at the Institute for Monetary and Economic Studies International Conference, Bank of Japan, Tokyo, Japan 25. Mai 2010.
Bernstein, Shai/Lerner, Josh/Schoar, Antoinette, The Investment Strategies of Sovereign Wealth Funds, 27 Journal of Economic Perspectives (2013) 219 ff.
Bertele, Joachim, Souveränität und Verfahrensrecht – Eine Untersuchung der aus dem Völkerrecht ableitbaren Grenzen staatlicher extraterritorialer Jurisdiktion im Verfahrensrecht, Tübingen 1998.
Bhatia, Ashok Vir, Sovereign Credit Ratings Methodology: An Evaluation, IWF Working Paper, WP/02/170, 2002, https://www.imf.org/external/pubs/ft/wp/2002/wp02170.pdf (geprüft am 01.05.2019).
Biehler, Gernot, Procedures in International Law, Berlin 2008.
Bindseil, Ulrich, Monetary Policy Implementation – Theory, past, and present, Oxford 2004.
Bird, Graham/Rajan, Ramkishen S., Too Much of a Good Thing? – The adequacy of international reserves in the aftermath of crises, 26 The World Economy (2003) 873 ff.
Blackman, Jonathan I./Mukhi, Rahul, The Evolution of Modern Sovereign Debt Litigation: Vultures, Alter Egos, and Other Legal Fauna, 73 Law and Contemporary Problems (2010) 47 ff.
Blair, William, The Legal Status of Central Bank Investments under English Law, 57 The Cambridge Law Journal (1998) 374 ff.
Blankart, Charles B., Öffentliche Finanzen in der Demokratie – Eine Einführung in die Finanzwissenschaft, 8. Aufl., München 2011.
Bleckmann, Albert, Zwangsvollstreckung gegen einen fremden Staat, NJW 1978, S. 1092 ff.
ders., Völkergewohnheitsrecht trotz widersprüchlicher Praxis?, ZaöRV 36 (1976), S. 374 ff.

Board of Governors of the Federal Reserve System (U.S.), The Federal Reserve System – Purposes & functions, 2016, https://www.federalreserve.gov/aboutthefed/files/pf_complete.pdf (geprüft am 01.05.2019).

Bodin, Jean, Les six livres de la Republique, Buch I, A Paris 1576.

Bofinger, Peter, Monetary Policy – Goals, Institutions, Strategies, and Instruments, Oxford 2001.

Bolton, Patrick, Toward a Statutory Approach to Sovereign Debt Restructuring: Lessons from Corporate Bankruptcy Practice around the World, IMF Working Paper, No. 13/03, 2003, https://www.imf.org/en/Publications/WP/Issues/2016/12/30/Toward-a-Statutory-Approach-to-Sovereign-Debt-Restructuring-Lessons-From-Corporate-16253 (geprüft am 01.05. 2019).

Bonafè, Beatrice I., The ECHR and the Immunities Provided by International Law, 20 The Italian Yearbook of International Law (2010) 55 ff.

Boos, Karl-Heinz/Fischer, Reinfrid/Schulte-Mattler, Hermann (Hrsg.), KWG, CRR-VO – Kommentar zu Kreditwesengesetz, VO (EU) Nr. 575/2013 (CRR) und Ausführungsvorschriften, 5. Aufl., München 2016.

Bordo, Michael D., The Lender of Last Resort: Alternative Views and Historical Experience, 76 FRB Richmond Economic Review (1990) 18 ff.

Borio, Claudio, A hundred ways to skin a cat: comparing monetary policy operating procedures in the United States, Japan and the euro area, BIS Papers, No 9, 2001, https://www.bis.org/publ/bppdf/bispap09a.pdf (geprüft am 01.05.2019).

ders./Disyatat, Piti, Unconventional Monetary Policy: An Appraisal, 78 The Manchester School (2010) 53 ff.

Borio, Claudio/Galati, Gabriele/Heath, Alexandra, FX Reserve Management: Trends and Challenges, BIS Papers, No 40, 2008, https://www.bis.org/publ/bppdf/bispap40.htm (geprüft am 01.05.2019).

Boschiero, Nerina/Scovazzi, Tullio/Ragni, Chiara/Pitea, Cesare (Hrsg.), International Courts and the Development of International Law – Essays in Honour of Tullio Treves, Den Haag 2013.

Brahmbhatt, Milan/Canuto, Otaviano/Vostroknutova, Ekaterina, Dealing with Dutch Disease, Economic Premise, 2010, http://hdl.handle.net/10986/10174 (geprüft am 01.05.2019).

Bratton, William W./Gulati, G. Mitu, Sovereign Debt Reform and the Best Interest of Creditors, 57 Vanderbilt Law Review (2004) 1 ff.

Brealey, Richard/Healey, Juliette/Sinclair, Peter J.N./Goodhart, Charles/Llewellyn, David T./ Shu, Chang (Hrsg.), Financial Stability and Central banks – A global perspective, London 2001.

Bröhmer, Jürgen, State Immunity and Sovereign Bonds, in: Peters, Anne/Lagrange, Evelyne/ Oeter, Stefan/ Tomuschat, Christian (Hrsg.), Immunities in the Age of Global Constitutionalism, Leiden 2015, S. 182 ff.

Brooke, Julia B., The International Law Association draft convention on foreign sovereign immunity – A comparative approach, 23 Virginia Journal of International Law (1983) 635 ff.

Brower, Charles N./Bistline, F. Walter/Loomis, George W., The Foreign Sovereign Immunities Act in Practice, 73 American Journal of International Law (1979) 200 ff.

Brownlie, Ian, The Legal Framework, 102 ASIL Proceedings (2008) 106 ff.

Broz, J. Lawrence, The international origins of the Federal Reserve System, Ithaca, N.Y. 2009.

Brümmerhoff, Dieter/Büttner, Thiess, Finanzwissenschaft, 11. Aufl., Berlin 2015.

Buchheit, Lee, The Role of the Official Sector in Sovereign Debt Workouts, 6 Chicago Journal of International Law (2005) 333 ff.

ders./Daly, Elena L., Minimizing Holdout Creditors: Carrots, in: Lastra, Rosa Maria/Buchheit, Lee C. (Hrsg.), Sovereign Debt Management, Oxford 2014, S. 3 ff.
ders./Daly, Elena L., Minimizing Holdout Creditors: Sticks, in: Lastra, Rosa Maria/Buchheit, Lee C. (Hrsg.), Sovereign Debt Management, Oxford 2014, S. 15 ff.
ders./Gulati, Mitu G., Sovereign Bonds and the Collective Will, 51 Emory Law Journal (2004) 1317 ff.
ders./Pam, Jeremiah S., The Pari Passu Clause in Sovereign Debt Instruments, 53 Emory Law Journal (2004) 869 ff.
Bull, Hans Peter, Die Staatsaufgaben nach dem Grundgesetz, 2. Aufl., Kronberg/Ts. 1977.
Bungenberg, Marc, Vollstreckungsimmunität für ausländische Staatsunternehmen?, IPRax 2011, S. 356 ff.
Burgi, Martin, Funktionale Privatisierung und Verwaltungshilfe – Staatsaufgabendogmatik, Phänomenologie, Verfassungsrecht, Tübingen 1999.
Busl, Peter, Ausländische Staatsunternehmen im deutschen Vollstreckungsverfahren – Immunität und Durchgriff auf den Staat, München 1992.
California Public Employees' Retirement System, California Public Employees' Retirement System Total Fund Investment Policy (Stand 13. November 2018), https://www.calpers.ca.gov/docs/total-fund-investment-policy.pdf (geprüft am 01.05.2019).
dass., Annual Investment Report, 2013-2014, https://www.calpers.ca.gov/docs/forms-publications/annual-investment-report-2014.pdf (geprüft am 01.05.2019).
Calliess, Christian/Ruffert, Matthias (Hrsg.), EUV/AEUV – Das Verfassungsrecht der Europäischen Union mit Europäischer Grundrechtecharta: Kommentar, 5. Aufl., München 2016.
Capel, Jeannette, Central Banks and Foreign Collateral, 1 Journal of Financial Market Infrastructure (2013) 31 ff.
Carstens, Agustín/Jácome, Luis I., Latin American Central Bank Reform: Progress and Challenges – IMF Working Paper 05/114, 2005, https://www.imf.org/en/Publications/WP/Issues/2016/12/31/Latin-American-Central-Bank-Reform-Progress-and-Challenges-18264 (geprüft am 01.05.2019).
Castelli, Massimiliano/Scacciavillani, Fabio, The New Economics of Sovereign Wealth Funds, Hoboken, N.J. 2012.
Cecchetti, Stephen G./Disyatat, Piti, Central Bank Tools and Liquidity Shortages, 16 FRBNY Economic Policy Review (August 2010) 29 ff.
Center on International Markets, Money and Regulation (Hrsg.), The Great Reallocation: Sovereign Wealth Fund Annual Report 2013, 2014, https://www.unibocconi.it/wps/wcm/connect/95881e34-230a-498d-9e92-201190a7db9a/int_report_SIL_2014_completo.pdf?MOD=AJPERES (geprüft am 01.05.2019).
Central Bank Governance Group (BIZ), Issues in the Governance of Central Banks, 2009, https://www.bis.org/publ/othp04.htm (geprüft am 01.05.2019).
Cezanne, Wolfgang, Allgemeine Volkswirtschaftslehre, 6. Aufl., München 2005.
Coburger, Dieter, Die währungspolitischen Befugnisse der Deutschen Bundesbank – Verwaltungsrechtliche Qualifikationen und Rechtsschutz, Berlin 1988.
Coche, Joachim/Sahakyan, Vahe, Reserve Adequacy and Composition, in: Berkelaar, Arjan B./Coche, Joachim/Nyholm, Ken (Hrsg.), Central bank reserves and sovereign wealth management, Basingstoke 2010, S. 162 ff.
Committee on Payment and Settlement Systems (BIZ), Cross-border Collateral Arrangements, 2006, http://www.bis.org/cpmi/publ/d71.htm (geprüft am 01.05.2019).
dass., The Role of Central Bank Money in Payment Systems, 2003, https://www.bis.org/cpmi/publ/d55.pdf (geprüft am 01.05.2019).

Corden, W. Max, Booming Sector and Dutch Disease Economics – Survey and consolidation, 36 Oxford economic papers (1984) 359 ff.

Corten, Olivier/Klein, Pierre (Hrsg.), The Vienna Conventions on the Law of Treaties – A commentary, Oxford 2011.

Cour-Thimann, Philippine/Winkler, Bernhard, The ECB's non-standard monetary policy measures – The role of institutional factors and financial structure, 28 Oxford Review of Economic Policy (2012) 765 ff.

Cranshaw, Friedrich L., Der Europäische Beschluss zur vorläufigen Kontenpfändung, DZWiR 2012, S. 339 ff.

Crawford, James R., Brownlie's Principles of Public International Law, 8. Aufl., Oxford 2012.

ders., A Foreign State Immunities Act for Australia?, 8 Australian Yearbook of International Law (1983) 71 ff.

ders., Execution of Judgement and Foreign Sovereign Immunity, 75 American Journal of International Law (1981) 820 ff.

Credot, Francis-J./Samin, Thierry, Avoirs des banques centrales étrangères, Revue de Droit bancaire et financier 2010, S. 34 ff.

Creplet, Olivier/Courbis, Julien, La loi belge du 12 juillet 2015 relative à la lutte contre les activités des fonds vautours, Revue luxembourgeoise de bancassurfinance 2016, S. 70 ff.

Crokett, Andrew D., Why Is Financial Stability a Goal of Public Policy?, in: Federal Reserve Bank of Kansas City (Hrsg.), Maintaining Financial Stability in a Global Economy – Economic Policy Symposium Proceedings, 1997, S. 7 ff.

Crowe, Christopher/Meade, Ellen E., Central Bank Independence and Transparency – Evolution and Effectiveness, 24 European Journal of Political Economy (2008) 763 ff.

Cukierman, Alex, Central Bank Independence and Monetary Policymaking Institutions – Past, present and future, 24 European Journal of Political Economy (2008) 722 ff.

ders., Central Bank Strategy, Credibility, and Independence – Theory and evidence, Cambridge, M.A. 1992.

Cuniberti, Gilles/Normand, Clotilde/Cornette, Fanny, Droit International de l'exécution – Recouvrement des créances civiles et commerciales, Paris 2011.

Dahm, Georg/Delbrück, Jost/Wolfrum, Rüdiger, Völkerrecht, Band I/1, 2. Aufl., Berlin 2002.

dies., Völkerrecht, Band I/2, 2. Aufl., Berlin 2002.

dies., Völkerrecht, Band I/3, 2. Aufl., Berlin 2002.

Dalla Pellegrina, Lucia/Masciandaro, Donato/Pansini, Rosaria Vega, New Advantages if Tying One's Hands – Banking Supervision, Monetary Policy and Central Bank Independence, in: Eijffinger, Sylvester/Masciandaro, Donato (Hrsg.), Handbook of Central Banking, Financial Regulation and Supervision – After the financial crisis, Cheltenham 2011, S. 208 ff.

Damian, Helmut, Staatenimmunität und Gerichtszwang – Grundlagen und Grenzen der völkerrechtlichen Freiheit fremder Staaten von inländischer Gerichtsbarkeit in Verfahren der Zwangsvollstreckung oder Anspruchssicherung, Berlin 1985.

Das, Udaibir S./Lu, Yinqiu/Mulder, Christian/Sy, Amadou, Setting up a Sovereign Wealth Fund – Some policy and operational considerations, IMF Working Paper, WP/09/179, 2009, https://www.imf.org/external/pubs/ft/wp/2009/wp09179.pdf (geprüft am 01.05.2019).

Davies, Howard/Green, David, Banking on the Future – The Fall and Rise of Central Banking, Princeton, N.J. 2010.

Davis, Jeffrey/Ossowski, Rolando/Daniel, James/Barnett, Steven, Stabilization and Savings Funds for Nonrenewable Resources – Experience and Fiscal Policy Implications, Occasional Paper, No. 205, 2001, https://www.imf.org/external/pubs/nft/op/205/ (geprüft am 01.05.2019).

Deane, Marjorie/Pringle, Robert, The Central Banks, New York, N.Y. 1995.
DeKock, Michiel H., Central Banking, 4. Aufl., London 1974.
Del Bianco, Mark, Execution and attachment under the Foreign Sovereign Immunities Act of 1976, 5 Yale Studies in World Public Order (1980) 109 ff.
Delaume, Georges R., The Foreign Sovereign Immunities Act and Public Debt Litigation – Some Fifteen Years Later, 88 American Journal of International Law (1994) 257 ff.
ders., The State immunity act of the United Kingdom, 73 American Journal of International Law (1979) 185 ff.
Dellapenna, Joseph W., Suing foreign governments and their corporations, 2. Aufl., Ardsley, N.Y. 2003.
Derleder, Peter/Knops, Kai-Oliver/Bamberger, Heinz Georg (Hrsg.), Deutsches und europäisches Bank- und Kapitalmarktrecht – Band 1, 3. Aufl., Berlin 2017.
Devos, Diego, Special Immunities: Bank for International Settlements, in: Lastra, Rosa Maria/ Buchheit, Lee C. (Hrsg.), Sovereign Debt Management, Oxford 2014, S. 127 ff.
Dickerson, A. Mechele, A Politically Viable Approach to Sovereign Debt Restructuring, 53 Emory Law Journal (2004) 997 ff.
Dickinson, Andrew/Lindsay, Rae/Loonam, James P., State Immunity – Selected materials and commentary, Oxford 2005.
Dietz, Rolf/Hübner, Heinz (Hrsg.), Festschrift für Hans Carl Nipperdey zum 70. Geburtstag, Bd. 2, München 1965.
Doehring, Karl, Völkerrecht – Ein Lehrbuch, 2. Aufl., Heidelberg 2004.
Dolzer, Rudolf, Staatliche Zahlungsunfähigkeit: Zum Begriff und zu Rechtsfolgen im Völkerrecht, in: Jekewitz, Jürgen/Klein, Karl Heinz u. a. (Hrsg.), Festschrift für Karl Josef Partsch zum 75. Geburtstag, Berlin 1989, S. 531 ff.
Domanski, Dietrich/Sushko, Vladyslav, Rethinking the lender of last resort: workshop summary, in: Bank für Internationalen Zahlungsausgleich (BIZ) (Hrsg.), Re-thinking the lender of last resort – BIS Papers No 79, Basel 2014, S. 1 ff.
Domej, Tanja, Ein wackeliger Balanceakt – Die geplante Verordnung über die Europäische vorläufige Kontenpfändung, ZEuP 2013, S. 496 ff.
Dreher, Manfred, Die gesellschaftspolitische Kompetenz der Aktiengesellschaft, ZHR 1991, S. 349 ff.
Drehmann, Mathias/Nikolaou, Kleopatra, Funding Liquidity Risk – Definition and measurement, BIS Working Papers, No 316, 2010, https://www.bis.org/publ/work316.htm (geprüft am 01.05.2019).
Dreier, Horst (Hrsg.), Grundgesetz Kommentar – Band III, 3. Aufl., Tübingen 2018.
ders. (Hrsg.), Grundgesetz Kommentar – Band II, 3. Aufl., Tübingen 2015.
Durlauf, Steven N./Blume, Lawrence (Hrsg.), The new Palgrave dictionary of economics, 2. Aufl., Basingstoke 2008.
Dutta, Anatol, Vollstreckung in öffentlichrechtliche Forderungen ausländischer Staaten, IPRax 2007, S. 109 ff.
Ege, Reinhard, Das Kollisionsrecht der indirekt gehaltenen Wertpapiere, Berlin 2006.
Ehlers, Dirk, Verwaltung und Verwaltungsrecht im demokratischen und sozialen Rechtsstaat, in: Erichsen, Hans-Uwe/Ehlers, Dirk (Hrsg.), Allgemeines Verwaltungsrecht, 13. Aufl., Berlin 2006, S. 1 ff.
Eichengreen, Barry, Does the Federal Reserve Care about the Rest of the World?, 27 Journal of Economic Perspectives (2013) 87 ff.

ders./Mathieson, Donald J., The Currency Composition of Foreign Exchange Reserves – Retrospect and prospect, IMF Working Paper, WP/00/131, 2000, https://www.imf.org/external/pubs/ft/wp/2000/wp00131.pdf (geprüft am 01.05.2019).

Eifert, Martin, § 19 – Regulierungsstrategien, in: Hoffmann-Riem, Wolfgang/Schmidt-Aßmann, Eberhard/Voßkuhle, Andreas (Hrsg.), Grundlagen des Verwaltungsrechts, Band I – Methoden, Maßstäbe, Aufgaben, Organisation, 2. Aufl., München 2012.

Einsele, Dorothee, Bank- und Kapitalmarktrecht – Nationale und Internationale Bankgeschäfte, 4. Aufl., Tübingen 2018.

Endler, Jan, Europäische Zentralbank und Preisstabilität – Eine juristische und ökonomische Untersuchung der institutionellen Vorkehrungen des Vertrages von Maastricht zur Gewährleistung der Preisstabilität, Stuttgart 1998.

Erasmus, Gerhard, Proceedings against foreign states – The South African Foreign States Immunities Act, 8 South African Yearbook of International Law (1982) 92 ff.

Esser, Rainer, Klagen gegen ausländische Staaten, Frankfurt am Main 1990.

ders., Die Immunität rechtlich selbstständiger Staatsunternehmen, RIW 1984, S. 577 ff.

Estevadeordal, Antoni/Frantz, Brian/Nguyen, Tam Robert (Hrsg.), Regional Public Goods – From theory to practice, Washington, D.C. 2004.

Europäische Zentralbank (EZB), Monthly Bulletin August 2014 – Experience with Foreign Currency Liquidity-Providing Swaps, https://www.ecb.europa.eu/pub/pdf/other/art1_mb201408_pp65-82en.pdf (geprüft am 01.05.2019).

dies., Monthly Bulletin September 2013, https://www.ecb.europa.eu/pub/pdf/mobu/mb201309en.pdf (geprüft am 01.05.2019).

dies., Correspondent Central Banking Model (CCBM) – Procedures for Eurosystem Counterparties, 2013, https://www.ecb.europa.eu/pub/pdf/other/ccbm201305en.pdf?fe7598d24fe41f0d1f5c4c9838a61ad3 (geprüft am 01.05.2019).

dies., Die Geldpolitik der EZB, 3. Aufl., Frankfurt am Main 2011.

dies., The Accumulation of Foreign Reserves – Main Drivers of Reserve Accumulation: A Review of the Literature, Occasional Paper Series, No. 43, 2006, https://www.ecb.europa.eu/pub/pdf/scpops/ecbocp43.pdf (geprüft am 01.05.2019).

Evans, Malcolm D. (Hrsg.), International Law, 5. Aufl., Oxford 2018.

Farhi, Emmanuel/Gourinchas, Pierre-Olivier/Rey, Hélène, Reforming the International Monetary System, London 2011.

Fasching, Hans W./Konecny, Andreas (Hrsg.), Kommentar zu den Zivilprozeßgesetzen, 3. Aufl., Wien 2013.

Fawley, Brett W./Neely, Christopher J., Four Stories of Quantitative Easing, Federal Reserve Bank of St. Louis Review (January/February 2013) 51 ff.

Federal Reserve Bank of Atlanta, Swap Lines Underscore the Dollar's Global Rule, Econ South First quarter 2012, S. 20 ff.

Federal Reserve Bank of Kansas City (Hrsg.), Maintaining Financial Stability in a Global Economy – Economic Policy Symposium Proceedings 1997.

Federal Reserve Bank of New York, Treasury and Federal Reserve Foreign Exchange Operations October-December 2015, 2016, https://www.newyorkfed.org/medialibrary/media/newsevents/news/markets/2016/fxq415.pdf (geprüft am 01.05.2019).

Felsenfeld, Carl/Bilali, Genci, The role of the Bank for International Settlements in shaping the world financial system, 25 University of Pennsylvania Journal of International Economic Law (2004) 945 ff.

Ferran, Eilís/Moloney, Niamh/Payne, Jennifer (Hrsg.), The Oxford Handbook of Financial Regulation, Oxford 2015.

Fisch, Jill E./Gentile, Caroline M., Vultures or Vanguards? – The Role of Litigation in Sovereign Debt Restructuring, 53 Emory Law Journal (2004) 1043 ff.

Flood, Robert P./Marion, Nancy P., Holding International Reserves in an Era of High Capital Mobility, IMF Working Paper, No. 02/62, 2002, https://www.imf.org/en/Publications/WP/Issues/2016/12/30/Holding-International-Reserves-in-an-Era-of-High-Capital-Mobility-15558 (geprüft am 01.05.2019).

Foerste, Ulrich, Insolvenzrecht, 7. Aufl., München 2018.

Foster, George K., Collecting from Sovereigns – The Current Legal Framework for Enforcing Arbitral Awards and Court Judgments against States and Their Instrumentalities, and Some Proposals for its Reform, 25 Arizona Journal of International and Comparative Law (2008) 666 ff.

Fox, Hazel/Webb, Philippa, The Law of State Immunity, 3. Aufl., Oxford 2013.

Frankfurter Allgemeine Zeitung v. 17.11.2005, Nr. 268 S. 33, *Kunst als Geisel.*

Frankfurter Allgemeine Zeitung v. 11.09.2014, Nr. 211 S. 20, *Kirchners Erfolg im Schuldenstreit.*

Frankfurter Allgemeine Zeitung v. 13.06.2015, Nr. 134 S. 26, *Ein schwieriges und chancenreiches Land.*

Frankfurter Allgemeine Zeitung v. 03.02.2016, Nr. 28 S. 21, *Argentinien einigt sich mit Italienern.*

Frankfurter Allgemeine Zeitung v. 02.03.2016, Nr. 52 S. 17, *Wie ein Hedgefonds an Argentinien richtig Geld verdient.*

Frankfurter Allgemeine Zeitung v. 21.04.2016, Nr. 93 S. 93, *Moskau triumphiert im Fall Yukos.*

Fratianni, Michele, Bank for International Settlements (BIS), in: Reinert, Kenneth A./Rajan, Ramkishen S./Glass, Amy Joycelyn/Davis Lewis S. (Hrsg.), The Princeton Encyclopedia of the World Economy, Princeton, N.J. 2009.

Frowen, Stephen F., Monetary Theory and Monetary Policy – New tracks for the 1990s, New York, N.Y. 1993.

Gabler Wirtschaftslexikon, 18. Aufl., Wiesbaden 2014.

Gaillard, Emmanuel/Pingel-Lenuzza, Isabelle, International Organisations and Immunit from Jurisdiction – To restrict or to bypass, 51 The International and Comparative Law Quarterly (2002) 1 ff.

Galvis, Sergio J./Saad, Angel L., Sovereign Exchange Offers in 2010, 6 Chicago Journal of International Law (2005) 219 ff.

Gathmann, Almut, Spanisches Zwangsvollstreckungsrecht, Frankfurt am Main 1997.

Gaukrodger, David, Foreign State Immunity and Foreign Government Controlled Investors, OECD Working Papers on International Investment, 2010/2, 2010, http://dx.doi.org/10.1787/5km91p0ksqs7-en (geprüft am 01.05.2019).

Gaul, Hans Friedhelm/Schilken, Eberhard/Becker-Eberhard, Ekkehard, Zwangsvollstreckungsrecht, 12. Aufl., München 2010.

Geiger, Rudolf, Staatenimmunität: Grundsatz und Ausnahme, NJW 1987, S. 1124 ff.

ders., Völkergewohnheitsrecht in der Rechtsprechung des Bundesverfassungsgerichts, 103 Archiv des öffentlichen Rechts (1978) 382 ff.

Geimer, Reinhold/Geimer, Ewald/Geimer, Gregor, Internationales Zivilprozessrecht, 7. Aufl., Berlin 2015.

Gelpern, Anna/Gulati, Mitu, A Modern Legal History of Sovereign Debt, 73 Law and Contemporary Problems (2010)i.

Glenn, Gordon H./Kearney, Mary M./Padilla, David J., Immunities of International Organizations, 22 Virginia Journal of International Law (1981-1982) 247 ff.

Glucksmann, Eloise, Commisimplex v. Republic of Congo, 111 The American Journal of International Law (2017) 453 ff.
Goldberg, Linda S./Kennedy, Craig/Miu, Jason, Central Bank Dollar Swap Lines and Overseas Dollar Funding Costs, 17 Economic Policy Review (2011) 3 ff.
Goodhart, Charles A. E., The changing role of central banks, 18 Financial History Review (2011) 135 ff.
ders., The Central Bank and the Financial System, Basingstoke 1995.
Gornig, Gilbert H./Schöbener, Burkhard/Bausback, Winfried/Irmscher, Tobias H. (Hrsg.), Iustitia et Pax – Gedächtnisschrift für Dieter Blumenwitz, Berlin 2008.
Gorton, Gary B./Huang, Lixin, Bank Panics and the Endogeneity of Central Banking, 53 Journal of Monetary Economics (2006) 1613 ff.
dies., Banking Panics and the Origins of Central Banking, in: Altig, David E./Smith, Bruce D. (Hrsg.), Evolution and Procedures in Central Banking, Cambridge 2003, S. 181 ff.
Gottwald, Peter, Die internationale Zwangsvollstreckung, IPRax 1991, S. 285 ff.
ders./*Nagel, Heinrich*, Internationales Zivilprozessrecht, 7. Aufl., Köln 2013.
Grabenwarter, Christoph/Pabel, Katharina, Europäische Menschenrechtskonvention, 6. Aufl., München 2016.
Grabinski, Klaus, Staatenimmunität im Erkenntnisverfahren – die französische Rechtsprechung im internationalen, insbesondere deutschen Vergleich, IPRax 1992, S. 55 ff.
Grabitz, Eberhard/Hilf, Meinhard/Nettesheim, Martin (Hrsg.), Das Recht der Europäischen Union, München 2019.
Graf Vitzthum, Wolfgang, Abschnitt I – Begriff, Geschichte und Rechtsquellen des Völkerrechts, in: Graf Vitzthum, Wolfgang/Proelß, Alexander (Hrsg.), Völkerrecht, 7. Aufl., Berlin 2016.
Gramlich, Ludwig, Staatliche Immunität für Zentralbanken?, RabelsZ 45 (1981), S. 545 ff.
Gramm, Christof, Privatisierung und notwendige Staatsaufgaben, Berlin 2001.
Granne, Michael A., Defining "Organ of a Foreign State" Under the Foreign Sovereign Immunities Act of 1976, 42 U.C. Davis L. Rev. (2008) 1 ff.
Gray, Simon, Liquidity forecasting. Handbook in Central Banking no.27, https://www.bankofengland.co.uk/-/media/boe/files/ccbs/resources/liquidity-forecasting (geprüft am 01.05.2019).
ders./*Pongsaparn, Runchana*, Issuance of Central Bank Securities: International Experiences and Guidelines, IMF Working Paper, No. 15/106, 2015, https://www.imf.org/external/pubs/ft/wp/2015/wp15106.pdf (geprüft am 01.05.2019).
ders./*Talbot, Nick*, Monetary Operations, Handbook in Central Banking, no. 24, 2006, https://www.bankofengland.co.uk/-/media/boe/files/ccbs/resources/monetary-operations.pdf?la=en&hash=4458566AEF8644E5C48E663A3761B430F7C6C208 (geprüft am 01.05.2019).
Green, Russell/Torgerson, Tom, Are High Foreign Exchange Reserves in Emerging Markets a Blessing or a Burden?, Department of the Treasury: Office of International Affairs Occasional Paper, No. 6, 2007, http://rag8.web.rice.edu/TreasuryOccasionalPaperNo6.pdf (geprüft am 01.05.2019).
Griffith-Jones, Stephany, International Financial Stability and Market Efficiency as a Global Public Good, in: Kaul, Inge (Hrsg.), Providing Global Public Goods – Managing Globalization, New York, N.Y. 2003, S. 435 ff.
dies./*Ocampo, Jose Antonio*, Sovereign Wealth Funds – A developing country perspective, in: Sauvant, Karl P./Sachs, Lisa E./Jongbloed, Wouter P.F. Schmit (Hrsg.), Sovereign investment – Concerns and Policy Reactions, Oxford 2012, S. 57 ff.

Grimm, Dieter (Hrsg.), Wachsende Staatsaufgaben – sinkende Steuerungsfähigkeit des Rechts, Baden-Baden 1990.

von der Groeben, Hans/Schwarze, Jürgen/Hatje, Armin (Hrsg.), Europäisches Unionsrecht, 7. Aufl., Baden-Baden 2015.

dies. (Hrsg.), Europäisches Unionsrecht – Band 4 Art. 174 bis Art. 358 AEUV, 7. Aufl., Baden-Baden 2015.

Grossmann, Adolf, Unternehmensziele im Aktienrecht, Köln 1980.

Gursky, Karl-Heinz, Wertpapierrecht, 3. Aufl., Heidelberg 2007.

Gutzwiller, Christoph, Die Vollstreckung gegenüber ausländischen staatlichen Körperschaften – insbesondere in die „Währungsreserven" einer Zentralbank, ZSR 2002, S. 121 ff.

H. M. Treasury, Debt and Reserves Management Report 2014-15, 2014, https://www.gov.uk/government/publications/debt-and-reserves-management-report-2014-to-2015 (geprüft am 01.05.2019).

dies., Management of the Official Reserves, 2013, https://www.gov.uk/government/uploads/system/uploads/attachment_data/file/236352/management_of_the_official_reserves_2013_14.pdf (geprüft am 01.05.2019).

Habscheid, Walther, Die Immunität ausländischer Staaten nach deutschem Zivilprozessrecht, in: Deutsche Gesellschaft für Völkerrecht, Arbeiten der 2. Studienkommission der Deutschen Gesellschaft für Völkerrecht (Hrsg.), Die Immunität ausländischer Staaten nach Völkerrecht und deutschem Zivilprozessrecht, Karlsruhe 1968, S. 160 ff.

Hafner, Gerhard/Kohen, Marcelo G./Breau, Susan Carolyn, State Practice Regarding State Immunities – La Pratique des Etats concernant les Immunites des Etats, Leiden 2006.

Hahn, Hugo J./Häde, Ulrich, Währungsrecht, 2. Aufl., München 2010.

Hays II, James A., The Sovereign Debt Dilemma, 75 Brooklyn Law Review (2010) 905 ff.

Healey, Juliette, Financial Stability and the central bank: international evidence, in: Brealey, Richard/Healey, Juliette u.a. (Hrsg.), Financial Stability and Central banks – A global perspective, London 2001, S. 19 ff.

Healey, Nigel/Harrison, Barry (Hrsg.), Central banking in Eastern Europe, London 2004.

ders./Ilieva, Janet, The background to reform: central banking in a command economy, in: Healey, Nigel/Harrison, Barry (Hrsg.), Central banking in Eastern Europe, London 2004, S. 45 ff.

Hein, Jan von, Voraussetzungen und Umfang des Immunitätsverzichts in Staatsanleihen, IPRax 2007, S. 399 ff.

Herdegen, Matthias, Völkerrecht, 18. Aufl., München 2019.

Herrmann, Christoph, Währungshoheit, Währungsverfassung und subjektive Rechte, Tübingen 2010.

Herz, Peter, Die Immunität ausländischer Staatsunternehmen mit eigener Rechtspersönlichkeit im französischen und im deutschen Zivilprozessrecht, Aachen 1992.

Herzog, Roman, § 72 – Ziele, Vorbehalte und Grenzen der Staatstätigkeit, in: Isensee, Josef/Kirchhof, Paul (Hrsg.), Handbuch des Staatsrechts, Band IV – Aufgaben des Staates, 3. Aufl., Heidelberg 2006.

Hess, Burkhard, Europäisches Zivilprozessrecht, Heidelberg 2010.

ders., Staatenimmunität bei Distanzdelikten – Der private Kläger im Schnittpunkt von zivilgerichtlichem und völkerrechtlichem Rechtsschutz, München 1992.

Higgins, Rosalyn, Problems and process – International Law and How We Use It, Oxford 1994.

dies., Execution of State Property – United Kingdom Practice, Netherlands Yearbook of International Law 10 (1979), S. 35 ff.

dies., Certain Unresolved Aspects of the Law of State Immunity, 29 Netherlands International Law Review (1982) 265 ff.

Hoffmann, Wolfgang Peter, Rechtsfragen der Währungsparität, München 1969.

Hoffmann-Riem, Wolfgang, Öffentliches Recht und Privatrecht als wechselseitige Auffangordnungen – Systematisierung und Entwicklungsperspektiven, in: Hoffmann-Riem, Wolfgang/ Schmidt-Aßmann, Eberhard (Hrsg.), Öffentliches Recht und Privatrecht als wechselseitige Auffangordnungen, Baden-Baden 1996, S. 261 ff.

ders./Schmidt-Aßmann, Eberhard (Hrsg.), Öffentliches Recht und Privatrecht als wechselseitige Auffangordnungen, Baden-Baden 1996.

dies./Voßkuhle, Andreas (Hrsg.), Grundlagen des Verwaltungsrechts, Band I – Methoden, Maßstäbe, Aufgaben, Organisation, 2. Aufl., München 2012.

Hüfner, Felix, Foreign Exchange Intervention as a Monetary Policy Instrument – Evidence for Inflation Targeting Countries, Heidelberg 2004.

Humphrey, Thomas M., Lender of Last Resort: The Concept in History, 75 FRB Richmond Economic Review (1989) 8 ff.

Huster, Stefan, Beweislastverteilung und Verfassungsrecht, NJW 1995, S. 112 ff.

Institut de Droit International (IDI), Resolution: Contemporary Problems Concerning the Immunity of States in Relation to Questions of Jurisdiction and Enforcement – Session of Basel, 1991, 64 II Annuaire IDI (1992) 389 ff.

dass., Contemporary problems concering the jurisdictional immunity of States, Troisième séance plénière – Session of Basel, 1991, 64 II Annuaire IDI (1992) 214 ff.

dass., Contemporary Problems Concerning the Immunity of States in Relation to Questions of Jurisdiction and Enforcement – Session of Basel, 1991, 64 II Annuaire IDI (1991) 389 ff.

dass., Rapporteur Brownlie, Preliminary Report: Contemporary problems converning the jurisdictional immunity of States – Session of Cairo, 1987, 62 I Annuaire IDI (1987) 13 ff.

dass., Rapporteur Brownlie, Definitive Report and Draft Set of Resolutions – Session of Cairo, 1987, 62 I Annuaire IDI (1987), S. 45 ff.

dass., L'immunité de juridiction et d'exécution forcée des Etats étrangers – Session of Aix-ene-Provence, 1954, 45 II Annuaire IDI (1954) 293 ff.

dass., Projet de règlement international sur la compétence des tribunaux dans les procès contre les Etats, souverains ou chefs d'Etat étrangers – Session de Hambourg, 1891, 11 Annuaire IDI (1889-1892) 436 ff.

Institut für Rechtsvergleichung, Waseda-Universität Tokyo (Hrsg.), Law in East and West – On the occasion of the 30th anniversary of the Institute of Comparative Law, Waseda University, Tokyo 1988.

International Law Association (ILA), Buenos Aires Conference, International Committee on State Immunity, Final Report, 66 International Law Association Conference Reports (1994) 452 ff.

dies., Draft Articles on a Convention on State Immunity, 22 ILM (1983) 287 ff.

dies., Montreal Conference, State Immunity, Final Report of the Committee, 60 International Law Association Conference Reports (1982) 325 ff.

dies., Belgrade Conference, State Immunity, Preliminary Report of the Working Group, 59 International Law Association Conference Reports (1980) 208 ff.

International Law Commission (ILC), Jurisdictional Immunities of States and their Property – Report of the International Law Commission on the work of its forty-third session, Yearbook of the International Law Commission 1991 Bd. II, Teil 2, S. 12 ff.

Verzeichnis der zitierten Literatur 423

dies., Jurisdictional Immunities of States and their Property – Report of the Commission to the General Assembly on the work of its forty-second session, Yearbook of the International Law Commission 1990 Bd. II, Teil 2, S. 31 ff.
dies., Jurisdictional Immunities of States and their Property – Comments and observations received from Governments – Report of the Commission to the General Assembly on the work of its fortieth session, Yearbook of the International Law Commission 1988 Bd. II, Teil 1, S. 45 ff.
dies., Jurisdictional Immunities of States and their Property – Report of the Commission to the General Assembly on the work of its thirty-eighth session, Yearbook of the International Law Commission 1986 Bd. II, Teil 2, S. 7 ff.
dies., Summary records of the meetings of the thirty-eighth session 5 May–11 July 1986, Yearbook of the International Law Commission 1986 Bd. I, Teil 1, S. 1 ff.
dies., Relations between States and International Organizations – Documents of the thirty-seventh session (Addendum), A/CN.4/L.383 Yearbook of the International Law Commission 1985 Bd. II, Teil 1, S. 145 ff.
dies., Jurisdictional Immunities of States and their Property – Report of the Commission to the General Assembly on the work of its thirty-seventh session, Yearbook of the International Law Commission 1985 Bd. II, Teil 2, S. 51 ff.
International Working Group on Sovereign Wealth Funds (Hrsg.), Sovereign Wealth Funds: Generally Accepted Principles and Practices (Santiago-Principles), 2008, https://www.ifswf.org/sites/default/files/santiagoprinciples_0_0.pdf (geprüft am 01.05.2019).
Internationaler Währungsfonds (IWF), Annual Report 2018, Appendix I: International Reserves, https://www.imf.org/external/pubs/ft/ar/2018/eng/assets/pdf/imf-ar-2018-appendix-i-to-v.pdf (geprüft am 01.05.2019).
ders., Annual Report 2016, Appendix I: International Reserves, http://www.imf.org/external/pubs/ft/ar/2016/eng/pdf/AR16-AppI.pdf (geprüft am 01.05.2019).
ders., Assessing Reserve Adequacy – Specific Proposals, 2014, http://www.imf.org/external/np/pp/eng/2014/121914.pdf (geprüft am 01.05.2019).
ders., Revised Guidelines for Foreign Exchange Reserve Management, 2014, https://www.imf.org/en/Publications/Manuals-Guides/Issues/2016/12/31/Revised-Guidelines-for-Foreign-Exchange-Reserve-Management-41062 (geprüft am 01.05.2019).
ders., Strengthening the Contractual Framework to Address Collective Action Problems in Sovereign Debt Restructuring, 2014, https://www.imf.org/en/Publications/Policy-Papers/Issues/2016/12/31/Strengthening-the-Contractual-Framework-to-Address-Collective-Action-Problems-in-Sovereign-PP4911 (geprüft am 01.05.2019).
ders., Annual Report on Exchange Arrangements and Exchange Restrictions 2014, https://www.imf.org/external/pubs/nft/2014/areaers/ar2014.pdf (geprüft am 01.05.2019).
ders., Sovereign Debt Restructuring – Recent Developements and Implications for the Fund's Legal and Policy Framework, 2013, https://www.imf.org/external/np/pp/eng/2013/042613.pdf (geprüft am 01.05.2019).
ders., Global Financial Stability Report – Grappling with Crisis Legacies, 2011, http://www.imf.org/external/pubs/ft/gfsr/2011/02/ (geprüft am 01.05.2019).
ders., Balance of Payments and International Investment Position Manual, 2009, https://www.imf.org/external/pubs/ft/bop/2007/pdf/bpm6.pdf (geprüft am 01.05.2019).
ders., Sovereign Wealth Funds – A Work Agenda, 2008, https://www.imf.org/en/Publications/Policy-Papers/Issues/2016/12/31/Sovereign-Wealth-Funds-A-Work-Agenda-PP4234 (geprüft am 01.05.2019).

ders., Proposed Features of a Sovereign Debt Restructuring Mechanism, 2003, https://www.imf.org/external/np/pdr/sdrm/2003/021203.pdf (geprüft am 01.05.2019).

ders., Annual Report 1996, Appendix I: International Reserves, https://www.google.com/url?sa=t&rct=j&q=&esrc=s&source=web&cd=1&ved=2ahUKEwi99rL_pYDlAhUosaQKHQVcD38QFjAAegQIAxAC&url=https%3A%2F%2Fwww.imf.org%2F~%2Fmedia%2FWebsites%2FIMF%2Fimported-flagship-issues%2Fexternal%2Fpubs%2Fft%2Far%2F96%2Fpdf%2F_part18pdf.ashx&usg=AOvVaw3wAZ9KTTH9sDj9QtLyA2Or (geprüft am 01.05.2019).

Isensee, Josef, § 73 – Staatsaufgaben, in: Isensee, Josef/Kirchhof, Paul (Hrsg.), Handbuch des Staatsrechts, Band IV – Aufgaben des Staates, 3. Aufl., Heidelberg 2006.

ders./Kirchhof, Paul (Hrsg.), Handbuch des Staatsrechts, Band IV – Aufgaben des Staates, 3. Aufl., Heidelberg 2006.

dies. (Hrsg.), Handbuch des Staatsrechts, Band V – Rechtsquellen, Organisation und Finanzen, 3. Aufl., Heidelberg 2007.

Ishii, Shogo/Canales-Kriljenko, Jorge Iván/Guimarães Roberto/Karacadag, Cem, Official Foreign Exchange Intervention, IMF Occasional Paper, No. 249, 2006, https://www.imf.org/en/Publications/Occasional-Papers/Issues/2016/12/31/Official-Foreign-Exchange-Intervention-17920 (geprüft am 01.05.2019).

Issing, Otmar, Einführung in die Geldpolitik, 6. Aufl., München 1996.

Jackson, Thomas H., Of Liquidation, Continuation, and Delay: An Analysis of Bankryptcy Policy and Nonbankruptcy Rules, 60 American Bankruptcy Law Journal (1986) 399 ff.

Japan, Act on Civil Jurisdiction over Foreign States, Japanese Yearbook of International Law 2010, 830 ff.

Jarchow, Hans-Joachim/Rühmann, Peter, Monetäre Außenwirtschaft II: Internationale Währungspolitik, 5. Aufl., Göttingen 2002.

Jeanne, Olivier/Rancière, Romain, The Optimal Level of International Reserves for Emerging Market Countries – A New Formula and Some Applications, 121 The Economic Journal (2011) 905 ff.

Jekewitz, Jürgen/Klein, Karl Heinz/Kühne, Jörg Detlef/Petersmann, Hans/Wolfrum, Rüdiger (Hrsg.), Festschrift für Karl Josef Partsch zum 75. Geburtstag, Berlin 1989.

Johnson, Christian A./Steigerwald, Robert S., Legal and Policy Aspects of the Central Bank's Role in the Payment System – Some Costs and Benefits of the Choice of Settlement Asset. IMF Seminar on Current Developments in Monetary and Financial Law, 2006, https://www.imf.org/external/np/seminars/eng/2006/mfl/jost.pdf (geprüft am 01.05.2019).

Joia, Alex/Coche, Joachim, Framework and Process for Strategic Asset Allocation in Central Bank Foreign Exchange Reserves Management, in: Berkelaar, Arjan B./Coche, Joachim/Nyholm, Ken (Hrsg.), Central bank reserves and sovereign wealth management, Basingstoke 2010, S. 41 ff.

Jones, David Lloyd, Article 6 ECHR and Immunities Arising in Public International Law, 52 The International and Comparative Law Quarterly (2003) 463 ff.

Joyce, Michael/Miles, David/Scott, Andrew/Vayanos, Dimitri, Quantitative Easing and Unconventional Monetary Policy – an Introduction, 122 The Economic Journal (2012) 271.

Kahl, Wolfgang/Waldhoff, Christian/Walter, Christian (Hrsg.), Bonner Kommentar zum Grundgesetz, Heidelberg Stand: EL 161 Mai 2013.

Karpenstein, Ulrich/Mayer, Franz C. (Hrsg.), Konvention zum Schutz der Menschenrechte und Grundfreiheiten – Kommentar, 2. Aufl., München 2015.

Kau, Marcel, Abschnitt III – Der Staat und der Einzelne als Völkerrechtssubjekte, in: Graf Vitzthum, Wolfgang/Proelß, Alexander (Hrsg.), Völkerrecht, 7. Aufl., Berlin 2016.

Kaul, Inge (Hrsg.), Providing Global Public Goods – Managing Globalization, New York, N.Y. 2003.

dies./Grunberg, Isabelle/Stern, Marc A., Defining Global Public Goods, in: Kaul, Inge/Grunberg, Isabelle/Stern, Marc A. (Hrsg.), Global Public Goods – International Cooperation in the 21st century, Oxford 1999, S. 1 ff.

Kegley, Charles W./Raymond, Gregory A./Hermann, Margaret G., The Rise and Fall if the Nonintervention Norm – Some Correlates and Potential Consequences, 22 The Fletcher Forum of World Affairs (1998) 81 ff.

Kelsen, Hans, General Theory of Law and State, Cambridge, M.A. 1945.

Kern, Steffen, Staatsfonds – Staatliche Auslandsinvestitionen im Aufwind, 2007, https://www.dbresearch.de/PROD/DBR_INTERNET_EN-PROD/PROD0000000000219224.pdf (geprüft am 05.12.2015).

Kirchhof, Paul, § 99 – Mittel staatlichen Handelns, in: Isensee, Josef/Kirchhof, Paul (Hrsg.), Handbuch des Staatsrechts, Band V – Rechtsquellen, Organisation und Finanzen, 3. Aufl., Heidelberg 2007.

Klauser, Alexander/Kodek, Georg E./Horn, Florian, Jurisdiktionsnorm und Zivilprozessordnung, 17. Aufl., Wien 2012.

Klavan, Taylor L., Rock the Boat: How the Conflict between NML Capital and the Republic of Argentina will Affect International Investment, 5 Creighton Int'l & Comp. L.J. (2013) 47 ff.

Klein, Eckart/Schmahl, Stefanie, Abschnitt IV – Die Internationalen und die Supranationalen Organisationen, in: Graf Vitzthum, Wolfgang/Proelß, Alexander (Hrsg.), Völkerrecht, 7. Aufl., Berlin 2016.

Kleinlein, Thomas, Rechtsfragen staatlicher Auslandsanleihen – Odious Debts, Staatsnotstand und Immunität, AVR 44 (2006), S. 405 ff.

Kloth, Matthias, Immunities and the right of access to court under Article 6 of the European Convention on Human Rights, Leiden 2010.

Kotzur, Markus, Good Faith (Bona Fides), in: Wolfrum, Rüdiger (Hrsg.), The Max Planck Encyclopedia of Public International Law, IV, Oxford 2012, S. 508 ff.

Kratzmann, Horst, Über die Staatlichkeit (Hoheitlichkeit) des Geldwesens, ZfgK 2013, S. 301 ff.

Krauskopf, Bernd, Die Rechtsprechung zur Immunität ausländischer Zentralbanken und Währungsbehörden in der Bundesrepublik Deutschland, WM 1986, S. 89 ff.

ders./Rötting, Michael, Protection of Foreign Monetary Reserves through Enforcement Immunity in Germany, 30 Banking and Finance Law Review (2015) 303 ff.

ders./Steven, Christine, Immunität ausländischer Zentralbanken im deutschen Recht, WM 2000, S. 269 ff.

Kren Kostkiewicz, Jolanta, Staatenimmunität im Erkenntnis- und im Vollstreckungsverfahren nach schweizerischem Recht, Bern 1998.

dies./Walder, Hans Ulrich, SchKG – Kommentar, 18. Aufl., Zürich 2012.

Krieger, Heike, Immunität: Entwicklung und Aktualität als Rechtsinstitut, in: Paulus, Andreas L./Dethloff, Nina u.a. (Hrsg.), Internationales, nationales und privates Recht: Hybridisierung der Rechtsordnungen? – Berichte der Deutschen Gesellschaft für Internationales Recht, Heidelberg 2014, S. 233 ff.

Kröll, Stefan, Die Pfändung von Forderungen des russischen Staats gegen deutsche Schuldner – Investitionsschutz und Vollstreckungsimmunität, IPRax 2004, S. 223 ff.

ders., Neuere Entwicklungen im französischen Recht der Vollstreckung in das Vermögen ausländischer Staaten – Vorbild oder Irrweg, IPRax 2002, S. 439 ff.

Krueger, Anne, International Financial Architecture for 2002: A New Approach to Sovereign Debt Restructuring, 2002, https://www.imf.org/external/pubs/ft/exrp/sdrm/eng/sdrm.pdf (geprüft am 01.05.2019).
Krüger, Wolfgang; Rauscher, Thomas (Hrsg.), Münchener Kommentar zur ZPO – Band 3, 5. Aufl., München 2017.
dies. (Hrsg.), Münchener Kommentar zur ZPO – Band 1, 5. Aufl., München 2016.
dies. (Hrsg.), Münchener Kommentar zur ZPO – Band 2, 5. Aufl., München 2016.
Kumar, Rajesh, Strategies of Banks and Other Financial Institutions – Theories and Cases, San Diego 2014.
Kunzel, Peter/Hammer, Cornelia/Petrova, Iva, Sovereign Wealth Funds: Current Institutional and Operational Practices, IMF Working Paper, No. 08/254, 2008, https://www.imf.org/external/pubs/cat/longres.aspx?sk=22453.0 (geprüft am 01.05.2019).
Lange, Jérôme, Internationale Rechts- und Forderungspfändung – Eine Untersuchung zu den Chancen und Risiken „grenzüberschreitender" Vollstreckungsmassnahmen in Forderungen und sonstige Vermögensrechte unter besonderer Berücksichtigung der Verordnung (EG) Nr. 1348/2000 und des Zustellungsreformgesetzes, Berlin 2004.
Langkeit, Jochen, Staatenimmunität und Schiedsgerichtsbarkeit – Verzichtet ein Staat durch Unterzeichnung einer Schiedsgerichtsvereinbarung auf seine Immunität?, Heidelberg 1989.
Lastra, Maria Rosa, Systemic Risk and Macroprudential Supervision, in: Kaul, Inge (Hrsg.), Providing Global Public Goods – Managing Globalization, New York, N.Y. 2003.
dies., Lender of Last Resort, an International Perspective, 48 The International and Comparative Law Quarterly (1999) 340 ff.
dies., Central Banking and Banking Regulation, London 1996.
Laumen, Hans W., Kapitel 27 Die Ermittlung der Beweislastverteilung durch Auslegung, in: Baumgärtel, Gottfried/Laumen, Hans-Willi/Prütting, Hanns (Hrsg.), Handbuch der Beweislast – Band 1 Grundlagen, 4. Aufl., Köln 2019.
Laurens, Bernard/Arnone, Marco/Segalotto, Jean-François, Central Bank Independence, Accountability, and Transparency – A global perspective, Basingstoke 2009.
Lauterpacht, Hersch, The problem of jurisdictional immunities of foreign states, 28 The British Yearbook of International Law (1951) 220 ff.
Lee, Paul L., Central Banks and Sovereign Immunity, 41 Columbia Journal of Transnational Law (2003) 327 ff.
Legros, Cécile, Affaire Noga: l'émergence d'une nouvelle immunité d'exécution? – Ou la renonciation à l'immunité d'exécution par un Etat ne suffit pas à assurer l'exécution d'une sentence arbitrale, Gazette du Palais 52 (2009), S. 2 ff.
Leipold, Dieter, Immunität versus Rechtsschutzgarantie, in: Prütting, Hanns (Hrsg.), Verfahrensrecht am Ausgang des 20. Jahrhunderts – Festschrift für Gerhard Lüke zum 70. Geburtstag, München 1997, S. 353 ff.
Lewinski, Kai von, Öffentlichrechtliche Insolvenz und Staatsbankrott – Rechtliche Bewältigung finanzieller Krisen der öffentlichen Hand, Tübingen 2011.
Löber, Klaus, Der Euro und das Europäische System der Zentralbanken, in: Kümpel, Siegfried/Wittig, Arne (Hrsg.), Bank- und Kapitalmarktrecht, 4. Aufl., Köln 2011.
Lorz, Sigrid, Ausländische Staaten vor deutschen Zivilgerichten – Zum Spannungsverhältnis von Staatenimmunität und Recht auf Zugang zu Gericht, Tübingen 2017.
Lowenfeld, Andreas F., International Economic Law, 2. Aufl., Oxford 2008.
Macalister-Smith, Peter, Institut de Droit international, in: Wolfrum, Rüdiger (Hrsg.), The Max Planck Encyclopedia of Public International Law, V, Oxford 2012, S. 219 ff.

Macmillan, Rory, Towards a Sovereign Debt Work-out System, 16 Northwestern Journal of International Law and Business (1995) 57 ff.
Maennig, Wolfgang, Außenwirtschaft – Theorie und Politik, 2. Aufl., München 2013.
Mahmoudi, Said, State immunity: A Swedish perspective, in: Boschiero, Nerina/Scovazzi, Tullio u. a. (Hrsg.), International Courts and the Development of International Law – Essays in Honour of Tullio Treves, Den Haag 2013, S. 77 ff.
Mangoldt, Hermann von/Klein, Friedrich/Starck, Christian (Hrsg.), Kommentar zum Grundgesetz – Band 2, 7. Aufl., München 2018.
Mann, Frederick Alexander, The Doctrine of Jurisdiction in International Law. Academie de Droit International 111 Receuil de Cours (1964) 1 ff.
Markets Committee (BIZ), Monetary policy frameworks and central bank market operations – MC Compendium, Markets Committee Papers, No 4, 2008, https://www.bis.org/publ/mktc04.htm (geprüft am 01.05.2019).
Maunz, Theodor/Dürig, Günter (Begr.), Grundgesetz – Kommentar, Stand: 87. EL März 2019, München.
McCaughrin, Rebecca/Gray, Simon/Chailloux, Alexandre, Central Bank Collateral Frameworks: Principles and policies, IMF Working Paper, No. 08/222, 2008, https://www.imf.org/external/pubs/cat/longres.aspx?sk=22343.0 (geprüft am 01.05.2019).
McNamara, Tom, Foreign Sovereign Immunity During the New Nationalisation Wave, 11 Business Law International (2010) 5 ff.
Meester, Bart de, International Legal Aspects of Sovereign Wealth Funds: Reconciling International Economic Law and the Law of State Immunities with a New Role of the State, 20 European Business Law Review (2009) 779 ff.
Meng, Werner, Extraterritoriale Jurisdiktion im öffentlichen Wirtschaftsrecht, Berlin 1994.
Menkhoff, Lukas, Foreign Exchange Intervention in Emerging Markets – A survey of empirical studies, 36 The World Economy (2013) 1187 ff.
Meyer-Ladewig, Jens/Nettesheim, Martin/Raumer, Stefan von (Hrsg.), EMRK – Europäische Menschenrechtskonvention. Handkommentar, 4. Aufl., Baden-Baden 2017.
Miceli, Valeria/Wöhrmann, Asoka/Wallace, Mary/Steiner, Danny, Opportunities or threats? The current and future roles of sovereign wealth funds in financial markets, 2015, https://institutional.dws.com/content/_media/20150324_Whitepaper_Sovereign_Wealth_Funds.pdf (geprüft am 01.05.2019).
Ministry of Finance Chile, Annual Report Sovereign Wealth Funds 2013, 2013, https://www.hacienda.cl/english/sovereign-wealth-funds/annual-report/annual-report-sovereign-wealth-funds-569332.html (geprüft am 01.05.2019).
Mitchell, Andrew D./Sornarajah, M./Voon, Tania (Hrsg.), Good Faith and International Economic Law, Oxford 2015.
Moenjak, Thammarak, Central Banking – Theory and practice in sustaining monetary and financial stability, Singapur 2014.
Molot, H.L/Jewett, M.L., The State Immunity Act of Canada, 20 The Canadian Yearbook of International Law (1982) 79 ff.
Moritz, Karl-Heinz/Stadtmann, Georg, Monetäre Außenwirtschaft, 2. Aufl., München 2010.
Münch, Ingo von/Kunig, Philip (Hrsg.), Grundgesetz-Kommentar. Band 1: Präambel bis Art. 69, 6. Aufl., München 2012.
Munro, Anella/Redell, Michael, Foreign Currency Reserves: Why we hold them influences how we fund them, 75 Reserve Bank of New Zealand Bulletin (2012) 35 ff.
Musgrave, Richard A./Musgrave, Peggy B./Kullmer, Lore, Die öffentlichen Finanzen in Theorie und Praxis, Bd. 1, 6. Aufl., Tübingen 1994.

Musielak, Hans-Joachim, Die Beweislastregelung bei Zweifeln an der Prozeßfähigkeit, NJW 1997, S. 1736 ff.

ders./Voit, Wolfgang (Hrsg.), Zivilprozessordnung, 16. Aufl., München 2019.

ders./Stadler, Max, Grundfragen des Beweisrechts – Beweisaufnahme, Beweiswürdigung, Beweislast, München 1984.

Nelle, Andreas, Anspruch, Titel und Vollstreckung im internationalen Rechtsverkehr, Tübingen 2000.

Nguyen, Davy V. H., Too Big to Fail? – Towards a Sovereign Bankruptcy Regime, Cornell International Law Journal (2012) 697 ff.

Nobumori, Takehiro, Recent Sovereign Immunity Legislation on Japan from a Perspective of Central Banks, 53 Japanese Yearbook of International Law (2010) 275 ff.

ders., Recent Developments of Sovereign Immunity Law in Japan from a Comparative Perspective of Central Banks, 125 Banking Law Journal (2008) 885 ff.

Norges Bank Investment Management, Government Pension Fund Global Annual Report 2015, 2016, https://www.nbim.no/en/publications/reports/2015/annual-report-2015/ (geprüft am 01.05.2019).

Note, Too Sovereign To Be Sued: Immunity of Central Banks in Times of Financial Crisis, 124 Harvard Law Review (2010) 550 ff.

Nugée, John, Foreign Exchange Reserves Management – Handbook in Central Banking no. 19, https://www.bankofengland.co.uk/-/media/boe/files/ccbs/resources/foreign-exchange-reserves-management (geprüft am 01.05.2019).

Ogiso, Mooto, Preliminary Report on Jurisdictional Immunities of States and their Property – Documents of the fortieth session, Yearbook of the International Law Commission 1988 Bd. II Teil 1, S. 96 ff.

O'Keefe, Roger/Tams, Christian J./Tzanakopoulos, Antonios (Hrsg.), The United Nations Convention on Jurisdictional Immunities of States and Their Property – A commentary, Oxford 2013.

Olivares-Caminal, Rodrigo, The Pari Passu Interpretation in the Elliott Case – A Brilliant Strategy but an Awful (Mid-Long Term) Outcome, 40 Hofstra Law Review (2011) 39 ff.

ders., Sovereign Debt Defaults – Paradigms and Challenges, 11 Journal of Banking Regulation (2010) 91 ff.

ders., To Rank Pari Passu or Not to Rank Pari Passu – That Is the Question in Sovereign Bonds after the Latest Episode of the Argentine Saga, 15 Law and Business Review of the Americas (2009) 745 ff.

Organization of American States (OAS), Interamerican Draft Convention on Jurisdictional Immunities of States, 22 ILM (1983) 292 ff.

Oritani, Yoshiharu, Public Governance of Central Banks – an approach from a new institutional economics, BIS Working Papers, No 299, 2010, https://www.bis.org/publ/work299.htm (geprüft am 01.05.2019).

Ossenbühl, Fritz, Staatliches Fernmeldemonopol als Verfassungsgebot?, in: Leßmann, Herbert/Großfeld, Bernhard/Vollmer, Lothar (Hrsg.), Festschrift für Rudolf Lukes zum 65. Geburtstag, Köln 1989, S. 525 ff.

Ostrander, Jeremy, The Last Bastion of Sovereign Immunity: A Comparative Look at Immunity from Execution of Judgement, 22 Berkeley Journal of International Law (2004) 541 ff.

Palandt, Otto (Begr.), Bürgerliches Gesetzbuch, 78. Aufl., München 2019.

Panizza, Ugo/Sturzenegger, Federico/Zettelmeyer, Jeromin, The Economics and Law of Sovereign Debt and Default, 47 Journal of Economic Literature (2009) 651 ff.

Papaioannou, Elias/Portes, Richard/Siourounis, Gregorios, Optimal Currency Shares in International Reserves – The impact of the euro and the prospects for the dollar, European Central Bank Working paper series, No 694, 2006, https://edz.bib.uni-mannheim.de/daten/edz-ki/ezb/06/w-paper/ecbwp694.pdf (geprüft am 01.05.2019).

Partnoy, Frank, Financial Systems, Crisis and Regulation, in: Ferran, Eilís/Moloney, Niamh/Payne, Jennifer (Hrsg.), The Oxford Handbook of Financial Regulation, Oxford 2015.

Patrikis, Ernest L., Foreign Central Bank Property: Immunity from Attachment in the United States, University of Illinois Law Review (1982) 265 ff.

Paulus, Andreas L./Dethloff, Nina/Giegerich, Thomas/Schwenzer, Ingeborg/Krieger, Heike/Ziegler, Andreas R./Talmon, Stefan/Schack, Haimo (Hrsg.), Internationales, nationales und privates Recht: Hybridisierung der Rechtsordnungen? – Berichte der Deutschen Gesellschaft für Internationales Recht, Heidelberg 2014.

Paulus, Christoph, Warum benötigen wir ein Resolvenzverfahren, WM 2019, S. 637 ff.

ders., Resolvenzrecht im Werden – NML Capital Ltd. et al. vs. Argentinia, 2. Runde, ZIP 2013, S. 2190 ff.

ders., Jüngste Entwicklungen im Resolvenzrecht, WM 2013, S. 489 ff.

ders., Rechtliche Handhaben zur Bewältigung der Überschuldung von Staaten, RIW 2009, S. 11 ff.

ders., Überlegungen zu einem Insolvenzverfahren für Staaten, WM 2002, S. 725 ff.

ders./van den Busch, Roman, Von Ausharrenden und Geiern, WM 2014, S. 2025 ff.

Peters, Anne, Die funktionale Immunität internationaler Organisationen und die Rechtsweggarantie, SZIER 21 (2011), S. 397 ff.

dies./Lagrange, Evelyne/Oeter, Stefan/Tomuschat, Christian (Hrsg.), Immunities in the Age of Global Constitutionalism, Leiden 2015.

Peters, Hans, Öffentliche und staatliche Aufgabe, in: Dietz, Rolf/Hübner, Heinz (Hrsg.), Festschrift für Hans Carl Nipperdey zum 70. Geburtstag, Bd. 2, München 1965, S. 877 ff.

Pfeiffer, Thomas, Zahlungskrisen ausländischer Staaten im deutschen und internationalen Rechtsverkehr, 102 ZVglRWiss (2003) 141 ff.

Polinsky, A. Mitchell/Shavell, Steven (Hrsg.), Handbook of Law and Economics, Amsterdam 2007.

Posner, Richard A., Economic Analysis of Law, 8. Aufl., Austin 2011.

Preisser, Maximilian M., Sovereign Wealth Funds – Entwicklung eines umfassenden Konzepts für die Regulierung von Staatsfonds, Tübingen 2013.

Proctor, Charles, Mann on the Legal Aspect of Money, 7. Aufl., Oxford 2012.

ders., The European System of Central Banks – Status and Immunities, Butterworths Journal of International Banking and Financial Law (2001) 23 ff.

ders., Central Banks and Sovereign Immunity, 15 Butterworths Journal of International Banking and Financial Law (2000) 70 ff.

ders. (Hrsg.), Gegenwartsprobleme der Beweislast – Eine Untersuchung moderner Beweislasttheorien und ihrer Anwendung insbesondere im Arbeitsrecht, München 1983.

Pullen, Julia, Die Immunität von Staatsunternehmen im zivilrechtlichen Erkenntnis- und Vollstreckungsverfahren, Frankfurt am Main 2012.

Püttner, Günter, Verwaltungslehre – Ein Studienbuch, 4. Aufl., München 2007.

Qi, Dahai, State Immnity, China and Its Shifting Position, 7 Chinese Journal of International Law (2008) 307 ff.

Quigley, John B., The Soviet Foreign Trade Monopoly – Institutions and Laws, Columbus, Ohio 1974.

Quintyn, Marc/Taylor, Michael B., Regulatory and Supervisory Independence and Financial Regulation. IMF Working Paper No. 02/46, 2002, https://www.imf.org/external/pubs/ft/wp/2002/wp0246.pdf (geprüft am 01.05.2019).

van Raemdonck, Kurt, Immunities of Central Bank Assets: Towards Greater Legal Certainty, Euredia (2006) 357 ff.

Rauscher, Thomas (Hrsg.), Europäisches Zivilprozess- und Kollisionsrecht – Kommentar, 4. Aufl., Köln 2015.

Reimann, Mathias/Zimmermann, Reinhard (Hrsg.), The Oxford Handbook of Comparative Law, Oxford 2006.

Reinhart, Carmen M./Rogoff, Kenneth S., This Time is Different – Eight Centuries of Financial Folly, Princeton 2009.

Reining, Adam, Lexikon der Außenwirtschaft, München 2003.

Reinisch, August, Privileges and Immunities, in: Klabbers, Jan/Wallendahl, Åsa (Hrsg.), Research Handbook on the Law of International Organizations, Cheltenham 2011, S. 132 ff.

ders., European Court Practice Concerning State Immunity from Enforcement Measures, 17 European Journal of International Law (2006) 803 ff.

Ress, Georg, Entwicklungstendenzen der Immunität ausländischer Staaten, ZaöRV 40 (1980), S. 217 ff.

Riedl, Gerhard R., Der bankbetriebliche Zahlungsverkehr, Heidelberg 2002.

Roberts, Alasdair, The Logic of Discipline – Global Capitalism and the Architecture of Government, Oxford 2010.

Rochon, Louis-Philippe/Rossi, Sergio (Hrsg.), The Encyclopedia of Central Banking, Cheltenham 2015.

Ronellenfitsch, Michael, § 98 – Wirtschaftliche Betätigung des Staates, in: Isensee, Josef/Kirchhof, Paul (Hrsg.), Handbuch des Staatsrechts, Band IV – Aufgaben des Staates, 3. Aufl., Heidelberg 2006.

Rosenberg, Leo, Die Beweislast – Auf der Grundlage des Bürgerlichen Gesetzbuchs und der Zivilprozessordnung, 5. Aufl., München 1965.

ders./Schwab, Karl Heinz/Gottwald, Peter, Zivilprozessrecht, 18. Aufl., München 2018.

Rozanov, Andrew, Who holds the wealth of nations?, 25 International Journal of Central Banking (2005) 52 ff.

Rübel, Gerhard, Außenwirtschaft – Grundlagen der realen und monetären Theorie, München 2013.

Ruffert, Matthias/Walter, Christian, Institutionalisiertes Völkerrecht – Das Recht der Internationalen Organisationen und seine wichtigsten Anwendungsfelder, 2. Aufl., München 2015.

Rutherford, Donald, Routledge Dictionary of Economics, 3. Aufl., London 2012.

Ruthig, Josef/Storr, Stefan, Öffentliches Wirtschaftsrecht, 4. Aufl., Heidelberg 2015.

Ryan, Molly, Sovereign Bankruptcy: Why Now and Why Not in the IMF?, 82 Fordham Law Review (2014) 2473 ff.

Rybinski, Krysztof/Krynska, Urszula, Global Reserves Management, in: Berkelaar, Arjan B./Coche, Joachim/Nyholm, Ken (Hrsg.), Central bank reserves and sovereign wealth management, Basingstoke 2010, S. 3 ff.

Sachs, Michael (Hrsg.), Grundgesetz – Kommentar, 8. Aufl., München 2018.

Säcker, Franz Jürgen/Oetker, Hartmut/Rixecker, Roland/Limperg, Bettina (Hrsg.), Münchener Kommentar zum BGB – Band 11, 7. Aufl., München 2018.

dies. (Hrsg.), Münchener Kommentar zum BGB – Band 6, 7. Aufl., München 2017.

dies. (Hrsg.), Münchener Kommentar zum BGB – Band 4, 7. Aufl., München 2016.

Samples, Tim R., Rogue Trends in Sovereign Debt: Argentina, Vulture Funds, and Pari Passu Under New York Law, 35 Northwestern Journal of International Law & Business (2014–2015) 49 ff.
Sanchez, Ernesto J., The Foreign Sovereign Immunities Act deskbook, Chicago, I.L. 2013.
Sandmo, Agmar, Public Goods, in: Durlauf, Steven N./Blume, Lawrence (Hrsg.), The new Palgrave dictionary of economics, Bd. 6, 2. Aufl., Basingstoke 2008, S. 739 ff.
Sands, Philippe J./Klein, Pierre/Bowett, Derek W., Bowett's Law of International Institutions, 6. Aufl., London 2009.
Sauvant, Karl P./Sachs, Lisa E./Jongbloed, Wouter P. F. Schmit, Sovereign Investment, in: Sauvant, Karl P./Sachs, Lisa E./Jongbloed, Wouter P. F. Schmit (Hrsg.), Sovereign investment – Concerns and Policy Reactions, Oxford 2012, S. 3 ff.
Sawah, Sally El, Les immunités des états et des organisations internationales – Immunités et procès équitable, Brüssel 2012.
Schack, Haimo, Internationales Zivilverfahrensrecht, 7. Aufl., München 2017.
Schaumann, Wilfried, Die Immunität ausländischer Staaten nach Völkerrecht, in: Deutsche Gesellschaft für Völkerrecht, Arbeiten der 2. Studienkommission der Deutschen Gesellschaft für Völkerrecht (Hrsg.), Die Immunität ausländischer Staaten nach Völkerrecht und deutschem Zivilprozessrecht, Karlsruhe 1968, S. 1 ff.
Schenke, Wolf-Rüdiger/Kopp, Ferdinand O. (Hrsg.), VwGO – Kommentar, 24. Aufl., München 2018.
Schermers, Henry G./Blokker, Niels M., International Institutional Law – Unity Within Diversity, 5. Aufl., Leiden 2011.
Schilling, Theodor, Internationaler Menschenrechtsschutz – Das Recht der EMRK und des IPbpR, 3. Aufl., Tübingen 2016.
Schimansky, Herbert/Bunte, Hermann-Josef/Lwowski, Jürgen (Hrsg.), Bankrechts-Handbuch Band I, 5. Aufl., München 2017.
dies. (Hrsg.), Bankrechts-Handbuch Band II, 5. Aufl., München 2017.
Schlemmer-Schulte, Sabine, Beweislast und Grundgesetz – Eine verfassungsrechtliche Untersuchung zur zivilprozessualen Beweislast im Haftungsrecht, Köln 1997.
Schlosser, Peter F./Hess, Burkhard (Hrsg.), EU-Zivilprozessrecht – Kommentar, 4. Aufl., München 2015.
Schmidt, Claudia, Art. 343 AEUV, in: von der Groeben, Hans/Schwarze, Jürgen/Hatje, Armin (Hrsg.), Europäisches Unionsrecht, 7. Aufl., Baden-Baden 2015.
Schmidt, Karsten (Hrsg.), Münchener Kommentar zur ZPO – Band 6, 4. Aufl., München 2019.
Schmidt, Reiner, Öffentliches Wirtschaftsrecht – Allgemeiner Teil, Berlin 1990.
Schoch, Friedrich/Bier, Wolfgang/Schneider, Jens-Peter (Hrsg.), Verwaltungsgerichtsordnung – Kommentar, München 2019.
Schönfeld, Ulrich von, Die Immunität ausländischer Staaten vor deutschen Gerichten, NJW 1986, S. 2980 ff.
Schreuer, Christoph H., State Immunity – Some Recent Developments, Cambridge 1988.
Schröer, Friedrich, De l'application de l'immunité juridictionnelle des états étrangers aux organisations internationales, Revue générale de droit international public 75 (1971), S. 712 ff.
Schubert, Martin F., When Vultures Attack – Balancing the Right to Immunity against Reckless Sovereigns, 78 Brooklyn Law Review (2013) 1097 ff.
Schulte, Martin/Kloos, Joachim (Hrsg.), Handbuch Öffentliches Wirtschaftsrecht – Grundlagen, Beihilfen, öffentliche Unternehmen, Gewerberecht, Umweltrecht, Regulierungsrecht, München 2016.

dies./Apel, David, § 1 Grundlagen des öffentlichen Wirtschaftsrechts mit seinen europarechtlichen Bezügen, in: Schulte, Martin/Kloos, Joachim (Hrsg.), Handbuch Öffentliches Wirtschaftsrecht – Grundlagen, Beihilfen, öffentliche Unternehmen, Gewerberecht, Umweltrecht, Regulierungsrecht, München 2016, S. 3 ff.

Schulze-Fielitz, Helmuth, Staatsaufgabenentwicklung und Verfassung, in: Grimm, Dieter (Hrsg.), Wachsende Staatsaufgaben – sinkende Steuerungsfähigkeit des Rechts, Baden-Baden 1990, S. 11 ff.

ders., § 12 – Grundmodi der Aufgabenwahrnehmung, in: Hoffmann-Riem, Wolfgang/Schmidt-Aßmann, Eberhard/Voßkuhle, Andreas (Hrsg.), Grundlagen des Verwaltungsrechts, Band I – Methoden, Maßstäbe, Aufgaben, Organisation, 2. Aufl., München 2012.

Schumacher, Julian/Trebesch, Christoph/Enderlein, Hendrik, Sovereign Defaults in Courts, ECB Working Paper Series, No 2135, 2018, https://www.ecb.europa.eu/pub/pdf/scpwps/ecb.wp2135.en.pdf (geprüft am 01.05.2016).

Schütze, Rolf A., Rechtsverfolgung im Ausland – Prozessführung vor ausländischen Gerichten und Schiedsgerichten, 5. Aufl., Berlin 2016.

Schwark, Eberhard/Zimmer, Daniel (Hrsg.), Kapitalmarktrechts-Kommentar, 4. Aufl., München 2010.

Schwarzenberger, Georg, The Fundamental Principles of International Law. Academie de Droit International 87 Receuil de Cours (1955) 191 ff.

Schweizerische Nationalbank (SNB), 108. Geschäftsbericht 2015, http://www.snb.ch/de/iabout/pub/annrep/id/pub_annrep_2015 (geprüft am 01.05.2019).

dies., Richtlinien der Schweizerischen Nationalbank (SNB) für die Anlagepolitik vom 27. Mai 2004 (Stand 1. April 2015), https://www.snb.ch/de/mmr/reference/snb_legal_richtlinien/source/snb_legal_richtlinien.de.pdf (geprüft am 01.05.2019).

dies., Richtlinien der Schweizerischen Nationalbank über das geldpolitische Instrumentarium vom 25. März 2004 (Stand 1. Januar 2015). Merkblatt 5 zu den SNB-repofähigen Effekten, http://www.snb.ch/de/mmr/reference/repo_mb26/source/repo_mb26.de.pdf (geprüft am 01.05.2019).

Seidl-Hohenveldern, Ignaz, Zur sachlichen Immunität ausländischer Zentralbanken, RIW 1983, S. 613 ff.

ders./Loibl, Gerhard, Das Recht der internationalen Organisationen einschließlich der Supranationalen Gemeinschaften, 7. Aufl., Köln 2000.

Selgin, George A./White, Lawrence H., How Would the Invisible Hand Handle Money?, 32 Journal of Economic Literature (1994) 1718 ff.

Sellin, Peter/Åsberg Sommar, Per, The Riksbank's operational framework for the implementation of monetary policy – A review, Riksbank studies, 2014, http://www.riksbank.se/Documents/Rapporter/Riksbanksstudie/2014/rap_riksbanksstudie_140326_eng.pdf (geprüft am 01.05.2019).

Selmayr, Martin, Das Recht der Wirtschafts- und Währungsunion, Baden-Baden 2002.

Sester, Peter, Argentinische Staatsanleihen: Schicksal der „Hold Outs" nach Wegfall des Staatsnotstands, NJW 2006, S. 2891 ff.

Shaw, Malcolm N., International Law, 7. Aufl., Cambridge 2014.

Siekmann, Helmut (Hrsg.), Kommentar zur Europäischen Währungsunion, Tübingen 2013.

Simonius, Pascale, Privatrechtliche Forderungen und Staatenimmunität, in: Jur. Fakultät der Universität Basel (Hrsg.), Privatrecht, öffentliches Recht, Strafrecht – Grenzen und Grenzüberschreitungen; Festgabe zum Schweizerischen Juristentag 1985, Basel 1985, S. 335 ff.

Sinclair, Ian M., The Law of Sovereign Immunity: Recent Developments. Academie de Droit International 167 Receuil de Cours (1980) 113 ff.

ders., The European Convention on State Immunity, 22 International and Comparative Law Quarterly (1973) 254 ff.
Singh, Manmohan, The Changing Collateral Space, IMF Working Paper, No. 13/25, 2013, https://www.imf.org/en/Publications/WP/Issues/2016/12/31/The-Changing-Collateral-Space-40280 (geprüft am 01.05.2019).
ders., Recovery Rates from Distressed Debt – International Evidence from Chapter 11 Filings, International Litigation and Recent Sovereign Debt Restructurings, IMF Working Paper, WP/03/161, 2003, https://www.imf.org/external/pubs/ft/wp/2003/wp03161.pdf (geprüft am 01.05.2019).
Slawotsky, Joel, Sovereign Wealth Funds and Jurisdiction under the FSIA, 11 University of Pennsylvania Journal of Business Law (2009) 967 ff.
Smits, René, The European Central Bank – Institutional aspects, Den Haag 1997.
Sorel, Jean-Marc/Bore Eveno, Valerie, Art. 31 General Rule of interpretation, in: Corten, Olivier/Klein, Pierre (Hrsg.), The Vienna Conventions on the Law of Treaties – A commentary, Band I, Oxford 2011, S. 804 ff.
Sreenivasa Rao, Pemmaraju, International Law Commission (ILC), in: Wolfrum, Rüdiger (Hrsg.), The Max Planck Encyclopedia of Public International Law, V, Oxford 2012, S. 875 ff.
Stadermann, David, Die Haftung der Kartellaufsicht, Berlin 2014.
Stasch, Katharina, Lender of last resort – Bankenkrisen und Krisenmanagement in der Europäischen Union, Baden-Baden 2009.
Stein, Friedrich/Jonas, Martin (Hrsg.), Kommentar zur Zivilprozessordnung, 23. Aufl., Tübingen 2017.
Stein, Torsten, International Law Association (ILA), in: Wolfrum, Rüdiger (Hrsg.), The Max Planck Encyclopedia of Public International Law, V, Oxford 2012, S. 872 ff.
ders., Zur Immunität fremder Staaten und ihrer im Ausland unterhaltenen Bankkonten, IPRax 1984, S. 179 ff.
Stigall, Dan E., Ungoverned Spaces, Transnational Crime, and the Prohibition on Extraterritorial Enforcement Jurisdiction in International Law, 3 Notre Dame Journal of International & Comparative Law (2013) 1 ff.
Stiglitz, Joseph E./Walsh, Carl E., Mikroökonomie – Band I zur Volkswirtschaftslehre, 4. Aufl., München 2010.
Stoll, Peter-Tobias, State Immunity, in: Wolfrum, Rüdiger (Hrsg.), The Max Planck Encyclopedia of Public International Law, IX, Oxford 2012, S. 498 ff.
Storr, Stefan, Der Staat als Unternehmer – Öffentliche Unternehmen in der Freiheits- und Gleichheitsdogmatik des nationalen Rechts und des Gemeinschaftsrechts, Tübingen 2001.
Streinz, Rudolf (Hrsg.), EUV/AEUV – Vertrag über die Europäische Union und Vertrag über die Arbeitsweise der Europäischen Union, 3. Aufl., München 2018.
Strupp, Karl, Anmerkungen zum Urteil des Preußischen Kompetenzkonflikt-Gerichtshofs vom 12. März 1921, JW 1921, S. 1483 ff.
ders./Schlochauer, Hans-Jürgen (Hrsg.), Wörterbuch des Völkerrechts, Berlin 1962.
Stürner, Rolf, Prinzipien der Einzelzwangsvollstreckung, ZZP 99 (1986), S. 291 ff.
ders., Die Einwirkungen der Verfassung auf das Zivilrecht und das Zivilprozeßrecht, NJW 1979, S. 2334 ff.
Sturzenegger, Federico/Zettelmeyer, Jeromin, Debt Defaults and Lessons from a Decade of Crises, Cambridge, M.A. 2007.

Sucharitkul, Sompong, Seventh Report on Jurisdictional Immunities of States and their Property – Documents of the thirty-seventh session, Yearbook of the International Law Commission 1985 Bd. II Teil 1, S. 21 ff.

Sveriges Riksbank, Annual report 2015, 2016, https://www.riksbank.se/globalassets/media/rap porter/arsredovisning/engelska/rap_arsred2015_160407_eng.pdf (geprüft am 01.05.2019).

Szodruch, Alexander, Staateninsolvenz und private Gläubiger, Berlin 2010.

Tauchmann, Stefanie, Die Immunität internationaler Organisationen gegenüber Zwangsvollstreckungsmaßnahmen, Baden-Baden 2005.

Teply, Larry L./Whitten, Ralph U., Civil Procedure, 4. Aufl., New York, N.Y. 2009.

The Economist v. 19.09.1992, Nr. 7777 S. 115, *A ghastly game of dominoes*.

The Economist v. 19.09.1992, Nr. 7777 S. 13, *Mayhem*.

The Economist v. 30.03.2002, Nr. 8266 S. 55, *Waiting for the IMF to tango*.

The Economist v. 21.09.2013, Nr. 8854 S. 77, *Special FX*.

The Economist v. 07.02.2015, Nr. 6 S. 59, *Money Changers at Bay*.

The Economist v. 21.02.2015, Nr. 8 S. 63, *Currency Peace*.

Thornton, Henry, An Enquiry Into the Nature and Effects of the Paper Credit of Great Britain, London 1802.

Toniolo, Gianni, Central bank cooperation at the Bank for International Settlements, 1930–1973, Cambridge 2005.

Truman, Edwin M., Sovereign Wealth Funds – Threat or Salvation?, Washington DC 2010.

Tucker, Paul, The lender of last resort and modern central banking: principles and reconstruction, in: Bank für Internationalen Zahlungsausgleich (BIZ) (Hrsg.), Re-thinking the lender of last resort – BIS Papers No 79, Basel 2014, S. 10 ff.

Uhlenbruck, Insolvenzordnung – Kommentar, Hirte, Heribert; Vallendar, Heinz (Hrsg.), 15. Aufl., München 2019.

UN General Assembly, Sixth Committee, Convention on Jurisdictional Immunities of States and their Property, Report of the Working Group, Forty-eighth session. A/C.6/48/L.4, 1993, https://undocs.org/pdf?symbol=en/A/C.6/48/L.4 (geprüft am 01.05.2019).

dies., Sixth Committee, Convention on Jurisdictional Immunities of States and their Property, Report of the Working Group, Forty-seventh session. A/C.6/47/L.10, 1992, https://undocs.org/A/C.6/47/L.10 (geprüft am 01.05.2019).

U.S. Congress, Congressional Committee Report on the Jurisdiction of United States Courts in Suits against Foreign States, Report No. 94-1487, ILM 1976, 1398 ff.

U.S. Secretary of State, Draft Legislation on the Jurisdictional Immunities of Foreign States, ILM 1973, 118 ff.

Vallence, Christian, Foreign Exchange Reserves and the Reserve Bank's Balance Sheet, Reserve Bank of Australia Bulletin (December Quarter 2012) 57 ff.

Viterbo, Annamaria, International Economic Law and Monetary Measures – Limitations to states' sovereignty and dispute settlement, Cheltenham 2012.

Vollkommer, Max, Der Grundsatz der Waffengleichheit im Zivilprozess, in: Gottwald, Peter/ Prütting, Hanns (Hrsg.), Festschrift für Karl Heinz Schwab zum 70. Geburtstag, München 1990, S. 503 ff.

Vollmer, Uwe, Geld- und Währungspolitik, München 2005.

Voßkuhle, Andreas, § 1 – Neue Verwaltungsrechtswissenschaft, in: Hoffmann-Riem, Wolfgang/ Schmidt-Aßmann, Eberhard/Voßkuhle, Andreas (Hrsg.), Grundlagen des Verwaltungsrechts, Band I – Methoden, Maßstäbe, Aufgaben, Organisation, 2. Aufl., München 2012.

Wagner, Gerhard, Entwicklungstendenzen und Forschungsperspektiven im Zivilprozess- und Insolvenzrecht, ZEuP 2008, S. 6 ff.

ders., Prozeßverträge – Privatautonomie im Verfahrensrecht, Tübingen 1998.
Waibel, Michael, Sovereign Defaults Before International Courts and Tribunals, Cambridge 2011.
Walter, Gerhard, Immunität in der Zwangsvollstreckung im deutschen und schweizerischen Recht, in: Institut für Rechtsvergleichung, Waseda-Universität Tokyo (Hrsg.), Law in East and West – On the occasion of the 30th anniversary of the Institute of Comparative Law, Waseda University, Tokyo 1988, S. 771 ff.
Walter, Peter F., Evidence and Burden of Proof in Foreign Sovereign Immunity Litigation – Under the Foreign Sovereign Immunities Act, 1976: A Practical Guide for Business Lawyers and Government 2010.
ders., Gibt es eine Beweislastverteilung bei der Immunität von Staaten?, RIW 1984, S. 9 ff.
Webb, Philippa, International Law and Restraints on the Exercise of Jurisdiction by National Courts of States, in: Evans, Malcolm D. (Hrsg.), International Law, 5. Aufl., Oxford 2018, S. 316 ff.
Wefelscheid, Moritz, Vollstreckungsimmunität fremder Staaten, Frankfurt am Main 2013.
Weidemaier, Mark C., Sovereign Immunity and Sovereign Debt, University of Illinois Law Review (2014) 67 ff.
ders., Sovereign Debt after NML v. Argentina, 8 Capital Markets Law Journal (2013) 123 ff.
ders./Gelpern, Anna, Injunctions in Sovereign Debt Litigation, 31 Yale Journal on Regulation (2014) 189 ff.
ders./McCarl, Ryan, Creditor's Remedies, in: Lastra, Rosa Maria/Buchheit, Lee C. (Hrsg.), Sovereign Debt Management, Oxford 2014, S. 139 ff.
Weiß, Wolfgang, Privatisierung und Staatsaufgaben – Privatisierungsentscheidungen im Lichte einer grundrechtlichen Staatsaufgabenlehre unter dem Grundgesetz, Tübingen 2002.
Weller, Marc-Philippe, Die Grenze der Vertragstreue von (Krisen-)Staaten – Zur Einrede des Staatsnotstands gegenüber privaten Anleihegläubigern, Tübingen 2013.
Weller, Matthias, Vollstreckungsimmunität: Beweislast, Beweismaß, Beweismittel, Gegenbeweis und Beweiswürdigung, RIW 2010, S. 599 ff.
ders., Völkerrechtliche Grenzen der Zwangsvollstreckung – vom Botschaftskonto zur Kunstleihgabe -, RPfleger 2006, S. 364 ff.
Wenckstern, Manfred, Die Immunität internationaler Organisationen – Handbuch des internationalen Zivilverfahrensrechts Band II/1, Tübingen 1994.
Wheeler, Christopher C./Attaran, Amir., Declawing the Vulture Funds – Rehabilitation of a comity defense in sovereign debt litigation, 39 Stanford Journal of International Law (2003) 253 ff.
Wickremasinghe, Chanaka, International Organizations or Institutions, Immunities before National Courts, in: Wolfrum, Rüdiger (Hrsg.), The Max Planck Encyclopedia of Public International Law, Band VI, Oxford 2012, S. 10 ff.
Wieczorek, Bernhard/Schütze, Rolf A. (Hrsg.), Zivilprozessordnung und Nebengesetze. Grosskommentar, 4. Aufl., Berlin 2013.
Wigger, Berthold U., Grundzüge der Finanzwissenschaft, 2. Aufl., Berlin 2006.
Wilske, Stephan/Markert, Lars/Bräuninger, Laura, Entwicklungen in der internationalen Schiedsgerichtsbarkeit im Jahr 2014 und Ausblick auf 2015, SchiedsVZ 2015, S. 49 ff.
Wilson, John S. G., Banking policy and structure – A comparative analysis, London 1986.
Wolff, Hans J./Bachof, Otto/Stober, Rolf/Kluth, Winfried, Verwaltungsrecht I, 13. Aufl., München 2017.
dies., Verwaltungsrecht II, 7. Aufl., München 2010.

Wolfrum, Rüdiger (Hrsg.), The Max Planck Encyclopedia of Public International Law, Oxford 2012.
Wood, Michael, Third Report of the Special Rapporteur on Identification of Customary International Law – International Law Commission, Sixty-seventh session. A/CN.4/682, 2015, https://undocs.org/A/CN.4/682 (geprüft am 01.05.2019).
ders., Second Report of the Special Rapporteur on identification of Customary International Law – International Law Commission, Sixty-sixth session. A/CN.4/672, 2014, http://legal.un.org/ilc/documentation/english/a_cn4_672.pdf (geprüft am 01.05.2019).
ders., Do International Organizations Enjoy Immunity Under Customary International Law?, 10 International Organizations Law Review (2013) 287 ff.
ders., First Report of the Special Rapporteur on Formation and Evidence of Customary International Law – International Law Commission, Sixty-fifth session. Dok. Nr. A/CN.4/663, 2013, https://undocs.org/A/CN.4/663 (geprüft am 01.05.2019).
Wood, Philip R., Corporate Bankruptcy Law and State Insolvencies, in: Lastra, Rosa Maria/Buchheit, Lee C. (Hrsg.), Sovereign Debt Management, Oxford 2014, S. 387 ff.
Wozny, Lucas, National Anti-Vulture Funds Legislation: Belgium's Turn, Columbia Business Law Review (2017) 697 ff.
Wright, Mark L. J., Sovereign Debt Restructuring: Problems and Prospects, 2 Harvard Business Law Review (2012) 153 ff.
Wu, Chien-Huei, One Country, Two State Immunity Doctrines, 9 National Taiwan University Law Review (2014) 197 ff.
Wuerth, Ingrid B., Immunity from Execution of Central Bank Assets, 2018, https://ssrn.com/abstract=3125048 (geprüft am 01.05.2019).
Yakushiji, Kimio, State Immunity: U.N. Convention and New Act of Japan – Legislation of the Act on Civil Jurisdiction over Foreign States, Acceptance of the U.N. Convention on Jurisdictional Immunity of States and Their Property, and Their Possible Effects Upon the Jurisprudence of Japanese Domestic Courts on State Immunity, 53 The Japanese Yearbook of International Law (2010) 202 ff.
Yang, Xiaodong, State Immunity in International Law, Cambridge 2012.
Young, Aaron I., Deconstructing International Organization Immunity, 44 Georgetown Journal of International Law (2012) 311 ff.
Zeitler, Franz-Christoph, Die Unabhängigkeit der Notenbank, in: Gornig, Gilbert H./Schöbener, Burkhard u. a. (Hrsg.), Iustitia et Pax – Gedächtnisschrift für Dieter Blumenwitz, Berlin 2008, S. 981 ff.
Zekoll, Joachim, Comparative Civil Procedure, in: Reimann, Mathias/Zimmermann, Reinhard (Hrsg.), The Oxford Handbook of Comparative Law, Oxford 2006, S. 1327 ff.
ders./Bolt, Jan, Die Pflicht zur Vorlage von Urkunden im Zivilprozess – Amerikanische Verhältnisse in Deutschland?, NJW 2002, S. 3129 ff.
Zettelmeyer, Jeromin/Chamon, Marcos/Bi, Ran, The Problem that Wasn't – Coordination Failures in Sovereign Debt Restructurings, IMF Working Paper, No. 11/265, 2011, https://www.imf.org/en/Publications/WP/Issues/2016/12/31/The-Problem-that-Wasn-t-Coordination-Failures-in-Sovereign-Debt-Restructurings-25358 (geprüft am 01.05.2019).
Zezschwitz, Friedrich von, Rechtsstaatliche und prozessuale Probleme des Verwaltungsprivatrechts, NJW 1983, S. 1873 ff.
Zhu, Lijang, State Immunity from Measures of Constraints for the Property of Foreign Central Banks: The Chinese Perspective, 6 Chinese Journal of International Law (2007) 67 ff.

Ziegler, Andreas R./Baumgartner, Jorun, Good Faith as a General Principle of (International) Law, in: Mitchell, Andrew D./Sornarajah, M./Voon, Tania (Hrsg.), Good Faith and International Economic Law, Oxford 2015, S. 9 ff.

Zilioli, Chiara/Athanassiou, Phoebus, Art. 14 Satzung ESZB/EZB in: von der Groeben, Hans/Schwarze, Jürgen/Hatje, Armin (Hrsg.), Europäisches Unionsrecht, 7. Aufl., Baden-Baden 2015.

Zimmermann, Horst/Henke, Klaus-Dirk/Broer, Michael, Finanzwissenschaft – Eine Einführung in die Lehre von der öffentlichen Finanzwirtschaft, 11. Aufl., München 2012.

Zöller, Richard (Hrsg.), Zivilprozessordnung, 32. Aufl., Köln 2018.

Sachregister

Acte iure imperii, acte iure gestionis 102
Amtsermittlungsgrundsatz 315
Argentinien 1, 111, 121, 126, 153, 206, 377 ff.
Argentinische Zentralbank 1 ff., 36 f.
Argentinischer Peso 3 f.
Auskunftsanspruch des Gläubigers 351
Ausforschungsverbot 336 ff.

Baseler Ausschuss für Bankenaufsicht 52
Beibringungsgrundsatz 314 ff.
Belgien 201 ff.
Brüsseler Protokoll 361, 374
Beweislast 318 ff.
Beweismaß 335 ff.
Beweisverfahren 311 ff.
Binnenbeziehung 222
BIZ 45 f., 50 ff.
– Aufgaben 52
– Gründung 51
– Immunität 374 ff.
– Organisationsstruktur 53 f.
Bretton-Woods-Regime 302 f.
Bundesverfassungsgericht 100 f., 121, 256
– Philippinische Botschaft 103, 212
– National Iranian Oil Company 103, 212

China 203 ff.
Commodity-Funds 68

Deutsche Gesellschaft für Völkerrecht 227 ff.
Devisen 35
Devisenmarkt 31 f.
Devisenmarktinterventionen 34 ff.
Diplomatische Immunität 99, 108
Discovery 340 ff.
Draft Articles 162

Effekten 84
Einmischung in die inneren Angelegenheiten 336, 343
Einstweiliger Rechtsschutz 93, 153 ff.
ESZB 22 ff., 46 ff, 369
ESZB/EZB-Satzung 22, 47
EZB 45 ff., 369 ff., 382
Europäische Kontenpfändungsverordnung 207 ff.
Europäisches Abkommen zur Staatenimmunität 158
Europäische Währungsunion Siehe unter *Währungsunion*
Eurosystem 47

Federal Reserve System 25, 82
Federal Reserve Bank of New York 2, 64, 82
Finanzkrise 31, 39, 57, 63, 73
Finanzstabilität 37
Finanzvermögen 225, 283, 273
Frankreich 197 ff.
Functional-necessity-Doktrin 364 f.
FSIA US 166 ff.

Gebietshoheit 106
Geierfonds 1, 127
Geldmarkt 26 f.
Geldmenge 25 f.
Geldpolitik 24 ff.
Gerichtsbarkeit 93 ff.
Glaubhaftmachung 337, 344

Haager Reparationsabkommen 50, 374
HIPC 128
Hoheitliche Verwendungszwecke 137 ff.
Hoheitsgewalt 93 f.
Holdout-Strategie 2, 126

Holländische Krankheit 68

ILC Draft Articles 163
Immunitätsgesetz 102
Immunitätsverzicht 150 ff.,182
Immunitätsprotokoll 369
Inflation 25
Institut de Droit International 230 ff.
International Comity 123
Internationale Immunität 358
Internationale Organisationen 358
Internationaler Gerichtshof 104
Internationaler Währungsfonds 124, 127
Internationale Zentralbanken 45 ff.,
International Law Association 162, 233 ff.
International Law Commission 96, 101, 149, 161 ff., 365
Israel 188
IWF-Abkommen 33, 302 f.

Japan 189 f.
Jurisdiction 91
Jurisdictional Immunities 313 f., 325 f.

Kernbereichslehre 142, 149

Leitzinsen 28
Lender of last resort 38 f.
Liquidität 27, 60 f.

MIGA 362
Mindestreserve 30 f.
Mischkonten 352 ff.
Mittelbare Zentralbankaufgaben 219
Mongolische Zentralbank 135

Nigerianische Zentralbank 176, 211 f.
NML Capital 1 ff., 172, 198 f.
Normentheorie 326 f.

Öffentliches Recht 279 f.
Öffentliches Gut 291 ff.
Österreich 217 ff.
Offenmarktgeschäfte 28 f.
Opinio iuris vel necessitatis 174 f.

Pfändungsschutz zugunsten armer Staaten 350 f.

Preußischer Gerichtshof zur Entscheidung von Kompetenzkonflikten 5 f.
Prozessuale Waffengleichheit 330 f.

Qualifikation 141 ff.
Quantative Easing 31

Rechtsschutzanspruch 110 ff., 330
Reziprozitätsprinzip 1191 f., 206
Rosenberg 326
Russland 190 ff.

Santiago Principles 66
Schweiz 220 ff.
Schweizer Abkommen 51, 374
SIA UK 175 ff.
Sicherheiten 76 ff.
Sitzabkommen 361, 369
Slowenien 203
Spanien 192 ff.
Souveränität 21, 105, 109
Staatenimmunität 94
– Beachtlichkeit im Prozess 95, 313 f.
– Deutsches Prozessrecht 94 f, 100
– Entwicklung 101 ff.
– Geltungsgrund 105 f.
– Moral Hazard 117
– Qualifikation 141
– Ratio personae 131 ff.
Staateninsolvenz 120 ff.
Staatsaufgaben 108, 278 ff.
Staatsfonds 65 ff., 179
Staatsfunktionen Siehe unter Staatsaufgaben
Staatsnotstand 121 f.
Stabilisierungsfonds 70
Ständige Fazilitäten 29 f.
Ständiger Internationaler Gerichtshof 21
Sterisilisierung 62
Swaplinien 73 ff.

Tate-Letter 102
Treuhand 84

UN-Immunitätskonvention 4, 96, 104, 149, 160 ff.
U.S. Supreme Court 146

Verwaltungsvermögen 225, 273, 293, 290 ff.
Völkergewohnheitsrecht 96 ff., 243 ff., 367
Vollstreckungsimmunität 89
– Allgemeine Haushaltsmittel 271
– BIZ 374 ff.
– EZB 369 ff.
– In der deutschen Rechtsordnung 99 f.
– Ratio 108
– Sachliche Reichweite 137 ff.
– Verzicht 150 ff.
Vollstreckungsverfahren 90 ff.

Währung 20
Währungshoheit 21, 300 ff.
Währungsmonopol 295 f.
Währungspolitik 32, 58
Währungsreserven 7, 37, 48 f., 54 ff., 202, 239 ff., 249 f.
– Erscheinungsformen 60 ff.
– Definition 55
– Herkunft 59 f.

– Träger
Währungsswap 75 f.
Währungsunion 21 f.
– Europäische Währungsunion 22
– Westafrikanische Währungsunion 22
Wechselkurs 25, 31 ff.
Wechselkursregime 33 f.
Wertrechte 85

Zahlungsbilanz 55 f.
Zentralbank
– Aufgaben 22 ff.
– Auswärtiges Vermögen 54 ff.
– Begriff 17 ff.
– Mandat 22
– Materiell-rechtliche Haftung 6 f., 44 f.
– Unabhängigkeit 41 ff., 303 ff.
– Unmittelbare Zentralbankaufgaben 219
– Vermögensinhaberschaft 82 f.
Zentralbankengeld 27
Zinskorridor 30

Veröffentlichungen zum Verfahrensrecht

herausgegeben von
Rolf Stürner

Die Schriftenreihe *Veröffentlichungen zum Verfahrensrecht* (V VerfR) ist einem weit verstandenen Verfahrensrecht verpflichtet, ist also weder auf ein Rechtsgebiet noch auf eine Verfahrensart beschränkt. So finden sich etwa auf dem Gebiet des Zivilprozessrechts Arbeiten zum Erkenntnis- wie dem Vollstreckungsverfahren einschließlich des Insolvenzrechts, auf dem Gebiet des Strafprozessrechts Schriften zu Aspekten des Ermittlungs- wie des Hauptverfahrens. Die behandelten Themen sind zugleich ein Spiegel dessen, wie sich die Schwerpunkte der wissenschaftlichen Diskussion verschieben. Neben dogmatischen Arbeiten zu Kernfragen des nationalen Verfahrensrechts sind in den letzten Jahren vermehrt prozessrechtsvergleichende Arbeiten und Arbeiten zum internationalen Verfahrensrecht getreten; ebenfalls deutlich wird das gestiegene Interesse am Schiedsverfahrensrecht und an alternativen Konfliktlösungsmechanismen.

ISSN: 0722-7574
Zitiervorschlag: V VerfR

Alle lieferbaren Bände finden Sie unter *www.mohrsiebeck.com/vverfr*

Mohr Siebeck
www.mohrsiebeck.com